suhrkamp taschenbuch 3036

Ist es der europäischen Gesellschaft gelungen, die sexuelle Reizwirkung des weiblichen Körpers im Verlauf der vergangenen zweitausend Jahre immer stärker einzuschränken und zu modellieren? Wurde in den traditionellen Gesellschaften außerhalb Europas die »Domestikation« der Erotik des Frauenkörpers in geringerem Maße durchgeführt als bei uns?

Nach *Nacktheit und Scham* (st 2285), *Intimität* (st 2335) und *Obszönität und Gewalt* (st 2451) ist *Der erotische Leib* der vierte und vorletzte Band von Hans Peter Duerrs Auseinandersetzung mit der Zivilisationstheorie Norbert Elias'. Anhand einer Kulturgeschichte der weiblichen Brust und der diversen Techniken ihrer Verhüllung und Enthüllung versucht er nachzuweisen, daß die Vorstellung, die modernen Menschen hätten ihre »animalische Natur« auf bessere Weise gezähmt als die vormodernen, auf einem falschen Bild sowohl der heutigen »westlichen« als auch der traditionellen Gesellschaften beruht.

Hans Peter Duerr
Der erotische Leib

*Der Mythos vom
Zivilisationsprozeß*

Band 4

Suhrkamp

2. Auflage 2021

Erste Auflage 1999
suhrkamp taschenbuch 3036
© Suhrkamp Verlag Frankfurt am Main 1997
Suhrkamp Taschenbuch Verlag
Alle Rechte vorbehalten, insbesondere das der Übersetzung,
des öffentlichen Vortrags sowie der Übertragung
durch Rundfunk und Fernsehen, auch einzelner Teile.
Kein Teil des Werkes darf in irgendeiner Form
(durch Fotografie, Mikrofilm oder andere Verfahren)
ohne schriftliche Genehmigung des Verlages
reproduziert oder unter Verwendung elektronischer Systeme
verarbeitet, vervielfältigt oder verbreitet werden.
Printed in Germany
Umschlag: hißmann, heilmann, hamburg
ISBN 978-3-518-39536-3

»Wissenschaftler sind Mythenjäger«

Norbert Elias

Inhalt

Vorwort	9
Einleitung: Paradigm Lost: Theoretische Bemerkungen zur Zivilisationstheorie	11
§ 1 Die Viktorianer und das Dekolleté	27
§ 2 Liberté, égalité, frivolité	35
§ 3 Die »ärgerlich und schändlich entblößten Brüste« im 17. Jahrhundert	46
§ 4 Die jungfräuliche Königin	53
§ 5 Die »nit bedeckten milchsäck« im Späten Mittelalter	64
§ 6 Gab es im Mittelalter eine ›Oben ohne‹-Mode?	74
§ 7 »Das tüttel aus dem pousen sprang«	86
§ 8 Die Brustscham im Mittelalter	94
§ 9 »... möchte mit den Brüsten spielen«	106
§ 10 ›Funktionale‹ Brustentblößung: Schandstrafen und Stillen des Säuglings	118
§ 11 Die Muttergottes und sündige stillende Frauen	131
§ 12 Die Angst vor dem ›Verlust der Figur‹ und die gotische S-Linie	145
§ 13 Falsche Brüste	156
§ 14 Das Ideal der flachen Brust und der »Bubibusen«	165
§ 15 »Mammary Madness«, American Style	176
§ 16 Der ›Monokini‹ und seine Folgen	196
§ 17 Die freien und die unfreien Brüste	213
§ 18 Das Auf und Ab des Büstenhalters	231
§ 19 Der BH außerhalb Europas und das Ideal der Hängebrüste	248
§ 20 Die ›Enterotisierung‹ der Mutterbrust	261
§ 21 Die Töchter des Regen- und die des Handelsgottes	277
§ 22 Der »hüpfende Doppelhügel« in Ostasien	289
§ 23 ›Oben ohne‹ in Südostasien und Indonesien	301

§ 24	Der nasse *sārī* auf der Haut der indischen Frauen	310
§ 25	Odalisken mit freien Brüsten	319
§ 26	Sind Brüste auch dort erotisch, wo sie unbedeckt getragen werden?	328
§ 27	Warum sind weibliche Brüste überhaupt erotisch?	343
Anhang: Antwort auf die zwischenzeitlich erschienene Kritik		354

Anmerkungen 389
Bibliographie 583
Register 653

Vorwort

Dies ist der vierte und vorletzte Band eines Buches, in dem ich nachzuweisen versuche, daß die Vorstellung, die modernen Menschen hätten ihre »animalische Natur« auf bessere Weise gezähmt als die vormodernen, auf einem falschen Bild sowohl der heutigen »westlichen« als auch der traditionellen Gesellschaften beruht. Im vorliegenden Band versuche ich die Fragen zu beantworten, ob es der europäischen Gesellschaft gelungen ist, die sexuelle Reizwirkung des weiblichen Körpers im Verlaufe der vergangenen tausend Jahre immer stärker einzuschränken und zu modellieren, und ob in den traditionellen Gesellschaften außerhalb Europas die »Domestikation« der Erotik des Frauenkörpers in geringerem Maße durchgeführt wurde als bei uns. Dabei habe ich mich im wesentlichen auf die Reizwirkung des weiblichen Oberkörpers, namentlich der Brüste, konzentriert. Auf die Kulturgeschichte und Ethnologie der erotischen Qualität des Haares, des Gesichts, der Arme und Beine, des Gesäßes usw. sowie der des männlichen Leibes werde ich ausführlich an einem anderen Ort und in einem anderen Zusammenhang eingehen.

Danken möchte ich der Universität Bremen, die mich großzügigerweise für eineinhalb Jahre von meinen akademischen Verpflichtungen befreit hat, und vor allem dem Istituto Universitario Europeo in San Domenico di Fiesole für die Einladung, diesen Band in der Villa Schifanoia zu schreiben, die, einer Überlieferung zufolge, im 15. Jahrhundert an der Stelle errichtet wurde, wo das »freundliche Schlößchen« stand, »in Gesträuch und Bäumen versteckt« und »nur zwei Meilen von der Stadt entfernt«, in dem die der Pest entflohenen Damen und Herren des *Decamerone* einander während der ersten Tage ihre anregenden Geschichten erzählt haben.

Zwar »wanden« während meines Aufenthaltes die Damen nicht länger »Kränze aus Laub« und sie sangen auch nicht mehr »mancherlei Liebeslieder«, sondern betrieben mit ernsteren Mienen »gender studies«, doch handelten die Gespräche, die ich mit einigen von ihnen und den anwesenden Herren führte, von ähnlichen Themen wie diejenigen, welche vor 650 Jahren Boccaccios lustige Gesellschaft erfreuten. Für diese Gespräche danke ich vor allem Angela Schenk, Laurence Fontaine, Luciana Butera, Bo Stråth, Jaime Reis, Michael & Monika Müller, Iain Fraser, Kirti Chaudhuri, Juri Kazepov, Mirko Sladek und Perry Anderson, Šahnāz Nadjmabadi, meinem Freund Eli Franco sowie meiner Frau, unseren Töchtern und unserem Sohn, die mit mir vom kühlen Bremen ins klimatisch und menschlich wärmere Italien gezogen sind.

Florenz, im Sommer 1996   Hans Peter Duerr

Einleitung:
Paradigm Lost: Theoretische Bemerkungen zur Zivilisationstheorie

> »Die Gelehrten, die immer eine Theorie haben möchten ...«
> Wittgenstein

Fährt man von Florenz zu dem Etruskerstädtchen Fiesole hinauf, passiert man etwa auf halber Strecke, unmittelbar nach der Stadtgrenze, das im frühen Quattrocento gegründete Kloster San Domenico, in dem einst Fra Angelico Novize und später Prior gewesen ist. Betritt man die schräg gegenüber vom Kloster an der Autostraße liegende Pizzeria, so macht man mit großer Wahrscheinlichkeit die folgende Erfahrung: Auf ein höfliches »Buon giorno« oder »Buona sera« hin wird man von den Inhabern oder vom Personal keines Blickes gewürdigt, geschweige daß der Gruß erwidert würde. Hat man »una media« bestellt, knallt einem nach einer Weile der etwas schwammige Herr hinter der Theke wort- und blicklos das Bier auf den Tresen und murmelt, natürlich ebenfalls ohne dem ›Gast‹ einen Blick zu gönnen, »quatromila«. Sollte es diesem jedoch einfallen, einen der Wirte zu fragen, ob die hinter dem Glas liegenden angekohlten Minipizzen, die für eine Anti-Krebs-Reklame hergestellt zu sein scheinen, vom selben Tage sind, zeitigt man die erste menschliche Reaktion, die darin besteht, daß der Wirt zu der neben ihm stehenden Dame mit verächtlichem Tonfall sagt: »Questo stronzo chiede se le pizzette sono fresche!« Was soviel bedeutet wie »Dieses Arschloch fragt, ob die kleinen Pizzen frisch sind!« Dann kann man von Glück reden, wenn er sich dazu überwindet, eine dieser »pizzette« mit den schwarzen Fingernägeln, die eben noch in seinen Nasenlöchern versenkt waren, herauszuangeln, um sie aufzuwärmen.

Man wird fragen, wie es möglich war, daß sich solche ›unzivilisierten‹ Verhaltensweisen sogar bei Italienern, von deren

Höflichkeit und Liebenswürdigkeit die Angehörigen vieler anderer Nationen sich gewiß eine Scheibe abschneiden können, überhaupt entwickelt haben. Und man wird die weitere Frage stellen, warum ein solch rüdes Benehmen gerade dort zu finden ist, wo Tag für Tag unzählige Menschen eine Mahlzeit einnehmen, Touristen, Studenten und Angestellte des Istituto Europeo, aber auch Einheimische aus der unmittelbaren Nachbarschaft, aus Florenz und aus Fiesole. Hat denn nicht Norbert Elias gezeigt, daß durch die »fortschreitende Funktionsteilung« der Menschen im Verlaufe der gesellschaftlichen Entwicklung »die Handlungsketten, die den Einzelnen binden« und die zunächst »verhältnismäßig kurz« waren, immer länger wurden[1] oder, anders ausgedrückt: daß »mehr und mehr Menschen in wachsender Abhängigkeit voneinander lebten«?[2] Und hat er nicht nachgewiesen, daß aus diesem Grunde die Menschen ihr Verhalten immer feiner aufeinander abstimmen mußten, daß sie gezwungen waren, »immer häufiger auf immer mehr Menschen Rücksicht zu nehmen«, womit »auch die Notwendigkeit« wuchs, »sich und andere genauer und aufmerksamer zu beobachten«?[3]
So hat Elias die einfachen Gesellschaften in Gegensatz gestellt zu einer modernen Großstadt mit ihrem »Getriebe« zahlloser Menschen, die eine viel größere und anhaltendere »Selbstkontrolle« an den Tag legten als die Individuen traditioneller Gesellschaften, »eine beständige Selbstüberwachung, eine höchst differenzierte Selbstregelung des Verhaltens«.[4]
Ist freilich damit das Verhalten der Großstädter richtig beschrieben? Hatte nicht Simmel viel eher recht, wenn er eine »Reserviertheit mit dem Oberton versteckter Aversion«, die ganz leicht in rüdes, aggressives Verhalten umschlagen kann, als typisch für die Großstadtbewohner feststellte?[5] Und ist es nicht eine große ›soziale Kälte‹, die in diesem Benehmen zum Ausdruck kommt, eine ›Beziehungslosigkeit‹, die viele Besucher aus traditionelleren Gesellschaften schockiert wie jenen Brasilianer, der nach seinem Berlin-Aufenthalt einen Artikel mit dem Titel »Wo der Blick ins Leere geht« veröffentlichte,[6]

oder wie jener Jaunde aus Kamerun, der mir widerstrebend sagte: »Je sais, ce n'est pas très poli et je ne veux pas vous blesser, mais comme vous êtes ethnologue et que vous vous intéressez à ces choses: les Européens nous ont toujours appelés des ›sauvages‹ ou des ›primitifs‹ mais je dois avouer que je me suis souvent senti comme chez des sauvages dans votre pays et que j'ai eu honte: ce manque de politesse, de tact entre les gens, ce manque de pudeur à montrer son corps; quand j'ai vu pour la première fois au bord du Neckar, à Heidelberg, des jeunes femmes ayant à peine caché leur sexe et couchées au soleil les jambes écartées, j'aurais préféré mourir de honte.« Und schließlich beschrieb ein Ethnologe, der lange Zeit mit seiner Familie in einem indischen Dorf gelebt hatte, seine Rückkehr nach Amerika so: »When we got on board the jet airplane that was to carry us to San Francisco, the plane was a sea of cold, washed-out faces. People looked at our baby as if they thought it would poison them. Not one person picked the baby up, admired or talked to her. In San Francisco, the baby took one look at her grandmother and burst into tears. We could not understand why people were so distant, so hard to reach. [...] The trust and warmth seemed to have gone out of life to be replaced by coldness and inhumanity.«[7]

Was ist die Ursache dieser »Kälte und Unmenschlichkeit«, deren man sich meist erst dann so richtig bewußt wird, wenn man längere Zeit in einer traditionellen, »einfachen« Gesellschaft, in dem, was der vielgeschmähte Tönnies »Gemeinschaft« nannte, gelebt hat?

Die moderne Gesellschaft unterscheidet sich von »der Welt, die wir verloren haben«, in erster Linie dadurch, daß in ihr die unpersönlichen Beziehungen zwischen den Menschen die Vorherrschaft über die persönlichen errungen haben. Ist für traditionelle Gesellschaften die Tendenz charakteristisch, unpersönliche in persönliche Beziehungen zu transformieren (indem man beispielsweise Fremde zu klassifikatorischen Verwandten macht), kennzeichnet die ›Modernität‹ eine Zurückdrängung und Abkapselung des Persönlichen.[8] Prototyp der unpersönlichen sind die »rein geschäftlichen« Beziehungen, die, wie Simmel sagte, eine »unbarmherzige Sachlichkeit« zum Ausdruck bringen:[9] »Die Marktgemeinschaft als solche«, so Max Weber, »ist die unpersönlichste praktische Lebensbeziehung, in welche Menschen miteinander treten können«, weil sie »spezifisch sachlich, am Interesse an den Tauschgütern und nur an diesen, orientiert ist. Wo der Markt seiner Eigengesetzlichkeit überlassen ist, kennt er nur Ansehen der Sache, kein Ansehen der Person, keine Brüderlichkeits- und Pietätspflichten, keine der urwüchsigen, von den persönlichen Gemeinschaften getragenen menschlichen Beziehungen [...]. Eine solche absolute Versachlichung widerstrebt [...] allen urwüchsigen Strukturformen menschlicher Beziehungen.«[10]

Die Inhaber und Angestellten der Pizzeria von San Domenico dokumentierten mit ihrem Verhalten, daß sie nicht das geringste persönliche Interesse an ihren Gästen haben: Die Fremden sind für sie nicht spezifische Personen, zu denen man eine wenn auch nur kurzfristige menschliche Beziehung eingeht, sondern Zahlende, die durch beliebige andere Zahlende ersetzbar sind. Und es war gerade hier, in Florenz, wo diese Mentalität bereits in der Frührenaissance seine Kritiker gefunden hat. Wie nämlich Machiavelli berichtet, klagte im Jahre 1372 ein Florentiner Bürger in einer Rede vor den Signori: »Die allgemeine sittliche Entartung (*corruzione*) aller italienischen Städte hat unsere Stadt verdorben und verdirbt sie weiter. Zum einen gibt es unter den Bürgern weder Eintracht noch Freundschaft (*né unione né amicizia*), außer bei denen, die gemeinsam irgendeine Gemeinheit (*scelleratezza*) betreiben, entweder gegen ihre Stadt oder gegen einzelne Personen (*privati*). Und weil die Religion und die Furcht vor Gott in allen Menschen ausgelöscht worden sind, haben ein Schwur und ein Versprechen (*il giuramento e la fede*) nur so weit einen Wert, als sie einen Gewinn bringen.«[11]

Zur »demoralization of the public world« trägt freilich nicht nur die Tatsache bei, daß die Menschen der Moderne einander in immer stärkerem Maße »not as actors but as buyers and sellers« gegenübertreten, »each seeking his own advantage«.[12] Auch die immer länger werdenden Interdependenzketten zwischen Individuen, die einander nicht oder nur ganz oberflächlich kennen, die keine persönliche Verantwortung füreinander tragen, bedeuten *im psychologischen Sinne* eine *Ent-* und keine *Verflechtung der Individuen*.[13] Schon Durkheim hat vor über hundert Jahren darauf hingewiesen, daß solche Formen der gegenseitigen Abhängigkeit in hochgradig arbeitsteiligen Gesellschaften keine Moral oder »sentiments de sympathie« für den Anderen hervorbringen,[14] und es ist auch ganz abwegig, wie die Anhänger der Zivilisationstheorie zu glauben, diese »expansion of human interaction« führe zu gesteigerter »empathy or compassion«[15] oder zu »an increase in ›mutual identification‹«.[16]

Charakteristisch für die moderne Massengesellschaft ist, daß der Einzelne im Gegensatz zu dem, was Elias und seine Anhänger sagen, mit den meisten Menschen, den Gliedern der langen Interdependenzketten, nur ganz oberflächliche, unpersönliche Beziehungen eingeht. Er trifft kurzfristig auf *Segmente* von Personen, die *miteinander austauschbar* sind wie die Besucher der Pizzeria von San Domenico und zu denen er keinerlei *Bindung* entwickelt. »Obwohl in den industriellen Gesellschaften die meisten menschlichen Beziehungen sowieso nur Kontakt bleiben, kennt er« im extremen Falle »nur Kontakte. Manchmal erweckt er den Eindruck eines Moleküls, das unzählige Verbindungen eingehen kann«,[17] aber bindungslos bleibt. In dieser Beziehung ähnelt er fast dem Mitglied eines Schwarmes oder einer Herde, in denen die Individuen prinzipiell durch andere substituierbar sind.[18]

Im Umgang mit Menschen, an die man sich nicht gebunden fühlt, denen gegenüber man keine Verantwortung hat, braucht man sich weniger Restriktionen aufzuerlegen, was der Jugendliche zum Ausdruck brachte, der in einem Interview meinte, man könne sich nur dann, »wenn man so abends eine Frau in der Disco aufgerissen hat [...], so richtig gehenlassen, weil man weiß, am nächsten Tag, man sieht sie nicht mehr, man kann dann in seinem Trieb aufgehen, irgendwie ist es dann egal, ob man sie verletzt oder so«.[19]

Da die Vielzahl der Menschen, mit denen man kurzfristige »Kontakte« hat, anonym und gesichtslos bleiben, fühlt man sich ihnen gegenüber in geringerem Maße moralisch verpflichtet, oder wie Zygmunt Bauman es formuliert hat: »Being inextricably tied to human proximity, morality seems to conform to the law of optical perspective. It looms large and thick close to the eye. With the growth of distance, responsibility for the other shrivels.«[20] Diese menschliche Distanz bedeutet aber auch, daß man den anderen gegenüber weniger Scham und Peinlichkeit empfindet. Als unlängst ein Mann, der sich im Fernsehen über seine Impotenz ausließ, gefragt wurde, ob er sich denn nicht schäme, so offen Intimes auszuplaudern, antwortete für ihn seine neben ihm sitzende Frau, es sei viel leichter, über solche Dinge vor einem anonymen Millionenpublikum zu reden als vor Leuten, die man persönlich kenne.[21] In der gynäkologischen Ambulanz eines Krankenhauses in Tōkyō liegen die Patientinnen mit gespreizten Beinen nebeneinander in einem korridorartigen Saal und lassen sich vaginal untersuchen oder inseminieren. Obgleich ständig zahllose Patientinnen, Ärzte, Krankenpfleger und andere Personen an den Liegen vorbeigehen, schämen die Frauen sich nach Auskunft der Gynäkologen nicht, weil es in der Achtzehnmillionenstadt praktisch ausgeschlossen ist, bei einer solchen Gelegenheit auf einen Bekannten zu treffen.[22]

Vor fremden Menschen lassen die Männer der Tuareg häufig den Gesichtsschleier herunter, so daß man die Nase und oft auch den Mund sehen kann – eine Schamlosigkeit, die sie sich innerhalb des eigenen Stammes nie erlauben würden,[23] und die Hima-Frauen entblößten vor Männern, die sie nicht kannten, ohne weiteres den Oberkörper, was sie vor Männern des eigenen Stammes und insbesondere des eigenen Clans unter keinen Umständen getan hätten.[24] Im Jahre 1856 berichtete der amerikanische Arzt Samuel Gregory, die Patientinnen schämten sich vor allem dann, ihre Brüste zu entblößen, wenn sie den untersuchenden Arzt persönlich kannten,[25] und ähnlich verhält es sich an den heutigen ›Oben ohne‹-Stränden. So meinte etwa eine vierundzwanzigjährige Frau, die habituell mit nackten Brüsten am Strand zu liegen pflegt: »Quand c'est des inconnus tu t'en fous, tu ne les reverras jamais, ça t'est complètement égal. Alors que des copains mecs tu ne leur montres pas ta poitrine, parce que c'est une partie de toi, sensuelle, secrète, qui reste à l'amant.« Eine andere Frau sagte, nicht nur sie selber schäme sich, wenn plötzlich Bekannte auftauchten, sondern auch die Bekannten – »Ils ne vont pas me regarder, ils ne vont pas oser, ou s'ils vont me regarder ils vont rougir jusque-là« –, und ein Mann, der es ansonsten sehr genießt, am Strand die nackten Brüste der Frauen zu betrachten, erklärte den Soziologen, daß der Spaß vorbei sei, sobald seine Frau eine Freundin mitbringe und diese das Oberteil ablege: Denn dann geniere er sich, »parce que c'est une amie«.[26]

»Tu t'en fous«, es ist den Frauen piepegal, wenn die fremden Männer ihre Brüste betrachten, denn sie selber werden diese Männer nie wiedersehen,[27] sie sind alle anonyme Glieder zahlloser langer sozialer Interdependenzketten, die, *und das nicht erkannt zu haben ist der erste grundlegende Fehler der Eliasschen Zivilisationstheorie*, mit zunehmender Anzahl und Länge ihre normierende Kraft verlieren.[28]

Komplementär zu seiner falschen Interpretation der Konsequenzen des Modernisierungsprozesses entwirft Elias ein Zerrbild der traditionellen Gesellschaften, das man nicht einmal mehr als Karikatur bezeichnen kann, weil es das Wesentliche dieser Gesellschaften nicht überzeichnet, sondern völlig unzutreffend darstellt. Elias geht von der falschen Vorstellung aus, nach der die ›archaischen‹ Menschen gleichsam wie verfeindete Raubritter *in viel geringerem Maße als wir Heutigen miteinander vergesellschaftet waren*. Wenn er beispielsweise schreibt, daß man namentlich auf den sehr frühen Stufen der gesellschaftlichen Entwicklung »Formen der Gewalttätigkeit von Gruppen gegeneinander als einer mehr oder weniger beständigen oder sogar vorherrschenden Bedingung ihrer Existenz und nicht selten geradezu als einer Lebensweise« antreffe,[29] dann steht dem alles, was man seit geraumer Zeit über die jungpaläolithischen und die rezenten Wildbeutergruppen weiß, entgegen. So gibt es überhaupt keine Indizien dafür, daß die eiszeitlichen Jäger jemals in kriegerische Auseinandersetzungen miteinander verwickelt gewesen wären, und sämtliche Ethnologen, die Feldforschungen bei Jäger- und Sammlerinnengruppen durchgeführt haben, betonen die geringe Intergruppen-Aggressivität.[30] Und während er auf der einen Seite auf unrealistische Weise ein Schreckensszenarium entwirft, in dem jene Menschen »wie die wilden Tiere, die sie jagten«, lebten,[31] in »totaler Unsicherheit und Verwundbarkeit« sowie in »allgegenwärtiger Aussicht auf Schmerz und Tod«,[32] stimmt er auf der anderen Seite am Vorabend des Bürgerkrieges in Bosnien einen Hymnus auf die Friedfertigkeit der Moderne an: »In Europa droht niemand mehr mit Krieg. Das sollten wir als einen Vorteil ansehen. Wir haben unsere Lektion gelernt.«[33]

Werden bei den Wildbeutern die Konflikte *zwischen* den Gruppen kaum mit Gewalt ausgetragen, so ist dies *innerhalb* der Gruppe noch weniger der Fall: Weil beispielsweise in der !Kung-Gesellschaft jede Person von ganz bestimmten, nicht so ohne weiteres substituierbaren anderen Personen abhängig ist, fürchten sich alle bereits vor »bösen Worten«, weil diese die Harmonie der sozialen Interaktion gefährden könnten, wie sie auch ängstlich vermeiden, daß die kursierenden Klatschgeschichten offengelegt werden. Nichts könnte unzutreffender sein als solche Gesellschaften auf Eliassche Weise zu charakterisieren, daß man nämlich bei ihnen »stärker affektgeladene Verhaltensweisen« anträfe, wie wir sie »heute unverdeckt nur noch bei Kindern beobachten« könnten:[34] Bei den !Kung wie bei anderen Wildbeutern werden schon die Kinder vom frühesten Alter an dazu erzogen, sich nicht ›wie die Kinder‹ zu benehmen, sondern zu teilen und sogar in den

Spielen nicht kompetitiv zu sein, »because exchanging food and possessions is so basic to adult social interactions«.[35] Verpönt sind emotionale Ausbrüche, die Äußerung zu starker Affekte, insbesondere von Aggressionen oder von Gier, weshalb z. B. beim Essen eine starke Zurückhaltung zum Ausdruck gebracht wird[36] – auch würde man nie außerhalb der Gemeinschaft essen, da man sonst verdächtigt werden könnte, die Speisen unbeherrscht herunterzuschlingen und die besten Stücke den anderen vorzuenthalten: »The idea of eating alone and not sharing is shocking to the !Kung. It makes them shriek with an uneasy laughter. Lions could do that, they say, not men.«[37] Weit davon entfernt, wie die kleinen Kinder eine unmittelbare Bedürfnisbefriedigung vorzunehmen, zeigen auch die !Ko eine hohe Selbstkontrolle: »One of the most remarkable things that struck me early on about Bushman behaviour was the inordinate lengths to which a Bushman would go hide his [socially negative] feelings. Whether hungry or thirsty, anxious or impatient, he was required to sit it out with stoic or poker-faced composure.«[38]

Was generell als typisch angesehen worden ist für kleine Gesellschaften, die auf Face-to-face-Interaktion aufbauen, nämlich daß sie »ein Klima der Rücksichtnahme und Vorsicht entstehen« lassen,[39] gilt in besonderem Maße für die Wildbeutergruppen, für deren Mentalität das genaue Gegenteil von dem, was Elias ihnen angedichtet hat, charakteristisch ist: Der liebenswürdige, unaggressive Mann, der aber gleichzeitig ein schlauer Jäger ist, wird von den jungen Mädchen der !Kung als Heiratspartner gesucht, während der arrogante, egozentrische und rücksichtslose ›Macho‹, der Prahlhans, der sich über andere erhebt, verschmäht wird.[40]

Denn während in der modernen Gesellschaft »the market mentality and the profit motive increasingly replace patterns of interpersonal cooperation as a basis for social interaction«,[41] sind es verwandtschaftliche und freundschaftliche Bindungen, die bei den Jägern und Sammlerinnen den ›sozialen Kitt‹ darstellen. So haben z. B. die !Kung eine tiefe Abneigung gegen den Warentausch – untereinander zu handeln, halten sie für unwürdig und für antisozial, weil dies Gefühle und Affekte hervorbringt, vor denen die !Kung sich fürchten.[42] Ist der moderne Handel ein »unpersönliches Abschöpfen dessen, was der Markt hergibt«, ist bei den Wildbeutern der Austausch von Geschenken und Gütern *nicht profit-, sondern bindungsorientiert*.[43] Deshalb ist das Grundprinzip der Erziehung »die Förderung alles bindenden Verhaltens«, und selbstlose Hilfsbereitschaft und Freundlichkeit sind die Kardinaltugenden.[44]

Wenn man will, kann man die Wildbeutergesellschaften als »soziozentrische« im Gegensatz zur modernen »egozentrischen« bezeichnen, da in den ersteren die Individuen sich ungleich stärker über die Gemeinschaft definieren als über sich selber.[45] Dies hat zu einem ausgeprägten Konformismus geführt,[46] der vermutlich den meisten Romantikern, die in ihrer Vorstellung das Leben in einer Wildbeuterband dem in einer komplexen Gesellschaft vorziehen, das Dasein in der Face-to-face-Gemeinschaft auf Dauer unerträglich machen würde.[47] Gleichzeitig werden indessen mit der zunehmenden Transformation von »Gemeinschaft« in »Gesellschaft« die »sozialen Frustrationen«,[48] wird das »Unbehagen an der Moderne« größer und damit auch die Tendenz, zu unterschätzen, daß sozialer *Ent*flechtung auch ein Moment von Befreiung und damit von Glück innewohnen kann.[49] So berichtete schon im 19. Jahrhundert Colonel Richard Dodge über die Unbarmherzigkeit von Klatsch und Tratsch in den nordamerikanischen Indianercamps,[50] und von den Arawaté heißt es, daß nicht selten die einzelnen Familien für einige Zeit in die Gärten ziehen, wo sie sich viel wohler und entspannter als in der Siedlung fühlen, weil hier das ›Dorfauge‹ jede ihrer Lebensäußerungen ausspäht. In den Gärten können die Arawaté endlich frei sprechen und Dinge tun, die sie sonst dem Tratsch und dem Spott der Nachbarn ausgeliefert hätten – so betreiben die jungen und noch kinderlosen Ehepaare das *apĩhipihã*, den Partnertausch zwischen Freunden, was im Dorf völlig unmöglich wäre.[51] Wie ein Damoklesschwert, so berichtet eine Ethnologin, hänge auf dem balinesischen Dorf die Meinung der anderen über den Einzelnen; »sie«, die Nachbarn, sind eine ständige Kontrolle, ihr Gelächter (*kedek*) über jegliches Fehlverhalten und der Klatsch (*ngumpet*) hinter dem Rücken der Opfer. Verleumdungen kann man nur schwer begegnen, da die balinesische Dorfkultur Konflikte, Streit und Auseinandersetzungen in hohem Maße tabuisiert. Nichts darf eskalieren, und *wenn* man sich zur Wehr setzt, dann tut man dies, indem man lächelnd und mit leiser Stimme besänftigt, abwiegelt, zurücksteckt.[52]

Auch in einer weiteren Hinsicht macht Elias deutlich, daß er die Lebensform der Jäger und Sammlerinnen in der gleichen Weise mißversteht wie die Evolutionisten und Sozialdarwinisten des 19. Jahrhunderts, über die schon Durkheim gesagt hatte: »On nous dépeint sous les plus tristes couleurs cette humanité primitive dont la faim et le soif, mal satisfaites d'ailleurs, auraient été les seules passions.«[53] Auch Elias ist der Auffassung, daß die einzelnen spätpaläolithischen Bands wohl »ständig« miteinander ums Überleben, um die knappen Ressourcen gekämpft hätten[54] und daß das »Gefahrenniveau und die persönliche Unsicherheit« damals viel höher gewesen seien als heute, weil die Menschen »wie kleine Kinder mit Leib und Leben rätselhaften und unkontrollierten Gewalten ausgeliefert« gewesen seien.[55] Und ein anderer Evolutionist, nämlich Habermas, erzählt das gleiche Märchen, in dem die »Grunderfahrung archaischer Gesellschaften« das »schutzlose Ausgeliefertsein an die Kontingenzen einer nicht beherrschten Umwelt« gewesen sein soll.[56]

Hätten die damaligen Menschen ein solch bedrohtes und leidvolles Dasein gefristet, in dem sie ständig in gegenseitige Kämpfe verwickelt und auf die mühevolle Nahrungssuche gegangen wären, dann könnte man kaum verstehen, wie sie schon vor mehr als 32 000 Jahren Höhlenheiligtümer wie die Chauvet-Grotte ausgestalten, Mondkalender herstellen oder wie sie eine komplexe Schmuck-Industrie auf die Beine stellen konnten, die in der Lage war, Elfenbeinperlen von 2 mm Durchmesser zu durchlochen. Heute weiß man, daß die einzelnen Gruppen offenbar flexible Territorialgrenzen hatten und allem Anschein nach Bindungen zu fremden Gruppen über große Entfernungen hinweg herstellten, indem sie Geschenke austauschten.

Wenn schon festzustellen ist, daß selbst die heutigen Wildbeuter, die von anderen ethnischen Gruppen wie Bauern oder Hirtennomaden in die unwirtlichsten Gebiete, z. B. Halbwüsten und Polargegenden abgedrängt wurden, für die Sicherung ihres Lebensunterhaltes viel weniger arbeiten müssen als die Menschen in »fortgeschritteneren« Gesellschaften,[57] dann wird man davon ausgehen können, daß dies erst recht für die damaligen Menschen gegolten haben muß, weil gegen Ende der letzten Eiszeit die Nahrungsressourcen sehr viel größer gewesen sind als heute. Auch damals pflanzten die Menschen noch nichts an und konnten sich deshalb die für sie notwendigen Mengen an Kalorien viel schneller besorgen als die Angehörigen der späteren Gesellschaften,[58] zumal sie mit der Speerschleuder ein äußerst wirksames Gerät für die Großwildjagd besaßen.[59] So zeigen auch prähistorische Skelettfunde, daß die spätere seßhafte Bevölkerung schlechter ernährt war als die eiszeitlichen Wildbeuter.[60] Hinzu kommt, daß die Seßhaften wegen ihrer geringen Mobilität in viel dramatischerer Form Hungersnöten ausgesetzt waren als die Jäger und Sammlerinnen. Dies bedeutet aber gewiß, daß in den größeren Risiken ausgesetzten späteren Gesellschaften entgegen dem, was Elias oder Habermas behaupten, die *Existenzangst* wesentlich größer gewesen sein muß als in den früheren,[61] und dies bestätigen auch sämtliche Feldforscher, die unter rezenten Wildbeutern gelebt haben.[62]

Elias freilich entwirft ein Zerrbild, in dem primitive Horden, die »vorwiegend mit der Suche nach Nahrung beschäftigt« waren, »in natürlichen Höhlen Unterschlupf suchten«, da sie noch nicht wußten, daß man »naturgegebene Stoffe zum Bau von schützenden Wohnstätten« verwenden konnte[63] – ein abstruses Bild, wenn man bedenkt, daß die Homo erectus-Gruppen von Terra Amata schon vor 400000 Jahren Wohnhütten errichteten oder daß die spätpaläolithischen Jäger stattliche Gebäude aus Mammutknochen und -schädeln zimmerten, die sie vermutlich mit Tierhäuten überzogen.[64]

Doch noch absurder wird es dort, wo Elias sich über die kognitiven Fähigkeiten dieser Menschen ausläßt, die angeblich »die Welt noch nicht als aufgespalten in die Welt der Menschen und die der Natur, in ›Subjekt‹ und ›Objekt‹ wahrgenommen« hätten,[65] die nicht klar zwischen Traum und Wirklichkeit unterscheiden konnten[66] und die »keine Gewißheit« gehabt hätten »über den Unterschied zwischen belebten Wesen und unbelebten Geschehensabläufen«.[67] Und da sie sich im Vergleich zu uns emotional noch kaum beherrschen konnten, hätten sie Bilder der Jagdtiere »auf Erde und Felsen« gemalt, um »die Beute im Bilde« zu töten, »noch ehe sie in Wirklichkeit da war«.[68]

Hätten die spätpaläolithischen Jäger und Sammlerinnen tatsächlich so gedacht und wahrgenommen, dann müßte man sich sehr wundern, daß unsere Spezies zu jener Zeit nicht ausgestorben ist. Denn wären sie nicht fähig gewesen, zwischen Traum und Wirklichkeit zu unterscheiden, dann hätten sich z.B. nach Träumen, in denen der Partner oder die Partnerin die Ehe brachen, die Familien aufgelöst. Oder Träume, in denen die Gruppe über eine Fülle von Nahrung verfügte, hätten die Frauen davon abgehalten, zu Sammelexpeditionen aufzubrechen. Wären die Jäger nicht in der Lage gewesen, zwischen sich selber, dem ›Subjekt‹, und einem Mammut, dem ›Objekt‹, zu unterscheiden, dann wären sie nie mehr aus der Tundra ins Lager zurückgekehrt, und hätten sie geglaubt, ihre Beute »im Bilde« töten zu können, so hätten sie mit Sicherheit für knurrende Mägen gesorgt.[69]

Elias ist – wie alle Evolutionisten – der Überzeugung, daß die Geschichte etwas sei, das auch heute »jeder Mensch als Individuum, abgekürzt, beim Heranwachsen immer wieder zurücklegen« müsse,[70] und allem Anschein nach siedelt er die in höchstem Maße an ihre Umwelt angepaßten Jäger und Sammlerinnen in einer Art Krabbelstube der Menschheit an. Er beschreibt diese Menschen so, als seien sie eine Horde von Kleinkindern gewesen, die es in die eiszeitliche Tundra verschlagen hätte. Aber wären sie solche Menschen gewesen, dann hätte ihnen auch das geblüht, was heutigen Kleinkindern nicht erspart bliebe, wenn ein unbarmherziges Schicksal sie in eine solche Gegend führte.

Dies zeigt sich bei Elias – ähnlich wie bei Habermas – vor allem dort, wo er wie die Gelehrten der viktorianischen Epoche die Meinung vertritt, die archaischen ›magischen‹ Rituale seien so etwas wie protowissenschaftliche, aber illusionäre Manipulationstechniken gewesen.[71] So heißt es bei Habermas, die Menschen hätten sich damals gegen die Gefahren nicht zu helfen gewußt, weshalb sie diese »weginterpretierten« oder versuchten, mit magischen »Techniken« auf die Welt »einzuwirken«.[72] Und entsprechend verlautet Elias, ihre Ohnmacht habe sie zu einem »Wunschdenken« und zu »Phantasiebildern« beflügelt sowie zu »magischen Operationen«, die indessen, da sie ja Firlefanz waren, »ihr Versprechen nicht wirklich einlösen« konnten, »es sei denn durch Zufall«. Deshalb seien die Ängste der Menschen von einst nicht wirklich eingeschränkt worden. Wir Heutigen dagegen hätten ein Wissen, das der Wirklichkeit entspreche, weshalb bei uns ein »enormer Zuwachs an Lebenssicherheit« zu verzeichnen sei.[73]

Mit solchen Ausführungen machen Elias und Habermas freilich lediglich deutlich, daß sie nicht *verstehen*, welchen Sinn solche »magischen« Rituale wirklich gehabt haben, indem sie nämlich voraussetzen, daß die damaligen Menschen sozusagen Wissenschaftler und Techniker sein wollten, *es aber noch nicht zustande brachten*. Doch diese Rituale waren im wesentlichen nicht Techniken zur Einwirkung auf die Natur, sie waren keine *Zauberei*, sondern *Mimesis* und eine *Einpassung der Menschen in die Zyklen der Natur*.[74] Dies hat Wittgenstein sehr klar gesehen, als er schrieb: »Ein Irrtum entsteht erst, wenn die Magie wissenschaftlich ausgelegt wird. Wenn die Adoption eines Kindes so vor sich geht, daß die Mutter es durch ihre Kleider zieht, so ist es doch verrückt zu glauben, daß hier ein *Irrtum* vorliegt und sie glaubt, das Kind geboren zu haben!«[75] Und genauso »verrückt« ist es, zu glauben, daß die paläolithischen Jäger einen Wisent zu töten vermeinten, indem sie ihn auf eine Höhlenwand malten. Wenn Elias und Habermas so etwas behaupten, gilt für sie das, was Wittgenstein über Frazer bemerkte: »Welche Enge des seelischen Lebens bei Frazer! Daher: Welche Unmöglichkeit, ein anderes Leben zu begreifen, als das englische seiner Zeit!« Und: »Frazer ist viel mehr savage als die meisten seiner savages, denn diese werden nicht so weit vom Verständnis einer geistigen Angelegenheit entfernt sein wie ein Engländer des zwanzigsten Jahrhunderts. *Seine* Erklärungen der primitiven Gebräuche sind viel roher als der Sinn dieser Gebräuche selbst.«[76]

Dieses Unverständnis, eine Lebensform zu begreifen, die anders ist als die eigene, zeigt sich bei Elias auch dort, wo er behauptet, daß wir modernen Menschen im Gegensatz zu den früheren einfach *wüßten*, daß bestimmte unbelebte Dinge nicht belebt seien, denn im Gegensatz zum »Phantasiewissen« der Menschen auf früheren Gesellschaftsstufen verfügten *wir* über »realitätsbezogenes Wissen«.[77] Denn auch hier läßt sich in Abwandlung die Wittgensteinsche Frage stellen: Begeht der Visionssucher der Teton-Dakota, zu dem nach drei Tagen Aufenthalt in der Wildnis ein Stein ›spricht‹, einen »*Irrtum*?«[78] Täuscht er sich, weil er auf Grund seiner mangelhaften wissenschaftlichen Bildung nicht weiß, daß Steine unbelebte Gegenstände sind, die gar nicht sprechen können? Macht der Eskimo-Schamane, der sich in einen Bewußtseinszustand versetzt hat, in dem er seine »Tiernatur« erkennt, und der dies mit den Worten beschreibt, er habe sich »in ein Tier verwandelt«,[79] einen *Fehler*, wie Elias glaubt?[80]

Wer behauptet, daß beispielsweise ein Mystiker, der auf einen Stein deutet und zu seinem Schüler »tat tvam asi«, »dies bist du«, sagt, sich einfach *irre*, weil unsere »realitätskongruente« Wissenschaft längst herausgefunden habe, daß Steine und

Schüler nicht dasselbe seien, macht aus der Wissenschaft eine Ideologie, weil er eine *ganz bestimmte* Perspektive, die Dinge zu sehen und wahrzunehmen, als *die* Perspektive ausgibt und alle anderen als »trügerisch« und »kindlich« abwertet. Wenn Elias in der ihm eigenen Bescheidenheit meint: »Es müßte mehr Menschen geben wie mich, die keine Angst vor dem haben, was sie entdecken«,[81] so läßt sich dazu sagen, daß es vielleicht mehr Wissenschaftler geben sollte, die keine Angst vor dem haben, was nicht sie selbst entdeckt haben, und die dazu bereit sind, die Welt auch unter anderem Blickwinkel wahrzunehmen.[82]

Schließlich liegt eine der Ursachen dafür, daß Elias meist unfähig ist, die Mentalität der Menschen in früheren und anderen Gesellschaften zu begreifen, ähnlich wie bei dem von ihm verehrten Lévy-Bruhl[83] in seiner Neigung zu dem, was man »Exotizismus« genannt hat, nämlich dem forcierten *Verfremden* von Phänomenen, die im Grunde gar nicht »exotisch«, sondern sehr vertraut sind. So meint er etwa, daß jene Menschen eine »flüssigere und weniger fest organisierte« Identität gehabt hätten, was man z. B. daran erkenne, daß sie nach der Initiation geglaubt hätten, »eine andere Person« mit »einem anderen Namen« zu sein, oder daß sie plötzlich annahmen, »mit ihrem Vater identisch« zu sein.[84]

Aber ist uns so etwas wirklich »fremd«? Würde Elias sagen, daß beispielsweise ein Hochschulassistent, der nach seiner Berufung zu einem »Herrn Professor« geworden ist und sich plötzlich anders gebärdet und mit einem anderen Gesichtsausdruck in der Gegend herumläuft, eine »flüssigere und weniger fest organisierte« Identität als ein moderner Mensch habe? Oder würde er dies von einem Mann sagen, der die Firma seines Vaters übernommen hat und nach einiger Zeit von den Angestellten wie früher der Vater »der Alte« oder »der Müller« genannt wird? Offenbarten die Bororó-Indianer, die dem verdutzten Ethnographen mitteilten, sie seien Papageien, eine andere, ›archaischere‹ Mentalität als die Spieler von ›1860 München‹, die von sich sagen, sie seien die Löwen?

§ 1
Die Viktorianer und das Dekolleté

Im steifen Bremen der wilhelminischen Ära eine Sängerin wie Mlle Claire, die für die Damen der Gesellschaft eine Demimondaine war, zu einem großbürgerlichen Abendessen einzuladen erforderte jenen Mut, den der Bremer Konsul Fürchtebohm besaß. Wie die damalige Haustochter Julie Schrader sich erinnerte, ließ die Dame zunächst auf sich warten. »Dann aber kam sie, und wir waren ganz baff, weil sie oben so wenig verdeckt hatte, daß man sagen kann: es hingen ihr die Busen zum Fenster raus. Mathilde hatte schweren Atem, und die Konsulin rang mit der Fassung, weil auch Kippenbergs anwesend« waren, »welche für derlei Dinge nicht sehr geeignet sind. Sie war ganz in lila Crêpe und sagte zu Fürchtebohm, er sei ein lieber Wuzi-Wuzi, indem er sie zur Tafel gebeten hätte. Frau Kippenberg sah auf den Boden, als wiche er unter ihr. Sie blieb noch gerade bis zum Dessert, welcher aus Waldmeister war.«[1]

Daß die Damen erstarrten und ihnen vermutlich das Diner verdorben wurde, lag nicht allein an der Tatsache, daß man in der damaligen Zeit zu solchem Anlaß »hochgeschlossen« trug,[2] sondern auch an dem Umstand, daß gerade die Bremerinnen seit alters als ganz besonders schicklich und sittsam galten. So verlautete z. B. im Jahre 1835 der Arzt Heineken über die Hansestadt, es gäbe »wohl wenige Städte, wo Busen, Nacken und Arme so wenig entblößt sich zeigen wie dort, wo große und kleine Tücher, die etwaigen Blößen zu decken, so gebräuchlich sind«,[3] nachdem bereits 1587 Arnold van Buchel von den bremischen Frauen berichtet hatte, diese bedeckten den gesamten Leib und den Kopf mit Binden und Hüllen. Dies hielt er freilich allem Anschein nach für einen Ausdruck ihrer Prüderie, denn der Lustmolch vergaß nicht anzumerken: Da seien ihm doch die Belgierinnen lieber, die er gerne, nachdem sie sich ausgezogen hätten, an den nackten Brüsten halten würde.[4]

Aber auch im 19. Jahrhundert gaben sich nicht wenige Männer angesichts der zum Teil sehr tiefen Dekolletés solchen Tagträumen hin: »Wenn Frauenzimmer sich fast bis zum Nabel entblößen«, so verlautete etwa ein biedermeierlicher Kommentator, »werden oder können sie es übelnehmen, wenn man nach ihren nackten Brüsten greift, indem sie selbst einen zur Geilheit reizen oder gar auffordern?«[5] Gewiß, auch die Frauen anderer Weltgegenden entblößten die Brüste, doch täten sie dies anscheinend in aller Unschuld. So greife, wie ein Reisender berichtete, mancher Europäer gerne den Hottentotten-Weibern an die nackte Brust, was diese aber mit der Frage quittierten, was er denn »in seinem Herzen für Gedanken habe? Sie sind daher in diesem Punkt weit anders geartet als manches europäische Frauenzimmer, welches deswegen den Stall offen stehen läßt, damit ein geiler Bock mit seinen Augen dahin zielen und bewogen werden möge, die Hände danach auszustrecken.«[6] So wurde den derart gekleideten Damen immer wieder bewußter wie auch unbewußter Exhibitionismus vorgeworfen,[7] und Beobachter versicherten, nicht wenige Frauen beugten sich auf den Bällen mit Absicht so nach vorne, daß die anwesenden Herren ihnen in den Busen schauen konnten, was diesen wie jenen zu »angenehmen Empfindungen« verhelfe.[8]

Vor allem seit den frühen sechziger Jahren des vergangenen Jahrhunderts trugen manche Damen Abendkleider, die beinahe bis zum Rand des Warzenhofes ausgeschnitten waren,[9] und 1867 hieß es in der *Saturday Review*, die Damen hätten ein »Minimum an Kleidung und ein Maximum an Unverschämtheit« erreicht. Zwei Herren hätten sich in der Oper unterhalten, als ihr Blick auf eine unmittelbar unter ihnen sitzende Lady gefallen sei. »Haben Sie schon einmal so etwas gesehen?« habe der eine gemeint. Darauf der andere: »Seitdem ich abgestillt wurde nicht mehr.«[10]

Mit Ausnahme der nachrevolutionären und der Biedermeierzeit[11] sowie der kurz vor dem Ersten Weltkrieg[12] trug man freilich seit Jahrhunderten[13] Dekolleté nur zu festlichen An-

1 »Pfui, wie frei!«, Karikatur, 1926.

lassen und als Bestandteil der Abendgarderobe,[14] so daß im Jahre 1865 Théophile d'Antimore rhetorisch fragen konnte: »Wer von Ihnen würde es wagen, in einem Ballkleid auf die Straße zu gehen und sich dem Publikum darzubieten? Selbst die Kühnste würde sich das nicht trauen, denn das Gejohle der Menge zwänge sie auf der Stelle, sich zu verstecken, und die Gassenjungen würden sie mit Unrat und mit Steinen bewerfen. Überdies schritte die Polizei ein und nähme sie vermutlich in Verwahrung, um sie in eine Besserungsanstalt (›tribunal correctionnel‹) einzuweisen – schuldig der Verletzung der öffentlichen Moral.«[15]

Im 19. Jahrhundert machte z.B. in England die Teilnahme am Hofball, auf dem sie der Königin vorgestellt wurde, aus dem siebzehnjährigen blaublütigen Mädchen eine Lady. Dieses »Coming Out« war gleichzeitig und vielleicht sogar in erster Linie ein Heiratsmarkt, auf dem nach einer ›guten Partie‹ Ausschau gehalten und deshalb, wie Alexander von Bernus

1898 aus Karlsruhe schrieb, »die adligen Junggänse zur Schau gestellt wurden«.[16] Obwohl viele Viktorianer die »Paris fashions« für ihre Töchter ablehnten, weil diese zu viel nacktes Fleisch zeigten,[17] erschienen die jungen Mädchen, deren Brüste sich gerade erst entwickelt hatten, zum ersten Mal in ihrem Leben »halbentblößt« in der Öffentlichkeit, um sich dort von den Männern mustern zu lassen. In einer solchen Toilette aufzutreten kam den meisten sehr ›gewagt‹ vor, und manche waren sogar – wie sie später schrieben – nachgerade schockiert.[18] Schon vor ihrem ersten Ball stellte beispielsweise Olive Barton ihrer Schwester die bange Frage, was für eine Art von »sensation« man denn habe »to walk into a room half-undressed, before a lot of men!«, und ein Gentleman erzählt in seinem Tagebuch, wie er einmal das Dienstmädchen Hannah überredete, das Abendkleid ihrer Herrin anzuprobieren, worauf sie »suddenly flung herself into my arms – ›... Oh, Massa ... I am naked!‹«[19] Und nachdem im Jahre 1873 Marina King aus Natal ihre erste dekolletierte Abendrobe geschneidert hatte, kamen ihr Bedenken: »I knew that my shoulders and arms were good; the dress showed them off to advantage. But it was one thing to plan a lovely dress and, I found, another thing to wear it. Dressing for the ball I felt amazed at my audacity ... How could I say goodbye to my father, he would never let me go. I took off the dress again.«[20]

Freilich mußten nicht allein die jungen Mädchen das, was sie hatten, zu Werbungszwecken vorweisen, auch für die erwachsenen Damen war der Ausschnitt *de rigueur*. So hieß es beispielsweise im Jahre 1908 für den Berliner Hofball: »Vorschrift ist der runde, die Schultern freilassende Ausschnitt, kleine Ärmelchen sind gestattet.«[21] Und fünf Jahre später ordnete Wilhelm II. an, daß jede Dame, die eine Vorstellung der Berliner Oper besuche, bei der er persönlich anwesend sei, Dekolleté zu tragen habe,[22] nachdem sich bereits nach der erstgenannten Verfügung vor allem der »Erbfeind« über den Teutonen-Kaiser lustig gemacht hatte. Dieser habe, so hieß es in einem Spottgedicht, auf den Bällen die verschiedenen For-

2 ›Man zeigt, was man hat.‹
Französische Karikatur, um 1908.

men der Brüste begutachtet und daraufhin beschlossen, aus dem Tanzsaal eine Anstalt für Säugammen zu machen: »Scheissdräck, disait Guillaume II,/Nous en avons pour tous les goûts/Des p'tits, des gros, des durs, des flous./Nous avons surtout ce concept/Qu'ils n'en ont pas chez Edouard VII/ J'exige avec autorité/Que l'beau sexe soit décoll'té,/Car, je le dis sur tous les tons,/Je suis l'Empereur des Tétons!«[23]

Ungerecht war das schon ein wenig, denn wie bereits am Hofe Königin Viktorias gab es auch am Hofe ihres Nachfolgers Dekolletézwang, und lediglich jene »Ladies, to whom, from illness, infirmity, or advancing age, the present low Court Dress is inappropriate«, konnten nach Vorlage eines ärztlichen Attests vom Haushofmeister die Erlaubnis erlangen, eine hochgeschlossene Robe zu tragen.[24] Auch hatten im 19. Jahrhundert viele Anstandsbücher den jungen Mädchen, die zu flache oder noch zu kleine Brüste hatten, ans Herz gelegt, auf tiefausgeschnittene Abendkleidung zu verzichten, aber auch älteren Frauen, deren Brüste schlaff oder faltig geworden waren. So riet z.B. im Jahre 1859 die Comtesse de Bassanville den letzteren, »de mettre soit une guimpe de tulle, soit une écharpe, pour prouver qu'elles protestent contre cette toilette qui n'est plus de leur âge«.[25]

3 Illustration aus *Le visage de la femme*.

Sollte indessen ein geistlicher Herr zu Gast sein, erforderte die Schicklichkeit es ohnehin, daß die Damen »viennent en robe montante«. Denn »un ecclésiastique, bien certainement, ne resterait pas dans une réunion où les femmes seraient décolletées«.[26] Solche Herren, die wie Hochwürden Beecher der Überzeugung waren, daß »a proper dress for any girl or woman reveals the lady, but not her person«,[27] konnte man nicht mit halbentblößten Brüsten flankieren, und es steht zu vermuten, daß dies auch der Grund war, warum Königin Viktoria nie die hohe Geistlichkeit zu den Abendbällen einlud.[28]

Kritik an den ausgeschnittenen Kleidern wurde freilich nicht nur von der Kirche und von den Feministinnen geübt, die regelrechte Kampagnen gegen diese habituelle Schamlosigkeit führten,[29] sondern auch von Nudisten wie Heinrich Pudor, der sich über eine Mode empörte, die erfunden worden war, »um den verbildeten Sinn und die vergiftete Sinnlichkeit ausgepreßter Großstädter noch zu reizen. Und dazu geben sich deutsche Jungfrauen her! Macht sich in dem Gemüt eines Weibes nichts von Entrüstung, nichts von Scham, nichts von Ekel, nichts wenigstens von Verwunderung bemerkbar, daß seine heimlichsten Reize hier in der denkbar offensten Weise wie Köder im Schaufenster, diesem brutalsten Publizierungsmittel, gleichsam feilgeboten werden?«[30] Eine nackte Frau im »keuschen Lichtkleid« war unendlich viel unschuldiger als eine Dame, die ihre Brüste aus der Kleidung quellen ließ, um die Männer sexuell zu erregen und zu ködern, und als im Jahre 1885 in den Leserbriefspalten der *Times* ein vornehmlich zwischen männlichen und weiblichen Künstlern geführter Krieg um eine Aktausstellung der Royal Academy hin und her wogte, bemerkte ein Leser, ein nicht-obszönes Bild der »undraped female figure« sei allemal wesentlich anständiger als der Anblick tiefdekolletierter Damen, sowie »of the galaxy of semi-nudities in a modern ballroom«.[31] Und ein Völkerkundler stellte schließlich die Frage, was denn der Angehörige einer fremden Kultur über eine solche öffentliche Fleischbeschau denken möge, und gab die Antwort: »Wenn ein frommer Muslim aus Ferghana unsern Bällen beiwohnen, die Entblössungen unserer Frauen und Töchter, die halben Umarmungen bei unsern Rundtänzen wahrnähme, so würde er im Stillen nur die Langmuth Allah's bewundern, der nicht schon längst über dieses sündhafte und schamlose Geschlecht Schwefelgluthen habe herabregnen lassen.«[32]

Wieviel nackte Brust eine Frau nun aber auch immer zeigen mochte – die öffentliche Entblößung der Brustwarzen oder auch nur des Warzenhofes blieb ein absolutes Tabu, und als im Jahre 1842 Lord Shaftesbury, der im ›Black Country‹ die Kohlenminen inspiziert hatte, den Holzschnitt eines dort beschäftigten jungen Mädchens sah, das mit nacktem Oberkörper einen Grubenwagen zog, war er entsetzt, daß derartige Bilder »should have found their way into the boudoirs of refined and delicate ladies«.[33] Kurz zuvor war eine britische Parlamentsdelegation bei der Inspektion der Kohlebergwerke von Yorkshire auf junge Mädchen gestoßen, die nur äußerst unzureichend bekleidet unter Tage arbeiteten. Obwohl bereits körperlich entwickelt, seien sie, wie einem Bericht der ›Shaftesbury Commission‹ zu entnehmen war, »naked down to the waist« gewesen, und auf Grund der Tatsache, daß sie wie die Jungen »trowsers« trugen, »their sex was recognisable only by their breasts«: »Any sight more disgustingly indecent or revolting can scarcely be imagined. No brothel can beat it.«[34] Der ›Report‹ löste einen Skandal aus, der das Parlament veranlaßte, die Beschäftigung von Frauen und Mädchen unter Tage zu verbieten – und dies in erster Linie nicht wegen der unmenschlichen Arbeitsbedingungen, sondern wegen der unschicklichen Entblößungen, die zu allerlei Unzucht anreizen mußten.[35] In einem anderen Bericht hieß es, daß in Lancashire sogar reife Frauen schufteten, deren Kleidung vorne so weit offen stünde, daß ihnen bisweilen bei der Arbeit die Brüste heraushingen.[36] Was Friedrich Engels dazu bewegte, über die britischen Steinkohle- und Eisenerzbergwerke etwas übertrieben zu resümieren: »Was das Geschlechtsverhältnis betrifft, so arbeiten in den Gruben wegen der dort herrschenden Wärme Männer, Frauen und Kinder in vielen Fällen ganz und in den meisten beinahe nackt, und was die Folgen davon in der finsteren, einsamen Grube sind, mag sich jeder selbst denken.«[37] Zwar versuchte im Jahre 1887 Oscar Wilde die mangelhafte Bedeckung der Grubenmädchen mit dem Hinweis auf ihre Zweckmäßigkeit zu rechtfertigen, wobei er in einem Seitenhieb anmerkte, daß in Wirklichkeit allein die Damen der Gesellschaft schamlos gekleidet seien,[38] aber seine Argumentation ging an der Wirklichkeit vorbei, denn aus den Dokumenten geht hervor, daß auch die der Not gehorchenden Arbeiterinnen ihre Aufmachung als entwürdigend und beschämend empfanden.[39]

§ 2
Liberté, égalité, frivolité

Nachdem das Tragen eines festlichen Dekolletés im Bürgertum des vergangenen Jahrhunderts so gemein geworden war, konnte man leicht vergessen, daß die öffentliche Entblößung des Oberteils der Brüste ursprünglich ein Adelsprivileg dargestellt hatte: »Couvrir sa gorge comme une bourgeoise«, sagte man vor der Großen Revolution in Frankreich,[1] und als die Bürger schließlich zur herrschenden Klasse aufstiegen, übernahmen sie augenblicklich diese Mode und versuchten ihrerseits, den unter ihnen stehenden sozialen Schichten dieses Recht vorzuenthalten. So wurde z.B. in einem 1835 in Wien erschienenen Lehrbuch für künftige Dienstmädchen denselben eingebleut, sich ja nicht dekolletiert sehen zu lassen: »Es ist wider allen Anstand und wider die Achtung, die du deiner Herrschaft – die du dir selbst schuldig bist.«[2] Und noch im Jahre 1914 kritisierte Mary Augusta LaSelle die »low decolletage« der jungen Arbeitermädchen in den New Yorker Tanzhallen, »in too many cases a fantastic imitation of the costly costumes of women of large incomes«.[3]

Freilich hatten die Bürgerinnen selber sich schon vor Jahrhunderten immer wieder angemaßt, dem Adel dieses Privileg zu nehmen. »Desgleichen werden Wir berichtet«, heißt es beispielsweise in einer Gottorper Verordnung des Jahres 1615, »daß etliche Bürgerstandesfrauen und Jungfrauen sich nicht schämen noch entsehen, gleich denen vom Adel und höheren Standes Personen mit offenen Kragen und blossen Hälsen sich hervorzutun«,[4] und kurz nach dem Dreißigjährigen Krieg warnt der plattdeutsche Dichter Lauremberg, der Entwicklung etwas hinterherhinkend, »sobald de Börgers-Döchter wüsten,/Dat de Adeliken gingen mit blöten Brüsten,/Mit blotem Halse und Rüggen halff naked«, dann würden sie sich fragen: »Warum schelden wy den unse schmucke Titten/Verbergen und laten in düstern sitten?/Wy hebben se even so wenig gestahlen;/Ick kann dem Schnider dat Makelohn bethalen,/Dat he my dat Wams so deep scheret uth,/Dat men my sehn kan de Titten und blode Huet.«[5]

Soviel wußten die Bürgerstöchter selber, das brauchte man ihnen nicht zu erzählen, und so war auch schon 1640 in Hannover die Klage ergangen, daß »die Frauen der Doctores den adelichen Frauen das Recht, die Brust zu blößen beim Empfange des Herrn Nachtmahls«, mißgönnten und es ihnen gleichtäten.[6] Dies war nicht »modest«, und zwar in der doppelten Bedeutung des Wortes: Nicht schamhaft und nicht bescheiden, vielmehr frech und hochfahrend. Dem mußte ein Riegel vorgeschoben werden, und so verbot z.B. im Jahre 1653 die Kurfürstin Maria Anna von Bayern die »unschambare Entplößung um den Hals«, die in der »landgebräuchlichen Klaidung zum meniglichen Ärgerniß fast und sehr überhandt nimbt«, und drohte bei Nichtbeachtung mit öffentlichen »Correktionen« sowie einer Geldstrafe von 12 Reichsthalern, was immerhin dem Wert von einer halben Kuh entsprach. Galt dies ohne Ansehen der Person? Offenbar fühlten sich einige Damen auf die Füße getreten, denn alsbald beeilte sich ein Rat im Kurfürstlichen Kammeramt, seiner obersten Herrin folgende Fußnote zum Entwurf des Generalmandates zu überreichen: »Wollen Ihro Churfürstlichen Durchlaucht dieser Ordnung annoch ein unnachsichtlich geschärftes Verboth wider die statthabenden Entplößungen und schamblose Aufzüge des weiblichen Geschlechtes beyfügen, so werden Höchstdieselben freilich in allerhand bittere Ärgernisse mit den Damens von Höchstderoselben Hoffe gerathen, welche sich bisher der besonderen Benediction der freyen Entplößung noch immer unverdrossen erfreuen.«[7]

Freilich hielten sich in diesem und im folgenden Jahrhundert die meisten Bürgerinnen daran, das, was der Ausschnitt gezeigt hätte, wenigstens mit einem Tuch oder mit einem Dekolletékragen zu bedecken,[8] aber als immer mehr Frauen und Jungfrauen dazu übergingen, auf das *fichu* zu verzichten, fragte im Jahre 1739 *The Ladies' Library*, was jene in der Zukunft denn noch alles von sich zu werfen gedächten, nachdem sie bereits Schultern und Brüste entblößt hätten,[9] und als im Verlaufe des 18. Jahrhunderts die Röcke kürzer und das Dekolleté immer tiefer geworden waren,[10] stellte ein gewisser Edward Moore mit Bestimmtheit fest: »While I am conniving at low stays and short petticoats, I will permit no lady whatsoever to make both ends meet.«[11]

Je mehr sich Europa auf die Französische Revolution zubewegte, als um so altmodischer empfanden viele Damen zumindest in den Metropolen die Rokokokleidung und griffen zu leichten und luftigen Chemisenkleidern, wie sie in England zunächst von Mädchen,[12] ab 1780 aber auch mehr und mehr von erwachsenen Frauen getragen wurden. »Da geht sie hin«, klagte um diese Zeit der Autor des Büchleins *Stimme eines Kosmopoliten in der Wüste* über die junge Berlinerin, »in seidenen Stoff gehüllt – frech in Gang und Mienen – den Busen entblößt, mit den Augen hieher und dorthin schielend, um das männliche Geschlecht zu fesseln und das flatternde Stuzzerchen an die Leimrute zu locken«,[13] und auch in Paris hieß es bald, manche Frauen trügen Roben, »qu'on eut rougi de porter autrefois«.[14]

Am englischen Hof war das hochtaillierte Chemisenkleid zwar nicht zugelassen,[15] und der Provinzadel hielt sich diesbezüglich auch in Frankreich zurück, doch im Mai 1783 wurde im Pariser Salon ein von Vigée-Lebrun angefertigtes Portrait Marie-Antoinettes ausgestellt, auf dem die Königin ein einfaches weißes Musselinkleid trug. Viele Besucher reagierten mit Empörung, da sie glaubten, die Gattin Ludwigs XVI. sei im bloßen Hemd dargestellt worden, und das Bild entfachte so heftige Kontroversen, daß es aus der Ausstellung entfernt werden mußte. Freilich hatte der Skandal zur Folge, daß das aus feinem Musselin gefertigte Kleid, zunächst »Robe à la créole« genannt, weil es ursprünglich von den französischen Kolonistinnen im heißen Westindien und in Louisiana getragen worden war, als »Chemise de la Reine« ungeheure Popularität erlangte. Es verstärkte die ohnehin vorhandenen

4 ›La walse‹ tanzende ›Merveilleuses‹ und ›Incroyables‹, um 1794.

Tendenzen zur ›Informalisierung‹ der Damenkleidung und wurde von vielen Frauen getragen, obgleich diese in der Folgezeit, da ihnen das Kleid eine größere Bewegungsfreiheit verschaffte, nicht selten egalitaristischer und ›feministischer‹ Gesinnung verdächtigt wurden.[16]
Die Revolution selber brachte zunächst eine Mäßigung[17] – revolutionäre Frauen wie Théroigne de Méricourt oder Claire Lecombe, eine der Führerinnen der kurzfristig existierenden Société des Républicaines-Révolutionnaires, trugen meist ein züchtiges *fichu* in den Farben der Trikolore[18] –, aber im Anschluß an die Entwicklungen der achtziger Jahre und als Reaktion auf den jakobinischen ›Terror der Tugend‹ trug man bereits 1794 wieder »les bras nus et le sein découvert«. Manche der kühneren Frauen trugen jetzt Kleider »à la sauvage« mit aus fleischfarbenem Seidentrikot gefertigtem Mieder, das durch das Chemisenkleid schimmerte und, wie das *Nouveau Tableau de Paris* verlautete, die »geheimen Reize« nicht mehr, wie bisher, erahnen, sondern sehen ließ.[19] Zwar galt eine solche Aufmachung weithin als unanständig, aber dem bürgerlichen Brust- und Rückendekolleté war ein für allemal zum Durchbruch verholfen.[20]

Gewiß, vor allem die älteren Damen trugen auch in der Folgezeit über dem Ausschnitt eine *chemisette* oder ein *fichu*,[21] aber die jüngeren Frauen, und unter diesen besonders jene, die es sich leisten konnten, taten dies immer weniger, und ein Frankfurter Bürger schrieb voller Entzücken aus Paris nach Hause, man könne in dieser Stadt die weiblichen Reize ungestört genießen, »denn die Schönen sind stolz ob der lüsternen Blicke, die von allen Seiten auf sie geworfen werden«.[22] Ab dem Jahre 1796 waren die Ausschnitte manchmal so tief und der Saum lag so locker an, daß man die ganzen Brüste sehen konnte, wenn man den Damen über die Schultern schaute (Abb. 5) oder wenn sie sich vorbeugten,[23] und im Jahr darauf

5 James Gillray: ›Fashionable Modesty‹, 1796.

erinnerten die *Annalen der leidenden Menschheit* daran, »daß es nur Buhlerinnen anständig ist, den Arm bis zur Schulter zu entblößen, und den Busen zur Schau zu tragen«.[24]
Im gleichen Jahr – 1797 – mokierte sich zwar ein Modejournal über das »Costüm à la Souvage mitten in Teutschland« und meinte, »das Non plus ultra alles Lächerlichen« sei es, gar »alte Weiber von beynahe 50 Jahren in dieser Tracht zu erblicken, an deren Nuditäten ein anatomischer Zeichner ein vor-

6 ›One of the Graces for 1794‹. Karikatur auf die tiefen Dekolletés.

treffliches Studium hätte machen können. Doch zum Glück ist dieser Rausch nicht allgemein, und der Vorwurf trifft nur eine gewisse Classe unserer weiblichen Welt.«[25] In der Tat darf man nicht aus dem Auge verlieren, daß solche Gewänder praktisch nur von jüngeren Frauen vornehmlich in großen Städten wie Paris oder London getragen wurden, und auch längst nicht von allen,[26] und das Dekolleté blieb im allgemeinen im Rahmen der Dezenz. Ja, eine Prostituierte klagte gar einem Reisenden, sie und ihre Kolleginnen dürften »überhaupt nicht zu sehr entblößt gehen, weil sie sonst gewiß von rechtlichen Bürgersleuten beschimpft würden«.[27]

Aber rutschten in diesen ›wilden‹ Zeiten des Directoire nicht, wie manche Kultur- und Modehistoriker behaupten, die Säume der Ausschnitte so weit nach unten, daß sogar die Brustwarzen frei getragen wurden?[28] Heißt es nicht bereits im Frühsommer des Jahres 1793, die achtzehnjährige Lady Charlotte Campbell habe ein enganliegendes, hochtailliertes Chemisenkleid getragen, »accompanied by a complete display of the bosom – which is uncovered and stuck out by the sash immediately below it«? Und kommentierte nicht im Jahre darauf *The Sporting Magazine*: »Female dress of the present fashion, is perhaps the most indecent ever seen in this country. The *breast* is altogether displayed«?[29]

Nun wird indessen aus dem jeweiligen Kontext und aus vielen anderen Berichten und Abbildungen klar, daß »complete display of the breast« oder »le sein tout nu« nichts anderes be-

7 Johann Heinrich Lips:
Straßenstricherin, 1780.

deutet, als daß die betreffenden jungen Damen auf ein *fichu* oder eine *chemisette* verzichteten, d.h., ein unbedecktes Dekolleté trugen. So wird auch immer wieder hervorgehoben, daß die Pariserinnen der Zeit des Directoire mit Kleidern in der Öffentlichkeit erschienen, »qui laissent à découvert la moitié du sein«.[30] *Wenn* Frauen mit nackten Brüsten dargestellt sind, handelt es sich entweder um Allegorien (Abb. 9) oder Karikaturen (Abb. 6) oder aber um Darstellungen von öffentlichen Huren, die bisweilen in den Bordellen ihre Kunden ›oben ohne‹ erfreuten (Abb. 8).[31] Und wenn ein Künstler wie Robert Fagan im Jahre 1803 seine junge Frau in einem Kleid malte, das unterhalb der Brüste endete, dann trägt sie auf dem Bild, das »clearly for private contemplation« gedacht war,[32] eine Phantasierobe. Wäre Mrs. Fagan mit einem solchen Kleid in der Öffentlichkeit erschienen, hätte sie diese Kühnheit ohne Zweifel hinter Schloß und Riegel gebracht.

Nun steht aber in fast jeder ›Sittengeschichte‹ geschrieben, daß in jener nachrevolutionären Zeit, in der, wie 1798 ein Beobachter der Damenmode in Bad Pyrmont es formulierte, »mit dem Reiche der Freyheit im politisch-geistigen Körper

8 ›Im Bordell‹. Anonymer Stich, um 1799.

auch das Reich der Natur für die fleischlichen Körper erschienen« war,[33] immer wieder gewisse Damen ›oben ohne‹ auf den Straßen flanierten. Lustwandelte nicht z. B. Mme. Hamelin, die Gattin eines Schweizer Bankiers, mit nacktem Oberkörper auf den Champs-Elysées, und tat nicht Mme. Tallien, die Freundin von Barras, dasselbe?[34]

In der Tat war Mme. Hamelin im Oktober 1798 mit einer Freundin in einem selbst für die damalige Zeit äußerst gewagten ›Etuikleid‹ spazierengegangen, worauf sich alsbald zahlreiche Passanten zusammenrotteten, die den beiden jungen Frauen übelste Schimpfworte zuriefen und sie schließlich in einen Wagen stießen, der sie auf dem schnellsten Wege nach Hause brachte. Freilich trugen diese Opfer des Volkszorns nicht ›oben ohne‹, sondern semitransparente Kleidchen, die »jede Bewegung plastisch abzeichneten und alle dunkleren Partien des Körpers durchschimmern ließen«.[35]

Im allgemeinen trugen damals die Frauen unter den leichten Musselinkleidern eine Art »bodystocking« aus fleischfarbenem Seidentrikot.[36] Diese ärmellose und tief ausgeschnittene Unterkleidung bildete freilich in vielen Fällen nicht nur, wie

Cardine de la Motte Fouqué es beschrieb, die Körperformen »in verletzender Wahrheit« ab,[37] sondern bisweilen vor allem bei dunkel pigmentierten Damen die Brustwarzen[38] und in extremen Fällen sogar das Schamhaar. Ja, manche kokette junge Frau dämpfte sogar das Trikot[39] oder andere trugen das Musselinkleid naß, damit es am Körper einlief und anschließend die Details des Körpers besser zur Geltung kommen konnten. Stand eine derart bekleidete Dame auch noch gegen das Licht, dann wurde das Gewand fast völlig durchsichtig,[40] und sie zeigte sich praktisch nur im hautengen Trikot in der Öffentlichkeit. Genau so scheint es sich nicht nur bei unseren beiden Spaziergängerinnen verhalten zu haben, sondern auch im Falle von Thérésa Cabarrus, besser bekannt unter dem Namen Mme. Tallien, einer berühmten ›demi-mondaine‹, die auch ›Notre Dame de Thermidor‹ genannt wurde: Auf einem Ball in der Großen Oper erschien sie – offenbar ähnlich wie die Allegorie der Republik (Abb. 9) – »vêtue à la grecque«,[41]

9 Antoine-Jean Gros: ›La République‹, 1794.

und zwar in einer knielangen Tunika aus indischem Musselin, unter der sie lediglich ein dünnes Hemd trug, »qui ne laissait rien à désirer«, wie eine Augenzeugin berichtet.[42] Zwar waren ihre beiden Brüste bedeckt, aber bei einer anderen Gelegenheit sei sie, so heißt es, »als Diana gekleidet, den Busen halb entblößt«, aufgetreten,[43] was man vielleicht so verstehen kann, daß sie, wie die römische Göttin, eine ihrer Brüste frei trug.

Derartige Provokationen des Anstands gingen jedoch meist ins Auge. So berichtet z.B. im Jahre 1803 der fürstlich mecklenburgisch-schwerinische Leibmedicus Vogel, in Hamburg seien »zwei Frauenzimmer, die mit offenem Busen spazierengingen, stark ausgezischt und mit Unwillen von dem Volke verfolgt« worden,[44] und drei Jahre später schreibt eine englische Dame, daß zwei junge Frauen auf einem Ball für einen Skandal sorgten, weil sie lediglich einen Spitzenbesatz über den Brüsten trugen.[45] Und noch im Jahre 1827 heißt es in Wien, »zwei liebenswürdige Schwestern« hätten den Versuch unternommen, sich »dem Zustande der Natur in dem Maße zu nähern, daß sie weiße leichte, durchschimmernde flordünne Kleider und darunter keine Hemden trugen: Und so ihre Straßenpromenade am hellen Mittag machten«. Nicht sehr lange im übrigen, denn alsbald wurden die »zwei Wiener Grazien« von der Polizei arretiert.[46]

Allerdings waren dies Exzesse, die für gehörigen Aufruhr sorgten und die darüber hinwegtäuschen, daß der größere Teil der weiblichen Bevölkerung insbesondere in den Nachbarländern Frankreichs die unanständige »Nacktmode« nicht mitmachte. Zwar klagte im Jahre 1804 das *St. Gallische Wochenblatt*, inzwischen krieche »jedes Töchterlein schon fix und fertig nach der neuesten Mode aus seinem Ey hervor mit Schleppen, Tuniken, Titusköpfen und Knabenschuhen, halbnackt und bloss, im Geiste des Zeitalters«.[47] Und ein paar Jahre darauf dichtete August Langbein nostalgisch: »Als der Großvater die Großmutter nahm,/da herrschte noch sittig verschleierte Scham,/man trug sich fein ehrbar und fand es nicht schön,/in griechischer Nacktheit auf Straßen zu gehn.«[48] Doch trugen die meisten Bürgerinnen in den deutschsprachigen Ländern im Gegensatz zu vielen Französinnen einfarbige Baumwoll- oder Kattunkleider ohne Ausschnitt und mit Ärmeln bis zum Handgelenk. Waren die Ärmel kurze Puffärmel, dann trug man im allgemeinen lange Handschuhe. Außerdem war der fast bodenlange Rock, der nicht viel mehr als die Schuhspitzen frei ließ, so geschnitten, daß die Beine sich beim Gehen nicht abzeichnen konnten.[49]

Selbst in Paris wehte bald ein anderer Wind als in den Frühlingstagen des Directoire. Nachdem Napoleon Erster Konsul geworden war, galt seine erste Sorge der schamlosen Kleidung, und er deklarierte, »qu'on chasserait honteusement des Tuileries quiconque y paraîtrait avec un vêtement immodeste«.[50] Während der Belagerung von Lyon im Jahre 1793 war die dortige Seidenindustrie zum Erliegen gekommen, und um ihr zu neuem Aufschwung zu verhelfen, verfügte der Erste Konsul eine Einfuhrsperre gegen ausländische Wollmusseline. Zwar kam immer wieder englischer Tüll als Konterbande auf »smugglers« genannten Schiffen über den Kanal, doch die Sperre bewirkte, daß mit der Zeit die transparenter gewordenen Musselinstoffe zugunsten dickerer Stoffe wie Taft, Brokat und Samt zurücktraten.[51]

Auch diese Entwicklung kam der Tendenz zu mehr Anstand in der Mode entgegen – die Kleidung wurde wieder opak, der Dekolletérand rutschte weiter nach oben, um 1810 kehrten die Mieder zurück, zunächst leichte, »corsets à la Ninon« genannt,[52] dann schließlich schwere Fischbeinkorsette, so daß das Weimarer *Journal des Luxus und der Moden* im März 1813 schreiben konnte: »Die schöne Zeit, wo die Damen ihre Gestalt nicht durch Schnürleiber entstellten, ist nun auch wieder vorrüber, und man sieht jetzt schon recht viele Damen, welche die von der Natur erhaltene Leichtigkeit und Anmuth durch Einschnüren verbergen und verstellen.«[53]

§3
Die »ärgerlich und schändlich entblößten Brüste« im 17. Jahrhundert

Freilich entblößten nicht erst im ›galanten Zeitalter‹ viele Frauen einen Teil ihrer Brüste, auch vor dem 18. Jahrhundert sorgte diese Mode für Entrüstung. Samuel Pepys beispielsweise notierte am 22. November 1666 in seinem Tagebuch, er habe sich mit seiner Frau herumgestritten, nachdem diese so viel vom Halsbesatz ihres Kleides abgetrennt hatte, daß man beinahe den Ansatz ihrer Brüste sehen konnte: »At noon home to dinner, where my wife and I fell out, I being displeased with her cutting away a lace hankercher so wide about the neck, down to her breasts almost, out of a belief, but without reason, that it is the fashion.«[1]

So völlig grundlos war die Ansicht von Mrs. Pepys allerdings nicht, denn in vielen Gegenden Europas trugen im 17. Jahrhundert die Damen des Adels und zunehmend auch die der wohlhabenden Bürgerschaft ausgeschnittene Kleider. So verurteilte z. B. Jacob Cats die in Holland eingerissene Sitte, »een goed gedeelte van de hals en borst ontbloot te laten«,[2] und die *Künzelsauer Chronik* berichtet, um 1680 hätten manche Weibsbilder so viel nackte Brust gezeigt, »daß sich ein redlicher Mann selbst davor geschämt« habe.[3]

Grimmelshausens Simplicissimus erzählt, sein Herr habe ihn gefragt: »Wie/vermeinst du dann/diese Damen seyen Affen? Ich antwortet/seynd sie es nicht/so werden sie es doch bald werden./Mein Herr fragte/woran ich sehe/daß diese Affen werden sollten? Ich antwortet/Unser Aff trägt sein Hindern bloß/diese Damen aber allbereit ihre Brüst/dann andere Mägdlein pflegten ja sonst solche zu bedecken.«[4]

In Wien donnerte Abraham a Sancta Clara von der Kanzel herab, die »vornehmen Teutschen Damen«, die »mit blossen nackenden Brüsten prangen«, seien »verhurte Sauzimmer«, nicht wert, daß man sie anspucke. Als die Gattin des Kaisers davon erfuhr, setzte sie den Prediger unter Druck, seine Beleidigung der Wiener Hofdamen am darauffolgenden Sonntag zurückzunehmen. Bei der nächsten Predigt soll Abraham in der Tat gesagt haben, er habe sich vor einer Woche zu der Behauptung hinreißen lassen, die dekolletierten Damen seien es nicht wert, angespuckt zu werden. Dies widerrufe er. Sie seien es wert.[5]

Damit blieb er nicht allein. Sein burgundischer Amtskollege Pierre Juvernay hatte bereits im Jahre 1637 öffentlich die Damen beschimpft, die nicht einmal davor zurückschreckten ein Kreuz an einer Kette zwischen ihren entblößten Brüsten baumeln zu lassen. Viel sinnvoller sei es, dort das Bild einer Kröte oder einer Krähe zu tragen, denn diese Tiere lebten im Dreck und man sage, »daß ihre Seele wie Scheiße sei«.[6] Und aus Rom, wo der Papst allen Damen, die ihr Dekolleté nicht mit einem undurchsichtigen *fichu* bedeckten, die Exkommunikation androhte, berichtete im Frühsommer 1680 der Berliner *Sonntagische Mercurius*: »Das Portrait der Dauphinin ist dem Pabst gezeiget/und von ihm gelobet/hernach aber etwas geabordiret [= gemißbilligt]/weil der Bosem allzubloß gemahlet war/darüber die Frantzosen allhie lachen.«[7] Nichts zu lachen hatte indessen, wie das Blatt in einer späteren Nummer verlautete, eine Gruppe römischer Damen, die das päpstliche Dekolletéverbot in den Wind schlug: »Einige fürnehme und sehr schöne Damen, als sie vor etlichen Tagen in einer Lehn-Gutschen spatziren fahren wollen/sind von denen Sbirris auff der Strassen angehalten und gefangen worden/weilen sie/dem publicirten Verbot des Pabst zuwider/ihre Brüste zuweit entblösset getragen.«[8] Ja, in den Jahren davor hatte die Polizei auf päpstlichen Befehl sogar Razzien unter den Wäscherinnen durchgeführt, um sämtliche Kleidungsstücke mit Ausschnitt oder kurzen Ärmeln zu konfiszieren.[9]

Allerdings trug man im 17. Jahrhundert auch außerhalb Italiens auf der Straße im allgemeinen kein offenes Dekolleté, und als dies einmal um 1630 eine junge Engländerin unter Verkennung der französischen Gepflogenheiten in Paris tat, verursachte sie einen solchen Tumult, daß sie und ihr Begleiter von der Menschenmenge beinahe erdrückt wurden.[10] Denn eine Frau, die ihren Ausschnitt bei solcher Gelegenheit nicht mit einem Halstuch oder einem breiten Batistkragen, der bisweilen mit Spitzen eingefaßt war, bedeckte, war eine Provokation, obgleich diese Accessoires mit der Zeit ihre Funktion einbüßten. Sie wurden nämlich manchenorts so durchsichtig, daß das Dekolleté eher noch an erotischer Attraktivität gewann, weshalb z. B. im Jahre 1662 der Rat von Braunschweig »die ärgerlich und schändlich entblößten Brüste« verbot, obgleich die Damen »dieselben mit einem durchsichtigen, dünnen Flor zum Schein überdeckt haben«.[11]

Auch in anderen Städten ging die Obrigkeit gegen die »ärgerlichen Entblößungen« vor, so z. B. 1698 in Rothenburg ob der Tauber[12] oder bereits 1637 in Basel, wo der Rat gebot, daß der Ausschnitt nicht zu groß und der Stoff eng anliegen solle,[13] damit die Männer den Frauen nicht in den nackten Busen schauen konnten. In Freiburg im Breisgau wurde die »unerbare Kleydung«, die man allenthalben für eine welsche Unsitte hielt, im Jahre 1667 verboten, da sie »die darunter verborgene üppige Gemüther, Gedanken und führenden sträflichen Wandel zu erkennen« gebe.[14]

Indessen war auch im Welschland der Ausschnitt (*échancrure*), der mit dem Brustkrebs (*chancre*) verglichen wurde, nicht unumstritten. Von Ludwig XIII., der auf den Gemälden in seinen Palästen tiefe Dekolletés übermalen ließ, ist überliefert, er habe einmal während eines offiziellen Diners in Poitiers zunächst seinen Hut vor die Augen gehalten, weil an derselben Tafel ein junges Mädchen in einem ausgeschnittenen Kleid saß. Nachdem er zu Ende gespeist hatte, habe er aber einen kräftigen Schluck Wein genommen und diesen der jungen Dame in den Busen gespien. Und ein mitspeisender Herr habe beifällig bemerkt, daß »cette gorge descouverte méritait bien cette gorgée«.[15]

Ludwig XIV. hatte diesbezüglich eine ganz andere Einstellung, und im Jahre 1667 wurde das Tragen des »grand habit«,

10 Der Fontangeteufel und die
»Schandloß-geblößten Brüste«, 1691.

also eines tiefdekolletierten Kleides, am Hofe des Sonnenkönigs sogar Vorschrift. Dies galt für *alle* Damen, ganz gleich, ob es sich um Wöchnerinnen oder Kränkelnde handelte, ob sie sich schämten oder nicht, und unabhängig von der Jahreszeit, was angesichts der schlecht geheizten Räume des Palastes bedeutete, daß besonders die mageren Frauen sich die Brust blau froren.[16] So wies der König z. B. am bitterkalten 3. Februar 1695 Liselotte von der Pfalz, die Gattin seines Bruders, aus der Messe in der Chapel Royal, weil sie den Ausschnitt mit einem Schal verhüllt hatte und sich weigerte, diesen zu entfernen. Freilich war es nicht allein die winterliche Kälte, die Liselotte davon abbrachte, dekolletiert zu erscheinen: »Alle weiber zu Paris«, schrieb sie im Sommer 1706 an die Kurfürstin Sophie, »seind desbrailliert, daß mirs recht ekelt, man sucht ihnen schier den nabel; doller als sie nun daher gehen, hat mans nie gesehen«. Und sie fügte hinzu, es sei wohl diese Schamlosigkeit der Damen, die so viele Höflinge in die Homosexualität treibe: »Mich wundert nicht mehr, daß die mannsleute die weiber verachten und sich unter einander lieben.«[17] Weil so viele Hofdamen »ohne leibstück gantz desbraillirt« auftraten, blieb Liselotte, wenn es nur ging, in ihren Gemächern, und wenn sie diese verließ, tat sie sich ihren »alten zobel« um den Hals und auf die Brust, bis dies schließlich als »palatine« auch bei anderen Hofdamen Mode wurde.[18] Doch noch im Jahre 1715 schrieb sie in einem Brief: »Mansleütte sehe ich viel, aber keine weibsleütte; die wollen nicht zu mir, weillen ich nicht leyden kan, daß man gantz desbraillirt zu mir kompt in escharpen, wie zu madame d'Orleans undt madame de Barry. Die junge leütte wißen nicht, wo der respect in bestehet, haben nie keinen rechten hoff gesehen. Ich gestehe, daß das gantz unordtentliche weßen mir abscheülich mißfehlt.«[19]

Eine solche Schamhaftigkeit scheint unter den Hofdamen gar nicht so ungewöhnlich gewesen zu sein, wie man vielleicht anzunehmen geneigt ist. So war z. B. im Jahre 1674 Madame de Thianges dazu übergegangen, kein Dekolleté mehr zu tragen und kein Rouge mehr aufzulegen, weil ihr beides unmoralisch erschien.[20] Und selbst Françoise, Marquise de Maintenon, die Mätresse des Königs, verbarg schon frühzeitig, nämlich nachdem sie mit jungen Jahren Witwe geworden war, ihren Ausschnitt unter einem *fichu*, damit ihr niemand vorwerfen konnte, sie wolle die Männer reizen. Als sie einmal wegen der großen Hitze das Brusttuch ablegte, sagte die Herzogin von Richelieu zu ihr: »Mais vraiment vous avez la gorge fort belle; j'avais cru que vous y aviez quelque mal et que c'était pour cela que vous la cachiez avec tant de soin.«[21]

Nach dem Tode ihres Mannes im Jahre 1662 hatte sie sich von ihrem Geliebten mit nackten Brüsten malen lassen, doch bekam sie Angst vor der eigenen Courage und war froh, daß man sie auf dem schlecht gemalten Bild nicht erkennen konnte. Ihr Liebhaber, Louis de Villarceaux, verwahrte das Gemälde auf seinem Schloß, aber die Maintenon zitterte trotzdem dreißig Jahre lang, daß es diesen Ort verlassen könnte.[22]

Von Paris aus verbreitete sich die Mode der tiefen ›französischen‹ Dekolletés in vielen Ländern Europas, obwohl sie auf heftigen Widerstand stieß. Zu der Zeit, als z. B. Lille von den Truppen Ludwigs XIV. eingenommen und von Frankreich annektiert wurde, wetterte ein dortiger Priester von der Kanzel: »Couvrez vos gorges et prenez garde qu'étant toutes nues, il ne vous vienne quelque cancer comme à la feue reine mère Anne d'Autriche!«,[23] und im *Narren-Nest* des Hilarius von Freudberg hieß es im Jahre 1707: »Und du hast eine solche Kleider-Tracht, die nicht nur das Angesicht frech entblöset, sondern auch deine zwey Brüste, wie die verfluchten Berge Gelboe entblöset, nicht anderst solche mit Taschen und Binden in die Höhe zu steigen zwingest wie zwey Dudelsäck, nicht anderst solche auslegest als wie die Weiber auf dem Kräutel-Marck zwei Plutzer, welche, wenn sie verfaulen, den Säuen für geworffen werden.«[24]

Als im Jahre 1644 die ersten Damen am polnischen Hof dekolletiert erschienen, endete ihr Auftritt mit einem Skandal. Zwar hatte es auch schon vorher ausgeschnittene Kleider gegeben, aber das Dekolleté war mit einem Hemdchen (*giezło*) ausgefüllt und der Hals mit einer Krause, der *gorgiere*, bedeckt worden.[25]

Als einer der resistentesten Höfe erwies sich der spanische, aber auch dieser übernahm im Jahre 1700 trotz aller Kritik diese Mode. Zumindest in adeligen Kreisen hatte man im Jahrhundert davor nicht selten versucht, durch Auflegen von Bleiplatten die Brüste an der Entwicklung zu hindern oder bereits vorhandene, besonders wenn sie üppig waren, flachzupressen, so daß man angeblich »statt irgendwelcher Wölbungen vielmehr Vertiefungen sah«,[26] und die Comtesse d'Aulnoy berichtete nach ihrer Reise durch die iberische Halbinsel über die hochgeborenen Frauen: »C'est une beauté parmi elles de n'avoir point de gorge, et elles prennent des précautions de bonne heure pour l'empêcher de venir. Lors que le Sein commence à paroître elles mettent dessus de petites plaques de plomb, et se bandent comme les Enfans que l'on emmaillote. Il est vrai qu'il s'en faut peu qu'elles n'aient la gorge aussi unie qu'une feüille de papier.«[27]

Offenbar hatte jedoch die Französin nicht recht, wenn sie verallgemeinernd festhielt, *das* spanische Schönheitsideal sei es im 17. Jahrhundert gewesen, wenn eine Dame flach wie ein Brett war. Nicht nur waren – vor allem in Andalusien – volle Brüste, die mit Zitronen verglichen wurden, sehr begehrt.[28] Auch in Kastilien und anderen Gegenden stopften manche Damen die nicht oder nur in geringem Umfang vorhandenen Brüste mit Polstern aus Wolle oder Baumwolle aus,[29] und im Verlaufe des Jahrhunderts waren die Ausschnitte immer tiefer geworden, bis schließlich der Ansatz der Brüste sichtbar wurde. Dies empfand man freilich weithin als ungeheure Schamlosigkeit, als »puteria publica«, und ein gewisser Juan Zabaleta kommentierte, es wäre ehrlicher, wenn die Damen sich gleich ganz auszögen.[30]

Im Gegensatz zu früher, als die öffentlichen Huren in Spanien weitgehend ghettoisiert waren, flanierten sie jetzt auf den Straßen der großen Städte[31] und gingen mit halbentblößten Brüsten auf Kundenfang. Nachdem jedoch immer mehr Damen sich an ihnen ein Beispiel nahmen, wurde im Jahre 1639 in Madrid verfügt, daß nur noch jene »Frauen, die öffentlich ihren Lebensunterhalt mit ihrem Körper verdienen«, unbedeckte Dekolletés (*escotadas*) tragen dürften.[32] Allerdings umgingen auch in Spanien viele Damen dieses Dekret, indem sie semitransparente Brusttücher trugen. So sah John Locke in Montpellier im Jahre 1677 die hübsche »Princesse de Cajetan, a Spanish woman«, die über ihrem – anscheinend sehr tiefen – Dekolleté »something like a scarf« trug, »but by the thinness of it seemed to be of black lace, for one could see her skin very plainly«. Deshalb sah der Philosoph »above a hand's bredth below her armpits behind and a great part of her breasts before, which seemed to hang down lower than those of our women and to be but little«.[33]

§4
Die jungfräuliche Königin

Die allenthalben im Barockzeitalter geübte Kritik an der »schändlichen Entblößung« der weiblichen Brust mag nun niemanden verwundern, wird doch von zahllosen Kulturhistorikern und Soziologen im Sinne der Eliasschen Zivilisationstheorie unwidersprochen behauptet, erst ab dem 17. Jahrhundert sei »der Busen verhüllt« worden, da die zunehmende Repression der Sexualität dazu geführt habe, daß erstmals die nackten Brüste »sexuelle Phantasien« beflügelt hätten.[1] Die »Tabuisierung der Brüste« beginne also erst in der »Zeit nach dem 16. Jahrhundert«,[2] und erst »vom 17. Jahrhundert an« seien »Aktionen unternommen worden, die weibliche Brust mit Scham zu umgeben«.[3] So lasse sich im Zusammenhang der Evolution der Brustscham eine im Verlaufe der Jahrhunderte zunehmende Verhüllung der Brüste feststellen: »Les poitrines des femmes ayant eu au contraire tendance à être plus voilées jusqu'à ces derniers temps.«[4]

Prüfen wir all diese Behauptungen auf ihren Wahrheitsgehalt, und betrachten wir zunächst das 16. Jahrhundert, so fällt auf, daß in der Frühen Neuzeit in derselben Weise über die Dekolletés der Frauen geklagt wurde wie in den späteren Zeiten. Bereits Luther war angesichts der tiefen Ausschnitte mancher junger Mädchen in Wittenberg so betroffen, daß er erklärte, er werde nie wieder in diese Stadt zurückkehren,[5] und im Jahre 1551 schimpfte Friedrich Dedekind: »Jr suppenwü[r]st schempt jr euch nit?/Secht wie steht euch der bůsem offen,/ Als wärn jung hüner drauß geschloffen.«[6] Ein halbes Jahrhundert vorher hatte sich der bretonische Volksprediger Olivier Maillard über die »jeunes dames« ausgelassen, »qui portent le front haut et la poitrine descouverte«, und riet ihnen, wie die Aussätzigen Schellen (»clicquettes«) bei sich zu führen, damit anständige Menschen ihnen ausweichen könnten. In einer anderen Predigt verglich er die dekolletierten Frauen mit räuberischen Schnecken, die zur Hälfte aus ihrem Gehäuse kriechen, um dadurch Beute anzulocken.[7] Später im Jahrhundert forderte ein Kritiker, der die »schamlosen« Damen mit Maria Magdalena vor der Bekehrung verglich, diese auf, sich gleich der biblischen Sünderin ganz auszuziehen: »O mes dames, si eam imitatae estis en vos grans-gorres et pompes, faciatis sicut ipsa fecit!«[8]

Vor allem in England trugen in jener Zeit jüngere Damen ein offenes Dekolleté, so daß die Mode nachgerade »die englische« genannt wurde,[9] aber auch dort betrachtete man sie zumindest mit gemischten Gefühlen: So war schon zu Beginn des Jahrhunderts davon die Rede, daß nur »Unclene women shewe out theyr brestes«, und mochte man dies noch den jungen Mädchen zugestehen, so nicht einer jungen Frau oder Witwe, wie der schönen Thomasina Boyes in London, über die es im Jahre 1592 hieß, sie habe ein skandalös tiefes Dekolleté »after the fashyon of yong Dames« getragen, »and so low she wore itt as the worlde calls theyme Kodpiece Brestes«.[10] »Kodpiece« oder »codpece« war das englische Wort für den Hosenlatz der Männer,[11] und gemeint war wohl, daß man den Damen fast bis aufs Schamhaar sehen konnte. Dies wird auch dort gesagt, wo ein Kritiker der Zeit gewissen Frauen vorwirft: »Youre faces tricked and paynted bee;/Youre breastes al open bare/so far, that a man may almoste see/vntoe youre lady ware.«[12]

Das Wort »lady ware« oder »commoditie« war ein gehobener Ausdruck für die Vulva – übertragen für eine Hure –, und natürlich war eine solche Beschreibung maßlos übertrieben.

Wirklich maßlos? Im Jahre 1597 beschreibt der Sonderbotschafter des Königs von Frankreich, André Hurault, Sieur de Maisse, ein seltsames Benehmen der englischen Königin Elisabeth, die ihm zweimal Audienz gewährte. Bei der ersten trug sie ein Gewand aus einem silbernen Gewebe, das vorne so weit aufgeknöpft war, daß der verblüffte Franzose »ihre ganze Brust« sehen konnte. Während des Gesprächs habe sie das Kleid noch weiter geöffnet, so, wie wenn ihr heiß gewesen

11 Elisabeth I. Kupferstich nach einem Gemälde von Federico Zuccari, um 1599.

sei: »Ihre Brust ist ziemlich zerknittert, aber weiter unten ist das Fleisch außerordentlich weiß und delikat, so weit man sehen kann.« Während der zweiten Audienz erschien Elisabeth in einem schwarzen Taftkleid, welches sie erneut nach und nach öffnete, so daß der Botschafter ihr schließlich bis zum Nabel schauen konnte: »Wenn sie den Kopf hebt, hat sie die Angewohnheit, beide Hände auf ihr Kleid zu legen und dieses so weit zu öffnen, daß man ihren ganzen Bauch sehen kann.«[13] Und im darauffolgenden Jahr schreibt der Deutsche Paul Hentzner nach einer Begegnung mit der Königin, daß deren »pectore erat nuda, quod Virginitatis apud Anglos Nobiles signum est; Nam maritatae sunt tectae«.[14]

Während in diesem Falle lediglich gesagt wird, daß die Königin nach Sitte der adeligen englischen Jungfrauen ein offenes tiefes Dekolleté trug, bleibt der Bericht des Franzosen rätselhaft. Dessen Verblüffung zeigt, daß Elisabeth sich ungewöhnlich verhielt und daß ihr Exhibitionismus keineswegs als ein Beispiel für eine nicht vorhandene Brustscham der Damen des 16. Jahrhunderts herangezogen werden kann. Was aber hat ihre Zurschaustellung zu bedeuten?

Man hat darauf hingewiesen, daß die Königin auf einem um 1575 angefertigten Portrait ein Medaillon auf der Brust trägt, auf dem ein Pelikan abgebildet ist. Von diesem Vogel sagte man, er durchbohre in Notzeiten mit dem Schnabel die eigene Brust, um so seine geliebten Jungen zu ernähren.[15] Und so habe Elisabeth ihre Brüste gezeigt, um zu demonstrieren, daß sie die Mutter ihres Volkes sei, bereit, dieses mit ihrer Milch zu erhalten.[16] Aber wie konnte eine Königin, die so großen Wert auf ihre Jungfräulichkeit legte, ihr Volk mit Brüsten nähren, wenn auch nur symbolisch, die gar keine Milch enthielten? Und warum sollte sie dies ausgerechnet als ältere Frau getan haben, deren Brüste bereits schlaff und faltig waren?

Nach einer anderen Deutung wollte Elisabeth mit ihrer Offenherzigkeit zeigen, daß sie – entgegen dem Hofklatsch – eine *jungfräuliche* Herrscherin war. Denn man habe gemunkelt, sie sei nicht nur mit dem Earl of Leicester und mit Sir Christopher Hatton, dem Hauptmann ihrer Leibwache, sondern auch mit dem Entdeckungsreisenden Sir Walter Raleigh, der 1587 an Hattons Stelle getreten war, intim gewesen.[17]

Nun war man in der Tat im Mittelalter und in der Frühen Neuzeit weithin der Überzeugung, daß die Brüste einer Frau mit der Defloration schlaffer und weicher würden, und Szenen der Prüfung der Brüste auf ihre Festigkeit hin waren ein nicht unbeliebter Vorwand für die Anfertigung lasziver Gemälde (Abb. 12),[18] obgleich der Unzucht verdächtigte Jungfrauen in Wirklichkeit »per legales et discretas mulieres« betastet wurden.[19] Als im Jahre 1540 Thomas Cromwell Heinrich VIII. nach dessen Hochzeitsnacht mit Anna von Kleve, der »Flandrischen Stute«, fragte, ob ihm seine vierte Gattin besser

12 Cornelis van Haarlem:
›Mönch und Begine‹, 1591.

gefiele als ihre Vorgängerinnen, antwortete er: »Nein, Mylord, viel schlechter, denn nach Brüsten und Bauch zu schließen, ist sie keine Jungfrau mehr; als ich sie befühlte, traf mich das ins Herz, so daß ich weder Lust noch Mut hatte, das übrige zu erproben.«[20] Und als im Jahre 1647 in Basel ein gewisser Jakob Moser vor Gericht stand, bekannte er, es sei schon wahr, daß er an das Bett der Klägerin getreten sei und ihr an die Brust gegriffen habe, aber dabei sei er zur Auffassung gelangt, daß sie keine Jungfrau mehr sein könne.[21]

Freilich war Elisabeth am Ende des 16. Jahrhunderts weit über das Alter hinaus, in dem sie für eine Heirat eine Jungfrau hätte sein müssen, und ihre, wie Hurault sagte, »zerknitterten« Brüste wären ungeeignet gewesen, den Eindruck der Unberührtheit zu erwecken.

Eine weitere These besagt schließlich, Elisabeth sei gar keine richtige Frau, sondern – ähnlich wie angeblich Jeanne d'Arc[22] – eine »femina clausa«, d. h. ein Pseudohermaphrodit gewesen, und um zu beweisen, daß sie entgegen allen Gerüch-

ten eine wirkliche Frau war, habe sie ihre Brüste zur Schau gestellt. Ihr Liebhaber Robert Devereux, der Earl of Essex, habe indiskreterweise ausgeplaudert, Elisabeths *mons veneris* sei haarlos und statt einer Vagina hätte sie lediglich eine kleine Delle, so daß er seinen Penis nicht einführen konnte.[23]
Richtig daran ist, daß Ben Jonson eines Tages dem Dichter Drummond erzählte, daß »she had a membrana on her, which made her uncapable of man, though for her delight she tryed many«.[24] Doch deutet alles darauf hin, daß es sich hierbei um einen ›Stammtischtratsch‹ und nicht um eine vertrauenswürdige Information handelte.
Zwar hatte in der Zeit, als es darum ging, ob Elisabeth den spanischen König Philipp II. heiraten würde, der spanische Gesandte in London, Graf Gomez de Feria, Bedienstete des königlichen Haushalts bestochen, ihm diskrete Auskünfte über gewisse körperliche Funktionen der Königin zu geben, z.B. eine Wäscherin für Informationen darüber, ob Elisabeth regelmäßig menstruierte. Und tatsächlich teilte schließlich der Gesandte seinem König mit, es scheine so, als ob die englische Königin unfruchtbar sei (»entiendo que ella no terna hijos«).[25]
Auf der anderen Seite war Elisabeth bereits als Kind und später als junges Mädchen als Heiratskandidatin für ausländische Herrscher vorgesehen worden, und die Gesandten Heinrichs VIII. und Eduards VI. hätten gewiß keine Zusicherungen über ihre Gebärfähigkeit gemacht, wenn Elisabeth körperlich abnorm gewesen wäre.[26] Hätte Elisabeth keine Vagina gehabt, so wäre dies den Matronen und Hebammen, die in solchen Fällen eine Untersuchung durchführten, mit Sicherheit nicht verborgen geblieben. Als z.B. im Jahre 1579 die mittlerweile fünfundvierzigjährige Königin den Herzog von Alençon ehelichen sollte, und zwar aus dem Grunde, daß aus dieser Verbindung ein Kind hervorginge, befragte Lord Burghley Elisabeths Leibärzte sowie ihre intimsten Kammerzofen. Alle sagten aus, sie hätten keinerlei Indizien für »a lack of natural functions in those things that properly belong to the procreation of children« gefunden.[27]

Eine zwanglosere und einfachere Erklärung dafür, warum die Königin sich zur Schau stellte, scheint mir in ihrer Eitelkeit und in ihrem Bestreben zu liegen, Selbstzweifel an ihrer welkenden Schönheit zu vertreiben. Ein junges Mädchen an einem Badestrand von heute meinte, daß namentlich etwas ältere Frauen sich geradezu mit ihren nackten Brüsten zur Schau stellten, und zwar um zu prüfen, ob sie immer noch für Männerblicke attraktiv seien: »Elles veulent montrer qu'elles plaisent encore, qu'elles sont encore séduisantes.«[28] Elisabeth war äußerst körper- und modebewußt, sie machte sich ständig Gedanken über ihre körperliche Erscheinung, die Ausstrahlung ihres Dekolletés und über den langsam fortschreitenden Verfall ihrer Reize. Je älter sie wurde, um so größeren Wert legte sie auf die Insignien nicht so sehr der Jungfräulichkeit im biologischen Sinn als der Jugend: Häufig trug sie das Haar offen wie ein junges Mädchen, und nachdem sie ergraut war, legte sie sich den eingefärbten Mähnen der Pferde nachempfundene orangefarbene Perücken zu. Besonders stolz war sie auf ihre weiße Haut, die auch Hurault noch rühmte, und deshalb trug sie bis ins hohe Alter den Ausschnitt so gewagt wie nur möglich.[29] Und entsprechend pries Richard Puttenham seine bejahrte Königin im Jahre 1589 mit den Versen: »Two lips wrought out of rubie rocke,/Like leaves to shut and to unlock./As portall door in prince's chamber./A golden tongue in mouth of amber./Her bosom sleek as Paris plaster/Hold up two balls of alabaster.«[30] Auf einem um 1599 entstandenen Portrait aus der Schule von Nicholas Hilliard trägt Elisabeth ein Dekolleté, das bis an den Rand des Warzenhofes reicht,[31] doch in Wirklichkeit waren zu dieser Zeit die beiden »Alabasterbälle« längst nicht mehr rund, sondern so runzelig, daß die Königin nicht nur auf das Gesicht und den besonders verräterischen Hals, sondern auch auf die Brüste beständig ein dickes Make-up auftrug.[32]

Eines aber hatte Elisabeth Tudor, die »professional virgin«, wie man sie nannte,[33] bewirkt. *Trugen* um die Mitte des 16. Jahrhunderts die verheirateten englischen Damen ein Dekol-

13 Frances Howard,
Gräfin von Somerset, um 1615.

leté, dann war dieses bis auf wenige Ausnahmen mit einer bis zum Hals reichenden und einer kleinen Rüsche abgeschlossenen Chemisette vollständig bedeckt.[34] Gegen Ende der Regierungszeit Elisabeths gingen indessen zunächst viele Hofdamen, dann aber auch verheiratete Frauen außerhalb des Hofes dazu über, nach dem Vorbild der jungfräulichen Königin einen tiefen und offenen Ausschnitt zu tragen, eine Tendenz, die sich in der Ära Jakobs I. noch verstärkte,[35] dessen Gattin Anna von Dänemark mit besonders auffallendem Dekolleté in der Öffentlichkeit erschien.[36] Die Rüsche aber, die einst den Abschluß der Chemisette gebildet hatte, war nicht selten riesengroß geworden – und sie hatte sich verselbständigt, denn es gab kein Brusttuch mehr, das die nackten Reize verhüllte (Abb. 13).

Nachdem in den Zeiten der Reformation und der Gegenreformation die Frauen und z. B. in Deutschland auch die meisten Jungfrauen ihre Brüste hinter einem bis zum Kinn reichenden Leibchen verborgen hatten,[37] mußte eine derartige Enthüllung weiblicher Reize die Kritik natürlich geradezu herausfordern. »The young married Gentlewomen no lesse then the Virgins, shew their breasts naked«, konstatierte Fines Moryson im Jahre 1617 empört und stellte sich damit in eine Reihe mit den Autoren zahlloser zeitgenössischer Benimmbücher. So werden in der anonymen, 1620 erschienenen Schrift *Hic Mulier*, die gegen das »bared breasts seducing« polemisiert, die Damen aufgefordert: »Away then with these disguises, and foule vizards: these vnnaturall paintings, and immodest discoueries; keepe those parts concealed from the eyes, that may not be toucht with the hands!« Worauf John Downame entgegnete, das sei es doch gerade, was die Frauen sich im Grunde wünschten: »For is it likely that those who lay thē out to yᵉ shew, would haue them only seene?«[38]

Entscheidend aber ist in unserem Zusammenhang, daß diese sich plötzlich überschlagende Entrüstung kein Indiz für eine Veränderung der Schamstandarde im Sinne der Eliasschen Vorstellungen vom ›Prozeß der Zivilisation‹ ist, sondern eine Reaktion auf eine ›Entblößungswelle‹, wie man sie seit zweieinhalb Jahrhunderten nicht mehr erlebt hatte.[39]

»Warum« aber, so rätselte bereits um 1700 ein Autor, »tragen die Jungfern die Brüste mehr offen, als die Weiber?«[40] Wieso tolerierte man meist die Entblößung des Ausschnitts bei den jungen, unverheirateten Mädchen viel eher als bei den Frauen? So wurden beispielsweise in einer Zürcher Ratsverordnung um 1375 den Jungfrauen, was die Schicklichkeit ihrer Kleidung betrifft, wesentlich mehr Zugeständnisse gemacht als den verheirateten Frauen,[41] und auch im 16. Jahrhundert gestattete man ihnen andernorts die »entdeckung der herzen und hälsen«.[42]

Eine Antwort auf diese Fragen gab bereits im Jahre 1597 der Benediktiner Pierre Milhard. Zwar verurteilte auch dieser Gottesmann die Frauen, die »ihren Busen oder die Brüste entblößten«, doch traf er die folgenden Unterschiede: Wenn eine Frau mit ihrem Dekolleté die Männer zur Unzucht ansta-

14 Frau (links) und junges Mädchen der Zulu.

cheln wolle, begehe sie eine Todsünde. Tue sie es aus Geilheit, um dem anderen Geschlecht zu gefallen, handle es sich um eine läßliche Sünde. Überhaupt keine Sünde sei es indessen, wenn eine Jungfrau dieser Mode folge, weil es eben so Brauch ist und »um einen geeigneten Heiratspartner zu finden«.[43]

Den jungen Mädchen konzedierte man also diese Entblößung als Marktstrategie, als ein Mittel zum guten Zweck der Familiengründung, und wenn es auch in einem Reutlinger Ratsdekret vom Jahre 1680 hieß, nur solche Mädchen gingen ausgeschnitten, »die nit einen Hund aus dem Ofen zu locken haben«,[44] oder wenn um dieselbe Zeit Fénelon die höheren Töchter davor warnte, so gekleidet in Gesellschaft zu erscheinen, auf daß sie nicht ihre Seele in Gefahr brächten,[45] so hielt sich dieser Brauch im Prinzip bis in die Gegenwart. Denn selbst heute noch gestattet man im allgemeinen jungen Mädchen kürzere Röcke oder enganliegendere T-Shirts, durch die sich die Brüste abzeichnen, als den älteren Frauen.

So ist und war es auch in anderen Gesellschaften üblich. Bei den Chodhri in Gujarāt beispielsweise trugen lediglich die Jungfrauen die Brüste frei, während die verheiratete Frau das *kapadi*, eine Art Büstenhalter mit kurzen Ärmeln, der den Rücken unbedeckt ließ, anlegte.[46] Sobald bei den Palaung oder Rumai im nördlichen Burma ein junges Mädchen verheiratet war, zog sie ihren Rock nach oben über die Brüste und befestigte ihn dort mit einer Schnur oder Rohrreifen[47]. In einer alten, wohl aus der Sung-Zeit stammenden chinesischen Quelle heißt es über das Barbarenvolk der Lu-t'ing: »Die Mädchen binden erst nach der Heirat die Brust. Sie heißen auch Lo-pen (= Nackte).«[48] Aber auch in manchen Gegenden von Hinterindien, Südostasien[49] oder Afrika – z.B. bei den Zulu (Abb. 14), Swazi und Xhosa durften sich ausschließlich die unverheirateten Frauen zu Werbungszwecken mit entblößten Brüsten in der Öffentlichkeit bewegen.[50] Und selbst bei den ›verbretterten‹ Schwälmerinnen in Oberhessen, die ihre Brüste flachpreßten, war zwar auch den Jungfrauen kein Ausschnitt gestattet, aber man tolerierte es, wenn sie drei Knöpfe ihrer »Kneppding« genannten Jacke offen ließen, so daß sich »dezent die nun entwickelte Brust« andeuten konnte.[51]

§ 5
Die »nit bedeckten milchsäck« im Späten Mittelalter

Man mag nun zugestehen, daß auch bereits in der Frühen Neuzeit, im 16. Jahrhundert, die weiblichen Brüste schambesetzt und die offenen Dekolletés der Frauen problematisch waren, aber man wird darauf beharren, daß all dies im Mittelalter mitnichten der Fall gewesen sei: »Waren die tiefen Dekolletés im Mittelalter ein allgemein akzeptiertes Schönheitsideal«, so meint z.B. ein Elias folgender Historiker, »das die Frauen für sich in Anspruch nehmen konnten, ohne deshalb als unzüchtig zu gelten, schnürte die katholische Kirche mit der verstärkten Unterdrückung der Sexualität das Korsett immer mehr zu. Im Laufe des 16./17. Jahrhunderts wurde die Nacktheit tabuisiert. Die weibliche Brust wurde mit Scham bedeckt.«[1]

Die Wirklichkeit sieht freilich anders aus, denn obgleich es bereits in der Frühgotik – allerdings äußerst züchtige – Dekolletés gab, blieben diese mit opaken Brusttüchern bedeckt.[2] Überhaupt war ursprünglich ein Dekolleté, wie der Name ja besagt, die *Hals*öffnung des Kleides, und diese wurde mit einer Agraffe verschlossen, damit ein Mann nicht, wie Robers de Blois es im 13. Jahrhundert in seinem *Chastoiement des Dames* sagt, einer jungen Dame auf das weiße Fleisch schauen konnte: »De ce se fet Dame blasmer/Qui seut sa blanche char moustrer/A ceus de qui n'est pas privée./Aucune lesse deffermée/Sa poitrine pour ce c'on voie/Com fetement sa char blanchoie.«

Viel Fleisch wäre ja nicht zu sehen gewesen, aber bei einem frechen Kerl hätte es vielleicht gereicht, in einem unbewachten Augenblick an dasselbe zu greifen, weshalb eine solche Spange von Nutzen war: »Sachiez qui primes controuva Afiche/que por ce le fist/Que nus hom sa main n'i mist/En sain de fame où il n'a droit/Qui espouseē ne li soit.«[3]

Allerdings muß es bereits in jener frühen Zeit gelegentlich junge Damen gegeben haben, die das, was eigentlich verborgen sein sollte, sehen ließen, denn um 1246 tadelte Vinzenz von Beauvais jene, die Hals und Nacken entblößten,[4] und im Jahre 1279 fühlte sich Latinus Malabranca, der Bischof von Velletri und Ostia, sogar bemüßigt, zu verbieten, daß Damen vorne ihr Schnürleib ein wenig öffneten und daß Jungfrauen, die älter als achtzehn Jahre waren, mit unverschleiertem Gesicht in der Öffentlichkeit erschienen. Im Jahre 1318 untersagte die Stadt Perugia als erste jeder Frau, die sich innerhalb der Stadtmauern aufhielt, dekolletierte Kleidung zu tragen, doch der Dichter Giovanni Fiorentino klagte darüber, daß zumindest in Florenz die Brust so mancher Dame nach englischer Mode (»alle guisa inghilesa«) unzureichend bedeckt sei.[5] Daß denen nach ihrem Tode nichts Erquickliches blühte, wußte zur selben Zeit Dante aus dem Fegfeuer zu berichten, und von dort aus forderte er die Priester von Florenz auf, von der Kanzel herab den Damen seiner Heimatstadt das Dekolleté zu verbieten, da sie von sich aus – ungleich den Frauen der Barbaren und Sarazenen – nicht dazu bereit seien, auf solche Schamlosigkeiten zu verzichten.[6]

Mit »englischer Mode« war vermutlich die Kleidung gewisser junger Damen des englischen Adels gemeint, die unter normannischem Einfluß bereits im 11. Jahrhundert körperbetont und leicht ausgeschnitten war (Abb. 15). Doch auch in Deutschland geißelte im 13. Jahrhundert Berthold von Regensburg die jungen Frauen, die mit entblößtem Hals der Kälte trotzten: »Was unglücks aber die habē die mit d' schamlichē lieb gefangē sind –, wie sie stond in d' Kirchē mit uszgeschnittē cleidern, glattē schuohē, uñ erfrieren sie moechtē maletzig [= aussätzig] werdē und zittern in den uszgeschnitten cleidern als ob sie dz fieber od' d' rit [= Schüttelfrost] schit [= schüttelt].«[7] Und in Frankreich klagte der Autor der wohl vor dem Jahre 1328 entstandenen Schrift *La Contenance des Fammes*, diese entblößten Brust und Hals (»Or monstrera poitrine et col«),[8] was dazu führte, daß man in Italien im Tre-

15 Adelige normannische Jungfrauen und Dame, spätes 11. Jh., Zeichnung aus dem 19. Jh.

cento diese extravagante Mode nicht nur die »englische«, sondern auch die »französische« nannte. Jedenfalls berichtete später Machiavelli, im Jahre 1343 hätten die Florentinerinnen ohne jeden Respekt vor der Zivilität und ohne jegliche Scham die französische Weise, sich zu kleiden, nachgeahmt (»sanza avere riguardo al vivere civile o alcuna vergogna«), und fuhr fort, daß die Bürger der Stadt sich über diesen Verlust der Schamhaftigkeit (»ogni civile modestia«) empört hätten.[9]

Erst in dieser Zeit, also kurz bevor der Schwarze Tod Europa heimsuchte, gab es jenen ›Dekolletierungsschub‹, der manche Damen dazu brachte, sich soweit zu entblößen, daß der Ansatz der Brüste und damit auch der des Busens zu sehen war,[10] so daß im Jahre 1388 Giovanni de Mussi aus Piacenza zwar eingestand, viele Frauen trügen anständige und hochgeschlossene Kleider. Andere jedoch bevorzugten die schamlosen *cipriane*, die vom Gürtel aufwärts dem Körper so eng anlägen

16 ›Der Ausritt der Jungfrau‹ von Ambrogio Lorenzetti, Palazzo Pubblico in Siena, erste Hälfte des 14. Jhs.

und ein so großes Dekolleté hätten, daß man denken könnte, die Brüste wollten aus dem Busen herausquellen (»tam magnam, quod ostendunt mammillas, & videtur, quod dictae mammillae velint exire de sinu earum«).[11]

Das war indessen maßlos übertrieben und bringt lediglich zum Ausdruck, wie wenig man es damals gewohnt war, den Brustansatz einer jungen Frau in der Öffentlichkeit zu sehen. Tatsächlich stellte im Trecento eine unerhörte Schamlosigkeit dar, was im 17., im 18. und im 19. Jahrhundert, um von unserer eigenen Zeit ganz zu schweigen, keinen Hund mehr hinter dem Ofen hervorgelockt hätte. Doch obwohl im 14. Jahrhundert diese Ausschnitte nur von einer winzigen Minderheit junger Frauen getragen wurden,[12] ging man bald in vielen Städten mit Ratsverordnungen gegen sie vor. Nachdem im Jahre 1342 Perugia anscheinend als erste Stadt festgelegt hatte, wie tief ein Dekolleté sein durfte,[13] verordnete kurze Zeit darauf, während der Großen Pest, der Speyrer Rat seinen Untertaninnen, daß »ir deheine kein houbetloch an roecken dragen, da die ahsseln her uz gent, danne ir ahsseln sollent bedecket sin mit den houbetloechern, also daz sie uf den ahsseln ligen soellent«.[14]

17 Adelige Jungfrau und junger Ritter, um 1350.
Zeichnung aus dem 19. Jh.

Die Ausschnitte waren nämlich nicht nur tiefer, sondern auch so breit geworden, daß die Schultern unbedeckt blieben (Abb. 17), was die Sittenprediger in helle Aufregung versetzte, so z.B. den Franziskaner Orpheus de Cancellariis, der die Entblößung der Schultern nicht – wie noch Thomas von Aquin es getan hatte – als läßliche, vielmehr als nicht wiedergutzumachende Todsünde erachtete.[15] Überdies waren allem Anschein nach die Schultern mitunter so weit entblößt, daß man den Frauen, wenn sie bestimmte Bewegungen ausführten, unter die Achseln und dabei auch auf die sich durch die Unterkleidung abzeichnenden hochgeschnürten Brüste blikken konnte. So entrüstete sich Meister Altswert in dem Gedicht *Der Kittel*: »Die houptlocher sint also wit,/Das in die achsel huz lit./Man sicht unter dem arm in die gruoben;/Sere sicht man in die buoben [= Brüste],/Das schetz ich, drier finger breit/Umb den lip ist enge das cleit. Die buoben sint geschurzet uf/Man satzet wol ein lichtstock druf.«[16]

Indessen gab es auch noch andere Einblicksmöglichkeiten.

18 Maître du Parement de Narbonne:
Königin Johanna von Bourbon
mit »Höllenfenstern«, um 1375.

War das ärmellose »surcot« oder »suckenie« der Damen zunächst ein locker fallendes Oberkleid mit engen Ärmelausschnitten, so wurden diese vom frühen 14. Jahrhundert an so weit, daß man einen großen Teil des Unterkleides (»cotte«) sehen konnte. Die »cotte« war aber so eng geschnitten und dazu noch häufig gegürtet, daß die Brüste sich deutlich abzeichneten.[17]

Diese »Teufels-« oder »Höllenfenster« der sogenannten »Burgundischen« Mode[18] wurden zwar im allgemeinen nur zu feierlichen Anlässen wie Bällen oder Zeremonien getragen,[19] riefen aber allenthalben Empörung hervor,[20] weshalb ihre Weite in vielen Ratsverordnungen genau begrenzt wurde. So verurteilte man z. B. im Jahre 1343 eine gewisse Donna Alisa in Florenz zu einer Geldbuße von stattlichen 5 ℔, weil die Fenster ihres Surkots nicht den Vorschriften entsprachen.[21]

19 Straßburger ›Münsterschwalbe‹. Steinfigur, 14. Jh.

Ihren Höhepunkt erreichte schließlich die Entrüstung, nachdem einige besonders extravagante Damen dazu übergegangen waren, auch an ihrem Unterhemd Schlitze anzubringen, so daß man ihnen durch die oft bis zur Taille reichenden Armöffnungen auf das nackte Fleisch blicken konnte. Zwar gingen sie nicht so weit wie manche öffentliche Huren, die zur Ankurbelung des Kundenverkehrs allem Anschein nach ganz auf die »cotte« verzichteten, so daß im gegebenen Falle die nackten Brüste geradezu aus den »Höllenfenstern« hingen (Abb. 19). Trotzdem aber hieß es um 1370 im *Romaunt of the Rose*: »Through her smocke yurought with silke/The fleshe was sene as white as milke.«[22]

Hauptthema der Kritik blieben jedoch im 14. wie auch im 15. Jahrhundert die tiefen Rücken-[23] und mehr noch die Brustdekolletés, und in vielen städtischen Dekreten wurde genau festgelegt, wieviel Brust eine Dame zeigen durfte. Nachdem z. B. in Zürich die Dekolletés im Jahre 1357 gänzlich verboten worden waren,[24] wurde dies einige Zeit danach dahingehend modifiziert, daß »enkein gewant obnan an mer tragen, wo dz inen dz höbtloch zweyer vinger breit uf der achslen ligen sol«,[25] und eine Nürnberger Ratsverordnung aus der Mitte des 15. Jahrhunderts bestimmte, daß keines der »weybssbilder in dieser statt wonende« sich ein Kleid machen lassen oder tragen dürfe, das »vornen am goller weytter aussgeschnytten sey dann, so si auffrechte steet, aynes zwerhen fingers prayt unndter irem knörlein am hals raychennde [= zwei quergelegte Finger tief unter dem Halsknorpel], unndt hyndten auff dem halss eyns halben viertels eyner elen tieffer gesenncktt, und nit darüber« sowie daß jegliche Kleidung »ob der gürtel nit offenn steen, sonnder myt gesperren oder sunst ganntz zugethan werden sollen«.[26]

Aber auch in Italien bestimmten zwischen spätem Tre- und frühem Cinquecento Städte wie Mailand, Genua oder Florenz, kein Ausschnitt dürfe bei einem Mädchen von über zwölf Jahren oder bei einer Frau so tief sein, daß man »die beiden Knochen über der Brust« sehen könne, und auch die Schultern sollten zur Bewahrung der »honestà muliebre« wenigstens mit einem Seidenmusselin bedeckt sein.[27]

Aus der periodischen Wiederholung dieser Ratserlässe darf man nun nicht folgern, wie dies viele Historiker tun, daß sie nicht oder kaum befolgt wurden, denn die Obrigkeit befürchtete, sie gerieten in Vergessenheit, und brachte sie aus diesem Grunde immer wieder in Erinnerung.[28] Und selbst wenn es bisweilen hieß, *die* Jungfrauen oder *die* Frauen folgten der »schandbaren« Tracht, so bedeutet dies nicht, daß alle oder auch nur eine Mehrzahl der Stadtbewohnerinnen, gar nicht zu denken an die Frauen auf dem Lande, solche offenen Dekolletés getragen hätten.[29] Besucher und Besucherinnen heutiger Badestrände sagen häufig, »alle« oder »fast alle« Frauen gingen dort »oben ohne«, und sie behaupten dies unabhängig davon, ob sie dieser Mode positiv gegenüberstehen oder nicht. Überprüft man diese Aussagen, so stellt man fest, daß in Wirklichkeit nur jede zehnte Frau zwischen ca. 17 und 50 Jahren ihr Oberteil ablegt.[30] Doch solche Frauen fallen natürlich mehr auf als diejenigen mit bedeckten Brüsten, und deshalb neigt man dazu, ihren prozentualen Anteil weit zu überschätzen.

Wenn also beispielsweise der Erfurter Rat im Jahre 1364 die unanständigen Ausschnitte verboten hatte, doch einige Zeit danach der Chronist Hartung Cammermeister vermerkt, *die* »vrouwin unde jungfrawen« trügen »enge rocke mit groszin soymen umme den ars, und umbe den hals weren sie bloz, das sie yre bruste nummer bedackten«,[31] so ist es nicht leicht, einzuschätzen, wie viele Frauen und junge Mädchen dies tatsächlich getan haben.

Wie dem aber auch sein mochte, so steht fest, daß sich in jenen Zeiten solche Frauen nicht allein durch behördliche Verfügungen, sondern auch durch moralische Appelle an ihren Anstand und ihr Schamgefühl dazu bewegen ließen, sich wieder züchtiger zu kleiden.[32] Solche Erfolge erzielte in Florenz Savonarola, nachdem er die jungen Mädchen mit den Worten beschämt hatte, sie flanierten auf den Straßen der Arnostadt mit nackten Eutern wie die Kühe,[33] und die Magdeburger Schöppenchronik schildert zum Jahre 1454, wie der Franziskanermönch Johannes de Capistrano eine mehrstündige Bußpredigt in Latein gehalten habe, die anschließend ins Deutsche übersetzt wurde. Dies habe viele Frauen dazu veranlaßt, unmittelbar danach ihre schamlosen Kleidungsstücke zu holen, um sie allesamt auf dem Neuen Markt den Flammen preiszugeben.[34]

Von derartigen Aufforderungen und Klagen war die Zeit voll, und ein Mann wie Heinrich der Teichner schwärmte von der guten alten Zeit, in der alles besser war (»dw alten sit waren guet«), einer vergangenen Epoche, in der die weibliche Ehre es erforderte, »daz man prustel noch den leib/nyndert sach an chainem weib«.[35] Johann von Indersdorf stellte sich die Peinlichkeit vor, die entstehen mußte, wenn die Frauen am Jüngsten Tag mit ihren »plossen hälsen« und »scharpffen pruesten« vor ihren Richter träten, und in Herolts *De superbia vestium* hat ein Priester neben dem Altar eine Vision, in welcher er seine von zwei Dämonen gefesselte Mutter sieht, auf deren nackten Brüsten eine fette Kröte sitzt, weil sie einst ein Dekolleté getragen hatte.[36]

Ganz offensichtlich, so meinten die Kritiker, verfolgten insbesondere die Damen von Adel, die auf Grund ihrer guten Ernährung über üppige Brüste verfügten, die Absicht, die Männer sexuell zu erregen, damit diese mit ihnen schlafen wollten (»de vouloir avec eux gesir«), denn wer keinen Wein verkaufen wolle, der mache auch keine Werbung für ihn: »Si tu ne veulx vendre vin, pour quoy mests-tu l'enseigne devant ton huys ou ta maison?«[37]

Also, folgerte 1481 der Franziskaner Maillard, betrieben diese Frauen Ehebruch, und er bedauerte die gehörnten Ehemänner, die so dumm wie die Ochsen seien, weil sie nichts merkten,[38] während Bernardino de Siena sich fragte, was denn die Damen umtriebe, auf daß sie wie die Nutten gekleidet[39] in der Öffentlichkeit erschienen. Die Frauen sagten, sie täten dies, um sich für ihre Männer attraktiv zu machen, damit diese nicht nur mit jungen Burschen ins Bett gingen. Aber kämen sie denn nicht auf den Gedanken, daß eine solche Entblößung der Brüste sie bei diesen Sodomiten, die ja alles Weibliche ohnehin haßten, noch abstoßender mache? Sich in der Weise unbedeckt zu zeigen wirke auf Männer mit solcher Neigung so, wie wenn die Frauen durch zu reichliche Nahrungsaufnahme verfetteten oder ihnen erzählten, daß sie gerade menstruierten.[40]

In den größeren Städten nördlich und westlich der Alpen war nicht die Homosexualität das Problem, sondern die unter den veränderten gesellschaftlichen Bedingungen immer häufiger vorkommenden Vergewaltigungen,[41] und um 1380 gab der Dichter Eustache Deschamps zu bedenken, die dekolletierten Frauen und Jungfrauen brauchten gar nicht so erstaunt zu tun, wenn die Männer ihnen auflauerten, um sie zu notzüchtigen, forderten sie dies mit ihren großzügigen Auslagen doch geradezu heraus. Wurden solche »provocations« aber nicht von Einzeltätern oder Jugendbanden bestraft,[42] so traf sie das Strafgericht Gottes: Wie beispielsweise die *Chroniques de Saint-Denis* ausführten, hatte die völlig unerwartete Niederlage der französischen Ritter in der Schlacht von Crécy am 25. August 1346 gegen die Engländer ihre Ursache in den schamlos tiefen Dekolletés, mit denen die französischen Damen den Herrn erzürnt hatten.[43]

§6
Gab es im Mittelalter eine ›Oben ohne‹-Mode?

Wie aus einer bitteren Klage des Johannes Hus hervorgeht, trugen um das Jahr 1400 manche Damen »ihre Kleider oben an der Halsöffnung so ausgeschnitten und so weit, daß beinahe bis an die Hälfte der entblößten Brüste überall jeder ihre leuchtende Haut offen erblicken kann. Und was sonst noch von der übrigen Brust bedeckt ist, das ist so hervorstehend künstlich vergrößert und hervorgeschoben, daß es fast wie zwei Hörner an der Brust erscheint.« Das ist nun die in jener Zeit übliche Kritik, und sie wäre kaum hervorhebenswert, wenn Hus nicht auch erwähnt hätte, daß jene »Weiber« zwar auf Gassen und Märkten, in erster Linie aber doch in geschlossenen Räumen (»im Hause«) Dekolleté getragen hätten.[1] Zum Leidwesen vieler Gottesfürchtiger gehörten dazu aber auch »die Tempel des Herrn«, und ein Rechtsprofessor der Universität Cahors argwöhnte, seine Studenten gingen allein aus dem Grund in die Kirche, weil sie dort den Frauen in den Ausschnitt linsen könnten.[2]

Allem Anschein nach ist eine solche Szene auf einem Gemälde Botticellis zu sehen: An einem langen Tisch sitzen nebeneinander die weiblichen Hochzeitsgäste, deren Gewänder fast ausnahmslos mehr oder weniger hochgeschlossen sind. Lediglich eine junge Blondine trägt ein hellgrünes Kleid mit einem tiefen, unten spitz zulaufenden Dekolleté, das sie aber mit der Linken verdeckt – offenkundig weil ein ihr gegenüber sitzender junger Mann sich über den Tisch nach vorne beugt, um einen besseren Einblick in ihren Busen zu haben.[3]

Wie es scheint, war es in den italienischen Renaissance-Städten üblich, daß Damen in ausgeschnittenen Kleidern ihr Dekolleté mit der Hand oder mit einem Tuch bedeckten, sobald ein Mann sich näherte. Jedenfalls schrieb im Jahre 1494 ein Besucher der Lagunenstadt, die hübschen Venezianerinnen, die nach Aussage eines deutschen Jerusalem-Pilgers »turpissime« gewandet waren, seien darauf erpicht gewesen, so viel wie möglich von ihren nackten Brüsten zu zeigen, und hätten »deshalb keine Eile, sich zu bedecken, wenn ein Mann ihnen unerwartet begegnet«.[4] Und in Jost Ammans *Trachtenbuch* ist eine »Fraw von Florentz« des Cinquecento mit tiefem Ausschnitt abgebildet, zu der es vermutlich etwas blauäugig heißt: »Also bekleidet jhren Leib/Zu Florentz ein schön junges Weib/Sie traget zwar ein blosse Brust/Doch jhrem Mann allein zur Lust/Ein ander soll seine Augen/Abwenden von frembden Frauwen/Jhrs eignen Manns ist/was drin steckt/Es sey gleich bloß oder bedeckt.«[5]

Nun haben aber doch viele Kulturhistoriker behauptet, das spätmittelalterliche Dekolleté habe die Brüste bisweilen völlig entblößt,[6] und manche Damen hätten Kleider getragen, »die den ›Oben-ohne‹-Erfinder Gernreich vor Neid erblassen ließen«.[7] Ein anderer meint gar, »die Verhüllung des weiblichen Oberkörpers« sei »ein Phänomen, das sich erst seit der Jahrhundertwende in Europa etabliert« habe und »Bilder höfischer Frauen« zeigten »bis ins letzte Jahrhundert die freie Brust als Zeichen weiblichen Selbstbewußtseins«.[8]

Zunächst scheint es, daß ein Teil derartiger Behauptungen auf einem Mißverständnis der Rede vom »Entblößen der Brüste« beruht. Daß damit im Zusammenhang der Dekolletémode lediglich die Zurschaustellung des *oberen Teils* der Brüste gemeint war, wird unmittelbar einsichtig, wenn man sich beispielsweise anschaut, wie der Wiener Arzt Leopold Fleckles im Jahre 1832 die zeitgenössische Frauenmode tadelte. Er stellte nämlich fest, »daß es für ein Frauenzimmer ebensowenig anständig ist, ihre Schulterblätter als ihre Brüste öffentlich zu entblößen«,[9] und damit wollte er selbstverständlich nicht zum Ausdruck bringen, daß die Frauen im Biedermeier ›oben ohne‹ auf den Straßen herumspaziert seien.

Aber gibt es nicht zahlreiche bildliche Darstellungen aus dem Späten Mittelalter und aus der Frühen Neuzeit, die beweisen, daß die Mode damals zumindest zeitweise die Brüste völlig entblößte? So führt z.B. eine Kostümhistorikerin als Beleg für die Behauptung, im frühen 16. Jahrhundert hätten die Dekolletés bisweilen sogar die Brustwarzen enthüllt, die geschnitzte Frauenfigur einer dänischen Kirchenkanzel aus dem Jahre 1599 an, die ein Kleid mit zwei Brustöffnungen trägt.[10] Doch erweist sich diese Figur bei näherer Betrachtung als eine moralisierende Darstellung der Luxuria, der personifizierten Unzucht, mit der für sie typischen erotischen Brustgeste[11] und nicht als die Wiedergabe einer Frau in tatsächlich getragener Kleidung. Und auch ein Bild aus dem 15. Jahrhundert, auf dem eine Madonna zu sehen ist, deren Brüste aus zwei Kleiderschlitzen lugen, ist als Beleg für eine spätmittelalterliche ›Oben-ohne‹-Mode unbrauchbar. Ein Kulturhistoriker kommentiert es zwar mit den Worten, eine derartige Mode habe »niemals Anstoß in katholischen Ländern« erregt,[12] aber in Wirklichkeit handelt es sich um ein Stillkleid mit Brustschlitzen, die nur dann geöffnet wurden, wenn die Mutter ihrem Kind die Brust reichte.

Steht indessen nicht in vielen Veröffentlichungen zur Mode- und Kulturgeschichte, Agnès Sorel, die im Jahre 1450 verstorbene Geliebte Karls VII., habe die ›Oben-ohne‹-Mode am französischen Hof eingeführt?[13] Und wird dies nicht bestätigt durch das berühmte Portrait von Agnès, das die Mätresse des Königs mit einer entblößten Brust zeigt (Abb. 20)?

In der entsprechenden Quelle ist davon allerdings überhaupt nicht die Rede. Vielmehr schreibt Georges Chastellain mißbilligend, daß Agnès »se descouvroit les espaules et le seing devant jusqu'aux tettins«,[14] was ungefähr der Tiefe des Dekolletés am Hofe der Königin Viktoria um 1865 entspricht. Wie Chastellain weiter berichtet, hätten leider französische und burgundische Damen sich daran ein Beispiel genommen und ein Gutteil ihrer Scham verloren. Am Hofe Karls weigerten sich zwar die meisten Damen, eine solch schamlose Mode mitzumachen,[15] aber einige scheinen es doch gewagt zu haben, denn 1445 schrieb der Geistliche Jean Juvenal des Ursins an seinen Bruder Guillaume, der soeben Kanzler von Frank-

20 Portrait Agnès Sorels von Philippe Comairas (um 1850)
nach der Kopie eines Bildes von Jehan Foucquet
aus dem Schloß von Loches.

reich geworden war, dieser solle auf den König einwirken, daß er eine derartige Sittenlosigkeit unterbinde.[16]
Was schließlich das Portrait betrifft, so läßt sich leicht erkennen, daß auf dem Bild kein Dekolleté dargestellt ist, das die Brust frei läßt. Vielmehr ist Agnès mit geöffnetem Mieder dargestellt, und die entblößte linke Brust weist sie wohl als die ihre drei kleinen Töchter stillende Mutter aus, vielleicht aber auch als Diana, die jungfräuliche Göttin, oder als Amazone. Vom 16. Jahrhundert bis in die Biedermeierzeit ließen sich manche Frauen mit einer entblößten Brust darstellen, als Allegorien oder als Wesen aus der Mythologie (Abb. 21),[17] aber das bedeutet nicht, daß sie jemals so in der Öffentlichkeit erschienen wären, wie von manchen Kulturhistorikern behauptet wird.[18]
Außerdem handelt es sich bei den brustfreien Damen der Renaissance im Gegensatz zu denen der späteren Zeit meist um Frauen von zweifelhaftem Ruf, um Mätressen oder Konkubinen. Und wenn dies nicht der Fall war, wie z.B. auf gewissen italienischen ›Hochzeitsbildern‹, die der hochgestellte Bräuti-

21 Peter Lely: Diana Kirke,
Gräfin von Oxford, um 1650.

gam in Auftrag gab, dann saßen nicht die Bräute Modell. Sich mit nacktem Oberkörper von einem Maler konterfeien zu lassen, hätte im Quattro- oder Cinquecento keine ehrbare Frau gewagt, denn das hätte ihren guten Ruf vernichtet. Zu diesem Zwecke benutzten die Künstler in jener Zeit andere Modelle – öffentliche Huren oder Kurtisanen, die der Braut gewissermaßen ihren Leib liehen.[19]

Gibt es freilich nicht einen wirklichen Beleg dafür, daß im Späten Mittelalter gelegentlich Damen an den Königshöfen ›oben ohne‹ getragen haben? Heißt es nicht, daß Isabella von Baiern im Jahre 1405 »discoperta usque ad ombilicum«,[20] also sogar bis zum Nabel enthüllt war? Schüttete deshalb nicht der Prediger Jacques Legrand Pech und Schwefel über die Königin, und nannte man nicht von da ab derartige Kleider »robes à la grand' gorre« – ein Wortspiel mit »gorge« (= Kehle, Brust) und »gorre« (= Sau)?[21]

Das Dekolleté, das Isabella trug und das von nun an als »säuisch« bezeichnet werden sollte, enthüllte jedoch nicht die Brüste, sondern den Busen, d.h. die Einbuchtung *zwischen* den beiden Brüsten. Ein solcher unten spitz zulaufender Ausschnitt, der allerdings noch wesentlich weiter als bis zur Nabelhöhe reicht, ist beispielsweise auf einer französischen Miniatur aus dem 15. Jahrhundert zu sehen. Auf diesem Bild verabschiedet sich ein in den Krieg ziehender Edelmann von seiner Gattin in deren Schlafzimmer. Die Dame trägt ein extrem tief dekolletiertes Unterkleid und erinnert damit ihren Mann an das, was er im Felde vermissen dürfte (Abb. 22). Die

22 Französische Buchillustration, um 1450.

Tatsache, daß die beiden Kämpen in der Tür einen freien Blick auf die Reize ihrer Herrin zu haben scheinen, könnte die Vermutung aufkommen lassen, daß eine Dame im Späten Mittelalter in solcher Aufmachung durchaus in der Öffentlichkeit erschienen wäre. Das Bild ist jedoch nach dem damals üblichen Simultanprinzip aufgebaut: Die beiden Männer sollen nicht so gesehen werden, als beträten sie das Schlafzimmer einer nur halb bekleideten Frau. Vielmehr sollen sie lediglich dem Betrachter vor Augen stellen, daß die Truppe auf den Herrn des Hauses wartet, um von ihm auf das Feld der Ehre geführt zu werden.

Isabella von Baiern trug also ein die Brüste bedeckendes, doch

23 Unbekannter Meister (nach Hans Holbein d. J.): Basler Hure mit Federbarett, um 1516.

busenfreies Dekolleté, wobei nicht überliefert ist, ob es mit einem Seidenflor oder einem anderen Gewebe ausgefüllt war. Wie dem aber auch sein mochte – Damen, die sich so gewandet vor anderen blicken ließen, wurden als »Säue« bezeichnet und mit öffentlichen Huren verglichen.[22]

Was aber hat es auf sich mit jenem Konterfei eines jungen Mädchens, das in der kulturhistorischen Literatur als »Trachtenbild einer jungen Baslerin« bezeichnet wird (Abb. 23)?[23] Zeigt es nicht deutlich, daß zumindest die Jungfrauen in Basel zu Beginn der Frühen Neuzeit für alle sichtbar die Nippel außerhalb des Mieders trugen?

Wie indessen nicht allein die ganze Aufmachung und der Gesichtsausdruck, sondern vor allem der Griff an den Riemen, an dem der Geldbeutel hängt, eine Bewegung, die zudem den die Tugend verkörpernden Gürtel verrutschen läßt, beweisen, handelt es sich hier nicht einfach um eine »junge Baslerin«, sondern um eine öffentliche Hure auf Kundenjagd.

Es ist zwar nicht anzunehmen, daß die Stadtväter oder auch nur die Anwohner es zugelassen hätten, daß die Huren auf der Gasse ihre Brüste völlig entblößt hätten. Sicher aber ist, daß man ihnen zumindest zeitweise zugestand, mit drastischeren Mitteln zu werben, als dies eine ehrbare Jungfrau tun durfte. Zwar wurde z.B. den Pariser Huren in einer Parlamentsakte vom Jahre 1420 verboten, Kleider mit einem »collet ouvert« zu tragen, aber bereits gegen Ende dieses Jahrhunderts wetterte Olivier Maillard gegen die Prostituierten, deren Kleider bis zum Gürtel offen seien (»apertas usque ad zonam«),[24] und Villon berichtete von den Pariser »fillettes monstrans tetins/Pour avoir plus largement d'ostes«.[25] Das Zürcher Sittenmandat vom Jahre 1488 ließ die öffentlichen Huren ausdrücklich aus der ›Dekolletéordnung‹ aus: »Doch sind in solichem stuck vorbehalten und fry gelassen, die ofnen varenden frowen, so in beiden hüsern, im kratz und im graben offenlich sind, und kein ander«,[26] was freilich wohl weniger geschah, um den gemeinen Frauen das Geschäft zu erleichtern. Der wahre Grund wird wohl eher der gewesen sein, daß man hoffte, auf diese Weise den tiefen Ausschnitt endgültig zum Markenzeichen der Prostitution zu machen und damit die anständigen Frauen davon abzuhalten, dieser Mode zu folgen.

Auch in den italienischen Städten trugen zu jener Zeit die Huren häufig ein tiefes Dekolleté, und wenn im Cinquecento ein französischer Reisender berichtete, er habe in Venedig Frauen gesehen, die ihren Busen – ähnlich wie Isabella von Baiern – »jusques quasi à estomach« gezeigt hätten,[27] dann wird es sich vermutlich um Prostituierte gehandelt haben,[28] denn daran erkannte man im allgemeinen bereits im Quattrocento die *putane*.[29]

Zum Standardrepertoire der Kulturhistoriker gehört zwar die immer wieder erzählte Geschichte, um die Mitte des 15. Jahrhunderts seien die venezianischen Huren von den Behörden dazu ermuntert worden, mit nacktem Oberkörper auf der Ponte delle Tete beim Carampane zu stehen, um die vorübergehenden jungen Männer von ihren homosexuellen Gelüsten abzulenken.[30] Doch in Wirklichkeit handelt es sich bei der Deutung des Namens als »Tittenbrücke« höchstwahrscheinlich um eine alte Volksetymologie,[31] und es ist quellenmäßig nicht nachweisbar, daß dort jemals die *putane* ihre nackten Brüste zur Schau gestellt hätten.[32] Und so lautet in jener Zeit auch der Rat einer Oldtimerin des Gewerbes an eine Debütantin, sie solle mit den Reizen ihres Oberkörpers haushalten, da sie ansonsten kein Kapital mehr aus ihnen schlagen könne: »Du mußt mit deinen Brüsten so karg sein wie manche

24 Hendrick ter Brugghen:
Hure und Spielmann, um 1625.

Weiber verschwenderisch sind, die, scheint's, sie wegschmeißen wollen, so treiben sie sie aus Leibchen und Kleid in die Höhe.«[33]

Das bedeutet nun freilich nicht, daß die Huren *innerhalb* der Bordelle stets in züchtigen Kleidern ihrem Beruf nachgegangen wären. Im elisabethanischen London, so heißt es, trugen dort manche Prostituierte ihre Brüste »paynted«, d.h., sie schminkten sie wie ihre Königin weiß und legten zudem Rouge auf die Nippel auf, damit sie sich noch besser abhoben,[34] und im darauffolgenden Jahrhundert soll es in Amsterdam sogar Tavernen mit ›Oben ohne‹-Bedienung gegeben haben.[35] »Clodia kommt gleich gerannt«, schrieb Antonio Beccadelli im Quattrocento über eine Bordellhure, »ihre bemalten Brüste entblößt«,[36] und die teureren Kurtisanen der Spätrenaissance hatten an den Wänden ihrer Wohnungen häufig Portraits hängen, die sie mit nackten Brüsten zeigten.[37]

Auch in den folgenden Jahrhunderten blieben die sehr tiefen Dekolletés Kennzeichen der Bordellhuren und Straßenstricherinnen, und im Jahre 1720 hieß es über die Wiener Huren, die auf den »Pasteyen« auf die Pirsch gingen und ihre Beute in die nahe gelegenen Winkelbordelle schleppten, sie »legten ihre Kram offentlich auß«, damit sie »den Bern-Häuter-Zeug und ihre wurmstichige Waaren desto geschwinder anbrächten«,[38] und von den Gelegenheitshuren und Flittchen, die in den Praterspelunken arbeiteten, wird berichtet, sie hätten sich mit ihren tiefen und locker anliegenden Ausschnitten beim Kredenzen absichtlich so tief hinuntergebeugt, daß die Herren ihre Brustwarzen betrachten konnten und daraufhin ›anbissen‹. Aus diesem Grunde erließ Maria Theresia im Jahre 1774 ein Edikt, das fürderhin die Anstellung von Kellnerinnen in den Schenken unter Strafe stellte.[39]

Auch aus dem Paris dieser Zeit berichtete Mercier, wie die Huren ab neun Uhr abends nicht selten als ganze Meute, »la gorge découverte«, den potentiellen Kunden verfolgten, und 1789, am Vorabend des Sturms auf die Bastille, beschreibt Laurent-Pierre Bérenger die »agaceries d'une fille en jupon écourté, les jambes croisées devant son balcon, et retenant son sein«.[40]

Wurde noch im 15. Jahrhundert erzählt, wie ein junger Mann »aubents spat vom wein« in Konstanz einen Abstecher ins

25 Pariser Prostituierte, späte siebziger Jahre.

26 Tschechischer Straßenstrich, 1993.

Frauenhaus macht (»zu Costentz an dem Ziegelgraben«), um seine »kurtzweil« zu haben, und dort auf eine der Huren trifft, »gar schon erbutzt auf mannes list,/ain seidin tüechlin über d' prist/und ir gesteuch [= Ärmel] in hüpscher zier/auf niderländisch weibs manier«,[41] so herrschten in den Rotlichtvierteln der Metropolen des angeblich so prüden 19. Jahrhunderts diesbezüglich rauhere Sitten. So berichtete z. B. Flora Tristan über die Bordellhuren der frühviktorianischen Waterloo Street in London: »Die Mädchen saßen am heißen Sommerabend am Fenster oder vor der Tür, nur halb bekleidet, einige erst von der Hüfte an«,[42] und etwas später heißt es von den Norton Street-Huren, sie hätten nackt an den offenen Fenstern der dortigen »brothels« herumgelümmelt und ihre Brüste über die Fenstersimse hängen lassen, um die Kunden anzulocken.[43] Daran sollte sich auch in unserem Jahrhundert nichts Wesentliches ändern, obgleich es – wie wohl immer – gewisse Klassenunterschiede gab. Während z. B. die Huren in den dreißiger Jahren in den billigen Pariser Puffs, wo sie pro Nacht bis zu fünfzig ›Fließbandnummern‹ absolvierten, mit nacktem Oberkörper oder sogar ganz nackt herumliefen, trugen die Kurtisanen in den großbürgerlichen Edelbordellen »durchsichtige Abendroben und mit Bändern und Spitzen geschmückte Schleppen aus Seide. Tief ausgeschnittene Dekolletés ließen die Ansätze der Brüste und die nackten Schultern sehen.«[44] In der Mannheimer Lupinenstraße schließlich saßen in den fünfziger Jahren die Prostituierten mit aus den Büstenhaltern gezogenen Brüsten an den niedrigen Parterrefenstern und ließen sich von den Gymnasiasten die Brustwarzen streicheln, während sie über den Preis verhandelten.[45]

§7
»Das tüttel aus dem pousen sprang«

Im Mai des Jahres 1749, so heißt es, sei auf einem zu wohltätigen Zwecken veranstalteten Maskenball des venezianischen Gesandten in Ranelagh Gardens Elizabeth Chudleigh, eine Ehrenjungfrau der Prinzessin von Wales, mit völlig entblößtem Oberkörper erschienen, in einem »Nichtkleid«, das Mrs. Elizabeth Montagu zu folgendem Kommentar veranlaßte: »Miss Chudleigh's dress, or rather undress, was remarkable; She was Iphigenia for the sacrifice, but so naked, the high priest might easily inspect the entrails of the victim.«[1]

An dieser Episode, die damals jahrzehntelang in der Presse immer wieder aufgefrischt wurde und die später kaum ein Verfasser einer ›Sittengeschichte‹ aussparte, läßt es sich verfolgen, wie die Maskerade der nachmaligen Herzogin von Kingston sich im Verlaufe der Zeit in der Imagination der Kommentatoren und Illustratoren immer mehr verflüchtigte,

27 ›Miss Chudleigh in the Actual Dress as she appear'd in the Character of Iphigenia, at the Jubilee Ball or Masquerade at Ranelagh‹, 1749.

28 ›Miss Chudleigh, Maid of Honour to the Princess of Wales, in the character of Iphigenia‹, um 1765.

bis schließlich nicht viel mehr als ihr Genitalbereich von einem Kranz aus Feigenblättern bedeckt blieb (Abb. 29).
Gewiß trug Miss Chudleigh, die einen mehr als zweifelhaften Ruf genoß und als äußerst exzentrisch und lasziv galt,[2] eine Maske, die für die damalige Zeit schockierend war, und ihre Herrin, die Prinzessin, warf auch augenblicklich ein Tuch über sie, nachdem ihre Hofdame in einem solchen Aufzug erschienen war.[3] Aber in Wirklichkeit war diese »Iphigenie« keineswegs nackt oder auch nur halbnackt gewesen. Vielmehr trug sie bei ihrem Auftritt in Somerset House ein am Oberkörper enganliegendes Kleid aus fleischfarbener Seide, durch die ihre Brüste sich offenbar so abzeichneten, als seien sie unbedeckt (Abb. 27).[4]
Zwar waren solche Maskenbälle in der ersten Hälfte des 18. Jahrhunderts anrüchig – sie galten als Tummelplätze der »Sis-

29 ›Miss Chudleigh‹. Aus *Rambler's Magazine*, 1788.

terhood of Drury«, d.h. der öffentlichen Huren, und ein Zeitgenosse bemerkte einmal, daß »there was not a *Fille de Joie* to be had that Night, for Love Nor Money, being all engaged at the Masquerade«. Und auch viele ›anständige‹ Damen nahmen sich dort sexuelle Freiheiten heraus, da sie ohne ihre Männer kamen und unter ihren Gesichtsmasken fast anonym waren.[5] Doch eine Kleidung, wie Miss Chudleigh sie trug, ging allem Anschein nach selbst an einem solchen Ort zu weit, und der *Connoiseur* kommentierte wenige Jahre danach, bei der momentanen Neigung der Damen »to get rid of their cloaths«, sei es erstaunlich gewesen, »that other Iphigenias did not immediately start up«.[6]

Nun waren freilich solche Veranstaltungen Ereignisse, die gewissermaßen in ›Zeiten außerhalb der Zeit‹ stattfanden, und dort waren innerhalb gewisser Grenzen Unanständigkeiten möglich, die im Alltag eine viel größere Empörung hervorgerufen hätten. Ähnliche Gelegenheiten, bei denen sich insbesondere Frauen ungewohnte Freiheiten herausnahmen, waren auch die periodisch wiederkehrenden Jahrmärkte. »The women are especially impudent for that day«, schrieb z.B. Daniel Defoe über die Charltoner »October fair« in der Grafschaft Kent, »as if it was a day that justify'd the giving themselves a loose to all manner of indecency and immodesty, without any reproach, or without suffering the censure which such behaviour would deserve at another time«, und in ähnlicher Weise äußerte sich im 19. Jahrhundert ein Beobachter eines Stierkampfes (»bull-running«) in der Grafschaft Lincolnshire über die dort anwesenden Frauen.[7]

Während im Späten Mittelalter und in der Frühen Neuzeit etwa die Teilnehmerinnen der auf solchen Veranstaltungen stattfindenden Wettläufe mit bedecktem Oberkörper antraten,[8] obwohl es sich meist um öffentliche Huren handelte, scheint dies im 18. und in der ersten Hälfte des 19. Jahrhunderts nicht selten anders gewesen zu sein. So kündigte im Juni 1744 der *Penny London Morning Advertiser* ein »smock race« junger Frauen an, »who run in drawers only«, und im März 1805 berichtete das *Sporting Magazine* über derartige Läuferinnen, die »a full display of their personal charms« gaben und die »with their wonted generosity those beauties« enthüllten, »which are easier to be imagined than described«.[9]

Auch die – allerdings sehr selten veranstalteten – Frauenboxkämpfe, bei denen die Teilnehmerinnen ein bloßes Hemd trugen, zogen große Zuschauermengen an, da den Kontrahentinnen nicht selten die Brüste aus dem Ausschnitt hüpften,[10] eine Gefahr, die wohl später gebannt war: Denn wenn man einer Zeichnung aus dem Jahre 1889 vertrauen darf, trugen um diese Zeit wenigstens in Paris die Teilnehmerinnen am Frauenringkampf bereits von Beginn an ›oben ohne‹.[11]

30 »Sie hauen sich, daß Haare fliegen und Busen hüpfen.« Aus *Quick*, Dezember 1977.

Seit dem Späten Mittelalter hatte das tiefe Dekolleté nicht nur eine erotische Bedeutung, vielmehr verpflichtete es auch zu gemessener, vornehmer Bewegung, da ansonsten die Brüste, besonders wenn sie ein gewisses Volumen hatten, ins Schwingen geraten und aus dem Mieder rutschen konnten. Wenn die Dame hüpfen, springen oder laufen sollte, hieß es, »so felt der milichmarkt gantz rauß«,[12] und dieses peinliche Mißgeschick widerfuhr auch, wie Heinrich von Wittenweiler zu berichten wußte, einer tanzwütigen Jungfrau: »Hilden Hauptloch was sie weyt/darumb ir an derselben Zeit/das tüttel aus dem pousen sprang/tanczens gyr sey dar zu twang.«[13] Dies machte zwar »vil mängen [= Männer] herczen fro«, aber nicht von allen. »Es wird gesprungen mit garstigen Gebärden und wunderlichem Geräusche der Füße nach dem süßen Takt«, empörte sich beispielsweise im Jahre 1526 der gelehrte Agrippa von Nettesheim, »nach leichtfertigen Liedern und schändlichen Reimen; die jungen Mädchen werden betastet (Abb. 31) und ehrbare Matronen mit unzüchtigen Händen, mit Küssen und hurischem Umfangen begriffen, und was sonst die Natur verborgen und die Ehrbarkeit bedeckte, das wird durch diese Leichtfertigkeit aufgedeckt.«[14]

Natürlich kam es dabei darauf an, was für ein Mieder eine Frau trug, und zwar nicht nur, ob es in erster Linie die Brüste hochdrückte und die Nippel freiließ, die dann mit einem Brusttuch oder einer Borte bedeckt waren,[15] sondern auch wie eng es anlag, d.h., wie sehr es die Brüste bei heftigen Bewegungen festhielt. Manche Mieder scheinen die Brüste eher weg- als hochgeschnürt zu haben und galten deshalb so sehr als Garanten des Anstands, daß die Priester Frauen ohne Schnürbrust gar nicht erst in die Kirche ließen, selbst wenn es sich, so um die Mitte des 18. Jahrhunderts in der Schweiz, um Schwangere handelte, denen das Tragen dieses Kleidungsstückes Beschwerden bereitete. Anders verhielt es sich anscheinend in Wien, wo im Jahre 1740 die Geistlichkeit klagte, kein Priester könne guten Gewissens die Augen auftun, da viele Frauen »ohngeschnüret und öfter nicht weniger bloss,

31 Junger Tänzer greift seiner Partnerin
seitlich an die Brüste, um 1485.

wenn sie nur eine Vollante über sich geworfen« zum Gottesdienst oder zur Kommunion kämen.[16]
Auch im darauffolgenden Jahrhundert preßten viele Mieder die Brüste geradezu flach, was allenthalben eine Polemik gegen jene »corsets« entfachte, die »en emprisonnant et atrophiant les mamelles« die Stillfähigkeit vieler Frauen zerstörten oder zumindest beeinträchtigten.[17] Aus diesem Grunde entwickelte Mme. Roxy Anne Caplin die sogenannten »gestation stays«, über die sie im Jahre 1856 schrieb: »In pregnancy the form of the stays should be moulded to the changes of the figure, and they should be sufficiently excavated at the breasts not to depress the nipple.«[18]
Allerdings ließen vor allem im 18., aber auch im 19. Jahrhundert viele Mieder, die nicht für Schwangere oder Stillende entworfen waren, den größten Teil der Brüste frei. So malte beispielsweise im Jahre 1785 Peter Adolf Hall seine blutjunge Tochter Adélaide-Victorine ohne Fichu, so daß die Brustwarzen unbedeckt waren,[19] und etwas später, während der Fran-

32 ›Le Corset‹. Kupferstich von Launey le Jeune, 18. Jh.

zösischen Revolution, schilderte Harmond de la Meuse, ein Vertreter der ›Plaine‹, d.h. der gemäßigten Mitte, welche Schmach es für eine Frau bedeutete, wenn sie ihr Brusttuch verlor oder wenn es ihr gar jemand herunterriß. Chabot, der das Verhör von Charlotte Corday, der Mörderin Marats, führte, bemerkte ein Papier, das im Busen der jungen Frau steckte und griff danach. Anscheinend hatte die Attentäterin vergessen, daß sie diesen Zettel noch bei sich trug, und dachte, der Mann wolle ihr an die Brust fassen. Voller Angst und Scham wich sie zurück und warf dabei die Schultern so ruckartig nach hinten, daß die Schnüre ihres Oberteils platzten, die Nadeln herausfielen und ihr Fichu sich löste: »Sa poitrine se trouva, de la sorte, tout à fait nue; et, malgré la promptitude avec laquelle elle courba sa tête sur ses genoux pour se dérober aux regards, sa pudeur eût pu avoir cruellement à souffrir, sans la tenue parfaitement décente de ceux qui l'environnaient.«[20]

Andere Frauen und zwar allem Anschein nach solche, deren erste Blüte bereits verflogen war, verhielten sich weniger schamhaft und füllten ihren Ausschnitt gar nicht erst mit einem Fichu aus. Vielmehr manipulierten sie noch ihre Brüste, damit man sie auch gebührend zur Kenntnis nahm. So berichtete beispielsweise die Markgräfin Wilhelmine von Bayreuth im frühen 18. Jahrhundert über eine Verwandte, die Herzogin von Sachsen-Meiningen: »Sie trug zwei dicke, schlappe und runzelige Brüste zur Schau, welche sie die ganze Zeit mit den Händen bearbeitete, um die Aufmerksamkeit darauf zu lenken.«[21] Und Madame Roland erinnerte sich in ihrem Gefängnis an die »unverhüllt wollüstige« Mme. Benoît, deren »Wunsch zu gefallen« ihr »noch einige Erfolge« brachte, »obschon sie über das Alter hinaus war, in dem sie noch damit rechnen konnte. Ihre Blicke waren voller Glut, und ihr Busen, immer bis über jene kleine Rose hinaus entblößt, deren Blüte gewöhnlich geheimen Mysterien vorbehalten bleibt, wogte heftig.« Ein derart schamloses Dekolleté war indessen auch im Herbst des Ancien Régime absolut unüblich, und Mme. Roland vergaß nicht anzumerken, so etwas habe sie bislang lediglich auf ihren Spaziergängen bei den »Priesterinnen der Sinneslust gesehen, deren Unanständigkeit ihre Beschäftigung auf schockierende Weise anzeige«.[22] So nimmt es nicht wunder, daß Frauen mit in dieser Weise ausgeschnittenen Kleidern hauptsächlich in der pornographischen Literatur auftauchten, wie z. B. in den ›Memoiren einer russischen Tänzerin‹, wo es hieß: »Das Korsett aus Glanzleinwand war, wie das Hemd, tief ausgeschnitten, so daß die Brüste mit den Spitzen außerhalb auf dem Ausschnitt ruhten. Wenn der Busen recht üppig war, so hingen die beiden Fleischkugeln weit über die Brüstung und tanzten bei jedem Pas mit.«[23]

§ 8
Die Brustscham im Mittelalter

Freilich gab es für die Damen gelegentlich bereits im Frühen Mittelalter eine Möglichkeit, die Formen ihrer Brüste und anderer attraktiver Körperteile ›zu zeigen, ohne sie zu zeigen‹, indem sie ihre Kleidung so zuschneiden ließen, daß die Rundungen des Leibes sich mehr oder weniger deutlich durch den Stoff abzeichneten. Zwar blieben zur Zeit der Karolinger die Körperformen im allgemeinen unter weiten, fußlangen Tuniken verborgen, und ein schweres Kopftuch, das über die Schultern bis auf den Rücken fiel, verhüllte zudem das verführerische Haar,[1] aber trotzdem scheint es schon damals Tendenzen gegeben zu haben, die Damenkleidung erotischer zu gestalten. Jedenfalls wurde im Jahre 808 im Karolingerreich eine Kleiderordnung erlassen, die unanständige Aufmachungen verbot,[2] nachdem sich im Jahre 774 der langobardische Fürst Aegis recht ungehalten gezeigt hatte über jene flotten jungen Witwen, die nicht allein die Hände weiß puderten und das Gesicht »verschönerten«, also Make-up auflegten, sondern überdies häufig das Bad aufsuchten und ohne jede Scham »nach Wohlgestalt Ausschau halten und mit der eigenen bemerkt werden« wollen.[3]

Allerdings scheint es sich dabei in jener frühen Zeit um einige wenige mehr oder weniger exzentrische Damen gehandelt zu haben, die, wie Thietmar von Merseburg es im ausgehenden 10. Jahrhundert formulierte, »indem sie einzelne Teile des Körpers auf unanständige Weise entblößen, allen Liebhabern offen zeigen, was an ihnen feil ist, und also, obwohl als ein Greuel und eine Schande vor der Welt, ohne irgend welche Scham allem Volke zur Schau einhergehen«.[4]

Es kann als sicher angesehen werden, daß Thietmar mit dem Wort »Entblößung« nicht das Freilegen nackten Fleisches, etwa im Dekolleté, gemeint hat, denn dieses ließ zu jener Zeit lediglich den Hals frei, sondern ein gewisses Sichabzeichnen der Körperformen durch den enger anliegenden Stoff. Zwar wurde die Frauentunika damals noch nicht auf Taille geschneidert, aber insbesondere ab der Mitte des 12. Jahrhunderts so geschnürt, daß sie vor allem am Oberkörper eng anlag und die Brüste sich abbildeten. Auf diese Weise sind z.B. im *Hortus deliciarum* des Herrad von Landsberg aus der zweiten Hälfte des 12. Jahrhunderts die Allegorien der Wissenschaften dargestellt, deren Kleidung sich so »heimelich« dem Körper anschmiegt,[5] daß die Hüften und mehr noch die vollen Brüste deutlich zu sehen sind.[6]

Gerade an den Frauengestalten des *Hortus* läßt sich sehr gut beobachten, wie falsch die Behauptung Elias' und vieler anderer Gelehrter ist, daß nämlich die Menschen der damaligen Zeit noch ein relativ unbefangenes, kindlich-naives Verhältnis zum menschlichen Körper und seinen sexuellen Aspekten gehabt hätten. Denn während die nackten Frauen unter den Auferstehenden stets mit den Armen schamhaft die Brüste bedecken,[7] da sie ja unbekleidet sind, und selbst die Eva *vor* dem Sündenfall dies gelegentlich tut, zeigen die Allegorien auf raffinierte Weise durch ihre Kleidung hindurch das, was nicht gezeigt werden durfte.

Aus diesem Grunde durften beispielsweise die Beginen keine Kleidung tragen, die an irgendeinem Teil des Leibes eng anlag,[8] aber auch bei den höfischen Damen galt das körperbetonte Gewand weithin als lasziv.

So entrüstete sich Konrad von Würzburg im 13. Jahrhundert: »dô truoc diu schoene ein hemde von sîden an ir lîbe, daz nie deheime ein kleit sô rehte wol gezam. ez was sô kleine, als ich vernam, daz man dar durch ir wîze hût (diu was alsam ein blüendez krût) sach liuhten bî den zîten. mit golde zuo den sîten gebrîset [= geschnürt] was ir lîp dar în. man sach ir senften [= zarten] brüstelîn an dem kleide reine storzen [= steif hervorstehen] harte kleine, als ez zwên epfel waeren.« Was daran lag, daß »daz hemde stuont gelenket [= gearbeitet] nâch einem fremden schrôte [= Schnitt] und suochte sô genôte [= eng] an ir lîp vil ûz erkorn daz man des haete wol gesworn daz diu saeldenbaere einhalp des gürtels waere nacket unde enbloezet gar«.[9]

In der Zeit der Kreuzzüge liebten es die muslimischen Männer, zu den christlichen Kirchen zu gehen, denn dies war meist der einzige Ort, an dem sie die »fränkischen« Frauen in ihren enganliegenden Kleidern begaffen und sich gleichzeitig über sie empören konnten. Und so schrieb Ibn al-Qaisarānī über die Besucherinnen des in der St.-Barbara-Kirche seiner Heimatstadt Aleppo stattfindenden Gottesdienstes: »Sie wiegen sich in ihren Taillen mit enggeschnürten Gürteln und in anschmiegsamen Seidenkleidern.«[10]

In anderen Gegenden wie z. B. in Friesland, wo die Frauen die traditionelle weite Kleidung beibehielten, war es weiterhin für eine Frau eine große Schande, wenn Details ihres Körpers sich durch den Stoff abzeichneten oder durch ihn hindurchschimmerten. Wenn etwa ein Mann eine Frau überfiel, um ihr das Kleid zu rauben, und sie dadurch im dünnen, enganliegenden Unterhemd vor ihm stand, dann nannte man dieses Delikt *thruchskîninge*, das »Durchscheinen« ihrer Formen. Eine solche Entehrung der Frau galt als ernstes Vergehen und kostete den Täter die stattliche Summe von einer Mark (»En frouua alle hire clatha birauuat al tho tha hemethe, theth tha thruchschininghe hebbe, en merc.«). War das Opfer aber eine Frau, die der Welt entsagt hatte (»ther biieuuen se fon there rwalde«), dann fiel die Strafe entsprechend der noch größeren Schamlosigkeit anderthalbmal so hoch aus.[11]

In den großen Städten hingegen wurde ab dem 14. Jahrhundert die Kleidung vieler Frauen so zugeschnitten, daß nicht nur die Brüste, sondern auch die Hüften und der Hintern sich deutlich abzeichneten. So meinte z. B. der englische Chronist John von Reading im Jahre 1334, manche Damenkleider seien so eng, daß ihre Trägerinnen zwischen den Pobacken einen Fuchsschwanz anbringen müßten, damit man ihre Pospalte nicht sehen könne (»lete hange fox tailes forto hele [= bedekken] and heyde hire ars«), was auch Chaucer bestätigte, der sich etwas dezenter so ausdrückte, die Damen »were so strete clothed that they lete hange fox tailes sawyd [= angenäht] benethe withinforth thire clothis«.[12] Gilles de Muisi bezeichnete eine solche Kleidung, bei welcher »per strictas vestes forma nuditatis earum apparebat«, nicht nur als Schamlosigkeit, sondern auch als lasziv, weil sie die Männer zur Unzucht verführe,[13] und es scheint, daß wenn auch nicht letzterer, so doch ersterer sogar manche Frauen verfielen, die eigentlich der Welt entsagt hatten. Jedenfalls wurde im Jahre 1370 den »junkfrowen zu Hachenburnen«, d.h. den Nonnen des Prämonstratenserinnen-Stiftes Hachborn in der Nähe von Marburg an der Lahn, das Tragen einer den Körper zu sehr betonenden Kleidung untersagt,[14] und noch im Jahre 1514 wurden die Insassinnen des Kölner Frauenklosters Mariengarten im Visitationsprotokoll dazu aufgefordert, künftig von dem Körper eng anliegender Gewandung abzusehen.[15] Was Wunder, trug doch selbst die heilige Jungfrau, wie man unschwer erkennen konnte, ein Kleid, das so sehr dem Körper angepaßt war, daß sich jedes Detail ihrer jungfräulichen Brüste abzeichnete (Abb. 33).

Auch die weiblichen Heiligen wurden bisweilen auf diese Weise dargestellt, weshalb ein Abt die Statue der hl. Geno-

33 Conrad Meyt zugeschr.: Madonna mit Kind, Marmorskulptur, um 1525.

veva, deren Brüste sich so abzeichneten, als seien sie nackt, mit einem Hemd bekleiden und schließlich in einen abgelegenen Winkel der Kirche Saint-Martin in Clamecy bringen ließ.[16] Bekanntlich hatte bereits Savonarola die florentinischen Maler dazu aufgefordert, die Heiligen in der dezenten Tracht ihrer Zeit darzustellen und sie nicht zum Anlaß zu nehmen, die schamlose Kleidung des Quattrocento und damit die Rundungen des weiblichen Körpers wiederzugeben.[17] Und Thomas Murner stellte schließlich fest, angesichts solcher Bilder wisse man nun wirklich nicht mehr, ob man in einem Gotteshaus oder in einem Puff sei: »Wa ich ietzund ein weibsbild find, Die zuo heiligen gemalet sind, So sind sie also huorisch gmalt Und so schamper dar gestalt, Mit kleidern und mit irer brüst, das ich oft nit han gewist, Ob ichs solt für heiligen eren, Oder uß dem frowhus weren.«[18]

Entgegen dem, was immer wieder behauptet wird, war auch im nördlichen Europa unter normalen Umständen eine Frau entehrt, wenn man sie mit entblößten Brüsten in der Öffentlichkeit sah. Zwar trugen laut Tacitus die Germaninnen lange Leinengewänder, die Arme, Schultern und den oberen Teil der Brust (»et proxima pars pectoris«) frei ließen,[19] und dieser Beschreibung entspricht auch das ärmellose eisenzeitliche Frauenkleid aus Huldremose in Jütland, das auf den Schultern mit zwei Fibeln zusammengehalten wurde.[20] Doch wurde zumindest der Ausschnitt (*hǫfuDsmátt*) des Unterkleides der Nordgermaninnen, das *skyrta* hieß, züchtig mit einem Brusttuch bedeckt,[21] und wenn etwa die Marmorstatue der sogenannten Thusnelda aus dem 1. Jahrhundert eine Germanin mit auf der linken Schulter gelöster Fibel und dadurch entblößter linker Brust zeigt, dann handelt es sich hier keineswegs um eine partielle ›Oben ohne‹-Tracht. Denn die Römer stellten häufig die Germaninnen als Amazonen dar, als wilde Weiber, die an der Peripherie der damals bekannten Welt lebten, ähnlich wie man in der Frühen Neuzeit die kriegerischen keltischen Frauen aus dem schottischen Hochland wiedergab (Abb. 34). Hätten die Germanen solche Skulpturen oder

34 John White: Piktische Kriegerin,
Aquarell, um 1590.

Aquarelle gesehen, dann wären sie gewiß zur Überzeugung gelangt, hier seien Ehebrecherinnen abgebildet, denn solchen Treulosen pflegte man anscheinend zur Strafe die Brüste zu entblößen.[22] Und etwas Ähnliches hätten vielleicht auch *deren* Vorfahren gedacht, wären sie in der Lage gewesen, das nordjütische Freilichtmuseum Hjerl Hede zu besuchen, dessen sommerliche Hauptattraktion darin besteht, daß man barbusigen dänischen Studentinnen, deren Unterleib nur notdürftig mit Fellen bedeckt ist, beim »Steinzeitleben« zuschauen kann.[23]

Auch im Mittelalter änderte sich nichts an der Tatsache, daß es als schamlos galt, in der Öffentlichkeit die Brüste zu entblößen. So klagte beispielsweise im Jahre 1145 der Abt von St. Pierre sur Dives in der Normandie in einem Brief an die Mönche von Tutbury darüber, daß unter den Gläubigen Frauen seien, die, »jedes Schamgefühl vergessend«, sich vor dem Altar der hl. Jungfrau in der Hoffnung auf Heilung mit nacktem Oberkörper auf den Boden legten,[24] denn eine anständige Frau tat dies in Anwesenheit von Männern nicht. So bedeckte

35 Die Taufe Arabels.
Aus Wolfram v. Eschenbachs *Willehalm*, 1320.

Arabel während ihrer Taufe die Brüste, weil der Bischof und andere geistliche Herren zugegen waren (Abb. 35), oder aber man schloß das andere Geschlecht bei dieser Gelegenheit gleich ganz aus. Als beispielsweise Otto von Bamberg die heidnischen Pommern taufte, trennte er nicht nur Männer, Frauen und Kinder voneinander, sondern ließ zudem Tücher spannen, die verhinderten, daß der Priester die weiblichen Täuflinge sah,[25] denn wie später Ulrich von dem Türlin berichtete, durfte der weibliche Täufling nur von Frauen gesehen werden: »Kŷburg man nû nackent sach, swaz hie was der edelen frouwen; anders si nieman torste schouwen.«[26]

Wenn Theodor Gottlieb von Hippel im 18. Jahrhundert die Meinung kundtat, »ein nacktes Frauenzimmer« werde »sich, ob es gleich an anderen Orten noch nöthiger wäre, den Busen (weil der Blick ihn zuerst erreicht und sie durch eine Bedeckung der Küste sich vor einer Landung verwahren will) mit den Händen verhalten«,[27] dann kommen hier nicht etwa die veränderten Schamstandarde einer neuen Zeit zum Ausdruck. Denn auch im Mittelalter erwartete man, daß eine nackte Frau, die von jemandem überrascht wurde, zumindest mit der einen Hand, so gut es ging, die Brüste und mit der anderen

 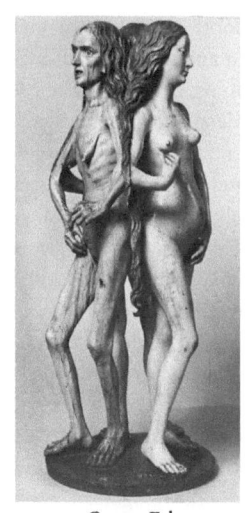

36 Wasserspeier am Freiburger Münster, 13. Jh.

37 Gregor Erhart: ›Vanitas‹, spätes 15. Jh.

den Unterleib verbarg (Abb. 36). Wie Jeschute es tat, als sie, in einem Hemd reitend, das so von Zweigen und Dornen zerrissen war, daß ihr nackter Leib zu sehen war, auf einen Mann traf: »mit henden und mit armen/begunde si sich decken/vor Parzivâl dem recken.«[28]

Im Gegensatz zur Greisin, deren schlaff herunterhängende Brüste keinen sexuellen Reiz mehr darstellten, tat dies freilich nur die junge Frau, aber auch diese führte die Schamgeste in der späteren Kunst, die auf eine raffinierte Kombination von Bedeckung und Entblößung aus war, nur noch zum Schein aus (Abb. 37).

Nun mag man zugestehen, daß die erotische *Präsentation* der nackten Brüste als unschicklich empfunden wurde, wie z.B. in der ersten Hälfte des 15. Jahrhunderts von dem jungen Heinrich VI., der schockiert war, als sein Gastgeber, ein Gefolgsmann des Bischofs von Winchester, Tänzerinnen mit entblößter Brust auftreten ließ und der den schlimmsten Fluch gegen den Herrn ausstieß, den er kannte: »Forsooth,

forsooth, ye be to blame!«²⁹ Aber man wird fragen, ob es nicht andere, ›unerotische‹ Situationen gab, in denen die Entblößung des weiblichen Oberkörpers nicht nur notwendig, sondern auch üblich war.

Nachdem beispielsweise der Sohn des Condottiere Francesco Sforza sich mit der ältesten Tochter von Francesco Gonzaga, des Grafen von Mantua, verlobt hatte, mußte man feststellen, daß die unglückliche Braut Susanna körperliche Mängel aufwies, die ihren künftigen Aufgaben als Mutter nicht gerade dienlich gewesen wären. Die beiden Familien kamen überein, das junge Mädchen durch deren Schwester Dorotea zu ersetzen, doch Sforza bat den Grafen, vor einem erneuten Verlöbnis Dorotea von zwei Ärzten untersuchen zu lassen, damit man sicher sein konnte, daß sie nicht den gleichen »diffecto« aufweise. Für eine solche Inspektion wäre es allerdings nötig gewesen, wenigstens einen Teil des Oberkörpers Doroteas zu entblößen, und es entspann sich eine gereizte und unerquickliche Korrespondenz zwischen den beiden Häusern, wieviel Nacktheit dem Mädchen zumutbar sei, ohne ihr Schamgefühl zu verletzen. Gonzaga wollte seiner Tochter jegliche Erniedrigung ersparen, was schließlich zur Folge hatte, daß die ganze Sache platzte.³⁰

Vor allem die Größe und die Gestalt der Brüste waren in diesem Zusammenhang von Bedeutung, aber allem Anschein nach wäre es in jener Zeit zu unanständig gewesen, die völlige Entblößung der Brüste zum Zwecke einer Begutachtung zu fordern. Heinrich VII. hatte diesbezüglich noch Glück, denn als er nach dem Tode seiner Frau im Jahre 1503 an eine Wiederverheiratung dachte und drei seiner Vertrauten nach Spanien schickte, um die junge Königin von Neapel, die Witwe Ferdinands II., in Augenschein zu nehmen, trug man an den Höfen der iberischen Halbinsel ein tiefes Dekolleté. Deshalb gab der englische König seinen Abgesandten den Auftrag, der Dame so weit wie möglich in den Ausschnitt zu schauen: »Item, to mark her breasts and paps, whether they be big or small.«³¹

38 Prinzessin Joana, Tochter Afonsos V., um 1470.

Ungünstiger als z. B. in Florenz (Abb. 39) waren – zumindest in einer gewissen Zeitspanne des Quattrocento – die Umstände in Rom. Denn aus dieser Stadt schrieb die Florentinerin Lucrezia Tornabuoni im Jahre 1467 an ihren Mann Piero de' Medici über Clarice Orsini, die künftige Braut ihres Sohnes Lorenzo: »Wir konnten ihre Brüste nicht sehen, weil die jungen Mädchen hier völlig hochgeschlossen gehen, aber wir hatten den Eindruck, daß sie gut geformt sind.«[32]

Wie wenig es damals denkbar war, eine Braut selbst halbangezogen zu inspizieren, wird auch daran deutlich, daß in Morus' *Utopia*, wo es diesbezüglich ganz ungezwungen zuging, *eine Frau* dem jungen Mann seine potentielle Braut mit nacktem Oberkörper zur Begutachtung vorführte, während *ein Mann* den nackten Bräutigam zur Braut geleitete (was auf der Illustration zu einer späteren Ausgabe [Abb. 40] wegen des Simultanprinzips nicht ersichtlich ist): »In cheusyng wyfes and husbandes they observe earnestly and straytelye a custome whiche seemed to us very fonde and folysh. For a sage and

39 Lucrezia Tornabuoni (links) als junges Mädchen mit zwei verheirateten Frauen. Gemälde von Domenico Ghirlandaio, um 1488.

honest matrone sheweth the woman, be she maide or widdowe, naked to the wowere. And lykewise a sage and discrete man exhibyteth the wowere naked to the woman.«[33]

Diesseits von Utopia scheint sich freilich so manche Frau geniert zu haben, selbst vor einer anderen Frau die Brüste zu entblößen. Nachdem nämlich im 17. Jahrhundert im Salzburgischen während des peinlichen Verhörs eines Hexenprozesses ein junger Bursche ausgesagt hatte, »daß der Schinter Jäggl die Stöckhl Maidl in die rechte Dutten gestochen und gemerckht habe«, ordnete das Gericht an, daß die Gerichtsdienerin deren Brust daraufhin untersuchen solle. Anscheinend empfand das siebenundzwanzigjährige »Maidl« dies als schamverletzend und bekannte, um eine Entblößung ihrer »Dutten« zu verhindern, der Teufel habe sie lediglich »an den Armb angegriffen«.[34]

40 Illustration zu einer Pariser Ausgabe von Morus' *Utopia*, 1730.

Als schließlich Benedetta Carlini, die Äbtissin der Theatinerinnen zu Pescia, im Jahre 1619 eine Vision hatte, in der Jesus, der mit einem Gefolge heiliger Frauen, darunter Benedettas Lieblingsheilige Katherina von Siena, erschienen war, sie aufforderte, ihre Brüste zu entblößen, damit er ihr Herz, das er zuvor herausgenommen hatte, wieder einsetzen könne, zögerte sie: »Ich möchte mich hier in Gegenwart so vieler Leute nicht ausziehen!« Doch Jesus beruhigte sie: »Wo ich bin, gibt es keine Scham.« Daraufhin entblößte die Äbtissin ihre linke Brust. Später kam allerdings eine kirchliche Untersuchungskommission zur Auffassung, daß insbesondere die Entgegnung des angeblichen Jesus »eher etwas Schlüpfriges als etwas Göttliches an sich« gehabt habe.[35]

§9
»… möchte mit den Brüsten spielen«

Wie aber ist die Tatsache, daß eine Frau oder ein junges Mädchen im Mittelalter und in der Frühen Neuzeit sich normalerweise schämten, in der Öffentlichkeit die Brüste zu entblößen, mit der häufig vorgetragenen Behauptung vereinbar, noch »während des ganzen 16. Jahrhunderts« habe es den Brauch gegeben, »der es den Männern gestattete, den Frauen zur Begrüßung an die Brust zu fassen«, vorausgesetzt, die Frau sei jung, unverheiratet und keine völlig Fremde gewesen? »Da die jungen Frauen ihre Brüste damals recht freizügig entblößten, konnte man diesen Brauch leichter praktizieren als heute.« Und in der Theorie zumindest habe diese Gewohnheit »nicht als erotisch« gegolten, sondern sei so empfunden worden wie heute ein Händedruck.[1] Spricht dies nicht doch für die Behauptung der Kulturhistoriker, noch in der Frühen Neuzeit sei die nackte Brust einer Frau nicht erotischer gewesen als heutzutage ihre Hand? Und gibt es nicht überdies Hinweise darauf, es sei sogar noch im 18. Jahrhundert in der Öffentlichkeit »allgemein erlaubt« gewesen, einer jungen Frau die Brustwarzen zu küssen?[2]

Nun gibt es in der Tat aus dem 16. Jahrhundert einen Bericht Felix Platters, in dem es heißt, »es habe domolen ein wiester bruch ze Basel« gegeben, und zwar »mit dem büblin grifen. Das war also gemein, auch in firnemmen hüseren, das selten ein magt aus dem haus kam, deren nit der husherr dise eer angethon hette.«[3]

Freilich geht schon aus der Wortwahl des Autors hervor, daß der Text ironisch gemeint war. Selbstverständlich war es keine »Ehre« für das Dienstmädchen, vom Hausherrn an den Brüsten befummelt zu werden, und natürlich handelte es sich nicht um einen gesellschaftlich anerkannten »Brauch«, gar um eine Begrüßungssitte, sondern um das, was wir heute eine »sexuelle Belästigung« nennen würden. Daran ändert auch nichts, daß es damals wie heute junge Mädchen gab, die solche ›Grabscher‹ duldeten. So schrieb z.B. Murner im Jahre 1512 über die ausgekochten jungen Dinger, die den geilen Jüngling, der seine Hand nicht bei sich behalten konnte, nicht nur gewähren ließen, sondern die überdies die Miederhäkchen lösten, damit ihm die »Dutten« entgegenfielen: »›Laß ston,‹ sag ich, ›du lecker, trutz!‹/Wann er myn brüst wil gryffen an,/ ›Wie sindt ir als ein bőser man!/Vff myn gőllen red ich das,/ Nie kein man so gemlich [= ausgelassen] was!‹/Sie wert sich vast des mans gewalt,/Als wann dem esel der sack entpfalt./Sy gryfft heimlich mit irer handt/In aller wőr vnd widerstandt/ Vnd truckt heimlich das hefftlin vß,/Das der milchmarckt fall heruß./›Uch zinzius, der nunnen trost,/Wie habt ir mich so gar entbloßt!/Kement lüt, man würd vns sehen,/Was wolten wir zuon lüten iehen?‹«[4]

Gewiß gab es Frauen, die ›unabsichtlich‹ ihre Brüste entblößten, um einen Mann ›aufzugeilen‹ oder ihn zu verführen,[5] aber häufig geschah dies auch gegen ihren Willen. So verurteilte in der zweiten Hälfte des 16. Jahrhunderts der Pfarrer Damasus Dürr jene frechen Burschen, die dem jungen Mädchen, das sich gerade auf der Gasse mit einer Freundin unterhielt, im Vorübergehen »das Vortuch vom Bauch [sic!] wegreißen«, so daß die nackten Brüste zu sehen waren,[6] und im Jahre 1589 schrieb eine Frau, die sich Jane Anger nannte, es nütze den Frauen nicht viel, wenn sie auf ein tiefes Dekolleté verzichteten, denn auch bei hochgeschlossenen Kleidern komme es vor, daß man ihnen an die Brust fasse: »If we hide our breasts, it must be with leather, for no cloth can keep their long nails out of our bosoms.«[7]

Ikonographisch bedeutete der Griff des Mannes an die Brust der Frau seit Jahrtausenden Geschlechtsverkehr (Abb. 41), d.h., er war gegenüber dem Griff an die Vulva das etwas dezentere Symbol. Und führte er auch nicht dazu, so konnte doch eine Frau, die es duldete, daß ein fremder Mann sie auf diese Weise berührte, keine ehrbare sein.[8] Wie Pepys am 13. November 1664 in seinem Tagebuch notierte, hatte er sich

41 Buhlende Paare. Illustrationen zum Losbuch
Konrad Bollstatters, um 1460.

sehr gewundert, daß eine bestimmte Frau ihn mit ihren Brüsten spielen ließ, da er davon überzeugt war, sie sei eine anständige Frau: »Mrs. Pennington, undressed in her smock and petticoats by the fireside; she willingly suffered me to put my hand in her bosom very wantonly, and keep it there long – which methought was very strange.«

Dies ermutigte Pepys, und zwei Wochen danach nahm er sich noch größere Freiheiten heraus. Denn nachdem sie es toleriert hatte, daß er nach Herzenslust ihre Brüste bearbeitete, wäre sie beinahe bereit gewesen, ihn zu masturbieren: »I stayed alone, talking and playing with her till past midnight – she suffering me a hazer whatever ego voulus avec ses mamelles – and I had almost led her by discourse to make her tocar mi cosa naked, which ella did presque and did not refuse.«[9]

42 Mann beobachtet, wie seine Frau
sich die Brüste betasten läßt.
Holzschnitt, 1483.

›Grabscher‹ wie Pepys gab es damals – und auch heute – allenthalben in den großen Städten, aber manche jungen Mädchen setzten sich zur Wehr, indem sie mit Hutnadeln in die unverschämten Männerhände stachen,[10] eine Praxis, die auch noch zwei Jahrhunderte später im Wilden Westen verbreitet war. Jedenfalls berichtete damals ein Rancher aus Pierre in South Dakota, daß dort die »decent women« nach Einbruch der Dämmerung nicht selten lange Hutnadeln bei sich trugen, um den Männern, die sie ›befummeln‹ wollten, in die Hand zu stechen.[11]

Insgesamt gesehen gewinnt man kaum den Eindruck, daß Theoretiker wie Norbert Elias recht haben mit der Behauptung, auf Grund wiederholter Zivilisierungsschübe hätten die Männer sich im Laufe der Zeit mehr und mehr davor zurückgehalten, fremde Frauen ›auszugreifen‹. Denn so wie es falsch ist, zu sagen, jene Form der »Rücksichtnahme auf die Frauen«, die darin bestand, daß man »sie mit den armen niht begrîf«, sei auf einen »ersten großen Schub zur Verhöflichung der Krieger« im ausgehenden Mittelalter zurückzuführen,[12] so ist es

43 Bademagd am Strand von Ostende. Im Hintergrund greift ein Badeknecht einem jungen Mädchen an die Brüste, 1843.

gleichermaßen falsch, daß die Männer sich in den Jahrhunderten nach der Frühen Neuzeit diesbezüglich einer stärkeren Triebkontrolle unterworfen hätten. Im Jahre 1728 wurde beispielsweise geklagt, in Schwaben legten die Burschen die jungen Mädchen aufs Kreuz und entblößten ihnen die Brüste,[13] nachdem einige Jahre zuvor der Autor des Buches *Unerkannte Sünden der Welt* im Kapitel ›Von unzüchtiger Betastung‹ beschrieben hatte, wie die angeblich so keuschen Jungfrauen von »ledigen und verehelichten Manns-Personen sich die Brüste betasten, entblössen, und küssen lassen etc. Wie gemein heut zu Tage solche Leichtfertigkeit sey, erfahren die Prediger fast täglich, indem bald ein Ehemann kommet, und verklaget das Weib, er habe sie bey einem andern angetroffen, der seine Hand in ihrem Busen gehabt, und sie habe solches gar wohl leiden können. Oder es kommet das Weib, und klaget den Mann an, sie sey dazu kommen, daß er einer Weibs-Person Brüste betastet, ja wol gar die Hand wo anders gehabt.«[14]

1858 hieß es im viktorianischen London, wo sich derlei angeblich nur hinter den Kulissen des öffentlichen Lebens abspielte, in den Restaurants hätten häufig die älteren Herren den weiblichen Bedienungen »unblushingly« an die Brüste gefaßt,[15] während andere die Umkleidekabinen der Ballettänzerinnen aufsuchten, um deren nackte Brüste zu betrachten »and to feel them«.[16]

Spricht aber nicht für die Behauptung, daß die weiblichen Brüste noch in der Frühen Neuzeit ›ohne weiteres‹ berührt werden konnten, jenes berühmte Bild, auf dem zu sehen ist, wie eine nackte junge Frau der sich ebenfalls in einem Badezuber befindlichen Gabrielle d'Estrées, der Mätresse des französischen Königs Heinrich IV., mit spitzen Fingern an die Brustwarze faßt? (Abb. 44) Und zeigt sich hier nicht zudem, daß eine solche angeblich lesbische Szene sogar auf einem ›offiziellen‹ Gemälde dargestellt werden konnte?

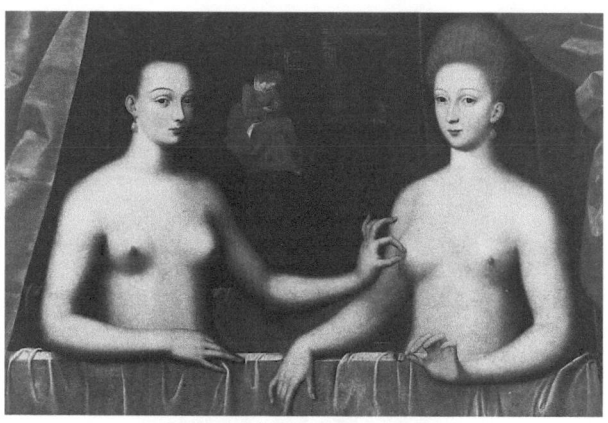

44 Gabrielle d'Estrées mit einer unbekannten Frau im Bade, um 1599.

Zunächst sollte man festhalten, daß es für die von zahlreichen Kunsthistorikern vertretene These, auf dem Bild sei eine Liebesszene zwischen zwei Frauen dargestellt,[17] keinerlei Anhaltspunkte gibt. Vermutlich hat diese Deutung eine insbesondere von feministischen Historikerinnen aufgestellte – im übrigen falsche – Behauptung zur Voraussetzung, ›nicht-penetrative‹ sexuelle Handlungen zwischen Frauen seien zu jener Zeit nicht als sexuell empfunden worden,[18] weshalb man sie problemlos darstellen konnte.

Nun hat man – in späterer Zeit – prominente Frauen, um sie zu diskreditieren, durchaus lesbischer Handlungen bezichtigt und diese auch auf pornographischen Bildern dargestellt. So dichtete man z.B. Marie-Antoinette sexuelle Beziehungen vor allem zu der Herzogin von Polignac und Mme. Balbi an, und auf zahlreichen Stichen war zu sehen, wie die französische Königin den betreffenden Damen unter die Röcke griff und sie mit der Hand befriedigte.[19] Und es sei auch unbestritten, daß lesbische Handlungen zunächst auf äußerst dezente Weise im Mittelalter[20] und dann wesentlich weniger dezent in der Renaissance dargestellt worden sind (Abb. 45).[21] Aber

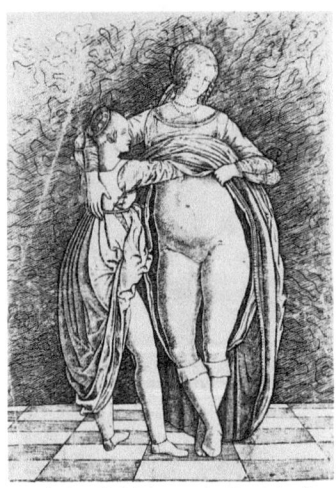

45 Kopie einer erotischen Zeichnung von Zoan Andrea, Quattrocento.

weder wurden Gabrielle solche Neigungen und Verhaltensweisen jemals nachgesagt, und dies obgleich sie im Volke äußerst unbeliebt war und in Spottschriften geschmäht wurde, noch hatte die Geste irgendeine spezifisch *negative* sexuelle Konnotation.

46 Jan van Bijlert: ›Venus und Amor‹, 17. Jh.

Wie beispielsweise aus Jan van Bijlerts Gemälde hervorgeht (Abb. 46), bedeutete sie nicht *bloße* Sexualität, wie sie durch Venus repräsentiert wird, sondern die durch Amor verliehene Geschlechts*liebe*, vor allem jene, die zu Schwangerschaft und Ehe führt. Dies zeigt die Szene auf einem Marmorrelief, auf dem die Entdeckung der Schwangerschaft Kallistos dargestellt ist (Abb. 47). Während eine der Nymphen der Diana auf den schwangeren Bauch Kallistos verweist, deutet eine andere Jungfrau aus dem Gefolge der keuschen Göttin auf den Akt der Unkeuschheit, der Kallisto in diesen Zustand gebracht hat, indem sie deren Nippel zwischen Daumen und Zeigefinger nimmt.

Gabrielle d'Estrées, die Marquise von Monceaux, war von Heinrich IV. schwanger, aber nach einer Fehlgeburt starb sie am 10. April 1599 unter Qualen, wobei nicht sicher ist, ob sie einem Giftmord oder einer ›endogenen‹ Schwangerschaftsvergiftung zum Opfer fiel. Wie dem aber auch sein mag: Alles deutet darauf hin, daß die Nippel-Geste der jungen Frau die Schwängerung Gabrielles durch den König zum Ausdruck

47 Relief von Pierre Étienne Monnot im ›Marmorbad‹ der Kasseler Orangerie, 1729.

bringt.[22] Außerdem hält Gabrielle mit der gleichen Geste in der Linken einen Ring, bei dem es sich gewiß um jenes Schmuckstück handelt, mit dem Heinrich im Jahre 1593 anläßlich seiner Salbung zum König das Land symbolisch zur Frau genommen hatte. Jener Diamantring war der Geliebten am Mardi Gras 1599 vom König als Ausdruck seines Versprechens überreicht worden, daß er sie an Quasimodo nach Ostern offiziell heiraten würde. Und die Tatsache, daß sie den Ring nicht *trägt*, sondern zwischen den Fingern *hält*, bedeutet wohl: Sie ist dem König zwar in Liebe, aber noch nicht rechtlich verbunden. Einen Ring so zu halten war damals *das* Liebeszeichen,[23] und entsprechend handelt es sich wohl auch bei der jungen Dame auf Abb. 48 um eine Braut: Vermutlich

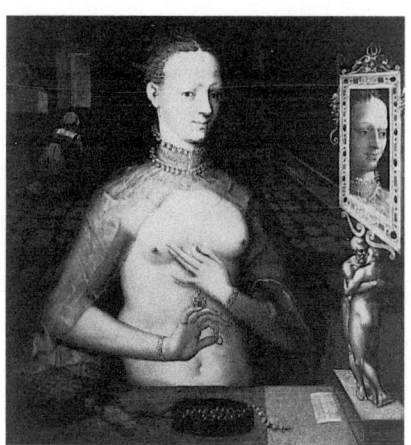

48 Unbekannte junge Dame bei der Toilette,
Frankreich, 16. Jh.

hat sie zwar mit ihrem Verlobten geschlafen – worauf das einander umarmende nackte Paar als Spiegelfuß schließen läßt –, und vielleicht ist sie schwanger, weshalb Ring- und Mittelfinger auf ihre Brust gerichtet sind. Doch ist sie noch nicht verheiratet, weshalb der Ring, den sie zwischen den Fingern der rechten Hand hält, nicht übergestreift ist.[24]

Faßt man mit Zeigefinger und Daumen einen realen oder imaginären Gegenstand, so bilden diese ›spitzen Finger‹ einen Kreis, sie symbolisieren etwas Rundes und vor allem in indoeuropäischen Gesellschaften die weibliche Genitalöffnung und damit mittelbar den Geschlechtsverkehr.[25] So nimmt es nicht wunder, wenn bereits die barbusigen Huren auf den Wandmalereien des Felsentempels von Ajaṇṭā diese Gebärde ausführen, und wie man auf Abb. 49 sehen kann, lockten anscheinend auch im europäischen Hochmittelalter die öffentlichen Huren auf diese Weise den Kunden.[26]

Als »putain« wurde am französischen Hofe auch Gabrielle d'Estrées betrachtet, die bereits vor ihrer Liaison mit Heinrich IV. die Geliebte mehrerer Herren gewesen war, doch ob

49 Hure lockt einen Kunden, um 1150.

solche Bedeutungen auch auf den Bildern, auf denen die Mätresse des Königs zu sehen ist, intendiert sind, kann man kaum sagen. Denn weder weiß man, wer die Auftraggeber dieser Gemälde waren, noch wer sie malte oder was ihre Funktion gewesen ist. Jedenfalls heißt es, zu Lebzeiten Gabrielles habe das Volk auf den Gassen von Paris gesungen: »Madame, cachez vostre sein/Avec ce beau testin de rose/Car si quelqu'un y met la main/Il y voudra mettre autre chose.«[27]

Daß die nackten oder halbnackten Brüste einen fast unwiderstehlichen Reiz auf die Männer ausübten, sie zu betasten und zu streicheln, glaubte man während des ganzen Mittelalters und der Frühen Neuzeit. »Möchte ihren Busen sehen«, heißt es beispielsweise in den um 1230 entstandenen *Carmina Burana*, »möchte ihn mit Händen fassen,/mit den bloßen Brüsten spielen (*simplicibus mammis ut alluderem*)./Der Gedanke weckt Verlangen./Schamrot wird ihr Angesicht (*sedit in ore rosa cum pudore*).«[28] Etwa zur selben Zeit ließ auch Konrad von Würzburg den »juncherren« zur Freude der »frouwen« an deren Auslagen heran: »sus greif er mit der hende sîn/an die frouwen mit gelust/unde ruorte ir süezen brust,/diu sam ein apfel was gedrât./durch disiu dinc und die getât/wart diu schœne zornic niht:/diu fröute sich von der geschiht.«[29] Und Oswald von Wolkenstein ließ später Margarethe von Schwangau, die er im Jahre 1417 ehelichen sollte, vor Lust geradezu gurren, als er ihre Brust betastete: »Gesell, so geud ich wol den scherz,/und gailt sich fro dein ainig weib,/ wenn mir dein hand ain brüstlin drucket.«[30]

Welche Reizwirkung die entblößten Brüste hatten, sieht man auch daran, daß z. B. in *Sir Gawain and the Green Knight* die Zauberin den Helden mit »hir brest bare bifore, and bihinde eke« zu verführen suchte,[31] und hundert Jahre später sah ein kartäusischer Visionär, wie der Teufel auf einer Kanzel Anstrengungen unternahm, ihn mit Hilfe der nackten Brüste einer Frau vom Klosterleben abzubringen: »and he hadde a womman in hys armis and schewede þou here nakede brest down to þe nawyl.«[32]

Doch waren die Brüste nicht allein visuell und taktil attraktiv, sondern auch in olfaktorischer Hinsicht, und zwar nicht, wie man es erwarten dürfte, die Brüste einer stillenden Mutter, sondern die eines jungen, unberührten Mädchens. Sie strömten, wie man glaubte, einen verlockenden und gleichzeitig besänftigenden Duft aus, weshalb nach Philippe de Thaon im 12. Jahrhundert die Jungfrau das scheue Einhorn betörte und einfing, indem sie ihre Brüste aus dem Kleid zog: »La met une pucele hors de sein sa mamele/Et par odurement Monoscéros la sent.«[33]

§ 10
›Funktionale‹ Brustentblößung:
Schandstrafen und Stillen des Säuglings

Gab es aber in früheren Zeiten nicht Gelegenheiten, bei denen man in aller Öffentlichkeit die Brüste oder sogar den ganzen Oberkörper der Frauen entblößte, um sie auf diese Weise besser abstrafen zu können? Und zeigt es sich hier nicht, daß es doch zwischen dem Mittelalter und dem 18. Jahrhundert bezüglich der Scham- und Peinlichkeitsstandarde einen Zivilisationsprozeß gegeben hat, im Verlaufe dessen der nackte weibliche Oberkörper ›erotisiert‹ wurde und gleichzeitig – gewissermaßen proportional – hinter den Kulissen des öffentlichen Lebens verschwand?

Freilich wird auch am Vollzug der Schand- und anderer Strafen ersichtlich, daß man die Gebote des Anstands nicht einfach in den Wind schlug. So wurden zwar nach der Regel des Kieler Heiligengeisthospitals, d.h. des Armenhauses, vom Jahre 1301 alle Insassen, ob männliche oder weibliche, bei sexuellen Verfehlungen mit nacktem Oberkörper ausgepeitscht. Doch wenn bei den Frauen diese Strafe vollzogen wurde, dann nur unter Ausschluß jeglicher Männer.[1] Aus Urkunden vom Jahre 1404 und aus späterer Zeit geht zwar hervor, daß in den Gefängnissen Londons nicht selten Frauen mit nacktem Oberkörper durch Auflegen von Gewichten gefoltert wurden, aber manche von ihnen wehrten sich empört gegen die Schamlosigkeit, vom Sheriff und seinen Gehilfen mit entblößten Brüsten gesehen zu werden. So heißt es z.B. von einer gewissen Margaret Clithero: »After shee had prayed a sheriff commanded them to put off her apparel; shee and four women requested him on their knees that for the honour of womanhood this might be dispensed with but they would not grant it. She then requested that the women might unapparel her and they would turn their faces from her.«[2]

Im Italien der Renaissance wurden überführte »Hexen« (*le strige*) häufig, um sie zu entehren, mit nackten Brüsten auf einem Schandesel, das Gesicht zum Schwanz, durch die Stadt geführt. Wenn eine solche Frau sich zum ersten Mal der Hexerei ergeben hatte, wurde sie – wie es in der *Prattica per procedere nelle cause del S. Offizio* heißt – in dieser Aufmachung mit Ruten ausgestrichen. Nicht selten sah die Inquisition indessen davon ab, eine Frau auf solche Weise vor dem Mob zu demütigen, vor allem dann, wenn die Sünderin eine heiratsfähige Tochter hatte. Die Schande wäre nämlich auch über diese gekommen (»perchè ridonda in ignominia delle figliole«), und man hätte befürchten müssen, daß sie eventuell keinen Mann gefunden hätte. Aber auch bei verheirateten Frauen verzichtete man oft auf solche zusätzlichen Erniedrigungen, da man nicht die Gefahr heraufbeschwören wollte, daß deren Männer die Liebe zu ihnen verlören, wenn sie ihre Gattinnen in einem so beschämenden Zustand sähen.[3] Die Frauen aber, die weder verheiratet waren noch ältere Töchter hatten, versuchten zu verhindern, daß die Entwürdigung in der Öffentlichkeit geschah oder baten darum, daß wenigstens ihr Gesicht verhüllt wurde, so daß man sie nicht identifizieren konnte. Letztere Gnade gewährte man anscheinend oft, vielleicht fast routinemäßig, denn im Falle der venezianischen Teufelsbuhlerin Betta Minchioni bestimmte das Gericht eigens, daß ihr Gesicht unverhüllt (»faccia scoperta«) sein solle.[4]

Auch im 17. Jahrhundert wurden manchmal Frauen, ohne daß man auf ihre »wiflike ere« achtete, öffentlich mit nacktem Oberkörper abgestraft, und gewiß war dies einer der Gründe, warum so viele männliche Zuschauer zu solchen Spektakeln eilten. So wurde z. B. im Jahre 1636 die angebliche Hexe Anna Ameldung in Osnabrück mit entblößten Brüsten gegeißelt,[5] nachdem sechs Jahre zuvor in London verfügt worden war, daß »one Joan« wegen Hurerei »shal tomorrow sennight be whipt up and down the market street between 12 and 1 of the clokke stript from the nekke to the girdle«.[6]

Doch erschien den Gerichten ein solcher Strafvollzug in vielen Fällen als zu schamlos, wobei angesehenere Frauen ohnehin unter Ausschluß der Öffentlichkeit und meist von Geschlechtsgenossinnen ausgepeitscht wurden. So bestimmte zwar im Jahre 1610 ein Überlinger Richter in seinem Urteil, »der Scharfrichter« solle »sy oberhalb ires Leibs entblößen« und sie dann malträtieren. Wenn aber solche Frauen vom Henker an einem Strick durch die Stadt geführt wurden, gab man ihnen fast immer ein Tuch, das sie dabei vor ihre Brüste halten konnten.[7]

In England verbot man zwar um diese Zeit, Gesetzesübertreterinnen in der Öffentlichkeit mit nacktem Oberkörper herumzuführen oder öffentlich auszustreichen, da »the decency due to the sex forbids the exposing and publicly mangling their bodies«,[8] aber anscheinend wurde diese Anordnung bisweilen nicht beachtet. Jedenfalls schrieb Ned Ward im Jahre 1698 über das Auspeitschen von halbnackten Frauen: »I think it is a shameful indecency for a woman to expose her body to the sight of men and boys, as if it were designed rather to feast the eyes of the spectators than to correct vice, or reform manners, therefore I think it both more modest and more reasonable they should receive their punishment in the view of women only, and by the hand of their own sex.«[9]

Doch auch im 18. Jahrhundert wurden in England immer wieder Diebinnen, Huren und andere arme Sünderinnen vor Männern und Buben mit nackten Brüsten gezüchtigt,[10] so daß man sich fast über die Empörung Thomas Ledyards, des Sekretärs des englischen Gesandten in Hamburg, wundern muß, der im Jahre 1726 miterlebte, wie auf dem Bremer Marktplatz ein Stubenmädchen, welches sich mit seinem Herrn eingelassen hatte, geprügelt und gebrandmarkt wurde: »Es dauerte nicht lange, da erschien ein schönes, jüngeres Wesen mit weit über die Schultern hängendem Haar. Sie war nackt bis zur Taille, ihre Hände waren zusammengebunden«, und zwar vermittels eines Seiles, mit dem ihre Arme hochgezogen wurden, so daß das anderweitig so prüde Bremer Pu-

blikum einen freien Blick auf ihre beiden Brüste hatte, »was mit der zur Schau getragenen Moral und Sittlichkeit nicht übereinstimmte«. »Ich muß zugeben, daß diese ganze Szene extrem schockierend für mich war.«[11]
Das empfand die Bremer Justiz freilich sicherlich genauso, aber man war damals immer noch der Auffassung, daß insbesondere bei Sittlichkeitsverbrechen eine ›spiegelnde Strafe‹ zur Anwendung gebracht werden mußte. So wie das junge Mädchen mit ihrer Hurerei das öffentliche Schamgefühl beleidigt hatte, so wurde dieses Vergehen gewissermaßen ›wiedergutgemacht‹, indem man durch die Zurschaustellung ihrer Brüste ihr eigenes Schamgefühl verletzte. So ist es auch verständlich, wie die Puritaner in Neu-England, die bei den Indianerinnen die »naked breasts«[12] und bei ihren eigenen Frauen die Dekolletés schockierend fanden, häufig Ehebrecherinnen mit nacktem Oberkörper an den Pranger stellten.[13]
Je mehr die Gesellschaft im 18. und im 19. Jahrhundert ihren ›Face-to-face‹-Charakter verlor, um so weniger spielten bei der Bestrafung von Delinquenten Entwürdigungen, die tendenziell die Betreffenden zumindest zeitweise zur sozialen

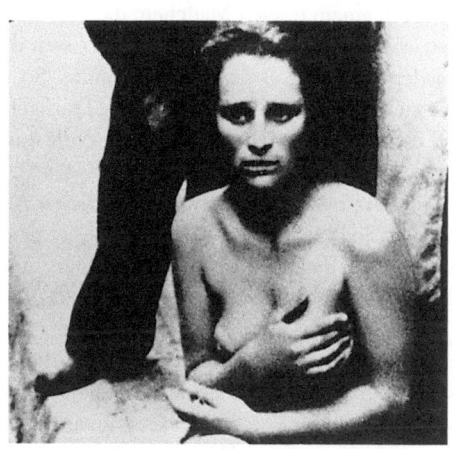

50 Jüdin kurz vor der Ermordung durch ukrainische Miliz in Lemberg, 1942.

›Unperson‹ stempelten, eine Rolle. Und so verwundert es nicht, daß in neuerer Zeit die Zwangsentblößung der weiblichen Brust immer mehr aus der ›staatlichen‹ Justiz verschwunden ist. So findet man derartige Formen der Entwürdigung fast nur noch bei Pogromen (Abb. 50) oder in Kriegen wie dem in Vietnam, wo viele amerikanische Soldaten fast habituell den Frauen das Oberteil ihrer Kleidung heruntertrissen, wenn sie ein Dorf betraten,[14] oder aber als Ausdruck der ›Volksjustiz‹ in kleinen, überschaubaren Menschengruppen.

Schon im *Domostroi*, dem moskowitischen ›Hausbuch‹ aus dem 16. Jahrhundert, wurde der Hausherr angewiesen, seine Frau mit entblößtem Oberkörper zu züchtigen. Allerdings hieß es einschränkend, er solle sie nur im Falle »großer und schrecklicher Unbotmäßigkeit« auf solche Weise demütigen.[15] Anscheinend war diese Strafe vor allem bei sexuellen Verfehlungen üblich, und sollte der Ehemann abwesend sein, weil er z. B. auswärts arbeitete, dann entblößte stellvertretend die Dorfgemeinschaft der treulosen Frau die Brüste.[16] In manchen Gegenden Rußlands, z. B. in der Orel-Provinz, schnitten noch im vergangenen Jahrhundert auf dem Dorf die älteren Frauen einem jungen Mädchen, das vor der Ehe Unzucht getrieben hatte, die Zöpfe ab und zerrissen ihr Hemd, so daß jedermann ihre Brüste sehen konnte. So entblößt, wurde sie zu ihrer Schande durch das ganze Dorf geführt.[17]

Während es sich hier um die traditionelle ›Volksjustiz‹ handelte, die in erster Linie auf Beschämung aus war, legte die ›staatliche‹ Justiz bezeichnenderweise auf diesen Aspekt geringeren Wert. So berichtete beispielsweise Christian Gottlob Züge aus Rußland, daß um die Mitte des 18. Jahrhunderts ausschließlich männliche Delinquenten mit nacktem Oberkörper die Rute erhielten: »Frauenspersonen läßt man aber das Hemde, wodurch sie Gelegenheit bekommen, die Strafe fast unmerklich zu machen, wenn sie den vollziehenden Soldaten bestechen können. Eine deutsche Colonistin, welcher, ich weiß nicht mehr für welches Vergehn, diese Strafe auch zuerkannt wurde, hatte unter dem Hemde eine Schnürbrust.«

Freilich flog der Betrug auf, weil die Hiebe auf das Mieder anders klangen als die auf den nur mit einem Hemd bedeckten Rücken.[18]

Auch auf den britischen Schiffen, die im 19. Jahrhundert die Auswanderer nach Australien brachten, bestrafte der Schiffsarzt die Frauen, die durch widerspenstiges Benehmen (»restive conduct«) auffielen, damit, daß er sie mit nacktem Oberkörper an Deck vor der Besatzung und den übrigen Männern auf und ab gehen ließ.[19] Handelte es sich bei den Frauen gar um Strafgefangene, die in den fünften Kontinent deportiert wurden, so nahm man auf deren Schamgefühl noch weniger Rücksicht und peitschte sie in aller Öffentlichkeit auf die nackten Brüste.[20]

Mag man nun zugestehen, daß derartige Entblößungen beim Strafvollzug auch im Mittelalter und in der Frühen Neuzeit nicht so unproblematisch waren, wie es immer dargestellt wird, so wird man doch darauf aufmerksam machen, daß es eine Form ›funktionaler‹ Entblößung gegeben habe, die bis ins 16. Jahrhundert nicht anstößig gewesen sei: die der weiblichen Brüste zum Stillen des kleinen Kindes. Und so verlautet auch ein Gefolgsmann Elias', das öffentliche Stillen der Säuglinge sei erst im Laufe des 16. und des 17. Jahrhunderts »als unanständig betrachtet« worden.[21]

Außer Zweifel steht, daß es – wie wir später sehen werden – zu allen Zeiten und in den meisten Gesellschaften kaum eine ›enterotisiertere‹ Brust gegeben hat als die der ihr Kind säugenden Mutter. Trotzdem ist es nicht unwichtig, festzuhalten, daß auch im Mittelalter eine solche ›Enterotisierung‹ nicht völlig gelungen zu sein scheint.

Dies läßt sich z.B. daran erkennen, daß Otfried von Weißenburg es in der ersten Hälfte des 9. Jahrhunderts für nötig erachtete, hervorzuheben, daß die Mutter *par excellence*, nämlich die Muttergottes, sich nicht geschämt habe, ihren Sohn öffentlich zu stillen. Denn Maria war ohne Sünde, und *deshalb* konnte sie ohne Scham selbst vor fremden Männern ihre Brüste entblößen:[22] »Tho bót si mit gilústi (= mit Freuden) thio kíndisgun brústi; ni méid sih, suntar si óugti, then gotes sún sougti.«[23]

Natürlich war es meistens möglich, daß die Frauen, die gezwungen waren, in der Öffentlichkeit zu stillen, sich von den anwesenden Männern abwandten, und überdies mußte man von der stillenden Brust nicht allzu viel sehen, denn im allgemeinen öffneten die Mütter die verschnürten Schlitze über den Brüsten nur so weit, daß der Säugling den Nippel mit dem Mund ergreifen konnte, und dieser war ja dann von dem Kind verdeckt. Waren die Frauen beim Stillen jedoch weniger dezent und öffneten sie die Schlitze gar zu weit, dann verdächtigte man sie auch gleich, daß sie in Wirklichkeit die Männer aufgeilen wollten, und malte ihnen aus, wie sie später in der Hölle zur Strafe an den Brüsten aufgehängt würden.[24]

Nach talmudischer Tradition war das Stillen eines Kindes in der Öffentlichkeit eine Schamlosigkeit, und Rabbi Meir sagte, in einem solchen Falle sollte sich der Mann von seiner Frau scheiden lassen.[25] Die mittelalterlichen und frühneuzeitlichen Christen waren zwar in dieser Hinsicht weniger rigoros, doch auch für sie war wenigstens in einigen Gegenden das öffentliche Stillen etwas, das nur unter Tieren üblich war. Als beispielsweise eine Frau, die aus dem Norden nach Bayern gezogen war, dieser Praxis weiter folgte, erklärten die dortigen Frauen diese für »schweinisch und schmutzig«, und ihr Mann kündigte ihr an, er werde in den Hungerstreik treten, wenn sie mit diesem »abscheulichen Brauch« nicht aufhöre.[26]

»Delicacy« wurde im Jahre 1541 in England als einer der Gründe genannt, warum gewisse Damen nicht beim Stillen gesehen werden wollten,[27] und als etwas später Margarete von Valois, »la reine Margot«, die kinderlose Gemahlin Heinrichs IV., in Mons von einer Damengesellschaft empfangen wurde, überraschte sie die junge Frau des dortigen Gouverneurs, die Comtesse de Lalaing, mit einer großen Vertraulichkeit, die Margarete zunächst sehr befremdete: »Elle nourissoit son petit fils de son lait; de sorte qu'estant le lendemain au festin, assise toute auprès de moy à la table, qui est le lieu où tous ceux de ce païs-là se communiquent avec plus de franchise.« Die Gräfin trug ein »habit approprié à l'office de nourrice«, also wohl ein Kleid mit aufknöpfbaren Stillschlitzen, »et librement se desboutonne, baillant son tetin à son petit, ce qui eust été tenu à incivilité à quelque autre; mais elle le faisoit avec tant de grace et de naïsveté, comme toutes ses actions en estoient accompagnées, qu'elles en receust autant de louanges que la compagnie de plaisir.«[28]

Obgleich hier also lediglich Damen versammelt waren, betrachtete man das Stillen vor anderen Personen, die nicht dem engeren Familienkreis angehörten, allem Anschein nach als »incivilité« – und dies sogar in Frankreich, wo doch die Französinnen diesbezüglich in der Frühen Neuzeit als frei und unbekümmert galten. So stellte im Jahre 1630 ein irischer Reisender voller Überraschung fest, in Frankreich könne eine Frau »suckle her baby unscreened without comment«, während so etwas in England »as outraging the proprieties« empfunden würde.[29] »Ask any modest loving mother«, meinte etwa um diese Zeit die Gräfin von Lincoln, »what trouble they accounted it to give their little ones suck.«[30]

Betrachtet man die Stillszenen auf den holländischen Genrebildern, so ist man erstaunt, wie schamhaft und diskret die Mütter im allgemeinen diesem Geschäft nachgehen: Während des Gottesdienstes in einer reformierten Kirche auf einem Gemälde von Gijsbert Sybilla um 1635, in der Praxis eines Arztes oder im Schneiderladen auf einem Bild von Quirijn van Brekelendam – stets hat die stillende Mutter sich von den anderen Personen abgewendet und von ihrer Brust nur so viel wie nötig entblößt.[31]

Wenn aber die stillende Mutter mit völlig entblößter Brust den Männern zugewandt ist, wie auf Jan Steens ›Lustiger Gesellschaft‹, wo die betreffende Frau, die Beine schamlos gespreizt, einen Mann mit Federhut angrinst, der frech nach ihrer Brust greift, dann ist ein Flittchen dargestellt, was zudem durch ein Bett im Hintergrund und eine Katze, Sinnbild der Promiskuität, deutlich gemacht wird.[32]

Auch die Zigeunerinnen scheinen ihre Kinder ganz offen gestillt zu haben,[33] und überdies trugen offenbar manche Zigeunermütter, die Säuglinge hatten, im Sommer die Brüste ganz unbedeckt, was viele Künstler dermaßen beeindruckte, daß sie die Zigeunerin mit unbedeckter Brust seit dem ausgehenden Mittelalter immer wieder dargestellt haben. Man denke nur an Dürers Kupferstich ›Die Türkenfamilie‹, bei der es sich mit Bestimmtheit um Zigeuner handelt, an Hans Burgkmaiers Zeichnung ›Die Zigeunerfamilie‹[34] oder an Jan Steens Gemälde ›Landschaft mit Personen‹: Auf diesem Bild wird ein holländischer Mann so durch die nackten Brüsten der jungen Zigeunerin abgelenkt, daß er nicht bemerkt, wie ein kleiner Zigeunerjunge ihm den Geldbeutel stiehlt (Abb. 51).

51 Jan Steen: ›Landschaft mit Personen‹, um 1650.

Im 18. Jahrhundert war bereits vor der Französischen Revolution das Selbst-Stillen wieder in Mode gekommen, doch das Stillen in der Öffentlichkeit wurde zunächst zumindest in bürgerlichen Kreisen weiterhin als äußerst unschicklich angesehen. Deshalb schlug im Jahre 1783 ein Monsieur de Lacroix vor, der Staat solle spezielle öffentliche Stätten einrichten, die – vergleichbar den gemeinen Bedürfnisanstalten – von säugenden Müttern jederzeit aufgesucht werden könnten.³⁵ Gerade diejenigen, welche dafür eintraten, daß die Frauen ihre Kinder selber stillen sollten, hegten nämlich die Befürchtung, daß diese Praxis der ›Emanzipation‹ des weiblichen Geschlechts nicht eben dienlich sei. Denn das Säugen führte nicht allein zu unansehnlichen Hängebrüsten, vielmehr ›animalisierte‹ es die Frauen, indem es sie zur ›Milchkuh‹ degradierte, und es entfernte vor allem die Frauen aus dem gesellschaftlichen Verkehr, da das Schamgefühl es verbot, die Brüste vor fremden Männern zu entblößen.³⁶

Trotzdem sah man ab ungefähr der Mitte des 18. Jahrhunderts immer häufiger Frauen, die der Sitte zum Trotz vor allen Leuten ihrem Kind die Brust gaben, und am 1. Februar 1774 verlautete ein Korrespondent im Frankfurter *Journal*: »Den Liebhabern der neuen französischen Moden kann ich mit einer ganz nagelneuen aufwarten, und diese ist, daß die Mütter in unsern Städten anfangen, ihre Kinder selber zu säugen. Als

52 Augustin Claude Le Grand: ›Jean-Jacques Rousseau oder Der natürliche Mensch‹, um 1785.

ich in Lyon war, sah ich eine junge artige Dame ihren kleinen Sohn an ihre Brust legen.« Deren Bruder sagte dem Korrespondenten, dieses werde »durchgängig in Paris, hier, und in andern Städten Mode. Und dieses haben wir Rousseau zu danken …«[37] (Abb. 52). »L' Heureuse mère« (Abb. 53), die

53 ›L'Heureuse mère‹. Kupferstich von Sergent-Marceau, um 1799.

nicht mehr nur zu Hause, sondern auch auf der Straße oder im Park auf ›natürliche‹ Weise die Brüste frei machte, um ihre Kinder ebenso glücklich zu machen, rief bald auch in Deutschland häufig mehr Entzücken als Empörung hervor, und ein Passant berichtete aus dem Berliner Tiergarten, daß dieser Umschwung der Gefühle auch von jungen Bettlerinnen ausgenutzt wurde: »Am mehrsten wurde ein Weib beschenkt, die sich fast acht Tage hindurch zu aller Zeit hier sehn ließ. Sie setzte sich ruhig einige Schritte vom Wege ab, an einen Baum, sah bleich und kränklich aus, und hatte zwei kleine Kinder auf dem Schoß, denen beiden zugleich sie die Brust reichte. Der Anblick war überaus rührend, und wenig junge Weiber gingen vorüber, die nicht stehn blieben, sie anredten und beschenkten. Sie blieb indeß den ganzen Tag in derselben Attitude, und bewieß dadurch, daß das Ganze eine feine Spekulation war.«[38]

Es scheint, daß diese Veränderung der Einstellung gegenüber dem Stillen in der Öffentlichkeit einer neuen Generation jüngerer Frauen vorbehalten war, wohingegen die Seelen vieler Männer sich weigerten, die ›Rückreise zur Natur‹ anzutreten. So meinte etwa im Jahre 1780 Pestalozzi, der naive Bauernbursche erfahre zwar bei derlei Anblicken keine Gefährdung seines Seelenheiles. Aber er argwöhnte, eine solche Natürlichkeit gebe es in der Stadt einfach nicht, denn hier würden die Augen der Jünglinge viel zeitiger geöffnet, zumal die erste entblößte Frauenbrust, die diese sähen, meist nicht die stillende der Mutter, sondern die verführerische des Dienstmädchens sei: »Und im Heiligthum der Wohnstube scheuet die säugende Mutter den reiffenden Sohn nicht, sie förchtet nichts böses von der Erfüllung dessen, was ihre tägliche Pflicht ist. Der Sohn des Landmanns, der an der Seiten der säugenden Mutter sein Morgen- und Abendgebeth verrichtet, reifet spät, und der Sohn der städtischen Dame, die sich mit dem Säugling in ihr Kabinet flüchtet, und den innern Riegel sperrt, zahlt frühe die Kammerjungfer für die Oefnung des Mieders, siehet die Brust einer Hure, und ist verloren.«[39]

Andere trauten hingegen nicht einmal den gottesfürchtigen Söhnen der Landmänner über den Weg, und so hieß es in *Valter und Gertraud, für das Landvolk auf dem Lande geschrieben* über das bäuerliche Musterpaar, das sich der Neuen Zeit verweigerte: »Sie waren äußerst besorgt, ihre Kinder in der Unschuld zu erziehen, und alles zu entfernen, was ihre zarten Seelen beflecken konnte. Sie nahmen sich selbst sorgfältigst in Acht, den Kindern auch durch die unschuldigste Handlung, Aergerniß zu geben. Wenn Gertraud ein kleines Kind stillte oder pflegte, geschah es nie in Gegenwart der anderen.«[40]

Allerdings scheinen sich auch im Bürgertum immer weniger junge Mütter an solch fromme Ratschläge gehalten zu haben, so daß Johann Christian Siede im Jahre 1796 in seinem Büchlein *Vernünftige und bewährte Mittel zur Erlangung und Bewahrung einer schönen Gorge* klagte: »So manche freilich legt die feinere Schamhaftigkeit bald nach ihrer Verheirathung ab, und man sieht fast alle Tage Mütter, welche öffentlich, bey der weitesten Entblössung ihrer Brust, ihr Kind stillen, und es scheint ihnen kaum einmal in den Sinn zu kommen, daß dies ihren Gesellschaftern auffallen könne.«[41]

Wieder andere Kommentatoren gaben zu bedenken, solche Frauen seien nicht einfach nachlässig oder gedankenlos. Im Gegenteil, es sei doch augenscheinlich, daß sie in Wirklichkeit das Mieder aufknöpften, damit die Männer sich an ihren nackten Brüsten weiden könnten, und im Jahre 1795 unterstellte ein deutscher Arzt den stillenden Müttern gar, sie reichten ihren Kindern die Brust nur deshalb, weil das Saugen sie sexuell errege und sie dabei in sündhaften Gedanken schwelgen könnten.[42]

§11
Die Muttergottes und sündige stillende Frauen

Gegen Ende der vierziger Jahre des 15. Jahrhunderts gab Estienne Chevalier, der Schatzmeister Karls VII. und Nachlaßverwalter von dessen Mätresse Agnès Sorel, bei dem Maler Jehan Foucquet, dessen Gönner er war, ein Bild in Auftrag, auf dem die hl. Jungfrau mit ihrem kleinen Sohn und einer zum Stillen entblößten Brust gezeigt werden sollte.[1] Die Madonna des sogenannten Diptychons von Melun (Abb. 54), die daraufhin entstand, stellt in Wirklichkeit vermutlich die Geliebte des Königs dar, denn das Gesicht dieser Maria ähnelt sehr demjenigen der Grabfigur von Agnès in Loches.[2]

Über diese »Madonna mit den prallen Brüsten« ist viel Tinte vergossen worden, und auch ein Anhänger der Eliasschen ›Zivilisationstheorie‹ beschreibt sie und zieht folgenden Schluß: »Ihr Korsett ist geöffnet und gibt eine Brust in ihrer ganzen Fülle frei, während das Kleid die Konturen der zweiten Brust erahnen läßt. In Anbetracht des offiziellen Charakters, den dieses Bild hatte, kann man daraus ableiten, daß die sogenannte ›mater lactans‹, die stillende Mutter, die entblößt ihrem Kinde die Brust gab, eine Alltagserscheinung war.«[3]

Nun war es im Späten Mittelalter nicht unüblich, daß hohe Herren ihre Favoritinnen – teilweise halbentblößt – verewigen ließen. So fand man z.B. bei der Leiche eines französischen Ritters auf dem Schlachtfeld von Fornovo ein kleines Buch, in dem die zahlreichen Geliebten des adeligen Herrn »al naturale« dargestellt waren.[4]

Einen derart privaten Charakter wird die ›Madonna von Melun‹ zwar nicht gehabt haben, aber gerade deshalb scheint das Bild unter denjenigen, die es am französischen Hofe zu Gesicht bekamen, für einen Skandal gesorgt zu haben.[5] Die Tatsache, daß es kaum eine Beziehung gibt zwischen »diesem riesigen prallen Busen« und dem Kind, sowie die, daß die hl. Jungfrau ausgerechnet die Züge einer Sünderin trägt, deren

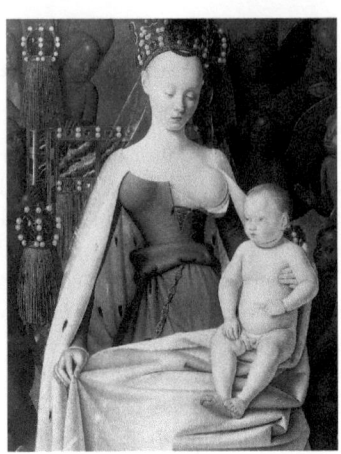

54 ›Madonna von Melun‹, um 1448.

extrem tiefes Dekolleté bekanntlich für einige Aufregung unter den Zeitgenossen gesorgt hatte, macht allzu deutlich, daß es sich hier in Wahrheit um ein erotisches und nicht um ein sakrales Gemälde oder um die unbefangene Darstellung einer Mutter handelt, die sich anschickt, ihr Kind zu stillen.

Wenn beispielsweise Elias behauptet, solche Darstellungen aus dem 15. Jahrhundert hätten noch nichts »von jener Tendenz, anzureizen oder eine im Leben versagte Wunscherfüllung zu geben, die allem ›Obszönen‹ anhaftet«,[6] dann unterschätzt er, welche Hintergedanken die Auftraggeber solcher Bilder hatten, und zudem, wie diese auf die Betrachter der Zeit gewirkt haben.

Gewiß gab es seit dem 12. Jahrhundert das Motiv der ›Madonna lactans‹, der hl. Jungfrau, die auf Grund ihrer Sündenlosigkeit in aller Öffentlichkeit ihrem Sohn die Brust reichen konnte,[7] doch tat die Muttergottes dies im allgemeinen auf äußerst dezente Weise. Die immer weiter gehende Entblößung der ›gestylten‹ Brüste sowie der immer stärker ausgeprägte Realismus in der Kunst des ausgehenden Mittelalters, der so weit ging, daß nicht selten sogar die Milchdrüsenausgänge auf dem Warzenhof sichtbar waren,⁸ ließen indessen Bilder entstehen, die einen ganz anderen Charakter hatten. Hier war es offenkundig, daß das Thema der Muttergottes, die liebend und sorgend ihr Kind stillt, nur ein Vorwand dafür war, auf verführerische Art die nackten Brüste einer jugendlichen Frau darzustellen.⁹

»Hie stat ein Magdalena«, klagte beispielsweise Zwingli, »so huerisch gemaalet, das ouch alle pfaffen ye und ye gesprochen habend: Wie könd einer hie andächtig sin, mäß [= Messe] ze haben? Ja, die ewig, rein, unversert magt und muoter Jesu Christi, die muoß ire brüst harfürzogen haben.«¹⁰ Auch im Italien der Renaissance wandten sich Kritiker wie Borromeo keineswegs gegen die Darstellung einer stillenden Madonna, wenn diese ihrem Kind auf so dezente Weise die Brust gab, wie das offenbar die Italienerinnen der Zeit zu tun pflegten. Empörend und schändlich fanden sie es lediglich, daß die Maler die hl. Jungfrau »huerisch« darstellten, so daß weniger die Frömmigkeit als die Sinneslust angestachelt wurde.¹¹ So heißt es im 1520 in Straßburg entstandenen *Neu-Karsthans*: »Fürwar, do ich ein jüngling war, wann man in kirchen, uff den orgelen pfiff, gelustet mich zu dantzen. Und wann ich hort singen, ward ich im fleisch, aber nit im geist bewegt. Hett auch offt böse gedancken in anschauwung der fräwlichen bildungen auff den altaren. Dann kein buhlerin mag sich üppigklicher und unschamhafftigklicher becleiden oder zieren, dann sie yetzund die mutter gottes, sant Katherinam und andere heiligen formieren.«¹² Aus diesem Grunde ging bisweilen sogar die Obrigkeit gegen die Maler vor, die erotische Stillbilder produzierten. So kam z.B. am 25. April 1511 dem Straßburger Rat zu Ohren, daß der Maler Jost in der Oberstraße derartige schändlichen Bilder der hl. Jungfrau herstelle, und er ordnete an, daß man der Sache nachgehe: Sollte es sich bewahrheiten, daß Jost die Muttergottes tatsächlich mit nackten Brüsten darstelle, dann solle ihm augenblicklich verboten werden, dies fürderhin zu tun.¹³

Was für eine ungeheure erotische Ausstrahlung solche stillenden Madonnen in einer Zeit hatten, die noch keine ›Oben ohne‹-Strände kannte und in der man noch nicht an jedem Kiosk und an jeder zweiten Plakatwand nackte oder halbentblößte Frauenbrüste sah, wird an der bekannten mittelalterlichen Geschichte des Mönches deutlich, der über einem Marienbild meditierte. Plötzlich erschien ihm die hl. Jungfrau, »plus blanche et plus fleurie que la fleure de l'aube espine et la rosée de may«. Sie trat auf ihn zu und unverzüglich »elle tira hors de son savoureux sain sa douce mamelle, et luy bouta dans la bouche, et puis en arousa toutes ses playes«.[14]

Daß ein solches ›Stillen‹ nicht unschuldig war, sondern eine sexuelle Handlung darstellte, sieht man nicht nur an den Malereien auf den Hochzeitstruhen, wo Leda mit wollüstigem Gesichtsausdruck dem Schwan die Brust zum Saugen reicht,[15] sondern auch an den frühneuzeitlichen Stichen, auf denen Pero ihren im Kerker angeketteten Vater vor dem Hungertode rettet, indem sie ihm die Brust reicht (Abb. 55). Die Haltung der jungen Frau, der Arm, den sie um den Vater gelegt hat, sowie das rechte Knie, das gegen die Scham des alten Mannes gedrückt zu sein scheint, zeigen, daß hier nicht

55 Sebald Beham: ›Cimon und Pero‹, 1544.

die Liebe des Kindes zu den Eltern, sondern der Inzest zwischen Vater und Tochter dargestellt ist.[16] Daß es sich bei Behams Stich um eine frühe Form von Pornographie handelt, wird auch deutlich, wenn man seine Darstellung mit der Behandlung des gleichen Themas in China vergleicht (Abb. 56),

56 Chinesin säugt vor den Augen ihrer hungrigen Kinder den Großvater.

wo die junge Frau nicht nur vordergründig ihren Großvater nährt, bevor sie an ihre hungrigen Kinder denkt.[17] Zwar gab es auch in Europa das Säugen alter und schwächlicher Menschen durch Frauen, deren Brüste Milch produzierten,[18] doch scheint dieses von den Beteiligten meist als peinlich empfunden worden zu sein. So heißt es etwa, im Späten Mittelalter habe sich Paola Gambara-Costa, die Frau des Grafen Lodovico, so sehr geschämt, eine kranke Frau zu ›stillen‹, damit diese wieder zu Kräften komme, daß ihr Mann sie dazu zwingen mußte,[19] und es überrascht kaum, daß insbesondere das Säugen erwachsener Männer auch nach dem 16. Jahrhundert eines der Lieblingsthemen der erotischen Kunst blieb.[20]

Heißt es aber nicht, daß *nach* dem ausgehenden Mittelalter

die stillende Frau überhaupt kein Thema bildlicher Darstellungen mehr gewesen war, weil in der Frühen Neuzeit im Gegensatz zu den vorangegangenen Jahrhunderten die weiblichen Brüste mit Scham umgeben worden seien? Und behaupten nicht Anhänger der Eliasschen ›Zivilisationstheorie‹, »trotz intensiver Suche« ließen sich »für die Zeit des 16. Jahrhunderts keine Madonnen mit entblößten Brüsten ausfindig machen«?[21]

Wie immer diese Suche ausgesehen haben mag – *sehr* intensiv kann sie nicht gewesen sein, denn auch im 16. und in den nachfolgenden Jahrhunderten wurde die hl. Jungfrau, die ihrem Sohn die Brust gibt, von zahllosen Künstlern dargestellt.[22] Doch während sie dies auf den romanischen und frühgotischen Bildern fast immer äußerst dezent tut – häufig verdeckt das Kindchen die Brust mit der Hand, oder die Brust bleibt ganz vom Kleid bedeckt, und der Kleine macht lediglich eine Greifgeste[23] –, setzte sich in späterer Zeit die spätgotische Tendenz zur völligen Entblößung weiter fort und steigerte sich sogar (Abb. 57).[24]

Bald wurden aber nicht nur reine Jungfrauen wie die Muttergottes, sondern gleichermaßen ›in der Sünde lebende‹ Frauen auf Gemälden und Stichen, als Fayence- und Porzellanfigür-

57 Madonna lactans. Skulptur von Giacomo Serpotta, frühes 18. Jh.

chen beim Stillen dargestellt, und selbst die Geliebte des gefürchteten Räubers Schinderhannes ließ sich mit ihrem Kind an der Brust und dem Kindsvater an der Seite noch im Kerker als Inbegriff häuslichen Glücks konterfeien (Abb. 58).²⁵ Auch

58 Schinderhannes und seine Geliebte Julchen Blasius. Kupferstich, 1803.

während der ganzen viktorianischen Epoche wurden derartige Gemälde, auf denen junge Bäuerinnen ebenso wie bürgerliche oder adelige Damen so offenherzig wie einst Agnès Sorel dargestellt waren,²⁶ auf den großen Kunstausstellungen gezeigt, und zwar ohne daß das Publikum jemals daran Anstoß genommen hätte: So z.B. Copes' ›The Young Mother‹ 1846 in der Royal Academy oder 1895 Duez' ›L'heure de la tétée chez les enfants débiles‹, auf dem junge Frauen jeweils ein Kind an beiden Brüsten saugen lassen, im Pariser ›Salon‹.²⁷
Überhaupt macht man sich häufig falsche Vorstellungen über die diesbezüglichen Schamstandarde im 19. Jahrhundert. Gewiß war es manchen Frauen der Mittelklasse zumindest in England peinlich, ihr Kind vor fremden Männern zu stillen, weshalb in den Zügen Extraabteile für Mütter mit Säuglingen eingerichtet wurden.²⁸ Doch dachten die Frauen der Arbeiterklasse hierüber nicht selten anders, und um das Jahr 1845

berichtete ein Beobachter aus Manchester, in einer dortigen ›Music Hall‹ hätten im Publikum »etliche« Frauen von Arbeitern und Handwerkern ihren Kindern die Brust gegeben.[29] Doch war das öffentliche Stillen weit davon entfernt, lediglich »a working-class practice« zu sein, denn nicht wenige viktorianische Ladies taten ein Gleiches: So legte die Gräfin von Carlisle ihre kleine Tochter an die Brust »whilst sightseeing in Italian churches and picture galleries«, und die junge Lady Frances Horner tat dies auch während der Picknicks mit Bekannten, »sitting on a heap of stones by the roadside«.[30]

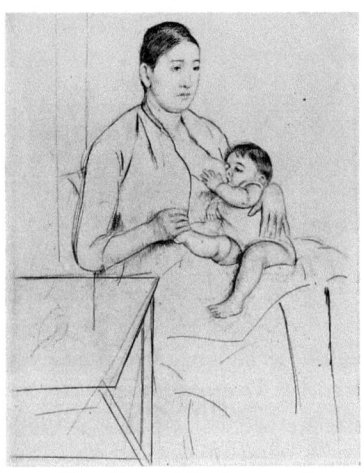

59 Mary Cassatt: ›Nursing‹, um 1891.

Damit die Dame auf dezente Weise stillen konnte und nicht die Brüste aus dem Mieder ziehen oder das Kleid so weit öffnen mußte, daß die ganze Brust sichtbar wurde (Abb. 59), entwickelte man aufknöpfbare Stillkorsette (Abb. 60) und um die Jahrhundertmitte in England »Nursing dresses« mit Schlitzen über den Brüsten, die mit Haken und Ösen versehen waren und die sehr den Stillgewändern ähnelten, wie sie im Mittelalter getragen wurden.[31] So wurde im Jahre 1851 im Londoner Crystal Palace ein ›Corset à la Nourrice‹ vorgestellt, wel-

60 Nordamerikanisches Stillkorsett, 1908.

ches »obviates every usual annoyance and inconvenience«: Vermittels »the withdrawal of two slender bones, an entire gusset [= Zwickel, Keil] is removed«, so daß dem Kind auf schickliche Weise die Brust gereicht werden konnte.[32]

In den USA, dem Heimatland der Prüderie, klagte man um die Jahrhundertwende, das Stillen mache die Frauen gesellschaftlich immobil, »as even the most discreet nursing in public was unthinkable«.[33] Um Abhilfe zu schaffen, wurde dort ein »Anti-embarrassment device for nursing mothers« entwickelt und im Jahre 1910 patentiert (Abb. 61), das den Kundinnen folgendermaßen vorgestellt wurde: »The primary object of this invention is an improved construction or device for use by mothers with nursing infants, and designed particularly to avoid unpleasant and embarrassing situations in which mothers are sometimes placed in public places by the unnecessary exposure of the breast in suckling the child. The invention consists essentially in a nursing attachment designed to be worn over the breast and arranged for the detachable connection thereto of the nipple or a tube of any desired length, the nipple or nipples, according to whether there be one or two employed, being worn inside of the shirtwaist or other outer garment, and it being only necessary when the child is to be nursed to slip the nipple out of the waist, thereby avoiding the necessity of exposing the person.«[34]

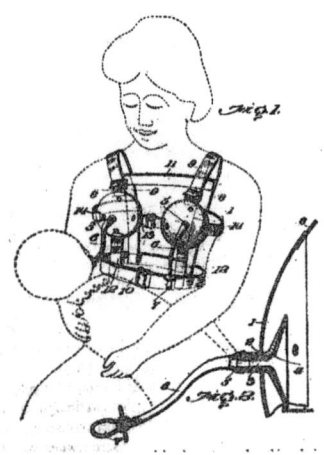

61 ›Anti-embarrassment device for nursing mothers‹, USA, 1910.

Freilich ist nicht bekannt, ob dieses Gerät jemals von Frauen verwendet worden ist. Wahrscheinlicher ist, daß es sich in Wirklichkeit um eine jener Erfindungen handelt, die bereits damals als grotesk und lächerlich galten – vergleichbar etwa den ›Penisringen‹, die für an Spermatorrhö leidende Patienten entwickelt worden waren und die bei einer Erektion vermittels elektrischen Stroms eine Klingel ertönen ließen. Viele Kulturhistoriker und Sexualwissenschaftler behaupten zwar, solche Ringe seien ein Mittel zur Verhinderung von Onanie und weit verbreitet gewesen, doch tatsächlich empfand man auch in der viktorianischen Zeit solche Geräte zur Eindämmung nächtlicher Pollutionen als bizarr und machte sich über sie lustig.

Zwar gab es wohl kaum ein Land auf der Welt, in dem das öffentliche Stillen so sehr mit Peinlichkeit und Scham umgeben war wie die USA,[35] doch wäre es übertrieben, zu sagen, daß dies für alle Gegenden und für alle Gesellschaftsschichten dieses Landes galt. Vor allem im Süden gaben weiße Frauen (Abb. 62) und insbesondere die Negerinnen ihren Kindern selbst in Anwesenheit halbwüchsiger Jungen die Brust, was

62 Stillende Frau in Oklahoma, 1936.
Photo von Dorothea Lange.

diese nicht selten, besonders wenn die Brüste üppig und völlig entblößt waren, begeisterte: »Sie war stattlich, füllig und hatte Brüste, die so groß waren wie Wassermelonen, jetzt da sie Lil George stillte«, erinnert sich ein Mann an eine solche Szene in Alabama zu Beginn der dreißiger Jahre: »Wir hatten schon vorher stillende Frauen gesehen, aber keine, die wir in Augenschein genommen hatten, besaß so große Brüste wie Sally. [...] Jeder von uns hatte schon einmal eine Kuh gemolken. Es war nichts Besonderes, in die festen Zitzen zu greifen, die warme Milch in den Eimer zu lenken und zu fühlen, wie sie unsere Handgelenke und Handflächen hinunterrieselte. [...] Doch der Anblick von Sallys riesigen Brüsten faszinierte uns halbwüchsige Jungen, die wir allmählich die Manneskraft in uns aufsteigen fühlten.«[36]

Auch im Frankreich des vergangenen Jahrhunderts, wo das öffentliche Stillen viel alltäglicher war als in Amerika oder England, gerieten allem Anschein nach manche jungen Männer nachgerade in Verzückung, wenn eine Frau ihre Brust zu diesem Zwecke völlig entblößte. So berichtet Flaubert, wie er im Jahre 1836 einer jungen Frau dabei zusah, als sie ihrem kleinen

Kind die Brust reichte: »C'était une gorge grasse et ronde, avec une peau brune et des veines d'azur qu'on voyait sous cette chair ardente. Jamais je n'avais vu de femme nue alors. Oh! la singulière extase où me plongea la vue de ce sein; comme je le dévorai des yeux, comme j'aurais voulu seulement toucher cette poitrine! il me semblait que si j'eusse posé mes lèvres, mes dents l'auraient mordue de rage; et mon cœur se fondait en délices en pensant aux voluptés que donnerait ce baiser.«[37]
Aus diesem Grunde vermieden es zu jener Zeit auch auf dem Lande die Frauen oft, vor allem vor den älteren Jungen zu stillen, und der Medicinalrat Walz teilte mit, daß im württembergischen Donaukreis »aus Scheu vor den älteren Kindern das Stillgeschäft im Stall besorgt wird«.[38] Auch die Kärntnerinnen waren in dieser Hinsicht sehr zurückhaltend, was meist dazu führte, daß die jungen Burschen von der ersten nackten Frauenbrust ähnlich fasziniert waren wie der französische Schriftsteller. Als einem jungen Knecht im »oberen Stadl« einmal die Moidl »mit aufgeknöpftem Oberteil« entgegenkam, wurde dem Kärntner allerdings zuteil, wovon Flaubert nur träumen konnte: »Der hervorquellende Busen erweckte meine Neugier. Ich hatte mir oft schon Gedanken gemacht, wie das bei den Frauen hinter den Wölbungen Verborgene aussehen mochte. Bei einem Lichtbildvortrag des Kooperators in der Schule über die Missionstätigkeit der Patres in Afrika waren auch Frauen mit nacktem Oberkörper zu sehen gewesen, nur wurden sie zu schnell weggeblendet. Die Moidl führte meine Hände hin, nach den warmen, weichen Teilen [...], wobei mir schien, als hätte ich viel nachzuholen.«[39]
In der Nazizeit, in welcher man der Mutterrolle wieder zu einer höheren Wertschätzung verhelfen wollte, wurden zahlreiche Bilder und Photographien veröffentlicht, auf denen kernige junge »Bäuerinnen« zu sehen waren, die entgegen den wirklichen Gepflogenheiten in »arischer Unschuld« dem Sprößling die nackte Brust reichten. Als Wilhelm Stapel im Jahre 1935 in seiner Zeitschrift *Deutsches Volkstum* den offiziösen *Bauernkalender* für dieses Jahr kritisierte, weil dort

eine Frau mit üppigen entblößten Brüsten abgebildet war, die gerade ihr Kind stillte, verwahrte sich alsbald das *Schwarze Korps* gegen diese »Herabwürdigung der deutschen Menschen und die planmäßige Zerstörung alles Schönen und Edlen«. Das Organ der Reichsführung SS hob hervor, nur ein »verdorbener Lüstling« könne sich angesichts dieser ihrem Kind die Brust gebenden Mutter empören. Für eine solche Laszivität machte es einerseits die »semitischen Drahtzieher« verantwortlich, die den menschlichen Leib als unzüchtig ansähen und kein Gespür hätten für »das Hoheitsvolle der jungen Mutter«, andererseits aber »fremde Lehren« wie das durch die Kirche vermittelte Christentum, das »den Stolz unserer Frauen« gebrochen habe: »Uns ist die Frau heilig in ihrer natürlichen Bestimmung, und Ehrfurcht hat jeder Mann vor ihrer Sendung. Hüterin des deutschen Geschlechtes ist sie und rein ihr Wesen! Nicht Dienerin ist sie dem deutschen Mann, sondern Kamerad und Gefährte im Leben.«[40]

Im allgemeinen freilich erregten nur solche Darstellungen und Photos Anstoß, auf denen die stillenden Frauen so weitgehend entblößt waren, daß der Verdacht aufkommen konnte, die Bilder dienten weniger der Propaganda für die Freuden der Mutterschaft, sondern seien ein Vorwand, schöne und üppige Brüste zu zeigen.[41] So waren bereits im 19. Jahrhundert Photographien sehr beliebt, auf denen Araberinnen zu sehen waren, die bei beträchtlicher Entblößung des Oberkörpers ein Kind stillten,[42] weil man so Details der weiblichen Anatomie studieren konnte, ohne den Vorwurf des Voyeurismus auf sich zu ziehen. Anscheinend waren diese Frauen von den Photographen für ihre Freizügigkeit bezahlt worden, denn obgleich in vielen arabischen Gegenden ein öffentliches Stillen üblich war, verhielten sich die jungen Frauen dabei fast immer äußerst dezent.

In Palästina beispielsweise wurde die Mutterbrust, so gut es ging, ›enterotisiert‹, – man sagte, »die Brust gehört jetzt dem Kind«, und der Ehemann durfte sie beim Liebesspiel nicht mehr berühren –, aber es wurde erwartet, daß ein fremder

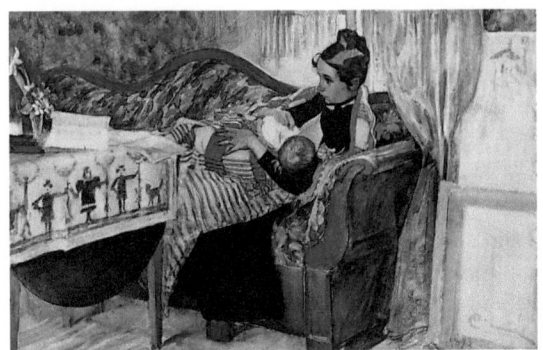

63 Carl Larsson: ›Karin mit Brita an der Brust‹, Aquarell, 1893.

Mann in Gegenwart einer stillenden Frau wegschaute.[43] Auch die marokkanischen Araberinnen achteten darauf, daß sie ihr Kind abgewandt im Hintergrund anlegten und daß die Brust so weit wie möglich bedeckt war.[44] Die ägyptischen Fellachinnen schließlich stillten ihre Kinder bisweilen vor anderen Frauen sowie vor sehr nahe verwandten Männern, aber auch dann blieb die Brust einschließlich des Kopfes ihres Säuglings vollständig verhüllt.[45]

In vielen Gesellschaften befleißigten sich zumindest in früheren Zeiten[46] die Frauen größter Dezenz und Schamhaftigkeit, wenn sie vor Nicht-Familienmitgliedern dem Kind die Brust reichten,[47] und insbesondere für Männer galt die Regel des Sichabwendens oder zumindest die des ›Übersehens‹.[48] Dies war sogar in Gegenden der Brauch, wo die jungen Mütter den Oberkörper unbedeckt trugen: In der Landschaft Loango am Kongo beispielsweise wandten sich die stillenden Mütter der Bafiote von den Männern ab; aber auch wenn sie keinen Säugling hatten, bedeckten sie gleich »der mediceischen Venus« die Brüste mit den Armen, wenn ein Mann sie direkt anschaute.[49]

§ 12
Die Angst vor dem ›Verlust der Figur‹ und die gotische S-Linie

Entgegen einer häufig vorgebrachten Meinung stillten zwar im Mittelalter und in der Frühen Neuzeit allem Anschein nach in den meisten Gegenden Europas die Mehrzahl aller Frauen selber,[1] doch vor allem in den Adels- und den städtischen Patrizierschichten gab es nicht wenige Damen, die dieses Geschäft einer Säugamme überließen.[2] Diese Gewohnheit wurde bereits im hohen Mittelalter von der Kirche, von Ärzten, Juristen und anderen Gelehrten als sündhaft und wider die Natur getadelt,[3] und wie man auf der Marginalie zu einer Miniatur aus dem 13. Jahrhundert sehen kann, auf der eine adelige Dame die Brust einer Amme prüft, bringt entsprechend ein Mönch mit seinem Gesichtsausdruck die Abneigung gegen das Ammenunwesen zum Ausdruck (Abb. 64).

Eine solche Praxis war in der Frühen Neuzeit offenbar vor allem in Frankreich verbreitet[4] und wurde im ausgehenden 17. Jahrhundert immer mehr von Frauen in England, Deutschland[5] oder den Niederlanden imitiert, wo ein populärer, auf Jacob Cats zurückgehender Spruch besagte, eine Frau, die ein Kind lediglich geboren habe, sei noch keine richtige Mutter: Im vollen Sinne könne man eine Frau erst so bezeichnen, nachdem sie ihr Kind selber gesäugt habe: »Een die haer kinders baert, is moeder voor een deel,/Maer die haer kinders sooght, is moeder in't geheel.«[6]

Sicher gab es vor allem im 18. und im 19. Jahrhundert Frauen, die auf Grund der engen Schnürbrüste invertierte Brustwarzen hatten und deshalb nicht stillen konnten, obgleich sie dieser Pflicht gerne nachgekommen wären. So klagte beispielsweise im Jahre 1706 der Arzt Edward Baynard aus Lancashire über die Damen, die, weil sie à la mode gekleidet sein wollten, in Kauf nähmen, daß ihre Nippel »squashed and flattened«

64 Adelige Dame bei der Begutachtung einer Säugamme, 13. Jh.

würden. »This dress«, so führte später sein Kollege Charles White aus Manchester aus, »by constantly pressing upon the breast and nipple reduces it to a flat form, instead of that conical one, with the nipple in its apex [= Spitze], which it ought to preserve; and the nipple is buried in the breast.« Auf diese Weise werde die Brust nicht nur nutzlos, vielmehr verliere sie auch, wie White klugerweise hinzufügte, ihre Schönheit.[7] Und im 19. Jahrhundert empfahl man schließlich den Damen, deren feste Schnürung Schlupfwarzen oder Milchstau hervorgerufen hatte, die Hebamme, eine alte Frau, den Ehemann oder einen jungen Hund mit umwickelten Pfoten die Nippel aus der Brust heraussaugen zu lassen.[8] Allerdings scheinen die Damen weniger Angst vor Schlupfwarzen und relativ *flachen*, als vor *Hänge*brüsten gehabt zu haben, und dies mag einer der

65 ›La Nourisse de Monseigneur le Duc de Bourgogne‹, 1682.

Hauptgründe gewesen zu sein, warum viele Frauen ihren Säugling nicht selber anlegen wollten.

Bereits in einem provençalischen Gedicht aus dem 13. Jahrhundert fragt ein junges Mädchen voller Furcht eine ältere Frau, ob sie denn heiraten oder nicht besser kinderlos bleiben solle: Denn ein Kind zu gebären sei doch nachgerade eine Strafe, »da die Brüste fallen und der Bauch verrunzelt und unschön wird«.[9] Im Jahre 1414 forderte Mapheus Vegius auf vehemente Weise die eitlen und unmenschlichen Damen auf, ihre Kinder nicht länger von der Brust zu stoßen, »nur um sich vor der Welt mit Schönheit und bleibender Jugendfrische zu brüsten«,[10] und etwas später spottete Murner über solche Frauen: »Die kind seugt jr ein ander weib/Auff das die brüst an jrem leib/Zart vnd rain beleiben stahn.«[11]

Andere Kritiker sahen die eigentlichen Übeltäter in den Ehemännern, die mit festen und nicht mit schlaffen Brüsten spielen wollten und deshalb ihren Frauen das Stillen verböten und eine Säugamme ins Haus holten, nur um diese auch noch zu besteigen, obgleich sie doch angeblich der Milchgeruch störe. So schimpfte im Jahre 1587 der Arzt Laurent Joubert: »Il y en a aussi qui ne veulent permettre à leur femme de nourrir, afin que leurs testins demeurent plus jolis, qu'ils se plaisent à manier non pas des testins mols. Il y en a d'autres qui haïssent la senteur du lait au sein des femmes. Les voilà bien délicats! Et la plupart de ceux qui parlent ainsi font plus souvent l'amour à la nourrice qu'à leur femme.«[12]

Daß die jugendlichen Brüste verwelken und der Erdanziehung Tribut zollen könnten, war insbesondere für Frauen mit großen, schweren Brüsten ein Schreckgespenst: Denn durch die Milchproduktion gewannen die Brüste zunächst an Volumen, um anschließend abzuschlaffen und herunterzuhängen. Deshalb legten manche Frauen straff gespannte Bandagen um die Brust, damit die Milch sich erst gar nicht bildete, doch einige taten dies auf so extreme Weise, daß sie, wie der Arzt Baudelocque berichtete, einen Schlaganfall erlitten. Aus diesem Grunde griffen viele lieber zu den Salben und Tinkturen, die den Brüsten angeblich ihre Standfestigkeit erhielten: André Le Fournier unterbreitete im Jahre 1530 den Damen eine Rezeptur »pour les mamelles [...] et pour faire devenir les testins jolis, petits et durs«, und Jacques Duval beschrieb 1612 mehrere Mittel »contre l'avachissement des mamelles« als Folge der Schwangerschaft und des Stillens.[13]

Im selben Jahr monierte ein gewisser Marc Lescarbot, die meisten Frauen, die ihr Kind zur Amme aufs Land schickten, täten dies nur, weil sie ihre Brüste dazu brauchten, mit den Männern anzubändeln,[14] und in der Tat scheinen über die Jahrhunderte hinweg für viele Frauen und Männer die beiden Funktionen der Brüste, die nährende und die sexuelle, miteinander inkompatibel gewesen zu sein: Schon die schwedische Prophetin Bridget berichtete, ihre kleine Tochter Katherina habe die Brust verweigert, nachdem sie mit ihrem Mann unkeusch gewesen sei,[15] und in einem 1740 erschienenen Roman erzählt ein Mann von seiner Mutter, die ihm nicht »ihre Brüste reichen« wollte, da sie diese »noch zum Dienst ihrer Lüste gewidmet hatte«.[16]

Handelten denn solche Frauen nicht, nur um die Männer anzureizen, wider die Natur? Hingen sie nicht, wie es 1721 hieß, dem leider allzu verbreiteten »Wahne« an, »der Schöpfer habe dem weiblichen Geschlecht die gewölbten Brüste über dem Hertzen gepflanzt, allein ihre Schönheit dadurch zu vervollkommnen«?[17] Und war denn nicht, so fragte Salzmann rhetorisch, »der Anblick« ihrer »Brüste ein Wink« für jede Frau, ihre »Kinder selbst zu säugen«?[18]

Anscheinend verstanden wenigstens in den höheren sozialen Schichten viele Damen und Herren solche Winke der Natur schon längst nicht mehr, so daß im Jahre 1752 ein Kritiker über die stillunwilligen Engländerinnen von Geblüt sagen konnte: »Wider die Absicht der Natur, welche in die meisterliche Gestaltung des weiblichen Busens ihren ganzen Stolz setzte, damit dieser ein Quell köstlicher Nahrung sei, scheint er diesen Damen keinem nützlichen Zweck, sondern nur noch als Zierat oder Spielerei zu dienen.«[19]

Da man indessen mit derartigen Argumenten den an der Erhaltung ihrer Figur interessierten Damen[20] kaum beikommen konnte, behaupteten bereits die Puritaner, das Stillen führe mitnichten zu Hängebrüsten, sondern straffe sie sogar und erhalte sie frisch und jugendlich,[21] und im Jahre 1748 gab der Arzt William Cadogan in einer äußerst einflußreichen Schrift zu bedenken, »suddenly to dry up a full breast« ließe nicht allein die Brüste erschlaffen, sondern zöge auch allerlei Krankheiten nach sich.[22]

Doch auch im 19. und im 20. Jahrhundert verfing diese Argumentation nicht, denn weiterhin waren die meisten Frauen der festen Überzeugung, das Stillen schade ihrer Figur,[23] obwohl im Jahre 1909 der Gynäkologe Franz von Winckel ihnen ins Gewissen redete, sie bürdeten zumindest ihrer weiblichen Nachkommenschaft eine schlimme Erbschaft auf: Durch das Nichtstillen verkümmerten nämlich im Laufe mehrerer Generationen die Brüste, bis sie schließlich völlig verschwänden, ein Verlust, »der sicher von beiden Geschlechtern schmerzlich empfunden würde, weil er das Weib eines ihr von der Natur verliehenen Schmuckes beraubte«.[24]

›Stehende‹ Brüste waren bereits in der klassischen Antike das Ideal, aber während der Hintern der Frauen voluminös und fleischig sein sollte, durften die Brüste nicht zu groß sein, doch fest und rund wie Quitten oder Äpfel, und wenn sie bei bestimmten Bewegungen wogten, galt dies als ganz besonders erregend.[25]

Im Mittelalter sollte sich an diesem Schönheitsideal kaum etwas ändern, vielleicht mit der Ausnahme, daß die Brüste möglichst hoch am Brustkorb sitzen sollten: So war nach Chaucer die attraktive Frau »with buttokes brode and brestës rounde and hye« ausgestattet;[26] in dem um 1276 entstandenen *Jeu de la Feuillée* ist die Rede von »ses seins qui pointaient, durs et courts, hauts et parfaits«;[27] und hochstehend, fest, rund (*sinewel*) und schimmernd weiß sind auch die Brüste von Jeschute: »al weinde diu frouwe reit,/daz si begôz ir brüstelîn./als si gedraet solden sîn./diu stuonden blanc hôch sinewel:/jane wart nie draehsel sô snel,/der si gedraet [= gedrechselt] hete baz.«[28]

Klein mußten sie vor allem sein, wie die »straffen Brüste« des verschleppten Sarazenenmädchens Nicolette in einer Liebesgeschichte aus dem frühen 13. Jahrhundert, »die ihr Gewand ein wenig hoben als wenn es zwei zierliche Walnüsse wären«,[29] »alzam zwei« kleine Äpfel[30] oder »paradîs epfelin« – so die Brüstchen von Gottfried von Straßburgs Isolde[31] – oder aber wie zwei Elfenbeinkügelchen mit jeweils einer Kirsche darauf.[32]

Entsprechend waren üppige und schwere Brüste, vor allem wenn sie hingen, ein arger Mangel, der jede Frau verunstaltete. So wird etwa in einem spanischen Gedicht aus dem 14. Jahrhundert eine primitive Schweinehirtin beschrieben, deren Brüste so gewaltig sind, daß man sie für eine Engländerin halten könnte (»Et ac cascuna mamela/Tan gran que semblet Englesa«),[33] und noch die *Zimmerische Chronik* berichtet eine peinliche Anekdote: »Uf ain zeit hat sich begeben, das ain junge closterfraw mit den andern kommen, die hat ain vorder grossen busen oder prust gehapt. Wer waist, was die ursach gewesen. Nun ist es sommers zeit und ganz haiss gewesen, derhalben die guet grefin vermaint, die closterfraw hab die gross prust nit von natur, sonder hab sich villeucht also schwer angethon [= dick angezogen], derhalben ain mitleiden mit ir getragen und sie vermant, sie solle die überigen müderle oder klaider abziehen und sich nit schemen. Also hat die guet closterfraw mit grosser scham bekennt, es seien nit klaider, sonder könde für den willen Gottes nit. Also hat die guet grevin geschwigen, und hat sie übel gerawen, das sie so vil darzu geredt.«[34]

Nun gab es in solchen Fällen zweierlei Mittel, um Abhilfe zu schaffen. Bereits im späten 11. Jahrhundert verlautete Anselm von Canterbury über die Engländerinnen, »daß sie ihre Brust künstlich modellieren, um ihre Fülle auf ein geringeres Maß zu reduzieren«,[35] und auch im *Tristan* wird berichtet, daß die Frauen, die ›zu viel‹ hatten, sich fest schnürten (»Z'ir senften linden brusten/Twanc si in vil harte nâhen«),[36] oder mit den etwas derberen Worten Geilers von Kaisersperg: »Wenn sie zevil brüst hon, so binden sie dieselben brüst daryn und halten sie zesamen: sie zerflüssen sunst wie weicher keß.«[37]

Die jungen Mädchen und Frauen freilich, die den ›Augenblick der Wahrheit‹ fürchteten, in dem ein Mann den »weichen keß« befühlte, griffen bisweilen zu Mitteln, die angeblich die Brüste wirklich schrumpfen und fest werden ließen. So sagte man den Jungfrauen, sie sollten bereits die sich entwickelnden Brüste mit dem Blut der Hoden eines verschnittenen Ebers einreiben,[38] und in der ersten Hälfte des Quattrocento sprach Giovanni Savonarola, Professor für Medizin in Padua und Ferrara, all den zu üppig ausgestatteten jungen Mädchen sein Mitgefühl aus: Er könne wohl verstehen, daß solch »unpassende« Brüste die Mädchen in Verruf brächten, sie ließen die jungen Männer an ihnen herumknutschen und sie in die Länge ziehen. Deshalb empfahl er ihnen unter anderem ein Pflaster aus »leicht einziehenden austrocknenden Mitteln«, damit die schweren und hängenden Brüste »reduziert und gehalten« würden.[39]

Aber auch die sogenannte ›gotische‹ Körperhaltung, die viele

66 Miniatur aus ›Les Tres riches heures‹ des Duc de Berry, vor 1416.

Damen im Späten Mittelalter eingenommen haben (Abb. 66), kam dem entgegen. Bei dieser Haltung, die um die Mitte des 15. Jahrhunderts etwas abgemildert wurde, drückte bzw. streckte die Frau die – möglichst schmalen – Schultern sowie den – auf einem möglichst langen und dünnen Hals sitzenden – Kopf nach vorne, so daß der Brustkorb einfiel und die Brüste nur mäßig hervorstanden. Dadurch ähnelte die spätmittelalterliche Frau einem adoleszenten Mädchen, das die sich entwickelnden Brüste noch nicht in ihr ›Körperschema‹ integriert hat und sie am liebsten verstecken würde,[40] aber auch einem schlank und relativ brüstelos erscheinen wollenden Mannequin auf dem Laufsteg.[41]

Man hat auch beobachtet, daß Frauen, die der Ansicht sind, zu voluminöse Brüste zu haben, diese dadurch verbergen wollen, daß sie ständig die Schultern nach vorne drücken,[42] und ein Gleiches berichtet ein erfahrener Nudist in einem FKK-Ratgeber über junge Mädchen und Frauen, die sich befangen am ›Oben ohne‹- und insbesondere am Nacktbadestrand bewegen: »Es ist auffällig, wie viele Frauen sich nach vorne hängen lassen, wenn sie nackt herumlaufen, geradeso, als würden sie sonst nur von den Einlagen ihres Badeanzuges gestützt werden.«[43]

Man hat von einer gotischen ›Demutshaltung‹ gesprochen, und in der Tat war die spätmittelalterliche Dame keine Frau, die sich ›brüstete‹ oder ›in die Brust warf‹. Vielmehr demonstrierte sie mit ihrer Körperhaltung eine Unsicherheit und Zurückhaltung, wie sie für viele heranwachsende Mädchen charakteristisch ist. Gleichzeitig aber schob sie, auch hierin einem Mannequin ähnlich, auf verführerische Weise das Bek-

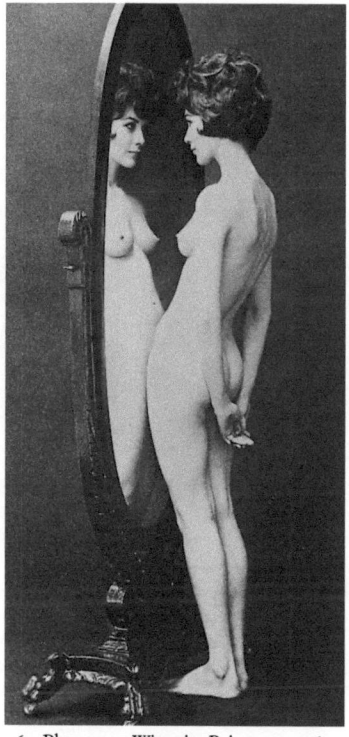

67 Photo von Wingaite Paine, um 1965.

ken nach vorne, als wolle sie auf diese Weise zu ihrer Unterordnung auch ihrem Liebesverlangen Ausdruck verleihen (Abb. 67).[44] Indem sie aber die Hüften nach vorne drückte, tat sie ein Gleiches mit dem Bauch, der dadurch noch betont wurde, daß manche Damen unter der *cotte* ein Polster trugen, so daß sie, wie ein zeitgenössischer portugiesischer Kritiker es ausdrückte, aussahen, als ob sie sich in einem Zustand permanenter Schwangerschaft befänden.[45]

War der Bauch auch rund, so hatte er doch klein zu sein, und ebenso mußte der Hintern der Dame aussehen. War er freilich auf unweibliche Weise flach, so half man auch hier der Natur mit einem falschen Steiß nach, einer Konstruktion, die später ›Tournure‹ oder ›Cul de Paris‹ genannt wurde: »Hat aine ain

68 Französische Buchillustration, um 1470.

ars als ain brett«, hieß es zu Beginn des 15. Jahrhunderts in *Des Teufels Netz*, »Sie kan in grosz und dick machen,/Den henkt si ze nacht an ain stang.«[46]

Die spätmittelalterliche Dame war also gewissermaßen ein junges Mädchen, aber kein aufbegehrendes, sondern eines, das seine Beischlafbereitschaft zur Schau stellte wie François Villons Hure Marie aus dem Bordell ›Zum Goldenen Helm‹, die von sich sagt: ›Von meiner Schultern hellem Elfenbein,/ von meinem Hals wie Schwanenflaum, so zart und weiß,/und dann die kleinen festen Brüste, mein/geliebtes Apfelpaar, so glühend heiß,/daß jeder Feuer fing, ging er mit einem Kuß darüberhin,/dazu die schlanken Hüften und der kleine Bauch/mit seinem goldgelockten Myrtenstrauch/und einer roten Muschel mittendrin ...« (Abb. 68).[47]

Gleichzeitig stellte aber der kleine ›schwangere‹ Bauch die Reproduktionsfähigkeit und damit die Bereitschaft zur Schau, Mutter sein zu wollen. Diese S-Linie[48] unterscheidet die ›Kindfrau‹[49] des 14. und 15. Jahrhunderts von einer anderen jugendlichen Frau, nämlich der aus den zwanziger Jahren unseres Jahrhunderts. Auch die *garçonne* bildete einen Rundrücken, indem sie die Schultern vordrückte, damit die Brüste kleiner wirkten, und auch sie ließ den Kopf nach vorne hängen; doch im Gegensatz zur gotischen Frau bot sie sich nicht den Männern zur Reproduktion an: Bauch und Gesäß waren flach, und die Beine standen nicht zurück, sondern signalisierten, daß sie bereit waren, auszuschreiten.[50]

§13
Falsche Brüste

Hieß es noch im ausgehenden Mittelalter: »Ir manche macht zwen tuttenseck, damit so snurrt sie umb die eck, das si anschau ein ieder knab, wie sie hubsche tutlein hab: aber welcher sie zuo grosz sein, die macht enge secklein, das man icht sag in der stat, da sie so grosz tutten hab«,[1] so scheint man zu Beginn der Neuzeit etwas vollere Formen bevorzugt zu haben, so daß es fast den Anschein haben könnte, als sei zwischen dem 15. und dem 16. Jahrhundert die ›Jungfrau‹ zur ›Frau‹ gereift.

Nun ist es zwar richtig, daß schon Enea Silvio bemerkte, die Baslerinnen sorgten sich um die Kleinheit ihrer Füße und die Fülle ihres Busens, und Tilemann Zierenberger berichtete im Jahre 1494 das gleiche über die Bürgerinnen von Braunschweig,[2] aber solche Aussagen machen wohl lediglich deutlich, daß im zu Ende gehenden Mittelalter die Zeit der extremen ›Knospenbrüste‹ vorüber war. Denn entgegen dem, was viele Kulturhistoriker sagen, liebte man auch in der Frühen Neuzeit ›jungfräuliche‹ Brüste: »Klein und fest« sollten sie nach einem französischen Text des Jahres 1530 sein; »rote Brustwarzen« auf zwei »kleinen Brüsten« hatte sechs Jahre später die ideale Frau in *Il costume delle donne*, und 1587 schrieb Gabriel de Minut in dem Katharina de' Medici gewidmeten Buch *De la beauté*, daß die »tétins« einer als wunderschön geltenden Frau namens »la belle Paule« zierlich (»fines«) seien.[3]

Auch im 17. Jahrhundert, in dem man »Rubensformen« erwarten dürfte, hielt sich das Volumen der als schön geltenden Brüste in Grenzen. »Die brüste gleiches falls, die eine hand spannt ein; die Gipfel müssen drauff gleich kleinen erdbeern sein«,[4] heißt es da, und damit scheint auch die Größe der Frauenbrüste auf Rubens' Gemälden beschrieben zu sein, mit denen in den späten fünfziger Jahren unseres Jahrhunderts kaum ein amerikanischer Filmstar hätte aufwarten können. Rubens selber äußerte sich dahingehend, daß die Brüste »point flasques ni mols« sein sollten, »saillant pudiquement sur la poitrine«,[5] wie sich auch zu jener Zeit die niederländischen Bürger über die Bauern lustig machten, da diese riesige, pralle Brüste liebten, während ein vornehmerer Mann kleinere bevorzuge. So mokierte sich z.B. der Kaufmann Roemer Visscher über die Bauernmädchen aus dem Waterland, »die mit ihren Ärschen ein Faß und mit ihren Titten eine Wanne füllen könnten«, obgleich seine eigene Tochter Anna in etwa dieselben Formen aufwies.[6] Mochten solche gewaltigen Brüste noch einigermaßen angehen, solange sie ›standen‹, so änderte sich dies sehr schnell, wenn sie zu hängen begannen, weshalb viele Reisende bemerkten, daß nur die *jungen* Holländerinnen ›knackig‹ seien. Und so gab es zu jener Zeit in England das Sprichwort, »that Holland yields pretty pigs but ugly sows«.[7]

War nun ein dermaßen ausladendes »Vorwerk« auch nicht nach dem Geschmack des Bürgertums oder des Adels, so war doch im 17. Jahrhundert die Zeit der »petits tétins« vorbei, und bereits während der Regierungszeit Ludwigs XIII. und mehr noch zu der des Sonnenkönigs schätzte man immer mehr eine gewisse, allerdings nicht übertriebene »opulence de gorge«.[8] Hatte man noch um 1600 in erster Linie Mittel entwickelt, um die Brüste zu verkleinern,[9] so gab es jetzt für die flacheren Damen ebensolche Mittel, um sie zu vergrößern: Einerseits Tinkturen, mit denen man die Brüste einrieb, die freilich allem Anschein nach nichts nützten – so klagte z.B. eine Pariser Hofdame ihrer Lieferantin: »Plus je frotte, moins ça pousse!«[10] Andererseits künstliche Brüste und Einlagen, »hölzine und sprewerne [= mit Spreu gefüllte] Düthen«,[11] aber auch solche aus Lumpen, Pappmaché oder Baumwolle.[12] So berichtete im Jahre 1640 Johann Michael Moscherosch über eine kokette vornehme Dame: »Bald entdeckete sie das Antlitz nur halb/vnnd dann sich stellende/als ob sie das Halßtuch stecken/vnnd sich decken wolte/entbloessete sie in dessen etwas jhre Bruestlein/welche weisser waren als Alabaster anzusehen/vnd nach Athem grableten wie die junge Maeusger.« Doch alles war nur Schein, denn was sie hatte, war Watte: »Soltestu sie vmbfangen vnd begreiffen/du wirdest nichts als Carten-Papier vnd groben Canafas [= Segeltuch] oder Zwilch vnd Lumpen finden/mit welchem allem jhre Schnuerbrust/Leib vnnd Roecke gefuellet seind.«[13]

Doch konnten »de Jungfern de nicht wol wehren versehn«, auch dann in höchstnotpeinliche Situationen geraten, wenn ihnen keiner ans »Tittenwerck« griff. So erzählte der niederdeutsche Satiriker Johann Lauremberg um dieselbe Zeit von einem jungen Mädchen, das sich über den nur unzureichend vorhandenen Brüsten mit »ein par Patten [= Eutern]/Van den runden und nicht van den platten«, aus Pappmaché ausgestattet hatte: »Ere Papier Titten seten nicht rechte fast,/Als se sick ein mahl bögete [= bückte] mit der hast,/Vnd wolde upnehmen eren Hasenband [= Strumpfband],/De sick hadde van erem knee affgewand,/Do se sick also krum underwerts keerde,/Klack dar fillen ere beide Titten up de Erde,/Als twe grote Senpschöttel [= Senfschüsseln] se dar legen,/Alle Lüde lacheden.« Und damit das Volk auf der Gasse nicht bei jeder jungen Frau denken mochte, sie habe »vyff Marck an Titten spendeert«, »leten se de Titten hengen bloet und naket«, so fügte Lauremberg scherzhaft hinzu, »damit de idt en nicht wolden to glöven,/De konden idt sülven [= selber] sehn, föhlen und pröven«.[14]

An diesem Ideal der mittelgroßen Brust änderte sich auch im 18. Jahrhundert wenig, wobei Tissot es im Jahre 1783 so formulierte, daß die weiblichen Brüste dann am schönsten seien, »wenn dieselben Apfelförmig, weiß wie Schnee, und so groß seyn, daß sie eine jede mit ihrer Hand bedecken kann«.[15] Waren die Brüste wesentlich »dicker«, erregten sie leicht das Mißfallen der Männer, wie beispielsweise die der Polynesierinnen bei den französischen Südsee-Reisenden,[16] und Johann Blumenbach sekundierte mit der »wissenschaftlichen Erkenntnis«, solche Brüste seien ein Indiz für Unzucht und Ausschweifung: Ein frühes und exzessives Ausleben der Sexualität lasse die Brüste anschwellen, was die Horden minderjähriger Prostituierter in London bewiesen, die alle schwere und üppige Brüste hätten.[17]

Genauso häßlich, wenn nicht noch mehr, waren jedoch zu flache und zu kleine Brüste, was z.B. aus Rousseaus Beschreibung des Oberkörpers der Frau von Epinay hervorgeht: »Sie war äußerst mager und fahl, und ihre Brust war flach wie meine Hand. Dieser Umstand allein hätte genügt, mich zu einem Eisblock zu machen: weder mein Herz noch meine Sinne haben jemals in einem Wesen, das keine Brüste hat, eine Frau empfinden können, und noch andere Umstände, die ich hier nicht zu erwähnen brauche, haben mich in ihrer Nähe stets ihr Geschlecht vergessen lassen.«[18]

Um die Brüste weiter herausstehen zu lassen, schnürte man zum einen das Korsett am Rücken so hoch, daß die Schulterblätter sich abflachten und die Schultern nach hinten gedrückt wurden,[19] und zum anderen erhöhte man die Absätze der Schuhe, und zwar so sehr, daß manche modische »Puppe«, wie der Comte de Vauban es in seinen Memoiren ausdrückte, große Mühe aufwenden mußte, um nicht auf die Nase zu fallen.[20]

Der Dame, welcher nun auf diese Weise nicht zu helfen war und der die Natur den Busen ganz oder fast ganz versagt hatte, nahmen sich auch im 18. Jahrhundert die »Busenfabrikanten« an – auf andere und ebenso herkömmliche Art, die freilich inzwischen verfeinert worden war. Wie um die Mitte des Jahrhunderts das Wiener *Journal des Luxus* verlautete, hatte man mittlerweile »künstliche Stellvertreter von Wachs« entwickelt, die so »angepasst und eingerichtet« waren, »dass Argus selbst mit allen seinen hundert Augen den kleinen, unschuldigen Betrug kaum gemerkt haben würde«, wäre dieser nicht ausgeplaudert worden.[21] Natürlich erfuhr auch Maria Theresia davon, und da ihr dieser Betrug nicht allzu klein und unschuldig erschien, ließ sie im Jahre 1753 die »wächsernen Anlagen« und das Ausstopfen der Mieder als betrügerische Vortäuschung falscher Tatsachen durch ein Edikt verbieten.

69 Lieferung künstlicher Brüste, um 1800.

Nichtsdestotrotz fanden die »Stellvertreter« offenbar Anklang, denn vier Jahre später empörte sich ein gewisser Tobias Ephraim Reinhard: »Das Frauenvolk, wenn es die Brüste scheinbarer machen will, so unterlegt es die welken Brüste beynahe mit dem ganzen Wachsgeräthe, welches es besitzt, damit die lieben Ihrigen desto besser in die Höhe treten, aufschwöllen und ansehnlicher werden möchten, da es denn natürlich so aussiehet, als wenn die Brüste vor Geilheit aus dem Busen laufen wollten.«[22]

Seit dem frühen 16. Jahrhundert hatten die Bürgersfrauen, wenn sie denn ein Dekolleté trugen, dieses mit einem gefältelten Hemd oder mit Brusttüchern bedeckt,[23] aber gegen Ende des Ancien Régimes, im Spätrokoko, füllten die Frauen ihren Ausschnitt mit »gestärkten Musselintüchern« aus, die sich, wie die Marquise de Créqui berichtete, »bis an die Backen schoben und durch ihre Falten eine übermäßige Busenfülle vortäuschten«.[24] Unter diesen aufgebauschten Brusttüchern, die *fichu menteur* oder *trompeuse* genannt wurden,[25] brachte man schließlich ein feines Drahtgeflecht an, damit die »affectirte Brust« nicht plötzlich in sich zusammenfiel,[26] und der

Korrespondent des *Journals des Luxus und der Moden* berichtete 1785 aus London: »Es wurde nämlich unter unseren Damen Mode, sich den Busen durch das Halstuch außerordentlich hoch aufzubauen und dick zu machen. Man trug zu dem Ende in den Halstüchern Bügel und Carcassen von Draht.«[27]

Allerdings konnten die Damen nicht immer und überall mit diesen Konstruktionen herumlaufen, weshalb gleichzeitig wattierte Brüste, die »Gorges de Vénus« oder »Gorges à la Romaine«, angeboten wurden[28] sowie »false bosoms« oder »bust improvers« aus Wachs, die bei Seufzen und starkem Herzklopfen mit Hilfe eingebauter Springfedern in Bewegung versetzt wurden, und angeblich gab es ein Modell, das im Bedarfsfall sogar zum Erröten gebracht werden konnte. Wie dem aber auch sein mochte: Tatsache ist, daß ein Pariser Putzmacher im Jahre 1805 falsche Brüste, Schultern und Rückenpartien aus feinstem gerötetem Leder mit aufgemalten blauen Äderchen anpries. Der stolze Preis dieser Prothesen, bei denen man mit Hilfe geheimer »Ressorts« den Busen wogen lassen konnte, belief sich auf sieben Napoléons d'or.[29] Bereits im Jahre 1799 hatte die *Times* solche Korrekturen der Natur mit den Worten kommentiert: »The fashion for false

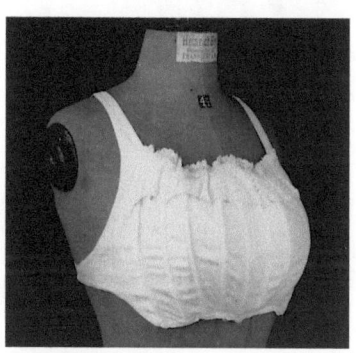

70 »Künstlicher Busen« aus weißer Baumwolle mit Fischbeinstäbchen und innen verstellbaren Bändern, um 1910.

bosoms has at least this utility, that it compels our fashionable fair to wear something.«³⁰

Derartige Wachs- und Gummibrüste, aber auch »Busenattrappen« aus anderen Materialien (Abb. 70) blieben im späteren 19. und im frühen 20. Jahrhundert ein unentbehrlicher Modeartikel. Die stark gebauschten Blusen der Belle Époque beispielsweise mußten häufig, da die Brüste der Damen zu flach oder zu klein waren, um sie auszufüllen, ausgestopft werden. Dazu dienten ein gerüschtes Kamisol, »amplificateur« genannt, aber auch »bust bodices« mit »inner pockets which could be padded to the size required or fitted with wax improvers of various dimensions«.³¹

Als nach dem Zweiten Weltkrieg vor allem in Nordamerika das Ideal der »big tits« immer weiter um sich griff, setzten amerikanische Firmen nicht nur zahllose aufblasbare »Kunstbusen« und Stoff-BHs mit Einlagen, sondern allein im eigenen Land jährlich über eine Million Paare Gummibrüste ab – in England waren es immerhin 200000 pro Jahr –, die, um

71 Marilyn Monroe, späte fünfziger Jahre.

72 Sophia Loren und Jayne Mansfield.

den verräterischen Kautschukgeruch zu verhindern, mit Rosen- oder Veilchenduft imprägniert waren.³²
In Deutschland verbreitete sich das Ideal der großen Brüste nur zögernd und in abgeschwächter Form: Diors im Frühling 1953 vorgestellte »Tulpenlinie« – ein enger, die Hüften und den Hintern betonender Rock sowie ein tiefes Dekolleté – setzte zwar einen Akzent auf die Brüste, überakzentuierte sie aber nicht,³³ und im Jahr darauf stellte die Frauenzeitschrift *Constanze* fest: »Die überbetonten Wölbungen und Kurven der Monroe und ihrer italienischen und französischen Kolleginnen entsprechen nicht dem Schönheitssinn des modernen mitteleuropäischen Menschen. Unser Ideal ist viel eher die grazile, graziöse, schlanke oder gar jünglingshafte Frau.«³⁴
Nun ist es zwar richtig, daß die Amerikaner und die Italiener in dieser Zeit solche »überbetonten Wölbungen« liebten, aber gerade Marilyn Monroe entsprach – etwa im Gegensatz zu Jayne Mansfield – in keiner Weise diesem Ideal (Abb. 71 u. 72). So hieß es auch später, es sei ein Glück für sie gewesen, ihr Debüt als Sexidol zu Beginn der fünfziger Jahre gehabt zu haben, als noch nicht so gewaltige Brüste gefordert wurden wie

im Verlaufe des Jahrzehntes,[35] und wie lange nach ihrem Tode einer ihrer Einbalsamierer in der Presse bekanntgab, benutzte Marilyn in späterer Zeit Gummibrüste mit ausgeprägten Brustwarzen. Diese »falsies« trug sie *über* ihrem die Brüste fixierenden Büstenhalter, und die prominenten Gumminippel sollten den Eindruck erwecken, daß »unter ihren engen Sweatern nichts als die reine Natur säße«.[36]

Damit die Brüste »glatt und faltenlos bis zum letzten Tag« blieben, wurde in den siebziger Jahren das »Crisp-Beschichtungsverfahren« entwickelt, bei dem eine »Spezialfolie« auf die schlaffe Haut aufgetragen wurde.[37] Allerdings konnte dieses »Verfahren« die Brüste nicht daran hindern, dem Gesetz der Schwerkraft zu gehorchen, weshalb in den neunziger Jahren zunächst in den USA die »Curves« auf den Markt kamen, »The Invisible Breast Enhancer«, Silikonbrüste in zwei Größen mit gleichem Gewicht und Verhalten wie natürliche Brüste zu 149.95 $ das Paar. Diese »falsies« werden nicht implantiert, sondern direkt auf der Brust getragen, was sich nach Aussage der Besitzerinnen, zu denen zahlreiche Topmodels und Fernsehstars gehören, anfühlt, als ob einem tote kalte Fische auf die Brüste gelegt werden.[38]

§14
Das Ideal der flachen Brust und der »Bubibusen«

Als Philibert de Commerson sich im Jahre 1771 in Madagaskar aufhielt, überredete er eines Tages eine etwa dreißigjährige Frau dazu, ihm ihren nackten Oberkörper zu zeigen: »J'examinai sa gorge, & je ne lui trouvai des mammelles que le bouton, comme à une fille de dix ans, sans aucune flaccidité de la peau, qui pût faire croire qu'elles fussent passées.«[1]
Dieser französische Reisende, der zu seiner Überraschung nur zwei Brustwarzen, aber keine Brüste entdecken konnte, wußte nicht, daß man in dieser Gegend, im Süden der großen Insel, entwickelte Brüste nicht schätzte und diese deshalb, sobald sie sich herausbildeten, mit erwärmten Bambuszylindern flachpreßte oder mit anderen Mitteln versuchte, überhaupt ihr »Wachstum hintanzuhalten«.[2]
Ähnliche Methoden benutzte man auch in anderen Gesellschaften. So hielten z.B. die Cherokee ausgeprägte weibliche Brüste für beschämend und wollten ihr Wachstum durch das Auflegen flacher Steine behindern.[3] Die Tscherkessen und Osseten, die völlig flache Brüste ohne jegliche Schwellungen liebten, waren der Auffassung, daß sich entwickelnde Brüste bei einem jungen Mädchen ein Indiz für vorehelichen Geschlechtsverkehr seien,[4] und preßten deshalb die Mädchen im Alter von zehn Jahren in ein ledernes Korsett, in der Hoffnung, daß die Brüste sich auf diese Weise gar nicht erst bilden könnten. Dieses Mieder lag dem nackten Oberkörper stramm an, wurde zugenäht und meistens erst in der Hochzeitsnacht vom Bräutigam geöffnet.[5]
Doch auch in hiesigen Gegenden wurden bereits den jungen Mädchen auf die eine oder andere Weise die sprießenden Brüste flachgepreßt: Im Bregenzerwald, indem die Mutter der Tochter tellerförmige Holzscheiben über den Brustkorb schnallte;[6] in der Gegend von Dachau, indem die Jungfrauen

in ein enges, flaches Mieder gezwängt wurden, das vorne einem Brett glich;[7] und über die Nordtirolerinnen verlautete im vergangenen Jahrhundert ein Arzt: »Jedem Fremden, der Deutschtirol bereist hat, wird die flache Büste des deutschtiroler Weibes aufgefallen sein. Von der Pubertätszeit an wird der Thorax des Weibes in ein festes Mieder, das man füglich einen Holzpanzer nennen kann, eingezwängt, denn eine wohl entwickelte Brust, die in anderen Ländern den Stolz des Weibes bildet, gilt in Tirol nicht als körperliche Zierde. Die Brüste gelangen daher durch Druck zur Atrophie.«[8] Um die Brüste aber vollends an der Entwicklung zu hindern, bestrichen die Mütter ihren Töchtern am Abend den Brustkorb mit einem aus Eberhoden gewonnenen Brei,[9] wie es auch in anderen Gegenden bereits im Mittelalter üblich gewesen war.

Über die Augsburgerinnen berichtete ein Reisender im Jahre 1774, diese preßten ihre Rundungen mit Hilfe eines Schnürleibes weg,[10] und hundert Jahre später hieß es über die Oberschwäbinnen: »An den mehrsten Gegenden aber ist die Brust in den Brustharnisch eingekerkert, so die sonst wolbegabte Weibsbilder ungemein verstellet.«[11]

Eine solche Unkenntlichmachung der weiblichen Formen, die man zu den verschiedensten Zeiten auch in anderen Gesellschaften finden kann,[12] überdauerte in der westlichen Welt nicht nur in bäuerlichen Gegenden oder bei transhumanten Schafzüchtern wie den Sarakatsani nördlich von Korinth, bei denen die jungen Mädchen und Frauen die Formen der Brüste mit dicken schwarzen Blusen und Molljacken, die vom Handgelenk bis zum Hals reichen, verbergen,[13] sondern auch in religiösen Gemeinschaften. Damit die Brüste sich nicht abzeichneten, trugen z. B. die Frauen der Shaker »neck handkerchiefs« genannte Brusttücher,[14] und aus dem gleichen Grund hatte der vordere Teil des Mieders der Pietistinnen einen brettartigen Schnitt: »Mir hent s'Herz z'semmadrucka müssa«, sagte noch vor einiger Zeit eine sehr alte Frau, die auch bestätigte, daß dieses Flachpressen die Stillfähigkeit sehr beeinträchtigte.[15]

War in fast allen diesen Fällen Schamhaftigkeit das Motiv, so hatte die allgemeine Modetendenz zur Verkleinerung und Abflachung der Brüste zu Beginn unseres Jahrhunderts eine ganz andere Bedeutung. Zwar war zunächst der voluminöse »mono-bosom«, die mehr oder weniger hängende Mutterbrust, die nicht mehr – wie im 19. Jahrhundert – durch das Korsett nach oben gedrückt wurde, das Mode-Ideal, doch machte sich bereits um die Jahrhundertwende ein ganz anderes Ideal bemerkbar, nämlich die kleine Brust, die ein Mann mit seiner Hand umfassen konnte.[16] Um diese Zeit kommentierte der Sexualwissenschaftler Iwan Bloch: »Die gegenwärtige Schwärmerei für schlanke, ätherische ›präraphaelitische‹ weibliche Gestalten hat auch gewissermaßen zu einer negativen Akzentuierung der Brüste geführt«,[17] und etwas positiver und weniger konservativ erinnerte sich später Stefan Zweig an das Berlin der Zeit *vor* dem Ersten Weltkrieg und an den damals schon, und nicht erst in den zwanziger Jahren herrschenden ›Jugendkult‹: »Die Frauen warfen die Korsetts weg, die ihnen die Brüste eingeengt, sie verzichteten auf die Sonnenschirme und Schleier, weil sie Luft und Sonne nicht mehr scheuten, sie kürzten die Röcke, um besser beim Tennis die Beine regen zu können, und zeigten keine Scham mehr, die wohlgewachsenen sichtbar werden zu lassen.«[18]

Bereits während des Fin de siècle waren die traditionellen ›viktorianischen‹ Korsette immer weniger gefragt, und nach der Wende zum neuen Jahrhundert trugen viele Damen mit volleren Brüsten Brustbänder, die diesen Teil der Anatomie nicht länger betonten oder ›hielten‹, sondern eher abflachten.[19] In den USA sorgten schließlich im Sommer 1913 nicht nur unerhört kurze Röcke, sondern auch semitransparente Blusen mit extrem tiefen spitzen Ausschnitten für Aufregung,[20] und ein paar Monate vor Ausbruch des Ersten Weltkrieges stellte die amerikanische Zeitschrift *Delineator* definitiv fest: »The face alone, no matter how pretty, counts for nothing unless the body is as straight and yielding as every young girl's.«[21]

Ihren Höhepunkt erreichte die Popularität der »straight line« allerdings erst in den frühen zwanziger Jahren, und ähnlich wie Iwan Bloch haben bereits damals – und auch heute – vor allem männliche Kommentatoren diese Mode als eine *Ablehnung* der weiblichen Brüste mißverstanden. So meint z.B. in unserer Zeit ein Anhänger einer anderen Modeerscheinung, des ›Konstruktivismus‹, das Ideal der »asexual flatness« der Brüste »of the Twenties Flapper« zeige, daß die Erotik der weiblichen Brust (wie die aller anderen Körperregionen) »wholly socially constructed« sei,[22] und auch in den Zwanzigern fanden viele Liebhaber üppiger Brüste das neue Ideal »asexuell« und unerotisch. So schrieb z.B. im Jahre 1926 ein verzweifelter Herr an die bekannte Sexualberaterin Marie Stopes und »deplored the ›Corslet Brazziers‹ worn by his wife to ›hide her figure‹ so that she would ›appear slim in order to be fashionable‹«,[23] und im *Simplicissimus* erschien eine Karikatur, in der ein etwas verklemmter Zeitgenosse angesichts einer ›brustlosen‹ jungen Frau zu einem Priester sagt: »Vom moralischen Standpunkt ist das moderne Schönheitsideal zu begrüßen. Die unsittlichen Auswüchse fallen da ganz weg.« In einem Chanson der Berliner Revue ›Es liegt in der Luft‹ hieß es schließlich auf bösartig-spöttische Weise: »Es steht in dem Fenster der Menschheit zur Schau/eine magere Frau unbeweglich./Es hat zum Kostüm ihr der Stoff nicht gereicht –/was oben sie zeigt, ist kläglich./Sie kann sich nicht brüsten – sie hat keine Brust,/ein Leibchen ist Hülle des Leibes./Sie hat keine Hüften – sie hat keine Lust,/dieser Restbestand eines Weibes!«[24]

Besser hätte man die ›neue Frau‹ nicht mißverstehen können, denn diese war mit ihren kurzen Haaren, den grellbemalten roten Lippen, dem drei Handbreit unter die Taille gerutschten Gürtel und dem knielangen Rock alles andere als unerotisch und lustlos. So ist es auch falsch, zu sagen, daß in jener Zeit ein Trend zur »Entsexualisierung« des weiblichen Oberkörpers,[25] daß eine Art kultureller Anorexia nervosa geherrscht habe, denn nicht die Brüste als solche waren ›out‹, sondern die strotzenden *Mutter*brüste mit hoher Stillqualität und die ausladenden Hüften des ›gebärfreudigen‹ Weibes. Die junge Frau oder, besser gesagt, ›das junge Ding‹ mit der Linie »à la garçonne«[26] war nicht brustlos, vielmehr verfügte sie über durchaus erotische *Jungmädchen*brüste, wie die unbekleideten Schaufensterpuppen, die Huysmans in einem Laden in Batignolles sah und über die er bereits im Jahre 1886 voller Entzücken schrieb: »Hier sind es die spitzen Brüste der Garçonne, diese kleinen Bläschen, auf ihnen ein Tropfen Rosé, die niedlichen Birnchen, von zwerghaften Spitzchen durchbrochen. Und diese sprießende Pubertät weckt in uns die ausschweifenden Phantasien von eben erst Begonnenem.«[27]

Viel treffender als die meisten Kabarettisten und Psychoanalytiker meinte im Jahre 1925 eine konservative Kommentatorin, die Garçonne lehne die großen Brüste ab, weil sie am Kinderkriegen und Stillen desinteressiert sei,[28] aber ihre Jungmädchenbrüste waren allemal mehr für den Sex da als die üppigen Rundungen der Großmütter (Abb. 73).[29] Zwar wurden die jungen Frauen häufig als Lesbierinnen denunziert,[30] weil

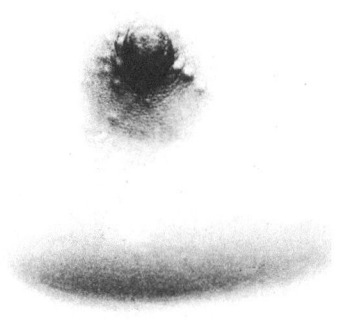

**Ohne Scham und ohne Schande
penn ich mit der ganzen Bande,
nicht nur mit dem Einzelherrn,
hemmungslos ist jetzt modern!**

73 Satirischer Kommentar zum Zeitgeist, um 1925.

74 ›Diana‹. Photo von Gerhard Riebicke, um 1927.

sie kurze Haare trugen und kleine Brüste haben wollten,[31] doch bereits im Jahre 1919 wunderte sich die in Bremen erscheinende *Norddeutsche Freie Meinung*: »Die Mädchen selbst sind es, welche den ersten Schritt tun, sich an den Mann drängen und ihn verführen. […] Wie sie die Sexualität zum Sport macht, so wird ihr auch der Sport zur Sexualität.«[32] Alles was diese scham- und hemmungslosen Dinger taten, war hintergründig sexuell – selbst ihr öffentliches Zigarettenrauchen demonstrierte ihre Lust, die jungen Männer zu fellationieren[33] –, und im November 1924 zog der *Daily Express* das Resümee: »With short hair, skirts little longer than kilts, narrow hips, insignificant breasts, there has arrived a confident, active, game-loving, capable human being, who shuns from the servitude of household occupations. This change to a more neutral type can be accomplished only at the expense of the integrity of her sexual organs.«[34]

Daß die weiblichen Brüste in den Zwanzigern nicht enterotisiert wurden, sondern sich lediglich an einer anderen Idealform orientierten, läßt sich darüber hinaus aus zahllosen Indizien erschließen. Im Gegensatz zu den relativ bekleideten Tanzgirls, bei denen die nackten Beine im Mittelpunkt des Interesses standen, zogen die »Nacktdarstellerinnen« der Zeit, die lediglich ein Höschen anhatten, die Blicke der Herren eindeutig auf die entblößten Brüste.[35] So gab es beispielsweise in Berlin ab dem Jahre 1919 sogenannte »Schönheitsabende«, auf denen die jungen Tänzerinnen des Balletts Celly de Rheidt in durchsichtigen, angeblich den antiken Chitons nachempfundenen Florkleidern auftraten. Pro forma führten die Frauen Pantomimen auf, aber in Wirklichkeit ließen sie ihre kleinen Brüste ›hopsen‹, und dies war auch der Grund, warum die Herren die sehr teuren Eintrittsgelder bezahlten. Nachdem die Veranstalter im Jahre 1922 wegen dieser »Nacktdarstellungen« zu einer hohen Geldstrafe verurteilt worden waren und die Tänzerinnen ihre Brüste völlig bedecken mußten, sank die Besucherzahl drastisch.[36]

Im gleichen Jahr beschrieb die Amerikanerin Florence Courtenay in ihrem Ratgeber *Physical Beauty: How to Develop and Preserve It* die ideale Figur als »a lithe [= geschmeidig], well-rounded form, graceful yet not so plump as to be called

75 ›Le charleston sur la plage‹, 1925.

voluptuous. Round, firm, well-modeled breasts of medium size cannot be improved upon«, und vier Jahre später hieß es in dem in Paris veröffentlichten *Nouveau Bréviaire de la beauté*, nichts Charmanteres sei vorstellbar als ein Paar feste, wohlgerundete Brüste von auffallender Weiße. Zur gleichen Zeit konstatierte ein Londoner Lehrbuch für Kunststudenten, es sei »no fault if the breasts are only small«,[37] und solche kleinen festen Brüste waren es auch, mit denen halbseidene Frauen wie Anita Berber oder die Schauspielerin Fern Andra die Männer erregten. Frank Wedekind schrieb über die Letztere: »Sie war ausgeschnitten, hinten bis zum Taillenschluß, vorne bis zur Bewußtlosigkeit«,[38] und 1924 hieß es in James Kleins Revue ›Das hat die Welt noch nicht gesehn‹: »Erst ging'n die Frau'n in kurzen Röcken/Und zeigten Beine, die oft krumm,/Dann, seit die Beine sie verstecken,/Spazier'n se ohne Ärmel rum./Mal kann den Busen man erblicken,/Daß man erstaunt ruft: ›Nu', Nu', Nu!‹/Dann zeigen sie den bloßen Rücken/Und knöpfen vorne wieder zu.«[39]

Große Brüste galten als vulgär – »Busts are *common*«, hieß es in England[40] –, und sehr üppig ausgestattete Damen trugen auch weiterhin ein Korsett, während die etwas schlankeren, die aber immer noch zu füllig waren, einen meist über dem

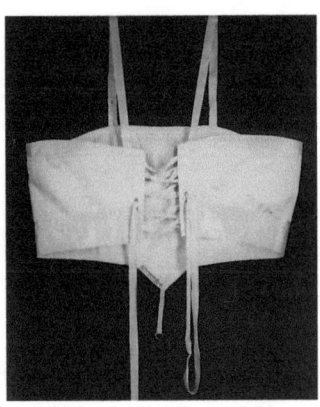

76 Die Brüste abflachender BH aus rosa Seidensatin, um 1925.

Hemd getragenen Stoffbüstenhalter, der nichts mehr ›hielt‹, sondern flach preßte, die »serrette« benutzten (Abb. 76).[41] Eine Garçonne mit kleinen Brüsten verzichtete dagegen meist ganz auf solche Brustleibchen,[42] so daß sich nicht selten die Brustwarzen abzeichneten, weshalb im Juli 1927 die ›Mary Immaculate Dress and Deportment Crusade‹ nicht nur gegen die kurzen und geschlitzten Röcke, sondern auch gegen das »dispensing with a brassiere« vorging.[43]

Außerdem ließen zahlreiche junge Damen durch ihre tiefen und locker anliegenden Dekolletés sowie in extremeren Fäl-

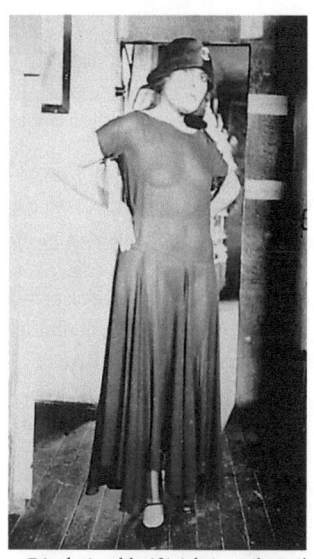

77 Die dreiunddreißigjährige Lily Brik.
Photo von Alexandr Michailowitsch Rodschenko, 1924.

len durch ihre semitransparenten Kleider (Abb. 77) so viel von ihrem »Bubibusen«[44] sehen, daß im Jahre 1921 der Staat Virginia per Gesetz bestimmte, daß kein Kleid getragen werden dürfe, das – von der Kehle ab gerechnet – tiefer als drei Zoll ausgeschnitten sei. Der Staat Ohio konzedierte im selben Jahr, nachdem der dortige Erzbischof sich über nackte

78 Karikatur von Ernst Heilemann, 1907.

Damenschultern erregt hatte, gar nur zwei Zoll und verbot außerdem durchscheinende Stoffe sowie jegliches »garment which unduly displays or accentuates the lines of the female figure«.[45]

Ein immerwährender Stein des Anstoßes war seit Jahrzehnten auch die tiefdekolletierte Damenbadekleidung, deren Stoff in nassem Zustand so auf den Brüsten klebte, daß diese

79 Verhaftung einer Frau in »obszöner« Badekleidung, Chicago 1922.

sich in jedem Detail abzeichneten (Abb. 78), was in den zwanziger Jahren in Illinois und in anderen Staaten gleichermaßen zu einer verschärften Gesetzgebung führte, nachdem immer mehr junge Frauen so gekleidet an den Stränden erschienen waren (Abb. 79).

Im Gegensatz zu den USA wurden dagegen in Europa solche Verbote und Verordnungen weniger von der weltlichen als von der geistlichen Obrigkeit erlassen. So waren z.B. am Morgen des 25. Februar 1926 plötzlich an allen Passauer Kirchen Plakate angeschlagen, auf denen darauf hingewiesen wurde, »daß Frauen und Mädchen zum Gottesdienst nur erscheinen dürfen, wenn ihre Kleider oben geschlossen sind und bis zum Hals gehen, nach unten bis über die Knie reichen und aus undurchsichtigen Stoffen sind«.[46] Und im selben Jahr verordnete der Bischof von Angers in einem Hirtenbrief in ähnlicher Weise jeder Kirchgängerin lange Ärmel, einen die Knie bedeckenden Rock sowie eine hochgeschlossene Bluse. Ausgenommen waren allein Bräute und Brautjungfern, denen er einen sehr züchtigen Ausschnitt, »décolletage à la vierge« genannt, zugestand. Hatten die Hochzeitskleider keine Ärmel, so mußten die Arme zumindest mit einem Schleier bedeckt sein. Für die Öffentlichkeit außerhalb der Kirche schrieb der Bischof schließlich als äußersten Fall eine »décolletage en rond« vor, die höchstens bis zu den Brustknochen reichen durfte. Allerdings mußte dabei der Stoff so fest anliegen, daß man auch der sich vorbeugenden Frau keinesfalls in den Busen blicken konnte.[47]

§15
»Mammary Madness«, American Style

Gegen Ende der zwanziger Jahre erschien im *Punch* eine Witzzeichnung, in der ein junges Mädchen zu seiner flachbrüstigen Mutter mit kniefreiem Rock sagt: »I wish you weren't so modern, Mother. It's terribly out of date.«[1] Und in der Tat war um das Jahr 1927 der kleine »Bubibusen« wieder fülliger geworden, was sich z.B. daran zeigte, daß die Korsetthersteller am »combinaire«, der Kombination von Hüftgürtel und Busenband, zwei Schalen für die Brüste anbrachten, die diese immer noch nicht sehr akzentuierten, aber immerhin anerkannten.[2] Die mädchenhafte Frau war reifer und älter geworden, vielleicht Mitte bis Ende zwanzig, und Aktphotographien zeigen entsprechend zwar keine üppigen Mutterbrüste, doch die etwas größeren und runderen einer jungen Frau (Abb. 80 bis 82).
»Die Frauen haben es satt, alle gleich, wie die kleinen Mäd-

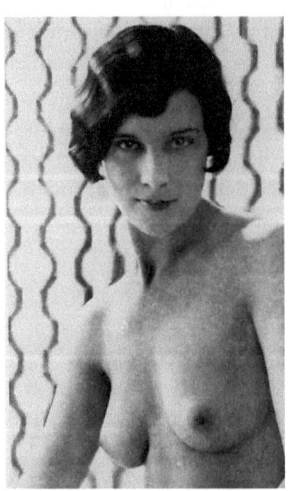

80 Aktphoto, um 1930.

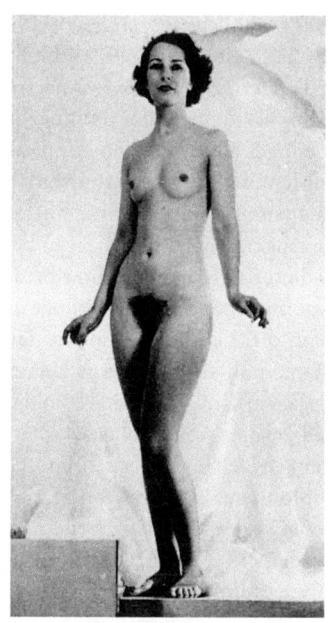

81 Aktphoto, USA, 1936.

chen angezogen zu sein«, verkündete im Jahre 1930 die Wochenzeitschrift *Die Dame*.³ »Once more you are to look feminine«, lautete eine britische Reklame, »really feminine this time, with graceful curves, natural waistline, and longer skirts«,⁴ und das Magazin *Votre beauté* wartete mit der Parole auf: »Plus de poitrines plates! La mode se réconcilie avec la nature.«⁵

Was aber die Damenmode der Zeit um 1930 auszeichnete, war das Rückendekolleté, und dies wurde damals auch so empfunden, denn ein zeitgenössischer Kommentator stellte sogar fest: »Die Brust ist in der heutigen Mode ganz und gar vom Rücken besiegt worden.«⁶

Zwar hatte es bereits im Jahre 1916 einen tiefen Rückenausschnitt gegeben, wie der beliebte Schlager ›We're glad to see you're back, dear lady‹ bezeugt, doch hatten damals noch fast alle Ladies dieses Dekolleté ausgefüllt,[7] während sie es jetzt nicht nur bis zur Taille, sondern völlig entblößt trugen.[8] Beim Tanzen kamen die Herren bei dieser Mode mit mehr nackter Haut in Berührung als je zuvor, doch wurde ihnen auch in anderer Hinsicht einiges abverlangt. So erinnert sich einer, daß »it was a fearful temptation, when you were dancing cheek-to-cheek, to slide your right hand a little too low, as if by accident«, denn die langen Abendkleider lagen besonders am Po so eng an, daß dieser sich in allen Einzelheiten abzeichnete. Das Oberteil war mit einer einzigen Schlinge um den Hals befestigt, und wenn diese sich während des Tanzes löste, was bisweilen vorkam, und die Partnerin keinen Büstenhalter trug, was ebenfalls vorkam, »you had to hold the dress up for her till she could get to a cloakroom«.[9]

Während der ganzen Dekade blieben die mittelgroßen Brüste, etwa des platinblonden Sex-Stars Jean Harlow, Schönheitsideal, doch bereits in der Zeit des Zweiten Weltkrieges warf vor allem in Nordamerika die »mammary madness« der fünfziger Jahre ihre Schatten voraus. In der westlichen Welt gibt es wohl kaum ein Land, in dem man im 20. Jahrhundert eine solch eigentümliche Verschränkung von Brustscham und

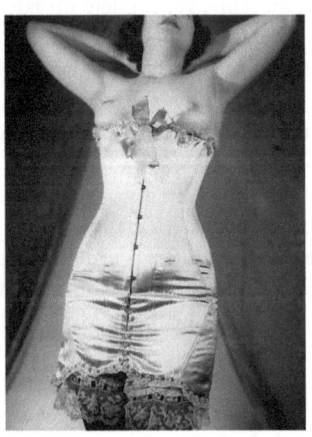

82 Korsett von Diana Slip, Paris, 1932.

Erotisierung der üppigen Brüste beobachten kann wie in den USA.[10] Dabei ist allerdings die hohe Schambesetzung der weiblichen Brüste amerikanische Tradition. So ermunterte zwar der puritanische Prediger Benjamin Wadsworth ganz ›unpuritanisch‹ seine Schäfchen: »Rejoice with the wife of thy youth! Let her breasts satisfy thee at all time.«[11] Doch sollte diese Befriedigung, auch die der männlichen Augen, ausschließlich in der Ehe stattfinden, weshalb die Puritaner nicht aufhörten, gegen die Brust- und Rückendekoletés zu wettern. Cotton Mather beispielsweise argwöhnte, daß eine Frau, die solcherart ihre weiße Haut zur Schau stelle, nichts anderes beabsichtige, als »Endkindle a Fools Fire in the Male Spectators«, und drohte deshalb mit der Rache des Himmels.[12] Andere geißelten die »nackten Brüste, die wie im Laden aufgehängtes Fleisch die Schmeißfliegen anlocken«,[13] und im Jahre 1695 veröffentlichte die Quäkervereinigung ›Women Friends‹ von Burlington, New Jersey, eine ernste Warnung an ihre weiblichen Mitglieder, in der es hieß, »that ffriends do not Accustom themselves to go in bare Breasts or bare Necks«.[14]

Indessen gibt es keinerlei Hinweise darauf, daß die frühen Bewohner Neuenglands ein besonderes Interesse an *großen* Brüsten entwickelt hätten, schrieb doch im Jahre 1693 ein Beobachter, das »strait lacing« führe dazu, daß die Frauen »Narrow Breasts« aufwiesen, »the Natural and almost constant Effect of hard Bodice and cloths that pinch«.[15] Um die Mitte des 18. Jahrhunderts scheinen die Amerikanerinnen zwar Mieder getragen zu haben, die nicht länger die Brüste flachquetschten, und eine Bostoner Zeitung stellte sogar im Jahre 1755 fest, der Modetrend gehe in Richtung völliger Nacktheit,[16] doch schon 1774 klagte Philip Fithian in Virginia, die »stays«, die neuerdings aus Europa importiert würden, »are produced upwards so high we can scarce have any view at all of Ladys' snowy necks«.[17]

Selbst um die Wende zum 19. Jahrhundert, als in Europa die jungen Damen so viel von ihrem Körper zeigten wie nie zuvor, scheinen immer noch viele Amerikanerinnen ihre Brüste geplättet zu haben. So schrieb z. B. Isaac Candler, daß die Natur, was die Frauen betreffe, zwar nirgendwo schönere Formen hervorbringe als in Nordamerika, allein ihre Brüste seien leider häufig kaum entwickelt, was offenbar dem herrschenden Schönheitsideal entspreche, da bereits gegen Ende des 18. Jahrhunderts Moreau de St. Méry berichtet habe, daß die jungen Mädchen, so gut es gehe, ihre Brüste flachpreßten,[18] und noch im Jahre 1828 stellte die Engländerin Frances Trollope bei den Amerikanerinnen »a universal defect in the formation of the bust« fest, »which is rarely full or gracefully formed«.[19]

Trotzdem gab es auch in Amerika Jüngerinnen der antikisierenden »Nacktmode«, und schon im ausgehenden 18. Jahrhundert fühlte sich ein zu einem Dinner eingeladener Gast wegen zweier anwesender Damen indigniert: »Two among them had their bosoms very naked. I was scandalized at this indecency among republicans.«[20] Bald klagte man, daß die jungen hemmungslosen Mädchen jedem Fatzken (»foppling«), der ihnen gegenüberstehe, »a peep at the land« ermöglichten, doch nicht nur mit ihren Brüsten, auch mit ihren Beinen seien sie jetzt sehr freigiebig: »Picnic silk stockings, with lace clocks [= Spitzenverzierungen], flesh-colored, are most fashionable, as they have the appearance of bare legs – *nudity* being all the rage.«[21]

Allerdings ließen die meisten jungen Mädchen sich keineswegs ins Dekolleté schauen, denn fast alle trugen als Brusttüchlein eine Mullbinde, »modesty bit« genannt, so daß sie sich ohne größeres Risiko sogar vorbeugen konnten, und ein zeitgenössischer Dichter reimte dazu: »And where their bosoms you do view/The truth I do declare, O!/A modesty they all must have/If ne'er a smock [= Hemd] they wear, O!«[22] Zwar schalt auch der Methodistenpfarrer John Early im Jahre 1808 die Offenherzigkeit seiner jungen Landsfrauen (»naked breasts«),[23] aber allzu viele scheinen sich nicht so provokativ gekleidet zu haben. Nachdem jedenfalls Betsy Patterson, die Tochter eines reichen Kaufmanns aus Baltimore, den Bruder Napoleons, Jerôme Bonaparte, geheiratet hatte und im Januar

1804 in Washington in einem Empirekleid öffentlich erschienen war, zerriß sich die ganze Stadt über ihr Kostüm das Maul, und eine Zeitgenossin kommentierte: »She has made a great noise here, and mobs of boys crowded round her splendid equipage to see what I hope will not often be seen in this country: an almost naked woman.«[24]

Was die Ästhetik der weiblichen Brüste anbetrifft, so scheinen sich im Amerika des 19. Jahrhunderts zunächst noch zwei einander entgegengesetzte Ideale die Waage gehalten zu haben. Denn auf der einen Seite beschrieben die ausländischen Besucher der zwanziger und dreißiger Jahre wie die des 18. Jahrhunderts die bemerkenswerte »flatness« der Frauen, die darauf zurückzuführen sei, daß diese ihre Brüste künstlich platt drückten,[25] und noch im Jahre 1850 klagte Hawthorne in *The Scarlet Letter*, im Gegensatz zu den Puritanerinnen von einst hätten die Amerikanerinnen von heute keine »well-developed breasts« mehr.[26] Auf der anderen Seite bedauerte bereits zu Beginn des neuen Jahrhunderts die ›Gegenfraktion‹, daß »die« jungen Mädchen nicht mehr bereit seien, ihren Busen flachzupressen, sondern diesen freizügig entblößten[27] oder ihn, wenn er noch nicht vorhanden war, sogar mit Hilfe von Kunstprodukten antizipierten: »Before nature supplies them with real«, so stellte Thomas Branagan über die amerikanischen Jungfrauen fest, »they exhibit, as substitutes, in the usual form, artificial breasts.«[28]

In den dreißiger Jahren hieß es, daß vor allem Schauspielerinnen sowie die öffentlichen Huren Brüste und Hüften mit Einlagen versahen, um sie ausladender erscheinen zu lassen, doch wurde diese Vortäuschung falscher Tatsachen in den folgenden Jahrzehnten immer mehr Bestandteil der allgemeinen Mode. »Those who have the bosom too small«, verlautete 1861 *The Ladies' Guide to Perfect Beauty*, »enlarge it by the oblique folds of the dress being gathered above, and by other means«,[29] und Henry Collins Brown erinnerte sich später, daß in dieser Zeit manche Damen einen »gay deceiver« getragen hätten, aufpumpbare Gummibrüste, die manchmal zum

Entsetzen der Trägerin und zur Schadenfreude der anderen weiblichen Gäste während eines Dinners geplatzt oder mit einem unanständigen Geräusch in sich zusammengeschnurrt seien.[30] »Hier werden öffentlich artefacte Brüste von allen möglichen Grössen zum Verbergen des Mangels angeboten«, schrieb kurz nach dem Bürgerkrieg ein erstaunter Reisender aus einer nordamerikanischen Großstadt,[31] aber da die hohlen Gummibrüste der Trägerin ein zu großes Risiko aufbürdeten, stopften sich die meisten doch lieber kleine Kissen ins Dekolleté oder stülpten sich Halbkugeln aus dickem vulkanisierten Gummi über die Brüste.[32] Da diese freilich unter den Gummi-»falsies« nicht atmen konnten und den Trägerinnen bei höheren Temperaturen der Schweiß über den Unterleib lief, entwickelte man unter dem Kleid getragene Halbkugeln aus Drahtgeflecht, welche »do not gather dampness from perspiration« und die somit »cannot produce irritation« (Abb. 83).

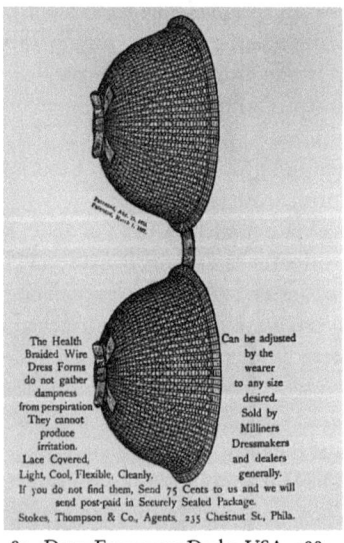

83 ›Dress Forms‹ aus Draht, USA, 1885.

Allerdings schlossen solche künstlichen Brüste und tiefe Dekolletés einander aus, und wenn es im Jahre 1871 hieß, die Amerikaner seien in große weibliche Brüste geradezu vernarrt,[33] so blieb einer flachbrüstigen Dame nicht viel anderes übrig, als hochgeschlossen ein größeres Volumen zu prätendieren. Hatten nach dem Zwischenspiel der »französischen Nacktmode« die meisten Amerikanerinnen zunächst wieder züchtig ihre Brüste verborgen – um 1830 wird berichtet, daß die New Mexico bereisenden Ostküstendamen entsetzt gewesen seien über die tiefausgeschnittenen Kleider der hispanischen Frauen[34] –, so kehrten die tiefen Dekolletés bald wieder zurück, und selbst ein Franzose wie Prinz Napoléon (»Plon-Plon«) soll im Jahre 1861 geradezu schockiert gewesen sein, als er sah, daß die Amerikanerinnen sogar tagsüber Schultern und Busen entblößten – in seinem Heimatland ein Ding der Unmöglichkeit.[35]

Diese Freizügigkeit wurde freilich auch in den USA ohne Unterlaß als schamlos kritisiert, und 1873 wies die Kleiderreformerin Elizabeth Stuart Phelps auf den Widerspruch hin, daß man einerseits die jungen Mädchen zu Schamhaftigkeit und Zurückhaltung erziehe, andererseits aber von ihnen erwarte, daß sie auf einer Abendgesellschaft keck ihr weißes Fleisch zur Schau stellten.[36] Und so war es nur folgerichtig, wenn während des Ersten Weltkrieges eine der Wortführerinnen der Kampagnen gegen die Ausbreitung von Geschlechtskrankheiten, Katharine Bement Davis, die der Überzeugung war, die Frauen sollten damit aufhören, durch ihre Aufmachung die Männer sexuell zu reizen, ein Plakat mit der Aufschrift »Improper Dress May Do Harm by Arousing Emotions Hard to Control« entwarf. Abgebildet waren ein keusch hochgeschlossenes und ein dekolletiertes Abendkleid. Unter letzterem stand zu lesen: »Such a dress is both inappropriate and improper at a party for Soldiers.«[37]

Wie stark in der Folgezeit die Brüste erotisiert und schambesetzt wurden, illustriert eine vom Cousin Truman Capotes geschilderte Episode, in der im Jahre 1932 an einem amerikanischen Strand einer jungen Familienangehörigen das Oberteil des Badeanzuges herunterrutschte: »Mutter schreckte aus ihrem Schlaf auf und sah Lillie Maes feste weiße Brüste in der Sonne kreisen. Daddy war so sprachlos, daß er nichts tun konnte, als zu glotzen. Mutter stieß ihn mit den Ellenbogen in die Seite, damit er sich abwenden sollte. Aber Daddy dachte nicht daran, wegzuschauen. Nelle und ich standen da und staunten ungläubig. Ich hatte niemals vorher die Brüste einer erwachsenen Frau gesehen. Truman kicherte nur. [...] Als wir am nächsten Tag nach Hause kamen, hatten Mutter und Daddy einen lauten Streit wegen Lillie Maes kleiner Szene und weil Daddy sie angeglotzt hatte.«[38]

In den frühen zwanziger Jahren durften selbst die Stripperinnen in den USA nur dann die unbedeckten Brüste zeigen, wenn diese völlig bewegungslos blieben und zudem die Pose »artistic« war.[39] Die ersten »quivvering« breasts, also solche, die zitterten oder wackelten, waren einige Jahre später in der New Yorker Show ›Artists and Models‹ zu sehen,[40] doch

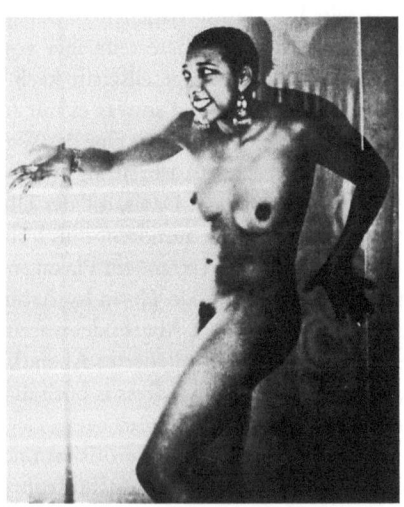

84 Josephine Baker, 1926.

stellte dies eine Ausnahme dar. Als beispielsweise Josephine Baker im Jahre 1925 vor ihrem ersten Auftritt im ›Danse Sauvage‹ der ›Revue Nègre‹ am Pariser Théâtre des Champs-Elysées aufgefordert wurde, ›oben ohne‹ auf die Bühne zu gehen, entgegnete sie, sie sei Amerikanerin und keine französische Striptease-Tänzerin, die daran gewöhnt sei, sich barbusig dem Publikum zu präsentieren. Einen Tag lang redeten alle auf sie ein, und ihr Agent versuchte ihr klarzumachen, daß sie bei ihrer schwarzen Haut ohnehin nicht nackt wirke.[41] Schließlich willigte sie ein: Einer dunklen, verschwommenen, anonymen Masse von zweitausend Menschen war sie bereit, ihre nackten Brüste zu zeigen, aber bei einem einzelnen Mann, dem sie ins Gesicht blicken konnte, war das etwas ganz anderes. Als nämlich der Maler Paul Colin sie als Modell engagieren wollte, war sie zwar nach einigem Zögern einverstanden, posierte aber zunächst im Schlüpfer und mit Büstenhalter.[42]

In den dreißiger Jahren trugen die US-Stripperinnen in den meisten Staaten lediglich einen knappen »G-string«, im Szenen-Slang »gadget« genannt, doch sollte sich dies in den fol-

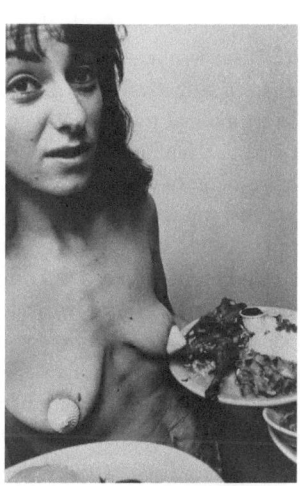

85 Bedienung in einem Toplessrestaurant, 1965.

genden Jahrzehnten ändern, als in vielen Gegenden z.B. die Bedienungen in Toplessrestaurants (Abb. 85), vor allem aber die ›Oben ohne‹-Tänzerinnen, die ihre Brüste kreisen ließen, »pasties« über den Brustwarzen tragen mußten, die teilweise mit Bommeln versehen waren (Abb. 86).[43] Als im Jahre 1966

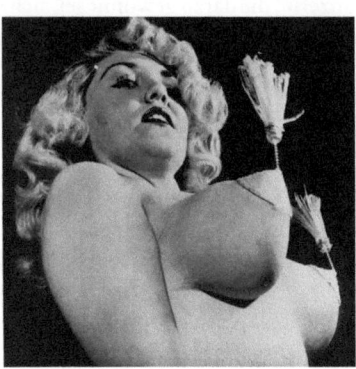

86 Toplesstänzerin, USA, fünfziger Jahre.

das Staatsballett von Guinea in New York auftreten wollte, verordnete der Bürgermeister der Stadt, daß die Tänzerinnen, die ihre nackten Brüste wackeln und kreisen ließen, Büstenhalter zu tragen hätten, zog aber auf Grund ironischer Kommentare diese Anordnung zurück, und zwar mit der Begründung, entblößte Brüste seien bei Negerinnen keine »indecent exposure«.[44] Konsequenterweise verbot er kurze Zeit darauf den Auftritt einer Gruppe weißer Tänzerinnen, da diese sich weigerten, ihre Brüste mit Büstenhaltern zu bedecken. Auf der anderen Seite machten sich in den kommenden Jahren, nachdem in vielen Staaten die Gesetze liberaler geworden waren, die ›Oben ohne‹-Tänzerinnen die Tatsache, daß weiße Brüste ›nackter‹ wirkten, zunutze, indem sie darauf verzichteten, sie wie den übrigen Körper zu bräunen (Abb. 87).

Einen deutlichen ›Erotisierungsschub‹ bezüglich der weiblichen Brüste hatte es zunächst während des Zweiten Weltkriegs gegeben. Damals schwärmten die Männer von dem

87 Toplesstänzerin in San Francisco. Photo von Diane Arbus, 1968.

Film ›Sünden von Bali‹, in dem jede Menge balinesischer Brüste zu sehen waren, die als »kegelförmige Schokoladeeistörtchen« beschrieben wurden,[45] und auf der anderen Seite verbot man in vielen amerikanischen Kriegsbetrieben den dort beschäftigten Frauen, die üppige Brüste hatten, am Arbeitsplatz Pullover zu tragen, weil man davon ausging, daß die sich abzeichnenden Formen die Arbeitsmoral der männlichen Belegschaft zerstörten.[46]

Damals entwickelte sich auch langsam das Ideal der »Gefechtskopf-Brüste«, die sich auf die Nippel zu verjüngten, auch »Sweatergirl-bosom« genannt, also konische Brüste, die von Protagonistinnen wie Jane Russell im wahrsten Sinne des Wortes auf die Spitze getrieben wurden. Im Jahre 1943 hatte der Regisseur Howard Hughes für Jane Russell, die Hauptdarstellerin seines Filmes ›The Outlaw‹, zunächst einen speziellen BH, ein Drahtbügelgestell, entwickeln lassen, damit ihre

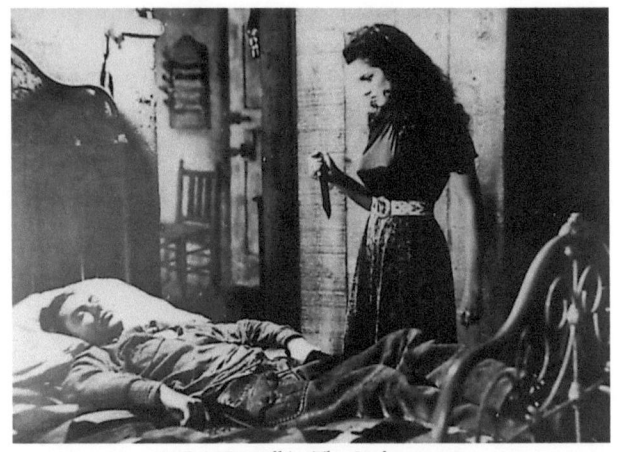

88 Jane Russell in ›The Outlaw‹, 1943.

Brüste noch gewaltiger erschienen, doch die Probeaufnahmen zeigten, daß sie in diesem Gestell nicht gut aussahen. Als die Schauspielerin ganz auf einen Büstenhalter verzichtete, sackten die Brüste so erheblich ab, daß man sich schließlich dafür entschied, sie mit kräftigen Heftpflastern in der Waagrechte zu halten. Bevor der Film aufgeführt wurde, erschienen die Brustbilder auf den Titelseiten zahlreicher großer Zeitschriften, die damit Riesenauflagen erzielten und die Russell, das amerikanische Busenwunder, über Nacht berühmt machten. Auch der Film selber, auf dessen Werbeplakaten »How would you like to tussle with Russell?« stand, wurde ein Supererfolg, obgleich nicht nur zahllose feministische und religiöse Gruppierungen gegen ihn Sturm liefen, sondern auch Gerichte und Zensurbehörden. Der Zensor Joe Breen beispielsweise bezeichnete ihr Dekolleté als das augenfälligste Indiz für den Trend der Zeit, »to undrape women's breasts«, und ein anderer empörte sich: »Throughout almost half the picture the girl's breasts, which are quite large and prominent, are shockingly emphasized and, in almost every instance, are very substantially uncovered.« Ein Richter in Maryland

fühlte sich von diesen omnipräsenten Brüsten gar bedroht und klagte, daß sie »hang over the picture like a thunderstorm spread over a landscape. They are everywhere.«[47]
Tatsache ist, daß man der Russell zwar in einigen Szenen bis zu einer gewissen Tiefe in den Ausschnitt schauen konnte, doch der Warzenhof oder gar die Nippel waren zu keinem Zeitpunkt sichtbar, und sie schimmerten auch nicht durch die Kleidung, was ebenfalls ein Verstoß gegen den ›Motion Picture Production Code‹ aus den Dreißigern gewesen wäre.[48]
Vor allem das Sichabzeichnen oder das Durchschimmern der Brustwarzen war es, wenn man einmal von der Größe der Brüste absieht, was die Amerikaner in jeder Hinsicht erregte, und in späterer Zeit war es namentlich Jayne Mansfield, die sich alle Mühe gab, bei fast jeder Gelegenheit ›unabsichtlich‹

89 Jayne Mansfield entblößt ›aus Versehen‹ den Nippel ihrer linken Brust.

ihre Nippel zu zeigen (Abb. 89). Da dies aber auf Grund der Bestimmungen in einem US-Film nicht möglich war, trat sie im Jahre 1960 in einem britischen Film, dem Thriller ›Too Hot to Handle‹ in einem transparenten Gewand auf, das nichts mehr zum Wünschen übrigließ.[49]

Noch in den sechziger Jahren mußten die jungen Mädchen in vielen amerikanischen High Schools unter ihren Blusen und über ihren Büstenhaltern Lätzchen (»slips«) tragen, damit sich ja nichts durch die Kleidung abzeichnete,[50] und im Jahre 1978 ging der Fall des Standort-Ältesten der US-Streitkräfte in Mainz, Brigadegeneral David C. Martin, durch die deutsche Presse, der seiner Sekretärin einen strengen Verweis erteilt und ihre fällige Beförderung gestrichen hatte, weil die »Nelson braless« erschienen sei, womit sie »das Gewissen der Öffentlichkeit beleidigt« habe.[51]

Nachdem im August 1968 während der Wahl der Miss America in Atlantic City zahlreiche junge Frauen demonstrativ ihre Büstenhalter und anderen »woman-garbage« in eine große »Freedom Trash Can« geworfen hatten,[52] gingen in den darauffolgenden Jahren vor allem Studentinnen dazu über, sich »braless« in der Öffentlichkeit zu bewegen. Für die Amerikaner, bei denen für gewöhnlich eine Frau, die bereit war, ihre nackte Brust zu zeigen, sorgfältig den Nippel bedeckte[53] (Abb. 90), bedeutete dies eine unerhörte Provokation, und

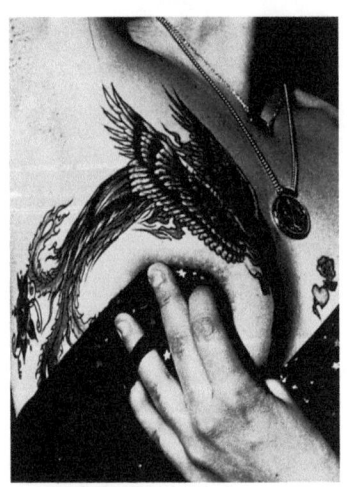

90 Brusttätowierung. Rikki, Sacramento, 1980.

zahlreiche US-Richter stellten in ihren Urteilsbegründungen fest, daß eine Frau, die keinen BH trage, so daß ihre Brustwarzen sich abzeichneten, eine Vergewaltigung geradezu herausfordere.[54]

Als noch typischer für die nordamerikanische Sexualität galt indessen insbesondere in den fünfziger und sechziger Jahren das »going for *big* tits«,[55] vor allem der Brüste blonder »Dummchen« à la Jayne Mansfield und anderer Sexbomben, und es heißt in der sexualwissenschaftlichen Literatur, man habe auf Grund der Untersuchung von Pupillenreaktionen festgestellt, daß die US-amerikanischen Männer viel stärker auf großbusige Frauen reagierten als die europäischen.[56]

»So round, so firm, so ... fully packed«, lautete damals die wohl bekannteste amerikanische Zigarettenreklame,[57] und »true to the American preference for quantity over quality«, wie ein Sozialpsychologe es formulierte, gab es für viele Amerikaner nichts Aufregenderes als eine Frau, die mit ihrer Oberweite fast aus den Nähten krachte. So berichtet beispielsweise ein ehemaliges Photomodell von den Studios, in denen Pin-up-Bilder gemacht wurden: »They had a whole portfolio of these women which they called ›Tit Rags‹ or ›Mammary Reviews‹. If you got the job, photographers frequently asked you when your period was due and scheduled the photography session just before so your breasts were at their biggest.«[58] Und im September 1968 mußte in New York eine Sekretärin entlassen werden, die in der Chemical Bank in der Wall Street beschäftigt war. Als nämlich bekannt geworden war, daß die junge Frau einen extrem großen Busen hatte, brach eine Woche lang der gesamte Verkehr zusammen, weil täglich bis zu 15 000 Männer, die in den Banken und Büros der Gegend arbeiteten, auf sie warteten, um ihre Brüste bestaunen zu können.[59]

Bereits für drei- oder vierjährige Mädchen gibt es Kleider, die so gerüscht sind, daß sie Brüste vortäuschen, und zahlreiche Mädchen, die noch gar nicht laufen können, tragen an den amerikanischen Stränden zweiteilige Badeanzüge.[60] Nicht

91 ›My First Bra‹ von der Firma ›Teenform‹, 1981.

selten lassen sich vierzehnjährige Mädchen, die in der Entwicklung sind, operativ die Brüste vergrößern,[61] und um 1970 gaben amerikanische Mütter jedes Jahr mehr als zwei Millionen Dollar für die »training bras« oder »pre-bra bras« ihrer vorpubertären Töchter aus, die noch nicht einmal den Ansatz von Brüsten aufwiesen (Abb. 91).[62] Ältere Mädchen und erwachsene Frauen ließen sich seit Beginn der sechziger Jahre, wenn ihre Brüste ihnen zu klein erschienen, Kissen einpflanzen, die mit Silikon gefüllt waren, einem Gel, das ursprünglich als Dichtungs- und Schmiermittel für die US-Navy entwickelt worden war. Heute haben nicht nur die meisten US-Stripperinnen und ›Oben ohne‹-Tänzerinnen solche Einlagen (Abb. 92),[63] sondern Millionen von anderen Amerikanerinnen tragen sie in ihren Brüsten, und jährlich kommen über 150 000 hinzu, die diese Operation durchführen lassen.[64] Da freilich die herkömmlichen Silikonbrüste oft so hart wie Baseball-Bälle wurden,[65] ging man in den Achtzigern dazu über, Säckchen aus einem sehr dünnen Plastikmaterial zu implantieren, so daß die Brüste weich und natürlich wirken und der mit ihnen spielende Herr den Betrug nicht gleich durch-

92 Topless-Tänzerin, 1965.

schaut.⁶⁶ Zu welchen Auswüchsen ein derartiger Busenkult führen kann, demonstriert das Photomodell Lolo Ferrari, auch »Miss Airbag« genannt, die zwar keine Amerikanerin ist, aber einer anderen brüstefixierten Kultur angehört, und deren Kugeln – von Halbkugeln läßt sich nicht mehr reden – nicht nur mit schweren Silikonsäcken gefüllt, sondern fast bis zum Platzen mit Luft aufgepumpt sind (Abb. 93). In einem Interview sagte die Französin, die sich nicht mehr nach vorne beugen, nicht mehr schnell laufen und nicht länger auf dem Bauch liegen kann: »Diese sechs Kilo extra muß man erst mal tragen können. Trotzdem hätte ich sie gerne noch größer, aber der Arzt sagte mir, das sei gefährlich, ich wäre schon am äußersten Limit.«⁶⁷

Psychoanalytiker haben das große erotische Interesse der Amerikaner an den möglichst voluminösen weiblichen Brüsten damit erklärt, daß die zumeist mit Flaschen genährten oder zu früh abgestillten Säuglinge »oral frustriert« würden

93 Das französische Photomodell Lolo Ferrari, 1995.

und sich deshalb später auf die ewige Suche nach der ihnen vorenthaltenen Mutterbrust begäben.

Nun scheint es in der Tat so zu sein, daß viele amerikanische Männer es lieben, die Brustwarzen ihrer Sexualpartnerinnen zu lutschen und an ihnen zu saugen, und nicht wenige erinnern sich offenbar, dies bei ihren Eltern gesehen zu haben: »My dad used to suck her breasts all the time. I started noticing this when I was three or four years old, and I felt like I was being cheated for something that was realy mine.«[68] Komplementär haben anscheinend nicht wenige amerikanische Frauen Tagträume, in denen fremde Männer oral ihre Brustwarzen stimulieren,[69] und eine Untersuchung ergab, daß 10 % der Amerikanerinnen allein durch Erregung ihrer Brustwarzen zum Orgasmus kamen.[70]

Abgesehen davon, daß das sexuelle Lutschen an den weiblichen Brustwarzen auch in Gesellschaften verbreitet ist, in denen die Säuglinge sehr lange und auf natürliche Weise gestillt werden, läßt sich freilich gegenüber der psychoanalytischen ›Frustrationsthese‹ mit gleichem Recht eine ›Verstärkungsthese‹ aufstellen, nach welcher derjenige, der beim Stillen völlig befriedigt wurde, eine solche Befriedigung immer wieder aufs neue sucht. Und tatsächlich hat eine Untersuchung ergeben, daß amerikanische Männer, die einst von ihrer Mutter

»oral frustriert« worden waren, flachbrüstige Frauen bevorzugten, d.h., keineswegs von der »mammary madness« infiziert waren.[71]

Viel zwangloser scheint mir die ›Brustfixiertheit‹ der Amerikaner durch die geradezu sprichwörtliche ›amerikanische Prüderie‹ erklärbar, die tendenziell zu einer Verlagerung des sexuellen Hauptinteresses vom Unterleib auf weniger ›gefährliche‹ erogene Zonen wie die Brüste geführt hat. Solche temporären oder auch grundsätzlichen Verlagerungen hat es auch in anderen Gesellschaften gegeben. Bei den alten Tataren etwa durften die jungen Männer bis zu dem Zeitpunkt, an dem sie den vollen Brautpreis bezahlt hatten, lediglich mit den Brüsten der Auserwählten spielen, was die Tataren »an die Brüste gehen« nannten, und dieser Brauch führte zu einer intensiven Erotik der jungfräulichen Brust.[72] Und weil bei den sudan-arabischen Frauen der Genitalbereich durch die Infibulation unsensibel geworden ist, hat bei ihnen eine Verlagerung der erogenen Hauptzone von der Vulva auf die Brüste und den Hals stattgefunden.[73]

§16
Der ›Monokini‹ und seine Folgen

Im Verlaufe der sechziger Jahre wurde sogar in Nordamerika wahrnehmbar, daß das Ideal der »big tits« an Attraktivität verloren hatte,[1] und insbesondere am Ende des Jahrzehnts wurden die jungen Frauen, die sich um den Titel der ›Miss America‹ bewarben, größer, ihr Gewicht nahm ab, die Hüften wurden schmaler und die Brüste kleiner.[2] Auch die Oberweiten der monatlichen »Playmates« des *Playboy*, der »bastion of the bust«, verkleinerten sich,[3] allerdings in Grenzen, und ein europäisches Idol wie Twiggy, das keineswegs so flachbrüstig war, wie man zu glauben geneigt ist, kam in Amerika nie an:[4] »From the neck down«, schrieb die US-Presse über die junge Engländerin, »forget it«.[5]

Der Trend hielt in den Siebzigern an, doch in den achtziger Jahren betrat ein anderer Frauentyp die Bühne: die zwar

94 Twiggy, 1971.

schlanke, aber ›kurvenreiche‹ Frau,⁶ nicht ›weibchenhaft‹, doch sexy, die gesunde, fitte, durchsetzungsfähige Frau, die wußte, was sie wollte und was sie brauchte. Auch in den frühen Neunzigern behielten die Models ihre schlanken, bisweilen fast androgynen Figuren, doch wie man an Stars à la Madonna oder Claudia Schiffer sehen kann, wurden die Brüste fülliger, weshalb der traditionelle Typus des Mannequins mit knabenhafter Figur und kleinen Brüsten häufig zu operativen Eingriffen Zuflucht nehmen mußte. So schätzte man Anfang der neunziger Jahre, daß ungefähr 80 % der Top-Models Silikoneinlagen trugen, was der geübte Blick daran erkennt, daß die Brüste selbst bei verbesserten Einlagen sich weniger bewegen als die natürlichen.⁷

Im Juni 1964, als sich bereits die Abkehr von den üppigen Brüsten des blonden ›Dummchens‹ abzeichnete, kündigte sich auch eine Mode an, die genauso revolutionär sein sollte wie vierzig Jahre zuvor die Entblößung des weiblichen Knies: Der »Monokini« und der »No-Bra Bra« Rudi Gernreichs

95 Rudi Gernreichs ›Monokini‹, 1964.

(Abb. 95), die auf der Stelle in Frankreich verboten wurden (Abb. 96) und die der Designer zwei Jahre später durch ein Topless-Abendkleid ergänzte (Abb. 97).⁸ Anscheinend war es damals fast unmöglich, ein normales Photomodell zu finden, das bereit war, in aller Öffentlichkeit die Brüste zu entblößen, weshalb Gernreich die in einer Toplessbar arbeitende Carole

96 Französische Polizisten führen eine Frau ab, die einen ›Monokini‹ trägt; um 1967.

Doda engagierte, die daran gewöhnt war, im ›Condor Club‹ in San Francisco mit nacktem Oberkörper aufzutreten und die deshalb keine Probleme damit hatte, im »Monokini« vor zahlreichen Photoreportern in die Fluten des Pazifik zu steigen.[9]

97 Topless-Abendkleid von Rudi Gernreich, 1966.

Entgegen dem, was die meisten Kulturhistoriker behaupten, gibt es keine Hinweise darauf, daß innerhalb der letzten Jahrtausende irgendwo in Europa die Frauen ihre Brüste unverhüllt getragen hätten. Zwar heißt es immer wieder, die minoischen und auch die mykenischen Damen seien habituell ›oben ohne‹ in der Öffentlichkeit erschienen, wobei der Oberkörper noch durch die Wespentaille und das steife, die Brüste nach oben drückende Mieder akzentuiert worden sei,[10] doch ist es viel wahrscheinlicher, daß es sich hier nicht um eine Alltagstracht, sondern um eine Kultkleidung handelte. Allem Anschein nach tragen auf den Darstellungen lediglich die erwachsenen Frauen, nicht aber die adoleszenten Mädchen die Brüste frei,[11] was deutlich macht, daß die reife Brust der stillfähigen Frau gezeigt werden sollte, und dies wird noch dadurch unterstrichen, daß eine der Frauen sich mit beiden Händen an die Brüste faßt.[12] Offenbar war es ursprünglich

98 ›Oben ohne‹-Badeanzug.
Erotische Postkarte, um 1900.

üblich, daß die Minoerinnen – ähnlich wie die Frauen in Südindien – bei gewissen[13] Kulthandlungen, etwa bei Opfern,[14] aus Ehrfurcht die Brüste entblößten, und die Priesterinnen, die ständigen Kontakt zu den Göttern unterhielten, trugen entsprechend eine brustfreie Tracht,[15] die vielleicht auch deshalb die Brüste hoch und nach vorne drückte, weil sie die Säugammen des kretischen ›Dionysos‹ repräsentierten.[16]

Auch in späteren Zeiten, als die Damen dazu übergegangen waren, teilweise sehr tiefe Dekolletés zu tragen, blieben – wie wir gesehen haben – die Brustwarzen stets bedeckt, und wenn es anders zu sein scheint (Abb. 98), dann handelt es sich um erotische Darstellungen oder um Karikaturen. Zwar gab es bereits im Fin de siècle Nachtclubtänzerinnen, die ihre Brüste entblößten (Abb. 99), und auf den Pariser Künstlerbällen er-

99 Die Pariser Tänzerin Caryatis, um 1900.

schienen manche Tänzerinnen, wie die des ›Moulin Rouge‹, jahrzehntelang bis in die dreißiger Jahre (Abb. 100) ›oben ohne‹,[17] doch hätte ein solches Verhalten auf normalen Veranstaltungen einen Skandal hervorgerufen und zu einer Verhaftung der Betreffenden durch die Polizei geführt.

Auch die Behauptung von Kulturhistorikern, daß »in Ger-

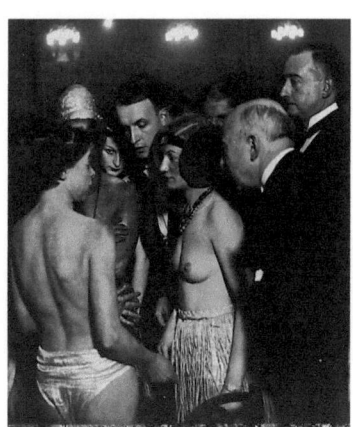

100 Auf dem Ball von *La Horde* im Bulier, Montparnasse. Photo von Brassaï, um 1932.

man bathing places before the Nazi reaction young girls often appeared in public wearing only shorts, leaving the breasts exposed«,[18] läßt sich nicht belegen. Es gab junge Anhängerinnen der ›Wandervogel‹-Bewegung, die als Ausdruck ihrer ›natürlichen‹ Lebenseinstellung und zur Demonstration ihrer Ablehnung der Konventionen des 19. Jahrhunderts mit nacktem Oberkörper im geselligen Kreise saßen (Abb. 101).[19] Doch wäre in der Zeit der Weimarer Republik ein ›Oben ohne‹ an öffentlichen Badestränden ein Ding der Unmöglichkeit gewesen.[20] Der »Monokini« Gernreichs war also eine wirkliche Innovation, und obgleich damals eine Tänzerin der ›Folies Bergères‹ der Mode ein schnelles Ende voraussagte, da es für einen Mann sehr unangenehm sei, wenn alle Welt erfahre, »daß er seine Frau nur ihres Geldes wegen geheiratet habe«,[21] verbreitete sich besonders in den siebziger Jahren das ›Oben ohne‹-Baden der Frauen wie ein Lauffeuer, wenn diese dabei auch nicht das Modell Gernreichs, sondern einfache Bikini-Unterteile trugen.

Zunächst stieß die Mode freilich auf erbitterten Widerstand. So beschlagnahmte noch im Sommer 1964 die Polizei in Pa-

101 Wandervögel, Photo a.d.J. 1932.

lermo zwei Schaufensterpuppen, die Gernreichs »Monokini« vorstellten,²² und in der Sowjetunion, an deren Schwarzmeerküste immer mehr Frauen mit nacktem Oberkörper am Strand lagen,²³ verurteilte die *Iswestija* diese Sitte unter der Schlagzeile »Zurück zur Barbarei« als neusten Anschlag des US-Imperialismus auf den Anstand und auf die Zivilisation.²⁴ Bereits einen Monat, nachdem am Stillen Ozean die Toplesstänzerin im »Monokini« die Gemüter aufgewühlt hatte, begehrte in der Fragestunde des bayerischen Landtages ein CSU-Abgeordneter vom Innenminister Junker zu wissen, welche rechtlichen Möglichkeiten es gebe, »gegen die neue Damenmode ohne Oberteil im Hinblick auf die davon ausgehende jugendgefährdende Wirkung vorzugehen«,²⁵ und selbst die größte britische Nudistenvereinigung lehnte das ›Oben ohne‹ als »in höchstem Grade ungehörig« ab, da es der Aufreizung des Geschlechtstriebes diene. Allerdings gaben es spätestens im Sommer 1978 die meisten europäischen Länder auf, das ›Oben ohne‹ an ihren Stränden zu verfolgen,²⁶ doch existierten immer noch Enklaven des Anti-Modernismus, in denen das »gesunde Volksempfinden« gegen derartige Unsittlichkeiten rebellierte. So sammelte im Januar 1979 eine ›Volksinitiative gegen die Verwilderung der Badesitten‹ im Kanton Bern mehr als 15 000 Unterschriften für ein »Verbot des Entblößens der weiblichen Brüste an öffentlich zugänglichen Orten«. Damit mußte auf Grund der Kantonsverfassung der entsprechende Entwurf für eine Gesetzesänderung allen Stammbürgern des Kantons vorgelegt werden.[27] Schließlich entschieden drei Berner Oberrichter, »daß Baden oben ohne angesichts der freieren Auffassung der Bevölkerung keine unzüchtige Handlung im Sinne des Strafgesetzbuches mehr darstelle«,[28] ein Urteil, das nach dem Kommentar eines eidgenössischen Großrats »eine weitere Stufe der moralischen Dekadenz« offenkundig machte.[29]

Wie nicht anders zu erwarten regte sich der Hauptwiderstand gegen die »schamlose Mode« freilich im Heimatland der »mammary madness«, wo bereits Mitte Juni 1964, unmittelbar nachdem Gernreich sein Modell vorgestellt hatte, in der Nähe von Chicago das erste junge Mädchen verhaftet wurde, weil es mit unbedeckten Brüsten im Michigan-See gebadet hatte. Wenige Tage später wurden in den verschiedensten Teilen des Landes Protestmärsche veranstaltet, und vor den Geschäften, in denen »Monokinis« verkauft wurden, versammelten sich Demonstranten, um das amerikanische Volk vor dieser neuerlichen Ausgeburt der Hölle zu warnen.[30]

Während sich beispielsweise in Brasilien das ›Oben ohne‹-Gehen nicht nur an den Stränden von Rio und den anderen größeren Städten, sondern ab den späten Siebzigern auch unter den Besucherinnen der Nachtclubs und der Karnevalsbälle ausbreitete,[31] blieb in Nordamerika das Sonnenbaden mit unbedeckten Brüsten meist einigen wenigen couragierten jungen Mädchen oder ausländischen Touristinnen vorbehalten. Solche Wagemutige oder Unwissende traf freilich häufig der Arm des Gesetzes, und im Jahre 1976 stellte schließlich der Oberste Gerichtshof Floridas fest, daß zwei junge Frauen, die mit nacktem Oberkörper in der Sonne gelegen waren, gegen ein Staatsgesetz verstoßen hatten, das Handlungen unter Strafe stellt, »as are of a nature to corrupt the public morals, or outrage the sense of public decency«.[32]

Allerdings blieb es in der Folgezeit umstritten, ob das Entblö-

102 ›Oben ohne‹-Hochzeit, Kalifornien, 1967.

ßen der Brüste am Strand tatsächlich »lewd« im Sinne des Gesetzes sei, aber nachdem in den achtziger Jahren immer häufiger die Zeitungen von Florida über die »Unmoral« der europäischen Touristinnen und deren »unamerikanische Sitte« des oberteillosen Badens berichtet und die Hoteliers von Miami Beach über das vorzeitige Abreisen amerikanischer Familien geklagt hatten, die ihren Kindern keine nackten Frauenbrüste zumuten mochten, formulierten Landespolitiker im Parlament von Tallahassee eilig einen Gesetzesentwurf, der das »Anstoß erregende Entblößen weiblicher Oberkörper« am Strand oder Swimming-pool unter Strafe stellte.[33] Heute ist das ›Oben ohne‹-Baden im ganzen Bundesstaat verboten, und die Fremdenverkehrsvereinigung ›South Florida Free Beaches‹ klagte darüber, daß der Tourismusbranche jährlich 2,4 Milliarden DM Umsatz verlorengingen, weil das ›Oben ohne‹-Gehen in diesem Staat unmöglich sei und deshalb die jüngeren europäischen Touristen Florida mieden.[34] Bereits im Jahre 1993 war auf Grund zahlreicher Beschwerden von Einwohnern Key Wests das ›Oben ohne‹ der weiblichen »Plastic Hippies« beim dortigen Fantasy Festival in der Woche vor Halloween verboten worden. Erlaubt sind nackte Brüste nur dann, wenn sie so bemalt sind, daß sie nicht mehr nackt erscheinen.³⁵ Und in Daytona Beach gibt es als ›Oben ohne‹-Ersatz in jedem Sommer einen Wettbewerb, in dem die männlichen Teilnehmer Touristinnen so lange Eiswasser auf das Bikini-Oberteil oder auf das enganliegende T-Shirt gießen dürfen, bis die Brustwarzen erigiert sind. Die Frau mit den prallsten Nippeln erhält schließlich eine Urkunde.³⁶

Während in den USA der Puritanismus in jeder Hinsicht Triumphe feierte, wurde in den meisten Gegenden Europas das ›Oben ohne‹ in der Öffentlichkeit der Strände, Bäder und sogar der Parkanlagen zu einem Alltagsphänomen, das nicht einmal mehr mit mißbilligenden Blicken geahndet wurde. Ja, im Sommer 1988 ermunterte sogar der Bürgermeister des Ferienortes Agropoli unweit von Neapel die jungen Touristinnen, mit nackten Brüsten durch die Ortschaft zu flanieren, weil auf diese Weise mehr männliche Touristen angezogen würden.³⁷ Deshalb hatte bereits im Jahre 1982 der Bürgermeister des kalabresischen Badestädtchens Propea der Polizei Anweisung gegeben, junge Frauen »mit appetitlichem Busen« ungeschoren zu lassen, und die älteren »mit schlaffer Apfelsinenhaut« aufgefordert, von einer »öffentlichen Zurschaustellung« ihrer nackten Hängebrüste Abstand zu nehmen. Auch sein Amtskollege von der südlich von Sizilien gelegenen Insel Pantelleria untersagte Touristinnen »mit schlaffen, ekelhaften Hängebrüsten« bei Strafe, diese am Strand oder anderswo öffentlich zu entblößen,³⁸ und schließlich wies im Jahre 1995 Senator Andrea Guglieri, der Bürgermeister des Riviera-Badeortes Diano Marino, die Ortspolizisten an, darüber zu wachen, daß Frauen mit »schwabbelnden« Brüsten und Bäuchen nur dann den Strand verließen, wenn diese Körperregionen ausreichend bedeckt seien.³⁹

Frauen mit hängenden Brüsten trifft indessen auch, und dies ist vielleicht noch demütigender, der Bannstrahl der meisten Strandbesucher beiderlei Geschlechts,⁴⁰ weshalb die Frauen, die keinen ›stehenden‹ Busen mehr haben, meist den ›Oben ohne‹-Strand meiden oder dort das Oberteil anbehalten.⁴¹ Diejenigen indessen, die es dennoch wagen, das Oberteil ab-

103 Ausgabe des *Spiegel* vom Sommer 1978.

zulegen, vermeiden es häufig, zu sitzen oder gar herumzugehen, und *wenn* sie es tun, verschränken sie meist die Arme unter den Brüsten, um diese zu stützen, oder – noch häufiger – auf oder hinter dem Kopf, um auf diese Weise die Brüste hochzuziehen (Abb. 104).[42]

Geringschätzige Blicke heimsen sich auch Frauen mit sehr kleinen[43] sowie sehr flachen, sogenannten »Spiegeleierbrü-

104 Die Filmschauspielerin Veronica Ferres, 1996.

sten«[44] ein, doch am schärfsten werden zweifellos die Frauen mit einer üppigen Oberweite verurteilt, weil sehr große Brüste anscheinend alle jene Verteidiger des ›Oben ohne‹-Gehens Lügen strafen, die behaupten, daß die entblößten Brüste am Strand überhaupt keine sexuellen Reize mehr aussendeten. Schon im Jahre 1904 wurde in einem Urteil des Zweiten Strafsenats des Reichsgerichtes als etwas »*grob* Sinnliches« die Darstellung von »*üppigen* nackten Frauenleibern« auf Kunstpostkarten bezeichnet,[45] und selbst die angeblich so prüden fünfziger Jahre waren bereit, nackte weibliche Brüste auf der Leinwand hinzunehmen, solange sie nicht »üppig« waren. Als sich beispielsweise im Jahre 1956 die siebzehnjährige Marion Michael, das grazile »Mädchen aus dem Urwald«, das von den Wilden als Dschungel-Göttin verehrt wurde, mit nackten mädchenhaften Brüsten von Baum zu Baum schwang, erregte dies kaum Anstoß.[46] Hätte man Hildegard Knef als Urwaldgöttin verpflichtet, so hätte dies mit Sicherheit einen ähnlichen Skandal ausgelöst wie ihr hüllenloses Auftreten in Willi Forsts ›Die Sünderin‹.

An den französischen ›Oben ohne‹-Stränden werden Frauen mit üppigen entblößten Brüsten von den übrigen Sonnenbadenden nicht nur als »Milchkühe« verhöhnt, sondern bezeichnenderweise verdächtigt, sich zur Schau zu stellen, um die Männer sexuell zu erregen: »Les femmes qui ont une grosse poitrine«, so ein junger Strandbesucher, der ansonsten keineswegs gegen das ›Oben ohne‹-Gehen eingestellt ist, »là c'est de l'exhibitionnisme, et puis elles se promènent aussi, elles n'ont aucune pudeur dans ces cas-là!«[47]

Unabhängig von der Größe ihrer Brüste gelten ›oben ohne‹ badende Touristinnen freilich immer noch in manchen europäischen Ländern mit hohen Körperschamschwellen als »schamlos« und provozierend, z.B. in Irland (Abb. 105),[48]

105 Sandycove Bay, Dublin, Juli 1989.

vor allem jedoch in den Zielländern des Ferntourismus. Bis im Januar 1989 das ›Oben ohne‹-Gehen strikt verboten wurde, hatte sich z.B. in Goa eine spezielle Sextourismus-Industrie entwickelt: Täglich wurden mit Bussen Hunderte von indischen Männern an die Strände gefahren, wo sie gruppenweise entlangwanderten, um die nackten Brüste der Europäerinnen und das, was die knappen Unterteile frei ließen, falls sie überhaupt vorhanden waren (Abb. 106), zu betrachten.[49] In Sri Lanka, wo keine Tamilin oder Singhalesin jemals mit entblößtem Oberkörper baden würde, wurden die ›oben ohne‹ herumgehenden Touristinnen (Abb. 107) als unzivilisierte Wilde empfunden,[50] und in Sumatra bezeichnete man die westlichen Frauen, die so enge Blusen trugen, daß die Brüste sich deutlich abbildeten, verächtlich als »Hippies«.[51]

106 Indische Touristen und europäische Touristinnen in Goa, 1989.

Selbst in Gesellschaften, in denen noch heute viele Frauen, die Kinder haben, zumindest im Hausbereich oder auf dem Markt den Oberkörper unbedeckt tragen, gelten die westlichen Frauen, die dies am Strand tun, als schamlos. So sagten mir z.B. Balinesinnen, daß sie die europäischen und die au-

107 Westliche Touristin an einem Strand von Sri Lanka, frühe achtziger Jahre.

stralischen Touristinnen, bei denen das ›Oben ohne‹-Baden inzwischen fast die Norm ist,[52] für schamlos und unkultiviert hielten, und manche Masseurinnen in Kuta machten sich sogar einen Spaß daraus, am Strand ihre Kundinnen so zu massieren, daß deren Brustwarzen erigierten, was insbesondere bei den dort herumlungernden einheimischen Männern große Heiterkeit auslöste. Selbst die javanischen Prostituierten auf der Insel hatten den Eindruck, daß die westlichen Frauen ihren halbnackten Körper zur Schau stellten, daß sie die Blicke der Männer auf ihre Brüste lenken wollten,[53] und überdies ist ein unbedeckter weiblicher Oberkörper nicht gerade etwas, das man herkömmlicherweise mit den Europäern verbindet.[54] Sollte sich deshalb eine »Alternativtouristin« an den gutgemeinten, aber naiven Ratschlag halten, in solchen Ländern »barbusig« aufzutreten (Abb. 108),[55] dann dürfte es ihr aller Wahrscheinlichkeit nach eher so ergehen wie jener Ethnologin im Yemen. Als diese nämlich ihren dortigen Freundinnen ankündigte, sie wolle auf der Straße einen Schleier tragen, fingen die Frauen an zu lachen: »Nein, du bist eine Fremde,

108 »Kulturverträglicher Tourismus bei den Bassari (Süd-Senegal)«, um 1992.

so etwas darfst du nicht tun! Die Leute würden dich auslachen.«[56]
Daß auch an unseren Stränden viele junge Frauen, und zwar insbesondere die mit schönen Brüsten, das Oberteil ablegen, um sich zur Schau zu stellen und bewundert zu werden, ist unbestritten, obwohl es – wie einst bei den Nudisten – zur ›offiziellen Strand-Ideologie‹ gehört, daß die zum Sonnenbaden entblößten Brüste keinen sexuellen Reiz darstellen. Einige an französischen ›Oben ohne‹-Stränden befragte Frauen gaben dies auch zu,[57] und nicht selten kann man solche Frauen sehen, wie sie auf provozierende Weise ihre Brüste eincremen, indem sie diese geradezu karessieren. Eine einunddreißigjährige Engländerin, deren üppige rosigen Brüste alle Blicke auf sich zogen, sagte, hier in Frankreich, wo niemand sie kenne, würde sie sich ausziehen, um mit den Männern ein »erotisches Spiel« zu betreiben. »60% c'est pour bronzer, 40% c'est pour provoquer«, meinte ein anderer Strandgast, und ein junger Mann gab ganz offen zu, daß ihn manche nackten Brüste so erregten, daß er auf dem Bauch liegenbleiben müsse: »Tu fais ton trou dans le sable quand elle est belle.«[58] Von den an australischen Stränden befragten jungen Frauen, die ohne Oberteil baden oder in der Sonne liegen, sagten immerhin 8% freimütig, daß sie selber es täten, weil sie es »sexy« fänden, und 11% meinten, das Motiv der »topless women« sei Exhibitionismus.[59]
53% gaben als Grund an, die unbedeckten Brüste vermittelten ihnen ein »Gefühl der Freiheit«, und auch für manche der Französinnen bedeutete das Entblößen ihrer Brüste eine Befreiung aus traditionellen Ordnungen, die sie bisher niedergedrückt hatten: »Quatorze ans de mariage«, so meinte eine, »il est temps que je me libère un peu!«[60]
Die Befreiung der Brüste vom Büstenhalter war eines der Nahziele der Feministinnen gewesen, die am 1. August 1969 in San Francisco den »No Bra Day« und zwei Wochen später in München den »Anti-BH-Tag« ausgerufen hatten, wobei das Echo in Bayern freilich ausgesprochen ›dünn‹ blieb, denn

lediglich eine einzige junge Frau streifte sich öffentlich das lästige Kleidungsstück ab, während die übrigen sich damit begnügten, Spruchbänder mit der Aufschrift »Runter mit dem Büstenhalter!« zu schwenken.[61]
Wie die Avantgarde häufig nur in ihrer eigenen Vorstellung Avantgarde ist, so hinkten auch hier die Feministinnen der Entwicklung hinterher, denn bereits im Jahre 1967 hatte Yves Saint-Laurent die ›BHlosigkeit‹ in die Haute Couture eingeführt,[62] nachdem viele junge Frauen damit aufgehört hatten, unter ihren Kleidern einen Büstenhalter zu tragen. Wer freilich nicht genügend selbstbewußt war, auch bei großen und hängenden Brüsten auf dieses Accessoire zu verzichten, konnte bald auf sogenannte »Transparenz-BHs« zurückgreifen, also auf hauchdünne und durchsichtige Büstenhalter, die bei dem Betrachter den Eindruck erweckten, als existierten sie überhaupt nicht und die Brüste ›stünden‹ ungeachtet ihres Volumens von Natur aus in jugendlicher Frische. Außerdem bildeten sich durch diese BHs – im Gegensatz zu den konventionellen – die Brustwarzen ab, und Frauen, denen die eigenen zu klein oder zu wenig abstehend waren, konnten sich bald »leicht an- und abzulegende Super-Busen-Nippel« kaufen, die, wie die Werbung versprach, »unter dünner Bluse oder enganliegendem Pullover begehrliche Männerblicke auslösen werden«.[63]

§17
Die freien und die unfreien Brüste

Zwar scheint es ein bißchen übertrieben zu sein, wenn heute ein britischer Philosoph in einer Analyse des Schamgefühls behauptet, in Europa »the female bosom is now no cause for embarrassment«, zumindest an den Stränden und in öffentlichen Bädern,[1] doch gewinnt man in der Tat den Eindruck, daß inzwischen die meisten Frauen, die ›oben ohne‹ sonnenbaden, sich nicht deshalb schämen, falls sie dies überhaupt tun, weil sie nackt sind, sondern weil sie nicht den Schönheitsnormen entsprechen. Sie fürchten also allem Anschein nach nicht so sehr den *sexuellen* als den *kritischen* Blick,[2] und *wenn* der erstere ihnen unangenehm ist, dann geben sie dies nicht gerne zu, da die Ideologie der Zeit verlangt, sich seiner Nacktheit nicht zu schämen.[3] Deshalb steht eine Frau, die sich am Strand umzieht oder ihr Oberteil ablegt, unter dem Zwang, dies ›unbefangen‹ und auf ›selbstverständliche‹ Weise zu tun, damit die anderen nicht denken, sie habe kein ›natürliches‹ Verhältnis zu ihrem Körper. Besuchen überdies Frauen den Strand in Gruppen, und einige davon entblößen ihre Brüste, so tun es die andern häufig auch, und zwar allein deshalb, weil sie sich schämen, für schamhaft gehalten zu werden:[4] 15 % der befragten australischen Studentinnen, die am Strand wenigstens einmal ihr Oberteil ablegten, gaben als Grund den »Zwang der Gruppe« an.[5]

Zwar legen immer noch die meisten Frauen Wert darauf, zu demonstrieren, daß ihre Nacktheit eine *funktionale* ist, gebunden an die Sonne, den Sand, die Meeresluft und das Wasser, weshalb nur wenige bereits auf dem Parkplatz die Brüste entblößen und viele sogar das Oberteil wieder anlegen, wenn sie sich ein Eis holen oder das Strandrestaurant besuchen, doch scheint sich das ›Oben ohne‹-Gehen auf immer neue Terrains auszuweiten: auf Wiesen, Parks, den eigenen Garten, auch wenn dieser für andere einsehbar ist, auf Discos

109 Disco-Mode, 1993.

(Abb. 109), öffentliche Veranstaltungen (Abb. 110) und sogar auf die Textilabteilungen von Warenhäusern. So gibt es z.B. in einem Heilbronner Kaufhaus Umkleidekabinen, über denen Spiegel angebracht sind, auf denen man sehen kann, was im Innern der Kabine vor sich geht. Als eine Frau, deren büstenhalterlose Tochter sich gerade in einer dieser Kabinen umzog,

110 Raverin am Berliner Kurfürstendamm, 1995.

einige interessiert nach oben schauende Männer sah und daraufhin die Verkäuferin auf die Szene aufmerksam machte, sagte diese: »Aber da ist doch nichts dabei! Es hat doch jede Frau das gleiche. Sind Sie mal nicht so kleinlich!«⁶

Freilich macht gerade das letzte Beispiel deutlich, daß in dem Maße, in welchem die Reizwirkung des freiwillig entblößten und gebräunten Busens nachgelassen hat, das voyeuristische Interesse an den nackten Brüsten derjenigen Frauen gestiegen ist, die sie *nicht* zur Schau stellen wollen. So gibt es vielbesuchte Ausstellungen von Photographen wie dem Engländer James Collins, die darauf spezialisiert sind, Frauen in ›diskreten‹ Situationen, auf Toiletten, beim Umkleiden oder unter der Dusche mit einer kleinen Taschenkamera abzulichten, natürlich ohne diese zuvor um ihr Einverständnis gebeten zu haben. Nachdem Lady Diana Spencer beim ersten öffentlichen Auftritt mit ihrem Verlobten im Jahre 1981 auf ihr schulterfreies Kleid getreten war und es gerade noch vermeiden

111 Gabriela Sabatini, 1993.

konnte, den versammelten Photographen ihren nackten Oberkörper zu präsentieren,[7] mußte die Öffentlichkeit 15 Jahre lang warten, bis es endlich einem Photographen gelang, die Lady mit bis zur Taille heruntergestreiftem BH, »tette al vento«, wie *La Nazione* begeistert kommentierte,[8] auf die Platte zu bannen. Leichter machte es da den Photographen und Kameraleuten des Fernsehens die argentinische Tennisspielerin Gabriela Sabatini, die zu deren Lieblingsobjekt wurde, da sie bei fast jedem Match ihr Trikot so durchschwitzte, daß ihre dunkel pigmentierten Brustwarzen deutlich sichtbar wurden (Abb. 111).[9]

Andere Frauen erzielten solche Effekte mit Absicht, sei es, daß der locker anliegende Dekolleterand tiefe Einblicke ermöglichte (Abb. 112), daß das Oberteil des Kleides oder des Badeanzuges einen Teil des Warzenhofes frei ließen (Abb. 113 und 114) oder daß das Material des Kleides durchscheinend oder – vielleicht noch raffinierter – halbdurchscheinend war.

Semitransparente Kleider wurden von den Couturiers bereits im Jahre 1913 vorgestellt,[10] aber wirklich getragen wurden sie anscheinend nur von einigen wenigen wagemutigen Frauen in den zwanziger Jahren (cf. Abb. 77),[11] in größerem Umfang freilich erst, nachdem gegen Ende der sechziger Jahre Yves

112 Dame mit locker anliegendem Dekolleté. Photo von Herlinde Koelbl, um 1985.

113 Roman Polanski mit seiner Frau Emmanuelle, 1993.

Saint-Laurent und Courrèges den »Transparent-Look« propagiert hatten.[12] Waren bei den durchsichtigen Blusen zunächst noch über den Brustwarzen Rüschen oder verdickte Stoffältchen angebracht,[13] und wurden sie lediglich von Models und Filmsternchen getragen, so änderte sich dies im Verlaufe der achtziger Jahre, und im Sommer 1990 erschien sogar eine Frau wie Magdalena Vásárayova, die tschechoslowakische Botschafterin in Wien, bei einer Festspiel-Premiere in Salzburg in einem Kleid, das kein Detail ihres Oberkörpers verheimlichte (Abb. 115).

Hatten die Feministinnen in den späten Sechzigern und in den Siebzigern für alle Frauen das Recht gefordert, mit nacktem Oberkörper in der Öffentlichkeit erscheinen zu dürfen,

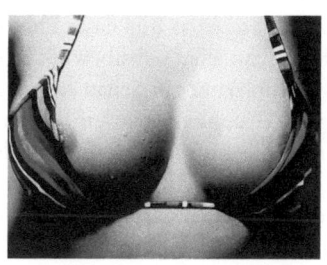

114 Hilo Chen: ›Beach 37‹, 1975.

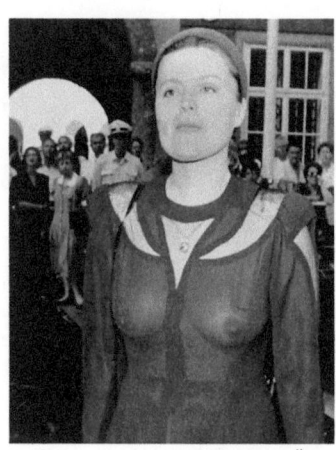

115 Die tschechoslowakische Botschafterin in Österreich, 1990.

und hatte noch im Jahre 1973 die Feministin Gloria Steinem verkündet, »befreite Frauen« drückten »gerade ihre Weiblichkeit so offen wie nur möglich aus«, und zwar indem sie sich so kleideten, daß man »die Umrisse ihrer Vulva ganz deutlich erkennen« könne,[14] so mußten sie bald einsehen, daß die weiblichen Formen, aus welchen Gründen auch immer sie ›befreit‹ wurden, ihre sexuelle Signalfunktion beibehielten.
Als deshalb z.B. im Jahre 1981 eine französische Werbeagentur das ganze Land mit der Bildfolge einer jungen Frau namens Myriam vollklebte, die versprach, sie werde jeweils in zwei Tagen ein weiteres Bikiniteil ablegen (Abb. 116), und als später das Magazin *Stern* das Bild einer Photographin veröffentlichte, auf dem eine Frau selbstbewußt ihre Brust und einen Teil ihres Schamhaares zur Schau stellte, gingen zahlreiche feministische Gruppierungen auf die Barrikaden: Hier werde, so lautete die Begründung, nur vordergründig eine Frau gezeigt, die sich vom Zwang der Konventionen befreie. In Wirklichkeit würden halbnackte Frauen lüsternen Männerblicken ausgesetzt und damit auf ihre traditionelle Weibchenrolle reduziert.

116 Reklamefolge von Avenir Publicité, 1981.

Nicht erst die Feministinnen unserer Zeit, sondern auch schon die Suffragetten vor hundert Jahren hatten sich gegen die freiheitsberaubenden Einengungen des weiblichen Körpers ausgesprochen. Sie wollten sich frei bewegen und auf männliche Weise ausschreiten können, weshalb sie die modischen Panzer verschmähten und meist lediglich ein schlichtes Leibchen und einen Hüftgürtel trugen.[15]

Die Kritik am Korsett[16] ist indessen wesentlich älter, wenn sie sich zunächst auch eher gegen die gesundheitsschädigenden Wirkungen des Einschnürens wendete.

Gegen die breiten Hüftgürtel, die unmittelbar unter den Brüsten gegürtet wurden und damit sowohl die Taille verlängerten als auch die Brüste hochdrückten, schrieb schon im 14. Jahrhundert ein Franzose ein Gedicht, dessen Verse jeweils mit der Aufforderung »Dame, aiez pitié de tettine!« endeten,[17] und im darauffolgenden Jahrhundert heißt es über die modischen Frauen: »à peine peuvent-elles dedens respirer, et souventes fois grant douleur y seuffrent.« In Deutschland schließlich empörte sich 1464 Johannes Nider über die »hochuertigen müeter die sich zw vil vnd ze vast eng vnd streng gürten vnd pinten, damit erstickt vnd erburgt [= erwürgt] wirt die frucht in dem verfluechten pauch«,[18] nachdem schon lange vorher auch die Reichsstädte gegen das Schnüren vorgegangen waren. So galt z. B. nach einer Speyrer Verordnung vom Jahre 1356 für alle Frauen und Jungfrauen, daß sie nicht »ir lip oder ir bruste mit engenisse intwingen oder binden«,[19] und andernorts wurde etwas später geklagt: »Dye frauwen syetten vyndent, Daz sie sich selber byndent An leib und an armen. Den sieten sol got erbarmen, Daz kein mynnekliches weip, Sol pynden iren zarten leib, Daz sie sich nicht geregen mag.«[20]

Auch in späteren Zeiten verurteilte man zwar das Schnürleib als schädlich für die Gesundheit der Frauen,[21] insbesondere dann, wenn sie schwanger waren, und machte auf die erniedrigende Konsequenz aufmerksam, daß sie sich dann vor einem Arzt nackt ausziehen müßten.[22] Doch kritisierte man spätestens seit Rousseau das Schnüren des weiblichen Körpers in erster Linie als eines der Mittel zur höfischen Erziehung der Frauen zur Unnatürlichkeit:[23] Im Jahre 1780 wurde in Lichtenbergs *Göttinger Taschenkalender* das Kupferstichpaar ›Natur und Afectation‹ des Malers Daniel Chodowiecki veröffentlicht, auf dem ein ›natürliches‹ Paar – die Frau mit freier Brust – und ein höfisches – die Dame mit modischer Schnürung – abgebildet waren. Und während der Zeit der Französischen Revolution wurden in der Tat Stimmen laut, daß »die sogenannte Schnürbrüste, durch die«, wie Hilarion es bereits 1785 gegeißelt hatte, »der Leib eines Weibs zum Leib einer Ameise zusammen gepresset wird«,[24] abgeschafft werden sollten. Im Mai des Jahres 1792 empfahl das *Journal de la Mode et du Goût* den Frauen, häufiger zu baden, weniger Pomade für das Haar zu benutzen, weniger Schminke aufzutragen und praktische Kleidung ohne Korsett zu tragen, und im selben Jahr unternahm Bernhard Christoph Faust den Versuch, das Schnürleib gesetzlich verbieten zu lassen, nachdem schon eine »Freundin der Natur« die öffentliche Ächtung des Fischbeinkorsetts verlangt hatte. Franz Anton Mai forderte schließlich in seinen medizinischen Vorlesungen, die er 1794 in Mannheim drucken ließ, ein Gesetz, nach welchem »unter Strafe von 50 Rthlr. zum Besten des Waisenhauses« jede Art von Korsett oder steifer, fischbeinerner Schnürbrust, die den Leib einer Frau für die »Verrichtungen des zukünftigen Mutterstandes« untauglich mache, verboten sei.[25] Schon 1788 hatte Georg Forster in einer Streitschrift gegen die Schnürbrust festgestellt: »Hat das Consistorium in gewissen Ländern den Geisteshöcker der Ketzerey mit Stumpf und Stiel ausrotten können, so würden auch unsere Mädchen bald kerzengerade einhergehen, wenn die Polizey die Schnürbrüste verböte, dann scharf inquirirte, und das Corpus delicti zum Scheiterhaufen verdammte«,[26] nachdem bereits siebzehn Jahre zuvor ein anderer Südseereisender, der Franzose Bougainville, der die Insel Tahiti als »la Nouvelle Cythère« beschrieb, deren Einwohnerinnen wie folgt charakterisiert hatte: »Ihre größte Schönheit besteht aber in einem schön gebildeten Leibe, welcher von Jugend auf durch keine Schnürbrust verdorben worden ist (›dont les contours n'ont point été défigurés par 15 ans de torture‹).«[27]

In Deutschland, wo beispielsweise im Jahre 1786 auf einem Flugblatt darüber geklagt wurde, daß die Landsleute »in Kleidertracht, Umgang und Sitten sklavische Nachahmer der Franzosen« seien,[28] war die Kritik am Schnürleib nationalistisch gefärbt, und obgleich die Französinnen des Empire im allgemeinen kein Korsett trugen und Napoleon persönlich gegen das Sichschnüren eingestellt war,[29] hieß es im Jahre 1815: »Hassest du den Corsen, Weib!/Hasse denn auch die Corsette,/Und befreye deinen Leib!/Jeder Zwang ist Druck und Kette,/Jeder fremde Brauch ist Schmach,/Darum schleudre die Corsette,/Deutsches Weib, dem Corsen nach!«[30]

Solange der »Corse« noch an der Macht war, verschmähten die meisten Damen die klassischen »Corsette«, doch bereits im Jahre 1828 kamen nahtlose Mieder aus Brüsseler Zwirn und Federharzfäden, die man später Gummi nannte, auf den Markt sowie Patentmieder, die »bey Übelwerden der Dame mittels Anziehen einer kleinen, am Busen angebrachten Schleife augenblicklich und ohne Benötigung einer fremden Hand vom Leibe fallen«.[31] So etwas konnte schon einmal vorkommen, denn im Verlaufe des 19. Jahrhunderts trugen viele Damen das Korsett rund um die Uhr, und im *Englishwoman's Domestic Magazine* hieß es beruhigend über ein bestimmtes Modell, es »carries no hardship beyond an occasional fainting fit«.[32] Eine bewußtlose Dame mit fremden Männerhänden aus ihrem Panzer zu befreien wäre der Gipfel der Unanständigkeit gewesen, bedeutete es doch für viele Frauen schon eine Zumutung, wenn der Korsettmacher bei ihnen Maß nahm, weshalb ein Münchner Fabrikant auch damit warb, daß bei ihm »die Damen der Nothwendigkeit überhoben« seien, »sich von fremder Hand am Körper Maaß nehmen zu lassen, indem mittelst eines Zollbandes an einem schon getragenen Leibchen das nöthige Maaß genommen werden kann« (Abb. 117).

Zwar wurden im Biedermeier die »Frauenzimmer« davor gewarnt, daß sie sich die »stählernen Blanchetten[33] beim Springen, Fallen etc. sogar in den Leib rennen« könnten,[34] doch gibt es für die Schauergeschichten von den zerbrochenen oder herausoperierten Rippen keine historischen Quellen,[35] und auch die Überlieferungen, in denen von extrem schlanken Taillen die Rede ist, halten keiner Überprüfung stand.[36] So maß eine Kostümhistorikerin auf der Suche nach der berühmten »18-Zoll-Taille« eintausend Kleider aus der viktorianischen Epoche und fand kein einziges Gewand, dessen Taillenumfang unter 20 Zoll (= ca. 51 cm) lag,[37] und schon im Jahre 1886 verlautete ein britischer Autor: »A distinction should be made between *actuall* and *corset* measurements, because stays, as ordinarily worn, do not meet at the back. Young girls, especially, derive intense satisfaction from proclaiming

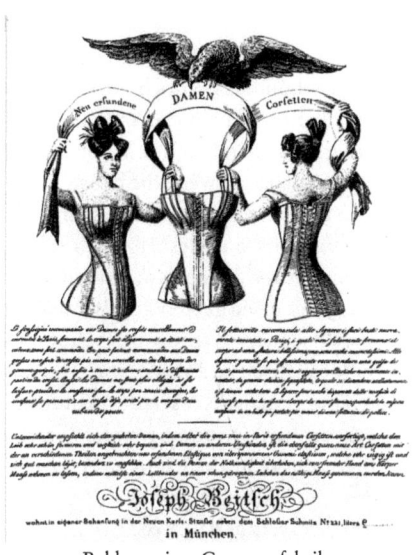

117 Reklame eines Corsettenfabrikanten für ›Umstandsmieder‹, um 1825.

the diminutive size of their corset. Many purchase 18 and 19 inch stays, who must leave them open 2, 3 and 4 inches.«[38] Vielleicht erkennt man bei einer bekleideten Frau nirgendwo so deutlich wie an ihrer Taille, ob sie noch jugendlich und jungfräulich ist oder ob sie bereits Kinder geboren hat, und so bestand auch die Hauptfunktion des Korsetts meist darin, die Taille zusammenzupressen und dadurch gleichzeitig die Hüften sowie die Brüste zu akzentuieren.[39] So meinte auch im Jahre 1837 die Autorin des Buches *Female Beauty* ganz unverklemmt und offen, der Sinn des Korsetts liege darin, die Brüste voller erscheinen zu lassen und mehr herauszudrücken,[40] und der Arzt Schiefferdecker verteidigte um die Jahrhundertwende das Korsett mit dem Argument, es stütze »von unten her die Brust« und verhindere so, »dass dieselbe durch ihr Gewicht allmählich herabsinkt und zu einer Hängebrust wird«.[41] »Die Starken bändigen, die Gefallenen heben, die Getrennten vereinigen, die Abwesenden ersetzen«, sei die moralische Aufgabe der Schnürbrust, so ein Wiener Korsettfabrikant des 19. Jahrhunderts,[42] doch gerade das war es, was schon im Jahre 1762 Rousseau in seinem *Émile* in Frage gestellt hatte. Ihm zufolge war nämlich das Wohlgefällige identisch mit dem Naturgemäßen, und wenn die Brüste einer Frau ab einem bestimmten Alter erschlafften und herunterhingen, dann sei dies eben »natürlich« und deshalb auch schön: »Eine erschlaffte Brust, ein dicker Bauch usw. mißfallen bei einer Person von zwanzig Jahren, ich gebe es zu; aber nicht mehr bei einer von dreißig.«[43] Andere Kritiker des Schnürens argumentierten weniger idealistisch und sahen, wie z. B. Paul Schultze-Naumburg im Jahre 1901, im Korsett die »Uniform der Prostitution«, das »dirnenhafte Aufdrängen der Geschlechtsfunktionen«: Die Betonung der Brüste sei eine »Unnatur«, sie diene der »Lüsternheit« der Männer und erniedrige die Frauen zu Huren. Deshalb plädierte er dafür, die Brüste durch Abschaffung des Korsetts zu enterotisieren und ihnen ihre ursprüngliche und natürliche Funktion als »Stillorgan« zurückzugeben,[44] wobei er freilich die sich aufdrängende Frage, wieso die Brüste denn die Männer erotisch stimulieren können, wenn ihre Funktion eine ganz andere sei, unbeantwortet ließ.

Freilich sollte das Korsett die Brüste nicht nur hochdrücken und üppiger erscheinen lassen. Schon in der Frühen Neuzeit hatten einige Prediger von der Kanzel herab verkündet, daß der Teufel, wenn er ein »Hurenwerk« schmiede, die auf- und niederwogenden bloßen Brüste als höllische Blasebälge benutze,[45] und im 19. Jahrhundert war man weithin der Auffassung, daß Männer und Frauen auf verschiedene Weise atmeten, die Männer mit dem Bauch und die Frauen mit dem Brustkorb, was den »wogenden Busen« zur Folge hatte. In der Tat scheint das den Bauch zurückpressende Korsett die Bauchatmung behindert und diese nach oben verlagert zu haben, so daß die Brüste sich bewegten und dadurch noch mehr die Aufmerksamkeit auf sich zogen.[46]

Doch auch die betreffende Frau fühlte dadurch ihre Brüste

stärker, und nicht nur diese. Anscheinend ging vielen der Geschnürten nicht nur gelegentlich der Atem aus,[47] vielmehr bekannten in den sechziger Jahren des 19. Jahrhunderts einige ältere Schülerinnen in Briefen, daß »tight-lacing produces delicious sensations, half pleasure, half pain« und daß sie diesen »thrill« sehr genössen.[48] Daß junge Mädchen und Frauen, die sich zu eng schnürten, auf diese Weise ›masturbierten‹, war damals eine weitverbreitete Meinung,[49] und um das Jahr 1846 wies der amerikanische Phrenologe Fowler die Männer, die es noch nicht wissen sollten, darauf hin, daß viele Frauen sich durch festes Schnüren selber befriedigten: »It is high time that men who wish virtuous wives knew it, so that they may avoid those who have inflamed and exhausted this element of their nature.«[50] Daß ein straff sitzendes Korsett »necessarily kindles impure feelings« und »excites amative desires«,[51] glaubte man auch in England, wo man das Tragen von »tight corsets while reading French novels« für die Spitze der Verruchtheit hielt.[52] »Her shoes were still innocent of heels«, hieß es in einem Roman des Fin de siècle über ein junges Mädchen, »but on those occasions when she was allowed to wear her tiny first pair of corsets she was exalted to an almost celestial pitch of silent ecstasy. The clasp of the miniature stays around her small body was like the embrace of a little lover, and awoke in her ideas that were as vague, as immature and unformed as the straight little figure itself.«[53]

Weit davon entfernt, daß man im 19. Jahrhundert, wie auch heute noch die meisten Kulturhistoriker behaupten, geglaubt hätte, junge Mädchen und Frauen hätten keine nennenswerten sexuellen Empfindungen, schrieb man in jener Zeit auch häufig bemerkenswert offen über die weibliche sexuelle Lust, und so verbreitete sich z. B. in der englischen Zeitschrift *Society* eine Reihe von Leserinnen über die »entzückenden Gefühle«, die das Schnüren bei ihnen erzeuge, weshalb der Nudist Heinrich Pudor vorschlug, man solle eine Liga gründen, deren Mitglieder sich verpflichteten, jeder Frau, die ein Korsett trüge, auf der Straße nachzurufen, sie sei eine Hure.[54]

Manche Damen, denen das gewöhnliche Schnüren zu wenig Lustgewinn verschaffte, mieteten sich zur »Korsett-Disziplin« eine Prostituierte[55]. Anderen warf man wiederum vor, sich ohne fremde Hilfe zu befriedigen: Im frühneuzeitlichen Spanien war das Korsett (*basquina*) aus steifer Leinwand oder aus Leder gefertigt, und um eine streng konkave Frontlinie zu gewährleisten, erfand man eine Korsettstange aus Holz, Fischbein, Horn oder Metall, die soweit zum Unterleib hin reichte, daß die Dame so eben noch sitzen konnte.[56] So wurde auch im 17. und im 18. Jahrhundert der weibliche Schoß nicht nur visuell durch das schnebbenförmige Mieder, das in einem langen spitzen Winkel auslief, betont (Abb. 118), indem der Blick »sur l'endroit sugestif« gelenkt wurde, weshalb Satiriker das Mieder »den Wegweiser ins Tal der Freude« nannten.[57] Vielmehr klemmten die Frauen beim Sitzen die Korsettstange zwischen die Oberschenkel, und es hieß, daß diese Stange dabei auf die Klitoris drückte und nicht wenige Damen sexuell erregt wurden.[58] So vertraute Philip Fithian aus Virginia im Jahre 1774 seinem Tagebuch die Beobachtung an,

118 J.-M. Moreau le Jeune: ›La loge‹, 1777.

die zeitgenössischen Schnürleiber reichten so tief nach unten, daß »the motion necessary for Walking must, I think, cause a disagreeable Friction against the lower edge of the Stays«. Und er fügte hinzu, daß das gelegentliche Erröten der fünfundzwanzigjährigen unverheirateten Betsy Lee (»the Flush which was visible in her Face«) mit Sicherheit auf diese »Reibung« zurückführbar sei.[59]

Eine andere Funktion des Korsetts bestand darin, daß es bestimmte Bewegungen erschwerte oder gar unmöglich machte[60] und somit dokumentierte, daß seine Trägerin gewisse niedrige Arbeiten nicht auszuführen brauchte.[61] Im Verlaufe des 19. Jahrhunderts hatten sich zwar auch die meisten Dienstmädchen ein Korsett zugelegt, aber noch am Vorabend der Französischen Revolution trugen beispielsweise in Paris lediglich ein Drittel bis die Hälfte aller Frauen und von den einfacheren Leuten nur die der gutverdienenden Handwerker und anderer gehobener Schichten des ›Volkes‹ ein Schnürleib.[62] Wie sehr eine fest geschnürte Frau behindert war, geht z. B. aus dem Bericht einer Japanerin hervor, die um die Zeit des Ersten Weltkrieges nach Amerika ausgewandert war, um dort zu heiraten: »Weil ich ein enges Korsett um meine Brust tragen mußte, konnte ich mich nicht nach vorne beugen. Ich mußte meinen Mann die Schuhbänder schnüren lassen. Es gab einige Frauen, die ohnmächtig wurden, weil es zu eng war.« Und sie erzählte weiter, andere Japanerinnen, die zum Heiraten in die USA gekommen waren, hätten schleunigst in irgendein Hotel gebracht werden müssen, um dort »von den Korsettstangen befreit« zu werden.[63]

Damit ist eine weitere Funktion des Korsetts angedeutet: Es stellte zur Schau, daß seine Trägerin es nicht nötig hatte, sich selber an- und auszuziehen, sondern daß ihr dafür hilfreiche Hände, etwa die von Dienstboten, zur Verfügung standen. Mit einer anderen Intention hatte man in den dreißiger Jahren des 19. Jahrhunderts in gewissen sozialistischen Kommunen in Frankreich versucht, eine solche Abhängigkeit, allerdings eine gegenseitige, nicht nur zu dokumentieren, sondern auch

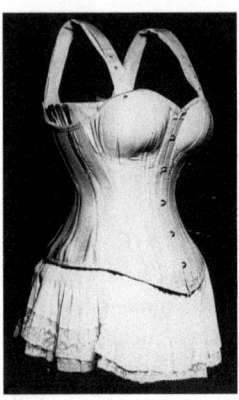

119 »Medizinisches« Korsett, USA, um 1890.

zu fördern: Um die Kommunemitglieder zu verstärkter Gegenseitigkeit zu erziehen, hatte man eine Unisex-Kleidung entworfen, die in einer Weise am Rücken geknöpft war, daß niemand sich allein an- oder ausziehen konnte.[64]

Das Korsett gab der Frau aber auch – vor allem durch das Zurückdrücken der Schultern – *Haltung*: »The straitlaced woman was not loose«,[65] und zwar in keiner Bedeutung des Wortes, und Lady Elizabeth Montagu verurteilte entsprechend in der ersten Hälfte des 18. Jahrhunderts die Frauen, die nicht *straff*, sondern *locker* waren, »who have no tensities or tensions or tensitosities, [...] and all moral and natural matters hang loose about them«.[66]

Zu den »natural matters«, die ohne Korsett »locker herumhingen«, gehörten natürlich vornehmlich die Brüste, die durch das Schnürleib zwar zu leichtem Wogen gebracht, ansonsten aber ›stillgelegt‹, d.h. am Auf- und Abschwingen gehindert wurden, weshalb der Autor eines Leserbriefes an *The Queen* vom Jahre 1852 sehnsuchtsvoll schrieb: »How one longs to cut (once and forever) those hateful cords and let the pretty birds loose!«[67]

Um diese Zeit galt in Amerika und in vielen Teilen Europas eine Frau ohne Korsett als ein Flittchen oder eine Hure, wie beispielsweise die laszive Gräfin von Castiglione, die »portait avec insolence les poids de sa beauté«: Sie besaß außergewöhnlich standfeste Brüste, und um dies unter Beweis zu stellen, verzichtete sie darauf, sich zu schnüren. »Sa gorge est vraiment admirable«, schwärmte Horace de Viel-Castel, »elle se dresse fièrement comme la gorge des jeunes Mauresques.«[68] Später trat ein weiterer Inbegriff der Sünde, die schöne Sarah Bernhardt, die es wagte, sich in aller Öffentlichkeit die Lippen, die sie auf obszöne Weise stets ein wenig geöffnet hielt, tiefrot zu schminken, ohne Korsett und bestenfalls mit einer Weste aus Ziegenleder auf.[69]

Lockere Kleidung bedeutete lockeren Lebenswandel, und es galt insbesondere dann, wenn man sich in tropisch-schwülen Weltgegenden aufhielt, den Körper und die Seele nicht zerfließen zu lassen. So riet um die Jahrhundertwende die Engländerin Constance Larymore nach ihrem Aufenthalt in Nigeria allen weiblichen Reisenden in exotische Länder: »*Always* wear corsets, even for tête-à-tête home dinner on the warmest evenings; there is something about their absence almost as demoralizing as hair in curling-pins!«[70]

In manchen Gegenden Europas war es den Frauen regelrecht verboten, ohne Mieder in der Öffentlichkeit zu erscheinen. So wurde beispielsweise im Jahre 1681 in Basel die Dienstmagd des Bürgermeisters auf offener Gasse verhaftet und anschließend bestraft, weil sie eilig zum Apotheker gelaufen war, um für ihren kranken Dienstherrn eine Medizin zu holen, und zwar ohne vorher ihr Schnürleib angelegt zu haben, und eine andere, die wegen eines Geschwürs an einer ihrer Brüste ohne »corps« das Haus verließ, kam ebenfalls vor Gericht.[71] Im 19. Jahrhundert schließlich hielt man in vielen amerikanischen Städten eine korsettlose junge Frau automatisch für eine Prostituierte oder, was auf dasselbe herauslief, für eine Varieté-Sängerin, und wenn solche Frauen, »donning a loose gown to visit their neighbor, go to the grocery store or run to the pump«, so wurden sie auf der Stelle verhaftet. Im Jahre 1884 wies der Gemeinderat von Louisville die Polizei an, jede Frau, die ein sogenanntes »Reformkleid« ohne Korsett trug, festzunehmen,[72] denn man war weithin der Auffassung, eine solch locker fallende Kleidung gefährde die Zucht und Züchtigkeit der Frau, und zwar vor allem, weil die Kleidungsreformer das Korsett schroff ablehnten. Dieses aber war, wie es 1873 ein englisches Modemagazin formulierte, »an ever present monitor, indirectly bidding its wearer to express self-restraint; it is evidence of a well-disciplined mind and regulated values«.[73] Das »Reformkleid« war viel zu wenig schick, als daß es die Korsettmode hätte ernsthaft gefährden können. Es wurde als »trostloser Hänger« bezeichnet,[74] und auf einer Karikatur um die Jahrhundertwende sagte eine Dame im »Reformkleid« zu einer anderen: »Das Reformkleid ist vor allem hygienisch und erhält den Körper tüchtig für die Mutterpflichten«; worauf die andere erwiderte: »Solange Sie den Fetzen anhaben, werden Sie nie in diese Verlegenheit kommen.«[75]

Schon in den sechziger Jahren des vergangenen Jahrhunderts hatten die Frauen damit begonnen, sich weniger zu schnüren, weil die ausladende Krinoline die Taille ohnehin schlank erscheinen ließ, und nach der Jahrhundertwende siechte das Korsett dahin, weil es nicht länger dem Freiheitsbedürfnis einer neuen Frauengeneration entsprach. Nicht das »Reformkleid« versetzte schließlich dem Korsett den Todesstoß, sondern die 1906 von dem führenden Pariser Couturier Paul Poiret abgegebene Erklärung, der Körperpanzer sei passé. In diesem Jahre stellte Poiret sein »Empirekleid«[76] vor, ein Gewand mit einem kurzen, am Hals rund ausgeschnittenen Oberteil, das unmittelbar unter den Brüsten gerafft war, sowie einem schmalen, röhrenartigen und untaillierten Unterteil.[77] Poiret meinte indessen später, er habe zwar die Frauen vom Korsett befreit und ihren Brüsten den Büstenhalter geschenkt, doch er fügte selbstkritisch hinzu, daß er gleichzeitig mit seinem »Humpelrock« die Beine der Frauen in Ketten gelegt habe.[78]

§18
Das Auf und Ab des Büstenhalters

Nicht nur die Damen, sondern auch die Herren haben sich in gewissen Epochen geschnürt, allerdings zu dem Zweck, den Bauch flachzudrücken und die Schultern breiter erscheinen zu lassen. So berichtete z.B. im Späten Mittelalter Benesch von Waitmuel, die böhmischen Herren hätten sich so fest um den Bauch geschnürt, daß sie wie die Windhunde ausgesehen hätten,[1] und in späterer Zeit schnürten sich Herrscher wie Heinrich VIII., die mit breiter Brust besonders männlich aussehen wollten, weshalb sie sich auch gerne ›breitspurig‹ in der sogenannten Landsknechtsstellung konterfeien ließen.[2]

Als Kapitän Cook im Juli 1774 in Malekula, einer Insel des Archipels der Neuen Hebriden, an Land ging, bemerkte er, daß die einheimischen Männer sich »just under the Short Ribs and over the belly« schnürten, und zwar »so tight that it was a wonder to us how they could endure it«,[3] und ähnliches wurde von den Dinka im südlichen Sudan (Abb. 120) und von den Eipo in Neuguinea berichtet. Die Eipomänner erzielen

120 Männer der Dinka mit Schnürleibern.

die als schön geltende Wespentaille, indem sie sich einen Rotangürtel um die Taille binden, und einer begründete dies mit den Worten: »Frauen haben dicke Bäuche, entweder weil sie schwanger sind oder viel Süßkartoffeln essen. Wir Männer wollen keine solchen Bäuche haben.«[4]

Wenn Männer derartige Schnürleiber anlegten, hatte dies freilich den Nachteil, daß sie damit auch die Hüften betonten, was leicht unmännlich wirkte, eine Tatsache, die man vielleicht am besten auf den Bildern von geschnürten Herren des Biedermeier erkennen kann, die bisweilen mit einem geradezu ›gebärfreudigen‹ Becken aufwarteten. Außerdem behinderte ein Korsett die Männer natürlich in derselben Weise wie die Frauen, die deshalb schon frühzeitig zu anderen Mitteln griffen, ihre Brüste je nach Volumen und gesellschaftlichem Schönheitsideal zu betonen oder abzuflachen.

Eine frühe Form des Büstenhalters gab es allem Anschein nach bereits bei den alten Ägyptern, denn in einem Liebeslied wünscht sich ein sehnsüchtiger Mann, »zur Binde deines Busens« zu werden.[5] Vermutlich sollten diese Brustbänder weniger zu dicke Brüste flach pressen als hängende aufrecht halten, denn die Ägypter liebten zwar kleine, aber vor allem stramme Brüste: »Ihre Brüste sitzen fest auf ihrem Brustkasten«, heißt es z.B. voller Bewunderung über die junge Hathorpriesterin Mutirdis.[6]

Ein solcher Büsten*halter* war auch das bereits von den homerischen Griechinnen unmittelbar über den blanken Brüsten getragene στρόφιον, das den Brustkorb unter dem Chiton umspannte und nicht so sehr die Funktion hatte, die Brüste miederartig hochzudrücken, als sie am ›Fallen‹ zu hindern.[7] Anscheinend war das κεστὸς ἱμας, der Zaubergurt der Aphrodite, den Hera sich für ihr Techtelmechtel mit dem Göttervater auf dem Ida auslieh, ein solches *strophion*, das vermutlich aus weichem Leder bestand:[8] Und die Liebesgöttin »löste von der Brust den bestickten Riemen, den bunten, worin ihr alle Bezauberungen gewirkt waren«.[9]

Zwar galten damals vor allem schlaffe Brüste als häßlich, und viele Griechinnen strichen sich die Asche von Rebhuhneiern, vermischt mit Zinkspat und Wachs, auf die Brüste, damit sie ›stehen‹ blieben,[10] doch auch sehr große Brüste entsprachen in keiner Weise dem Ideal, besonders wenn sie beim Gehen auf- und abwippten, weshalb die betreffenden Frauen sie mit einer festen breiten Bandage, τήν ταινίαν genannt, fixierten und plattdrückten (Abb. 121).[11]

121 Aphrodite beim Ankleiden.
Rotfigurige Hydria, um 440 v. Chr.

Solche den griechischen ταινίαι entsprechenden Brustbänder benutzten auch jene Römerinnen, die über üppige Brüste verfügten. Diese häufig aus Leder gefertigten Büstenhalter, die unter, aber auch über der Kleidung getragen wurden,[12] hießen *fascia pectoralis* oder *mamillare*, und je nachdem, wie sie umgebunden wurden, stützten sie eher die Brust[13] oder drückten sie flach. Anscheinend schnürten die römischen Mütter bisweilen schon den Oberkörper der vorpubertären Mädchen, damit später deren Hüften um so mehr hervorträten,[14] und der Komödiendichter Terenz beklagte die Tatsache, daß die etwas üppiger ausgestatteten Jungfrauen sich ihre Brüste wegbänden oder in der Hoffnung, daß diese dann schrumpften, mit dem Essen aufhörten.[15] Denn ganz offensichtlich mochten die Römer der Kaiserzeit große Brüste genauso wenig wie die Griechen, und so heißt es bei Martial: »Halte du, Band (*fascia*), die wachsenden Brüste deiner Herrin im Zaume, damit meine Hand sie mit einem Mal packen und bedecken kann.«[16] Die Brüste waren hocherotisch und sehr schambesetzt – *zonam solvere*, »das Brustband lösen« war ein geläufiger Ausdruck für Heiraten, denn nur dem Ehemann stand es zu, die nackten Brüste einer Frau zu sehen –, und allem Anschein nach trugen viele erwachsene Frauen das Brustband in erster Linie aus Anstandsgründen, damit die Form der Brüste und die Nippel sich nicht zu deutlich durch das Gewand abzeichneten.[17]

Ein anständiges junges Mädchen oder eine ehrbare Matrone hätten sich aber auch im Büstenhalter unter keinen Umständen vor fremden Männern gezeigt, weshalb wenig für die Vermutung mancher Gelehrter spricht, die römischen Frauen hätten in einer Art Bikini, der dem der ›Piazza Armerina‹-Mädchen ähnelte, gemeinsam mit Männern gebadet.[18] Zum einen hatten die römischen Thermen Geschlechtertrennung,[19] und zum anderen waren die jungen Frauen auf dem aus dem 4. Jahrhundert stammenden Mosaikboden in einer der Nebenräume des Säulenhofes der Villa bei Piazza Armerina in Sizilien mit größter Wahrscheinlichkeit ›unehrbar‹. Diese Frauen, die ein Oberteil und eine kurze Hose, *subligaculum* genannt, tragen,[20] waren gewiß Gauklerinnen von zweifelhaftem Ruf, die Geschicklichkeitsübungen und athletische Kunststücke vorführten[21] und die bereits seit Jahrhunderten auf oberitalienischen Vasen dargestellt wurden.[22] Die Oberteile hatten vermutlich die Funktion, zu verhindern, daß die Brüste allzusehr hüpften und die Frauen dadurch bei ihren Darbietungen behinderten, aber andererseits trägt eine von ihnen ein die rechte Brust frei lassendes *himation*,[23] was an die etruskischen ›Topless-Akrobatinnen‹ erinnert, die den Griechen skandalös erschienen. Doch hatten diese keinen Grund zur Kritik, denn Varieté-Tänzerinnen in dieser Aufmachung gab es auch in Athen, und Athenaeus schilderte, wie eine Gruppe von thessalischen Männern vor Erregung völlig die Fassung verlor, als sie leicht bekleideten thessalischen Tänzerinnen bei deren Vorführungen zuschauten.[24]

Man hat zwar angenommen, daß bereits die germanischen Frauen unter der Kleidung Brustbänder getragen haben,[25] doch dokumentiert sind Büstenhalter erst im hochmittelalterlichen Frankreich, wo die Damen ihre Brüste unter den knöchellangen plissierten Hemden mit um den Oberkörper gebundenen Musselinschleiern hochbanden.[26]

Nach dem *Roman de la Rose* wurde ein solches »bandeau« freilich nur von jenen Damen getragen, die »trop lordes mameles« hatten,[27] und jene banden diesen Büstenhalter nicht über, sondern unmittelbar unter die Brüste. Die vornehmen portugiesischen Damen trugen dagegen um die Mitte des 14. Jahrhunderts über den Hemden kleine Bruststützen aus versteiftem Stoff,[28] und die deutschen »hatten«, so heißt es im Jahre 1480, »secke, do sy dy broste in stackten, das vor mals nicht meer gewest was«.[29]

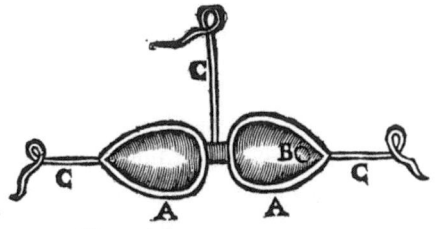

122 Stillbüstenhalter. Aus Scipione Mercurios *La Comare*, Venedig 1596.

Im Italien der Renaissance gab es einerseits modern anmutende Schalen-BHs für stillende Mütter (Abb. 122), andererseits aber auch Brustbinden, die offenbar aus Anstandsgründen getragen wurden. Jedenfalls wurde Lucrezia Borgia nachgesagt, sie habe im frühen Cinquecento solche Büstenhalter eingeführt, um die Hofdamen zu einem »schicklichen Auftreten« zu zwingen,[30] wobei nicht ganz klar zu sein scheint, ob sie damit das Sichabzeichnen der weiblichen Formen einschränken oder verhindern wollte, daß die Hofmänner die nackten Brüste sahen, wenn sie den Frauen ins Dekolleté lugten. Schließlich standen auch den Italienerinnen mit großen und schweren Brüsten die klassischen Stützbänder zur Verfügung,[31] doch ähnlich wie im antiken Pompeji[32] scheinen sie besonders von Kurtisanen und preiswerteren öffentlichen Huren getragen worden zu sein. So trägt z.B. auf einem pornographischen Fresko Giulio Romanos im Palazzo del Te in Mantua eine Mätresse Federico Gonzagas unterhalb ihrer Brüste ein solches Band[33] – und nichts als dieses –, und im Jahre 1520 teilte der Hesse Euricius Cordus einer aufgedonnerten Frau von zweifelhaftem Ruf in einem lateinischen Epigramm, das sie wohl kaum verstanden haben dürfte, mit: »Sooft ich dich sehe, zeigst du mir alles, was du besitzest: Deine Goldblättchen, deinen Gürtel, deine Busenbinde, deine Halsbinde, deine Halskette, deinen Sardonix [= ein Schmuckstein] am Finger, deinen auf die schwellende Brust herabhängenden Schmuck und das gallische Gewand, welches dein Haupt umhüllt. Wenn du siehst, daß ich darüber lächle, hältst du mir vor: ›Solche Schätze besitzt dein Weib nicht!‹ Da hast du Recht, aber meine Frau hat nur *einen* Gatten und will diesem allein gefallen!«[34]

Mit dem Aufkommen der Schnürleiber wurden die verschiedenen Büstenhalter freilich bald funktionslos und gerieten über zweihundert Jahre lang in Vergessenheit, und zwar bis zu dem Zeitpunkt, als auch die Damen sich anschickten, »à la Jean-Jacques« zur Natur zurückzukehren und ihre Schnürbrüste auf den Abfallhaufen zu werfen. Allerdings trugen jene Damen, die man später als »vollschlank« zu bezeichnen pflegte und die über schwere Brüste verfügten, unter dem Chemisenkleid weiterhin das herkömmliche Korsett,[35] und den molligen (»embonpoint«) Engländerinnen wurde dringend geraten, der Natur nicht ihren Lauf zu lassen, sondern derselben hilfreich beizustehen,[36] etwa mit Hilfe von »corsets élastiques«, die aus Gummi gefertigt um 1800 auf den Markt kamen.[37]

Gegen Ende des 18. Jahrhunderts war die Taille immer weiter

nach oben gerutscht – das *Journal des Luxus und der Moden* hatte bereits im Februar 1794 gemäkelt, daß die hohe Taille lediglich dem Zweck diene, eine »Ammenfigur zu erkünsteln«, d. h., den Busen zu betonen[38] – und bei Frauen mit jungfräulichen und kleinen Brüsten hätte die Taillierung allein zum ›Halten‹ der Büste genügt. Doch schimmerten insbesondere bei dunkel pigmentierten Frauen allzu deutlich die Brustwarzen durch den dünnen Musselinstoff, weshalb zur Zeit des Directoire die meisten ein relativ schmales, manchmal versteiftes, manchmal unversteiftes Brustleibchen oder -band umlegten, das die Brüste freilich eher unterstützte als ganz bedeckte, weshalb es nicht selten vorkam, daß sie bei heftigen Bewegungen aus dem Dekolleté sprangen.[39]

Es ist möglich, daß diese Brustbänder jenen nachempfunden waren, die man auf den gerade in Pompeji ausgegrabenen Fresken gesehen hatte,[40] doch entwickelten sie sich weiter, und im frühen Empire wurde in Frankreich ein gesteppter oder gesteifter Büstenhalter Mode, der die Brüste nicht nur stützte, sondern auch – was als schön empfunden wurde – auseinanderdrückte, weshalb man ihn »corset à la divorce« oder »divorces« nannte.[41]

Zwar hielt sich das hochtaillierte Chemisenkleid in manchen Gegenden bis in die dreißiger Jahre des 19. Jahrhunderts,[42] doch war die Taille in den Metropolen damals schon längst an ihre natürliche Stelle zurückgekehrt. Bereits im fortgeschrittenen Empire, um und nach dem Jahre 1810, trugen die meisten Frauen wieder ein Mieder oder ein – teilweise in der Mitte mit einem Spiralfedereinsatz versehenes – elastisches Korsett aus Baumwolltrikot,[43] und erneut verschwand der Büstenhalter – diesmal für ein knappes Jahrhundert – aus der Mode.

Für Damen, die – aus welchen Gründen auch immer – auf ein Schnürkorsett verzichteten, scheint bereits im Jahre 1886 in England ein Büstenhalter entwickelt worden zu sein,[44] und fünf Jahre darauf ließ der böhmische Miederwarenhersteller Hugo Schindler den von ihm erfundenen BH, der nicht, wie

bisher, die Brüste von unten hochdrückte, sondern der mit Schulterträgern versehen war, durch ein kaiserliches Patent schützen.[45] Zwar ist nicht bekannt, ob diese Modelle wirklich von Frauen getragen wurden, doch scheinen damals Büstenhalter auf dem Markt gewesen zu sein, denn im Jahre 1897 riet eine Fahrradpionierin den radelnden Enthusiastinnen, unbedingt ohne Korsett zu fahren: »Es giebt eine ganze Reihe verständiger Ersatzmittel für das Korsett; Büstenhalter, Pariser Gürtel und andere Konstruktionen gewähren dem Oberkörper, der unter gewissen Verhältnissen eines Halts bedarf, einen solchen, ohne ihn einzuschnüren.« Und kühn setzte sie hinzu: »Am freiesten und wohlsten fühlt man sich ja allerdings mit ganz unbeengtem Oberkörper.«[46]
Von dieser Zeit an wurde der Büstenhalter immer wieder aufs neue erfunden und auch hergestellt. So ließ sich im Jahre 1899 Fräulein Christine Hardt aus Dresden ein »Frauenleibchen als Brustträger« patentieren, wobei es in der Patentschrift hieß: »Der Zweck dieses Leibchens besteht hauptsächlich darin, die Brüste aufrecht zu halten, ohne die Function einer gesunden Brust irgendwie zu beeinträchtigen. Dabei sind die Brustbehälter je nach Grösse der Brust verstellbar.«[47]
1905 ›erfand‹ der schwäbische Schneider Meyer-Illscher »die Bruststütze ohne Unterteil«,[48] nachdem bereits ein paar Jahre zuvor in Frankreich ein ›Callimaste‹ genanntes Modell vertrieben worden war, das im Gegensatz zu den meisten BHs des Fin de siècle weder Körbchen hatte noch mit Fischbein versteift, sondern aus dehnbaren Bändern hergestellt war und einen großen Teil der Brüste unbedeckt ließ (Abb. 123).[49]
Für die Verächter des Schnürleibes bestand der entscheidende Vorzug des modernen Büstenhalters darin, daß er die Brüste *hielt*, ohne von unten einen Druck auf sie auszuüben, was Paul Schultze-Naumburg in der Eröffnungsrede zu einer Ausstellung im Berliner Kunstgewerbehaus im Jahre 1903 folgendermaßen ausdrückte: »Es darf keinerlei Art von Korsett oder Reformkorsett verwendet werden; das Kleid muß von den Schultern getragen werden; die Kleider dürfen nicht

123 Büstenhalter ›Callimaste‹, 1902.

aus Rock und Bluse der alten Form bestehen; sind Büstenhalter oder weiche, lose Leibchen beim Tragen des Kleides vorgesehen, so dürfen es nur solche sein, die von den Schultern aus getragen werden, nicht solche, die auf oder hinter der Rückenkerbe oder auf den Hüften ihren Halt finden.«[50]
Allerdings gab es auch Büstenhalter, die *zum* Korsett getragen wurden, wie das 1912 entwickelte und im Jahr darauf patentierte Modell der schwäbischen Korsettfabrik S. Lindauer & Co. (Abb. 124). Angeblich handelte es sich, so der Prospekt, um den »ersten Brusthalter in schmiegsamen Trikots und Seide, direkt auf dem Körper zu tragen ohne jegliche Versteifung. Eine moderne, elegante Ergänzung des tiefen Korsetts, welche außerordentlichen Anklang findet.«[51]

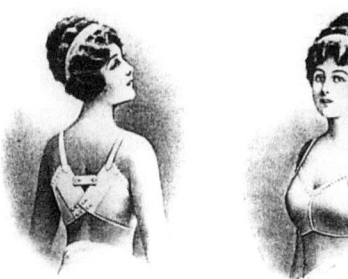

124 Reklame für den ›Hautana-Brusthalter‹
einer Stuttgarter Firma, 1913.

In Großbritannien, wo man die Erfindung aus dem Jahre 1886 längst vergessen hatte, sowie in Nordamerika wurde der Büstenhalter anscheinend erst 1907 bekannt, als die Zeitschrift *Vogue* ein »the brassière« genanntes Modell abbildete. Als *brassieres* oder *brasserolles* hatte man im ausgehenden Mittelalter leichte, boleroartige Damenjäckchen bezeichnet, die in etwa dem *camizole* der Herren entsprachen, lediglich den obersten Teil des Armes (*bras*) bedeckten und von den französischen Hofdamen unter dem Hemd getragen wurden.[52] Auch in der Belle Époque verstand man unter dem Wort, ähnlich wie heute, ein Hemdchen[53] – der Büstenhalter hieß und heißt *soutien-gorge* –, doch in der angelsächsischen Welt bürgerte es sich als Bezeichnung für den BH ein, bis in den dreißiger Jahren die heute übliche Kurzform *bra* Verbreitung fand.[54] »Backless Brassière« nannte auch im Jahre 1913 Mary Phelps Jacob, die spätere Caresse Crosby, ihre ›Erfindung‹, mit der sie die Frauen vom Korsett befreien wollte. Dieser relativ knappe und weiche Büstenhalter, der die beiden Brüste mit Hilfe zweier Schalen deutlich voneinander trennte, war eine einfache Konstruktion, »a prototype bra from two handkerchiefs, a length of pink ribbon, and thread to stitch them together«, doch erwies es sich damals noch als sehr schwierig, ihn erfolgreich zu vermarkten.[55]

Bekanntlich waren die zwanziger Jahre nicht gerade das Goldene Zeitalter des die Brüste profilierenden BHs, und noch um 1930 trugen die meisten Frauen zum Hüftgürtel einen Büstenhalter, der eher die Tendenz hatte, abzuflachen.[56] Erst um das Jahr 1937 setzten sich die eigentlichen »uplift brassières« durch, und in diesem Jahr war es, daß ein Beobachter feststellte: »Breasts are worn high and pointed to an astonishing degree.«[57] Mit dieser Zuspitzung der BHs setzte eine Entwicklung ein, die zu den berühmten »Gefechtsköpfen« der fünfziger Jahre führte, für die amerikanische Frauen jährlich wahre Unsummen ausgeben sollten.[58]

In der unmittelbaren Nachkriegszeit und in den Fünfzigern waren die »Maidenform bras« die verbreitetsten BHs in den

USA, und unter einer »Maidenform Woman« verstand man eine Frau, die sich und ihr Leben unter Kontrolle hatte. Gegen Ende der sechziger Jahre klagte freilich ›Maidenform‹ über einen Umsatzschwund, nachdem die Firma in der Zeit vor 1969 eine jährliche Zuwachsrate von 5 % verzeichnen konnte, und Marktforscher stellten fest, daß sogar an der Ostküste 32 % der College-Girls keinen BH mehr trugen.[59] Zwar versuchten die Firmen auf der Stelle, diese alarmierende Entwicklung aufzuhalten, indem sie noch im Jahre 1969 den durchsichtigen »Soft-BH« auf den Markt warfen, der kaum stützte und aus »mit ein paar kräftigen Lycra-Fäden« verstärktem Strumpfgarn bestand,[60] doch blieb der Büstenhalter bei der Mehlzahl der jungen Mädchen und Frauen bis in die zweite Hälfte der siebziger Jahre »out«.[61]

Um das Jahr 1976 kamen in Europa und etwas später in den USA die Büstenhalter jedoch zurück, und mit ihnen ein Novum: Bereits in den vierziger Jahren hatten nicht nur die westeuropäischen Firmen, sondern auch ›Maidenform‹ in ihrer Werbung junge Frauen gezeigt, die sich im BH vor anderen Personen bewegten, doch handelte es sich bei diesen fast ausschließlich um Frauen,[62] ja, in der ersten Werbesendung im US-Fernsehen, die 1955 gezeigt wurde, durften die Büstenhalter nicht von lebenden Frauen, sondern nur von Puppen getragen werden.[63] Jetzt aber erschienen Männer im Bild und machten die Atmosphäre ungleich ›sexier‹ als früher: In der ›Maidenform‹-Reklame zogen sich z.B. eine junge Ärztin oder Krankenschwester in Anwesenheit zweier junger Ärzte aus (Abb. 125),[64] während in der europäischen ›Triumph‹-Werbung der Mann sogar selber die sich hingebungsvoll zurücklehnende Frau im Transparenz-BH entblößte (Abb. 126).

Doch nicht nur die Reklame, auch die Büstenhalter selber ›erotisierten‹ sich immer unverblümter. Nachdem in den USA die ersten ausgesprochenen »Push-up«-Bras mit Polstern 1948 auf den Markt gekommen waren, boten die Firmen in den frühen neunziger Jahren ebenfalls mit Polsterkissen aus-

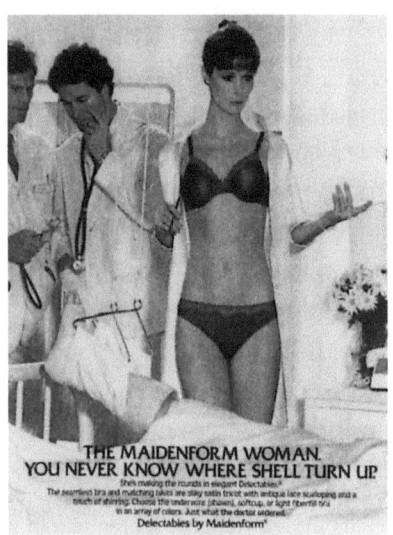

125 Amerikanische BH-Reklame, um 1980.

126 Transparenter Lycra-BH aus Jacquard-Tüll, ›Triumph‹, 1976.

127 Wonderbra-Reklame, 1996.

gestattete »Wonderbras« an, die unter extrem tief ausgeschnittenen Kleidern getragen wurden, weshalb die Träger ganz außen saßen und die Brüste durch dünne Rundbügel von unten gestützt wurden. Die gefütterten Satinkörbchen zeichneten sich unter dem Stoff kaum ab, so daß man glauben konnte, die Brüste ›stünden‹ von alleine.[65] Hatte man zu Beginn des 19. Jahrhunderts mit Hilfe des Büstenhalters die Brüste auseinandergedrückt, so erfreuten sich jetzt solche »side panel bras« großer Beliebtheit, die, um die Busenspalte zu vertiefen, die beiden Brüste zusammendrückten,[66] und für Wagemutigere wurden Abendkleider entworfen, in deren transparente, leibchenartige Oberteile der BH gewissermaßen eingearbeitet war (Abb. 128).

Zweiteilige Badeanzüge, wenn auch sehr stoffreiche, waren bereits in den sechziger Jahren des vorigen Jahrhunderts in England entworfen worden, und da die Inselbewohner verhältnismäßig prüde waren – worüber man sich auf dem Kontinent lustig zu machen pflegte (Abb. 129) –, hatte man diese

128 Cindy Crawford, 1995.

129 Am Strand von Blankenberge.
Farblithographie, 1852.

Vorform des Bikinis für beide Geschlechter geplant, aus Rücksichtnahme auf die badende Frau, »lest her delicacy should be outraged«.[67]
Um die Jahrhundertwende stellte dann der Freiburger Lebensreformer Lehr einen solchen – allerdings wesentlich knapperen – zweiteiligen Badeanzug »aus ›porösem‹ Stoffe« für Damen vor, der von Anhängern der Freikörperkultur als »bahnbrechende Neuerung« gefeiert wurde, ein Kostüm, »das nur Brust und Schamgegend bedeckt, Rücken, Taille, Hüften, Arme und Beine jedoch freiläßt und damit die Licht- und Sonnenwirkung nicht beeinträchtigt. Es wäre zu wünschen, daß von dem vernünftigen Teile unserer Frauenwelt diesem Badeanzug mit allem Nachdruck Eingang verschafft würde. Ein guter Teil Prüderie würde damit verschwinden.«[68]
Für die meisten Mitglieder der Frauenwelt war freilich ein solches Kostüm zu jener Zeit viel zu gewagt, und so wurde es in den kommenden Jahren lediglich von einigen Nudistinnen

130 ›Nacktsportlerin‹ auf der Ile de Médan, zwanziger Jahre.

getragen – bei sportlichen Übungen (Abb. 130), weil sich auch Anhängerinnen der Nacktkultur damals noch häufig genierten, bei gewissen Stellungen den Männern tiefe Einblicke zu gewähren oder vor ihnen die nackten Brüste hopsen zu lassen.

Wesentlich züchtigere Zweiteiler wurden indessen bald auch von badenden ›Normalfrauen‹ getragen – als »palm-beach-combination« ab Mitte der zwanziger Jahre in Amerika,[69] und etwas später auch in Deutschland[70] sowie in England, wo der »two-piece bra« zwischen den Brüsten mit einer nach unten hängenden Schleife geschlossen wurde.[71] Im Gegensatz zum Unterteil des eigentlichen Bikinis bedeckte die Hose dieser frühen zweiteiligen Badeanzüge allerdings den Nabel, und dies war auch noch bei den mit Trägern versehenen Zweiteilern der Fall, die unmittelbar nach Ende des Zweiten Weltkrieges in Schweden verkauft wurden.[72]

Der von dem französischen Designer Louis Réard entworfene Bikini im eigentlichen Sinn, der im Juni 1946 von der Tänzerin Micheline Bernardin vom ›Casino de Paris‹ vorgestellt wurde, war dagegen so knapp bemessen, daß er auf das Publikum wie ein Schock wirkte. Dieses »presque rien«, wie man ihn nannte, ließ nicht nur einen Teil der Brüste und den Nabel, sondern praktisch die ganzen Hinterbacken, die noch dazu ungebräunt waren, frei (Abb. 131), so daß das Skandalon alsbald in mehreren Ländern verboten wurde.

Doch auch abgesehen davon, war ein solch »obszöner« Badeanzug in der Nachkriegszeit nicht an die Frau zu bringen, weshalb Réard eine Menge Stoff zugeben mußte, als er zwei Jahre später eine ›zivilisiertere‹ und wesentlich bravere Version des Bikinis auf den Markt brachte.[73] Hollywood verbot auf der Stelle Filmaufnahmen von Frauen, die das Originalmodell trugen, welches für die Amerikaner nur ein weiterer Beweis für die moralische Verkommenheit der Franzosen darstellte.[74] Zwar wurden in den USA Ende der vierziger Jahre noch knappere Bikinis geschneidert, die sich schon fast den brasilianischen Tangas annäherten, die Mitte der siebziger

131 Der Bikini Louis Réards, vorgestellt von der Nachtklubtänzerin Micheline, Juni 1946.

Jahre getragen werden sollten und die die ultimative Vorstufe zur totalen Nacktheit darstellten.[75] Doch ist es fast ausgeschlossen, daß um 1950 eine Frau, die einen solch unanständigen Zweiteiler an einem nordamerikanischen Strand getragen hätte, nicht augenblicklich verhaftet worden wäre. Erst im Laufe der sechziger Jahre setzten sich in den USA Bikinis langsam durch, obgleich sie auch noch in dieser Zeit an vielen Stränden außerhalb von Kalifornien verpönt blieben.[76]

§19
Der BH außerhalb Europas und das Ideal der Hängebrüste

Miederartige Büstenhalter wurden auch in anderen Weltgegenden getragen, vor allem in Indien. In vedischer Zeit bedeckten die Frauen zwar in der Öffentlichkeit den Oberkörper, doch scheinen sie noch keine Mieder oder Brustbinden gekannt zu haben.[1] Nachweisbar sind solche Mieder sowie die Brüste haltende Bänder erst im 7. Jahrhundert, wenn man einmal von den sehr schmalen, lediglich die Brustwarzen bedeckenden Bändern absieht, wie sie bei den Huren auf den vorchristlichen Fresken von Ajaṇṭā oder bei den vollbusigen Himmelsweibern auf den Sigirya-Fresken in Sri Lanka zu sehen sind.[2]

Im späteren Mittelalter gab es anscheinend Büstenhalter, die so geschnitten waren, daß sie den Rücken sowie die Schultergegend freiließen, und es ist überliefert, daß sich manche Frauen absichtlich so den Knoten banden oder sich hinter dem Ohr kratzten, daß die Männer ihnen unter die Achseln und auf den Ansatz der Brüste sehen konnten, was jene ungemein erregt haben soll.[3] Manche Frauen trugen auch Büstenhalter, die nicht geknöpft, sondern über den Kopf gezogen wurden, und es scheint, daß sie recht stramm saßen, denn in der Liebesliteratur wird geschildert, wie die vor Lust glühenden Männer den heftig atmenden Frauen die BHs von den Brüsten zerrten.[4] So fest waren diese Bänder um den Oberkörper gespannt, daß die Brustwarzen sich auf höchst erotische Weise abzeichneten, und so hieß es über die durch den Stoff schimmernden Nippel einer Prinzessin: »Wie zwei mit Nektar gefüllte Juwelen schienen sie ihr Mieder zu durchbohren.«[5]

Auch in den folgenden Jahrhunderten trugen die Inderinnen den meist vorne geknöpften oder zusammengebundenen BH (*choli*), der, weil er häufig auch noch kurze Ärmel hatte

132 Junge Frau aus Bombay, 19. Jahrhundert.

(Abb. 132), eher wie ein Jäckchen aussah.⁶ Die ›Haltekraft‹ des *choli* war freilich gering, weshalb die Frauen mit schweren und hängenden Brüsten in den Saum unterhalb derselben meist ein festes, tragendes Band einnähten.⁷ Bei den nomadisierenden Gadulıya Lohar in Rajasthān ließ der *angarkhi* genannte Büstenhalter den unteren Teil der Brüste frei, damit die Frauen bei ihren Schmiedearbeiten nicht behindert wurden, doch wurde dies von den jüngeren Frauen als so unanständig empfunden, daß sie es vorzogen, ein Jäckchen und darunter das die Brüste vollständig bedeckende *choli* zu tragen.⁸

Doch auch dieses galt in manchen Gegenden als schamlos. Zwar war im frühen 19. Jahrhundert bei einigen vornehmen Damen Bengalens die Sitte eingerissen, semitransparente *sāris* anzuziehen, worüber sich die nichtbengalischen Hindus entrüsteten,⁹ doch als um 1880 mehrere Firmen in Kalkutta das *choli* auf den Markt brachten, gab es einen Aufschrei der Empörung, da die Bengalinnen im allgemeinen den *sāri* so trugen, daß die Konturen der Brüste sich nicht abzeichneten. Viele Frauen sagten, sie seien keine öffentlichen Huren, die ihre Brüste betonten, um die Männer aufzureizen,¹⁰ und auch diese verboten den Gattinnen und Töchtern, ihre Formen den lüsternen Blicken der anderen Männer darzubieten.

Auf der anderen Seite nötigten nicht wenige Bengalen ihre Frauen, europäische Blusen und Petticoats anzuziehen, weil sie glaubten, auf diese Weise der britischen »modesty« Rechnung tragen zu können,[11] wobei die Blusen freilich hochgeschlossen waren. Denn das europäische Dekolleté war in Indien bereits seit Jahrhunderten als eine solche Schamlosigkeit empfunden worden, daß manche Maler vor lauter Empörung oder als Satire die niederländischen und portugiesischen Damen mit Ausschnitten darstellten, die sogar die Brustwarzen entblößten (Abb. 133).[12]

Auch in vielen anderen Gesellschaften galten die Dekolletés sowie das Tragen von Büstenhaltern als unanständig, und zwar häufig selbst dort, wo der weibliche Oberkörper unbedeckt war, was deutlich macht, daß die Brüste anscheinend überall zumindest *potentiell* erotisch sind. Viele afrikanische Stämme lehnten die Büstenhalter ab, weil sie die Brüste ›erotisierten‹,[13] und bei den Yoruba galt das Dekolleté traditionellerweise als anstößig, weil es den Blick der Männer auf die Brüste lenkte.[14]

133 Europäische Damen. Mogulmalerei, spätes 17. Jh.

Noch heute sind bei den kanadischen Hutterern BHs verboten, weil sie die Brüste betonen,[15] nachdem die Shaker aus diesem Grunde im Jahre 1805 jegliche Art von Korsett untersagt und alles getan hatten, um die Formen des weiblichen Körpers so wenig wie nur möglich hervortreten zu lassen.[16] Auch die Frauen der Amischen müssen sich so kleiden, daß ihre Brüste sich nicht abzeichnen, und es ist ihnen nur ein einziges Mal im Leben gestattet, sich einen Büstenhalter umzubinden, nämlich an ihrem Hochzeitstag. Trotzdem gilt gerade der üppige Busen als hocherotisch, und es heißt, daß die jungen Mädchen der Amischen Hühnermägen äßen, um auf diese Weise ihre Brüste zu vergrößern.[17]

Auch die kurdischen Frauen im Südosten Anatoliens empfinden ein ausgeschnittenes Kleid mit durch einen Büstenhalter akzentuierten Brüsten als unschicklich (*ayip*),[18] und die Beduininnen vom Stamme der Awlad ʿAli in der libyschen Wüste bezeichneten ihn sogar als den Gipfel der Schamlosigkeit.[19]

Bereits der türkische Reisende Evliyâ Çelebi berichtete zu Hause erstaunt von den dekolletierten Wienerinnen des Jahres 1665: »Im Gegensatz zu den jungfräulichen Mädchen gehen dort die verheirateten Frauenzimmer alle mit bloßem Busen, der weiß wie Schnee leuchtet. […] Durch Gottes Fügung sind aber die Brüste der Frauenzimmer in diesem Lande nicht – wie die Titten der Weiber in der Türkei – so groß wie Wasserschläuche, sondern klein wie Apfelsinen. Trotzdem stillen sie aber zum größten Teil ihre Kinder mit der eigenen Milch.«[20]

Zwar gab es im Ottomanischen Reich Kleider mit tiefen Ausschnitten, doch wurden sie ausschließlich von den Odalisken innerhalb des Harems getragen, wobei die Dekolletés mit einem transparenten Brusttuch versehen waren, durch das auf verführerische Weise die dunklen Nippel schimmerten (Abb. 134). Deshalb waren die Türken es in keiner Weise gewöhnt, fremde Frauen auf diese Art gekleidet in der Öffentlichkeit zu sehen, und als im Jahre 1721 der türkische

134 Odaliske des ottomanischen Harems, 18. Jh.

Botschafter Mehmed Efendi in Paris einer Ballettaufführung beiwohnte, konnte er auf die Frage seiner Nachbarin, wie ihm die Vorstellung gefalle, nichts antworten, weil er die ganze Zeit über der Dame in den Ausschnitt geschaut hatte.[21] Dabei schien den Muslimen völlig unverständlich, wie man einerseits so viel vom Oberkörper entblößen konnte, während man auf der anderen Seite peinlich darauf bedacht war, die Beine den Blicken zu entziehen. So berichtete in der ersten Hälfte des 19. Jahrhunderts der ägyptische Scheich Rifāʿa al-Tahtāwī ungläubig über die französischen Damen: »An heißen Tagen pflegen sie den Körper von äußeren Kleidungsstücken zu entblößen. So lassen sie ihn vom Kopf bis oberhalb des Busens unbedeckt, ja es kommt sogar vor, daß ihr bloßer Rücken zu sehen ist. An Tanzabenden lassen sie die Arme entblößt. Mit einem Wort, all das wird von den Bewohnern dieses Landes nicht als anstößig empfunden. Allerdings dürfen sie niemals etwas von den Beinen enthüllen, vielmehr tragen sie stets Strümpfe, welche die Beine bedecken, vor allem in der Öffentlichkeit. Freilich, um die Wahrheit zu sagen, mit ihren Beinen ist es nicht weit her.«[22] Schließlich veröffentlichte im Jahre 1873 die Istanbuler Zeitung *Cingirakli Tatar* eine satirische Zeichnung, auf der eine tief dekolletierte europäische Frau zu sehen war, unter deren langem Kleid eine Fußspitze hervorlugte. Die Karikatur trug die Unterschrift: »Es scheint doch unsittlich, die Füße zur Schau zu stellen.«[23]

Auch den Chinesen erschienen die Dekolletés der europäischen Frauen schon seit jeher schamlos und dekadent,²⁴ und als im vergangenen Jahrhundert Lin Tse-hsu Macao besuchte, war er entsetzt über die »barbarische« Sitte der portugiesischen Frauen, aller Welt ihre nackten Brüste zu zeigen.²⁵ Ein Landsmann erklärte dagegen etwas unaufgeregter nach seiner Rückkehr aus Europa im Jahre 1883: »In China kleiden sich die Frauen, um ihren Körper zu bedecken; sie empfinden größte Scham, einen Teil davon zu entblößen. Im Fernen Westen zeigen die Frauen Schultern und Brust, verbergen aber die Unterwäsche.«²⁶

Selbst die Japaner, denen man nicht gerade eine exzessive Brustscham nachsagen kann, empfanden die ausgeschnittene Kleidung der westlichen »Barbarinnen« schon immer als frivol und sahen in ihr einen Ausdruck ihrer Verdorbenheit und ihres Mangels an Zivilisation, obgleich ihre eigene Kaiserin bereits im Jahre 1886 in einer solchen Aufmachung bei Banketten und Soireen erschien.²⁷

Als die japanische Regierung im Jahre 1860 eine Delegation

135 Karikatur von Friedrich Schiff, um 1932.

von Samurais in die USA schickte, waren die adeligen Herren bereits während ihres Zwischenstops auf den Hawaii-Inseln verblüfft, als sie nicht allein mit halbnackten, sondern auch mit Brüsten von einer solchen Größe und Rundheit konfrontiert wurden, wie sie es bei japanischen Frauen noch nie gesehen hatten. In Honolulu waren sie nämlich von der hawaiianischen Königin Emma empfangen worden, die nicht gerade an Anorexia nervosa litt und zudem ein europäisches Abendkleid mit tiefem Dekolleté trug, »eine sehr schöne, kupferfarbene Frau, beide Schultern entblößt und die Brüste fast nackt, lediglich mit einem sehr dünnen Stoff bedeckt«, wie der Samurai Muragaki notierte.[28]

136 Sadahide Hashimoto: Amerikanerin mit Doppelspiegel bei der Toilette, um 1860.

In Washington schließlich waren die Japaner von den weißen Brüsten und Schultern der amerikanischen Damen sowohl peinlich berührt als auch beeindruckt und entwickelten sich nachgerade zu Voyeuren, die beständig auf die Dekoletés glotzten. Der Diener Fukushima schwärmte von »sechzehn Damen, fast bis zur Hälfte nackt [!] und mit wunderschönen dünnen Seidenstoffen gekleidet, durch die man hindurchsehen konnte«. Ein Delegationsmitglied bemerkte zwar, es sei

»einfach unerträglich, zuzusehen«, wie diese halbnackten Frauen auch noch mit den Männern tanzten, doch ein anderer Samurai räumte ein: »Meiner Meinung nach sind die Sitten und Gebräuche dieses Landes vielleicht durch und durch obszön, aber in Wirklichkeit sind die Frauen keuscher als man von ihrer Erscheinung her annehmen möchte.« Daß die Japaner den Damen andauernd auf die Brüste starrten, fiel natürlich auch ihren Gastgebern auf, doch scheint es, daß dies zumindest einigen der Frauen nicht eben mißfiel. Jedenfalls verlautete der Korrespondent von *Frank Leslie's Illustrated*: »The ladies, of course, like to be taken notice of by them, the ›observed of all observers‹.«[29]

Da die japanischen Frauen für gewöhnlich flachere Brüste haben als z. B. Europäerinnen, Inderinnen oder Polynesierinnen, entsprachen die durch das Dekolleté entblößten Rundungen freilich nicht nur nicht dem, was die Japaner von zu Hause gewöhnt waren, sondern auch nicht ihrem Schönheitsideal. So hieß es z. B. im *Kōshoku-kim-mozui* aus dem 18. Jahrhundert, daß schöne Brüste nicht zu groß sein dürften, denn wenn eine Frau zu üppig ausgestattet sei, ließe dies Rückschlüsse auf eine üble Beschaffenheit ihrer »Juwelenpforte« zu,[30] und als die Japaner die ersten Bilder von dekolletierten Europäerinnen sahen, waren nicht nur die Geishas über eine solche Obszönität erschüttert, sondern auch manche Männer vom schieren Volumen der Brüste geradezu eingeschüchtert.[31]

Vor allem aber mißfiel es den Japanern, wenn diese Brüste auch noch herunterhingen, und diese Abneigung gegen Hängebrüste war keine Eigentümlichkeit der japanischen Kultur. Bereits das altindische Werk *Geheimnis der Liebeskunst* informierte seine Leser und Leserinnen: »Durch beständige Behandlung mit Antimon und Reiswasser wird das Brüstepaar der Jungfrauen außerordentlich groß und hochragend, so daß es die Herzen der Kenner raubt wie ein Räuber das Geld.«[32] Auch bei den Santa Cruz-Insulanern entsprachen weder kleine, knospenhafte Brüste noch große und hängende dem Schönheitsideal, und es gab magische Mittel, die dazu dienten, beide Extreme zu korrigieren.[33] Die Torres Straits-Insulaner ritzten den jungen Mädchen ein umgekehrtes »v« in die sich entwickelnden Brüste, um zu verhindern, daß sie später ›fielen‹,[34] und auch die Tolai auf Neubritannien bewunderten »abstehende« Brüste, weshalb ein Zauberspruch lautete: »Das Mädchen soll abstehende Brüste bekommen, wie der Fliegende Hund abstehende Zitzen hat.« Als ideal galten die prallen und ›stehenden‹ Brüste der schwangeren Frau, und man hatte beobachtet, daß die trächtigen Flughundweibchen pralle, prominente Brustwarzen besaßen.[35] In früheren Zeiten bestrichen bei den Zulu die Mütter ihren sechs- oder siebenjährigen Töchtern die Nippel mit einer Salbe, zogen sie dann aus dem Warzenhof heraus und umwickelten sie mit Bast, damit sie später deutlich abständen. In anderen afrikanischen Gesellschaften, wo möglichst weit herausstehende, steife Brustwarzen als ›sexy‹ galten, zogen sich die jungen Mädchen, um von den Männern bewundert zu werden, ihre Nippel selbst heraus und ließen Insektenlarven hineinbeißen, damit sie anschwollen.[36]

Erigierte Brustwarzen wurden auch von den Arabern seit alten Zeiten immer wieder besungen, und in der ersten Hälfte des 14. Jahrhunderts schwärmte der Syrer al-Ġauziyya: »Ich schaute ihr tief in die Augen, sie war noch Jungfrau, ohne Arg und Zweifel! Da fing sie Feuer allzugleich! An den Spitzen ihrer Brüste konnt man's sehen!« Manche Männer, so meinte er, seien zwar in flache Brüste vernarrt, andere aber in runde, und er zitierte Ibn Yūsuf al-Ḥaǧǧāǧ, der einst gesagt hatte: »Der Körper einer Frau ist erst schön zu nennen, wenn ihre Brüste prall gefüllt sind. So stillt sie das Verlangen ihres Liebhabers ebenso, wie sie den Durst des Säuglings stillt!« Und ein anderer verlautete in der Weise eines Feinschmeckers, der frische Spargel beschreibt: »Bei meinem Leben, das sind weiße Brüste! Mit einem Sprunge richten sie sich auf! Die kleinen weichen zarten Spitzen bei jungen Mädchen sind wohl die besten. Jedenfalls sind sie mir lieber als die dicken, langen Brüste, deren Spitzen bis zum Bauch herunterfallen!«[37]

Freilich scheint es, daß die Mehrzahl der arabischen Männer ungeachtet ihrer Wünsche mit letzteren vorlieb nehmen mußten, äußerte sich doch Sir Richard Burton bezüglich der Frauen im Vorderen und Mittleren Orient über die »peculiarity of the feminine figure, the mammae inclinatae, jacentes et pannosae«, welche man nicht allein durch das warme Klima erklären könne, da ja z.B. die Frauen von Mahārāśtra für ihre schönen festen Brüste bekannt seien.[38]

Zwar heißt es, in vorislamischer Zeit hätten die Männer eine Vorliebe für schwere Brüste »wie Ziegeneuter« gehabt, doch galten spätestens in den ommayadischen und abbasidischen Epochen die halbkugeligen Brüste als attraktiv, die ein Mann mit einer Hand umfassen konnte,[39] weshalb anscheinend manche Männer ihren Frauen zu stillen verboten. Jedenfalls meinte Maimonides, im Streitfalle müsse der Mann seine Wünsche hintanstellen und der Frau die ihren erfüllen, »denn es ist schmerzlich für sie, von ihrem Kind getrennt zu sein«.[40]

Mehr noch als die arabischen, türkischen oder persischen Frauen waren die Afrikanerinnen für ihre über den Bauch hängenden Brüste bekannt, und schon im Jahre 1555 verwunderte sich William Towerson darüber, daß »divers of the women have such exceedingly long breasts«, daß sie diese angeblich auf die Erde legen konnten, während sie standen.[41] Als knapp vierhundert Jahre später den Italienern vorgeworfen wurde, sie hätten in Nordostafrika zahlreiche einheimische Frauen vergewaltigt, verteidigte Marinetti seine Landsleute öffentlich damit, daß er sagte, es sei undenkbar, daß faschistische Soldaten Frauen aufs Kreuz legen könnten, denen die Brüste bis zur Hüfte hingen,[42] wobei die Wirklichkeit freilich in beiderlei Hinsicht anders aussah (Abb. 137).

Allerdings ist es eine Tatsache, daß die Entstehung von Hängebrüsten durch bestimmte Tätigkeiten, bei denen die Brüste auf- und abwippen, z.B. beim Reisstampfen, begünstigt wird, weshalb heutzutage die Ärzte Tennisspielerinnen und anderen Sportlerinnen, die das Bindegewebe belastende ruckartige Bewegungen ausführen, insbesondere bei etwas größeren

137 Italienische Kolonialbeamte und Soldaten
mit jungen Frauen der Bedscha, um 1934.

Brüsten das Tragen fester »Sport-BHs« empfehlen.[43] Doch davon einmal abgesehen, wird auch den jungen Mädchen, sobald sie ihre Brüste als ›schwer‹ empfinden, geraten, sich einen Büstenhalter zuzulegen, da bei großen Brüsten der Anteil des Bindegewebes, das die Brust fest und rund macht, relativ gering ist, so daß die Haut überdehnt wird und die Brüste ›fallen‹.[44] Aus diesem Grund plädierte bereits in den fünfziger Jahren des 19. Jahrhunderts die Miedermacherin Mme. Caplin für den Gebrauch eines Korsetts und malte die Folgen des Verzichts auf das Schnürleib damit aus, daß sie von den afrikanischen Negerinnen erzählte, »whose breasts hang down to an inordinate length«: So habe z.B. der Entdeckungsreisende James Bruce berichtet, bei manchen Stämmen hingen den Frauen die Brüste beinahe bis zu den Knien.[45]

Man mag solche Berichte für übertrieben, ja für »rassistisch« halten, doch wurden sie nicht nur von späteren Ethnographen bestätigt, vielmehr scheint es zudem, daß in einigen Gesellschaften Hängebrüste dem ästhetischen und erotischen Ideal entsprachen. Da bei den Ganda und den Zande die Brüste der reifen Frauen normalerweise beträchtlich hingen, wünschten sich auch die jungen Mädchen nichts sehnlicher, als ebenfalls

138 Junges Mädchen der Baja vom Ubangi.

solche Brüste zu besitzen, weshalb sie beständig an ihnen zogen. Dabei sprachen sie die Worte »Oh wenn doch meine Brüste fielen!«, und es heißt, daß in der Tat nach jahrelangem Drücken und Ziehen mancher jungen Frau die Brüste bis zu den Knien gehangen hätten.[46] Auch die Dene in Nordamerika sollen die Brüste am schönsten gefunden haben, die den Frauen bis zum Hüftgürtel hingen,[47] und in einer ganzen Reihe afrikanischer, aber auch anderer Gesellschaften banden sich die Frauen auf verschiedene Weise die Brüste nach unten, um Hängebrüste zu erzeugen.[48]

Schaut man sich indessen Photographien solcher Frauen an (Abb. 138 u. 139), so regt sich der Verdacht, daß die Bänder und Gürtel, die über die Brüste gebunden werden, zumindest in einigen Fällen dieselben nicht zum Hängen, sondern eher zum ›Stehen‹ bringen sollen, und dies wird auch tatsächlich von einigen Feldforschern bestätigt. Bei den Bafiote am Loango etwa liebte man dralle, jungfräuliche Brüste (*mabene ma ndumba*) im Gegensatz zu schlaffen, herunterhängenden (*mabene ma buanka*), und um solche, die eine Tendenz zum ›Fallen‹ hatten, wieder aufzurichten, legten die Frauen eine

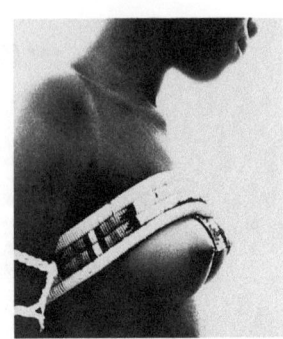
139 Junges Zulumädchen mit ›Fruchtbarkeitsbrustband‹.

straffgespannte und einschneidende Schnur um den oberen Teil der Brüste, damit diese hochgezogen wurden,[49] und wenn die Ethnographen der Jahrhundertwende von den Bayaka am Kwango berichteten, diese hätten die Brüste nach unten gebunden, um Hängebrüste zu erzeugen,[50] so scheinen Zweifel angebracht. Neuere Forschungen haben nämlich ergeben, daß man bei den Bayaka zwar herunterhängende Brüste (*mayenu mabwa*) mit Muttersein und Stillen verbindet, doch Gegenstand des erotischen Begehrens sind die deshalb als schön geltenden festen und ›stehenden‹ Brüste (*mayenu mandzaanga*).[51]

In anderen Gesellschaften binden sich die Frauen eine Schnur um den Oberkörper, um an ihr ein Tuch zu befestigen, mit dem sie – im Gegensatz zu den Jungfrauen, die sich in der Werbephase befinden – die Brüste verhüllen.[52] Noch im vergangenen Jahrhundert spannten sich die jungen, unverheirateten Sardinnen in einigen Gegenden der Insel eine farbige Schnur in der Weise über das Hemd, daß die Brüste plastisch hervortragen,[53] wohingegen es bei den Sakuddai auf den Mentawai-Inseln westlich von Sumatra die verheirateten Frauen waren, die sich ein Rotanband äußerst straff über die Brüste spannten, um die Milchproduktion anzuregen.[54]

§ 20
Die ›Enterotisierung‹ der Mutterbrust

Während in einigen Gesellschaften die jungen Mädchen, die sich auf dem Heiratsmarkt befanden, die Brüste zur Werbung unbedeckt trugen, scheint es sich freilich in den meisten eher so verhalten zu haben, daß gerade die Jungfrauen den Oberkörper verhüllten, um nicht Wünsche entstehen zu lassen, die sie noch nicht erfüllen durften.
Allerdings scheint es für die jungen Mädchen zunächst auch durchweg schwierig zu sein, die sich bildenden Brüste in ihr »Körperschema« zu integrieren, und gerade diese erogener werdenden Körperteile erzeugen Scham und Unsicherheit.[1] Dies ist die Zeit, in der viele Mädchen beim Duschen mit den Händen und Armen die Brüste bedecken[2] und in welcher sie am ›Oben ohne‹-Strand auch dann das Oberteil anbehalten, wenn alle Frauen um sie herum ihre Brüste entblößt haben. »À la période où elles commencent à avoir des seins«, so eine Anhängerin des ›Oben ohne‹-Gehens, »toute cette periode-là, ce sont des seins cachés.« Häufig dauert diese Zeitspanne ungefähr vom dreizehnten bis zum siebzehnten Lebensjahr, bisweilen aber bis zum Alter von 25, 30 oder gar 40 Jahren, bis die Frauen unter anderem auch deshalb, weil sie beweisen wollen, wie jugendlich und attraktiv ihr Körper geblieben ist, wieder die Brust entblößen.[3]
In extremen Fällen vermeiden junge Mädchen nicht nur die Entblößung der Brüste vor anderen, insbesondere vor Angehörigen des männlichen Geschlechts, vielmehr lehnen sie die weiblichen Formen überhaupt ab. Anorektikerinnen sind meist nicht gegen Fett und Gewicht an sich eingestellt, sondern vornehmlich gegen die weiblichen »Ausbuchtungen«. »If I only could eliminate my breasts, cut them off if need be«, meinte z.B. ein Mädchen, das sich wünschte, androgyn zu sein. Andere möchten sogar »reine Seelen« im doppelten Sinne der Bedeutung werden, Wesen ohne Körper, denen es

gelungen ist, das irdische Gefängnis zu verlassen. Und der Markt hat dies sogleich erkannt: »Now«, so lautet beispielsweise eine amerikanische Werbung, »get rid of those embarrassing bumps, bulges, large stomach, flabby breasts and buttocks!«[4]

In den meisten Gesellschaften kommt es zu solchen Extremen zwar nicht, doch findet man selbst dort bei adoleszenten Mädchen nicht nur häufig die typische ›Die-Schulter-vor-die-Brust-rein-Haltung‹,[5] sondern auch das Bestreben, mit den Armen oder mit Kleidungsstücken die wachsenden Brüste zu verbergen. So haben beispielsweise die Ethnologen vom »Parka-Syndrom« der jungen Kupfer-Eskimo-Mädchen gesprochen: Sobald deren Brüste anfingen zu wachsen, öffneten die Mädchen bei Anwesenheit von Männern ihre Parkas nicht mehr, und während die vorpubertären Mädchen beim Betreten einer Wohnung als erstes ihren Parka auszogen, behielten die älteren Mädchen ihn stets an.[6] Auch bei den Nunamiut-Eskimo hatten die jungen Mädchen eine große Brustscham, und die älteren Männer pflegten sie bisweilen damit zu ärgern, daß sie sagten, ihre Rundungen seien schön geworden, oder daß sie sogar nach ihren Brüsten griffen.[7]

Sobald bei den Pala auf Neu-Irland die Brüste zu wachsen begannen, legten sich die Mädchen in alten Zeiten den aus zwei Kränzen bestehenden *huduhudu* über die Brüste – in späterer Zeit waren es Tuchlappen –, und zwar so, daß »die Männer die Brüste nicht sehen« konnten. Auf diese Weise wurde nicht nur dem erwachten Schamgefühl Rechnung getragen, vielmehr hieß es, daß die Brüste dadurch auch schneller wachsen und voller würden.[8] Bei den Algonkin an der Küste von Virginia schließlich trugen zwar im 16. Jahrhundert sämtliche Mädchen und Frauen den Oberkörper frei (Abb. 140), doch über die entwickelten oder sich in der Entwicklung befindlichen Jungfrauen wurde berichtet: »They lay their hands often vppon their Shoulders, and couer their brests in token of maydenlike modestye.«[9]

Die Frauen der Negritos im Osten Luzons trugen zwar den

140 Frau und kleines Mädchen (mit englischer Puppe) der Virginia-Indianer. Kupferstich von Theodor de Bry, 1590.

Oberkörper unbedeckt, doch wenn bei den Mädchen die Brüste zu sprießen begannen, zogen jene den *tapis* so weit hoch, daß er den ganzen Brustkorb bedeckte. Jetzt war die Brust der Mädchen erotisch geworden, und wenn die Mütter ihre Töchter dabei beobachteten, wie sie ihre Hand unter das Gewand schoben und an ihren Brustwarzen spielten, sagten sie ihnen, daß sie dies gefälligst bleiben lassen sollten.[10]

141 Jungfrau der Virginia-Indianer.
Kupferstich von Theodor de Bry, 1590.

Bei den südostafrikanischen Ndau verhüllten die jungen Mädchen als Zeichen ihrer Keuschheit die Brüste, während die verheirateten Frauen, vor allem wenn sie stillten, den Oberkörper frei tragen durften,[11] und ähnlich hielten es auch die rhodesischen Karanga: Sobald sich die ersten Anzeichen von Brüsten bemerkbar machten, erhielt das Mädchen ein dekoriertes Tuch, mit dem sie dieselben bedecken konnte und welches sie erst dann wieder ablegte, wenn sie ein Kind geboren hatte. Dann durften oder sollten die Brüste keine erotische Bedeutung mehr haben, und die Frauen zogen ihre Brustwarzen beständig heraus, damit sie besser zum Stillen geeignet waren, oder sie benutzten zu diesem Zwecke eine kleine Wasserspinne (*nyungurugwi*), deren Biß die Nippel stark anschwellen ließ.

Mit Beginn der Pubertät bedeckten auch die jungen Mädchen der indischen Baiga ihre Brüste, doch während des Karma-Tanzes beugten sich manche von ihnen so weit vor, daß die Jungen Stielaugen und eine Erektion bekamen, zumal sich die Brüste dann auch noch rhythmisch hin und her bewegten. Man kann die Baiga nachgerade als ›brustfixiert‹ bezeichnen, denn das allererste, worauf ein Mann bei einer Frau schaute, waren ihre Brüste. Sie konnte ansonsten häßlich sein wie die Nacht – die Hauptsache war, daß ihre Brüste fest und rund, aber nicht zu groß und fett waren.[12] Die Männer sagten, das Schönste auf Erden sei es, solche Brüste in den Händen zu halten – »Man könnte auf ewig zwischen ihren Brüsten leben!« – und sie zu kneten, bis die Frau rief: »Hör auf, hör auf, ich kann es nicht mehr aushalten!« Doch mußten die Brüste ›stehen‹, sie waren nur attraktiv, »solange sie fest und rund wie Feigen sind; wenn sie wie ein Sack fallen, lassen wir sie in Ruhe!«[13]

Auch bei den Santal in Bihar ließen sich die jungen unverheirateten Frauen – im Gegensatz zu den Müttern – kaum ›oben ohne‹ sehen, insbesondere nicht vor dem Mann ihrer jüngeren Schwester, falls diese verheiratet war. Allerdings wurde der *sāṛi* so um den Leib gewunden, daß ein Teil der rechten und ein kleinerer der linken Brust frei blieb, und wenn die Frauen auf dem Feld arbeiteten, boten sie nicht selten tiefe Einblicke, worauf die Männer lauerten. Auch diese schauten, wie die Baiga, bei einer Frau als erstes auf die Brust, was in zahllosen Volksliedern besungen wurde, aber noch lieber faßten sie hin, was als große Beleidigung galt, und bei gemischten Tänzen wie dem *lagṛen* versuchten die Männer, wenigstens mit dem Ellenbogen ›unabsichtlich‹ die Brüste der jungen Mädchen zu streifen. »O Schwägerin«, sagt in einem Lied ein junger Mann, »lege doch meine Hand auf deine Brüste, o Schwägerin, nimm meine Hand!« Worauf sie antwortet: »O Junge, ich könnte deine Hand auf meine Brüste legen, aber was tun, wenn dabei meine Armreifen klirren? Oder was, wenn dies meine Fußringe tun? Wenn dein Bruder uns erwischt, was, o Junge, wird dann geschehen?« Das sexuelle Vorspiel bestand bei den Santal vor allem darin, daß der Mann die Brüste der jungen Frau knetete, und auch während des Geschlechtsaktes selber hielt er häufig beide Brüste in seinen Händen. Hatte eine Frau indessen ihr erstes Kind geboren, berührte kein Mann mehr ihre Brüste, und es galt auch kaum als unschicklich, wenn jemand ihren nackten Oberkörper sah.[14]

Bei den gleichermaßen in Bihar lebenden Munda bedeckten die Frauen mittleren und hohen Alters selten den Oberkörper, doch die jungen Mädchen und auch die jungen verheirateten Frauen mit noch stattlichen Brüsten trugen zusätzlich zum *sārī* ein langes Unterhemd,[15] und bei den Bhil waren die Jungfrauen, was ihre Brüste betraf, so heikel, daß sie ihr Leibchen selbst nachts nicht auszogen.[16]

Die Mädchen der Akha erhielten im Alter von 13 oder 14 Jahren eine breite Brustbinde, die seitlich zugebunden und unter der Jacke getragen wurde. Frauen mit kleinen Kindern konnte man hingegen bei warmem Wetter häufig mit offener Jacke und ohne Brusttuch, bisweilen sogar mit völlig unbedecktem Oberkörper in der Öffentlichkeit sehen, wobei sie bis zu den Beckenknochen entblößt waren, da der Rock sehr tief saß.[17] Wuschen sie jedoch ihre Brüste und es waren Männer in der Nähe, so kehrten sie diesen den Rücken zu.[18] Die jungen Männer waren sehr scharf darauf, den Mädchen an die Brüste zu fassen,[19] und sie taten dies auch bei den Jungfrauen und Frauen der Jumbri, im Urwald lebenden Wildbeuterbands, die auch Phi Tong Lŭang, »Geister der Gelben Blätter«, genannt wurden. Wenn diese harmlosen Leutchen, deren weibliche Angehörige sämtlich den Oberkörper frei trugen, in die Nähe der Akha-Dörfer kamen, wurden die jungen Mädchen und Frauen häufig nicht nur gegen ihren Willen an den Brüsten befummelt, sondern regelrecht vergewaltigt, weshalb sie es sich angewöhnten, den Brustbereich vor Fremden mit den Armen zu bedecken (Abb. 142).[20] Im Kali-Gandaki-Tal im

142 Frau der Jumbri im Quellgebiet des Menam, 1937.

Nordwesten Nepals widerfuhr dieses Schicksal auch leichtbekleideten westlichen Touristinnen, die zur sexuellen Beute von Männern der Thakali, einer dort lebenden tibeto-burmanischen Ethnie, wurden. Bei den Thakali entblößen junge Mädchen und die jüngeren Frauen ihre Brüste nie – selbst wenn sie sich im Hause mit nacktem Oberkörper waschen, werden die männlichen Familienmitglieder ins Freie geschickt.[21]

Sprossen bei einem Mädchen der Ata Kiwan im äußersten Osten der Insel Flores die Brüste, so bedeckte es traditionellerweise mit dem Sarong (*emú*) die Brüste und die Schultern sowie mit einem – *babuk* genannten – Tuch den Nacken.[22] In diese Zeit fiel auch die Reifefeier, bei der es einen Ponyschnitt (*k'nolek*) erhielt, nachdem ihm bereits vorher die Zähne abgefeilt worden waren. Im Heiratsalter wurden der Hals, die Schultern und die Arme wieder entblößt,[23] doch die Brüste blieben bedeckt, und es wäre ungeheuer schamlos gewesen, wenn ein junges Mädchen in der Öffentlichkeit ihren Oberkörper entblößt hätte.[24] Ja, es scheint, daß zumindest heute manche Jungfrauen nicht einmal beim Baden in einem geschlossenen Raum die Brüste entblößen: Als einmal eine Giftschlange ins Gehöft gekrochen kam und lautes Geschrei

143 Verheiratete Frau mit Kindern (*ẽ'ma*)
aus dem Dorf Belogili, Ostflores, 1986.

ertönte, stürzte eine junge, unverheiratete Frau aus dem Badehaus, in dem sie sich gerade wusch. Sie hatte sich *über* dem Sarong eingeseift und zupfte an dem nassen Stoff, damit sich ihre Brüste nicht allzu deutlich abzeichneten.

Bekam eine Frau allerdings ihr erstes Kind, dann ›rutschte‹ der Sarong wieder nach unten und die Brüste wurden frei getragen – »Ein Kind öffnet die Brust«, sagen die Ata Kiwan noch heute,[25] obgleich es nicht mehr allgemein üblich ist, daß Mütter älterer Kinder mit nacktem Oberkörper in der Öffentlichkeit erscheinen (Abb. 143).[26] Während ein Informant mir sagte, der unbekleidete Oberkörper der Frauen sei mit der Einführung der »neuen Religion« verschwunden,[27] erklärte ein anderer, mit der Errichtung der Schule in Belogili im Jahre 1953, als auch sämtlichen Männern die langen Haare abgeschnitten wurden, hätten die Frauen nach dem Abstillen wieder die Brüste verhüllt.[28] Wie dem aber auch sein mag, Tatsache ist, daß die Brüste einer Frau im Gegensatz zu denen der jungen Mädchen, die in jeder Hinsicht als äußerst attraktiv gelten,[29] aus dem sexuellen Verkehr gezogen werden, sobald sie ihr erstes Kind stillt: Die Männer hören damit auf, an ihren Brüsten zu spielen, und beschränken sich darauf, ihre Hinterbacken, Lenden und Oberschenkel zu kneten. Auch auf der benachbarten Insel Alor galten die – im übrigen frei getragenen – jugendlichen Brüste als ungemein erotisch, und ein gängiger Ausdruck für den Koitus war »einem Mädchen an den Brüsten zupfen«. Wenn eine junge Frau einen Mann verführen wollte, dann faßte sie vor ihm an ihre Brüste, und es hieß allgemein, daß keine Frau einem Mann widerstehen konnte, sobald es diesem gelungen war, ihre Brüste zu streicheln: »Unsere Hände gehen überall hin«, so drückte ein junger Alorese es aus, »und betasten die Brüste eines Mädchens. Das läßt ihre Seele wegfliegen, und sie muß mit dem Mann schlafen.«[30]

Stillende und ältere Frauen tragen auch auf den anderen ostindonesischen Inseln die Brüste frei (Abb. 144),[31] sowie bei den Dusun im Norden Borneos, wo die jungen Mädchen über dem Oberkörper ein straff gespanntes blaues Tuch und meist noch zusätzlich zwei oder drei fest sitzende Rotanbänder an-

144 Sumbanesische Mutter mit Säugling und junges Mädchen (im Hintergrund).

legten, damit sich ihre Brüste so wenig wie möglich abzeichneten.³² Heute tragen die Dusunmädchen die Brüste zur Geltung bringende Blusen, was die jungen Männer sehr erfreut, die viel Zeit damit verbringen, darüber zu spekulieren, wie groß und hart jeweils die Brüste sein mögen, wie sie sich wohl anfühlen usw.³³ Früher wurde das Brusttuch erst entfernt, wenn eine Frau ihr erstes Kind geboren hatte, und ab dann bewegte sie sich wieder wie die kleinen Mädchen mit nacktem Oberkörper in der Öffentlichkeit.³⁴

Bei den Ata Kiwan konnte man beobachten, daß selbst die Brüste junger Mütter relativ schnell anfingen zu hängen und sich auch aus diesem Grunde ›enterotisierten‹. So sitzen auch bei den nordindischen Jāṭ, die ansonsten eine ausgeprägte Brustscham haben, bei heißem Wetter die alten Frauen mit nacktem Oberkörper im Hof, ohne Scham (śarm) zu empfinden, da ihre schlaffen Brüste keinerlei erotische Bedeutung mehr haben.³⁵

Wenn früher bei den Atchwabo, den Asena und anderen Stämmen am Quaquafluß in Moçambique die Brüste eines Mädchens zu wachsen begannen, band ihnen die Mutter, wie schon Linschoten im Jahre 1599 berichtete, häufig ein Tuch darüber, in jedem Falle aber einen Strick. Als ein Ethnologe die Frauen fragte, warum sie dies taten, antworteten sie: »Die Brüste zittern. Wenn die Männer das sehen, dann brennen sie. Wir sagen es den Mädchen.« Zur Hochzeit erhielten die Mädchen ein größeres Tuch, welches sie erst ablegen durften, wenn ihre Brüste nicht mehr ›standen‹ und »zittern« konnten, was bisweilen nach der Geburt des ersten, meist aber nach der des zweiten Kindes der Fall war. Hingen die Brüste herunter, galten sie als unerotisch und waren nicht länger schambesetzt.³⁶ Das Zittern, Wackeln und Wogen fester, jugendlicher Brüste beim Gehen, Laufen oder Tanzen galt und gilt in den verschiedensten Gesellschaften als hocherotisch, weshalb sich manche Tänzerinnen die Brüste festbanden (Abb. 145) oder andere nur dann mit nackten Brüsten auftreten durften, wenn sie sich nicht bewegten.³⁷ Als im Jahre 1950 in Afrika der

145 Mitglied des Buto-Tanztheaters *Ariadone*, 1985.

Metro-Goldwyn-Mayer-Film ›Die Diamanten des Königs Salomo‹ gedreht wurde, ordnete der Regisseur an, daß auf keinen Fall wackelnde oder hüpfende nackte Eingeborenenbrüste zu sehen sein dürften,[38] doch was man gerne der amerikanischen Prüderie anlastet, findet man auch in Kulturen, denen man solche Befangenheiten kaum zutraut: Im westlichen Arnhemland liebten die Aborigenes zwar auch fette und durch ihr Gewicht hängende Brüste – im Pidgin »fall-down milk« genannt –, doch standen besonders feste runde Brüste hoch im Kurs.[39] Allerdings wurden die jungen Mädchen und Frauen ermahnt, sich so zu bewegen, daß ihre Brüste nicht allzusehr wackelten oder auf und nieder hüpften, da dies als Aufforderung zum Beischlaf empfunden wurde.[40] So sprangen beim erotischen Sprungtanz (*gumana*) die jungen Frauen der Dieri auf und ab und ließen die Brüste hüpfen oder hielten sie mit beiden Händen hoch,[41] und auch die Mbutimädchen ließen bei gewissen Tänzen die Brüste wackeln, um die jungen Männer sexuell zu

146 Junge Mädchen der Hadjerai beim Tanz.

erregen.[42] In den kalifornischen Toplessbars der sechziger Jahre brachten die Tänzerinnen gegen eine Extrabezahlung von mindestens einem halben Dollar ihre Brüste auch zum Wackeln und Hüpfen, doch wer weniger bot, bekam eine Abfuhr: »I said, ›For a quarter, I don't wanna.‹ They bounce enough without any buying about it.«[43]

Wegen dieser stimulierenden Wirkung der zitternden oder sogar hüpfenden Brüste gibt es an den ›Oben ohne‹-Stränden viele Frauen, die ihr Oberteil anlegen, wenn sie aufstehen, um irgendwohin zu gehen oder gar zu laufen oder mit dem Ball zu spielen, und an französischen Stränden scheint insbesondere für Frauen mit sehr großen Brüsten der unausgesprochene Imperativ zu gelten, liegen zu bleiben.[44]

Im 16. Jahrhundert bezeichnete Philibert de Vienne die Damen am Hofe Heinrichs III. als öffentliche Huren, weil sie ihre Brüste »zittern« ließen, um all jene Höflinge zu erregen, die für heterosexuelle Reize noch zugänglich waren,[45] wohin-

147 Junges Mädchen der Dangaleat.

gegen anständige Frauen sich Mühe gaben, ihre Brüste ›stillzulegen‹. So wurde beispielsweise in der Oberlausitz das Mieder über einem aus Pappe gefertigten und mit buntem Stoff überzogenen Brustlatz, dem sogenannten »Miederbrett« geschnürt, welches die Aufgabe hatte, die Brüste der jungen Mädchen am Wackeln und Hüpfen zu hindern – sie sollten nicht »schwoapperch« [= schwappend] gehen wie die Städterinnen, und aus diesem Grunde mußten auch die jungen Schwälmerinnen in Oberhessen einen steifen »Bruststecker« im Mieder tragen, was man als »Verbretterung der Jungfrauen« bezeichnete.[46]

Freilich sind im allgemeinen die Brüste der Jungfrauen nicht allein deshalb erotischer, weil sie fester sind und verführerisch zittern und wackeln. Zum einen hat man festgestellt, daß die Brüste junger Mädchen meist erogener sind als die von Müttern, und jungfräuliche Brüste vergrößern ihr Volumen unmittelbar vor dem Orgasmus um ⅕ bis ¼, was bei Frauen, die einmal gestillt haben, nicht mehr der Fall ist.[47] Zum anderen scheint es für die Menschen in den verschiedensten Gesellschaften sehr schwierig zu sein, eine Kompatibilität zwischen den beiden Funktionen der weiblichen Brüste herzustellen, weshalb im 17. Jahrhundert einige Autoren in Neuengland meinten, nach dem Willen Gottes seien die Brüste eine Nahrungsquelle für die Kinder und sonst gar nichts.[48] Und in unserer Zeit erklärte eine stillende Frau: »Ich fühle mich wie zweigeteilt: meine Brust und die obere Hälfte meines Körpers gehören dem Baby, während meine Geschlechtsorgane und die untere Körperhälfte meinem Mann gehören.«[49] Anscheinend ›enterotisieren‹ sich bei vielen Frauen die Brüste, sobald sie stillen, d.h., sie werden nicht länger sexuell stimuliert, wenn ein Mann sie dort berührt oder liebkost, und bei manchen Müttern hält diese sexuelle Unempfindlichkeit nach dem Abstillen noch jahrelang an.[50] Aber auch manche Männer möchten nicht an den Nippeln ihrer Sexualpartnerin saugen, selbst wenn diese noch ein junges Mädchen ist, weil sie damit Gestilltwerden assoziieren und geradezu Inzestgefühle haben: »There's some girls that like their nipples kissed and played with. But to tell you the truth, I feel like a goddamned baby sucking a tit, I mean it really turns me off when some gal asks me to do that.«[51]

148 Junge Mädchen der Woodaabe in Niger.

149 Verheiratete Frauen der Woodaabe.

Manche Männer der Mohave hatten offenbar das Bedürfnis, die Nippel ihrer Partnerinnen oral zu stimulieren, doch war ihnen das verboten, weil das Saugen an den Brustwarzen einer Frau ein Verwandtschaftsverhältnis zwischen den beiden hergestellt hätte, so daß der anschließende Koitus auf einen Inzest hinausgelaufen wäre.[52]

Junge Mädchen bedecken bei den Woodaabe, einer Fulbe-Gruppe in Niger, den Oberkörper fast völlig (Abb. 148), doch unmittelbar nach der Geburt ihres ersten Kindes legen die Frauen für immer ihre Blusen ab und bewegen sich mit nacktem Oberkörper in der Öffentlichkeit (Abb. 149). Dabei tragen sie eine über den Brüsten baumelnde apotropäische Talismankette, die ihren Mutterstatus signalisiert und jedem Mann – auch dem eigenen – kundtut, daß die Brüste fortan nicht mehr berührt werden dürfen.[53] Bei den Chichimeken durfte ein Mann bei seiner Frau praktisch alle Teile ihres Körpers küssen außer den Brüsten,[54] und bei den Tamilen durfte er diese nicht einmal flüchtig berühren.[55]

Wenn ein Mann der Dusun mit den Brüsten seiner Frau, die sie, wie wir gesehen haben, unbedeckt trug, gespielt oder gar ihre Nippel gelutscht hätte, wäre dies Inzest gewesen, und man sagte, daß zwar die Vagina dem Mann, die Brüste aber dem Kind gehörten,[56] und bei den Mundugumor sagten zwei klassifikatorische Schwestern, die zueinander in einer »Scherzbeziehung« standen, wenn sie einander hochnehmen wollten, »Ich glaub', dein Liebhaber trinkt Milch aus deinen Brüsten!«, was unter normalen Umständen eine schlimmere Beleidigung gewesen wäre als: »Du fickst ja wirklich mit jedem herum!«[57]

In Süditalien durfte schließlich früher kein Mann auf geile Weise auf die entblößte Brust einer stillenden Frau schauen, da er sonst mit üblen Konsequenzen rechnen mußte. Als beispielsweise kurz nach der Jahrhundertwende ein Mann an einer jungen Mutter vorüberging, die gerade ihr Kind angelegt hatte, und Verlangen nach »suo petto bianco e prosperoso« verspürte, empfand er angeblich etwas später ein heftiges Zucken in seiner Brust, und als er sie anfaßte, fühlte er, daß sie voller Milch war.[58]

§21
Die Töchter des Regen- und
die des Handelsgottes

Zu den falschen Vorstellungen, die man sich über die Erotik und die Schambesetzung der weiblichen Brüste in fremden, angeblich weniger zivilisierten Gesellschaften zu machen pflegt, haben gewiß auch all jene Photographien und Bilder beigetragen, auf denen man junge Mädchen sehen kann, die sich nackt oder wenigstens halbnackt in der Öffentlichkeit bewegen. So hat man beispielsweise aus einer Skizze des Malers Friedrich Kurz gefolgert, daß die Jungfrauen der Prärie- und Plains-Indianer sich noch um die Mitte des vergangenen Jahrhunderts sogar einem wildfremden Mann unbekümmert gleichsam als Aktmodell zur Verfügung gestellt hätten (Abb. 150), ohne daß man sich darüber Gedanken machte, wie solche Bilder überhaupt zustande gekommen sind.

Kurz selber berichtete indessen freimütig, wie er sich wäh-

150 Nackte Jungfrauen der Crow. Skizze von
Rudolph Friedrich Kurz, 1848.

rend seines Aufenthaltes bei den Arikara, mit einem Fernglas bewaffnet, hinter einem Fuhrwerk versteckte: »Hatte einen interessanten Anblick auf etwa fünfzig badende Mädchen und Weiber. Da diese sich unbeachtet und versteckt glaubten, gaben sie sich ganz ihren natürlichen Scherzen hin; fand einige zierliche Figuren unter ihnen; so schlank, geschmeidig und doch rund, doch fest. Wie sie sich spreizten und balgten, hinter den angeschwemmten Baumstämmen versteckten, und wieder andere träumerisch sich von der Sonne trocknen ließen, in so natürlichen, ungezierten und doch zierlichen Stellungen!« Doch selbst wenn sie unter sich badeten, scheinen die geschlechtsreifen Mädchen im Gegensatz zu den vorpubertären nicht nur den Schambereich, sondern auch die Brüste mit Händen und Armen bedeckt zu haben, denn über die – anscheinend wiederum mit dem Feldstecher erlegten – Mädchen der Mandan und der Gros Ventre (Atsina) schrieb der schweizerische Maler: »Mädchen gehen nackt bis ins dritte, Buben bis ins sechste Jahr, dabei saugen sie oft noch. – Beim Baden der Mädchen kann man gewöhnlich sogleich durch ihre Manieren sehen, ob sie noch unschuldig im eigentlichen Sinne des Wortes (moralisch und körperlich genommen) seien. Ein unschuldiges Mädchen schämt sich nicht, es weiß nicht warum, unbedeckt springt es herum, jagt und spritzt seine Kameraden, jauchzt und lacht so gemütlich, wie wenn die ganze Welt sein wäre; nicht so das schuldbewußte Mädchen; es weiß, was es weiß, bedeckt die Teile à la Venus, lacht nicht mehr in den Tag hinein, sondern sinnt dem nach, was es weiß, was es wünscht oder fürchtet.«[1]

Eine Frau der Blackfeet berichtete, daß in den alten Zeiten eine abgelegene Stelle des Flusses oder des Sees für die Frauen und Mädchen reserviert gewesen sei, doch um völlig sicher zu sein, daß kein Voyeur sich anschlich, hätten die meisten mit dem Baden gewartet, bis die Männer auf die Jagd gegangen waren.[2]

Wenn die Mädchen der Cheyenne und der Arapaho geschlechtsreif wurden, erhielten sie eine Decke, mit Hilfe de-

151 Studioaufnahme einer jungen nordamerikanischen
Indianerin von Will Soule, spätes 19. Jh.

ren sie die Formen ihrer Brüste, die sich durch die Kleidung abzeichneten, verbergen und die sie auch vor Männern über das Gesicht ziehen konnten.³ Die Jungfrauen der Kansa und der Osage kämmten aus diesem Grund im Gegensatz zu den verheirateten Frauen, die das Haar auf dem Rücken trugen, ihre langen Haare über die Brüste,⁴ und bei den jungen Indianerinnen, die von den Photographen für Studioaufnahmen häufig so drapiert wurden, daß ihr Oberkörper nackt zu sehen war (Abb. 151),⁵ handelte es sich um Entwurzelte oder um Prostituierte. Denn wenn ein junges Mädchen der Lakota, Oglala, Cheyenne, Arapaho oder anderer Stämme der großen Ebenen von einem jungen Mann mit nackten Brüsten oder sogar ganz nackt gesehen wurde, hatte es seine Ehre verloren, und diese konnte nur wiederhergestellt werden, indem der Betreffende es heiratete.⁶ Gelang es einem Mann gar, ein Mädchen an seinen Brüsten oder an dem Keuschheitsgürtel, den es beim Schlafen und in der Öffentlichkeit trug, zu berühren, hatte die Betreffende nicht nur ihre Jungfräulichkeit verloren. Vielmehr lief der Frechdachs Gefahr, von den weiblichen Verwandten der Entehrten mit dem Messer, das die Frauen stets bei sich trugen, erstochen zu werden, und er konnte von Glück reden, wenn man ihm lediglich das Tipi zerstörte.[7]

Zwar verrichteten noch im vergangenen Jahrhundert z. B. die Frauen der Kansa oder der Blackfeet gelegentlich an heißen Sommertagen gewisse Arbeiten ›oben ohne‹, doch handelte es sich dabei stets um *Mütter* und nie um Jungfrauen oder junge kinderlose Frauen.[8] Und selbst dies scheint nicht für alle Stämme gegolten zu haben, denn es heißt, daß beispielsweise die Oglala-Frauen am »Durchbohren« (»piercing«) während des ›Sonnentanzes‹ nicht teilnahmen, weil sie sonst gezwungen gewesen wären, vor den Männern die Brüste zu entblößen, und deshalb schnitten sie sich ersatzweise kleine Fleischstückchen aus den Armen und den Beinen.[9] Die Lakota-Frauen benutzten normalerweise ihre eigenen Schwitzhütten, doch in den seltenen Fällen, in denen sie gemeinsam mit den Männern die Hütten aufsuchten, blieben sie völlig bekleidet, so daß auch der Oberkörper bedeckt war.[10] Was es für eine Frau der Plains-Indianer bedeutete, von einem Mann nackt gesehen zu werden, veranschaulicht schließlich auch eine Zeichnung Catlins, auf der ein Mandan seine entsetzte Frau – möglicherweise eine Konkubine von niedrigem Status – mit Gewalt festhält, damit der Maler einen indianischen Akt skizzieren kann.[11]

Auch für die Nordwestküsten-Indianerinnen scheint gegolten zu haben, was bereits James Cook im April 1778 über die Frauen der Nootka in seinem Tagebuch notierte, daß sie nämlich »are always decently clothed and seemed to be bashfull and modest«.[12] Nachdem Georg von Langsdorff im Jahre 1805 die Tlingit besucht hatte, berichtete er, daß die Frauen nie die Brüste entblößt und stets ein langes Gewand (*lak*), das vom Hals bis zu den Unterschenkeln und den Armgelenken reichte, getragen hätten, und andere Reisende ergänzten, daß sie dieses Kleid nicht einmal vor anderen Frauen auszogen.[13]

Von den Frauen der Kwakiutl ist überliefert, daß sie ihren Oberkörper ausschließlich bei bestimmten Tänzen während der Winterrituale auch bei Anwesenheit von Männern nicht bedeckten, doch nach anderen Quellen taten sie dies auch bei warmem Wetter im Freien. Wie allerdings aus Photos vom Jahre 1873 hervorzugehen scheint, trugen nur die vorpubertären Mädchen und die Mütter den Oberkörper frei.[14] Auch bei den Klamath achteten die Jungfrauen sehr darauf, daß niemand ihre nackten Brüste sah, und die einzige Ausnahme bestand darin, daß ein junges Mädchen während seiner Ausbildung zur Medizinfrau mit freiem Oberkörper ins Dampfbad (*ur-girk*) geführt wurde.[15]

Einander widersprechende Informationen gibt es diesbezüglich über die weiter südlich lebenden Stämme und Bands, denn während beispielsweise eine alte Papago-Frau über ihre Vorfahrinnen verlautete, »those girls had nothing on above the waist«, geht aus zeitgenössischen Berichten hervor, daß nur die älteren, nie aber die jüngeren Frauen der Papago die Brüste in der Öffentlichkeit unbedeckt trugen.[16] Letzteres taten ursprünglich auch die Frauen der kalifornischen Indianergruppen wie beispielsweise der Kawaiisu[17] oder der Miwok in der Südlichen Sierra, die zumindest bei außergewöhnlicher Hitze die Bekleidung des Oberkörpers ablegten. Deshalb bestand um die Mitte des vorigen Jahrhunderts eine der ersten ›zivilisatorischen‹ Maßnahmen darin, die Miwokfrauen aufzufordern, sich schicklicher zu kleiden (»that the squaws should be decently clad«), und zwar mit einem knielangen Hemd. Der Grund für diese Maßnahme waren nicht nur die amerikanischen Schamstandarde. Vielmehr ging man davon aus, daß die zahlreichen Vergewaltigungen von Frauen der kalifornischen Indianer durch weiße Siedler darauf zurückzuführen seien, daß die Geschlechtslust der Männer durch die nackten Brüste angestachelt werde.[18] Über die barbusigen Frauen, die mit Tierweibchen verglichen wurden, hieß es 1857 im *San Francisco Bulletin*, unter anderem beweise deren nackter Oberkörper, daß sie »had less intellect than the Indians generally inhabiting the country east of the Rocky Mountains«. Ganze Banden von weißen Siedlern fielen über die wehrlosen Indianer her, vergewaltigten und raubten die jüngeren Frauen und verkauften sie anschließend, wobei die Ware nach »fair, middling, inferior, refuse« gestaffelt war. Eine sehr hübsche kalifornische Indianerin konnte den weißen Räubern gut und gerne $ 100 einbringen.[19]

Auch die Frauen der Havasupai, Mohave, der Südlichen Paiute, Irokesen, Manhattan, Huronen und anderer nordamerikanischer Ethnien trugen im Sommer zumindest manchmal den Oberkörper frei,[20] und typischerweise schrieb im Jahre 1791 ein Reisender über die Frauen der Quapaw im heutigen Arkansas, die bei sehr warmem Wetter lediglich einen knielangen Rock aus Hirschleder anhatten, daß sie »very innocently displayed their Navals, although the curious eye might have explored other parts which civilized Nations industriously conceal«.[21]

Freilich galt es als sehr unschicklich, diese »other parts« zu erkunden, doch genau das war es, was viele Weiße taten, die den Indianerinnen auf die nackten Brüste glotzten.[22] Deshalb gingen viele Frauen dazu über, bei Anwesenheit weißer Männer die Hände vor die Brüste zu halten oder sie mit Tüchern zu bedecken wie die Frauen der Karaïben am Barama-Fluß, die es leid waren, ständig von den Engländern angestarrt zu werden.[23] Auch die Frauen der Katukina pflegen die Brüste verhüllende Kleider anzuziehen, wenn sie in Gegenden kommen, wo sie brasilianische Männer vermuten, nachdem sie von diesen in der Vergangenheit häufig abgetastet und anschließend vergewaltigt worden waren.[24]

Bei anderen nordamerikanischen Ethnien scheint es wiederum üblich gewesen zu sein, daß selbst ältere Frauen die Brüste stets bedeckten. So berichtete um die Mitte des 19. Jahrhunderts Generalmajor Oliver Howard, daß die Frauen und Mädchen der Seminolen in Florida nie den Oberkörper entblößt hätten.[25] Zu ihrem 12. Geburtstag erhielt ein Seminolemädchen eine Kette aus Glasperlen, die sie über ihrem

Ausschnitt trug. Jedes Jahr gab man ihr eine weitere Kette, bis ihr ganzer oberer Brustbereich sowie der Hals mit Ketten bedeckt waren, und ohne diese Ketten, die sie nur zum Schlafen ablegte, hätte sich eine junge Seminolin in der Öffentlichkeit zu Tode geschämt. In mittlerem Alter legten indessen die verheirateten Frauen Jahr für Jahr eine Perlenkette ab, so daß ihr Dekolleté wieder entblößt wurde, doch die letzte Kette, die sie mit zwölf Jahren erhalten hatten, verblieb ihnen auch nach dem Tod.[26]

Ältere Navahofrauen nehmen auch heute noch gelegentlich mit nacktem Oberkörper an gewissen Ritualen teil, doch hätten die jüngeren Frauen oder gar die Mädchen so etwas nie getan, und als der Arzt und Ethnologe Leighton beauftragt wurde, junge Navahomädchen medizinisch zu untersuchen, wagte er es erst gar nicht, sie darum zu bitten, den Oberkörper »frei zu machen«.[27] Bei den als sehr ›freizügig‹ geltenden Hopi waren die Brüste der Mädchen und Frauen herkömmlicherweise sehr schambesetzt bis auf die von Greisinnen und stillenden Müttern,[28] wobei das traditionelle Hopikleid allerdings so geschnitten war, daß die linke Schulter frei blieb und das Kind auf dezente Weise gestillt werden konnte, indem die Mutter die Brust ein Stückchen herauszog.[29]

Die Kickapoo sollen einst so schamhaft gewesen sein, daß sie selbst bei Geschlechtertrennung nie nackt im Fluß badeten, und beim Umziehen waren vor allem die Frauen so geschickt, daß keinesfalls anstößige Körperteile wie z. B. die Brüste zu sehen waren.[30] Über die außerordentliche Schamhaftigkeit der Apachefrauen, die stets den Oberkörper verhüllten, verbreitete sich bereits im Jahre 1541 Pedro de Castañeda, und selbst ein frommer Mann wie Fray Alonso Benavides wunderte sich im Jahre 1629, daß die Frauen von Wilden so »ehrenhaft« gekleidet sein konnten.[31] Auch in späterer Zeit hätte keine nichtstillende Frau jemals in der Öffentlichkeit ihre Brust entblößt, und als einst eine Gruppe von jungen Frauen und Mädchen der Westlichen Apache, die mit nacktem Oberkörper beim Baden von Feinden überrascht wurde, nach

Hause floh, hielten sie sich Weidenzweige vor den Leib, damit auch die Männer der eigenen Gruppe nicht ihre Brüste sahen. Selbst die Frauen, die bei den Siegesfeiern »nackt« tanzten, trugen einen Schamschurz sowie ein Tuch um die Brust, und wenn eine Tänzerin im Siegestaumel die Beherrschung verlor und das Tuch von ihren Brüsten riß, schämten sich die meisten; die jungen Mädchen und Männer senkten den Blick und zogen sich peinlich berührt zurück. Ein Mann durfte die Brüste einer Frau unter keinen Umständen berühren, doch beim Poussieren ließen manche junge Mädchen es zu, wenn der Verehrer ihre Brust betastete. Dabei bevorzugten die Männer feste runde Brüste, während flache unattraktiv waren: »Einige Frauen sind so«, meinte ein Westlicher Apache, »aber sie sehen nicht gut aus.«[32]

Auch die Frauen der Mescalero Apache achten noch heute streng darauf, daß nicht nur ihre Brüste, sondern zusätzlich die Oberarme und die Oberschenkel bedeckt sind. Allerdings kann bei manchen Mescaleros davon keine Rede mehr sein, wenn sie betrunken sind, denn dann kann es vorkommen, daß die Frauen bereitwillig sämtliche Teile ihres Körpers zeigen.[33] In früherer Zeit entblößte eine Frau der Westlichen Apache selbst vor einer anderen Frau nie ihren Unterleib, doch ist überliefert, daß es junge Witwen oder geschiedene Frauen gab, die aus Armut den »Betteltänzern«, die eine Gabe erhalten mußten, als Entgelt ihre Genitalien zeigten. Einst zog sich auch eine Witwe vor einer Kriegertruppe der Chiricahua aus, als diese überraschend auftauchte, um den von Westlichen Apache verübten Mord an einem ihrer Stammesmitglieder zu rächen. Die Krieger betrachteten die Brüste und die Vulva der Frau und akzeptierten dies als vollwertige Kompensation für die Bluttat.[34]

Auch die aztekischen Frauen und jungen Mädchen trugen stets ein die Brüste bedeckendes Hemd, weshalb nicht sie es waren, die von den spanischen Priestern gerügt wurden, sondern die dürftiger gekleideten Männer.[35] Als die Spanier überall nach Gold suchten, versteckten die Azteken ihre Schätze

»am Bauche« und zwischen den Brüsten ihrer Frauen, da sie davon überzeugt waren, daß keiner der Konquistadoren die Schamlosigkeit begehen könnte, an solch intimen Stellen nachzusuchen. Doch berichtet das *Manuscrito Anónimo de Tlatelolco* über die Eroberung Tenochtitlans im Jahre ›Drei Haus‹: »Die Schenkel der Frauen waren fast unbedeckt. Die Christen durchsuchten alle Flüchtenden. Sie rissen sogar die Röcke und Blusen der Frauen auf und durchsuchten sie ganz, ihre Ohren, ihre Brüste, ihr Haar.«[36] Und als im darauffolgenden Jahrhundert die Inquisition zahlreiche indianische *curanderas* verhaften ließ, demütigte sie diese Frauen – wie die Hexen oder die ihrem Mann Untreuen im eigenen Land[37] –, indem sie sie mit nacktem Oberkörper jedermann zur Schau stellte.[38]

Bei den Maya des Hochlands trugen anscheinend zumindest in manchen Gegenden verheiratete Frauen mit kleinen Kindern den Oberkörper frei, doch nach einer Regierungsverfügung des vorigen Jahrhunderts mußten alle Frauen, sobald sie ein von Mestizen oder Weißen bewohntes Dorf betraten, die Brüste mit einem Baumwolljäckchen bedecken, da die Männer sich auch von Mutterbrüsten sexuell stimuliert fühlten und die betreffenden Frauen nicht selten belästigten. Die Frauen der Quiché-Maya der Terra Caliente befolgten die Anordnung allerdings oft nur symbolisch, indem sie sich das Jäckchen über die Schulter hängten.[39] Mütter kann man in dieser Region auch in unserer Zeit noch beim Stillen oder beim Baden in ihrem eigenen Dorf mit nacktem Oberkörper sehen (Abb. 152), nicht jedoch junge Mädchen, die meist eine außerordentliche Brustscham haben: Als beispielsweise im Jahre 1965 Anthropologen den jungen Mädchen auf den Dörfern von Chimaltenango die Körpermaße abnehmen wollten, war keines von ihnen bereit, auch nur die Oberkleidung auszuziehen. Weniger schamhaft waren die in der Hauptstadt Guatemala lebenden Maya-Schülerinnen, die nichts dagegen hatten, sich im Badeanzug abmessen zu lassen.[40] Auch die verheirateten Frauen der Chol-Maya im Hochland von Chia-

152 Badende Quiché-Maya. Photo von Rosalind Solomon, 1979.

pas ziehen an heißen Tagen bei Arbeiten innerhalb des Hauses und manchmal auch außerhalb die Blusen aus, doch treffen sie auf einen Ladino, dann wenden sie sich ab und bedecken mit überkreuzten Armen und Händen die Brüste. Da die Ladinofrauen unter keinen Umständen, auch beim Baden nicht, die Blusen ausziehen, erachten die Ladinomänner entblößte Brüste – angeblich oder tatsächlich – als eine sexuelle Einladung, und in der Vergangenheit wurden Cholfrauen immer wieder von ihnen vergewaltigt.[41]

Sehr widersprüchliche Berichte gibt es über die Schamstandarde der Lakandonen, die man einerseits als »beinahe puritanisch« charakterisierte und denen man »ein absolutes Tabu hinsichtlich der Nacktheit außerhalb der engeren Familie« nachsagte,[42] die aber andererseits als eine im Vergleich zu ihren Nachbarn relativ ungezwungene Ethnie beschrieben wurden. So berichtet ein Ethnologe, daß die Männer, wenn sie unter sich seien, nackt badeten,[43] während ein anderer Wert auf die Feststellung legt, daß die männlichen Lakandonen auch vor dem eigenen Geschlecht beim Baden nie den Genitalbereich entblößten und sich voneinander abwendeten, wenn sie ihre Unterleibsbekleidung wechselten.[44] Einhellige Meinung scheint indessen darüber zu bestehen, daß die verheirateten Frauen sich selber und die Kleidung mit nacktem Oberkörper waschen und bisweilen nur in Unterhosen baden. Allerdings darf sich kein Mann den Badeplätzen der Frauen nähern, und wenn diese die Wäsche auf die Mahagonibohlen schlagen, dann hört man dies so weit, daß die Männer genügenden Abstand wahren können. Die Brüste entblößen die Frauen im allgemeinen nur beim Stillen, und auch hierbei nur so weit es notwendig ist – daß eine Mutter die Bluse so weit öffnet wie auf Abb. 153, ist nach Aussage des Ethnologen, der die Aufnahme machte, eher ungewöhnlich. Junge Mädchen verbergen ihre Brüste stets, und wenn eine nichtstillende junge Frau den Oberkörper in Anwesenheit eines Mannes entblößt, dann wird dies meist als sexuelle Provokation verstanden. Während jahrelanger Feldforschungen erlebte der Ethnologe Bruce es ein einziges Mal, daß eine junge Frau, mit der er alleine war und die Tortillas buk, ihre Bluse (*xikul*) hochzog, »um sich den Schweiß abzuwischen«. Dabei ent-

153 Stillende Lakandonenfrau, Naha', Chiapas.
Photo von Robert Bruce, 1985.

blößte sie die Brüste völlig und lächelte den Ethnologen so verführerisch an, daß über ihre Intentionen kaum mehr Zweifel bestanden.[45]

Wenn also die Behauptung, die weiblichen Brüste hätten bei den Lakandonen sowie den Yucatán-Maya »keine besondere sexuelle Funktion«, damit begründet wird, daß die Mütter ja in der Öffentlichkeit stillten,[46] so ist dies ein *non sequitur*: Obgleich viele Männer bei den Tiefland-Maya es zumindest in den letzten Jahrzehnten nicht gerne sahen, wenn ihre Frauen vor fremden Männern stillten, weil sie dabei ihre Brust entblößten, legten auch die Mütter der Yucatán-Maya traditionellerweise ihre Säuglinge in der Öffentlichkeit an. Eine solche Entblößung vermeiden die Frauen jedoch in jedem anderen Kontext: Waschen sie sich mit nacktem Oberkörper, so tun sie dies stets hinter einem Vorhang, der über einen Draht oder ein Seil geworfen ist, die durch jedes Haus gespannt sind, und häufig wird noch zusätzlich die Haustür mit einem Holzklotz zugestemmt, damit nicht aus Versehen ein Kind hereingelaufen kommt.[47] Zudem gelten westliche Kleider mit tiefem Ausschnitt als unanständig, weil die Männer dabei den oberen Teil der Brüste sehen können.[48]

Schon im frühen 16. Jahrhundert hatten die Spanier mit Befriedigung festgestellt, daß die Maya an der Küste von Yucatán für ihre Begriffe anständig gekleidet waren,[49] und heute erklären die Lakandonen von Naha', die sich angesichts der mit knappen Shorts und enthüllenden T-Shirts bekleideten Touristinnen für viel schamhafter halten als die Weißen, die ›Unzivilisiertheit‹ der letzteren so: Die Lakandonen sind die Geschöpfe von Men-säkäk, dem Gott des Regens, und von Hach-äk-yum, dem Sonnengott, weshalb sie Scham (*sulak*) empfinden. Die Weißen jedoch wurden von Äkyantho', dem Gott des Handels und der Fremden, geschaffen, und deshalb schämen sie sich nicht einmal dann voreinander, wenn sie splitternackt (*chäk pi-pit*) sind.[50]

§ 22
Der »hüpfende Doppelhügel« in Ostasien

Vielleicht ist es nicht zu weit hergeholt, zu sagen, daß die Anstrengungen, die eine Gesellschaft unternimmt, um die Brüste einer stillenden Frau zu ›enterotisieren‹, mit dem Status variieren, der einer Mutter in der jeweiligen Gesellschaft zuerkannt wird. Denn in Kulturen, in denen die Mutterrolle sich einer großen Anerkennung erfreut, schlägt die mütterliche Brust nicht nur dem Mann das Schwert aus der Hand,[1] vielmehr wird man ihre ›funktionale‹ Entblößung auch in der Öffentlichkeit dulden, und zwar selbst dort, wo ansonsten die weiblichen Brüste sehr schambesetzt und erotisch sind.

Dies war z.B. in Korea der Fall, wo früher bereits die kleinen Kinder im Alter von sieben Jahren nach Geschlechtern getrennt wurden, wenn sie im Gelben Meer badeten,[2] und wo es undenkbar gewesen wäre, daß ein junges Mädchen in Anwesenheit von Männern ihren Oberkörper entblößt hätte. Auch junge verheiratete Frauen taten dies nicht, und wenn manche von ihnen bisweilen in den Bergen unter den Kaskaden nur mit einem Lendenschurz bekleidet badeten, dann erwartete man von jedem Angehörigen des anderen Geschlechts, wenn er nicht ein ganz kleiner Bub war, daß er nicht in die Richtung schaute, wo die Frauen sich wuschen. Zwar entblößten die Ki Säng, eine Art koreanische Geishas, vor Männern die Brüste, um auf solche Weise die Kunden anzulocken,[3] doch zeigt dies lediglich, daß die Brüste eine erotische Bedeutung hatten. So ist in einem alten Volkslied davon die Rede, daß ein Mann vor Freude fast vergeht, wenn seine »Hände auf ihren Brüsten ruhen, die Tuschebehältern gleichen«,[4] und eine koreanischer Dame schrieb mir, sie erinnere sich, als Kind gehört zu haben, wie eine alte Frau erzählte, daß es für sie sehr überraschend war, als ihr Mann sich in der »ersten Nacht« auf sie legte und damit begann »ihre Brüste zu kneten«.[5]

Bäder ohne Geschlechtertrennung wie in Japan wären in Korea unmöglich gewesen, doch auch in den Frauenbädern, die erst in unserem Jahrhundert unter japanischem Einfluß eingerichtet wurden, ließen sich die Besucherinnen nie nackt voreinander sehen und hielten sich stets ein Handtuch vor die Brüste, den Bauch und den Unterleib.[6] Wie mir die bereits erwähnte Dame mitteilte, sah sie früher nie eine Frau mit nacktem Oberkörper bis auf eine Greisin, die in den vierziger Jahren wegen der sommerlichen Hitze ihre Bluse auszog, was jedoch als unanständig verurteilt wurde. Als noch skandalöser hätte die Entblößung jugendlicher Brüste gegolten,[7] was sich in folgender alten Volkserzählung widerspiegelt: In dieser in Korea sehr bekannten Geschichte zieht eine Braut in der Hochzeitsnacht vor Scham ihre Bluse nicht aus, worauf der Bräutigam das Haus verläßt und nie mehr wiederkommt. Ihre Schwester will es besser machen und kommt in ihrer Hochzeitsnacht bereits entblößt ins Zimmer, worauf auch ihr künftiger Mann für immer geht. Die dritte Schwester fragt schließlich ihren Bräutigam: »Soll ich angezogen oder nackt hereinkommen?«, worauf auch dieser schockiert das Weite sucht.[8]

Trotz dieser ausgeprägten weiblichen Brustscham konnte man in den koreanischen Dörfern bis gegen Ende der vierziger Jahre allenthalben Frauen sehen, die auf unbefangene Weise ihrem Kind die Brust gaben,[9] und nicht nur dies: Ein Japaner, der in den achtziger Jahren des vorigen Jahrhunderts als Arzt in Korea gelebt hatte, berichtete, daß die langärmelige Bluse der verheirateten Frauen, die kleine Kinder hatten, das *joju* oder *ryokui*, nur den oberen Teil der Brust und die Brustknochen bedeckte, die Brüste selber aber frei ließ, so daß man in der Öffentlichkeit auf Schritt und Tritt »dem hüpfenden Doppelhügel« begegnete (Abb. 154). Lediglich die Frauen ohne Kleinkinder sowie die vornehmen Damen hätten diesen Ausschnitt mit einem Tuch verhüllt.[10]

Auch auf den chinesischen Dörfern durfte eine Frau vor der Geburt ihres ersten Kindes auf keinen Fall in der Öffentlichkeit ihre Brüste entblößen, und selbst als Mutter tat sie es nur,

154 Koreanische Mutter beim Wassertragen, um 1900.

wenn sie stillte. War eine Frau aber sehr alt und ihre Brüste hingen schlaff herab, dann galten sie als unerotisch, und es kam häufig vor, daß solche Greisinnen in der Sommerhitze mit nacktem Oberkörper im Dorf umhergingen.[11]

Bei einer Jungfrau sollten sich nach Möglichkeit nicht einmal die Formen der Brüste abzeichnen, weshalb sie mit Bandagen, den sogenannten »kleinen Westen«, flachgepreßt wurden,[12] bis schließlich im Jahre 1927 auf einer Frauenversammlung der Kuomintang beschlossen wurde, die Brüste nicht länger wegzubinden.[13] Während der Hochzeitsfeiern kam es allerdings einst vor, daß übermütige oder betrunkene männliche Gäste die Braut aufforderten, eine Brust zu entblößen, damit sie sehen könnten, »ob ihre künftigen Kinder genügend zu essen haben werden«, und es heißt, daß die jungen Frauen solche Scherze als sexuelle Demütigungen empfanden, unter denen sie sehr litten.[14] Zwar gab es in der T'ang-Zeit übel be-

155 Chinesische Hure bedeckt ihre Brüste. Seidenmalerei.

leumundete »Tanzmädchen«, die ›oben ohne‹ auftraten,[15] doch ist es bezeichnend, daß auf den erotischen Bildern der Ming-Zeit selbst die Prostituierten während des Koitus häufig ihre breiten Brustbinden anbehalten haben[16] oder daß sie auf anderen Illustrationen vor fremden Männern die Brüste mit Armen und Händen verbergen (Abb. 155).

Man könnte vermuten, daß die Frauen ihre die Brüste flachdrückenden *mut hung* oder *mo hsiung* deshalb nicht auszogen, weil die Brüste keine besondere erotische Bedeutung hatten, doch ist in der chinesischen Liebesliteratur immer wieder die Rede davon, daß der Anblick der »prächtig geformten Zwillingshügel« bei den Männern das Feuer der Wollust hell auflodern ließ. So heißt es z.B. im *Djin Ping Meh*: »Simen Tjing begann ihren Busen zu streicheln. Sie öffnete ihr seidenes Hemdchen, entblößte ihre prachtvollen Brüste. Er berührte sie zärtlich, auch mit den Lippen«,[17] und in zahllosen altchinesischen Witzen wurde beschrieben, wie die Ärzte sich an den Brüsten ihrer ahnungslosen Patientinnen zu schaffen machten: So ließ z.B. eine Frau einen Arzt rufen, weil ihre linke Brustwarze geschwollen war. Plötzlich fing der Arzt damit an, die Frau an der rechten Brustwarze zu stimulieren, worauf sie sich empörte. Da sagte der Arzt: »Aber an diesem Nippel ist doch gar nichts!«[18]

Im vorrevolutionären Schanghai verachteten selbst die Bordellhuren die Toplesstänzerinnen, weil diese den Männern ihre Brüste zeigten,[19] und in dem in den zwanziger Jahren erschienenen Roman *Schanghai, die lebende Hölle* begründet eine Animierdame gegenüber dem Kunden die Tatsache, daß sie am Oberkörper geradezu gepanzert ist, damit, daß die Barbesucher den Frauen ständig unter die Kleidung an die Brüste fassen.[20]

Haben die Chinesinnen eher flache Brüste, und schätzte man sie früher nicht besonders, wenn sie zu üppig ausfielen, so hat sich dies mittlerweile unter europäischem und vor allem nordamerikanischem Einfluß geändert. In Hongkong wurde es bereits zu Beginn der fünfziger Jahre Mode, Luftkissen in den BHs zu tragen, doch wurden zahlreiche junge Frauen mit

156 Junge Rotchinesen vor Werbeplakat, 1996.

›westlich‹ erscheinenden Brüsten von Halbstarken überfallen, die ihnen in die manchmal nur vermeintlichen Gummibrüste stachen, um sie zum Platzen zu bringen.[21] Heute sind in Taiwan die Zeitungen voll von Inseraten, in denen mit Bildern vollbusiger westlicher Frauen Brustoperationen angepriesen werden,[22] und in Rotchina kann man inzwischen weiße Frauen mit üppigen Brüsten nicht nur in den aus Hongkong hereingeschmuggelten pornographischen Bildheftchen und Video-Sexfilmen, sondern auf öffentlich angeschlagenen Werbeplakaten und Kinoreklamen sehen (Abb. 156).[23]

Auch in Japan wurde das Brustideal nach dem Kriege ›amerikanisiert‹, und es dauerte nicht lange, bis viele Frauen mit ihrer Meinung nach zu kleinen oder zu flachen Brüsten zum Tempel Ōji-gongens, des »Gottes der Brüste« in einem Dorf bei Okayama, pilgerten. Dort beteten sie einundzwanzig Tage lang, hängten anschließend eine aus Papier gefertigte Nachbildung ihrer Brüste an die Innenwand des Tempels und hofften auf ein Wunder. Trat dieses ein und schwollen ihre Brüste zu ›amerikanischem Format‹ an, stellten sie einen Gipsab-

157 Aus einem japanischen Pornoheft, 1986.

druck ihrer Oberweite her und stifteten ihn dem Heiligtum.[24] In den täglich von Abermillionen gelesenen pornographischen *manga* sind die Brüste der Frauen meist ›nichtjapanisch‹ und üppig, mit prall erigierten Nippeln, an denen die Männer mit Begeisterung saugen, und häufig werden die Frauen so geschnürt und gefesselt, daß ihre Brüste noch mehr hervorstehen.[25]

Der starken Erotisierung der Brüste entsprechend, haben insbesondere die jüngeren Frauen eine ausgeprägte Brustscham. Noch heute sieht man an den japanischen Stränden kaum eine Frau, die einen Bikini trägt,[26] und das ›Oben ohne‹-Gehen ist in den Bädern oder am Meer völlig unüblich und gilt als schamlos. Junge Japanerinnen halten häufig, wenn sie mit nacktem Oberkörper von einem männlichen Arzt untersucht werden, die Hände über ihre Brüste,[27] und viele kleben »for swimming, dancing and T-shirt time« kleine Pflaster, »Nippless« genannt, über die Brustwarzen, damit diese sich nicht bei Kälte oder Körperkontakt durch den dünnen Stoff der Kleidung abzeichnen.[28]

Handelt es sich bei dieser Brustscham aber nicht – wie allenthalben behauptet wird – um das Resultat der beiden ›Modernisierungsschübe‹ des vorigen Jahrhunderts und der Zeit nach dem Zweiten Weltkrieg? Waren nicht bereits die allerersten westlichen Besucher Japans wie der Portugiese Jorge Alvarez schockiert über die Ungezwungenheit, mit der die japanischen Frauen unbekleidet in der Öffentlichkeit erschienen? »Sie waschen sich sehr unehrbar vor den Leuten«, schrieb Alvarez im Jahre 1547, »indem sie nur mit den Händen ihre Blöße bedecken«,[29] und 1585 bedauerte sein Landsmann, der Jesuit Luis Frois, die Tatsache, daß die Japanerinnen es nicht für unehrenhaft hielten, Arme und Brüste zu entblößen (»não tem por dezonestidade descobrir os braços e peytos«).[30]

Zwar verbot im Jahre 1872 das japanische Justizministerium allen Frauen, in der Öffentlichkeit zu stillen und mit nackter Brust vor ihren Häusern zu sitzen,[31] doch lange noch konnte man auf den japanischen Dörfern Frauen begegnen, die mit entblößtem Oberkörper ihrer Arbeit nachgingen,[32] ja, bis zum Ende des Zweiten Weltkrieges trugen Studentinnen beim Ernteeinsatz ›oben ohne‹ und die Arbeiterinnen in den Kohlebergwerken gar nur einen Durchziehschurz.[33]

Nun muß man einschränkend feststellen, daß die zuletzt erwähnten Studentinnen und Bergwerksarbeiterinnen nicht gemeinsam mit Männern arbeiteten und daß die mit nacktem Oberkörper arbeitenden Dörflerinnen ältere Frauen waren, die sich schicklicher kleideten, sobald sie den Bereich des Hauses verließen.[34] Auch in den Jahrhunderten davor waren die halbentblößten Frauen meistens Mütter mit Säuglingen oder alte Frauen, und es war in der Tat üblich, in der Öffentlichkeit die Brust frei zu machen, um das Kind anzulegen:[35] So wunderte sich im Jahre 1860 ein japanisches Delegationsmitglied in den USA: »Die Frauen in Amerika tragen besondere Sorge um ihre Brüste. Selbst wenn sie ihre Säuglinge stillen, entblößen sie jene nie, sondern stecken den Kopf des Säuglings vollständig nach innen und bedecken ihn ganz mit ihrer Kleidung.«[36]

Junge Mädchen und junge Frauen ohne Kinder zögerten jedoch auch in Japan, vor dem anderen Geschlecht ihre Brüste zu entblößen, wie der Arzt Philipp Franz von Siebold erfahren mußte, der im Jahre 1826 während eines Aufenthaltes beim Shōgun von Nakatsu den Besuch einer jungen Konkubine des Fürsten erhielt: »Ich hatte die Ehre, von einer der vornehmsten dieser Frauen konsultiert zu werden wegen einer Verhärtung an der rechten Brust, wobei man Anstand nahm, sie entblösst untersuchen zu lassen. Doch ich erklärte, daß ich als Arzt wohl die Genehmigung beanspruchen müsste, die Untersuchung auf europäische Weise vorzunehmen.«[37]

Man mag hier einwenden, daß die junge Dame sich nicht deshalb weigerte, ihre nackte Brust zu zeigen, weil sie *jung*, sondern weil sie eine *Dame* war, doch machte etwas später ein deutscher Gynäkologe dieselbe Erfahrung mit ganz einfachen

Japanerinnen. Zwar schämten sich die älteren Frauen davor, den Unterleib zu entblößen, nicht aber den Oberkörper, während die jungen Mädchen sich auch weigerten, dem Arzt »die Brust zum Zwecke der Untersuchung« unverhüllt zu präsentieren.[38]

Man hat etwa die Tatsache, daß die japanischen Nachtclubtänzerinnen der Nachkriegszeit Rosetten auf den Brustwarzen oder gar BHs tragen mußten (Abb. 158), damit erklärt, daß die Amerikaner den Japanern ihnen fremde Schamstandarde aufgezwungen hätten, um dabei zu vergessen, daß auch in Japan stets ein Unterschied zwischen ›funktionaler‹ und inszenierter Entblößung gemacht wurde. So galten die westlichen Dekolletés als schamlos, weil sie den Busen *zur Schau stellten*, und die Europäerinnen oder Amerikanerinnen in ihren Abendroben erinnerten die Japaner an die billigen Stra-

158 Bernd Lohse: Japanischer Nachtclub, 1951.

159 Kokunimasa Baidō: Japanerin in europäischer Badekleidung am Strand von Ōisa südlich von Yokohama, 1893.

ßenhuren, die ihre Kimonos so locker drapierten, daß die Passanten ihre geweißelten Brüste sehen konnten.[39] Aber auch die europäischen Badekostüme für Frauen (Abb. 159) wurden als gewagt und aufreizend angesehen, weil sie den Blick auf die sich abzeichnenden Körperformen lenkten.

Damit ist aber auch schon nachgewiesen, daß die ständig wiederholte Behauptung, traditionellerweise hätten die Brüste in Japan »gar keine erotische Bedeutung«,[40] unzutreffend ist. So wurden beispielsweise die halbnackt nach den Awabi-Muscheln tauchenden *ama* sowie die *katsugime* genannten Taucherinnen nicht erst heutzutage auf Postern mit angeklatschter Kleidung und sich deutlich abzeichnenden Brustwarzen dargestellt.[41] Vielmehr werden ihre »flachen und schneeweißen Brüste« schon seit Jahrhunderten nicht nur in der Liebesliteratur besungen, sondern auf den *abunae*-Holzschnitten (»bedenkliche Bilder«) dem Publikum präsentiert (Abb. 160),[42] wobei Hokusai und viele andere Künstler ausgesprochen pornographische Bilder von den *ama* herstellten.[43] Aber auch auf zahlreichen anderen Drucken sind halbentblößte Frauen zu sehen, deren Oberkörper in erotischer Absicht zur Schau gestellt ist, so z. B. auf einem Blatt aus Utamaros Zyklus *Fujin sōgaku jūtai*, wo eine Kurtisane zu sehen ist, die nach dem Bade nachlässig den Kimono offenstehen läßt, so daß ihre zwar flachen, aber dennoch üppigen Brüste zum Blickfang werden.

Seit Jahrhunderten lieben es viele japanische Bordellkunden, zwischen den zusammengepreßten Brüsten der Prostituierten zu ejakulieren, was früher *tanima no shirayuri* (»weiße Lilie im Tal«) hieß und heute etwas prosaischer *paizuri* (von *oppai*, »Brust« und *senzurai*, »Masturbation«) genannt wird. Kunden mit einem etwas ausgefalleneren Geschmack wünschen dagegen, das Opfer eines »Nippel-Überfalls« (*chikubi zeme*) zu werden, bei dem die ›Bademagd‹ den Versuch unternimmt, ihre erigierte Brustwarze in den After der Männer einzuführen.[44] In den Pornoläden sind »Brustwarzenstimulatoren« für Kundinnen und bereits getragene BHs für männliche Kunden Verkaufsschlager, und in den überfüllten Pendlerzügen der Millionenstädte werden Tag für Tag zahllosen jungen Frauen, die hilflos in der Menge eingeklemmt sind, von männlichen Fahrgästen die Brüste massiert.[45]

Wenn im Sexualleben der heutigen Japaner die orale Stimulierung der Nippel eine weit verbreitete Praxis ist[46] und wenn in den Sexfilmen die Männer wie wild an den Brustwarzen der

160 Utamaro: Muscheltaucherinnen (*ama*), spätes 18. Jh.

161 Harunobu Suzuki: Sexuelle Szene, Farbholzschnitt, 18. Jh.

Frauen saugen,[47] dann hat dies alles nichts mit der ›Amerikanisierung‹ der japanischen Sexualität zu tun. Denn seit Jahrhunderten wird auf zahlreichen Holzschnitten gezeigt, wie Männer und Frauen (Abb. 161) die Brustwarzen ihrer Partnerinnen lutschen und saugen, und diese Darstellungen scheinen auch tatsächlich geübte Praktiken wiedergegeben zu haben.[48]

§23
›Oben ohne‹ in Südostasien und Indonesien

Wie verhielt es sich mit der Brustscham und der Erotik der Brüste im südöstlichen Asien? Kann man davon ausgehen, daß wenigstens in diesem Teil der Erde die weiblichen Brüste unerotisch und nichts anderes waren als Nahrungsspender für die kleinen Kinder?

Betrachtet man beispielsweise um die Jahrhundertwende aufgenommene Photos burmesischer Frauen und junger Mädchen (Abb. 162), so gewinnt man den Eindruck, daß zu jener Zeit zumindest in ländlichen Gegenden der in der Öffentlichkeit unbedeckte weibliche Oberkörper gang und gäbe gewesen ist. Doch scheint in Wirklichkeit der Photograph die Frauen veranlaßt zu haben, eigens für die Aufnahme den Oberkörper zu entblößen, denn wie der ethnographischen Literatur zu entnehmen ist, trugen zu jener Zeit die burmesischen Frauen und Jungfrauen unter ihrer Jacke ein langes,

162 Burmesinnen mit entblößtem Oberkörper, spätes 19. Jahrhundert.

301

miederartiges Brusttuch (*tabet*), das eng um den Leib geschnürt wurde und die Funktion hatte, die Rundungen der äußerst schambesetzten Brüste flachzupressen.[1] Herkömmlicherweise waren in Burma insbesondere bei den jungen Mädchen und bei den Frauen, die noch kein Kind geboren hatten, die Brüste neben den Genitalien der am sorgfältigsten gehütete Teil des Körpers. Wenn solche Frauen oder Jungfrauen badeten, schlugen sie den Sarong (*tamein*), selbst wenn sie mutterseelenallein waren, um die Brust und lösten erst dann darunter die normale Brustbedeckung. Nach dem Bad zogen sie über die nasse Kleidung trockene und streiften anschließend die nasse vom Körper.[2] In gleicher Weise wuschen sich die Thai-Bäuerinnen in den kleinen ummauerten Badeplätzen im Hof, wo sie ohnehin niemand sehen konnte, stets ohne das von den Schultern bis zu den Waden reichende *pasin* auszuziehen, und hinterher ließen sie das nasse Gewand unter dem trockenen, in das sie geschlüpft waren, zu Boden fallen.[3] Zeichnen sich wie auf dem Werbephoto (Abb. 163) durch den Badeanzug oder die Bluse die Brustwarzen ab, so gilt dies auch heute noch in Thailand oder in Burma als unanständig[4] –

163 Thailändisches Werbephoto von Teerapong Leowrakwong, 1984.

164 Barmädchen in Pattaya, Thailand, 1994.

lediglich Barmädchen oder Straßenstricherinnen erscheinen in einer solchen Aufmachung oder gar in ausgeschnittenen T-Shirts in der Öffentlichkeit (Abb. 164), und den Touristinnen wird häufig empfohlen, auf ›oben ohne‹ auch unter der Bluse oder dem Kleid zu verzichten.⁵

Die Brüste einer Mutter waren indessen früher zumindest hypothetisch enterotisiert, d.h., man erwartete insbesondere von den Männern, daß sie sich wenigstens so verhielten, *als ob* die Brüste stillender Frauen keine sexuellen Reize aussendeten, und deshalb konnten solche Frauen auch mit nacktem Oberkörper in der Öffentlichkeit auftreten. So sieht man beispielsweise auf den Photos von Henri Mouhot, der vom Jahre 1858 an Indochina bereiste, daß zwar die Jungfrauen der Lao die Brüste mit einem Tuch verhüllten, die Frauen hingegen das Brusttuch zwischen den Brüsten hindurch über die rechte Schulter zogen, so daß die beiden Brüste frei blieben.⁶

Weibliche Brüste galten und gelten in Burma als sehr erotisch, vor allem die festen, runden Brüste, wie sie die Inderinnen, selten aber die Burmesinnen besitzen. Während des kurzen Vorspiels pflegten die Männer die Frauen an den Brüsten zu stimulieren, und zwar mit den Händen und nicht mit dem

Mund. Denn das Saugen und Lutschen an den Brustwarzen galt als peinlich und beschämend, zeigte es doch, daß der Mann, der dies tat, eine zu große Geilheit (*rāga*) besaß.[7] Auch bei den Bergstämmen des Nordens sind die Brüste der jungen Mädchen in hohem Maße erogen, doch sobald eine Frau ein Kind zur Welt gebracht hat, verlieren sie ihre sexuelle Bedeutung, und bei den Lisu beispielsweise kann man beobachten, wie bereits abgestillte Kinder mit den Brüsten ihrer Mütter spielen, ohne daß dies Anstoß erregen würde. Die Lisu-Frauen interessierten sich zwar auch für die Größe und die Beschaffenheit der Genitalien weißer Frauen, aber mehr noch für deren Oberkörper, und sie bewunderten die Brüste der Ethnologin, die bei ihnen lebte – wie weiß sie seien, wie rosa ihre Nippel gefärbt und um wieviel schöner die Brüste der Fremden als ihre eigenen seien. Noch größeren Zauber übten die Brüste der Forscherin jedoch auf die Männer aus, wie diese überhaupt von weiblichen Brüsten fasziniert waren, solange diese noch nicht dem Kind ›gehörten‹.[8]

Gibt es aber nicht, so wird man fragen, im äußersten Südostasien, namentlich in Indonesien, Gesellschaften, in denen nicht nur die Brüste stillender und alter Frauen, sondern auch die der jungen Mädchen als unerotisch angesehen und deshalb unbedeckt getragen wurden? So hatte Sukarno zu Beginn der Unabhängigkeit Indonesiens allen Frauen und den Mädchen mit entwickelten Brüsten auf den Mentawai-Inseln untersagt, mit nacktem Oberkörper in der Öffentlichkeit zu erscheinen, und es kam vor, daß man Mentawaierinnen, die lediglich mit einem Rock oder nur mit einem Lendenschurz bekleidet von der Polizei erwischt wurden, prügelte und zur Verrichtung von Zwangsarbeiten festhielt.[9] Zur selben Zeit wurde im Flughafen von Denpasar ein Schild angebracht, auf dem die balinesische Sitte, ›oben ohne‹ zu gehen, als »nationale Schande« bezeichnet und den Touristen in drei Sprachen verboten wurde, barbusige Frauen oder Mädchen zu photographieren. Vorausgegangen war, daß der indonesische Frauenbund eine Kleiderordnung durchgesetzt hatte, nach der jede

Frau und jedes Mädchen mit knospenden oder entwickelten Brüsten die javanische Bluse tragen mußte, was in den ersten Jahren von vielen Frauen in der Weise befolgt wurde, daß sie die Blusen lediglich in der Nähe der Polizeiposten anzogen oder dies nur symbolisch taten, indem sie die Blusen an ihrer Traglast aufhingen.[10]

Heute tragen die meisten balinesischen Frauen über den beiden Sarongs ein um den Unterleib gewundenes Tuch (*sabuk*), das bis zu den Brüsten reicht, sowie die javanische Bluse (*kebaya*) und darunter einen Büstenhalter,[11] doch habe ich noch vor zehn Jahren im südöstlichen Bali zahlreiche ältere Frauen gesehen, die sich mit nacktem Oberkörper im Bereich des Hauses oder sogar auf dem Markt bewegten.[12] Auch beim Reisworfeln, Lastentragen oder wenn sie sich an den öffentlichen Frauenbadeplätzen waschen, entblößen diese Frauen ohne weiteres die Brüste, während die jungen Mädchen sowie die jungen, noch kinderlosen Frauen selbst beim Baden nie die Büstenhalter ausziehen. Aus dieser Tatsache hat man gefolgert, daß nur diese – im Gegensatz zu den älteren Frauen und Müttern – »die westlichen Schamgrenzen« internalisiert hätten, so daß sie nicht einmal unter ihresgleichen den BH auszögen: »Für die jungen Mädchen erscheint die Kleiderordnung beim Baden als Gebot der Tradition (*adat*), und sie sehen keinen Zusammenhang mit der Kolonialzeit.«[13]

Freilich bleibt hier die Frage unbeantwortet, *warum* die jungen Mädchen im Gegensatz zu den Müttern und den Frauen nach dem Klimakterium in der Öffentlichkeit nie die Brüste entblößen.[14] Offenbar kam diese Sitte einer Schamhaftigkeit der Mädchen entgegen, die im Gegensatz zur Behauptung der Ethnologen und in Übereinstimmung mit den Aussagen der Einheimischen in keinem Zusammenhang mit den westlichen Schamstandarden der Kolonialzeit steht. Zum einen waren die jungen Mädchen und die jungen Frauen, die noch keine Mütter waren, schon immer sehr heikel, was die Nacktheit ihrer Brüste betraf, und man erwartete von den Männern, daß sie ihnen nicht direkt und auf anzügliche Weise auf die Brust starrten. Wer einer Jungfrau gar an die Brust faßte, konnte ihre Ehre nur dadurch wiederherstellen, daß er sie heiratete,[15] denn die Brüste einer jungen Frau waren eine äußerst erogene Zone: Malereien auf seidenen Bettvorhängen und Ritzzeichnungen auf aus den Blättern der Lontarpalme hergestellten Buchseiten zeigen geile Dämonen und Männer, die nicht nur an den Schamlippen und der Klitoris, sondern auch an den Brustwarzen junger Frauen herumspielen (Abb. 165),[16] aber

165 Arjuna stimuliert eine Nymphe
an der Brust und an der Vulva.
Balinesische Stoffmalerei auf einem Bettvorhang.

auch im realen balinesischen Liebesleben ist es seit jeher verbreitet, daß die Männer die Frauen an den Brüsten stimulieren und zärtlich an den Brustwarzen kauen und an ihnen saugen, was beide Partner in hohem Maße erregt.[17] Manche der am Strand von Kuta umherwandernden Masseusen, welche die sich dort ›oben ohne‹ sonnenden Europäerinnen und Australierinnen für unanständig und lasziv halten, machen sich, wie mir eine von ihnen sagte, wenn sie der Hafer sticht, einen Spaß daraus, die Touristinnen an den Brüsten so zu massieren, daß deren Brustwarzen steif werden, wie sie auch bei ihren männlichen Kunden scheinbar unabsichtlich die Genitalien streifen, bis sich deren Badehose zur Gaudi der umstehenden Frauen aufrichtet.[18]

Auch darf man nicht vergessen, daß die balinesische Barbusigkeit eine ›funktionale‹ Nacktheit war – ›oben ohne‹ war man bei der Arbeit, beim Baden oder wenn eine Frau kleine Kinder hatte:[19] Zur ›offiziellen‹ Kleidung eines jungen Mädchens oder einer Frau gehörte es, daß die Brüste bedeckt waren, und es hätte als ungehörig und respektlos gegolten, wenn eine Frau mit nacktem Oberkörper Gäste bewirtet hätte und vor dem Raja oder gar vor den Göttern erschienen wäre,[20] wobei es bezeichnend ist, daß ein Mädchen, dessen Brüste noch nicht sproßten, ohne weiteres mit unbedecktem Oberkörper den Tempel betreten durfte, da die Götter verständlicherweise die kindliche Brust noch nicht als ›sexuell‹ empfanden.

Auch in Java trugen die Frauen im Hause oder bei gewissen Arbeiten im Freien noch lange ›oben ohne‹,[21] doch bei Tempelfesten oder wenn sie den Göttern opferten, bedeckten sie wie die Balinesinnen die Brüste.[22] Und wie auf der Nachbar-

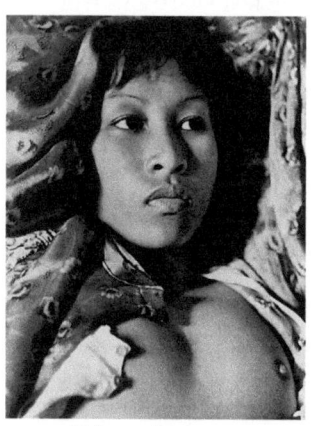

166 Javanerin, um 1950.

167 Apo Kayan-Frauen bedecken vor dem
Photographen die Brüste, 1932.

insel war es gleichermaßen in Java verpönt, einer Frau direkt auf die nackte Brust zu schauen oder sie auf eine Weise wie auf Abb. 166 zu photographieren.[23]

Wenn früher die europäischen Forschungsreisenden den Frauen der Apo Kayan (Kenyah) im Innern Borneos auf die nackten Brüste starrten oder die Frauen mit unverhülltem Oberkörper photographierten, bedeckten diese ihre Brüste häufig mit Armen und Händen (Abb. 167), und ähnliches wurde auch von den Iban- oder See-Dayak berichtet, bei denen im allgemeinen von den verheirateten Frauen nur jene den Oberkörper bedeckten, die sehr große oder herunterhängende Brüste hatten, die sie bei der Arbeit behinderten.[24] Als einmal ein Brite, der einige Zeit bei den Iban verbrachte, einer Frau, die im Fluß ihre Wäsche wusch, auf die nackten Brüste schaute und sie dies bemerkte, zog sie auf der Stelle den Sarong nach oben über die Brust und sagte etwas zu den anderen Frauen. Diese wiederum fingen an, den Mann in einer Weise auszulachen, daß er es vorzog, sich aus dem Staube zu machen.[25] Diese Reaktion hatte nichts damit zu tun, daß es sich bei dem Voyeur um einen Fremden handelte, denn bei den Ngaju-Dayak gab es früher eine genau festgelegte Strafe

168 Verheiratete Frau der Iban- oder See-Dayak.

für *jeden* Mann, der einer Frau »auf begehrliche Art« auf die Brüste blickte.[26] Besonders empfindlich waren bei den Iban in dieser Hinsicht immer schon die jungen Mädchen, weshalb die Ethnologen die begeisterte Übernahme der westlichen Büstenhalter nicht auf missionarischen Eifer oder auf Initiativen der Regierung zurückführen, sondern auf »a certain Dayak prudishness«, die bereits von den frühen Reisenden und Forschern bemerkt worden war.[27]

§24
Der nasse *sāṛī* auf der Haut der indischen Frauen

Auch in Indien, wo es seit den ältesten Zeiten vor allem im Norden eine geradezu exzessive weibliche Brustscham und eine entsprechende Erotik der Brüste gibt, waren und sind es namentlich die jungen Mädchen, die sorgsam darauf achten, daß ihr Oberkörper bei jeder Gelegenheit verhüllt ist. Wenn etwa auf dem rajasthānischen Dorf einem Mädchen Brüste wachsen, verdeckt es diese schamhaft mit dem *dupatta*, einem langen Schleier, damit sich deren Form nicht durch die Kleidung abzeichnet,[1] und auf den Dörfern in der Nähe von Alt-Delhi darf ein Mädchen nur bis zum Alter von zehn Jahren kurze Haare tragen – danach dürfen sie nicht mehr geschnitten werden, damit sie beim Tode auf alle Fälle zusätzlich zur Kleidung die Formen der Brüste verdecken.[2]

Bei den Punjābīs wurden auch die verheirateten Frauen, solange sie noch kinderlos waren, unablässig ermahnt, darauf zu achten, daß ihre Brüste sich nicht abzeichneten, und wenn dies doch geschah, sagte man, sie habe »nackte Brüste«, was als *be-śarm*, d.h. als schamlos galt. Die wirklich nackten Brüste durften nicht einmal andere Frauen, sondern nur der Ehemann sehen, ja, das Wort für Brüste, *mamme*, auszusprechen galt als äußerst unanständig, mehr noch als die Erwähnung des Wortes für die weiblichen Genitalien, *cūt*.[3] All das änderte sich freilich, sobald eine Frau ein Kind bekam, denn der Säugling ›enterotisierte‹ die Brüste so sehr, daß die Frau sogar vor fremden Männern stillen konnte, vorausgesetzt sie achtete darauf, daß dabei alle übrigen erotischen Körperteile verhüllt blieben.[4] Bei sehr alten Frauen waren die Brüste schließlich dermaßen unattraktiv geworden, daß sie jederzeit unbedeckt getragen werden konnten, ohne Anstoß zu erregen.[5]

Während bis zum Beginn der muslimischen Herrschaft in Nordindien die Jaina-Mönche »luftgekleidet« (*digambara*), d.h. nackt oder fast nackt, in der Öffentlichkeit auftraten, zeigten die von der Welt losgelösten Jaina-Nonnen immerhin noch so viel Bindung an dieselbe, daß sie ihre Brüste mit Stoff und nicht mit Luft kleideten,[6] und in unserer Zeit sagte ein indischer Psychologe, daß die meisten seiner jungen Landsleute nachgerade schockiert seien, wenn sie zum ersten Mal einen der illegalen Sexfilme anschauten, weil sie zuvor noch nicht einmal die nackten Brüste eines jungen Mädchens gesehen hätten.[7]

Diese extreme Zurückhaltung bezüglich der Entblößung des Körpers zeigt sich auch, wenn die Frauen und Mädchen sich am Dorfbrunnen in Sichtweite des anderen Geschlechts waschen. Im Gegensatz zu den Rājpūtinnen, die aus Schicklichkeitsgründen den Dorfbrunnen meiden und statt dessen vollständig angezogen im Hof hinter einem Schutzschirm baden,[8] tun dies die Frauen der Dörfer von Bhopal am öffentlichen Brunnen. Dabei ziehen sie unter dem *sārī* Rock und Bluse aus, waschen diese Kleidungsstücke und lassen sie in der Sonne trocknen, während sie sich Wasser über Kopf und Körper schütten. Anschließend schrubben sie den Oberkörper – der Unterleib wird nie gewaschen –, wobei die älteren Frauen gelegentlich die Brüste entblößen. Die Männer baden in einiger Entfernung, wobei sie den Frauen stets den Rücken zukehren, denn es wird von ihnen erwartet, daß sie auch nicht einen Blick in Richtung der Frauen riskieren.[9]

In der ersten Hälfte des 19. Jahrhunderts berichtete ein Reisender aus Bengalen, daß während eines religiösen Festes die Frauen vollständig bekleidet im Ganges gebadet hätten. Als sie anschließend aus dem Wasser traten, wurden sie sofort von Dienerinnen gegen mögliche Blicke abgeschirmt, da der Stoff der Kleider auf der Haut klebte und zu viele Reize preisgegeben hätte.[10]

Vor Dienerinnen sowie anderen Angehörigen des eigenen Geschlechts entblößten freilich auch sehr junge Frauen selbst in Nordindien beim Baden meist den Oberkörper (Abb. 169 bis 171), etwa die der Kolta, einer Unberührbaren-Kaste in

169 ›Das Bad der Geliebten‹.
Mogulminiatur, 17. Jh.

170 Portugiesische Darstellung badender Inderinnen, 16. Jh.

171 Badende Inderinnen im heiligen See von Kartika Purnima.

Uttar Pradesh, die das freilich erst taten, nachdem sie sich versichert hatten, daß sich keine Männer in der Nähe aufhielten.[11] Die Frauen in Kaschmir zogen, wenn sie zum Baden in den Fluß stiegen, mit jedem Schritt das Kleid ein Stückchen nach oben und schließlich über den Kopf, sobald sie sich ganz im Wasser befanden. Während des Badens hielten sie das Kleid über der Wasseroberfläche, und beim Herausgehen zogen sie es wieder nach und nach über Kopf und Leib.[12] Auf diese Weise vermieden sie es, daß das Kleid naß wurde und am Körper klebte, so daß die Formen, insbesondere die der Brüste, sich detailliert abbildeten.

Daß die Frauen mit nassen Kleidern die Männer betören, ist ein uraltes Thema der indischen Literatur,[13] und bei den Gadaba gab es eine Parabel, die zum Ausdruck brachte, daß die Gadabafrauen sowie die der Bondo, die mit nacktem Oberkörper badeten, sich im Grunde viel anständiger verhielten als die Frauen der Hindus, die dies zwar angezogen taten, mit ihrem auf der Haut klebenden *sāṛī* jedoch erst die Blicke der Männer auf ihre Brüste lenkten: Einst badete die bekleidete Sītā, als eine Gruppe nackter Frauen an den See trat und ihr zuschaute. Die Göttin war schockiert, daß die Frauen nichts anhatten, und warf ihnen ein paar Tuchfetzen hin, damit sie ihre Blößen bedecken konnten, doch die Frauen lachten Sītā nur aus, weil sie sahen, daß die Göttin in ihrem nassen Kleid jedes Geheimnis ihres Körpers offenbarte.[14]

Da nach den Zensurbestimmungen nackte Brüste, insbesondere wenn sie üppig sind und wackeln oder hüpfen, in indischen Filmen nicht gezeigt werden dürfen (Abb. 172),[15] gibt es in ihnen außergewöhnlich viele ›Wasserszenen‹. So sagte der indische Filmstar Zeenat Amman in einem Interview, in den vierzehn verschiedenen Filmen, die gerade gedreht würden und in denen sie mitspiele, werde sie am laufenden Bande durchnäßt, so daß ihr Kleid fast durchsichtig und ihre Brustwarzen deutlich zu erkennen seien: Entweder fange es ganz unvermittelt an zu regnen, oder sie bade im Ganges, falle ungeschickterweise in einen Waschtrog oder die Verfolgungsjagd ende unter einem Wasserfall.[16]

Diese Schamhaftigkeit bezüglich der Brüste wird meist als eine Folge des muslimischen Einflusses in Nordindien erklärt, doch stehen einer solchen Behauptung die Quellen entgegen. Wie aus einigen Bemerkungen Draupādīs hervorgeht,

172 Zensierte Filmszene aus Johars ›Five Rifles‹, siebziger Jahre.

trugen die Inderinnen bereits in vedischer Zeit nicht nur in der Öffentlichkeit, sondern auch im Hause die Brüste sorgsam bedeckt,[17] und das mindeste, was eine Frau auf dem Oberkörper trug, war das *kuca bandha* genannte Brustband,[18] ja, in der Zeit der *Dharmaśāstras* galt es nicht nur als äußerst schamlos, beim Baden die Brüste zu entblößen, vielmehr war es – im Gegensatz zu heute – sogar unanständig, mit nacktem Nabel, Schultern oder Waden gesehen zu werden.[19]

Auch aus der scheinbaren Wiedergabe halbnackter Frauen in den zentralindischen Tempeln sowie in den Ajantā- und Bagh-Höhlen läßt sich keineswegs schließen, daß die Inderinnen zur Zeit der Entstehung der Reliefs und Malereien den Oberkörper in der Öffentlichkeit unbedeckt getragen hätten. Denn ähnlich wie bei den altägyptischen Frauenskulpturen, die zwar nackt erscheinen, in Wirklichkeit aber – was man am unteren Kleidersaum erkennen kann – bekleidet sein sollen, erkennt man auch bei manchen der indischen Darstellungen Kleiderfalten am Ellbogen und an den Schultern. Um die Formen des weiblichen Körpers besser zur Geltung zu bringen, insbesondere die der schwellenden Brüste – das Fruchtbarkeitssymbol par excellence[20] – und um gleichzeitig den Regeln des Anstandes zu genügen, stellten die Künstler die Frauen nur *quasi* nackt dar, d. h., sie deuteten mit ein paar Falten an, daß die Frauen eigentlich voll bekleidet waren.[21]

Eine wesentlich schwächer ausgebildete Brustscham zumindest bei den verheirateten Frauen gab es früher im »drawidischen« Süden Indiens, und im 17. Jahrhundert schrieb der Pfarrer François Valentyn aus Dordrecht, daß die Frauen von Goa »im allgemeinen ein dünnes Leibchen (*half-hemdje*)« trügen, »manchmal unter einem Jäckchen, manchmal aber auch ohne ein solches, so daß man ihren Busen voll und ganz dadurch hindurch sehen kann; diejenigen aber, die noch einen Rest von Scham behalten haben, tragen darüber eine geschlossene Jacke«.[22]

An der südlich von Goa liegenden Malabar-Küste trugen die

Frauen lange Zeit den Oberkörper völlig frei,[23] ja, es galt sogar als anstößig, die Brüste zu bedecken, da dies hier ähnlich wie auf Bali nur die öffentlichen Huren taten.[24] Inzwischen entblößen insbesondere die jüngeren Frauen nicht einmal vor dem Arzt die Brust, und als im Jahre 1959 eine junge Europäerin sich in einem Hospital in Kerala röntgen lassen wollte und begann, ihre Bluse aufzuknöpfen, untersagten ihr dies die Ärzte, bis schließlich ein Tuch gefunden wurde, mit dem sie vor dem Röntgenapparat »decently« ihre nackten Brüste bedecken konnte.[25]

Die Frauen der Kadan von Kotchin an der südlichen Malabar-Küste, die herkömmlicherweise die Brüste frei trugen, gewöhnten sich in diesem Jahrhundert an, stets einen *sāṛī* bei sich zu haben, den sie sich geschwind vor den Oberkörper halten konnten, wenn sie einem Hindu begegneten. Hatten sie das Kleidungsstück nicht bei sich, dann kauerten sie sich am Boden nieder und verdeckten ihre Brüste mit Armen und

173 Frauen der Nāyar, Südindien.

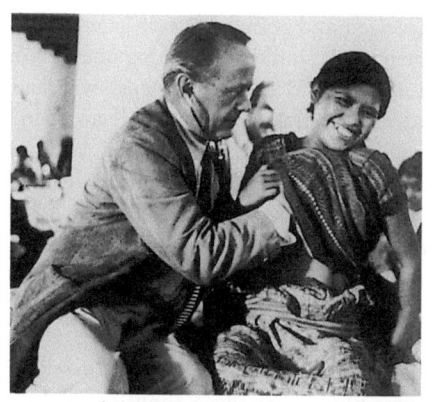
174 Westlicher Arzt hört eine junge Inderin ab.

gespreizten Händen. Obgleich ihre eigenen Großmütter sich noch einige Jahrzehnte zuvor mit nacktem Oberkörper in der Öffentlichkeit bewegt hatten, kannten die Malabar-Inder nicht mehr die Anstandsregel, nach der man die unbekleidete Brust einer Frau ›nicht sah‹, und wenn sie einer Kadan-Frau begegneten, pflegten sie ihr hemmungslos auf die Brüste zu glotzen und sogar anzügliche Bemerkungen zu machen. Selbst ganz kleine Mädchen imitierten die demütigenden Kauerstellungen ihrer Mütter, wenn sie Hindumänner sahen, und bedeckten die Stellen, wo ihnen einmal Brüste wachsen würden, mit Lumpen. Um die Mitte des Jahrhunderts waren viele Kadan-Frauen dazu übergegangen, farbige indische Blusen zu tragen, doch wenn sie einen halben Tag lang in der tropischen Hitze gearbeitet oder Wurzeln ausgegraben hatten, klebte der dünne Stoff auf der verschwitzten Haut und die – häufig sehr vollen – Brüste offenbarten sich den indischen Voyeuren noch viel augenfälliger, als wenn sie nackt gewesen wären. Aus diesem Grunde gewöhnten die Frauen es sich schließlich an, unter den Blusen dicke Baumwollunterhemden anzuziehen, in denen sie sich freilich fast zu Tode schwitzten.[26]

Die Frauen der Korăgar an der Westküste trugen einst lediglich aus Zweigen und grünen Blättern gefertigte Schurze, die sie, nachdem sie die indische Kleidung übernommen hatten, weiterhin *über* den Röcken befestigten,[27] während die in der Umgegend von Madras lebenden Wildbeuterbands der Irulan, aber auch die Tiyan und die Gond sich lange Zeit den Regierungsanordnungen widersetzten, nach denen die Frauen ein *choli* zu tragen hatten.[28] Zwar ließen die Maria Gond es zu, wenn die jungen Mädchen die Brüste bedeckten, was diese auch gern und häufig taten, doch den verheirateten Frauen verboten sie dies nachgerade,[29] und noch Ende der vierziger Jahre stellte eine brahmanische Ethnologin aus Mahārāṣtra etwas peinlich berührt fest, daß die Gondfrauen »did not wear a bodice or a blouse«, sondern »only covered their breasts with one end of the sari«.[30]

Wie gefährlich es für solche Frauen sein kann, von indischen Männern mit unbedecktem Oberkörper gesehen zu werden, erkennt man am Beispiel der Cholonaika, einer in den Felsengrotten des Nilangutales von Kerala lebenden Wildbeutergruppe. Ein von den entblößten Brüsten der Cholonaika-Frauen hingerissener indischer Filmproduzent machte einige von ihnen mit Alkohol dazu gefügig, sich von einem Kamerateam aufnehmen zu lassen, und baute die Szenen anschließend in einen Sexfilm ein. Nachdem der Film in den Kinos angelaufen war, wurden sämtliche jüngere Frauen der Cholonaika das Opfer einer Massenvergewaltigung durch indische Männer, und die Hälfte der Frauen wurde noch zusätzlich mit Geschlechtskrankheiten angesteckt.[31]

§ 25
Odalisken mit freien Brüsten

Wie ist es schließlich um die immer wieder vorgebrachte Behauptung bestellt, daß bei den muslimischen Frauen Nordafrikas und des Vorderen und Mittleren Orients die Brüste der Frauen nicht schambesetzt sind und jederzeit in der Öffentlichkeit entblößt werden können?[1] Ich vermute, daß diese unzutreffende Vorstellung entstanden ist, nachdem Orientreisende aus der Beobachtung in der Öffentlichkeit stillender Frauen falsche Schlüsse gezogen hatten. Eine solche stillende Frau war allem Anschein nach die »Möhrin auß Granata«, die Hans Weigel im Jahre 1577 in seinem Trachtenbuch abbildete,[2] und auch in Ägypten gaben die Frauen der Unterschichten[3] auf der Straße ihrem Kind die Brust. So berichtet die Verfasserin eines ›Reise-Knigge‹: »Als ich mit meinem blondlockigen zweijährigen Sohn – in ägyptischen Augen ein Inbegriff des Wunderbaren – über den Markt ging, stillte eine schwarzverhüllte Bäuerin ihr Kind. Sie hockte im Schneidersitz am Boden, sah auf und gewahrte das blauäugige Geschöpf vor sich. Mit einem Ruck entzog sie ihre Brustwarze dem eigenen Kind und streckte sie meinem Sohn hin.«[4]
Allerdings galt bei den Müttern, insbesondere wenn sie noch sehr jung waren, die Regel, beim Anlegen des Kindes so wenig Brust wie nur möglich zu zeigen,[5] und ähnlich verhielt es sich auch mit den Entblößungen beim Trauerritual: Zwar ist es richtig, wie Frazer sagte, daß die älteren Araberinnen während der Trauerklage bisweilen ihr Kleid über dem Oberkörper zerrissen und die Brüste zerkratzten.[6] Doch wenn es vorkam, daß eine Fellachin bei der Beerdigung im Schmerz nicht nur den Schleier vom Gesicht riß, sondern auch ihre Brust entblößte, so wurde dies als anstößig empfunden, und die umstehenden Frauen versuchten, sie davon abzuhalten.[7]
Wenn auf Photographien des 19. Jahrhunderts nichtstillende muslimische Frauen mit nackten oder halbnackten Brüsten

zu sehen sind, handelt es sich auch dann, wenn diese Aufnahmen mit »Femme de Cheik« oder »Ägyptische Frauen im Palast Mussafir Chan« betitelt sind, um öffentliche Huren (Abb. 175 u. 176) oder zumindest um sich gelegentlich prostituierende Tanzmädchen.[8] So war z.B. im Winter 1874 der Wiener Maler Carl Rudolf Huber mit einigen Kollegen, darunter Hans Makart und Franz von Lenbach, nach Kairo gereist, wo ihnen der Khedive Ismael einen unbewohnten Palast – den Mussafir Chan – zur Verfügung stellte, ein Gebäude, in dem die Künstler alsbald eine rege Photographier- und Malereitätigkeit entfalteten. Als Modelle verwendeten die Wiener Herren junge Prostituierte, und ein Journalist, der sie in Kairo besuchte, berichtete anschließend: »Die Künstler pflegten den Mussafir Chan das Narrenhaus zu nennen, und närrisch genug ging es darin zu. Die arabischen Modelle, die anfangs sehr schämig thaten, wurden schließlich so dreist, daß sie ganz ungeniert in Eva'scher Toilette herumliefen. Eine ging sogar in diesem natürlichen Zustande bis hinunter in den Hof, um Wasser zu schöpfen. Die photographische Maschine

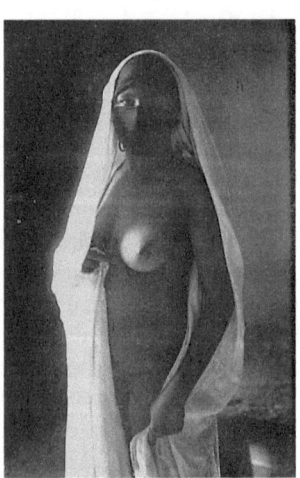

175 Tunesische Prostituierte, 19. Jh.

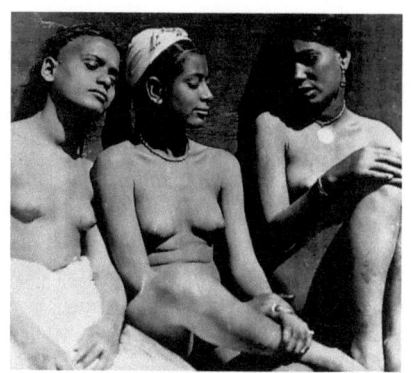

176 Ägyptische Prostituierte in einem Kairoer Palast.
Photo von Rudolf Carl Huber, 1875.

wurde fortwährend gebraucht – es wurden die tollsten Posituren abconterfeit, Posituren, von welchen die minder unanständigen nicht zu schildern sind ...« (Abb. 176)[9]
Für eine ägyptische Fellachin dagegen wäre selbst beim Stillen eine Entblößung der Brust undenkbar gewesen, und wenn eine verheiratete Frau oder ein junges Mädchen auf dem Dorfweg einem Mann begegnete, dann bedeckte sie aus Schamhaftigkeit (*ar*) die Brüste zusätzlich mit ihrem Kopftuch, damit deren Konturen nicht zu sehen waren.[10] Bei den al-Fadl- sowie den al-Hassana-Beduinen der syrischen Wüste trugen dagegen nur die verheirateten Frauen im Gegensatz zu den jungen Mädchen einen speziellen Schal, dem die Aufgabe zukam, das Sichabzeichnen der Brüste zu verhindern.[11]
Während des Golfkrieges gestatteten die Saudis den Amerikanern die Stationierung weiblicher Soldaten auf ihrem Territorium unter der Auflage, daß diese sich selbst bei größter Hitze stets mit einer Armeejacke bekleidet und nie im T-Shirt, durch das die Brüste sich abzeichneten, in der Öffentlichkeit aufhielten. Da der arabische Zoll sämtliche für die männlichen US-Soldaten gedachten Pin-ups konfiszierte, wurde im amerikanischen Luftwaffenstützpunkt in Sembach eine aus Schülern und Schülerinnen der dortigen High-School beste-

hende »Busen-Brigade« gebildet, der die Aufgabe zufiel, die Photos zu »islamisieren«, d. h., die Bilder von Werbemodellen für Büstenhalter oder jungen Mädchen in Bikinis mit Filzstiften zu zensieren,[12] was vor wenigen Jahrzehnten auch noch in manchen mediterranen Gegenden üblich war (Abb. 177). Keine US-Soldatin durfte mit männlichen Kameraden das Schwimmbecken teilen, und wenn sie unter sich badeten, mußten die Frauen Brüste, Arme und Beine vollständig bedecken. Ein ›Oben ohne‹-Baden wäre in einer Zeit, in der auf Nilschiffen wie dem ›Star of Luxor‹ barbusig sich sonnende Touristinnen vom Ufer aus mit Gewehren beschossen werden,[13] erst recht in Saudi-Arabien einem Verbrechen gleichgekommen.[14]

Wenn in Kairo einem Mädchen Brüste wachsen, erhält es ein schwarzes Übergewand (*melaya liff*), das es über der Hauskleidung trägt, damit Brüste und Brustwarzen sich nicht ab-

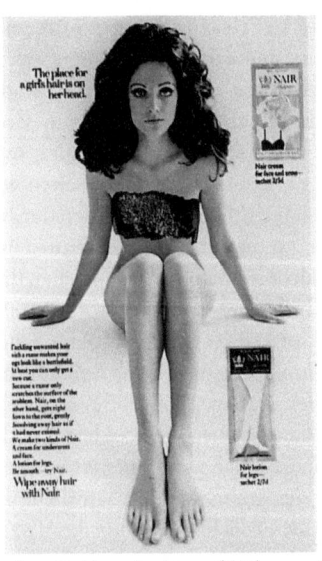

177 Zensierte Reklame in einer auf Malta vertriebenen britischen Zeitschrift, siebziger Jahre.

bilden,[15] doch gab es früher in Ägypten und in anderen arabischen Ländern das immer wieder verbotene Fest namens Sabb al-māʾ, während dessen genau dies geschah. »Viele Frauen«, so wurde einst über dieses Ereignis geklagt, »machen Wasserspiele zu Hause und zwar Frauen und Männer, Jünglinge und junge Mädchen promiscue; sie machen sich gegenseitig naß und wessen Kleidung naß ist, dessen Konturen zeichnen sich ab und der größte Teil des Körpers verrät sich den Blicken.«[16]

Damit ist aber auch schon angedeutet, daß in den meisten muslimischen Gegenden die Brüste, der hohen Schambesetzung entsprechend, extrem erotisiert sind. Nach einer alten arabischen Tradition setzt sich der Teufel Iblis mit Vorliebe auf die Brüste der Frauen, damit diese um so leichter die Männer verführen können,[17] und Scheich Nafzawi empfahl den Männern, während des Vorspiels an den Brustwarzen der Partnerin zu saugen, weil dies die Frauen besonders errege.[18] So klärte auch eine Ägypterin die unverheiratete amerikanische Ethnologin auf: »Du mußt wissen: Wenn ein Mann mit dir zu spielen beginnt, dann fängt er bei deinen Brüsten an, um zu sehen, ob er dich erregen kann, und dann wird er zur Sache kommen.«[19] Eine arabische Autorin meinte, daß eine Araberin, die es einem Mann erlaube, sie an den Nippeln zu stimulieren, auch alles weitere zulasse, und sie erklärte diese Hypersensibilität der Brüste damit, daß sie eine Kompensation für die »sexuelle Blendung« der weiblichen Genitalien sei.[20]

Daß eine arabische Frau zum Beischlaf bereit ist, sobald ein Mann sie an den Brüsten erregt hat, scheint indessen ein wenig übertrieben zu sein, denn bereits im Mittelalter berichtete der Syrer al-Ǧauziyya, dem Liebhaber einer Frau gehöre für gewöhnlich »ihre obere Hälfte vom Nabel bis zur Spitze des Kopfes«, und mit dieser Hälfte könne er machen, was er wolle. »Ihrem Ehemann aber gehörte ihre untere Hälfte vom Nabel bis zur Fußsohle.«[21] Es war also minder intim, einer Frau an die Brüste als an die Vulva zu fassen, weshalb z. B.

auch der potentielle Käufer einer Sklavin zwar ersteres, nicht aber letzteres tun durfte. So berichtete Hans Ulrich Kraft nach seinem Besuch eines Sklavenmarktes in Aleppo im Jahre 1574: »Wil dan einer ein schönne Frawen oder JungFraw für seinen Leib vnd sunsten von Nutzlichen Dugendten haben, dem verguntt vnd laßt man zuo, daß er erstlichen Ire plosse hand darff greiffen, vnd weil Alle weiber vnd weibs bilder mit einem zartten Seydin oder Bonwolle Tuoch Iber das angesichtt verdöckt seind, hatt er macht, sy vnder dem vffdöcketten thuch zu besichtigen, hatt er lust vnd daß man vermaint, es möchtte einen kauff abgeben, so wirdt Ime merers nitt zugelassen, dan mit händen Ihre brüst zugreiffen.«[22] Was auch von Salomon Schweigger bestätigt wird, der vier Jahre später auf einem anderen Sklavenmarkt beobachtete, daß die Oberschenkel und der Unterleib für das Auge der Interessenten tabu blieben: »Item er beschauet auch mit Fleiß die Brust sampt den Schenkeln, die müssen die Weiber bis über die Knie entblößen.«[23]

Wenn freilich in der arabischen Liebesliteratur beschrieben wird, wie die Männer den Frauen und sich selber die höchsten Liebeswonnen bereiten, indem sie deren Brustwarzen taktil oder oral erregen, so sollte man vorsichtig sein, keine allzu schnellen Schlüsse auf das tatsächliche sexuelle Verhalten zu ziehen. Zum einen durfte eine Frau ihrem Mann auf keinen Fall mit Worten oder durch ihr Verhalten kundtun, daß sie an den Brüsten stimuliert werden wollte. Tat sie es doch, hatte der Mann das Recht, sich von seiner Frau auf Grund dieser Schamlosigkeit scheiden zu lassen.[24] Zum anderen scheinen die Männer zu allen Zeiten nicht eben Meister der körperlichen Liebe gewesen zu sein, die den Frauen von sich aus das gegeben hätten, was diese wünschten. Als beispielsweise Ali, der Schwiegersohn des Propheten, eines Tages gefragt wurde, was ein Mann tun solle, wenn der Anblick einer fremden Frau ihn sexuell errege, antwortete er, der Betreffende solle heimgehen und mit seiner eigenen Frau schlafen, denn »eine Frau ist wie die andere«.[25] Bei den Persern etwa sind die Brüste zwar seit jeher sehr schambesetzt[26] und werden in der Liebesliteratur als hocherotisch besungen, doch zumindest auf dem Lande scheint sich kaum ein Mann bei den Brüsten seiner Frau aufzuhalten: Der einzige Körperkontakt, den es normalerweise gibt, ist der zwischen den Genitalien – beide Partner bleiben voll bekleidet, der Mann penetriert die Frau unmittelbar und versucht, so schnell wie möglich zu ejakulieren.[27]

Immer wieder wird behauptet, daß die Berber, und unter diesen vor allem die Kabylen, im Gegensatz zu den Arabern die weiblichen Brüste nicht mit Scham besetzt hätten, und die »Maurin« mit den freien Brüsten war ein beliebtes Künstlermotiv von Schongauers spätgotischer ›Orientalin‹ bis zur ›Odalisque à la culotte rouge‹ von Henri Matisse. Sehr ver-

178 Junges kabylisches Mädchen, 19. Jahrhundert.

breitet waren im 19. Jahrhundert erotische Postkarten und Photos, auf denen junge kabylische Mädchen zu sehen waren, die ihren Oberkörper so nachlässig bedeckt hatten, daß man zumindest den Ansatz der jugendlichen Brüste erkennen konnte (Abb. 178) oder deren Brüste völlig unverhüllt gezeigt wurden.[28]

Was die Betrachter solcher Bilder freilich nicht wußten, war die Tatsache, daß es sich bei den Modellen für derartige Aufnahmen um Bordellhuren oder Schankmädchen aus den Spelunken der marokkanischen oder algerischen Hafenstädte handelte, denn kein anständiges kabylisches Mädchen hätte sich mit gelöster Kleidung auf solch kompromittierende Weise ablichten lassen.[29]

Sobald bei einer jungen Kabylin die Brüste zu sprießen begannen, wurde ihr Oberkörper in ein enges Korsett gezwängt, das die Aufgabe hatte, die Formen zu nivellieren, und selbst innerhalb der Familie verschränkte sie in Gegenwart ihres Vaters und ihres älteren Bruders noch zusätzlich die Arme

179 Morgenwäsche einer kabylischen Soldatenfrau während des Spanischen Bürgerkriegs, 1936.

vor der Brust.[30] Gleichzeitig galten die jugendlichen Brüste als äußerst erogen, und es heißt, daß gewisse junge kabylische Frauen – vermutlich sich prostituierende Tänzerinnen – goldene Ringe durch die Nippel gezogen hätten, um sich durch deren Reibung sexuell zu erregen.[31]

Sobald jedoch eine Frau Mutter geworden war, änderte sich die Funktion der Brüste, und das traditionelle Kleid der Frauen, das *taq endurt*, besaß über der Brust einen Schlitz,[32] damit die Frau auf bequeme Weise stillen konnte. Auch war es nicht ungewöhnlich, daß eine verheiratete Frau sogar in Anwesenheit von Männern den Oberkörper entblößte, um sich zu waschen (Abb. 179).

Die vorpubertären Mädchen der Tuareg trugen lediglich einen Lederrock (*tebadegh*), doch wenn ihre Brüste sich entwickelten, gab man ihnen eine Bluse (*takatkat*), mit der sie den Oberkörper bedecken mußten.[33] Die verheirateten Frauen arbeiteten allerdings im Hausbereich nicht selten mit freier Brust[34] oder mit einem nachlässig über die Schulter geworfenen dreieckigen Tuch, das nicht viel verbarg, wie die Frauen der Aulimmiden-Stämme des Hoggar.[35] In der Öffentlichkeit erschienen die Frauen viel seltener als die Männer, und wenn z.B. die Frauen der Ineslemðn-Tuareg des Azawagh einmal das Zelt verließen, das von den Männern nur ihr Mann, ihr Vater und ihre Brüder betreten durften, dann verhüllten sie den ganzen Körper einschließlich des Gesichtes.[36]

§26
Sind Brüste auch dort erotisch, wo sie unbedeckt getragen werden?

Nun wird freilich von den meisten Wissenschaftlern und namentlich von Wissenschaftler*innen* behauptet, daß »in Kulturen, in denen die Brust unverhüllt ist«, diese im allgemeinen »wenig Beachtung« fände.[1] »Außerhalb sogenannter ›hochentwickelter‹ Gesellschaften« habe es keine »sexuelle Interpretation der weiblichen Brust« gegeben,[2] und die erotische Attraktivität der Brüste für Männer sei »almost certainly an artifact of *our* culture's peculiar suppression of breast-feeding«:[3] Da die Frauen nicht mehr selber stillten, seien wir den Anblick nackter Brüste nicht mehr gewöhnt, und vor allem hätten sie ihre eigentliche Funktion verloren, und an deren Stelle sei eben die sexuelle getreten. Und schließlich meinte Norbert Elias, danach befragt, ob die im Westen grassierende ›Oben ohne‹-Mode seiner Zivilisationstheorie widerspreche, diese Erscheinung sei zwar ein kurzfristiger »Gegenschub« zur Zivilisierung des menschlichen Leibes, doch langfristig würden Brustscham und Brusterotik über solche historischen Gegentendenzen dominieren.[4]

Daß freilich in Wirklichkeit die Schambesetzung und die Erotik der weiblichen Brüste nicht an die Bedeckung des Oberkörpers gebunden sind, läßt sich mit zahllosen Beispielen belegen. Bei den Sambia in Neuguinea etwa werden die frei getragenen Brüste in visueller und taktiler Hinsicht als äußerst erregend empfunden, und ein Informant klagte, es sei »nicht gut, daß die Männer die Brüste der jungen Frauen sehen, denn dann wollen sie die Brüste halten«. Früher bedeckten die jungen Mädchen und die jüngeren Frauen in Anwesenheit von Männern häufig mit den Händen die Brüste, damit die Männer sie nicht sehen konnten, und obwohl sich im Laufe der letzten Zeit diese Brustscham gemildert hat, sind die Frauen bis zu dem Zeitpunkt, da sie zwei oder drei Kinder geboren haben, mit ihren Brüsten sehr eigen.[5] Träumerisch sagte ein junger Mann, der noch keine sexuellen Kontakte zu Frauen gehabt hatte und bislang nur von Knaben fellationiert worden war, über seine künftige Frau: »Sie bedeckt ihre Brüste vollständig. Ich habe diese tatsächlich noch nie gesehen. Sie verbirgt sie.« Daraufhin fragte ihn der amerikanische Ethnologe: »Wenn du an ihre Brüste denkst, wird dann dein Schwanz steif?« Worauf der Mann antwortete: »Klar! Jedesmal, wenn ich an sie denke, krieg ich einen Ständer! Immer!« Oft stellte Moondi sich vor, wie er eines Tages mit der jungen Frau spielen und dabei ihre Brüste in den Händen halten werde: »Wenn ich das tue, kann sie selber etwas fühlen, eine Art Erregung, und sie fühlt sich gut.«[6] Auch bei den ebenfalls in Neuguinea lebenden Jaqaj war es verpönt, direkt auf eine die Brüste unbedeckt tragende Frau zu schauen und man schärfte schon den Jungen ein: »Es ist genug, wenn ihr sie aus den Augenwinkeln seht!«[7]

Obgleich die Frauen der Santa Cruz-Insulaner früher den Oberkörper nicht bedeckten, galten die Brüste als hocherotisch, und die jungen Mädchen verglichen sie beständig untereinander. Die Männer fühlten sich durch die frei getragenen Brüste wie unter einer sexuellen Dauerberieselung, obgleich herkömmlicherweise reife oder verheiratete Frauen häufig vor fremden oder entfernt verwandten Männern die Brüste mit Rindenbaststoffen bedeckten. Die ersten Missionare, die auf den Archipel kamen, mißverstanden diese Gewohnheit, indem sie in Eliasscher Manier glaubten, die Frauen verhüllten ihre Brüste nicht aus Schamhaftigkeit, sondern aus Untertänigkeit gegenüber den Männern, und wiesen die Frauen an, die Brüste in der Öffentlichkeit zu entblößen, eine Anweisung, die schließlich durch eine Polizeivorschrift unterstrichen wurde. Zunächst entblößten die Frauen sich nur, wenn sie zur Bibelstunde oder zu Gebetsversammlungen gingen, doch schließlich ließen sie die Brusttücher auch bei der Verrichtung der täglichen Arbeiten fallen. Auf Festen oder Tanzveranstaltungen, wo es unvermeidlich war, daß die Geschlechter einander nahekamen, sowie am Abend oder in der Nacht, wo sie nicht erkennen konnten, ob ein sich nähernder Mann ein naher Verwandter oder ein Fremder war, hatten sie stets Tücher griffbereit, die sie über die Brust halten konnten. Zudem ließen die verheirateten Frauen den Namen ihres Mannes auf die Brüste tätowieren, was soviel bedeuten sollte wie »Hände weg – hier spielt nur mein Mann!« Zum sexuellen Vorspiel gehörte es für gewöhnlich nicht nur, daß der Mann die Brüste mit den Händen bearbeitete, sondern daß er die Nippel küßte und an ihnen saugte, bis sie steif wurden. Traditionellerweise bevorzugten die Insulaner die »Missionarsstellung«, weil der Mann dann die Brüste seiner Partnerin an seiner eigenen Brust spürte, und andere stimulierten während des Koitus die Brüste der Frau mit den Händen, bis sie ejakulierten.[8]

Auch die Mende der Sierra Leone kennen kaum ein größeres Vergnügen, als Brüste (*nyini*)[9] zu betrachten, sie zu liebkosen und über sie zu reden, und beim Liebesspiel stehen sie im Zentrum des Interesses: Für beide Partner ist es höchst erregend, wenn der Mann die Brüste betastet und knetet, vor allem wenn die Nippel erigieren und die Brust an Volumen gewinnt. Obgleich die jungen Mädchen und die Frauen sich beständig ›oben ohne‹ in der Öffentlichkeit aufhalten und die Männer somit den Anblick nackter Brüste gewohnt sind, verlieren diese nichts von ihrer visuellen erotischen Attraktivität, und die Ethnologin hörte mehrfach, wie ein Mann angesichts der Rundungen eines jungen Mädchens voller Bewunderung sagte: »Uuu, hat die schöne Brüste!« Der hohe erotische Wert der Mende-Brüste widerlegt nicht nur die Behauptung, daß allein dort die Brüste sexuell stimulieren, wo sie verhüllt werden, sondern auch die bereits erwähnte psychoanalytische ›Frustrations-Hypothese‹, da die Mende-Mütter ihre Kinder sehr lange, und zwar bis zu drei Jahren, stillen.[10]

Einer Frau oder Jungfrau unverblümt auf die nackten Brüste zu blicken galt indessen in Westafrika, z.B. bei den Yoruba, als anstößig, und wenn bei diesem Volk ein Mann sich gar erkühnte, ein junges Mädchen an der Brust zu berühren, konnte es leicht geschehen, daß er vom Verlobten der Betreffenden getötet wurde.[11] »The white man«, lautete ein Spruch der Igbo, »looks at the black man in the face, but at the black woman in the buttocks and the breasts«,[12] und gerade dieser Mangel an Zurückhaltung und Dezenz trug dazu bei, daß viele Afrikaner den weißen Mann, aber auch die weiße Frau[13] für unkultivierte Wesen ohne Anstand hielten. Auf der anderen Seite gab es aber auch immer wieder Mädchen und Frauen, die sich gegen Bezahlung den Weißen zur Schau stellten (Abb. 180), was für die Betreffenden bisweilen ernste Konsequenzen nach sich zog. So sagte z. B. eine der über tausend ghanesischen Amazonendarstellerinnen in Werner Herzogs Film ›Cobra verde‹ in einem Fernsehinterview, ihr Freund habe sie verlassen, weil sie wie eine Hure ihre Brüste vor dem weißen Mann entblößt habe.[14]

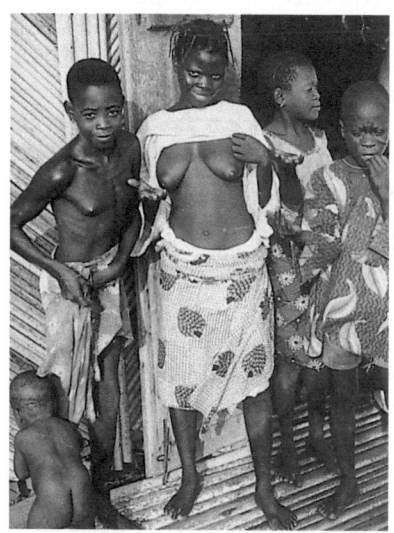

180 Fünfzehnjähriges Fon-Mädchen aus Dahomey zeigt Touristen gegen Entgelt ihre Brüste. Photo von Michael Friedel.

Besonders in Gegenwart männlicher Personen, zu denen eine sexuelle Beziehung zwar durchaus vorstellbar war, die aber auf alle Fälle verhindert werden mußte, weil sie die Grundmodalitäten menschlicher Gesellung in Frage gestellt hätte, war eine Frau verpflichtet, die sonst frei getragenen Brüste zu verhüllen. Wenn beispielsweise früher bei den Nyoro ein Mann die nackten Brüste der Schwester seiner Frau oder die seiner Schwiegermutter sah, und sei es ohne sein Zutun, so mußte er ihr als Wiedergutmachung ein Kleid aus Rindenstoff schenken,[15] und bei den Zulu mußte eine Frau vor ihrem Schwiegervater und den älteren affinalen Verwandten *hlonipha* (»Scham«, »Scheu«) zeigen, und unter keinen Umständen durfte sie vor ihnen den Oberkörper von den Schulterblättern abwärts unbekleidet zeigen.[16] Bei den Akamba herrschte diese Scham (*nDoni*) nicht allein zwischen Schwiegersohn und Schwiegermutter, sondern auch zwischen einem jungen Mädchen und ihrem Vater, der seiner Tochter nie beim Tanzen zuschauen durfte, vermutlich weil die auf- und niederhüpfenden Brüste des Mädchens, die als schön galten, wenn sie möglichst lang waren, für beide höchst peinlich gewesen wären.[17] Auch bei den zentralaustralischen Loritja durfte ein Mann aus Scham (*kerintja*) seine Tochter nicht mehr anschauen, sobald ihre Brüste zu sprießen begannen,[18] und bei den südindischen Toda war es einem Mann nicht einmal erlaubt, das Wort »Brustwarze« in den Mund zu nehmen, wenn seine Mutter oder seine Schwestern anwesend waren, weil dies für alle äußerst unangenehm und beschämend gewesen wäre.[19]

Entsprechend der Schambesetzung der Brüste spielten diese auch in Afrika im Sexualleben keine unbedeutende Rolle, wie es eine Erzählung der Fang veranschaulicht, in welcher Nlona, der Urheber der Hexerei, von einem Baum herunter Eva Nüsse auf den Brustkorb warf, worauf sich an dieser Stelle zwei Brüste bildeten. Darauf stieg er hinunter, warf die Frau zu Boden und beschlief sie. Dies war die erste Sünde. Nachdem Adam aus dem Wald zurückgekommen war, sah er Evas merkwürdige Rundungen und fragte sie: »Wo hast du denn die her?«

Noch überraschter war er, als er beim Herumspielen an ihren Brüsten eine Erektion bekam. Da empfand er tiefe Scham (*ōsōn*), aber trotzdem konnte er nicht anders, als mit seiner Frau zu schlafen. Das war die zweite Sünde.[20]

Man wird den Einwand erheben, daß es sich hier um eine Fang-Version des christlichen Sündenfalls handle, doch hat die Tatsache, daß »Adam« sexuell erregt wird, als er die Brüste seiner Gefährtin berührt, nichts mit europäischen Einflüssen zu tun. Die Männer der Zande beispielsweise kneteten beim Vorspiel die Brüste der Frauen, bis sie eine Erektion bekamen, und nachdem sie in ihre Partnerinnen eingedrungen waren, hielten sie deren Brüste in den Händen, was den Frauen große Lust bereitete, so daß sie leise stöhnten: *ai ti na ima*, »ai, es tut weh«. Die sich leicht senkenden, birnenförmigen Brüste galten als die schönsten, und die Männer saugten an ihnen, was beide Partner sehr erregte.[21] Auch bei den Afikpo-Ibo waren die frei getragenen Brüste erotisch stark besetzt, und die jungen Männer liebten es, beim ›Mondlicht-Tanz‹ den Mädchen im Schutze der Dunkelheit an die Rundungen zu fassen, worauf ihr Penis steif wurde.[22] Schließlich lautete die Liebesanweisung für die jungen Männer der rhodesischen Karanga zwar: »Beginne die Frau in der Schultergegend zu liebkosen, dann spiele mit den Brüsten, und wenn die Frau darauf zu reagieren beginnt, darfst du auch die Schamlippen deiner Frau weiter erregen. Erst dann aber, wenn sie dem Orgasmus nahe ist, darfst du den Penis einführen.« Doch waren die Brüste so reizvoll, daß die Männer häufig bereits dann ejakulierten, wenn sie an ihnen spielten.[23]

Allerdings war das Streicheln und Liebkosen der Brüste eines jungen Mädchens oder einer Frau in vielen afrikanischen Gesellschaften wie z.B. den Meru, Theraka oder den Kikuyu[24] nicht nur ein rein sexueller Akt, sondern auch eine zärtliche Handlung, die Liebe und Verbundenheit zum Ausdruck brachte. »White men«, klagte beispielsweise eine Frau, die in den dreißiger Jahren Prostituierte in Nairobi gewesen war, »didn't touch your breasts if they wanted you, those white people weren't looking for women to be wives to marry them, they wanted someone for a short-time«.[25] Wenn bei den Bulsa ein Mann in eine Frau verliebt ist (»feels like romance«), reibt er ihr, bevor er den Penis einführt, die Brustwarzen, um sie sexuell zu erregen,[26] und unter den unverheirateten Kafibele-Senufo erfreut sich »das Spiel der Brüste« großer Beliebtheit, vor allem bei den jungen Mädchen, die es als »besonders liebevoll und angenehm« empfinden, an dieser Stelle des Körpers liebkost zu werden.[27] In einem Gedicht der Atcholi zwischen dem Berg-Nil und dem Asua heißt es: »Erblickt der Freund ihres Bruders diese Brüste – fällt zufällig der Blick ihres Geliebten darauf – meint ihr, der Jüngling bliebe gelassen? Könnt ihr euch nicht vorstellen, welches Feuer ihn dann verzehrt?«[28]

Auch in anderen Weltgegenden, in denen die Brüste habituell frei getragen wurden, hatten sie eine erotische Bedeutung, etwa bei südamerikanischen Indianern,[29] bei den als Meeresnomaden in der Sulu-See lebenden Bajau Laut,[30] den Mru, deren junge Mädchen sehr stolz auf ihre schönen Brüste waren, die niemand berühren durfte außer ihrem Liebhaber, der sie streichelte und ›küßte‹,[31] oder bei den Bewohnern der Lushai-Berge. Die Mädchen und Frauen der dort lebenden Lakher oder Mārā trugen wohl noch um die Jahrhundertwende den Oberkörper frei, gingen aber etwas später dazu über, kleine ärmellose Jäckchen (*kohrei*) anzuziehen, die vorne offen oder so locker zugeknöpft waren, daß die Brüste praktisch unbedeckt blieben. Die meisten Mädchen genossen es sehr, wenn die mit ihnen flirtenden jungen Männer ihre Brüste streichelten, doch wurde es auf strengste Weise geahndet, wenn ein Mann die Brust einer verheirateten Frau berührte. Ähnlich verhielt es sich bei den Lushai, wo die jungen Männer den Mädchen an die Brüste griffen, um auszuprobieren, wie weit sie gehen konnten. Dieses ›Brüstegrabschen‹ hieß *hnute deh* und wurde im allgemeinen toleriert, wenn es dezent und nicht zu häufig geschah. Habituellen Grabschern freilich, von denen die Mädchen sich belästigt fühlten, wurde schnell das

Handwerk gelegt. Noch schärfer aber bestrafte man das *pasalnei hnute deh*, das Berühren der Brüste einer verheirateten Frau.[32]

Bei den Bondo bestand eines der Hauptvergnügen der Jungen, die in den der Eheanbahnung und -vorbereitung dienenden Jugendschlafhäusern (*selani dingo*) wohnten, darin, das »Brüstespiel« zu spielen, d.h., nach den Brüsten des Mädchens zu greifen, welches sich dies gefallen ließ. Im allgemeinen erlaubten das nur die Mädchen, mit denen die Jungen eine feste Liaison hatten. Ging ein Junge freilich weiter und faßte das Mädchen zwischen die Beine, mußte er damit rechnen, daß sie ihm mit ihren schweren Messingarmreifen einen Schlag versetzte, was zu einem Schädelbruch führen konnte: »Wir wagen es nicht, ein Mädchen mit Gewalt zu nehmen«, meinte ein Informant zu dem Ethnologen, »denn wir haben Angst davor, daß sie uns den Kopf knackt.« Zwar trugen nicht nur die Frauen, sondern auch die Mädchen ›oben ohne‹,[33] doch waren ihre Brüste sowohl in taktiler[34] als auch in visueller Hinsicht äußerst erotisch: Als der Ethnologe einmal einigen Bondo Photos zeigte, auf denen Saora- und Maria-Frauen mit nacktem Oberkörper zu sehen waren, schrien sie auf, grabschten nach den Photos und taten vor Lust stöhnend so, als drückten sie mit den Fingern die Brustwarzen der aufgenommenen Frauen.[35]

Die alten Ägypterinnen schließlich trugen mindestens 1500 Jahre lang ein unter den Brüsten ansetzendes enganliegendes, faltenloses Hemdkleid, das von Trägern gehalten wurde und besonders dann, wenn es aus feinstem Leinen gefertigt war, die Formen des Körpers deutlich abbildete. Häufig scheint es, als ob die Träger die Brüste nicht bedeckt hätten, weil diese auf bildlichen Darstellungen entblößt sind,[36] doch vergessen dabei selbst manche Ägyptologen, daß es sich bei diesen Bildern nicht um naturalistische Wiedergaben der Realität, nicht um *Seh*-, sondern um *Vorstellungs*bilder handelt. Personen wurden dabei nicht so dargestellt, wie man sie sah, vielmehr aus einzelnen Körperteilen ›zusammengesetzt‹, weshalb man auch Träger und Brust aneinanderfügte,[37] aber wiederum nicht den *gesehenen* Träger und die *gesehene* Brust, sondern gewissermaßen die Brust *als solche*, die natürlich nackt ist. Betrachtet man hingegen Frauen*skulpturen*, so sieht man, daß die Träger über die Brüste liefen und diese manchmal – wie eine als Frauenkleid geschnittene Mumienhülle aus einem Grab in Gizeh beweist – ganz bedeckten,[38] mitunter aber nur so knapp, daß noch die Ränder des Warzenhofes sichtbar waren.[39]

Zwar hat es den Anschein, daß völlig brustfreie Kleider in der Öffentlichkeit lediglich von jungen, sich auf dem Heiratsmarkt befindlichen Mädchen getragen wurden,[40] doch entblößten auch die Frauen im Hausbereich oder bei gewissen Arbeiten den Oberkörper, so daß die Ansicht weiblicher Brüste im alten Ägypten ganz alltäglich gewesen sein dürfte.[41] Trotzdem empfanden die Ägypter weibliche Brüste, vor allem wenn sie fest und nicht zu üppig waren, als hocherotisch, und in Liebesliedern ist häufig davon die Rede, daß der Mann die Brustwarzen seiner Angebeteten betasten möchte, oder sie fordert ihn dazu auf, ihre »Granatäpfel« in die Hände zu nehmen und mit ihnen zu spielen.[42] Um die Brüste für das Auge noch stärker zu erotisieren, trugen manche Damen, wie z. B. an einem Torso der Nofretete aus dunkelrotem Quarzit erkennbar ist,[43] enganliegende Plisseekleider, durch die sich die Brüste detailliert abzeichneten, oder die Damen erschienen mit straff sitzenden Netzkleidern, oder sie spannten Netze aus keramischen Perlen über die weißen Gewänder.[44] So gibt auch der depressive König Snofru in einer bekannten Geschichte den Befehl, man solle zu seiner Aufheiterung »zwanzig Frauen, die noch nicht geboren haben, mit schönem Körper und junger Brust und mit Zöpfchenfrisur« kommen lassen: »Man hole mir weiter zwanzig Perlennetze und gebe diese Netze den Frauen anstelle ihrer Kleider.« So geschah es, und die Mädchen ruderten vor dem König auf und ab, »und dem Herzen Seiner Majestät tat es wohl, sie rudern zu sehen«.[45]

Aber wurde nicht immer wieder von Ethnologen berichtet, daß in einigen menschlichen Gesellschaften die Männer in keiner Weise von den weiblichen Brüsten stimuliert worden seien? So behauptet etwa eine Ethnologin, die ostafrikanischen Nyika empfänden die Brüste als völlig unerotisch (»totally lacking in erotic interest«), doch kommen einem Zweifel, wenn sie bald darauf berichtet, daß die Nyika das erotische Saugen an den Brustwarzen der Partnerin moralisch verurteilen, weil der Mann ja damit dasselbe tue, was er als Säugling bei seiner Mutter getan habe, und so etwas sei unanständig. Jedenfalls meinten einige Frauen dies, und als ein Mann einmal während des Liebesspiels damit anfing, die Nippel seiner Frau zu lutschen, war diese so empört, daß sie von ihm weglief und nie wieder zurückkehrte.[46] Auf ähnliche Weise behauptet z. B. Meyer Fortes, für die westafrikanischen Tallensi seien die Brüste unerotisch gewesen, denn er habe einmal miterlebt, wie ein Mann an der Brust seiner Schwägerin saugte, die nicht stillen konnte, weil er herausfinden wollte, ob sie überhaupt Milch habe.[47] Wie wir freilich gesehen haben, wurde auch in unserer eigenen Gesellschaft im vergangenen Jahrhundert empfohlen, man solle bei Frauen mit Schlupfwarzen, die Schwierigkeiten beim Stillen hätten, die Nippel mit dem Mund heraussaugen. Niemand käme aber auf den Gedanken, zu behaupten daß die weiblichen Brüste im 19. Jahrhundert unerotisch gewesen seien.

Auch von den Buschleuten und von den Eskimo wird immer wieder behauptet, daß die Brüste beim Sex überhaupt keine Rolle gespielt hätten,[48] doch wird dies von den meisten Feldforschern nicht bestätigt. Bei den Nharon-Buschleuten pflegten die jungen Männer die Brüste ihrer Scherzpartnerin zu drücken und zu kneten,[49] und auch der Winkelobjektivkamera Eibl-Eibesfeldts blieb nicht verborgen, wie ein G/wi-Buschmann mit den Brüsten eines adoleszenten Mädchens spielte.[50] Offenbar war es auch bei den Buschleuten der Zentralkalahari (Kua) üblich, daß die jungen Männer beim ›Knutschen‹ die Brüste der jungen Mädchen karessierten, denn es

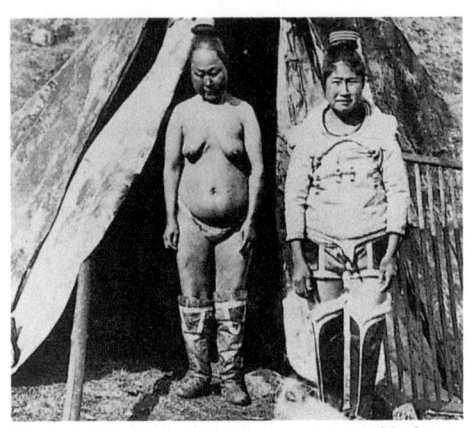
181 Angmagssalik-Frauen (links eine Frau in Hauskleidung), 1884.

hieß, daß ein Mann auf solche Praktiken verzichten solle, sobald seine Frau mit dem Stillen beginne.[51]
Die Vorstellung, daß die Brüste bei den Eskimo keinerlei erotische Bedeutung hatten, verdankt sich vermutlich einerseits der Tatsache, daß früher die Eskimofrauen im Haus oder bei den zeremoniellen Tänzen[52] lediglich den Genitalbereich bedeckten (Abb. 181), und andererseits den Aussagen von Eskimo-Männern, daß sie schärfer darauf waren, die Vulva eines Mädchens oder einer Frau zu befühlen als deren Brüste.[53]
Zum einen ist zu sagen, daß allem Anschein nach bei den Eskimo wie auch in vielen anderen Gesellschaften die Mutterbrüste zwar ›enterotisiert‹ wurden, nicht aber die der jungen Mädchen, weshalb man auf alten Photographien sehen kann, wie z.B. eine ältere Frau im Haus mit nacktem Oberkörper neben ihrer unverheirateten Tochter sitzt, die ihre Brüste sehr sorgfältig verhüllt hat.[54] Zum anderen ist von den Utku-Eskimo in Baffinland bekannt, daß die Brüste der jungen Mädchen sehr schambesetzt und erogen waren, und wie mir die Ethnologin mitteilte, sah sie auch gelegentlich durch Zufall, wie manche Mädchen es duldeten, daß junge Männer ihnen unter den Parka griffen, um ihre Brüste zu ›untersuchen‹.[55]

Als ethnologisches Paradebeispiel dafür, daß die Brüste nicht in jeder Gesellschaft als sexuell stimulierend empfunden wurden, werden stets die Kulturen der Südsee und insbesondere die von Polynesien und Mikronesien angeführt. Fragen wir deshalb, ob nicht wenigstens in diesen fernen Weltgegenden, wie von vielen Reisenden, aber auch von Ethnologen behauptet,[56] die Brüste in der ›Liebe unter Palmen‹ keine Rolle gespielt haben.

Unbestritten ist, daß die Polynesierinnen in der Zeit ihrer ersten Kontakte mit den Europäern im Vergleich zu *deren* Frauen keinen sonderlichen Wert darauf legten, daß ihr Oberkörper zureichend oder überhaupt bedeckt war. Die Tonganerinnen beispielsweise, so heißt es, trugen im 17. und im 18. Jahrhundert zumindest gelegentlich Umschlagtücher, die unmittelbar unter den frei getragenen Brüsten abschlossen (Abb. 182),[57] und die frühen Entdeckungsreisenden wie Schouten im Jahre 1616 und später LeMaire waren nachgerade schockiert über die nackten Hängebrüste der dortigen Frauen, Brüste, »die wie Ledersäcke auf den Bauch hingen«.[58] Ganz offenkundig handelte es sich hierbei aber nicht um eine

182 Juan Ravenet: ›Indianerinnen von Tonga‹, 1793.

Eigentümlichkeit dieser Südseefrauen, vielmehr hatten die Tonganer Angst davor, daß die Fremden ihre jüngeren Frauen und Mädchen vergewaltigen könnten, weshalb sie vorsichtshalber sehr alte Frauen auf die Schiffe schickten, von denen sie annahmen, daß ihnen ein solches Schicksal gewiß erspart bliebe.[59]

Auch auf den Hawaii-Inseln scheinen die Frauen den Oberkörper unbedeckt getragen zu haben, und die Missionarin Lucy Thurston erzählte, in welch peinliche Situation im Jahre 1820 eine der Frauen König Kamehamehas II. die zugeknöpften amerikanischen Damen brachte, als sie, nachdem sie an Bord gekommen war, in der Kabine die Brust frei machte: »While we were opening wide our eyes she looked as self-possessed and easy as though sitting in the shades of Eden.«[60] In der Folgezeit gaben sich vor allem diese amerikanischen Missionarsgattinnen redliche Mühe, die Hawaiianerinnen dazu zu bringen, daß sie ihre Brüste verhüllten, und tatsächlich erzielten sie bis zur Jahrhundertmitte einige Erfolge.[61]

Über die Mädchen und Frauen Tahitis verlautete zwar schon Georg Forster: »Die ungekünstelte Einfalt der Landes-Tracht, die den wohlgebildeten Busen und schöne Arme und Hände unbedeckt ließ, mogte freylich das ihrige beytragen, unsre Leute in Flammen zu setzen«,[62] und der Belgier Moerenhout berichtete, er sei bei seiner Ankunft in Tahiti im Jahre 1829 von zahlreichen Frauen umringt worden, von denen die meisten den Oberkörper nackt getragen hätten.[63] Doch scheinen in Wirklichkeit insbesondere die jungen Mädchen und die jüngeren Frauen, wenn sie nicht stillten, das Umschlagtuch in der Öffentlichkeit auch um die Brust gewunden zu haben. Bereits Georg Forsters Vater berichtete nämlich, daß die Tahitianerinnen verpflichtet waren, ihre Brüste vor Häuptlingen, hochstehenden Fremden oder dann zu entblößen, wenn sie an einem Friedhof oder an einem *marae* vorübergingen,[64] und es mag sein, daß auch die nackten Brüste der erwähnten Frauen auf den europäischen und amerikanischen Schiffen vor Tonga und Hawaii auf diese Weise zu erklären sind. Vermutlich wurden die Entdeckungsreisenden sowie die frühen Missionare als ›hochstehende‹ Personen eingestuft, denen gegenüber eine Frau auf den Tonga-, Hawaii- und Marquesas-Inseln verpflichtet war, die Brüste zu entblößen.

Dies ändert freilich nichts daran, daß jedem polynesischen Mann die unbedeckten Brüste einer Frau ein alltäglicher Anblick gewesen sein müssen, denn zumindest die einfachen Frauen entblößten, wie bereits James Morrison im 18. Jahrhundert beobachtete, beim Baden den Oberkörper, und Cook berichtete, daß sie auch während der Mittagshitze – vermutlich im häuslichen Bereich – ›oben ohne‹ zu sehen waren.[65] Selbst auf Samoa, wo herkömmlicherweise die Schamstandarde höher waren als in Tahiti oder auf den Marquesas[66] und wo anscheinend für gewöhnlich die jungen Mädchen und die jungen Frauen außerhalb der Privatsphäre die Brüste bedeckten,[67] sah man häufig ältere Frauen mit nacktem Oberkörper in der Öffentlichkeit.[68]

Bedeutet dies, daß die Männer von weiblichen Brüsten nicht sexuell stimuliert wurden? Daß dies immer wieder behauptet wird, hat meines Erachtens zwei Gründe. Zum einen besitzt herkömmlicherweise in Polynesien der Geschlechtsverkehr häufig einen lieblosen und aggressiven Charakter,[69] so daß dem zärtlichen Vorspiel generell keine allzu große Bedeutung zukommt. Zum anderen konnten sowohl die Poly- als auch die Mikronesier nie den Kult der Amerikaner um die Brüste der Frauen verstehen,[70] doch ging dies vielen Europäern ebenso, was nicht bedeutet, daß die Brüste in Europa keine sexuelle Bedeutung gehabt hätten.

Wenn beispielsweise ein Ethnograph behauptet, auf der Cook-Insel Mangaia interessierten sich nur die Säuglinge für eine weibliche Brust, dann straft er sich selber Lügen, wenn er an einer anderen Stelle berichtet, daß auf dieser Insel die jungen Männer nach ihrer Beschneidung darin unterrichtet werden, wie man die Brüste einer Frau küßt und auf welche Weise man an ihren Brustwarzen lutschen muß, um sie zu erregen.[71]

Auch auf den Marquesas-Inseln war es früher üblich, daß ein Mann zunächst an den Brustwarzen und an der Vulva seiner Partnerin saugte, bis sie kurz vor dem Orgasmus stand und dem Mann ein Zeichen gab, daß er seinen Penis einführen solle. Die Marquesaner genossen es, die Brüste der Frauen zu liebkosen, und die Frauen selber sorgten sich sehr um deren Schönheit und Festigkeit, weshalb viele Mütter ungern stillten und statt dessen ihren Kindern lieber einen Brei aus Kokosmilch und gebackener Brotfrucht fütterten.[72] Bei erotischen Hochzeitstänzen ließen junge Mädchen ihre nackten Brüste wackeln und kreisen, und die hawaiianischen Tänzerinnen des *hula pa'iumauma* bewegten nicht nur das Becken vor und zurück und ließen es kreisen, sondern schlugen sich dabei laut klatschend auf die entblößten Brüste, was insbesondere den kalvinistischen Damen aus Nordamerika sehr mißfiel.[73]

In Mikronesien schließlich trugen die Frauen und Mädchen zwar im allgemeinen die Brüste frei, doch ihre erotische Bedeutung erkennt man daran, daß sie z.B. auf den Truk-Inseln in Anwesenheit von wirklichen und klassifikatorischen Vätern und Brüdern verhüllt werden mußten. Dies hatte zur Folge, daß die meisten Frauen und Mädchen erst nach Einbruch der Dunkelheit den Oberkörper entblößten, während diejenigen, die das nicht taten, sich beispielsweise bei der Begegnung mit ihrem Vaterbruder auf der Stelle umdrehen oder die Brüste, so gut es ging, mit Armen und Händen verdecken mußten.[74] Auch galten insbesondere die jugendlichen Brüste als sehr erogen, und die jungen Männer des Ifaluk-Atolls waren scharf darauf, sie beim Liebesspiel zu kneten und mit dem Mund an den Brustwarzen zu spielen.[75]

§ 27
Warum sind weibliche Brüste überhaupt erotisch?

Bekanntlich hat der Verhaltensforscher Desmond Morris versucht, diese Frage auf folgende Weise zu beantworten: Im Verlaufe des Evolutionsprozesses, als die Vorfahren der Menschen allmählich dazu übergingen, einander bei den meisten sozialen Interaktionen die Unterseite ihres Leibes zuzuwenden, hätten alle jene Frauen einen Selektionsvorteil gehabt, denen es in besonderem Maße gelungen sei, auf dieser ehemaligen Unterseite die Körperteile zu ›imitieren‹, die ursprünglich die stärksten sexuellen Reize aussendeten. So hätten manche Frauen ihre rosafarbenen bis braunen Schamlippen besonders eindrucksvoll mit ihren leicht hervorstehenden Lippen nachgeahmt, während die Pobacken durch mehr oder weniger runde Brüste ›ersetzt‹ worden seien.[1] Und wie bei den Weibchen der Geladapaviane die roten Brustflecke zur Zeit der Ovulation besonders intensiv würden, fiele auch das Schwellen der Brüste bei den jungen Mädchen in die Zeit ihrer sexuellen Reifung.

Man hat gegen diese Hypothese den Einwand vorgebracht, daß zwar vielleicht eine »hochgeschnürte Divabrust« eine Assoziation mit Pobacken erlaube, nicht jedoch eine mehr oder weniger hängende Normalbrust,[2] doch kann man dem wiederum entgegnen, daß auch der Normalhintern keine Divaformen aufweist, wie die große Nachfrage nach Push up-Slips zu beweisen scheint. Auffällig ist überdies, daß zwar nicht in allen Epochen und Gesellschaften, aber immerhin in den meisten, die jugendliche, runde, feste, nicht zu kleine und nicht zu große weibliche Brust als die attraktivste gilt oder galt, und es steht auch fest, daß die Brust-Hinterbacken-Assoziation nicht allein der Gedankenwelt des britischen Verhaltensforschers entstammt. Österreichische Kinder nannten im 19. Jahrhundert die Brüste ihrer Mütter oder Ammen »Herzipopo«,[3] und der Wiener Volksmund benutzte dieses Kinder-

183 »Hängearsch bye bye!«
Italienische Push up-Slip-Reklame, 1995.

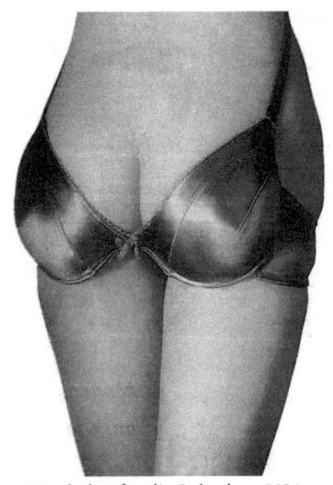

184 Wonderbra für die Pobacken, USA, 1995.

wort als Bezeichnung für die auf den Hofbällen freizügig zur Schau gestellten Brüste der Damen der Hautevolée.[4] Schon die ersten Psychoanalytiker konstatierten, daß viele ihrer Patienten den Busen ihrer Mutter mit der Gesäßspalte identifizierten,[5] wie umgekehrt ein alter amerikanischer Slang-Ausdruck für den Hintern »bosom of the parts« lautet.[6] Überdies lieben es anscheinend nicht wenige Männer, zwischen den Brüsten ihrer Partnerinnen zu ejakulieren, was heute im deutschen Rotlichtmilieu »Spanisch« oder »Tittenfick« heißt,[7] denn in den mediterranen Gegenden war es im vergangenen Jahrhundert nicht unüblich, daß junge Mädchen, die nicht entjungfert werden wollten, die Brüste so zusammenpreßten, daß eine Höhle entstand, in die der Liebhaber den Penis einführen konnte.[8]

Morris ist also der Auffassung, daß die Männer einst von den runden Hinterbacken der Frauen stimuliert wurden und daraufhin von hinten den Penis in die Vagina einführten. In späterer Zeit, als die Geschlechter einander häufiger die Vorderseite zuwendeten, übernahmen die Brüste die Aufgabe des Hauptstimulans.[9] Aber hier liegt bereits die Crux dieser Hypothese: Es gibt nicht nur keinerlei Hinweise darauf, daß die Hinterbacken der Frauen als sexuelle Hauptauslöser fungiert hätten, es ist auch nicht wahrscheinlich, daß unsere Vorfahren den Koitus für gewöhnlich *a tergo*[10] durchgeführt

185 Bonobos beim ›Gesicht-zu-Gesicht-Koitus‹, das Weibchen auf dem Rücken liegend (»Missionars-Stellung«).

haben, befleißigen sich doch sogar die Bonobos, unsere nächsten Verwandten im Tierreich, häufig der ›Gesicht-zu-Gesicht-Stellung‹ beim heterosexuellen sowie beim ›lesbischen‹ Geschlechtsverkehr.[11] Entsprechend gibt es keine Anhaltspunkte dafür, daß etwa in paläolithischen Zeiten die Brüste der Frauen das Hauptstimulans für die Männer gewesen seien,[12] ja, dies ist nicht einmal wahrscheinlich, da es sonst wegen ihrer ständigen Sichtbarkeit vermutlich zu einer gesellschaftlich dysfunktionalen Überstimulierung des anderen Geschlechts gekommen wäre. Viel einleuchtender ist es deshalb, anzunehmen, daß die Frauen schon immer das andere Geschlecht in erster Linie durch die Präsentation ihrer Genitalien, sei es durch Spreizen der Beine oder andere verführerische Stellungen (Abb. 186), zum Koitus eingeladen haben, da sie auf diese Weise die Aussendung sexueller Stimuli viel besser kontrollieren konnten als durch Schwellungen irgendwelcher Art oder durch Gerüche.[13]

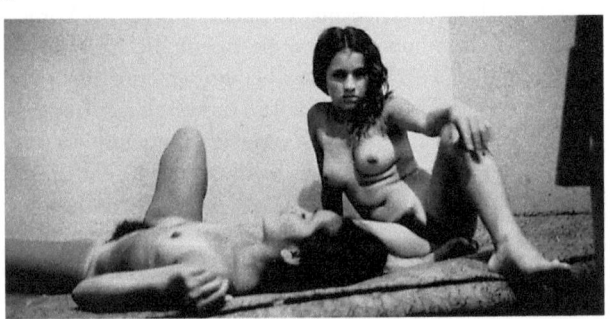

186 Kolumbianische Prostituierte. Photo von Danny Lyon, 1972.

Waren nun die Brüste zwar nicht das, was die Männer am intensivsten reizte, so waren sie dennoch ein wenn auch ›milderes‹ Stimulans. Aber warum? Bei Frauen tritt der Eisprung erst dann ein, wenn ungefähr 26 % ihres Körpergewichts aus Fett besteht, und dieses Fett sammelt sich am weiblichen Körper vor allem in den Pobacken und in den Brüsten. Diese Fettansammlungen signalisieren jedoch nicht nur die Ovulation, sondern auch das Vorhandensein von Energie – bei zu großen kontinuierlichen Anstrengungen und Streß sowie exzessivem Hungern, etwa im Falle von *anorexia nervosa*, bleiben nicht nur der Eisprung aus, vielmehr vermindert sich auch die körperliche Leistungsfähigkeit, was durch ein Kleiner- und Schlaffwerden der Brüste angezeigt wird.[14]

In den Konzentrationslagern beispielsweise wurde bei den Selektionen der Frauen vor allem auf die Beschaffenheit der Brüste geachtet, da an ihr die Leistungsfähigkeit der Opfer bemessen wurde. »Weißt du«, sagte eine in Auschwitz inhaftierte Frau zu einer neu Eingetroffenen, »das Wichtigste hier ist, daß der Busen gut bleibt. Alles andere ist ohne Bedeutung. Mich hat mein Busen schon einige Male gerettet. Das ist die Hauptsache. Wenn die Deutschen dich anschauen, betrachten sie zuerst den Busen, nicht, weil sie das interessiert, sondern, solange der Busen gut ist, arbeiten die Drüsen noch, und der Mensch zählt als Arbeitstier. Diejenigen, deren Busen verrunzelt ist, werden zuerst selektioniert.« Und eine andere Überlebende schrieb über den Auschwitzer SS-Rapportführer Tauber: »Vor kaum zwei Monaten ließ er abends um 6 Uhr tausend Frauen splitternackt in Schnee und Eis antreten. Dann ging er durch die Reihen und hielt mit seiner Reitpeitsche die Brust jeder Frau hoch. Schlaffte die Brust danach wieder ab, – nach links, was soviel bedeutete wie ins Krematorium. Blieb der Busen fest, – nach rechts!«[15]

Soziobiologisch ausgedrückt, heißt dies, daß Männer, die sich von Frauen mit größeren und festeren Brüsten angezogen fühlten und mit diesen kopulierten, bessere Reproduktionschancen hatten, da die betreffenden Frauen über größere Fettreserven verfügten, die sie in Kalorien umwandelten – ein Vorteil insbesondere während der Schwangerschaft und der Stillperiode, in denen Frauen wesentlich mehr Kalorien benötigten als sonst.[16] Darüber hinaus haben die Kinder von Frauen, die über stattliche Fettreserven, also einen großen Vorrat an Kalorien verfügen, ein relativ hohes Geburtsgewicht, was ihre Lebenschancen vergrößert.[17]

Schließlich ist auch die Milchbildung, und damit eine der Voraussetzungen für die Stillfähigkeit vom Fettreservoir abhängig,[18] wie bereits Schopenhauer mutmaßte, wenn er schrieb, daß »eine gewisse Fülle des Fleisches« bei der Frau gewährleiste, daß sie in der Lage sei, ihr Kind zureichend zu ernähren: »Daher stößt große Magerkeit uns auffallend ab. Ein voller weiblicher Busen übt einen ungemeinen Reiz auf das männliche Geschlecht aus: weil er, mit den Propagationsfunktionen des Weibes in direktem Zusammenhange stehend, dem Neugeborenen reichliche Nahrung verspricht.«[19]

Freilich bedeutet dies nicht, daß die Attraktivität der Frauen proportional zur Größe ihrer Brüste stieg, denn exzessive Fettbildung ist kein Indiz für Ovulation, Energie und Milchbildung, sondern für Amenorrhö,[20] weshalb wohl in den meisten menschlichen Gesellschaften mittelgroße Brüste als die schönsten galten und seit jeher betont wurde, daß auch die Säugammen keine zu üppigen Brüste haben sollten – »fest und nicht zu groß«, mußten sie nach Bellino Bissolo im Trecento, »nicht zu fett und nicht zu mager« nach Bartholomäus Metlingers *Regimen der Jungen kinder* aus dem Jahre 1473 sein.[21]

Während bei Gorilla- und Schimpansenweibchen die Brüste ausschließlich in der Stillperiode anschwellen, haben Frauen ständig entwickelte Brüste, aber auch bei ihnen sind sie in dieser Zeit besonders groß – vielleicht auch dies ein Grund, warum sehr große Brüste meist nicht als besonders attraktiv galten und gelten: Denn eine so ausgestattete Frau signalisierte den Männern, daß sie bereits befruchtet, also schwanger war oder daß die Chancen, sie zu befruchten, relativ gering waren, weil sie gerade stillte.[22]

Wie steht es aber mit der Freudschen Annahme, weibliche Brüste seien für Männer erotisch, weil sie diese an die Zeit erinnerten, in der die Mutterbrust ihnen Zufriedenheit, Lust und Geborgenheit vermittelte?[23] Nun ist es in der Tat so, daß manche Säuglinge während des Gestilltwerdens erregt werden – so berichtete z. B. eine Frau der Thandau im südlichen Malabar, daß ihre Söhne bisweilen eine Erektion bekamen, wenn sie ihnen die Brust reichte[24] –, und es gibt auch erwachsene Männer, die es sexuell stimuliert, wenn eine Frau sie säugt: In den japanischen Badepuffs oder in Clubs wie dem Yumetono lassen sich manche Kunden von einer Prostituierten, die ein Baby hat, für umgerechnet $ 250 die Stunde stillen und gleichzeitig die Genitalien reiben.[25]

Wenn indessen die Tatsache, daß die Mutterbrust eine Quelle der Lust für den Säugling darstellt, die Ursache dafür ist, daß diese Säuglinge, einmal erwachsen geworden, weibliche Brüste als sexuell stimulierend empfinden, dann müßten heterosexuelle Frauen beim Anblick von Frauenbrüsten auf dieselbe Weise sexuell erregt werden wie die Männer, und dies ist natürlich nicht der Fall.[26]

Daß es einen wesentlichen Unterschied in der erotischen Bedeutung zwischen der Männerbrust und den Frauenbrüsten gebe, ist vor allem in den letzten Jahrzehnten immer wieder bestritten worden. So kritisierte beispielsweise im Jahre 1973 ein bekannter amerikanischer Anthropologe die »westliche Doppelmoral« bezüglich männlicher und weiblicher Brüste und sagte voraus, daß man gewiß in absehbarer Zukunft beide gleich behandeln werde,[27] und eine US-Feministin konstatierte, diese unterschiedliche Einstellung sei nichts anderes als ein Ausdruck der Herrschaft der Männer über die Frauen: »Frauen müssen ihre T-Shirts bei noch so heißem Wetter anbehalten, weil ihre Brustwarzen sichtbare sexuelle Zeichen geben. Aber die Brüste eines Mannes sind sexuell ebenfalls erregbar, und das hindert einen Mann nicht, sich auszuziehen, wenn die Temperaturen steigen.«[28] Schließlich entschloß sich im Sommer 1994 die Verkehrsbehörde der Stadt New York, dem Prozeß der Frauenbefreiung nicht länger im Weg zu stehen, und erlaubte allen Frauen, mit entblößten Brüsten die New Yorker U-Bahn zu benutzen, allerdings vorerst mit der Einschränkung, daß die betreffenden Frauen ihre Brüste wieder bedecken müßten, sobald die anderen Fahrgäste an der Entblößung Anstoß nähmen oder »die Ordnung in dem Verkehrsmittel« nicht mehr aufrechtzuerhalten sei.[29]

Was freilich alle diese Kritiker und Kritikerinnen[30] der »westlichen Doppelmoral« übersehen, ist die simple Tatsache, daß es sehr wohl einen wesentlichen Unterschied zwischen den Brüsten einer Frau und der Brust eines Mannes gibt, nämlich den, daß die weiblichen Brüste in allen bekannten menschlichen Gesellschaften ungleich erotischer sind als die des Mannes, weshalb sie auch überall, und zwar selbst dort, wo sie habituell frei getragen wurden, in höherem Maße schambesetzt waren als die Männerbrust. Deshalb war es auch durchaus zutreffend, wenn im Jahre 1991 der Fuldaer Oberbürgermeister Hamberger (CDU) auf eine Anfrage der Grünen-Stadtverordneten Ute Riebold, ob denn die Kleiderordnung des Fuldaer Freibades ›Rosenbach‹, die Frauen das Tragen von Oberteilen vorschreibt, »nicht gegen den Gleichheitsgrundsatz der Verfassung verstoße«, antwortete, »der weibliche Oberkörper« sei »nicht mit dem des Mannes gleichzusetzen«, was die Stadtverordnete nicht zuletzt daran erkennen könne, daß bekanntlich viele Frauen »gegen das Zurschaustellen und Vermarkten des weiblichen Busens als erotisches Reizmittel (Abb. 187) rebellierten«.[31]

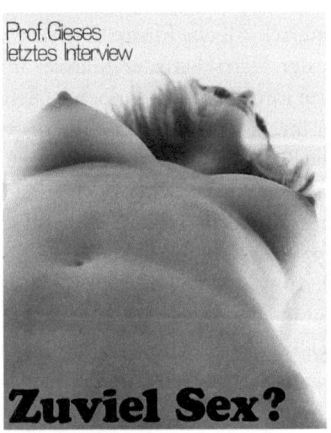

187 Titelbild des *Spiegel*, August 1970.

Was schließlich die Behauptung der oben zitierten Feministin anbetrifft, daß man zwischen weiblichen und männlichen Brüsten keinen Unterschied machen könne, weil männliche Brustwarzen gleichermaßen sexuell erregbar seien, so läßt sich folgendes feststellen: Zum einen scheinen nur in ganz wenigen Gesellschaften die Frauen beim Liebesspiel die Brustwarzen ihrer männlichen Partner oral oder manuell stimuliert zu haben,[32] und man hat auch beobachtet, daß in der späten Erregungsphase bei wesentlich weniger Männern als bei Frauen die Nippel erigieren.[33] Zwar muß man einschränkend sagen, daß die unter *homosexuellen* Männern weit verbreitete Praxis des »Tit-play«[34] deutlich zu machen scheint, wie sehr gewisse Teile des Körpers ›erotisiert‹ oder ›enterotisiert‹ werden können. Doch ändert diese Variabilität nichts an der Existenz biologischer Dispositionen: Manche Frauen beispielsweise, die ihre Brüste ablehnen, weil sie zu groß oder zu klein sind oder weil sie frühere Erregungen als sündhaft empfunden haben, sind in der Lage, jede sexuelle Empfindung in den Brüsten ›auszuschalten‹.[35] Doch diese Tatsache bedeutet natürlich nicht, daß Brüste keine erogenen Zonen des weiblichen Körpers sind.

Wie sehr die erotische Sensibilität der Brustwarzen an weibliche Hormone gebunden ist, sieht man schon daran, daß nach einer Östrogenbehandlung bei Mann-zu-Frau-Transsexuellen deren Nippel sowie der Warzenhof sich zwar äußerlich gesehen nicht ändern, also nicht ›weiblicher‹ werden,[36] aber wesentlich reizbarer, weswegen hormonbehandelte transsexuelle Prostituierte häufig ihre Kunden auffordern, sie an den Brustwarzen zu stimulieren, weil sie dabei große Lust empfinden.[37]

Bereits in der Antike hatte Galen auf die »Sympathie« zwischen Brustwarzen und Gebärmutter hingewiesen, und Ambroise Paré meinte später, daß die Frauen so gerne stillten, weil sie durch das Saugen des Kindes im Unterleib stimuliert würden,[38] ja, in der Frühen Neuzeit warnte Juan Luis Vives alle Mütter, daß sie in gewisser Weise ihr Kind »verlören«,

188 Wegretuschierte Brustwarzen auf einer französischen Strumpfreklame, 1900.

wenn sie beim Stillen »wollüstige« Empfindungen zuließen.³⁹ Während die Frauen in traditionellen Gesellschaften eine solche sexuelle Stimulierung durch das saugende Kind als Verletzung des Inzest-Tabus erleben und starke Schuldgefühle haben,⁴⁰ versuchen in der modernen, narzißtisch-hedonistischen Gesellschaft, in der fast alles »normal« zu sein hat, die ›Ratgeberinnen‹ den jungen Müttern solche zweifellos vorhandenen Scham- und Schuldgefühle[41] auszureden: So plädiert z.B. eine bekannte deutsche Publizistin für eine »Kultivierung« der Still-»Erotik« und vergleicht »das Quellen ihres weißen Brustsaftes« mit der Ejakulation des Spermas beim Mann.[42] Die Verfasserin eines weitverbreiteten Stillbuches beruhigt die Leserinnen: »Eine Frau, die das Stillen genießt, wird möglicherweise beim Saugen des Babys sexuell erregt. In manchen Frauen löst das Scham- und Schuldgefühle aus. Intensives körperliches Vergnügen dabei zu empfinden und manchmal sogar einen Orgasmus zu haben ist jedoch normal.«[43] Und in der *Brigitte* gab vor ein paar Jahren eine Psychotherapeutin kund: »Nach der Geburt meiner Tochter ging es mir sexuell wunderbar: Entweder bekam ich beim Stillen einen Orgasmus, oder ich befriedigte mich dabei.«[44]

Daß man eine Frau durch orale und manuelle Stimulierung der Brustwarzen zum Orgasmus bringen kann, steht schon in den altindischen Texten oder bei dem Medizinprofessor und späteren Papst Petrus Hispanus im 13. Jahrhundert,[45] und in vielen Gesellschaften wie z.B. bei den bosnischen Serben war es sehr verbreitet, daß die jungen Mädchen eine ihrer Brüste aus dem Kleid zogen und den Verehrer so lange saugen ließen, bis ihnen »die Sinnlichkeit kam«.[46] Diese Lustempfindungen haben ihre Ursache darin, daß durch die Reizung der Brustwarzen dem Hinterlappen der Hirnanhangdrüse das nervliche Signal gegeben wird, das Hormon Oxytocin auszuschütten. Dieses Hormon sorgt, in die Blutbahn gelangt, nicht nur für rhythmische Kontraktionen der Muskelfasern der Milchgänge, was den Milchfluß erleichtert, vielmehr wirkt es auch auf die glatten Muskeln von Uterus und Vagina ein, was zum Orgasmus führen kann.[47]

Anhang:
Antwort auf die zwischenzeitlich erschienene Kritik

> »Und Niemand lügt soviel
> als der Entrüstete.«
> Nietzsche

Ein britischer Philosoph sagte einmal, daß eine Behauptung, die »the *weakly held* assumptions of its audience« in Frage stelle, meist als »interessant« bezeichnet werde, während diejenigen, die »attempt to deny the *strongly held* assumptions of their audience« entweder auf Empörung und Entrüstung stießen oder aber Gefahr liefen, nachgerade für verrückt gehalten zu werden.[1]

»Strongly held« werden meist nicht so sehr Annahmen, die sich auf einzelne Tatsachen beziehen, sondern eher *Perspektiven*, unter denen diese Tatsachen gesehen werden und die ihnen allererst einen Sinn geben. Greift man eine solche Perspektive oder, à la mode ausgedrückt, ein solches »Paradigma« an, und zwar mit Argumenten, dann wird man zumindest in der Anfangsphase der Auseinandersetzung weniger mit wirklichen Gegenargumenten rechnen dürfen als damit, daß die Anhänger der alten Perspektive aus Wut und Erbitterung über die Unbotmäßigkeit des Kritikers zu nicht- oder bestenfalls scheinargumentativen Mitteln greifen, um den durch die Kritik angerichteten Schaden zu begrenzen. Denn daß eine Perspektive allein dadurch Schaden leidet, *daß* sie zur Disposition gestellt wird, wußte bereits im vorigen Jahrhundert der amerikanische Soziologe William Graham Sumner, als er schrieb: »The moment a theory is questioned, it has lost its authority.«[2]

Je unsicherer Wissenschaftler sind, um so intensiver und blinder binden sie sich für gewöhnlich an eine ›große Theorie‹; doch um so mehr fürchten sie insgeheim, daß die Wände dieses Theoriegebäudes unter dem Putz von Rissen durchfurcht, ja, daß die ganze Trutzburg auf Sand gebaut sein könnten. Gibt jemand diesen Befürchtungen Nahrung und spricht offen aus, was viele geahnt haben mögen, wird der Betreffende nicht selten zur Zielscheibe unverhohlener Aggressionen und »wilder Gefühlsimpulse«, deren ungehemmtes Ausleben nach Elias typisch sein soll für die Menschen der »früheren Stufen des Zivilisationsprozesses«.

So demonstrierten nach der Veröffentlichung der ersten drei Bände meiner Kritik an der Eliasschen Zivilisationstheorie viele mehr oder weniger gelehrte Damen und Herren, denen man »eine maßvolle und ebenmäßige Disziplin in fast jeder Hinsicht, bei fast allen Gelegenheiten« zugetraut hätte, daß sie ohne weiteres fähig waren »zu gefühlsgeladenen Handlungen, zur ungehemmten Äußerung von Leidenschaften einer Stärke und Intensität, wie sie«, wollte man Elias glauben, die »Menschen einer späteren Stufe nicht mehr aufbringen« können.[3] Bei den Redaktionen des *Spiegel* und der *Zeit*, sowie beim Rektor der Universität, an der ich unterrichte, gingen zahlreiche Briefe aus dem Häuschen geratener Intellektueller ein, während andere, die die Tinte nicht mehr halten konnten, ihrer Empörung in Zeitungsrezensionen oder in Beiträgen zu wissenschaftlichen Zeitschriften freien Lauf ließen. Auch andere Reaktionen traten zutage, zum Beispiel die, daß nach dem Erscheinen des dritten Bandes meine Familie und ich über Monate hinweg briefliche und telephonische Morddrohungen erhielten.[4]

Nicht alle Rezensenten und Kritiker gingen so grobschlächtig vor wie z.B. Katharina Rutschky, eine Art Karin Struck des deutschen Feuilletons, die in der ansonsten bis zur Langweiligkeit seriösen *Zeit* posaunte, sie gestatte es sich, mir zwischen die Beine zu treten,[5] um schließlich zu diagnostizieren, ich hätte »den Bösen Blick«,[6] oder wie Paul Parin, dem, von der *taz* zu meiner Eliaskritik befragt, nicht mehr einfiel, als festzustellen, ich sei ein »wissenschaftlicher Narr«.[7]

Eine solche Form der Herabsetzung des Gegners mag zwar für den Augenblick emotional entspannend wirken, aber jeder halbwegs gescheite Kritiker wird derartige Ergüsse dann, wenn dieser Moment vorüber ist, in den Papierkorb werfen, weiß er doch, daß sie, einmal veröffentlicht, sehr viel mehr über ihren Verfasser als über den Kontrahenten aussagen würden.

Sehr viel ergiebiger und beliebter sind deshalb bekanntlich *methodologische* Einwände, weil sie den unschätzbaren Vorteil bieten, daß man mit ihrer Hilfe *prima facie* die Grundfesten der gegnerischen Position erschüttern kann, ohne sich auf deren *empirische* Argumente auch nur für einen Augenblick einlassen zu müssen. So hat man mir *ad nauseam* vorgehalten, ich würde »Phänomene aus völlig heterogenen Zusammenhängen nebeneinanderstellen«,[8] lediglich »isolierte Begebenheiten und Vorkommnisse« anführen,[9] oder ich würde, in den hochgestochenen Worten einer Kritikerin, eine »willkürliche Dekontextualisierung von [...] nivellierten Beispielen aus diversen Raum-Zeiten« vornehmen.[10] Oder wie es ein anderer Kritiker, der etwas dagegen zu haben scheint, daß man ihn versteht, formuliert: »Oberflächlich affinen Signifikanten werden, über alle Kultur- und Zeitgrenzen hinweg, gleiche Signifikate zugeordnet, und schon aus den erzählten Verhaltensweisen ersichtliche differences make no differences.« Worauf der Autor dieses bemerkenswerten Satzes, der die englische Sprache zu lieben scheint, die Frage stellt: »So what, Mr. Duerr?«[11]

Sehen wir einmal von der fassadenhaften, meist mit fertigen Versatzstücken aus dem Wissenschaftsjargon arbeitenden Sprache ab, mit der solche Kritiker ihren Lesern imponieren wollen,[12] und betrachten statt dessen etwas näher die *Struktur* dieses ›Arguments‹, so sehen wir sehr schnell, daß es sich dabei nicht wirklich um ein sinnvolles *Argument*, sondern um eine raffiniert kaschierte *Diskussionsverweigerung* handelt. Denn wenn man jemandem, der nachzuweisen versucht, daß bestimmte Dispositionen wie die Körperscham *im wesentlichen* unabhängig vom spezifischen gesellschaftlichen und historischen Kontext sind, entgegenhält, seine Belege seien nichts wert, weil er ja nicht oder »kaum auf den jeweiligen historischen Kontext« eingehe,[13] dann zeigt man nur, daß man einen solchen Nachweis *a priori* nicht gelten lassen will, weil nicht sein *kann* was nicht sein *darf*!

So hat man mir vorgeworfen, den »methodischen Fehler« zu begehen, das aggressive ›Brüsteweisen‹ von Frauen aus ganz verschiedenen Epochen und Gesellschaften miteinander zu vergleichen, indem ich die betreffenden Phänomene aus ihrem spezifischen Kontext reiße, sie dadurch gewaltsam »nivelliere« und sie so fälschlicherweise *zum selben Phänomen mache*. Doch mit einer solchen Argumentation zeigen die Kritiker lediglich, daß sie nicht wissen, was Vergleichen überhaupt *bedeutet*. Wenn einst Hsün-tse im *Klassischen Buch der Urkunden* konstatierte, daß verschiedene Dinge »nur gleich (*chi'*)« sind, »insofern sie alle *nicht* gleich sind«,[14] dann drückte er damit die *logische Trivialität* aus, daß man selbstverständlich ein Phänomen nicht mit sich selber, sondern nur mit einem *anderen* Phänomen vergleichen kann. Sagt man nun, man könne diese beiden Phänomene nicht miteinander vergleichen, weil sie in verschiedenen »Kontexten« stünden und deshalb eben *verschiedene* Phänomene seien, dann tut man nichts anderes, als den Begriff »Vergleichen« *aus dem Verkehr der Sprache zu ziehen*!

Freilich ist eine solche Argumentation entweder Ausdruck von Dummheit oder sie ist, und dies ist wahrscheinlicher, Heuchelei. Denn selbstverständlich tun die Kritiker selber genau das, was sie mir vorwerfen: Indem sie nämlich zwei Phänomene mit demselben Wort *benennen*, um dann zu behaupten, daß sie nicht miteinander verglichen werden könnten, weil sie in ganz verschiedenen Kontexten stehen, haben sie ja selbst diese Phänomene ›aus ihrem Kontext gerissen‹. Wenn beispielsweise ein Kritiker wie Shimada mir »Essentialismus« vorwirft, weil ich »so tue, als ob die Scham überall dieselbe wäre«,[15] dann hat er offenkundig selber verschiedene Phänomene in verschiedenen Kontexten als *dasselbe* identifiziert und mit dem deutschen Wort »Scham« bezeichnet. Und das ist auch vernünftig: Denn bindet man die Bedeutung eines Wortes *im strikten Sinne* an den Gebrauch, den dieses Wort in einer ganz spezifischen Situation hat, dann wird allein schon *die Frage*, ob z.B. ein bestimmtes Phänomen in einer anderen Kultur als Schamverhalten zu bezeichnen ist, *sinnlos*. Dies hätte indessen zur Konsequenz, daß nicht nur Geschichtsforschung oder Ethnologie unmöglich wären, sondern jegliches Verstehen dessen, was man nicht selber ist. Könnte man dieses aber nicht verstehen, so auch nicht sich selber, da niemand eine ›Privatsprache‹, die ja gar keine Sprache wäre, sondern eine intersubjektive Sprache, spricht.[16]

In diesem Zusammenhang steht auch der immer wieder erhobene Vorwurf, ich behauptete, »daß ›der‹ Mensch immer derselbe war und es daher nichts mehr zu fragen, nichts mehr zu deuten und nichts mehr in den historischen Kontext zu stellen gibt«.[17] Ein anderer Kritiker meint, daß ich »jegliche Entwicklung« der »Verhaltens- und Affektstandards« bestreite,[18] ein weiterer, es existiere nach meiner Vorstellung »keine Veränderbarkeit der Scham- und Peinlichkeitsaffekte im Laufe der Menschheitsgeschichte«,[19] und schließlich konstatiert eine Historikerin, ich hätte behauptet, »alle menschlichen Gesellschaften wären sich in bezug auf ihre Schamhaftigkeit gleich«, wo sie doch in Wirklichkeit »qualitativem historischen Wandel unterworfen« seien.[20]

Nun habe ich immer wieder klipp und klar zum Ausdruck gebracht, daß ich nicht die Tatsache historischer *Veränderungen* in Frage stelle, sondern die Behauptung, derartiger Wandel lasse sich trotz aller kurzfristigen zivilisatorischen Gegenschübe *langfristig im Eliasschen Sinne als eine evolutionäre Entwicklung beschreiben*.[21] Warum aber nehmen die Kritiker dies nicht zur Kenntnis und unterstellen mir gebetsmühlenartig, daß ich überhaupt bestreite, daß sich im Laufe der Geschichte irgend etwas ändere?

Ich glaube, daß es hierfür zwei Gründe gibt. Zum einen scheinen viele Kritiker den Mythos vom Zivilisationsprozeß so erfolgreich internalisiert zu haben, daß sie sich historische Veränderungen gar nicht mehr anders als im Eliasschen Sinne *vorstellen* können. Erhebt man deshalb Einwände gegen die These einer historischen Zunahme zivilisatorischer Zwänge und die einer zunehmenden Verinnerlichung solcher Zwänge, wird einem unterstellt, daß man überhaupt Veränderungen und Variationen der Triebmodellierung bezweifelt.[22]

Zum anderen hat zu diesem Vorwurf gewiß auch der Umstand beigetragen, daß ich die tiefere Gleichheit von Phänomenen nachzuweisen versucht habe, die bei oberflächlicher Betrachtung lediglich völlig verschieden zu sein *scheinen*, und eine solche Betrachtungsweise ist in einer Zeit, in der ein Amalgam aus historisch-ethnologischem ›Exotizismus‹ und einem auf die Spitze getriebenen Konstruktivismus die Szene beherrscht, nicht gerade dazu geeignet, die Herzen Intellektueller zu erwärmen.[23]

Wie sehr gerade Elias bemüht war, Kontinuität und Identität durch die Zeit hindurch zu bestreiten, und welche Blüten diese Tendenz getrieben hat, sieht man vielleicht nirgends besser als dort, wo er zu zeigen versucht, daß ein Mensch nicht einen Prozeß »durchlaufe«, sondern selber »ein Prozeß« oder eine »Entwicklung« *sei*:[24] »Ich, so könnte man sagen, *bin immer die gleiche Person.* Aber es stimmt nicht. Hubert Huberti ist mit 50 Jahren *eine andere Person* als mit 10 Jahren. Wenn er mit 50 von sich ›Ich‹ sagt, dann bezieht sich das nicht auf die gleiche Person, die er mit 10 Jahren war. [...] Wenn Hume gelegentlich bemerkte, er könne nicht begreifen, daß das Kind, das er einmal war, und der Erwachsene, der er gegenwärtig ist, ein und dieselbe Person seien, so ist seine Schwierigkeit völlig verständlich.«[25]

Hier zeigt es sich, daß Elias im Grunde denselben Fehler macht wie Hume. Denn wenn der schottische Philosoph zum Ergebnis kommt, daß es keinen Begriff (»idea«) der Person gebe, die »an invariable and uninterrupted existence« durch die Zeit hindurch habe, weil keine »impression constant and invariable« auffindbar sei, von der »this idea cou'd be deriv'd«,[26] so glaubt auch Elias, daß es keinen über Jahrzehnte mit sich selber identisch bleibenden »Hubert Huberti« gebe, auf den sich dieser Name beziehen könne. Aber das ist falsch. Natürlich bezieht dieser Hubert sich im Alter von 50 auf dieselbe Person, die er 40 Jahre vorher war, auch wenn er sich inzwischen geändert hat. Wir *lernen* ja nicht die Bedeutung von Begriffen wie »ich« oder die Namen von Personen, indem wir sie auf momentane Sinneseindrücke beziehen, sondern auf Personen, die sich im Verlaufe der Zeit ändern. Diese Änderung ist also für Personen wie auch andere Dinge *wesentlich*, d. h., sie macht, wenn sie nicht allzu drastisch ist,[27] aus einer Person keine *andere* Person.

Wenn man freilich, wie Elias dies tut, die Behauptung aufstellt, Personen oder irgendwelche anderen Dinge seien, weil sie sich ändern, selber Änderungen, Prozesse oder Entwicklungen, so ist das nur ein semantischer Unsinn, der wiederum eine Konsequenz des radikalen *Empirismus* ist, der sowohl das Denken Humes als auch das von Elias bestimmt hat. So meint Elias, daß wir »in Wirklichkeit« nicht den Wind, einen Fluß oder eine Person wahrnehmen, sondern Prozesse, die wir auf Grund einer »untauglichen« Sprache auf unveränderliche Zustände reduzierten. Auf diese Weise fühlten wir uns »immer von neuem zu ganz unsinnigen begrifflichen Formulierungen gedrängt, wie etwa ›Individuum *und* Gesellschaft‹«, eine Ausdrucksweise, »die es so erscheinen läßt, als ob ›Individuum‹ und ›Gesellschaft‹ zwei verschiedene Dinge seien«.[28]

Ist es aber wirklich so, daß wir keine Flüsse oder Personen sehen? Als ich vor siebzehn Jahren Norbert Elias bei einem Vortrag sah, da sah ich nicht ein Strömen von Sinnesdaten, das ich als Elias *interpretierte*, vielmehr sah ich Elias, einen freundlichen alten Herrn. Und als ich kürzlich auf der Ponte Vecchio stand, sah ich den Arno und nicht nur ein Fließen von Wasser. Auch bin ich davon überzeugt, daß Elias, als er mir später einen Brief schrieb, »die gleiche Person« war wie der Autor des Zivilisationsbuches und wie der Herr, der den Vortrag über afrikanische Kunst gehalten hatte. Denn der Name

»Elias« wird nicht so gebraucht, daß er sich auf ein Bündel von Sinnesdaten zu einem Zeitpunkt X oder auf einen Prozeß bezieht, sondern auf eine Person, die sich im Laufe der Zeit in mancher Hinsicht geändert hat und in anderer nicht.

Wenn man sagt, es sei Unsinn zu behaupten, ein Individuum und die Gesellschaft, in der es lebt, seien »verschiedene Dinge«, dann ist das so, wie wenn jemand sagte, es gäbe keinen Unterschied zwischen einem Ehemann und seiner Ehefrau, da ein Mann nur dann ein Ehemann sein könne, wenn er mit einer Frau verheiratet sei. Daß ein Individuum etwas anderes ist als eine Gesellschaft, sieht man z.B. daran, daß zwar ein Individuum, nicht aber die Gesellschaft ein schulterfreies Kleid anziehen kann. Und daß ein Fluß nicht mit seinem Fließen identisch ist, erkennt man daran, daß zwar der Arno 240 km lang ist, es aber Unsinn wäre, dies von seinem »Fließen« zu behaupten.

Natürlich ist es klar, was Elias eigentlich sagen wollte, daß nämlich die Menschen gesellschaftliche Wesen sind und daß »alles im Fluß« ist (πάντα ῥεῖ), daß die Dinge sich im Laufe der Zeit ändern, und zwar so sehr, daß man sehr bald nicht mehr von demselben Ding reden kann. Dementsprechend haben mir die Kritiker vorgeworfen, nicht erkannt zu haben, daß das aggressive ›Brüsteweisen‹ in unserer heutigen westlichen Gesellschaft ein ganz anderes Phänomen sei als dasjenige in ›archaischen‹ Gesellschaften. Was ich z.B. »übersähe«, meint eine Kritikerin, sei die Tatsache, daß dem Brüsteweisen »in unserer eigenen rationalisierten Kultur gerade das entscheidendste Moment« fehle, nämlich der »magische« Charakter.[29]

Als vor langer Zeit eine Frau der nordaustralischen Aborigines von einer Polizeipatrouille überrascht wurde, hob sie »in ihrem Entsetzen« die Brüste hoch und spritzte Milch auf die weißen Männer.[30] Auf Grund von »artfremder Verwendung von Muttermilch«, so ein Bremer Polizeisprecher, wurde kürzlich eine junge Frau vor Gericht gestellt, weil sie, vom Mitarbeiter einer Drogerie in Gröpelingen beim Ladendiebstahl erwischt, vor dem Mann die Brüste entblößte und ihm »einen Strahl Muttermilch ins Gesicht spritzte«, worauf das Opfer Anzeige wegen Körperverletzung erstattete.³¹ Und schließlich zog auf der Hauptstraße in Heidelberg eine Ladendiebin, die von einem Warenhausdetektiv verfolgt worden war, vor dem verdutzten Mann die Bluse hoch und streckte ihm die nackten Brüste entgegen.³²

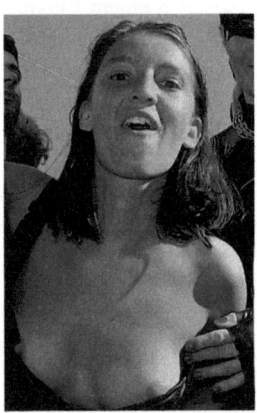

189 Junge Frau provoziert den Photographen, Berlin 1994.

Vergleichen wir die drei Beispiele miteinander, so sehen wir, daß in jedem dieser Fälle eine sich bedroht fühlende Frau gleichsam zum Gegenangriff übergeht und ihrerseits den Angreifer durch das Entgegenrecken der zu diesem Zwecke entblößten Brüste³³ und im Falle der Mütter oder Schwangeren durch die Ejakulation von Milch bedroht.³⁴ Was aber erlaubt es uns, im Falle der Aborigines-Frau von einer *magischen* und in den beiden anderen Fällen von *nicht*magischen Handlungen zu reden? Nichts außer der Voreingenommenheit der Kritikerin, ihren Phantasien von einer ›magischen Welt‹.³⁵

Natürlich will ich nicht bestreiten, daß in der modernen Gesellschaft das aggressive Entblößen der weiblichen Brüste oder Genitalien auf eine andere Weise gesellschaftlich sanktioniert wird als ehedem. So wurde beispielsweise noch im ausgehenden Mittelalter eine Bärbel von Augsburg, die in der Öffentlichkeit andere durch Demonstration der Vulva beleidigt hatte, wegen »unzüchtigen Benehmens« aus der Stadt Basel verwiesen, wobei ihr eröffnet wurde, daß man sie, sollte sie jemals zurückkommen, im Rhein ertränke.[36] Dagegen hat heute eine Frau, die zugab, sie erschrecke ihren Sohn bisweilen damit, daß sie plötzlich den Schoß vor ihm entblöße, »ihre Schamlippen spreize und dabei fauchende Töne von sich« gebe,[37] kaum eine Strafe zu befürchten. Und wenn im Juni 1993 in Dortmund drei junge Frauen zu 6 Monaten Jugendstrafe auf Bewährung verurteilt wurden, weil sie in einem Linienbus einen jungen Mann zusammengeschlagen hatten, nachdem die Haupttäterin »nicht davor zurückgeschreckt« war, dem Opfer »ihre nackten Brüste zu zeigen«,[38] dann kam die Entblößung wohl kaum strafverschärfend hinzu. Trotz dieses Unterschiedes wird man aber nicht bestreiten können, daß es sich bei diesen Entblößungen um *dasselbe Phänomen* handelt, nämlich einen spezifischen aggressiven Akt.

Daß viele Anhänger der Eliasschen Zivilisationstheorie diese nicht wirklich überprüfen, sondern im Gegenteil aus der Schußlinie nehmen wollen, erkennt man nicht nur an dem Vorwurf, meine Kritik beziehe sich im Grunde gar nicht auf die Eliassche Theorie[39], sondern mehr noch an der Tendenz vieler ihrer Verteidiger, die Theorie prinzipiell gegen eine Falsifikation durch empirisches Material zu immunisieren.[40] Nachdem *Die Zeit* verkündet hatte, »große Theorien« wie die von Elias seien »in gewisser Weise gar nicht falsifizierbar«,[41] womit anscheinend gemeint war, daß man sie nicht mit *Tatsachen* widerlegen könne, wollte dem ein Kritiker in der *Frankfurter Rundschau* nicht nachstehen und variierte: »Ein Mythos wankt nicht dadurch, daß ihm Tatsachen entgegengehalten werden.«[42] (Was an den Witz erinnert, in dem Hegel auf die Feststellung »Aber Herr Professor, Ihre Theorie stimmt ja überhaupt nicht mit den Tatsachen überein!« entgegnet: »Um so schlimmer für die Tatsachen!«) In einem bis an die Grenze des Erträglichen manierierten Aufsatz meinte ein Kunsthistoriker, mein »anthropologischer Ansatz« führe »in die Sackgasse der Empirie«,[43] und schließlich stellte ein Soziologe trockenen Auges die Frage, ob eine *Widerlegung* der Eliasschen Theorie, also der Nachweis, daß sie *falsch* ist, überhaupt von irgendeiner Bedeutung für diese Theorie sei: »Sollte es sich herausstellen, daß Duerr vor allem empirisch stichhaltig gegen Elias' Theorie argumentiert, so bleibt letztlich die Frage, ob diese empirische Kritik die Theorie widerlegt, d.h., ob eine empirische Korrektur oder gar Widerlegung virulent für Elias' Theorie sein kann.«[44] (Wenn Elias von den Menschen der Altsteinzeit schrieb, diese hätten nicht zwischen Traum und Wirklichkeit unterscheiden können, so scheint dies eher auf manche universitäre Stubenhocker zuzutreffen als auf die Eiszeitjäger!)

Andere Kritiker setzen eher auf die Strategie der *offenen* Diskussionsverweigerung, die sie auf teilweise geradezu dreiste Weise begründen. So antwortete beispielsweise der Elias-Schüler Korte auf die Frage, warum er in seiner Werkbiographie von Elias meine Kritik mit keinem einzigen Wort erwähne, »weil es sich nicht lohne«, denn: »Für mich ist der Duerr-Frontalangriff nur ein unsauberer PR-Trick, der in einer Werkbiographie nichts zu suchen hat.«[45] Und ein anderer, den es sehr zu drängen scheint, sekundiert: »Der Verdacht einer Publikationsinszenierung drängt sich auf: Wie sonst, so stellt sich die drängende Frage, hätte der Suhrkamp« von so »teuren Schmökern« so viele »Exemplare absetzen können?«[46]

Da ich »die Selbstkorrekturen des späten Elias nicht zur Kenntnis« genommen hätte, meint ein weiterer Kommentator, »verzichte« er darauf, auf meine Kritik einzugehen[47] – wobei er es leider versäumt, zu erwähnen, wo man denn diese angeblichen »Selbstkorrekturen« finden kann. Und wieder ein anderer schreibt, man könne »nicht nur die frühen Texte kritisieren, ohne die Entwicklung von Elias' Ansätzen bei ihm und seinen Schülern zur Kenntnis zu nehmen«,[48] worauf

ich nur erwidern kann, daß ich dem gerne nachgekommen wäre, hätte ich bei Elias oder gar bei seinen Schülern auch nur Spuren einer solchen »Entwicklung« entdeckt.
Verdächtig ist manchen Kritikern bereits der Versuch als solcher, gegen Autoritäten aufzubegehren, anstatt deren Ansprüche hinzunehmen – wer so etwas tut, muß ganz andere Motive haben als die hehren wissenschaftlichen, die er doch haben müßte. So bemängelt ein Kritiker, ich »unterließe« es, über die *wahren* Antriebskräfte meiner wissenschaftlichen Tätigkeiten »zu reflektieren«, und findet tiefenpsychologisch heraus, daß die Kraft, die mich beseele, das »Bestreben« sei, »gegen etablierte Wissenschaftsautoritäten oder -auffassungen zu rebellieren und es besser als diese zu wissen«.[49] Und Katharina Rutschky formuliert diese Einsicht in ihrer charmanten Art so, daß ich (»der autoritätsfixierte Hippie«) einen »Autoritätskomplex« habe, was sie wie folgt ›begründet‹: »Es bleibt durchschnittlichen, kleinen und kleinsten Geistern überlassen, sich durch stetes, fruchtloses und belangloses Reiben an der Größe eines anderen Illusionen von der eigenen, natürlich überlegenen wissenschaftlichen Potenz hinzugeben.«[50] Der Elias-Schüler Schröter hingegen sieht in meiner Kritik an der Zivilisationstheorie eher ein Mittel, mit dem das Establishment zurückschlägt, wenn es mit Großem und Neuem konfrontiert wird: Meine »aggressive bis verächtliche Ablehnung« der Ideen von Elias sei »die Antwort eines Wissenschaftsbetriebs, der sich weithin als ein grausames institutionalisiertes Über-Ich der bloßen Abwehr von Emotionen und Phantasien, sogar von Erfahrungen und Problemen verschrieben hat.«[51]
Andere Kritiker verfolgen die Strategie, zunächst dem Leser vor Augen zu führen, welch noble Ziele sie selber haben – Emanzipation, Freiheit, Mündigkeit usw. –, um dann zu erklären, daß man meine Ausführungen verwerfen müsse, weil sie das Erreichen dieser Ziele behinderten. »Ist die Haltung Duerrs«, so fragt ein bekannter linksliberaler Kommentator, »nicht vielleicht eine Art neomoralistischer und konservati-

ver Kreuzzug, der sehr an ein Kapitel des katholischen Katechismus erinnert?« [*che ricorda molto da vicino un capitolo delle lezioni di catechismo di parte cattolica*],⁵² und ein anderer behauptet, meine Kritik habe bezeichnenderweise »gerade in christlich-konservativen Kreisen großen Beifall gefunden«,⁵³ wobei er freilich als Beweis ahnungslos einen Kommentar des Wiener Kirchenrebellen Adolf Holl anführt.⁵⁴
Auf meine Behauptung Bezug nehmend, die Körperscham sei in allen menschlichen Gesellschaften wegen ihrer bindungsfördernden Funktion unabdingbar, schreibt eine Kritikerin, ich hätte »auf die Frage, ob« ich mir »der weitreichenden politischen Implikation« meiner »Theorien bewußt sei, bislang nur mit polemischen Attacken reagiert«,⁵⁵ womit sie meine Feststellung meint, man müsse immer unterscheiden zwischen dem, wie etwas ist, und dem, wie man's gerne hätte.⁵⁶
Ein zweiter Kritiker bemängelt, ich würde nirgends angeben, »wohin sich die menschliche Spezies entwickeln solle«,⁵⁷ ein dritter, meine Ausführungen seien zu nichts nütze, weil sie keine gesellschaftliche »Utopie« enthielten,⁵⁸ während der inzwischen verblichene Ernest Borneman das genaue Gegenteil vertritt und mir allen Ernstes unterstellt, ich hätte behauptet, wir brauchten »bloß den Ballast der Zivilisation abzuwerfen, [...] um in die Zeit vor dem Sündenfall zurückzufinden, zur paradiesischen Nacktheit, zur Unschuld und zur Gewaltlosigkeit«.⁵⁹ Dagegen wirft mir Lohmann vor, wie ein typischer Romantiker nur die Schattenseiten der Moderne zu sehen und implizit nahezulegen, »es mit der Rückkehr zu überschaubaren Verhältnissen zu versuchen«, die historische Uhr also zurückzudrehen.⁶⁰ Und ein anderer Kritiker behauptet, nachdem er ›nachgewiesen‹ hat, daß ich nicht nur ein in »unseliger« Tradition stehender Paternalist, sondern auch ein Feind der Frauen, Fremden, Juden, Homosexuellen und aller anderen guten Menschen sei, der *Spiegel* hätte mich mit der Aussage zitiert, es gäbe nur »einen einzigen möglichen Ausweg aus dem Dilemma, das die moderne Industriegesellschaft in« meinen »Augen« darstelle, nämlich »die Rückkehr

zu einer effektiven Sozialkontrolle. Dies ist ein Plädoyer für *mehr* Unmündigkeit.«[61]

Natürlich vertraut der Kritiker darauf, daß niemand mehr eine zwei Jahre alte Nummer des *Spiegel* zur Hand hat, um nachprüfen zu können, ob das Zitat falsch oder richtig ist. Dort heißt es nämlich, daß auch ich *keinen* »Ausweg« sehe, worauf der *Spiegel* mich mit den Worten zitiert: »Die Rückkehr zu effektiver Sozialkontrolle, wenn sie überhaupt möglich wäre, ist für uns freiheitsbewußte Individualisten eine entsetzliche Vorstellung – die totale Auflösung dieser Kontrolle aber womöglich noch unerträglicher.«[62]

Noch unverfrorener als dieser Kritiker, an dessen Text man immerhin erkennen kann, mit was für einem ideologischen Plunder man an einer deutschen Universität promovieren kann,[63] geht ein anderer vor, der in der *Süddeutschen Zeitung* behauptet, ich würde bei meinem »besessenen Versuch, die Unmöglichkeit der Schamfreiheit nachzuweisen«, »schamfrei bis an den Rand der Fälschung« ethnographischer Berichte gehen.[64] So hätte ich behauptet, daß nach Malinowski eine Trobriand-Insulanerin, die ihre »Vulva sehen lasse, als Flittchen« gelte und »zum Verkehr« auffordere: »Bei Malinowski« jedoch »liest sich all dies anders: Frauen reißen den Männern das Blatt ab, masturbieren sie, stellen sich selber zur Schau und versuchen, damit eine Erektion bei ihnen zu erzeugen. Die Männer stecken während öffentlicher Spiele ihre Finger in Vulvas und selbst von öffentlicher Kopulation berichtet Malinowski – *keine Rede von Scham.*« Dies alles ließe ich, der ich Malinowski perfiderweise sogar als einen »Kronzeugen« verwendete, unter den Tisch fallen, um den Lesern vorzuenthalten, *daß es tatsächlich schamfreie Gesellschaften gebe.*[65]

Zunächst *lügt* dieser Rezensent, wenn er behauptet, daß ich den *yausa* genannten Brauch, den Malinowski vom Hörensagen her kannte, nicht erwähnte, weil ich den Lesern das Märchen von den »schamhaften Trobriandern« verkaufen wolle. Denn über die angeblichen sexuellen Mißhandlungen fremder Männer durch im Garten jätende Frauen, während deren sie dem Opfer das »pubic leaf, the protection of his modesty« abreißen und ihn vergewaltigen, habe ich selber ausführlich in dem von dem Kritiker rezensierten Band geschrieben, wie sich jeder überzeugen kann.[66]

Allerdings schreibt Malinowski, er habe das *yausa* nie selber beobachtet und es sei ihm auch nie gelungen, einen wirklichen Augenzeugen aufzutreiben: »The most that can be said with certainty is that the *yausa*, if it happened at all, happened extremely rarely. [...] Taking the tradition at its lowest value, it is a standing myth, backed up by lively interest and a strong belief.«[67]

Doch nicht das ist in diesem Zusammenhang so sehr von Bedeutung, sondern die Tatsache, daß es sich bei diesem Verhalten der Frauen in den abgelegenen Gärten um ein *außergewöhnliches* Verhalten handelte, *das gegen die Alltagsnormen der trobriandischen Gesellschaft gerade verstieß*![68] Wenn beispielsweise bei den Matapato-Masai ein Mann mit seiner klassifikatorischen Tochter schlief, konnte es vorkommen, daß die Frauen etwas taten, was als eine extreme Schamlosigkeit galt. Sie ergriffen nämlich den Täter, zogen ihn aus, spreizten mit Gewalt seine Beine und mißhandelten ihn an den Genitalien.[69] Es wäre völlig absurd, aus solchen Vorkommnissen zu folgern, daß die Matapato keine Körperscham gekannt hätten, weil bei ihnen ›die Frauen den Männern in der Öffentlichkeit an den Penis faßten‹.

Die ideologische ›Verwertung‹ der Trobriander durch westliche Autoren hat eine lange Geschichte,[70] und es gab nicht wenige Insulaner, die sich wegen der Werbeplakate der Tourismus-Industrie beklagten, auf denen ihr Archipel als »The Isles of Love« angepriesen wurde.[71] Einen solchen Mißbrauch dieses Völkchens für die eigene Ideologie begeht auch der Kritiker, was man schnell erkennt, wenn man sich die Quellen ansieht. So legte schon Malinowski Wert auf die Feststellung, daß die Trobriander bezüglich der Körperscham »have absolutely the same moral and psychological attitude towards any infringement of these demands as we have. It is bad, and shameful, and ludicrous in a degrading sense not to conceal, carefully and properly, those parts of the human body which should be covered by dress«. Im Alter von 4 oder 5 Jahren erhielt ein Mädchen seinen Bastrock, und je älter es wurde, um so mehr mußte es darum besorgt sein, stets auf schickliche Weise bedeckt zu sein. Die Frauen und jungen Mädchen achteten strengstens darauf, daß kein Windstoß oder sie selber durch eine heftige Bewegung den Unterleib entblößten, und auch die Männer waren sorgfältig darauf bedacht, daß niemand ihre Genitalien sehen konnte.[72]

Daß es, wie der Kritiker behauptet, üblich gewesen sei, den Frauen »während öffentlicher Spiele« den Finger in die Vulva zu stecken und sogar in der Öffentlichkeit den Geschlechtsverkehr auszuüben, kann man nur als weitere Lüge bezeichnen, denn Malinowski und andere Ethnographen nach ihm haben ganz ausdrücklich klargestellt, daß so etwas in der trobriandischen Gesellschaft *absolut unmöglich* gewesen wäre. »Even courting is conducted most decorously. Scenes of frequent occurrence in any public park in Europe, after dark or even before, would never be seen in a Trobriand village.«[73]

Selbstverständlich gab es auf den Trobriand-Inseln wie überall auf der Welt gegenseitige Annäherungsversuche der Jugendlichen, und insbesondere während der Festzeit des *karibom* konnte es vorkommen, daß ein junger Mann einem Mädchen an die Brüste oder sogar unter den Rock faßte. Aber dies geschah nie bei Tageslicht, so daß andere es sehen konnten, sondern an mondlosen Abenden im Schutze der Dunkelheit.[74] Und daß es sogar zu öffentlichem Koitus gekommen sei, ist eine reine Erfindung des Kritikers, denn Malinowski schreibt, daß »sexual intercourse, to be in accordance with tribal sanctions, must be carried on within the strictest limits of privacy and decorum«.[75]

Andere Kritiker machen mir den Vorwurf, ich hätte eine »Reduktion der Scham auf die Genitalscham« vorgenommen[76] oder ich hätte »das genitale Schamtabu« mit der »Schamhaftigkeit im allgemeinen verwechselt«[77] – eine etwas abstruse Unterstellung. Oder würden diese Kritiker jemandem, der ein Buch über Borkenkäfer veröffentlicht, vorwerfen, er habe diese Käfer mit Tieren im allgemeinen verwechselt?

Wieder andere versuchen, meine Ausführungen dadurch zu diskreditieren, daß sie Quellen, auf die ich mich angeblich berufe, als unseriös charakterisieren,[78] oder sie als nicht aussagekräftig bezeichnen. So behauptet z.B. eine Modehistorikerin in einer Flucht nach vorne, ich hätte »mit vollkommen einseitigem Beweismaterial« den Eindruck zu erwecken versucht, daß es eine universelle Genitalscham gebe. Dagegen verweist sie auf die angebliche Tatsache, die »Beduinenfrauen bedeckten, wenn sie von einem Fremden überrascht wurden, mit dem Gewand ihr Gesicht und entblößten unbedenklich den Unterleib«,[79] was an Jos van Ussels Behauptung erinnert, die Araberinnen hätten keine Genitalscham, da sie – wenn sie unverschleiert auf dem Feld arbeiteten –, vor einem Fremden den Rock über das Gesicht zögen, weil dieses gewissermaßen ihre Scham sei.[80]

Diese »Tatsache«, die uns seit mehr als zweihundert Jahren von fast jedem Kultur- und Modehistoriker als ein Beweis dafür, daß die Körperscham kulturspezifisch sei, aufgetischt wird, und zwar ohne eine Quellenangabe (»wie Reisende berichten ...«), geht vermutlich auf einen Bericht des deutschen Geographen Carsten Niebuhr zurück, des einzigen Überlebenden einer dänischen Expedition, die 1761 ins Morgenland aufgebrochen war. »Die Bauern in Egypten«, so schrieb er, »geben ihren Töchtern selten vor ihrem 7ten oder 8ten Jahre ein Hemd; aber sie haben ein langes schmales Tuch vor dem Kopf gebunden, um es übers Gesicht fallen zu lassen wenn sich ihnen eine fremde Mannsperson nähert. Ich selbst habe in Egypten solche Bauernmädgens gesehen, die ganz nackend herzu eileten um uns zu sehen, nachdem sie nur das Gesicht verborgen hatten.«[81]

Vergleichbares wird aus allen Teilen der Welt berichtet. So heißt es z.B., daß die Frauen der südindischen Kādir und

Anaimalai sich wegen ihrer unbedeckten Brüste schämten, sobald ihnen im Wald ein fremder Mann begegnete, und in einem solchen Falle nicht nur die Brüste bedeckten, sondern auch das Gesicht abwandten, damit der Mann ihnen nicht in die Augen sehen konnte,[82] oder daß die halbnackten Dayakmädchen stets die Hände vors Gesicht schlugen, wenn der Ethnograph sie anschaute.[83] Freilich taten sie dies nicht, weil ihr Gesicht schambesetzter gewesen wäre als ihr nackter Körper, sondern im Sinne eines Vogel-Strauß-Reflexes – als ob sie dann, wenn sie den Mann nicht sahen, selber nicht von ihm gesehen werden konnten. Zudem *anonymisiert* das Bedecken des Gesichtes die betreffende Frau – der nackte Leib, den der Mann erblickt, ist nicht *ihr* Leib, sondern der Leib *irgendeiner* Frau, was eine steirische Bäuerin bezüglich der Tatsache, daß die Perchtendarstellerin »oan Brust hat außa hänga lassn«, damit zum Ausdruck brachte, daß sie sagte, es habe in diesem Falle »koan Scheniera« gegeben, »weil s'eh so vamacht [= vermummt] warn«.[84]

Die Tswana beschrieben die Scham als »Verstecken der Augen wie der Dachs, der Angst hat, gefangen zu werden«,[85] und

190 Frau der berberischen Tasumsa, Mauretanien, um 1980.

191 Tamar versucht, mit entblößten Brüsten ihren Schwiegervater zu verführen. Gemälde von Horace Vernet, 1840.

Frauenärzte berichteten, daß viele Frauen während der gynäkologischen Untersuchung die Augen schlossen, weil es ihnen peinlich gewesen wäre, dabei den Arzt anzusehen.[86]
Szenen, in denen ein mehr oder weniger entblößtes junges Mädchen vor einem Mann das Gesicht verschleiert, waren ein beliebtes Thema der ›orientalistischen‹ Malerei des 19. Jahrhunderts (Abb. 191) – so malte um 1838 Charles Gleyre ein ›La pudeur égyptienne‹ betiteltes Bild, auf dem ein Mädchen einem Reiter einen Wasserkrug reicht und dabei ihr Gewand, um das Gesicht zu bedecken, so hochzieht, daß ihr Unterleib entblößt wird.[87] Doch von solchen, häufig etwas schwülen Gemälden kann man nicht sagen, sie hielten fest, es sei »im Nahen Osten« für »wichtiger gehalten« worden, daß eine Frau ihr Gesicht bedeckte »als jeden anderen Teil ihres Körpers«.[88]

Zwar war z. B. das iranische Fernsehen bereit, eine Geburt zu zeigen, während deren man den nackten Bauch und die nackten Brüste der Mutter sehen konnte, deren Kopf völlig verhüllt war,[89] doch ist es bezeichnend, daß in den frühen iranischen Filmkomödien die beliebte Szene, in der eine unverschleierte Frau den Rock über ihrem Kopf zusammenschlägt, als ein fremder Mann das Zimmer betritt, in dem sie sich befindet, große Heiterkeit auslöste.[90] Denn die Frage, was eine nackte oder halbnackte muslimische Frau im allgemeinen als erstes verbarg, wenn sie von einem Mann überrascht wurde, beantwortet am besten Rizā ʾAbbāsīs Darstellung der Begegnung Shīrīns und Khusraws aus dem frühen 17. Jahrhundert, bei der Shīrīn die nackten Brüste mit dem Arm und den Genitalbereich mit der Ferse bedeckt (Abb. 192).[91]

192 Rizā Abbāsī: Khusraw und Shīrīn, frühes 17. Jh.

Daß die Körperscham (*hishma*) sich primär auf die Genitalien bezog, sieht man auch daran, daß die Genitalien *mahāshim* heißen:[92] In Palästina wurde früher ein Mädchen unmittelbar nach der Geburt gewickelt, daß niemand seine Vulva sehen konnte, und wenn ein älteres Mädchen lief statt ging, verfluchte man seinen Vater, denn es war ja möglich, daß es hinfiel und dabei den Unterleib entblößte.[93] Nach alter Tradition bedeckte der muslimische Mann auch vor der eigenen Frau den Teil zwischen Nabel und Knien, während er bei ihr alles außer dem Genitalbereich sehen durfte, dessen Anblick, wie es hieß, blind machte,[94] und der große al-Ghazālī wies den Mann für den Geschlechtsverkehr an: »Er sollte sich und seine Frau mit einem Gewand bedecken. Der Gesandte Gottes pflegte seinen Kopf zu bedecken und seine Stimme zu senken, indem er zur Frau sagte: ›Bleib still! Ein *khabar* sagt: 'Wenn einer von euch intime Beziehungen hat mit seiner Frau, dann sollt ihr euch nicht völlig entblößen wie zwei Onager [= Wildesel].'‹«[95]

Auch in den Frauenbädern bedeckten die Besucherinnen fast überall und zu allen Zeiten voreinander den Genitalbereich,[96] denn der Teufel Iblis trieb sein Unwesen im *hammām*, und man befürchtete, daß eine Frau, die die Reize einer anderen sah, für diese entflammen könnte, weshalb Ibn Taimīya im frühen 14. Jahrhundert den Frauen überhaupt verbot, einander im Bad zu betrachten.[97] Diese Tatsache mag befremden, weil man von den zahllosen ›orientalistischen‹ Bildern beeinflußt ist, deren früheste vom Reisebericht Lady Montagus inspiriert worden waren und auf denen meist splitternackte Musliminnen im Bad zu sehen waren.[98]

Doch berichtete schon Lord Charlemont, der im Jahre 1749 die Türkei bereist hatte, daß »even females are not allowed to see each other undressed; and so nice are they in their notions of decency that two women are never suffered to bathe together – a circumstance which – I am sorry to say it – entirely discredits Lady Mary Wortley Montagu's beautiful and voluptuous description of Turkish bathing«,[99] aber selbst dort,

193 Türkisches Frauenbad, Miniatur, 18. Jh.

wo sie gemeinsam badeten, hielten sie den Unterleib bedeckt. In den Frauenbädern von Kabul beispielsweise trugen die Besucherinnen Badekleider und schütteten heißes Wasser über sich. Als eine Ethnologin in einem afghanischen Frauenbad einmal die Unterhose auszog, starrten alle anwesenden Frauen voller Entsetzen auf sie, zumal sie ihr Schamhaar nicht epiliert hatte.[100] Freilich war es in den meisten Bädern so duster, daß man ohnehin kaum etwas sehen konnte. So berichtete die Estin Leonora Peets, die in den zwanziger Jahren in Marrakesch ein Frauenbad besuchte: »Die winzige Lampe, wie das Auge einer Maus, erfüllte gewissenhaft ihre Aufgabe, denn sie warf ein so kümmerliches Licht, daß alle Nacktheit verborgen blieb. Eine andere anzuschauen, wenn sie nackt ist, ist nämlich eine Sünde, und so ist es seit der Erschaffung der Welt.«[101]

Ein weiterer Kritiker, Cas Wouters, zitiert Elias mit der Behauptung, das Schamgefühl sei »eine Form der Unlust oder

Angst, die sich dann herstellt und sich dadurch auszeichnet, daß der Mensch, der die Unterlegenheit fürchten muß, diese Gefahr weder unmittelbar durch einen körperlichen Angriff, noch durch irgendeine andere Art des Angriffs abwehren kann«,[102] und fügt dem hinzu, daß man auch bei der *sexuellen* Scham »erwarten« könne, »daß das Muster dieser Gefühle aufs engste verbunden ist mit Wandlungen der aktuellen und erinnerten Gefahren des sexuellen Angriffs«.[103]

Mir ist es freilich in erster Linie nicht darum gegangen, welche übrigen Phänomene mit der Körperscham »verbunden« sein mögen, was auf sie einwirken und sie modifizieren mag, sondern was die Körper- oder sexuelle Scham *überhaupt ist*. Und daß diese mit »aktuellen und erinnerten Gefahren des sexuellen Angriffs« nicht »aufs engste verbunden« sein kann, sieht man schon daran, daß die Frauen in Gesellschaften, *in denen sexuelle Gewalt völlig unbekannt ist*,[104] trotzdem außerordentlich *hohe Schamstandarde* haben.[105]

Was ich an Elias kritisiert habe, ist, daß er *das Wesen* der Körperscham mißversteht, wenn er in ihr »eine Angst vor der sozialen Degradierung«[106] oder eine »gesellschaftlich gezüchtete Angst«[107] vor der Überlegenheit anderer Menschen sieht. Denn die sexuelle Scham hat eine ganz andere, eine viel ›positivere‹ Funktion im gesellschaftlichen Leben, als Elias glaubt, indem sie nämlich die Paarbindung als Grundlage der Gesellschaft fördert und schützt. Paarbindungen sind *per definitionem* exklusiv,[108] aber diese Ausschließlichkeit ist natürlich dann gefährdet, wenn die Partner durch ihre körperlichen Reize auch andere Menschen sexuell stimulieren, d.h., zu sexuellen Handlungen einladen. Die Scham ist nun nichts anderes als eine *Privatisierungsreaktion*, eine Einschränkung der sexuellen Reizung anderer Personen.

Ein Kritiker meint, durch meine These, die Körperscham sei ein Wesensmerkmal der Menschen in *allen* Gesellschaften, übergehe ich »die im sozialen Raum für die verschiedenen sozialen Positionen sehr unterschiedliche Verortung« der Scham, »und damit ihre Herrschaftsfunktion«.[109] Nun habe ich keineswegs bestritten, daß Machtverhältnisse Schamverhalten *beeinflussen* können, sondern zum einen, daß man die Körperscham *überhaupt* als einen Ausdruck von Machtlosigkeit verstehen könne. Zum anderen habe ich zu zeigen versucht, daß all das Gerede davon, daß vor dem 19. Jahrhundert eine Frau sich vor einem sozial niedriger stehenden, also ihr gegenüber machtlosen Mann, ohne weiteres nackt ausgezogen oder defäkiert habe, weil sie sich vor ihm nicht schämen mußte,[110] einer empirischen Untersuchung nicht standhält. Es ist zwar richtig, daß manche Damen sich nicht genierten, in Anwesenheit einer Zofe unbekleidet aus dem Bad zu steigen, aber erstens hätten sie dies nie vor einem *männlichen* Diener getan, und zweitens ist nicht erkennbar, daß die betreffenden Damen sich z.B. im späten 19. Jahrhundert, das angeblich so prüde war, diesbezüglich anders verhalten hätten als die des frühen 18. Jahrhunderts (Abb. 194). So schrieb ein fränkisches ehemaliges Dienstmädchen über sich in der dritten Person, wie sie im Jahre 1871 ihrer neuen Herrin, der jungen Gräfin Alice de Severin, vor dem Frühstück kalte Wickel

194 Benjamin-Eugène Fichel: ›Femme à la toilette‹, 1891.

machen mußte: »Der Morgen war da, und Marie ging daran die Vorbereitungen zu dem Dampfbad zu treffen und kam in große Verlegenheit, als die Gräfin, entblößt von allem, sich auf das nasse Leintuch legte und Marie zu wickeln befahl. Es fiel Marie besonders auf, daß aus den Brustwarzen der Gräfin, von der Mitte aus, mehr als fingerlange, schwarze Haare gewachsen waren.«[111]

Vor Dienstboten, die dem anderen Geschlecht angehörten, hätten sich indessen nur solche Herrschaften nackt gezeigt, die keinen Ruf mehr zu verlieren hatten, wie die als schamlos und nymphoman geltende Barbara Villiers, Gräfin von Castlemayne, eine Mätresse Karls II. im 17. Jahrhundert. Als es bekannt wurde, daß Barbara sich in Anwesenheit eines Lakaien in ihrem Badezimmer »stripp'd to her skin« gezeigt hatte, wurde dies augenblicklich zu *dem* Klatschthema.[112]

Daß das Thema der teilweisen Entblößung vor der Dienerschaft ›pikant‹ war, sieht man nicht nur daran, daß es ein wesentlicher Bestandteil der »galanten« Literatur und erotischer Bilder, sondern auch der priesterlichen Seelsorge war, und so lautete eine Frage des Beichtbuchs Antoine Blanchards vom Jahre 1713 bezüglich der Zofen und Kammerdiener: »Ne vous êtes-vous point habillé ou déshabillé en leur présence avec immodestie et indécence?«[113]

Freilich war dies offenbar eher eine Frage, die sich an die Herren richtete,[114] denn die allermeisten Damen scheinen sich in dieser Hinsicht sehr viel dezenter verhalten zu haben. So berichtete die Lieblingsschwester des Alten Fritz, wie sie sich schämte, als sie im Jahre 1722 vor einigen Frauen den Rücken entblößen mußte (»J'étois obligée de passer en revue devant elles et de leur montrer mon dos pour leur prouver que je n'étois pas bossue«),[115] und Marie-Antoinette klagte nach ihrer zwangsweisen Rückkehr aus Varennes in einer chiffrierten Notiz an Fersen, als wie schamlos und indezent sie es empfand, vor ihren Wächtern die Türen ihres Schlafzimmers und sogar ihres »salle de bain« offenstehen lassen zu müssen.[116] Denn gerade der Blick dieser niedrigstehenden Männer auf die Blößen der Damen wurde als beschämende Ungehörigkeit empfunden,[117] wie aus einer Schilderung Mme Rolands hervorgeht, nach der eine gewisse »Madame Roudé, die trotz ihres Alters noch gerne ihren Busen zeigte und stets sehr tief ausgeschnittene Kleider trug«, beim »Besteigen der Kutsche ihre entblößte Brust jeweils mit einem großen Tuch bedeckte, das sie aus der Tasche zog, weil das, wie sie sagte, nicht für die Lakaien bestimmt war«.[118]

Wenn Elias behauptet, es sei »unwahrscheinlich«, daß beispielsweise Liselotte von der Pfalz sich bei der Verrichtung ihrer natürlichen Bedürfnisse vor den Dienstboten geschämt habe,[119] dann zeigt es sich ein weiteres Mal, *daß Elias' Aussagen über das Gefühlsleben der Menschen vergangener Zeiten meist nicht auf historischen Recherchen beruhen, sondern auf reinen Vermutungen, die seiner Theorie vom Prozeß der Zivilisation entsprechen.* Denn ein Blick in die Quellen hätte Elias rasch belehrt, daß Liselotte sich mit an Sicherheit grenzender Wahrscheinlichkeit sehr geschämt hätte, wenn Dienstboten oder andere Leute sie beim Defäkieren oder Urinieren überrascht hätten.

Wie sehr sie sich davor schämte, beim Pinkeln gesehen zu werden, geht aus einem Brief an ihre Vertraute, die Raugräfin Luise, hervor, in dem sie ihr mitteilte: »Wie wir au rendevous kammen, wurde mir abscheülich noht, zu pißen; ich ließ mich gantz anß ander eck vom walt führen undt stiege hinter einer dicken hecke ab. Aber secht, wie der teüffel sein spiel hatt! Ich hatte nicht so bald ahngefangen, zu pißen, so schickt er den hirsch geradt, wo ich war. Da wurde mir so bang, daß die gantze jagt folgen würde, daß ich geschwindt wider zu der calesch eyllen wolte; allein eine brombeerstrauch wickelt sich umb mein fuß und ich platsch nauß wie eine crotte.«[120]

Wie diese Anekdote verdeutlicht, ging Liselotte, obwohl es sie sehr drängte, nicht neben der Kalesche in die Hocke, um dort in Anwesenheit des Kutschers zu urinieren, sondern ließ sich – vermutlich von ihrer Zofe – weit in den Wald hinein führen. Aber auch an dieser Stelle urinierte sie nicht vor den

Augen der Dienstbotin, sondern tat dies hinter einer dichten Hecke.[121]

Gewiß *gab* es zu jener Zeit Personen, die sich nicht genierten, vor anderen sogar zu defäkieren, aber so etwas wurde auch im 17. Jahrhundert als äußerst unanständig, ja als abartig empfunden. So erwähnte Liselotte in einem Brief vom 24. Juli 1678 einen gewissen »galand, welchen ich aber nicht nennen will noch darff, welcher alß mit seiner maitresse auffn kackstuhl geht undt wan eins von ihnen seine sachen verricht hatt, dann setzt sich das andere drauff, undt entreteniren einander auff dieße weiße«, aber bezeichnenderweise kommentierte sie ein solches Benehmen mit der Bemerkung: »Wenn das Teütsche theten, wie solten die Frantzosen lachen.«[122] Und über den Herzog von Vendôme, der sogar vor Fremden die Hosen herunterließ und diese damit schockierte und erniedrigte, verlautete der Herzog von Saint-Simon, er sei ein verwahrloster Sittenstrolch gewesen, ein degeneriertes ›Schwein‹, das besonders an Exkrementen und am Analverkehr interessiert war, der in seiner Scheiße herumstocherte und dem es nichts ausmachte, wenn die Hunde sein Bett vollschissen. Daß er Leute auf seinem »chaise percée« empfing, empfand Saint-Simon als »infamie« und entschuldigte sich bei seinen Lesern: »Il faut passer ces honteux détails pour le«, also Vendôme, »bien connaître«, einen Menschen, »qui se sent tout permis et qui se veut tout permettre«.[123]

Ein Kritiker meint, man könne trotzdem die Veränderung der Schamschwellen im Sinne der Eliasschen Zivilisationstheorie daran erkennen, daß *heute* ein Verhalten à la Vendôme bei einer »hochgestellten Persönlichkeit« unmöglich wäre.[124] Nun ist es gewiß äußerst unwahrscheinlich, daß Bundeskanzler Kohl einen Staatsgast oder auch nur einen Journalisten, auf dem Klosett sitzend, empfinge. Aber entscheidend ist, daß auch Ludwig XIV. oder irgendein anderer Monarch des 17. Jahrhunderts dies nicht getan haben, sondern lediglich einige wenige Exzentriker.[125] Im Normalfall war es »hochgestellten Persönlichkeiten« äußerst peinlich, von gesellschaftlich weit unter ihnen rangierenden Leuten auf dem »Kackstuhl« angetroffen zu werden, und zwar insbesondere dann, wenn diese dem anderen Geschlecht angehörten. Als beispielsweise um die Mitte des Cinquecento der Bildhauer Benvenuto Cellini aus Versehen in das »geheime Gemach« der Gattin Cosimo de' Medicis trat und die florentinische Herzogin dort »bei ihrer Bequemlichkeit« (*alle sue comodità*) antraf, reagierte diese ›stinksauer‹,[126] und als über hundert Jahre später zufällig eine Frau den Raum betrat, in welchem der Dauphin Louis auf dem »nachtstuhl« saß, war ihm dies äußerst peinlich und er »fing derowegen ahn zu husten«, damit sie ihn bemerkte und unauffällig das Zimmer verließ.[127]

Hätte es sich, wie Elias glaubt, durchweg[128] so verhalten, daß der Mächtige sich keine Blöße gab, wenn er sich vor dem Machtlosen entblößte, dann wäre die Tatsache unverständlich, daß häufig die Mächtigen großen Wert darauf legten, voll bekleidet zu sein, während sie den unter ihnen stehenden Personen abverlangten, sich vor ihnen zu entblößen. Wie wir be-

195 Claudia Cardinale beim Hofknicks
vor Königin Elisabeth, um 1960.

reits gesehen haben, war es in viktorianisch-wilhelminischer Zeit für die Damen *de rigueur*, bei festlichen Gelegenheiten in Anwesenheit der Monarchen den oberen Teil ihrer Brüste zu entblößen,[129] und es gab auch die Anweisung: »Gloves are never worn in the presence of royalty.«[130] In den späten zwanziger Jahren verboten die Briten den eingeborenen Arbeitern in den Kupferminen bei Port Moresby, ihren Oberkörper zu bedecken,[131] denn dies sollte ein Privileg sein, das sie sich selber vorbehielten.

Die Frauen der unberührbaren Paraiyar durften unter ihrem dünnen *sārī* keine Bluse tragen, und ihre Brüste mußten stets sichtbar sein, wogegen viele Frauen vergeblich Sturm liefen,[132] weil sie sich durch diese Vorschrift erniedrigt fühlten. Bei den zur Malayālam-Sprachgruppe gehörigen Indern im Südwesten des Landes mußten alle Frauen, die nicht den Kasten der Brahmanen oder Kṣatriya angehörten, in der Öffentlichkeit die Brüste frei tragen – eine Bedeckung des Oberkörpers wäre als ein schwerer Affront gegen die beiden höchsten Kasten erachtet worden,[133] deren Angehörige ihre nackten Brüste lediglich vor den Göttern zeigten.[134] So erzählte man sich die Ge-

196 Frau entblößt vor dem Jesuskind ihre Brüste.
Neapolitanische Krippenfigur (*presepio*), um 1730.

schichte von einer jungen Frau in Malabar, die in Anjengo bei einer englischen Lady lebte und aus Rücksicht auf deren Schicklichkeitsvorstellungen europäische Kleidung trug. Als die junge Frau einmal vor der Königin von Attingal erschien und dabei vergaß, Kleid und Korsett zu öffnen und ihre nackten Brüste zu zeigen, soll der König den Befehl gegeben haben, ihr diese wegen der Respektlosigkeit abzuschneiden.[135]

Im frühen 19. Jahrhundert wagten es die christlichen Konvertitinnen aus den niederen Kasten, gegen die alten Bestimmungen zu verstoßen, was Aufruhr und eine Welle von Gewalttätigkeiten gegen diese Frauen zur Folge hatte.[136] Im Jahre 1858 versuchten die Christinnen von Travancore in einem zweiten Anlauf, die als erniedrigend und demütigend empfundene Kleiderordnung zu unterlaufen, was erneut zu Unruhen und Ausschreitungen führte, bis schließlich der Mahārājā nach Rücksprache mit Sir Charles Trevelyan, dem britischen Gouverneur in Madras, den Frauen das Recht auf die Bedeckung ihrer Brüste in der Öffentlichkeit zugestand und jetzt die Neuerung sogar als »effort to encourage modesty in dress« guthieß.[137]

In vielen Gesellschaften demonstrierten hochrangige Frauen ihren Status dadurch, daß sie im Gegensatz zu den sozial unter ihnen stehenden Frauen die Brüste bedeckt trugen, so z.B. bei den Ovimbundu in Angola[138] oder bei den Bontoc-Igorot, bei denen die Tatsache, daß sie von jemandem mit nackten Brüsten gesehen wurde, für eine Frau einen erheblichen Statusverlust bedeutete.[139] Und im 17. Jahrhundert berichtete der niederländische Pfarrer Valentyn über die niederrangigen Frauen der kleinen Molukken-Insel Ternate, daß diese »nur gerade ein einfaches Baumwollkleidchen um ihre Mitte und ihren Unterleib« schlügen, »ohne sich groß um eine Hülle für ihren Busen zu kümmern. [...] Die angeseheneren Frauen verhalten sich allerdings etwas sittsamer, indem sie in der Regel über ihren Busen einen dünnen Schal oder ein mehr symbolisches Tuch auf solche Weise schlagen, daß man dadurch alles deutlich sehen kann, wodurch sie sich, besonders wenn sie tanzen, noch mehr Vorteile für ihre Liebesintrigen (*minnehandel*) erhoffen.«[140]

Zahlreiche Kommentatoren sind zwar bereit, meiner Kritik an der These von den relativ niedrigen Scham- und Affektstandards in ›vormodernen‹ Gesellschaften gegenüber gewisse Zugeständnisse zu machen,[141] und manche haben sich sogar dazu überwunden, die Eliasschen Ausführungen über die alten und die außereuropäischen Kulturen dem Wolf zu überlassen, weil sie das für ein ›Bauernopfer‹ ohne große Konsequenzen für die Zivilisationstheorie halten.[142] Doch sie beharren darauf, daß ich ein entscheidendes Moment dieser Theorie völlig übersehen hätte, nämlich den von Elias geführten Nachweis, daß der Zivilisationsprozeß durch eine »growing internalization« gesellschaftlicher Verbote gekennzeichnet sei.[143] So meint z. B. ein enger Vertrauter Elias', Michael Schröter, meine Argumente gegen die Zivilisationstheorie beruhten »auf einem Kurzschluß«, der in meinem Versäumnis bestehe, »die *Reichweite* der Interdependenzketten« in den traditionellen Gesellschaften einerseits und in den modernen andererseits »systematisch in Rechnung zu stellen«. Heute gebe es Interdependenzen über viel »größere Räume« hinweg, und zwar zwischen Menschen, die in wesentlich stärkerem Maße als früher eine »›Verinnerlichung‹ der Verhaltenssteuerung durch Selbstzwang« vorgenommen hätten.[144] Oder in den Worten einer italienischen Soziologin: »Offensichtlich verwechselt [*confonde*] Duerr die soziale Kontrolle, die eine äußere ist, mit jener Kontrolle, die das Individuum selber erlernen und einüben muß, sobald die Interdependenzketten sich verlängern und verdichten.«[145]

Ist es nun wahr, daß die Menschen in den »einfacheren« Gesellschaften und die auf früheren »Entwicklungsstufen« in viel stärkerem Maße als wir Heutigen von »Fremdzwängen« bestimmt worden waren, während wir unsere Triebe und Affekte sehr viel mehr »allein aus eigener Kraft« regulierten, wie Elias behauptet?[146] Trifft es zu, daß »kaum etwas darauf schließen« lasse, daß die Menschen des Mittelalters oder die der Frühen Neuzeit »den Zwang *verinnerlicht* hatten, den die Regeln formulierten«, und daß es »offenbar nur wenige« gegeben habe, »die beim Verstoß gegen die Regeln persönliche Schuld- und Schamgefühle verspürten«?[147]

Im Anschluß an Elias hatte bereits Jos van Ussel die Behauptung aufgestellt, daß »in anderen Gesellschaftsformen als der bürgerlichen« die Triebe »von außen, durch einen Polizeiapparat, durch Anwendung physischer Gewalt« beherrscht und eingeschränkt würden und die Menschen sich in solchen Gesellschaften so verhielten wie wir gegenüber der Straßenverkehrsordnung: »Ein ›Strafzettel‹ ruft Gefühle der Scham oder des Bedauerns hervor (weil man sich ertappen ließ oder um des lieben Geldes willen), aber keine Schuldgefühle.« In allen anderen Gesellschaften hätten »*nur die entdeckten* Verstöße gegen die Norm Schamgefühle« hervorgerufen.[148]

Zunächst fällt bei dieser Argumentation nicht nur auf, daß hier lediglich etwas *behauptet*, aber nie *bewiesen* wird, sondern daß denjenigen, die sie vorbringen, gar nicht klar zu sein scheint, was eine solche Argumentation impliziert: Behauptet man nämlich, daß die Menschen in ›vormodernen‹ Gesellschaften ihre Normen nicht ›verinnerlicht‹ hätten, sich also beispielsweise wegen eines Vergehens nicht deshalb geschämt hätten, weil sie es *begangen* haben, sondern weil es *herausgekommen* ist, dann bestreitet man nicht weniger, als daß die Menschen in diesen Gesellschaften die betreffenden Normen *überhaupt hatten*.[149] Aber gleichzeitig *gab* es doch offenbar diese Normen, und die Frage stellt sich: Woher kamen sie, wenn die Menschen sie nicht selber entwickelten? Vom lieben Gott? Oder von einer kleinen Clique Herrschender, die den Menschen solche Normen oktroyierten? Vermutlich wird es niemanden geben, der bereit ist, ausgerechnet von den ›Gesellschaften ohne Herrschaft‹, namentlich den Wildbeutergruppen, von denen Elias behauptet, sie seien ungleich stärker als wir von »Fremdzwängen« bestimmt worden, zu sagen, eine Art Machtelite habe sie dazu gezwungen, sich Normen anzupassen, die nicht ihre eigenen waren.

Es läßt sich mit unzähligen Beispielen belegen, daß an der Behauptung, die ›vormodernen‹ Menschen hätten sich in erster Linie ›nach außen hin‹ konform verhalten, ohne die betreffenden Normen internalisiert zu haben, nichts daran ist. So unterschieden beispielsweise die ›urtümlichen‹ Selk'nam im Feuerland ganz genau zwischen äußerlichem und *wirklich* sittlichem Verhalten, *tūsáličen*, »Inneres gut sein«, und sie sagten, daß derjenige, welcher gegen die sittlichen Normen verstoße, »Schmerzen im Inneren« verspüre.[150] Wenn bei den Lisu jemand etwas tut, von dem er weiß, daß es unmoralisch ist (*chhya-mae*), dann erzeugt dies in seinem Inneren »große Scham«, während er dann, wenn er vor den anderen sein Gesicht verliert, lediglich »kleine Scham« empfindet.[151] Und schließlich antwortete ein tahitianischer Dorfbewohner auf die Frage des Ethnologen, ob er nur dann Scham (*ha'amā*) empfinde, wenn die anderen sein Fehlverhalten entdeckt hätten: »Ob die Leute es sehen oder nicht – wenn ich etwas wirklich tun wollte, dann würde ich's auch tun. Ich habe keine Angst *vor den Leuten*. Es liegt nicht daran, ob die Leute über mich reden oder nicht. Ich will solche Dinge nicht tun, weil es verboten ist – *aroʿfa* hindert mich daran, es zu tun.« (*Arōfa* ist eine ›innere Instanz‹, das ›Gewissen‹, das den Menschen untersagt, etwas zu tun, ganz unabhängig davon, ob es herauskommt oder nicht).[152]

Auch ist es falsch, wie Elias anzunehmen, daß man in solchen Gesellschaften gewisse Dinge primär deshalb nicht tat, weil man Angst vor der Vergeltung durch die »Geister« gehabt hätte. Als ich bei den Ata Kiwan im Solor-Alor-Archipel Informanten befragte, ob ein Mann aller Wahrscheinlichkeit nach mit seiner Schwiegermutter schliefe, wenn diese noch jung und reizvoll und es sicher sei, daß niemals jemand davon erführe, antworteten sie, es könne zwar durchaus geschehen, daß der Übeltäter anschließend von einer Lontarpalme zu Tode stürzte, falls er eine bestiege. Aber nicht dies hielte die meisten Männer davon ab, so etwas zu tun, sondern die Tatsache, daß es »schlecht« sei und man dies einfach nicht tun dürfe.[153] Bei den Mru wurde zwar allem Anschein nach praktisch nie gestohlen, aber wenn trotzdem einmal auf dem Felde etwas abhanden kam, ging man in die Ebene und zündete am Grab eines muslimischen Heiligen eine Kerze an, damit dieser den Dieb bestrafe, denn es stand außer Zweifel, daß es sich bei dem Täter um einen Bengalen, d. h. um einen Muslim handeln mußte.[154] Auf die Frage des Ethnologen, warum die Mru nicht stehlen, antworteten diese, sie seien eben keine Bengalen; und auf die weitere Frage, »ob Gott oder die Geister sie für einen Diebstahl strafen würden«, antworteten sie, »vielleicht, aber wie könne man das wissen, da sie ja nicht stehlen«. Diese Norm galt keineswegs nur innerhalb der Gruppe, und der Ethnologe schrieb mir, daß die Dorfbewohner auch dann, wenn er wochenlang abwesend war, nie etwas angerührt hätten, was ihm gehörte, und dies, obgleich die Sachen für die Mru ein Vermögen darstellten.[155]

Hätten die Individuen in solchen Gesellschaften ihre Normen in geringerem Maße verinnerlicht, dann müßte man annehmen, daß sie sich in dem Augenblick, in dem sie sich *außerhalb* ihrer Gesellschaft befinden, viel weniger diesen Normen verbunden fühlten, als wir dies gegenüber unseren Normen tun. Doch nichts deutet darauf hin, daß es sich so verhielte. Zwar hieß es beispielsweise, daß die friedliebenden Semai geradezu einen »Blutrausch« entwickelt hätten, als sie im Jahre 1950 gegen aufständische Kommunisten als Krieger eingesetzt wurden, und dies ist auch immer wieder als Paradebeispiel dafür zitiert worden, daß die Angehörigen solcher kleinen und einfachen Gesellschaften lediglich über nicht-internalisierte Binnen-Normen verfügten. Doch konnte es zu dieser Fehlannahme nur kommen, weil das Wort *buul bhiib* fälschlicherweise mit »Blutrausch« übersetzt worden war, was die Vorstellung weckte, die sonst so sanften und konfliktscheuen Semai hätten unter Menschen, die nicht zu ihrer Gruppe gehörten, ein wildes Blutbad angerichtet. Die Wirklichkeit sah indessen so aus, daß die Semai, die sich sehr vor Blut fürchten und ekeln,[156] entsetzt und angewidert waren, als sie zum ersten Mal Augenzeugen eines Feuergefechtes zwischen Regierungstruppen und Kommunisten wurden und bei dieser Gelegenheit Blut floß.[157]

Auf der anderen Seite verlautete ein Vietnam-Veteran über die US-Boys, also Angehörige einer Gesellschaft, die laut Elias die »Fremdzwänge« schon weitgehend in »Selbstzwänge« transformiert haben müßte: »These were not men who would normally commit rape. They had not had psychological problems. Bring in that kind of environment, you give a guy a gun and strange things happen. A gun is power. To some people carrying a gun constantly was like having a permanent hard one [= Dauererektion]. It was a pure sexual trip every time you got to pull the trigger.« Und ein anderer meinte über sich und seine Kameraden, die habituell den Vietnamesen und Vietnamesinnen die Geschlechtsteile und die Brüste abschnitten: »But in the Nam [= Vietnam] you realized that you had the power to take a life. You had the power to rape a woman *and nobody could say nothing to you.* That godlike feeling you had was in the field. It was like I was a god. I could take a life, I could screw a woman. I can beat somebody up *and get away with it.*«[158]

Nachdem es im Sommer 1977 in New York einen totalen Stromausfall gab, rollte eine Welle von Brandstiftungen, Plünderungen und Verbrechen über die Stadt. Vor der Fernsehkamera beschrieb später ein Mann diesen Tag als »den besten Tag meines Lebens, wie Weihnachten, und alles umsonst«. Als der Reporter ihn fragte, ob er denn z. B. die Plünderungen gutheiße, erwiderte er bezeichnenderweise, die Polizei sei doch machtlos gewesen, »weil jeder es machte, sogar alte Damen und Schwangere«.[159]

Anmerkungen

Anmerkungen zur Einleitung

1 N. Elias, 1939, II, S. 321.
2 Ders., 1987, S. 185.
3 C. Wouters, 1994, S. 209f. Ähnlich auch J. Goudsblom, 1989, S. 722 und S. Mennell, 1989, S. 98.
4 Elias, a.a.O., S. 319. »Je dichter das Interdependenzgeflecht wird, in das der Einzelne mit der fortschreitenden Funktionsteilung versponnen ist, *je größer die Menschenräume sind, über die sich dieses Geflecht erstreckt*«, um so nachteiliger sei es, den »spontanen Wallungen und Leidenschaften« nachzugeben, »desto mehr ist derjenige im Vorteil, der seine Affekte zu dämpfen vermag« (a.a.O., S. 321f., Hervorh. v. mir). Die jetzige »allseitige und gleichmäßig hohe Kontrolle« unserer »Triebimpulse«, die den Menschen vorausgegangener »Zivilisationsstufen« noch gefehlt habe, sei das Ergebnis eines »verstärkten Zivilisationsschubes«, der in den europäischen Gesellschaften im 16. Jahrhundert eingesetzt habe (ders., 1982, S. 22, 30, 87).
5 G. Simmel, 1957, S. 234f.
6 J.U. Ribeiro, 1991, S. 89f.
7 A.R. Beals, 1970, S. 55. R. Sennett, 1991, S. 68, meint, Begriffe wie »Kälte«, »Anonymität« oder »Leere«, mit denen häufig das Leben in modernen Megastädten charakterisiert würde, seien »zentrale Wörter im protestantischen Umwelt-Vokabular; in ihnen bekundet sich der Wunsch, das Außen als nichtig und wertlos anzusehen«. Wenn freilich ein Afrikaner mit solchen Worten zum Ausdruck bringt, daß in Bremen oder sonstwo seine ›Seele friert‹, dann wird man ihm deshalb nicht nachsagen können, er habe eine protestantische Gesinnung.
8 C. Calhoun, 1992, S. 210f., spricht von einer »compartmentalization«. Wenn M.P. Smith, 1980, S. 173, 216, geltend macht, daß doch immer noch die Familien vorrangige Sozialisationsinstanzen sowie emotionale Zufluchtsorte seien, zeigt gerade dies den Funktionswandel familiärer Beziehungen.
9 Simmel, a.a.O., S. 229f.; ders., 1908, S. 590f.
10 M. Weber, 1972, S. 382, 384. »Jede rein persönliche Beziehung von Mensch zu Mensch, wie immer sie sei, einschließlich der völligsten Versklavung, kann ethisch reglementiert, an sie können ethische Postulate gestellt werden, da ihre Gestaltung von dem individuellen Willen der Beteiligten abhängt, also der Entfaltung karitativer Tugend Raum gibt. Nicht so aber geschäftlich rationale Beziehungen, und zwar je rational differenzierter sie sind, desto weniger. Die Beziehungen eines Pfandbriefbesitzers

zu dem Hypothekenschuldner einer Hypothekenbank, eines Staatsschuldscheininhabers zum Staatssteuerzahler, eines Aktionärs zum Arbeiter der Fabrik, eines Tabakimporteurs zum fremden Plantagenarbeiter« sind keine persönlichen Beziehungen mehr, in denen man sich mehr oder weniger moralisch verhält (a.a.O., S. 353).

11 N. Machiavelli, 1966, S. 553. Solche Klagen wurden seit dieser Zeit in den großen italienischen Städten immer wieder laut, verbunden mit einer geradezu romantischen Hochschätzung des einfachen Landlebens und der mittelalterlichen Vergangenheit, der »Gemeinschaft« im Gegensatz zur »Gesellschaft«. Cf. W.J. Bouwsma, 1990, S. 167f. Sehr viel später schrieb Castiglione, die Alten erzählten, daß sie noch im Alter von 20 Jahren mit ihren Schwestern und ihrer Mutter in einem Bett geschlafen hätten, und zwar ohne zu wissen, »was Frauen sind«. Die heutigen jungen Leute seien dagegen verdorbene Früchtchen. Das möge schon so sein, meinte dazu Castiglione, aber das bedeute doch nur, »daß unsere Kinder mehr Verstand haben«. Man solle endlich damit aufhören, die gute alte Zeit zu besingen, denn ohne den Schatten der neuen Zeit gäbe es auch kein Licht. Cf. B. Castiglione, o.J., S. 109.
12 C. Lasch, 1985, S. 714. Darauf, daß sittliche Normen der »Handelsklugheit« geradezu im Weg stünden, hat R. Münch, 1984, S. 282 f.; ders., Ms., S. 4f., hingewiesen.
13 Dies gilt vor allem für die ›Vernetzung‹ mit Unbekannten: »Zwar esse ich Bananen aus Afrika, mein Müll wird ans andere Ende der Welt verklappt und ich kaufe Schuhe, deren Produzenten ich nicht kenne, nur ist in diesen Beziehungen keine ›psychogenetische‹ Relation erkennbar, auf mein Verhalten – z.B. auf das Peinlichkeitsempfinden – haben sie keinen Einfluß« (K. Anders, 1995, S. 46).
14 Cf. E. Durkheim, 1930, S. 13, 16, 26.
15 A. Jarrick/J. Söderberg, 1993, S. 8, 10, 13.
16 S. Mennell, a.a.O., S. 98.
17 D. Obernhöfer, 1961, S. 57. Cf. auch A.-M. Lindemann, 1986, S. 47; I. Eibl-Eibesfeldt, 1996, S. 49.
18 Cf. L. Tiger/R. Fox, 1973, S. 76.
19 U. Sielert, 1990, S. 127.
20 Z. Bauman, 1989, S. 192.
21 *West* 3, 6. Oktober 1993. Ähnliches meinte auch ein Herr Blücher, der in einem *ARD*-Interview erzählte, er habe sich auf das »Lekken« von Frauen spezialisiert, da ihn der »Mösengeruch« fasziniere und die Erregung »viel intensiver« sei als beim »Ficken«.

22 Cf. A.K. Månsson, 1978, S. 332f.
23 Cf. R.F. Murphy, 1964, S. 1266.
24 In solchen Fällen bedeckten die Frauen ihre Brüste mit Umhängen aus Kuhfell. Cf. J. Roscoe, 1907, S. 114. Ähnlich verhielten sich auch die Zulu-Frauen. Cf. F. Mayr, 1907, S. 636.
25 Cf. S. Gregory, 1856, S. 12.
26 Cf. J.-C. Kaufmann, 1995, S. 71 ff.; H.P. Duerr, 1995, S. 106. Nur 5 % der befragten australischen Studentinnen, die ›oben ohne‹ gehen, hatten es jemals gewagt, am Strand das Oberteil abzulegen, wenn ihr Vater anwesend war. Cf. E. Herold et al., 1994, S. 138. Auch vor der Mutter genieren sich viele: »Ça me generait. Si c'est des gens que je ne connais pas, ça ne me gene pas« (Kaufmann, a.a.O., S. 72). Anhänger der Eliasschen Zivilisationstheorie wie z.B. T. Habermas, 1990, S. 174, sind der Auffassung, die »unerotische Atmosphäre« an solchen Stränden sei ein Indiz für »die gelungene Internalisierung von Affektkontrollen« in der modernen Gesellschaft. Man muß freilich unterscheiden zwischen der *Atmosphäre* und dem, was z.B. ›oben ohne‹-gehende Frauen oder manche Angehörige der Freikörperkultur aus ideologischen Gründen über diese Atmosphäre *sagen*: War sie noch vor dreißig Jahren *verkappt* erotisch, so ist sie dies heute auf viel unverblümtere Weise (cf. H.P. Duerr, 1988, §9). Wie mir ein langjähriger Anhänger des Nudismus schrieb, ist es heute mit den ›Verschämtheiten‹ der sechziger Jahre vorbei: Männer und Frauen schauen einander meist ganz ungeniert auf die Genitalien, Erektionen sind »heute kein Problem mehr« und: »Es ist erstaunlich, wie viele Frauen es gibt, die sich keinen Deut darum scheren und mit weit offenen Beinen herumsitzen oder -liegen, nicht nur junge Mädchen, sondern auch reife Frauen und Mütter. Da geht der ›pink shot‹ bis zum Uterus.« Auch nehmen Männer häufig junge Frauen, an denen sie sexuell interessiert sind, mit an den Nacktbadestrand, »damit sie dann in Ruhe den nackten Körper betrachten und abschätzen können«. Schamhaft scheinen jedoch immer noch die sehr jungen Mädchen zu sein. In den Wiener Sommerbädern, in denen ein Großteil der Frauen das Oberteil ablegt, tragen jene »fast durchweg einen BH«, oft auch Mädchen, »die noch garnichts vorzuweisen haben« (Clemens Gruber: Brief vom 28. August 1995). Dies bestätigt auch Kaufmann (a.a.O., S. 78f.).
27 Ich habe im ersten Band geschildert, wie ich mich aus Angst, Gegenstand des Dorfklatsches zu werden, geniert habe, an einem abgelegenen Strand in Ost-Flores vor zwei höchst interessierten jungen Mädchen der Ata Kiwan die Hose auszuziehen (cf.

Duerr, a.a.O., S. 11). R. Kellner, Ms., S. 69, kritisiert meine Ausführungen mit dem Hinweis darauf, er habe ganz in der Nähe, an einem Strand von Lembata, gemeinsam mit seiner Freundin gebadet, während an Land »einheimische Jünglinge« darauf warteten, daß sie das Wasser verließen, und zwar vor allem um seine nackte Freundin zu sehen. Diese Anekdote zeige – wie meine eigene –, daß *wir Europäer* uns geschämt hätten und nicht die Einheimischen, denn »den Burschen am Strand war es sichtlich nicht peinlich«, auf den Anblick der nackten fremden Frau zu warten. Kellner scheint völlig mißzuverstehen, zu welchem Zweck ich die Anekdote erzählt habe, nämlich um zu zeigen, wie sehr soziale *Nähe* die Scham- und Peinlichkeitsstandarde erhöht und soziale *Distanz* diese senkt! Überdies: Falls Kellner mit *seinem* Beispiel zeigen will, daß auf Lembata die Körperschamstandarde niedriger seien als die der Europäer, dann macht er nur deutlich, daß er wenig über die Normen der dortigen Gesellschaften weiß. Auf Lembata wie im gesamten Solor-Alor-Archipel würde nur eine geisteskranke Frau nackt baden, was auf Alor ein nacktbadendes britisches Ethnologenpaar erfahren mußte, das von empörten Einheimischen mit Steinen beworfen wurde. Daß die jungen Burschen von Lembata das nicht taten, lag nicht daran, daß deren Schamstandarde niedrig waren – im Gegenteil: Wie alle Voyeure freuten sie sich eben auf den Anblick, der ihnen nur selten geboten wird, nämlich den einer nackten Frau, zumal einer weißen. In Ost-Flores versuchte mich einmal ein Informant zu überreden, eine in der Nähe arbeitende australische Ethnologin, deren Brüste er sehr gerne nackt gesehen hätte, dazu zu bringen, wenigstens ›oben ohne‹ im Meer zu baden. Er selber wollte sich am Strand hinter einem Busch verstecken und zuschauen. Derartiges ist gang und gäbe. So berichtete schon A. Schadenberg, 1885, S. 29f., wie die »außerordentlich schamhaften« Frauen der Bagobo im südlichen Mindanao sich am Strand versteckten, um die nackt badenden Europäer zu betrachten. »Kein Balinese«, so steht in einem Reiseführer zu lesen, »regt sich über nackte Brüste oder sogar über nackte Pos am Strand von Kuta auf« (P. Rump, 1984, S. 233). Doch das ist falsch: Ich habe in Kuta mit zahlreichen Balinesen gesprochen, die den Exhibitionismus der westlichen Frauen für lasziv und schamlos hielten. Trotzdem genossen sie es, die Nackten am Strand zu betrachten.

28 Der Holländer Chriet Titulaer hat für den »gläsernen Menschen« der Zukunft, der keine Intimsphäre mehr hat, ein »Zukunftshaus« mit einem »gläsernen Turm« entworfen, in dem die Bewohner – für alle Passanten sichtbar – auf dem Klo sitzen,

nackt baden oder miteinander schlafen. Diese Öffentlichkeit wird sie aber nicht stören, denn die »Zukunftsmenschen« werden laut Titulaer »entkrampft« sein und keine Schamgefühle mehr haben. Cf. *Tagesspiegel* vom 15. August 1993.
29 N. Elias, 1988, S. 137.
30 Cf. z.B. V. Reynolds, 1974, S. 186; B. Hayden, 1994, S. 239; L. E. Sponsel, 1994, S. 7; I. Schapera, 1930, S. 158; J. H. Wilhelm, 1954, S. 25 (Hukwe, !Ko, !Kung und die anderen Gruppen der Buschleute); M. Gusinde, 1942, S. 306 (Mbuti); M. Merker, 1910, S. 255 f. (Wahi, Wandorobo). Als ein alter Batek De' gefragt wurde, warum sich die Semang früher nicht mit ihren vergifteten Blasrohrpfeilen gegen die malaiischen Sklavenhändler gewehrt hätten, antwortete er: »Aber das hätte sie doch getötet!« (K. Endicott, 1988, S. 122). Erst im Neolithikum weist z.B. die starke Befestigung Jerichos mit einer drei Meter dicken Ringmauer und einem neun Meter hohen Turm darauf hin, daß die Siedlung verteidigt werden mußte.
31 N. Elias, 1983, S. 109. Ähnliche Szenarien findet man nicht nur bei anderen Soziologen wie z.B. A. Weber, 1935, S. 22, sondern auch bei Ethnologen, die es eigentlich besser wissen müßten, so bei W. E. Mühlmann, 1964, S. 15; ders., 1975, S. 80f.
32 N. Elias, 1987, S. 113. Cf. auch ders., 1994, S. 71. Man könnte geneigt sein, anzunehmen, daß wenigstens die Großwildjagd gefährlich gewesen ist, doch »surprisingly, the risk of death associated with hunting dangerous animals is low« (M. N. Cohen, 1989, S. 131).
33 N. Elias, 1988a, S. 188.
34 Ders., 1983, S. 17.
35 M. Shostak, 1976, S. 256. Cf. auch R. B. Lee, 1988, S. 267; K. Endicott, a.a.O., S. 116f. (Batek De'-Semang); R. L. Kelly, 1995, S. 164ff.
36 Über die starke Selbstkontrolle der !Ko beim Essen berichten H.-J. Heinz/M. Lee, 1978, S. 126f., über die der !Kung L. Marshall, 1976a, S. 355. Insbesondere W. Stark, 1980, III, S. 67ff. hat Elias' Ausführungen zur angeblichen Evolution der Eßsitten und den »progressivist ethnocentrism«, der in der These zum Ausdruck kommt, kritisiert.
37 Marshall, a.a.O., S. 357.
38 Heinz/Lee, a.a.O., S. 167.
39 G. Dux, 1992, S. 170.
40 Cf. R.B. Lee, 1978, S. 109.
41 Cohen, a.a.O., S. 30.
42 Zwar handeln die !Kung mit Nicht-Buschleuten wie den Tawana

oder Herero, werden dabei aber stets übervorteilt, weil die ›Handelsklugheit‹ ihnen fremd ist. Cf. Marshall, a.a.O., S. 365.
43 E.R. Service, 1977, S. 95. Die Jagdbeute gehört nicht dem Jäger, sondern der Band, und deshalb wird sie stets geteilt. Die Waspanipi Cree empfanden die Jagd selber nicht als eine Ausbeutung der Natur, sondern als einen Austausch von Geschenken. Cf. H.A. Feit, 1994, S. 433 f.
44 Cf. z.B. M. Gusinde, 1946, S. 318 (Yahgan); E. Leacock, 1979, S. 192 (Naskapi); C. Martin, 1978, S. 152f.; A.R. Radcliffe-Brown, 1922, S. 45 (Andamaner). Der Mangel an einem Gefühl für Gegenseitigkeit und Solidarität bei den Europäern fiel schon frühzeitig auch den Mitgliedern nichtwildbeuterischer traditioneller Gesellschaften unangenehm auf, so den Tonganern. Cf. W. Mariner, 1819, S. 75.
45 Wie E. Goldsmith, 1976, S. 53, es formuliert, tendiert die moderne Gesellschaft dazu, »a mass of socially unrelated individuals« zu werden, »among whom a semblance of order, however superficial, can only be maintained by means of increasingly powerful external and asystemic controls«.
46 Daß man den anderen nicht vor den Kopf stößt und ihm tendenziell stets zustimmt, ist typisch für sämtliche Wildbeutergesellschaften. Cf. H.P. Duerr, 1990, S. 353 ff. »I think«, so Marshall, a.a.O., S. 351, »that !Kung cannot bear the sense of rejection that even mild disapproval makes them feel.« Gibt es größere Dissonanzen, so löst man das Problem meist dadurch, daß man sich zeitweise einer anderen Gruppe anschließt. Durch die Exogamie hat man ohnehin Beziehungen zu anderen Bands geknüpft (»Allianzen«), was zudem den Vorteil hat, daß die Territorialgrenzen durchlässiger werden. Dies erleichtert wiederum das Jagen und Sammeln.
47 Cf. E.R. Service, 1973, S. 15.
48 I. Eibl-Eibesfeldt, 1990, S. 66f.
49 Weniger innerhalb von Wildbeuterbands als in dörflichen Gesellschaften sanktionierte die Nachbarschaft häufig Fehlverhalten viel härter als die Obrigkeit, etwa der Staat. So war beispielsweise im vergangenen Jahrhundert auf einem russischen Dorf eine Frau von den Nachbarn geteert und gefedert worden, weil sie als zänkisch galt und ihren Mann beherrschte. Nachdem die Frau diese ›Volksjustiz‹ der Obrigkeit gemeldet hatte, ließ diese den Dorfältesten verhaften, und der Regierungsvertreter maßregelte auf einer Dorfversammlung die Haushaltsvorstände, weil sie eine solche Bestrafung der unbotmäßigen Frau zugelassen hatten. Dies hatte wiederum zur Folge, daß der

Dorfrat dem ›Schlappschwanz‹ auftrug, seine Frau mit entblößten Brüsten in aller Öffentlichkeit auszupeitschen. Als aber auch diese erneute Demütigung nichts half, wurde die Frau aus dem Dorf vertrieben. Cf. C.D. Worobec, 1991a, S.200f. Auf Nias führten Kolonialisierung und Missionierung zu einer ›Aufweichung‹ der harten Formen von ›Volksjustiz‹, insbesondere der Bestrafung sexuellen Fehlverhaltens: »Nias is notable for the fact that the introduction of the austerest Lutheran decrees actually led to a liberalization of sexual mores« (A. Beatty, 1992, S. 102).

50 »Every act, every incident, accident, or condition is common talk for the whole band, to be discussed broadly, and without reservation, by old and young, male and female. The broad caricatures of the tattle of a New England village are merely faint conceptions of the capabilities in this direction of an Indian encampment« (zit. n. W. O'Meara, 1968, S. 233).

51 Cf. E. Viveiros de Castro, 1992, S. 94f., 171.

52 Ausgelacht werden und Tratsch erzeugen Scham (*malu*), die häufig dazu führt, daß das Opfer regelrecht krank wird. Cf. U. Wikan, 1990, S. 30.

53 Durkheim, a.a.O., S. 173f.

54 N. Elias, 1987, S. 229.

55 A.a.O., S. 113.

56 J. Habermas, 1981, I, S. 77ff.

57 Cf. z.B. R.B. Lee, 1968, S. 30f.; ders., 1978, S. 105f. (Buschleute); J. Woodburn, 1968, S. 101f. (Hadza).

58 Cf. Cohen, a.a.O., S. 18, 56, 77f.

59 Die Speerschleuder hatte nämlich »eine enorme Durchschlagskraft«. Cf. G. Bosinski, 1995, S. 5. Ein wesentlicher Unterschied zwischen rezenten und den damaligen Wildbeutern besteht darin, daß diese wohl vorwiegend *Groß*tiere jagten, wozu sie sicher größere organisierte Jagdgruppen bilden mußten. Vermutlich begünstigte dies wiederum männerbündische Institutionen. Cf. R. Foley, 1988, S. 219.

60 Cf. Cohen, a.a.O., S. 118. Selbst für die rezenten Wildbeuter gilt: »Contemporary hunter-gatherers appear to be relatively well-nourished by current Third World standards, in qualitative terms enjoying high protein intake and good dietary variety and displaying only relatively rare and mild signs of qualitative malnutrition« (a.a.O., S. 104). Die Hadza sagen, sie hätten »Hunger«, wenn sie nicht so viel Fleisch zur Verfügung haben, wie sie es wünschen, und mit Gemüse vorliebnehmen müssen (a.a.O., S. 96). Cf. auch D. K. Ndagala, 1988, S. 66.

61 Dies habe ich anderswo ausgeführt. Cf. H.P. Duerr, 1984. Cf. auch Cohen, a.a.O., S. 64f.
62 Cf. z.B. H.J. Heinz, 1978, S. 160f. Es klingt wie Ironie, wenn C. Wouters, 1994, S. 211, die Eliassche Aussage, diese Menschen lebten »like wild animals in the jungle, always in danger of being caught«, »als Zeichen einer Identifikation mit den betreffenden Völkern« interpretiert.
63 Cf. N. Elias, 1987, S. 227, 229, 232, 269.
64 Zu Siedlungen im Chatelperronien cf. F. Hours, 1982, S. 101; zu der in Dolní Vestonice cf. L. Banesz, 1976, S. 32; zu Kostenki am Don und Mal'ta cf. K.J. Narr, 1982, S. 9ff. Cf. auch M. Kuckenburg, 1993, S. 70f. Es kann sogar sein, daß es im ausgehenden Paläolithikum feste Siedlungen gab. Cf. P. Rowley-Conwy, 1983, S. 126. Im südlichen Chile fand man eine um 11000 v. Chr. errichtete Siedlung aus ursprünglich mit Mastodonhäuten bespannten Holzhütten, darunter eine, in der offenbar Kranke behandelt wurden und wo man Medizin herstellte. Angesichts all dieser Tatsachen kann man sich nicht des Eindrucks erwehren, daß Elias und viele seiner Nachfolger über Dinge geschrieben haben, von denen sie nicht einmal Grundkenntnisse hatten.
65 N. Elias, 1983, S. 91. H. Nowotny, 1991, S. 502, behauptet ohne Beleg, ich hätte Elias unterstellt, daß die »membri di societa piu semplici« noch nicht über »la capacita di pensiero causale o logico« verfügt hätten. Die einzige Stelle, die die Kritikerin meinen kann, ist H.P. Duerr, 1988, S. 339. Jeder kann feststellen, daß ich dort etwas ganz anderes gesagt habe.
66 A.a.O., S. 102. Auf die Spitze getrieben werden solche Behauptungen von G. Klein, 1992, S. 79, die unter Berufung auf Elias allen Ernstes die Meinung vertritt, erst mit der sich im 17. und 18. Jahrhundert deutlicher herausbildenden Selbstkontrolle sei die Grundlage dafür entstanden, »daß die Menschen sich von der äußeren Welt abgetrennt erleben konnten«. Erst zu dieser Zeit habe sich die »jedem Menschen eigene Körpergrenze zwischen Innen- und Außenwelt, zwischen Privatheit und Öffentlichkeit« gebildet, hätten die Menschen zwischen »Wirklichkeit und Illusion, Objektivität und Subjektivität, Öffentlichkeit und Intimität« unterschieden!
67 N. Elias, 1988, S. XXXV.
68 Ders., 1987, S. 183.
69 Daß die These von der paläolithischen ›Jagdmagie‹ durch nichts gestützt wird, habe ich an anderer Stelle zu zeigen versucht. Cf. H.P. Duerr, 1984, S. 232f., 302f. Ohne irgendeine Begründung vertritt J. Habermas, 1976, S. 18, die Auffassung, im Spätpaläo-

lithikum habe es noch keine »mythischen Ordnungsvorstellungen« gegeben, die einen »Zusammenhang« zwischen den Erscheinungen zum Ausdruck gebracht hätten, »in dem alle natürlichen und gesellschaftlichen Erscheinungen verwoben sind und ineinander transformiert werden können«. Gerade die Vielzahl von Darstellungen *hybrider* Wesen an den Wänden der Kulthöhlen scheint deutlich zu machen, daß davon keine Rede sein kann, wobei es unwesentlich ist, ob es sich bei diesen Wesen um Schamanen oder Tier-Mensch-Gestalten, etwa Herren oder Herrinnen der Tiere handelt. Wenn überdies Habermas (a.a.O., S. 26) behauptet, daß für die Menschen der späteren neolithischen Gesellschaften »die soziale von der natürlichen Realität noch nicht eindeutig unterschieden« werde, weshalb »die Grenzen der sozialen Welt überhaupt« verschwömmen, so bedeutet dies wohl, daß die paläolithischen Menschen nach den evolutionistischen Grundannahmen Habermas' ähnlich wie bei Elias noch keinen Unterschied zwischen der sozialen und der natürlichen Welt gemacht haben. Auch dieser Gedanke ist abwegig. Gewiß haben die spätpaläolithischen Wildbeuter Analogien zwischen den beiden ›Welten‹ gesehen – aber die sehen auch moderne Wissenschaftler. Alles deutet darauf hin, daß man im Jungpaläolithikum eine Analogie zwischen dem Speeren des Jagdwildes und dem ›Speeren‹ der Frau beim Koitus gesehen hat, ähnlich wie dies heute noch die Buschleute tun. Aber sie werden sich bestimmt, bei aller Analogie, auch des *Unterschiedes* zwischen den beiden Formen des ›Speerens‹ bewußt gewesen sein. Schließlich gibt es auch keine Anhaltspunkte dafür, daß das, was man die Habermassche ›Ursuppentheorie‹ nennen könnte, richtig ist, daß es nämlich damals keine »Differenzierung zwischen Einzelnem, Besonderem und Allgemeinem« und deshalb auch keine »Identitätsprobleme« gegeben habe (a.a.O., S. 98). Solche »Identitätsprobleme« gab es bei rezenten Wildbeutern andauernd, weshalb es eine ständige Fluktuation von Individuen und Familien zwischen den einzelnen Bands gab. Warum sollte es bei den Wildbeutern der Eiszeit anders gewesen sein? Die Tatsache aber, daß trotz aller Konflikte zwischen Einzelnem und der Gemeinschaft die letztere als wichtiger empfunden wurde, bedeutet nicht, daß es keinen Unterschied zwischen dem »Einzelnen« und dem »Allgemeinen« gab.

70 N. Elias, 1983, S. 17.
71 Cf. a.a.O., S. 158 f.
72 J. Habermas, 1981, S. 77 ff.
73 Elias, a.a.O., S. 159; ders., 1988, S. 158 f.

74 Ich habe immer wieder versucht, dies einsichtig zu machen. Cf. H.P. Duerr, 1978, S. 201f.; ders., 1984, S. 231f.; P. Feyerabend, 1995, S. 40f. Aber auch hier hält ein bestimmtes »Bild« viele Wissenschaftler »gefangen«.

75 L. Wittgenstein, 1993, S. 124.

76 A.a.O., S. 124, 130. Elias, 1983, S. 115, stellt fest, daß wir Heutigen eine »größere Macht über die ›Natur‹« haben als die Menschen von einst. Aber wäre eine solche größere *Macht* für sie zweckdienlicher gewesen? Hätte sie ihnen zu irgend etwas verholfen, was sie zwar wollten, was ihnen jedoch versagt blieb, weil sie eben diese Macht nicht hatten?

77 N. Elias, 1988, S. 156ff.; ders., 1983, S. 95f. Selbst Spencer vertrat vor 120 Jahren nicht eine so naive Animismustheorie wie Elias: »The belief, tacit or avowed, that the primitive man thinks there is life in things which are not living, is clearly an untenable belief« (H. Spencer, 1904, S. 128).

78 Cf. H.P. Duerr, 1985, S. 56ff.

79 Ich habe dieses Problem an anderer Stelle behandelt. Cf. H.P. Duerr, 1978, S. 107ff. Bezeichnenderweise schrieb mir Elias hierzu: »Ich bin kein Romantiker und glaube ganz und gar nicht, daß eine solche Verwandlung möglich ist. Aber ich glaube verstehen zu können, warum Menschen die Welt in dieser Weise erleben. Ihr Buch hinterläßt in mir einen kleinen Zweifel darüber, ob Sie glauben, daß es Hexen und Werwölfe wirklich gibt. Oder meinen Sie, daß Menschen universell eine Seelenlage besitzen (gleichsam von Natur?), die sie dafür bereit macht, an Hexen und Werwölfe *zu glauben*?« (N. Elias: Brief vom 4. Mai 1980).

80 N. Elias, 1983, S. 95. Auch hier glaubt Elias, daß die Menschen, die behaupteten, daß sie sich in einen Leoparden »verwandeln« können oder daß unbelebte Gegenstände zu ihnen »gesprochen« hätten, sich wie Kinder verhielten, denn auch »für kleine Kinder verschwimmt die Grenze zwischen Phantasie und Wirklichkeit zunächst« (a.a.O.). Freilich hat man festgestellt, daß z.B. die Kinder der Manus in ihrem Denken und Wahrnehmen weniger ›animistisch‹ sind als die erwachsenen Manus oder als amerikanische Kinder, woraus M. Mead, 1978, S. 118, den Schluß gezogen hat: »Animistic thought cannot be explained in terms of intellectual *immaturity*.«

81 N. Elias, 1990, S. 63.

82 Cf. A.M. Stevens-Arroyo, 1991, S. 100. M. Bartels, 1986, S. 83, der diesem Problem mit sehr viel größerer Sensibilität begegnet als Elias, meint, daß *uns* derartige Erfahrungen »definitiv durch den Gang der Geschichte entzogen« seien. Aber das ist nur eine

Behauptung. Beschreiben nicht, um nur ein Beispiel zu nennen, Menschen, die in einer modernen Gesellschaft leben, ihre ›außerkörperlichen Erfahrungen‹ mit denselben Worten wie vor hundert Jahren Schamanen der Eskimo oder der Tungusen? Und geben nicht überdies manche Moderne diesen Erfahrungen sogar eine ähnliche *Interpretation*? Könnten wir überhaupt verstehen, was der Schamane *meint*, wenn wir seine Erfahrungen nicht nachvollziehen könnten? Erginge es uns sonst nicht wie dem Blinden, der nie das Wesentliche der Bedeutung von Farbwörtern verstehen kann? »Es ist sehr *merkwürdig*«, so Wittgenstein, 1977, S.96f., »daß man zu meinen geneigt ist, die Zivilisation – die Häuser, Straßen Wagen, etc. – entfernten den Menschen von seinem Ursprung, vom Hohen, Unendlichen, u.s.f. Es scheint dann, als wäre die zivilisierte Umgebung, auch die Bäume und Pflanzen in ihr, billig eingeschlagen in Zellophan, und isoliert von allem Großen und sozusagen von Gott. Es ist ein merkwürdiges Bild, was sich einem da aufdrängt.«

83 Cf. L. Levy-Bruhl, 1951, S.27ff. Zur Kritik am ›Exotizismus‹ Levy-Bruhls cf. H.P. Duerr, 1974, S.107f.
84 N. Elias, 1988, S.37.

Anmerkungen zu § 1

1 J. Schrader, 1976, S.171.
2 »Das Diner«, so lautete die Vorschrift, »erfordert die Toilette von schweren hochgeschlossenen Stoffen, wenn die Gesellschaft unter vierzig, dekolletiert, wenn sie über vierzig Personen stark ist.« Auch bei der »kleinen Soiree« ohne Tanz war »hochgeschlossen« obligatorisch. Cf. W. Dölp, 1984, S.89.
3 J.-G. König, 1982, S.64.
4 H. Schwarzwälder/I. Schwarzwälder, 1987, S.256.
5 I. Schraub, 1992, S.33.
6 P. Kolb, 1979, S.142. Im Jahre 1879 warf Friedrich Theodor Vischer (1986, S.39) den Damen vor, sie hängten ihre Brüste wie die »Wecken auf dem Laden« heraus, was die Herren »mit innerem (und im Hintergrund auch mit äußerem) Bocksgemecker« begrüßten. Die »unschuldige« Entblößung der »Wilden« wurde immer wieder gegen die raffinierte der europäischen Damen ausgespielt, so schon 1578 von Jean de Lery angesichts der weitgehend unbekleideten Tupinamba-Frauen, oder im 17. Jahrhundert von John Hall, der meinte, völlige Nacktheit sei weniger provo-

kativ als die Teilentblößungen der zeitgenössischen Europäerinnen. Cf. J. P. Sisk, 1986, S. 898.
7 Cf. R. v. Krafft-Ebing, 1912, S. 15; H. Kistemaeker, 1898, S. 3 f.
8 Cf. E. Wulffen, 1993, S. 82, 86. »Wie man angesichts des naiven Eifers, mit dem alle Frauen, wo die gesellschaftliche Konvention es gestattet, ihre Dekolletage betreiben, noch an einer angebornen inneren Schamhaftigkeit als der Tugend des weiblichen Geschlechts festhalten könne, ist nicht einzusehen: man *ist* entweder schamhaft oder man ist es nicht, und das ist keine Schamhaftigkeit, die man in gewissen Augenblicken regelmäßig spazieren schickt« (O. Weininger, 1921, S. 250).
9 Im Jahre 1884 löste ein solches Dekollete, und zwar das von Mme Gautreau auf dem Gemälde ›Bildnis der Mme X‹, insbesondere bei der Familie der Dame einen solchen Skandal aus, daß das Bild noch vor Ende der Ausstellung entfernt wurde. Cf. E. Thiel, 1979, S. 46. Um diese Zeit hieß es auch in England, längst würden sich nicht mehr nur Prüde und alte Spießer von derart tiefen Dekolletes peinlich berührt fühlen. Cf. C. W. Cunnington, 1935, S. 269. Und ein anderer Kommentator meinte: »Yet I should restrict this to dinners by candlelight. In summer a thin high dress, at any rate, is more convenient and more modest, since there is something in exposing the bare shoulders and arms in the glare of day that startles an observer.« Cf. J. Laver, 1945, S. 147.
10 Cunnington, a. a. O., S. 176; M. Hiley, 1979, S. 39 f. In spätwilhelminischer Zeit schreibt Marie von Bunsen, daß um 1865 zwar »die heutige Bein- und Achselentblößung undenkbar gewesen« wäre. »Dafür wurde aber der Busen bewußter entblößt und zur Schau getragen. Gewiß nicht so hüllenlos wie Königin Luise, wie die großen Damen jener Vergangenheit; das hätten in meiner Zeit nur Kokotten getan; es wurde jedoch Hübsches, Nacktes, Anreizendes der Busengegend freigebiger als heute offenbart« (M. v. Bunsen, 1929, zit. n. M. L. Könneker, 1978, S. 197). In der Tat wurde kurz nach der Jahrhundertwende in einer katholischen Volksschule in Düsseldorf das an der Wand hängende Bild der Königin Luise mit tiefem Dekollete retuschiert und eine entsprechende Abbildung im Lesebuch der Erstklässlerinnen entfernt. Cf. J. Guttzeit, 1910, S. 97.
11 Allerdings im allgemeinen mit einem Fichu. Cf. R. Forstner, 1986, S. 224; M. Delpierre, 1990, S. 19; C. Rose, 1989, S. 111.
12 Bereits im Jahre 1908 verlautete die Zeitschrift *Wiener Mode*, daß für den Hochsommer kragenlose Blusen »mit runder und spitzer Dekolletierung« hergestellt würden, was sicher »unseren Hygie-

nikern mehr Freude bereiten dürfte als den ob ihres exponierten Halses besorgten Trägerinnen« (M. Wollner, 1987, S.36). Während man diese Neuerung anscheinend noch hinnahm, sorgten bei der Vorstellung der Frühjahrskollektionen in Paris im März 1913 die tiefen und spitzen Ausschnitte der Nachmittagskleider sowie die langen hautengen Röcke, bei denen sich die Schenkel in jedem Detail abbildeten, für eine Sensation. Nachdem der in St. Louis erscheinende *Mirror* festgestellt hatte, es sei »sex o'clock«, brachten im Sommer die englischen Zeitungen Bilder von Besucherinnen des Pferderennens von Longchamps in Gewändern aus semitransparenten Stoffen und mit tiefen V-Ausschnitten, und der *Daily Sketch* stellte die Frage: »Würden Sie *das* Ihrer Frau erlauben?« Hierauf erhielt die Zeitung zwar wütende Briefe von Leserinnen, die konstatierten, daß kein Mann seiner Frau irgend etwas zu erlauben oder zu verbieten habe, aber die amerikanische *Unpopular Review* klagte bald darauf: »At no time and place under Christianity, except the most corrupt periods in France, certainly never before in America, has woman's form been so freely displayed in society and on the street«, und 1914 beschwerte sich der Bischof von Limburg in einem Erlaß: »Zum Gottesdienst erscheinen bisweilen Frauen in einer Kleidung, welche die Geistlichen in Verlegenheit bringt. Daher sehe ich mich zu der Anordnung genötigt, daß Personen, welche mit tief ausgeschnittenen Kleidern oder bloßen Armen kommen, bei der Austeilung der Kommunion übergangen werden.« Nachdem schließlich im Jahre 1915 der Kampf gegen den Tages-Ausschnitt gewonnen schien, kommentierte der *Punch*: »Good. Now we can devote our attention to the other war on the Continent.« Cf. V. Cowles, 1969, S.21, 120ff.; S.D. Cashman, 1988, S.240, 259; V. Steele, 1985, S.232; O. Goldmann, 1924, S.118; P. Fryer, 1963, S.186.

13 Aus einer Klage vom Jahre 1526 geht hervor, daß die St. Gallener Jungfrauen ein Brust- und Rückendekollete nur dann trugen, »wann sy sich fyrteglich beclaidten«. Diese »entdeckung der herzen und hälsen ward genannt die tafel ufthuon«, so, wie man einst bei Hochzeiten den Flügelaltar öffnete, damit die gemalten Heiligen verehrt werden konnten. Ähnlich entblößten jetzt die Jungfrauen ihre Brüste, »damit man die abgöttli zuo anraizung böser, unjunkfröwlicher begirden sechen möcht. Pfudich der schand« (L. Zehnder, 1976, S.77). Allerdings war der Ausschnitt häufig durch ein Hemd bedeckt. Cf. I. Hebecker, 1976, S.XX.

14 Auch heute noch heißt es: »Dekollete trägt man strenggenommen nie am hellichten Tage«, und in der Kirche sei ein ausge-

schnittenes und ärmelloses Kleid ohnehin deplaciert. Cf. S. Gräfin Schönfeldt, 1987, S. 64, 85.
15 Cf. P. Perrot, 1980, S. 104. Etwas später bemerkte der schweizerische Modekommentator Schubert von Soldern: »Vieles, was auf der Strasse und zu Hause streng verpönt ist, ist im Ballsaal gestattet; bei derartigen festlichen Gelegenheiten finden sich die Damen gerne bereit, ihre Reize etwas offener zu zeigen, um ihren Verehrern, die sich so sehr um sie bemüht haben, ein kleines Vergnügen zu bereiten« (U. Blosser/F. Gerster, 1985, S. 263).
16 Zit. n. M. Sladek, 1981, S. 28.
17 Cf. J. Rowbotham, 1989, S. 40f. Immer wieder wurden die Mädchen ermahnt, kein zu tiefes Dekollete zu tragen, oder wie es 1844 Elizabeth Sewell dezent formulierte: »It does not follow that to be a lady it is necessary to be fashionable« (a. a. O., S. 41). Bereits im 18. Jahrhundert hatte John Gregory in *A Father's Legacy to his Daughter* daran erinnert, daß »a fine woman shews her charms to most advantage, when she seems most to conceal them. The finest bloom in nature is not so fine as what imagination forms« (V. Jones, 1990, S. 48; J. E. Mason, 1935, S. 103). Zu viel zu zeigen galt sowohl in England als auch in Deutschland als »französisch«, und noch die preußische Gemeinde- und Synodalverordnung vom Jahre 1873 verbot den weiblichen Hugenottenabkömmlingen »das Schminken und das Entblößen der Brüste«. Cf. C. Gebauer, 1911, S. 177.
18 Cf. P. Glynn, 1982, S. 52. Hatten die Mädchen schon vorher ausgeschnittene Kleider getragen, dann selbst in Frankreich »couvert d'un fichu«. Cf. G. Heller, 1979, S. 211.
19 V. Steele, a. a. O., S. 110. Über hundert Jahre später bekannte eine Frau, die am Strand ›oben ohne‹ geht: »Le fait de se montrer a d'autres hommes, ça fait un choc quand meme, on est toute remuee. Apres, je me suis habituee.« Cf. J.-C. Kaufmann, 1995, S. 137.
20 D. H. Strutt, 1975, S. 322.
21 R. Braun/D. Gugerli, 1993, S. 283.
22 Damen, die dem nicht nachkamen, wurden »höflich aber bestimmt« zurückgewiesen. Cf. V. Cowles, a. a. O., S. 42.
23 G.-J. Witkowski/L. Nass, 1909, S. 13f.
24 Cf. A. Mansfield, 1980, S. 124, 280; R. Randall, 1989, S. 38.
25 Cf. J. Amtmann, 1993, S. 136. Auch in unserer Zeit empfiehlt Sybil Gräfin Schönfeldt (1986, S. 94f.) Frauen, die nicht mehr so ganz »knackig« seien, oder solchen mit »schweren« Brüsten, kein tiefes Dekollete zu tragen, und bildet als abschreckende Beispiele einen auf jung getrimmten amerikanischen Fernsehstar

mit faltiger Brust sowie die ältliche Elizabeth Taylor mit einem »Hängedekollete« ab.
26 P. Perrot, 1984, S. 185.
27 L. Markun, 1930, S. 566. Cf. auch T. Inglis, 1987, S. 201.
28 Cf. C. Goldthorpe, 1988, S. 83.
29 Die Frauenrechtlerin Laura Ormiston Chant schrieb 1895: »No one has carried on a more consistent campaign against the normal style of evening dress than I have. Ever since I was 21 I have abjured bare neck and arms« (L. Bland, 1992, S. 33).
30 Zit. n. U. Linse, 1989, S. 30.
31 Cf. P. Gillett, 1990, S. 177.
32 O. Peschel, 1877, S. 176.
33 Cf. D. Charlwood, 1981, S. 53.
34 Cf. F. Mort, 1987, S. 49; G. Pollock, 1994, S. 19f.; R. Galloway, 1904, II, S. 149 ff.
35 Cf. M. Hiley, 1979, S. 53.
36 Cf. E.C. Black, 1973, S. 172 f. Ein achtzehnjähriges Grubenmädchen sagte zu einem Kommissionsmitglied: »Father said last night it was both a shame and a disgrace for girls to work as we do, but there was naught else for us to do« (E.O. Hellerstein/L.P. Hume/K.M. Offen, 1981, S. 45).
37 F. Engels, 1947, S. 306. Freilich arbeiteten trotz des Verbots die meisten Frauen und Mädchen weiter, und 1856 heißt es in einem ›Report on South Wales Mining District‹, die Grubenmädchen der »pit banks and cinder tips« trügen eine Kleidung, die »can scarcely fail to undermine their modesty and self-respect«. Cf. E.R. Pike, 1967, S. 207. 1867 kam eine Kommission der Academie royale de medecine zu der Feststellung, daß viele junge Arbeiterinnen in den belgischen Kohleminen »la gorge decouverte« hätten. Cf. J. Neuville, 1976, S. 189. Und noch im Jahre 1941 zeichnete A. Paul Weber eine Frau, die in einem Waliser Bergwerk mit nacktem Oberkörper einen Kohlewagen zieht. Cf. E. Arp, 1985, S. 78. Cf. auch G. Braybon, 1981, S. 20f.
38 »An attempt was made recently to prevent the pit women from working, on the ground that their costume was unsuited to their sex; but it is really only the idle classes who dress badly. Wherever physical labour of any kind is required, the costume used is, as a rule, absolutely right, for labour necessitates freedom« (zit. n. W. v. Eckardt/S.L. Gilman/J.E. Chamberlin, 1987, S. 211).
39 Cf. Anm. 36. Ich werde im nächsten Band zeigen, welch irrige Auffassungen das Bürgertum des 19. Jahrhunderts von den Schamstandarden der Arbeiter hatte.

Anmerkungen zu §2

1 G.-J. Witkowski, 1903, S. 163.
2 H. Müller, 1985, S. 120. Bereits im Jahre 1803 hatte die Zeitschrift *Hamburg und Altona* geklagt, daß inzwischen die Magd »den Busen eben so entblößt als die Mademoiselle trägt«. Cf. K. Grobecker, 1976, S. 23.
3 K. Peiss, 1986, S. 63. Im Jahre 1870 warnte die Schriftstellerin Charlotte Mary Yonge: »Exposure is always wrong; whatever be the fashion, it is the Christian woman's duty to perceive when indecency comes in and to protest against it by her own example and never promote a fashion which is bad for the lower classes« (C. Goldthorpe, 1988, S. 58).
4 Cf. C. Haeberlin, 1926, S. 204.
5 Cf. E. Fuchs, 1928, S. 291 f.; H. Heckendorn, 1970, S. 38.
6 A. Jugler, 1883, S. 230. Solche Klagen sollten nicht mehr verstummen. 1689 heißt es z. B. etwas uncharmant in einer Schrift über die »Dienst-Mägde«, daß diese »tragen den Hals biß an die Brüste bloß / daß jedermann die gelben Milchflaschen sehen muß / gleich als wann sie die vornehmsten von Adel wären« (M. Bauer, 1917, I, S. 348). 1718 schreibt Johann Gottlieb Deichsel voller Unmut über die Londonerinnen: »Das Frauenzimmer, geringes und niedriges, hat seine ärgerlichen Brüste ganz bloß« (M. Maurer, 1992, S. 75).
7 Cf. D. Stutzer, 1979, S. 252 f.; V. Baur, 1975, S. 83 f.
8 Cf. E. Thiel, 1963, S. 354; R. Bleckwenn, 1985, S. 630.
9 L. Markun, 1930, S. 179. Cf. auch E. Sturtevant, 1917, S. 335 f.; F. A. Parsons, 1923, S. 248; R. Porter, 1987, S. 211 f.; J. B. v. Rohr, 1728, S. 560; P. Hilarion, 1785, S. III. In zahlreichen Städten gab es dagegen Ratsverordnungen. Cf. J. M. Vincent, 1969, S. 127.
10 Im frühen 18. Jahrhundert war vor allem bei den deutschen Frauen ein ›Adrienne‹ genanntes Kleid beliebt, von dem es 1714 in Berlin heißt, es lasse einen sehr großen Teil der »erhabenen, wohl proportionierten, fleischichten, runden und mit denen gehörigen Mammellons gezierten Vörder und Ober-Theile des weiblichen Leibes« frei. Cf. R. Brachwitz, 1942, S. 344.
11 A. Mansfield, 1980, S. 103. Auch auf dem Lande ging man in manchen Gegenden zum Dekollete über. Das Leibchen der spätmittelalterlichen und frühneuzeitlichen Bäuerinnen hatte meist die Brüste bedeckt, und wenn es ausgeschnitten war, so trugen die Frauen ein Brusttuch. Cf. P. Bräumer, 1985, S. 5. Allerdings entblößten sich bisweilen namentlich die Jungfrauen beim Tanz oder aus praktischen Gründen bei der Arbeit. So schrieb z. B. im

16. Jahrhundert Cornelius Kempius, man könnte die Kleidung der Westfriesinnen »züchtig und ehrbar« nennen, wenn sie nicht beim Arbeiten die Arme völlig und von den Brüsten einen Teil entblößten. Cf. J.C. Stracke, 1967, S. 62. Um 1750 wurde im Salzburgischen verordnet, daß die den Miederausschnitt bedekkenden »Brustflecken« die Brüste auch wirklich vollständig verhüllen sollten, »wie es einem christlichen Gemüt von selbst« zustehe. (F. Prodinger/R.R. Heinisch, 1983, S. 38), und wenige Jahre später wurden im südlichen Kärnten die »unartig ausgeschöpften« Mieder der Gailtalerinnen gerügt und diese aufgefordert, dieselben auf eine »sittsamere Art abändern« zu lassen. Die Beamten Maria Theresias empfanden diese Kleidungsstücke als Ausfluß einer »Sinnlichkeit« der Bewohnerinnen dieser Gegend, die, wie 1802 der Villacher Kreiskommissär bemerkte, »nahe an jene der Tiere grenzt«. Cf. F.O. Roth, 1970, S. 362; ders., 1976, S. 95. Während nach Aussage eines preußischen Landrats noch im Jahre 1782 manche oberschlesische »Landweiber« aus Gründen ihrer Armut »ganz ohne Hemd« gingen und ihre »Jupe« nicht schlossen, so daß man »die ganze bloße Brust und den Leib bis auf die Hüften sehen« konnte (M.-C. Hoock-Demarle, 1990, S. 79), taten dies nach Angaben eines Pfarrers die jungen Mädchen auf dem ostwestfälischen Dorf mit voller Absicht: »Es versteht die Kunst zu koketiren in seiner Art vollkommen so gut, als die Dame, entblößt eben so unverschämt den Busen, und gewisse andere Reitze so halb und halb, weil es mehr hilft, als ganz« (J. Schlumbohm, 1983, S. 80).

12 Cf. E. Ewing, 1978, S. 54.
13 Zit. n. E. Cyran, 1979, S. 329.
14 Cf. A. Kleinert, 1989, S. 79.
15 Cf. F. Fraser, 1987, S. 116.
16 Cf. A. Auer, 1987, S. 583; A. Ribeiro, 1984, S. 153 ff.; dies., 1988, S. 88 f. Die französische Königin war auch ansonsten häufig wegen ihrer »unhöfischen« Kleidung kritisiert worden. Cf. P. Seguy, 1989, S. 31. In den folgenden Jahren wurden manche Kleider immer gewagter – 1787 wurde eine »robe de cour, asymetrique« vorgestellt, die eine Brust fast freiließ. Cf. R. Gaudriault, 1983, S. 83. Getragen wurde es gewiß nie.
17 Obgleich im Mai 1793 Prinzessin Wilhelmine von Preußen die miederlose Pariser Chemisenmode, bei der die Brüste lediglich durch ein im Rücken zwischen den Schultern geknotetes Band gestützt wurden, als unanständig empfand. Cf. P. Seguy, a.a.O., S. 224 f.
18 Um 1793 hatte David von der Commune den Auftrag erhalten,

für Männer und für Frauen eine revolutionäre Einheitskleidung zu entwerfen. Über seine Entwürfe für die ersteren hieß es, sie hätten »ein Mittelding zwischen der Bekleidung eines antiken Hirten, eines türkischen Soldaten und eines Pariser Kutschers« dargestellt. Seine Auftraggeber scheinen das ähnlich empfunden zu haben. Jedenfalls verschwanden Davids Vorschläge in der Versenkung. Cf. M.-L. Weber, 1968, S. 16. Allerdings wurden während der Revolution sehr schlichte Kleider »a l'egalite« auch von vornehmen Damen getragen, die damit ihre Loyalität gegenüber dem Nouveau Regime demonstrieren wollten. Cf. J. Harris, 1980, S. 299. Bereits im Jahre 1785 hatte Franz Ehrenberg, der Verleger des in Leipzig erscheinenden *Frauenzimmer-Almanachs*, den Maler und Stecher Daniel Chodowiecki beauftragt, ein gräkisierendes »teutsches Frauen-Reform-Kleid« zu entwerfen. Cf. M. v. Boehn, 1964, V, S. 93.

19 Cf. R. Miquel, 1979, S. 49. In der kälteren Jahreszeit trug man im Freien fleischfarbene Ärmel, die abknöpfbar waren.
20 Cf. I. Weber-Kellermann, 1990, S. 83.
21 Freilich hatte bereits 1786 der Pariser Korrespondent des *Journals des Luxus und der Moden* beanstandet, daß die neumodischen *fichus* nicht mehr »decent« genug seien. Cf. M. Bringemeier, 1985, S. 331.
22 Cf. E. Fuchs, 1912, III, S. 195.
23 Cf. T. Wright, 1968, S. 541. Bereits 1778 hatte ein Johann Timotheus Hermes die »edleren des weiblichen Geschlechts« gemahnt, doch zu bedenken, in welche Verlegenheit sie die über ihnen auf der Kanzel stehenden Prediger bringen »und jeden, der nicht bei euch auf die Nasenspitze und nicht tückisch wie ein Schurck neben euch in den Winkel hin sehen will« (A. Schwind, 1964, S. 188). Und zwölf Jahre später beklagte ein Arzt, daß die jungen Männer nur deshalb in die Kirche gingen, weil sie dort den Weibern in den Ausschnitt glotzen könnten: »Sie singen mit ihnen aus einem Buche, und da sie, nach der jammervollen Etiquette der heutigen jungen Welt, gemeiniglich nicht gut sehen, so beguken sie mit ihrem galanten Glase weidlich das Gesangbuch und den Busen des Mädchens« (D. Hoof, 1987, S. 476). In einem autobiographischen Roman des folgenden Jahrhunderts tat dies der Autor bei einer Dame in Ballkleidung, wobei er herausfand, »daß sie große weiße Brüste hatte, der einzige Grund, der in mir das Verlangen danach erweckte, mehr von ihr zu sehen« (R. Tobias, 1985, S. 272).
24 J. Klauss, 1990, S. 36. Cf. auch D. Müller-Staats, 1987, S. 91; J. B. Pflug, 1975, S. 80; J. Borchert/A. Bouvier, 1987, S. 158; H. Schlü-

ter, 1966, S. 79. Im Jahre 1802 meinte ein Kieler Professor, es sei zwar Aufgabe der Polizei, darauf zu achten, daß die Frauenkleidung nicht zu unanständig würde, aber wenn andererseits heute ein junges Frauenzimmer im Sommer mit einem »nur halb mit einem dünnen Flore, oder gar nicht bedeckten Busen« einhergehe, so geschehe dies ja lediglich wegen des Diktats der Mode, dem Bestreben, den Männern zu gefallen, des Bedürfnisses nach »einer freieren Bewegung der Brust und nur in einzelnen Fällen aus buhlerischen Absichten«. Kein Verständnis brachte er allerdings für den Fall auf, daß sich ein solches »beinahe völlig« nacktes Wesen »dem männlichen Geschlechte im walzenden Tanze in die Arme wirft« (K.D. Sievers, 1970, S. 90f.).
25 U. Höflein, 1988, S. 21.
26 Cf. P. Seguy, 1988, S. 29; C. Nödl, 1987, S. 24. Eine alte Dame berichtete, wie sie im Jahre 1800 ihre Enkeltöchter in London besuchte und deren Opernroben für Unterhemden hielt. Cf. C.W. Cunnington, 1935, S. 35. »The dress of English women is perfect, as far as it goes«, meinte zu dieser Zeit ein Engländer, »it leaves nothing, to be wished – except that there should be a little more of it« (R. Southey, 1985, S. 41).
27 Cf. H. Möller, 1969, S. 283.
28 Cf. z.B. L. Schiebinger, 1993, S. 62f.
29 »The whole drapery«, fuhr das Blatt fort, »by the wanton management of the wearers is said to *cling* so to the figure that nothing can be said to be completely concealed. Well may it be necessary to veil the face« (M.D. George, 1967, S. 138f.).
30 A. Aulard, 1903, I, S. 229.
31 *Außerhalb* der Bordelle trugen die Prostituierten freilich nicht die Brüste frei, sondern meist ein sehr tiefes Dekollete wie z.B. das ›Casino-Lieserl‹, eine dralle Hure mit üppigen Brüsten, von der es heißt, sie habe zur Zeit des Wiener Kongresses mit ihrem »skandalösen Brustdekollete« die Gesellschaft schockiert, oder eine Halbweltdame wie die russische Fürstin Bagration, eine Geliebte Metternichs, die wegen ihres tiefen Ausschnitts »der nackte Engel« genannt wurde. Cf. R. Waldegg, 1957, S. 239, 248.
32 A. Ribeiro, 1995, S. 29.
33 R. P. Kuhnert, 1984, S. 157.
34 Cf. z.B. E.J. Knapton, 1969, S. 105; M. Lyons, 1975, S. 144.
35 Cf. J. Döring, 1984, S. 296; A. v. Heyden, 1889, S. 234. Die Kreolin Mme Hamelin, eine Bekannte der späteren Kaiserin Josephine, trug auch in den kommenden Jahren ein sehr tiefes Dekollete. Als sie dies einmal gemeinsam mit einer Freundin in Anwesenheit Napoleons tat, soll dieser zu seiner Frau gesagt haben:

»Vous voyez bien que ces dames sont nues!« Cf. J. Robiquet, 1946, S. 157.
36 Das *Journal des Luxus und der Moden* berichtete bereits im Juni 1794, daß die Pariserinnen »wie die Männer Pantalons von fleischfarben seidnem Zeuche« trügen »und darüber einen Rock von feinsten Mousseline, der an der Seite bis zum Knie aufgeschürzt, und mit einer Agraffe befestigt wird« (E. Stille, 1991, S. 145; A. Junker/E. Stille, 1988, S. 81 f.) Schon bald nannte man diese Strumpfhosen »une ruse qui permet d'etre nue sans l'etre litteralement« (C. Saint-Laurent, 1986, S. 104), und die Kirche verlangte, daß man die Trikots (*maillots*) blau färbte, damit niemand sich der lustvollen Illusion hingeben könne, er sähe das nackte Fleisch durch den Stoff schimmern. Cf. J. Laver, 1969, S. 101. Bereits im alten Ägypten, und zwar zur Regierungszeit Amenophis II. und III., färbte man die sehr dünnen und semitransparenten Abendkleider der Damen mit einem ins Rötliche spielenden Safrangelb, wobei man die Farbe unregelmäßig von oben nach unten laufen ließ. N. de G. Davies (1917, S. 56) vermutet, daß dies sowohl der Erotik als auch dem Anstand diente: Man imitierte die Körperfarbe und vermittelte damit die Illusion von Nacktheit, und zum anderen sorgte man dafür, daß der wirkliche Leib nicht allzu deutlich sichtbar wurde.
37 C. de la Motte Fouque, 1987, S. 54, 75.
38 Dies kann man z.B. auf Davids um 1800 entstandenen ›Portrait einer jungen Frau‹ oder auf einem Kupferstich aus dem Jahre 1805 (A. Kind, 1930, I, S. 308) sehen. Hundert Jahre später erzählt eine amerikanische Modehistorikerin, sie habe auf den Dachböden von Häusern in Neu-England Empire-Kostüme gefunden, »so low necked that they were indeed incroyable; slit up at one side nearly to the waist. One was a wedding-gown of a parson's wife; it was like Madame Bonaparte's. A certain ›sheath‹ slip was worn under this outer cobweb – desperately immodest attire, it would seem to us today« (A.M. Earle, 1903, S. 791).
39 Cf. E. Burton, 1967, S. 343.
40 Cf. J. Robiquet, a.a.O., S. 156.
41 1804 hieß es in einem Modejournal, man könne »unsern hyperboreischen Griechinnen« nicht oft genug sagen, »daß »keine honette Frau im alten Athen und Rom« jemals so entblößt herumgelaufen wäre, sondern allein die öffentlichen Huren. Cf. M. Bringemeier, 1966, S. 17. Am meisten ähnelten die Frauenkleider der Directoire- und Empirezeit denen der hellenistischen Epoche. Denn etwa seit der Zeit Alexanders des Großen wurde der Chiton unter den Brüsten gegürtet und am Halsrand durch einen

Bund eingefaßt, so daß der Stoff über den Brüsten spannte und diese ebenso wie die Hüften hervortraten. Cf. W. Amelung, 1903, S. 17; M. Bieber, 1967, S. 35. Auch nach dem Empire blieb »griechisch« ein Synonym für »natürlich«: »Wenn ich nackt auf dem Erdboden tanze«, meinte z.B. hundert Jahre später Isadora Duncan (1903, S. 36), »so nehme ich naturgemäß griechische Stellungen ein, denn griechische Stellungen sind nichts weiter als die natürlichen Stellungen auf dieser Erde.«

42 Und sie fährt fort: »Elle avait les bras nus, de maniere a les laisser voir jusqu'a leur attache au buste; ses jambes se laissaient aussi voir jusqu'aux genoux« (G. de Diesbach, 1966, S. 79). Cf. auch V.J. Willi, 1958, S. 98.

43 Cf. J.F. Wittkop, 1968, S. 142.

44 Cf. D. Wildt, 1987, S. 22.

45 »I will tell you«, schreibt Caroline Cornwallis an Signora Sara Forti, »what a friend of mine saw herself at a ball she was at last year there were two young Ladies reckon'd beauties who had literally no covering on the upper part of their bodies but a worked muslin strap over the shoulders to support the gown and a piece of lace put across the breast just above the petticoat!! Thank heaven the minds of those present were not enough corrupted to approve such a mode of appearing in public and every one show'd as far as possible their contempt for those silly girls – the instance of such immodesty is I hope infrequent« (A. Briggs, 1969, III, S. 252). In jener Zeit erfreuten sich die weiblichen Brüste – vom Korsett befreit – besonderer Aufmerksamkeit. So meinte z.B. Macquart 1799 in seinem *Dictionnaire de la conservation de l'homme*, die Männer würden von nackten Brüsten ungeheuer stimuliert, weshalb Ehemänner und umsichtige Frauen es nicht gestatteten, daß sie zur Schau gestellt werden (cf. L. Jordanova, 1989, S. 29), und ein Buch erschien, das den Titel trug: *Eloge du sein des femmes; ouvrage curieux, dans lequel on examine s'il doit etre decouvert: s'il est permis de le toucher, quelles sont ses vertus, sa forme, son langage, son eloquence, les pays ou il est le plus beau, et les moyens les plus surs de le conserver.* Cf. M. Lyons, 1975, S. 144.

46 Cf. E.G. Eder, 1995, S. 240.

47 Cf. A. Hauser, 1989, S. 209.

48 Zit. n. I. Weber-Kellermann, 1976, S. 114.

49 Cf. S. Kienitz, 1986, S. 325.

50 G. de Diesbach, a.a.O., S. 79.

51 Cf. P. Seguy, a.a.O., S. 123f., 158f.; G. Framke, 1985, S. 80. Durch die dickeren Stoffe gingen auch die sogenannten »Mous-

seline-Krankheiten« zurück. Dazu hatten ebenfalls die den antiken Sandalen nachempfundenen *escarpins* beigetragen, flache, absatzlose und dünnsohlige Pumps mit kreuzweise über den Unterschenkeln geschnürten Bändern. Cf. P. Weber, 1980, S. 92; R. Heydenreuter, 1987, S. 38. Von Anfang an begegnete man der Chemisenmode – ähnlich wie später der Reformkleidung – mit dem Argument, das »Clima in Teutschland« und den Nachbarländern sei für eine solche »Tracht a la Sauvage« ungeeignet. Cf. C. Kröll, 1978, S. 87; B.B. Baines, 1981, S. 52.

52 Cf. M. Delpierre, 1990, S. 11.

53 A. Junker/E. Stille, a. a. O., S. 104. In den dreißiger Jahren kamen schließlich Metallösen auf den Markt, die ein noch viel festeres Schnüren ermöglichten. Cf. M. Davies, 1982, S. 617f.

Anmerkungen zu §3

1 S. Pepys, VII, 1972, S. 379.

2 M.-T. Leuker/H. Roodenburg, 1988, S. 71. Cf. auch E. de Jongh, 1969, S. 63.

3 A. Faust, 1960, S. 24. Ähnlich wie später die Nudisten meinte im Jahre 1650 ein gewisser John Hall ohne Ironie, die Frauen sollten sich doch ganz ausziehen, denn das wäre weniger provokativ, als ihre Brüste darzubieten. Cf. C. Hill, 1972, S. 253. Cf. auch J. Herz, 1976, S. 204. Der Kampf gegen die Dekolletemode wurde auch von zahlreichen englischen Wochenschriften aufgenommen. Cf. W. Gauger, 1965, S. 275.

4 »Herr / ich sehe wol wo der Fehler steckt / der Diebs-Schneider ist an allem schuldig / er hat das Gewand / das oben umb den Hals gehört / und die Brüst bedecken solte / unden an dem Rock stehen lassen / darumb schleifft er so weit hinden hernach / man solte dem Hudler die Händ abhauen« (H.J.C. v. Grimmelshausen, 1669, S. 152).

5 R. Waldegg, 1957, S. 127f.; J. Guttzeit, 1910, S. 90.

6 J.R. Farr, 1995, S. 48. »Der Anblick einer schönen Brust«, so warnte er, »ist nicht weniger gefährlich als der Blick des Basilisks«, und er pries die Heilige, die aus Scham den Arzt nicht ihre krebskranke Brust anschauen ließ, sowie die hl. Ediltrud und die Äbtissin Aldegund, die Gott dafür dankten, daß er diese unanständigen Ausbuchtungen mit einem Tumor heimgesucht hatte. Cf. D. Kunzle, 1982, S. 81f. Nachdem in Toulouse im Jahre 1633 darüber geklagt worden war, daß gewisse Damen »prostituent aux yeux de tous la nudite scandaleuse de leurs gorges, mesme

aux confessionaux et à la sainte table« (R. Muchembled, 1988, S. 261), verboten schließlich im März 1670 die Großvikare des dortigen Erzbistums den Kirchgängerinnen jede Entblößung von Hals, Armen und Schultern, weil durch diese das Feuer unreiner Begierden in den Herzen der Gläubigen entfacht werden könne. Cf. M. Krüger, 1936, S. 19.
7 Zit. n. E. Buchner, 1912, I, S. 113.
8 Cf. J. Wachtel, 1963, S. 256. Vier Jahre später berichtet die Zeitung: »Die Frauens-Leuth in diser Statt seynd vast betrübt über dem Placat / daß sie biß an den Halß zugedeckt gehen müssen / vnd biß an die Knöchel der Händ« (Buchner, a. a. O., S. 171).
9 Auch Christina von Schweden, die zu jener Zeit in Rom lebte, hielt sich mit ihrem weiblichen Gefolge an diese Vorschrift. Cf. L. Collison-Morley, 1930, S. 168. Die italienischen Damen trugen im 17. und im 18. Jahrhundert häufig sehr tief dekolletierte schulterfreie Kleider (cf. M. Rowdon, 1970, S. 101 f.), und wenn im Jahre 1610 ein englischer Reisender über die Frauen der »Gnossians« berichtet, ihre Kleidung ließe »the breasts and shoulders perpetually naked«, dann heißt das gewiß nicht, daß die Kreterinnen ›oben ohne‹ gingen, sondern daß sie die venezianischen Dekolletes imitierten. Cf. O. H. Myers, 1965, S. 88.
10 Cf. J. Sole, 1979, S. 247.
11 Cf. J. Stockar, 1964, S. 122 f.
12 J. Lehner, 1984, S. 42.
13 Cf. J. M. Vincent, 1969, S. 58.
14 Zit. n. H. Möbius, 1982, S. 180.
15 Cf. R. Miquel, 1965, S. 40; N. Epton, 1962, S. 171 f. Gerade in der ersten Hälfte des 17. Jahrhunderts scheinen manche Damen besonders tiefe Dekolletes getragen zu haben. Cf. V. Cumming, 1984, S. 37, 98. Allerdings füllten die meisten von ihnen den Ausschnitt mit einem transparenten Seidenstoff aus. Cf. M. Magendie, 1925, S. 38.
16 Cf. D. de Marly, 1987, S. 41, 64.
17 Elisabeth Charlotte v. Orleans, 1981, S. 158 f.
18 Cf. J. Voss, 1991, S. 52.
19 Elisabeth Charlotte, 1871, II, S. 659.
20 Cf. W. L. Wiley, 1967, S. 148.
21 F. Chandernagor, 1984, S. 121, 128, 177; de Marly, a. a. O., S. 64, 67.
22 Cf. Chandernagor, a. a. O., S. 179 f.
23 Cf. C. Dulong, 1984, S. 237.
24 Zit. n. A. Schultz, 1890, S. 51.
25 Trotz des Ärgernisses, das die unbedeckten Ausschnitte erreg-

ten, und ungeachtet der Tatsache, daß Jakob Lacznowolski die schamlosen Frauen mit dem Fluch des Himmels bedrohte, übernahmen viele polnische Damen die Mode. Cf. W. Łozinski, o.J., S. 163 ff.
26 Cf. H. Weiss, 1872, III, S. 979.
27 H.P. Duerr, 1978, S. 73.
28 Cf. W. Beinhauer, 1934, S. 118, 145.
29 Cf. C.E. Kany, 1932, S. 192.
30 Cf. M. Defourneaux, 1964, S. 181 f.; L. Pfandl, 1924, S. 196 f. Wenn zu Beginn des 18. Jahrhunderts der Reisende Frezier aus der Tatsache, daß die Damen im Vizekönigreich Peru tiefe Dekolletes trugen, den Schluß zog, daß die Spanier sich nichts aus Brüsten machten (cf. A.F. Frezier, 1716, S. 456 f. nach J. Descola, 1968, S. 135 f.), so ist dies wenig überzeugend.
31 1655 berichtet Antoine de Brunel, in Madrid begegne man auf Schritt und Tritt Prostituierten. Cf. Pfandl, a.a.O., S. 143.
32 Cf. C.M. Gaite, 1991, S. 18; B. Bennassar, 1975, S. 153.
33 J. Locke, 1953, S. 121 f.

Anmerkungen zu §4

1 R. Hilgenstock, 1982, S. 27.
2 T. Kleinspehn, 1987, S. 243.
3 J. van Ussel, 1970, S. 64; genauso L.M. Penning, 1984, S. 193 f. Van Ussel behauptet weiterhin, erst im 18. Jahrhundert habe es eine »öffentliche Regelung« der Dekolletemode gegeben (a.a.O., S. 66). Das Buch van Ussels hatte in den siebziger und achtziger Jahren im Verein mit der Eliasschen Zivilisationstheorie einen ungeheuren Einfluß inbesondere auf linke und ›alternative‹ Intellektuelle, die seine Behauptungen ungeprüft für bare Münze nahmen. Inzwischen sind selbst Theoretiker, die im Eliasschen Sinne an eine langfristig zunehmende Triebmodellierung glauben, auf Distanz gegangen. So konstatiert z.B. B.P.F. Wanrooij (1990, S. 8) van Ussels »imagine caricaturale della morale tradizionale«.
4 J.-C. Kaufmann, 1995, S. 15.
5 Cf. G.L. Simons, 1973, S. 102.
6 F. Dedekind, 1882, S. 13.
7 Cf. R. Miquel, 1965, S. 34.
8 Zit. n. G.-J. Witkowski, 1907, S. 85. Zu »gorre« cf. §6, Anm. 21.
9 Dies blieb offenbar noch längere Zeit so, denn Charles Ogier berichtete, bei einem Festmahl des englischen Gesandten Gordon

in Danzig im Jahre 1635 seien die anwesenden Herren von der »nach englischer Sitte« gekleideten Frau des Gastgebers geblendet gewesen: »Denn im Vergleich mit ihrer Mutter, welche nach deutscher, und ihrer Schwester, welche nach polnischer Art gekleidet war, schien sie dem Gefolge der Venus anzugehören. Sie trug nämlich Brust und Arme entblößt, das Haar gelockt und flatternd.« Als in den kommenden Jahren auch andere junge Damen in Danzig diese »englische Sitte« übernahmen, schmiedeten die Dichter Spottverse auf die Frauen, die miteinander »um den Hosenknopf beim Manne wetteiferten«. Cf. M. Bogucka, 1980, S. 161.
10 Cf. E.J. Burford/S. Shulman, 1992, S. 16, 152. W. Harrison (1968, S. 147) berichtet von Damen, die »doublets with pendant codpieces on the breast« trugen. Dabei handelte es sich offenbar um Ausbuchtungen an der Kleidung über den Brüsten.
11 Cf. H.P. Duerr, 1993, S. 198.
12 E.J. Burford, 1973, S. 190.
13 A. Hurault, 1931, zit. n. L.A. Montrose, 1983, S. 63f. Das ›Journal‹ Huraults wurde nie gedruckt. Das Originalmanuskript ging verloren, doch es existieren Abschriften aus dem 17. Jahrhundert, die ich leider nicht einsehen konnte.
14 P. Hentzner, 1612, S. 135.
15 Cf. L. Portier, 1984, S. 30ff.
16 Cf. Montrose, a.a.O., S. 64, 88.
17 Cf. L.A. Montrose, 1992, S. 149f.
18 Auf Abb. 12 betastet ein Mönch die Brüste einer verleumdeten Begine, um festzustellen, ob sie sich »unkeusch gehalten« habe. Während des Betastens, so heißt es, sei plötzlich aus ihren Brustwarzen Wein statt Milch gespritzt, was man fortan das »Haarlemse Wonder« nannte. Cf. P. Biesboer, 1983, S. 28. J.L. McGee, 1991, S. 168, hält das Bild fälschlicherweise für die Darstellung der Verführung einer keuschen Nonne durch einen geilen Mönch.
19 So nach Henry de Bracton, 1968, II, S. 202. Im Jahre 1220 hieß es in Norfolk, daß das Betasten durch Matronen, »worthy and discreet«, vorgenommen wurde. Cf. T.R. Forbes, 1988, S. 24f.
20 Zit. n. E. Kross, 1992, S. 115.
21 Cf. S. Burghartz, 1993, S. 36. Cf. auch A. Meyer-Knees, 1989, S. 430. Derlei Vorstellungen gibt es weltweit. So meinte etwa ein Jaqaj in West-Neuguinea über das junge Mädchen: »Sie hat eine Klitoris, *jo moke*, und wenn ihre Lust geweckt worden ist, fängt sie an zu jucken, *baqae kopoa*. Wenn ein Mädchen zum ersten Mal mit einem schläft, stellen sich ihre Brüste auf, aber wenn sie

ein paarmal Geschlechtsverkehr hatte, hängen ihre Brüste herab, und man sagt von ihr: ›Sie ist keine Jungfrau mehr!‹« (J. Boelaars, 1981, S. 87f.).

22 Cf. hierzu H. P. Duerr, 1993, S. 643.
23 Cf. L. Kaplan, 1990, S. 190.
24 Zit. n. L. Strachey, 1928, S. 23.
25 A. a. O., S. 24. Elisabeth selber soll zu dem Earl of Sussex gesagt haben: »I hate the idea of marriage for reasons that I would not divulge to a twin soul.« Wie Sir James Melville berichtet, der 1566 von Maria Stuart zu Elisabeth geschickt worden war, um dieser die Geburt des künftigen Königs Jakob I. zu verkünden, sei die englische Königin, nachdem Sir Robert Cecil ihr die Nachricht ins Ohr geflüstert hatte, in Tränen ausgebrochen und habe ausgerufen, »how that the Quen of Scotlandis was leichter of a faire soune, and that sche was bot a barren stok«. (J. G. Fyfe, 1928, S. 47; A. G. Smith, 1934, S. 108). Es kann natürlich sein, daß sie damit lediglich die Frustration über ihre bisherige Kinderlosigkeit zum Ausdruck bringen wollte.
26 Cf. J. Ridley, 1990, S. 231f.
27 Cf. P. Johnson, 1974, S. 109f.
28 J.-C. Kaufmann, 1995, S. 80. Eine sechsundvierzigjährige Frau, die am Strand ›oben ohne‹ geht: »Tous les ans je me dis: bon, allez! c'est fini apres cette annee! C'est vrai, faut pas imposer aux gens, je ne veux pas dire la decrepitude, mais quand ça s'affaisse quoi. Et puis je me dis qu'apres tout il ne sont pas encore trop tombes.« Gerade solchen Frauen wird von den jungen häufig Exhibitionismus nachgesagt. Cf. Kaufmann, a. a. O., S. 186f. und C. D. Bryant, 1982, S. 141f.
29 Cf. Fyfe, a. a. O., S. 40; R. C. Strong, 1963, S. 19; S. Bassnett, 1988, S. 14f. Bisweilen identifizierte sie sich auch mit der Göttin Diana, die im 16. Jahrhundert häufig mit nackten Brüsten dargestellt wurde. Cf. H. P. Duerr, 1978, S. 59f.; H. Nixdorff, 1992, S. 42.
30 Zit. n. R. Corson, 1972, S. 101. Auf einer um 1600 entstandenen Miniatur trägt sie das Haar offen.
31 Cf. R. C. Strong, 1983, S. 128f.
32 Cf. L. E. Pearson, 1957, S. 596. Etwas später tadelte auch Logau in Deutschland jene Damen, die Bleiweiß auf ihre Brüste auftrugen, um sie dadurch attraktiver zu machen. Cf. E. Fuchs, 1928, S. 216.
33 Cf. N. Lofts, 1976, S. 100.
34 Cf. M. S. C. Byrne, 1961, S. 64.
35 Cf. V. A. LaMar, 1958, S. 6.
36 Cf. D. Yarwood, 1952, S. 138.

37 Cf. H. Weiss, 1872, III, S. 621f., 647.
38 Zit. n. C. Camden, 1975, S. 199, 223f.; K.U. Henderson/B.F. McManus, 1985, S. 60, 117. Cf. auch S.H. Mendelson, 1987, S. 19. In *New Additions Unto Youths Behavior* wird die Allegorie der »Vice« mit tiefem Dekollete, offenem Haar und Schönheitspflästerchen, die der »Vertve« hochgeschlossen und mit bedeckten Haaren dargestellt.
39 Denn *wenn* sich in den Zeiten davor Frauen in vergleichbarer Weise entblößten, dann war die Reaktion darauf genau so heftig wie z.B. in der Ära Jakobs I. »It is her common wonted vse, / with naked brest to walke«, meinte etwa um 1569 Pyrrye empört über eine gewisse Gattung von Damen. Cf. C. Camden, a.a.O., S. 249.
40 A. Schultz, 1890, S. 51.
41 Cf. J.M. Vincent, 1969, S. 45.
42 Cf. E. Ziegler, 1991, S. 34. Auch aus einem Spottgedicht Logaus geht hervor, daß es die »Jungfern« waren, »die das geile Rund« ausstellten, als ob sie auf den warteten, »der spielen wil« (zit. n. A. Schultz, 1903, S. 255).
43 R. Briggs, 1989, S. 298.
44 H. Weber, 1991, S. 71.
45 Cf. F. de Salignac de Lamothe-Fenelon, 1879, S. 120.
46 Es wird heute nur noch vereinzelt von älteren Frauen getragen.

197 Jungfrauen der Zulu.

Die jüngeren bevorzugen eine bauchfreie Bluse. Cf. A. Glatter, 1969, S. 48 f.
47 Cf. R. v. Heine-Geldern, 1976, I, S. 69.
48 Zit. n. W. Eberhard, 1942, S. 326 f.
49 Bei den Aeta auf Quezon schlangen die Frauen mit der Heirat ein langes Tuch um die Brüste. Cf. D. Amazona, 1951, S. 25. Cf. auch D. Flynn, 1971, S. 27. (Assamiten); G.M. Godden, 1898, S. 20 (Nordkachar-Naga); S.T. Das, 1978, S. 210 (Zemi-Naga). Die Frauen der westlichen Rengma-Naga bedeckten die Brüste mit einem Tuch, die der östlichen nur, wenn fremde Männer sich näherten, und zwar indem sie die Arme vor der Brust verschränkten. Sie sagten, sie müßten sie verbergen, weil sie ihre Brüste ja nicht von Geburt an hätten. Cf. H. Blochmann, 1872, S. 84; S.E. Peal/K. Klemm, 1898, S. 334; J.P. Mills, 1937, S. 23 ff.
50 O.F. Raum: Brief vom 24. März 1986 (Zulu, Swazi, Xhosa); Mayombe im Kongo (C. van Overbergh/E. de Jonghe, 1907, S. 132 f.); Baluba (R.P. Colle, 1913, I, S. 143); Gungawa (P.G. Harris, 1930, S. 295); Ha (J.H. Scherer, 1959, S. 859); Dinka (J. Ryle, 1982, S. 83).
51 G. Mentges, 1989, S. 119.

Anmerkungen zu §5

1 G. Pallaver, 1987, S. 130 f.
2 Cf. O. Sronkova, 1954, S. 37.
3 Robers de Blois, 1808, 183 ff.
4 Vinzenz v. Beauvais, XLV, 20 f.
5 Cf. E. Rodocanachi, 1907, S. 122 f., 125.
6 »Nel qual sara in pergamo interdetto / a le sfacciate donne fiorentine / l'andar mostrando con le poppe il petto. / Quai barbare fuor mai, quai saracine, / cui bisognasse, per farle ir coperte, / o spiritali o altre discipline?« (Dante: *Divina Commedia* XXIII, 100 ff.).
7 Zit. n. L. Kotelmann, 1890, S. 95.
8 G.K. Fiero/W. Pfeffer/M. Allain, 1989, S. 90.
9 N. Machiavelli, 1966, S. 540.
10 Ein solches Kleid trug z.B. Isabella von Baiern, die Gemahlin Karls VI. von Frankreich, gegen Ende des 14. Jahrhunderts. Cf. Abb. 49 in H. Weiss, 1872, III, S. 81.
11 Cf. L. Jordan, 1907, S. 164; D. Herlihy, 1967, S. 3; F. Cognasso, 1966, I, S. 139. Jene *cipriane*, so heißt es um diese Zeit, wären schön zu nennen, »si non ostenderent mamillas et gulae essent sic

decenter strictae quod ad minus mamillae ab aliquibus non possint videri« (E. Varga, 1898, S. 22).
12 Cf. R. Mandrou, 1975, S. 27.
13 Cf. D.O. Hughes, 1983, S. 82.
14 Zit. n. A. Schultz, 1892, S. 295.
15 Cf. J. A. Brundage, 1987, S. 347.
16 Zit. n. R. v. Retberg, 1865, S. 201. Auch später noch, im Jahre 1517 hatte manche »fraw oder junckfraw« solche Ausschnitte, »als sie etlich unter die achßlen herab ketschen – sie bedoerfften das man si inen mit bastnegeln anhaffte« (zit. n. A. Schultz, a. a. O., S. 257). Während im 17. Jahrhundert die Dekolletes häufig die Schultern frei ließen, blieben diese im 18. Jahrhundert eher bedeckt. Das 19. Jahrhundert entblößte diese Körperteile wieder, und es entwickelte sich eine ausgesprochene Schultererotik, wobei die betreffende Dame allerdings nicht *zu* jung und knochig sein durfte. Um 1870 erinnerte sich ein gewisser Jean Philippe Worth: »The main thing was to have beautiful shoulders and a lovely bust – and show them!« Und nach einem Ballbesuch in den achtziger Jahren beschrieb George Moore folgende Schultertypen: »Shoulders were there, of all tints and shapes: Sweetly turned, adolescent shoulders, blush white, smooth; the strong, commonly turned shoulders; the drooping white shoulders; the pert [= kecke], the dainty little shoulders, filled with warm pink shadows and the flowery, the voluptuous, the statuesque shoulders of a tall blonde woman of thirty, whose flesh is full of exquisite peach-like tones of a Mademoiselle Eugenie Verdier, blooming in all its pride of summer loveliness« (V. Steele, 1985, S. 110).
17 Cf. J. Lehner, 1984, S. 94; L. Rowland-Warne, 1992, S. 15. R. M. Boyer (1987, S. 80) versucht, meine Inkompetenz auf dem Gebiet der Modegeschichte damit zu veranschaulichen, daß sie mir unterstellt, ich hätte behauptet, »that the deep, open armholes revealed nudity. Not so. The ›covered-up‹ look still survived and a long-sleeved, high-necked chemise was all that the voyeur might peek at«. Und damit man ihr dies auch glaubt, fügt sie hinzu, sie habe schließlich 25 Jahre lang Kostümgeschichte an der University of California in Oakland gelehrt. Sehen wir uns freilich die Stelle an, auf welche sich die Kritikerin bezieht, so lesen wir dort: »Der *Limburger Chronik* zufolge trugen um die Mitte des 14. Jahrhunderts plötzlich viele Frauen ›so wide heubtfinster also daz man ihre breste binah halbe sah‹. [...] Nannte man eben noch die Armöffnungen der Frauenkleider ›Teufelsfenster‹, so wurden jetzt nicht nur diese Einblicke mehr und mehr erleichtert« (H. P. Duerr, 1978, S. 72). Natürlich sah der »Voyeur« nicht nur die

Unterkleidung, sondern, wie der Limburger Chronist es zum Ausdruck brachte, die sich durch das dünne, eng anliegende Hemd abzeichnenden *Brüste*, und das war es, was als skandalös empfunden wurde.
18 Bereits im 12. Jahrhundert wurden »Höllenfenster« beklagt, wobei es sich vermutlich um Schlitze in der Kleidung handelte. Cf. C.W. Cunnington/P. Cunnington, 1981, S. 25. Zu dieser Zeit, um 1125, kritisierte auch William of Malmesbury gewisse effeminierte junge Herren, die »mit entblößten Seiten« einherschritten. Und schließlich tadelte im 13. Jahrhundert Robers de Blois (a. a. O., 189f.) die Damen mit den Worten: »Une autre lesse tout de gre / Sa char apparoir au coste.«
19 Cf. H.M. Zijlstra-Zweens, 1988, S. 23.
20 Cf. M. Riederer, 1962, S. 73; J. Zander-Seidel, 1987, S. 49; G. Jaacks, 1982, S. 227. Die »Höllenfenster« hielten sich bis weit ins 15. Jahrhundert, in dem noch geklagt wurde: »Par detestable vanite, les femmes maintenant font faire leurs robes si basses a la poictrine et si ouvertes sur les espaules, que on voit presque leur sein et toutes leurs espaules.«
21 Cf. E. Rodocanachi, a. a. O., S. 127, ferner R. Davidsohn, 1927, S. 346 und J. Lucas-Dubreton, 1961, S. 108. In Venedig mußte die *cipriana* so eng anliegen, daß man nicht durch die Höllenfenster auf den Leib blicken konnte. Auch im Norden wurde schließlich das Surkot so geschnitten, daß es den Körperformen angepaßt war.
22 Zit. n. E. Ewing, 1978, S. 24f. Cf. auch E. Wipfler, 1990, S. 182. Vielleicht trug zur allgemeinen Empörung bei, daß das »surcot ouvert« auch die weibliche Achselbehaarung zeigte, falls die Damen diese nicht epilierten. Jedenfalls wurden die Haare dieser schweißdrüsenreichen Region durch die Jahrhunderte hindurch mit dem Schamhaar der Frauen assoziiert, und noch der Zeitmodekritiker Vischer konstatierte, »daß man – ich frage noch einmal, ob es für das Schamlose ein schamhaftes Wort gibt? – daß man bei den Damen das Haar unter den Achseln gesehen habe« (F.T. Vischer, 1986, S. 40).
23 »Der mantel«, so heißt es in *Des Teufels Netz* (12090ff.), »ist ir hinden offan, / Das ist der rug ist blosz und wan. / Darumb sol ain swarz snuor gan.« Ähnlich auch in dem Lehrgedicht *Von den newen sitten* im 14. Jahrhundert. Cf. A. v. Keller, 1855, S. 677; H. Hundsbichler, 1984, S. 242. »Die frauen trugen röck«, so die Ensisheimer Chronik zum Jahre 1492, »das man ihnen die ditten sah vornen in den bussen, und hinten mitten in rücken« (L. Schneegans, 1857, S. 380). Cf. auch T. Murner, 1894, S. 26, 47.

24 Cf. L. Zehnder, a.a.O., S. 86.
25 D. Pogatsch, 1987, S. 150.
26 Trug eine Frau freilich einen solchermaßen vorgeschriebenen Ausschnitt, dann mußte sie überdies darauf achten, »das sie darunndter habe und geprawche eyn prusttuch und eyn zugethan goller aneynander«. Ansonsten zahlte sie »drey guldin on gnade« (J. Baader, 1861, S. 97f.). Cf. auch G. Hampl-Kallbrunner, 1962, S. 22. Solche »prustflekhen« wurden immer wieder vorgeschrieben (cf. J. Zander-Seidel, 1990, S. 150), aber wie auch in späteren Zeiten umging man zunächst solche Anordnungen durch Verwendung transparenter Schleier – im spätmittelalterlichen Ungarn *pocsno* genannt (cf. G. Schubert, 1993, S. 399) – oder durch dünne »spanische« Stoffe, wie sie 1482 in Lüneburg verboten wurden. Cf. M. Panzer, 1938, S. 49. Allerdings wurde die Befürchtung laut, solche Brusttücher könnten gerade »die manspilde zu leichtvertigen gedanken« anregen, woraus ein noch größeres »übel« erwachsen könne, so daß der Nürnberger Rat schließlich auch ausgefüllte Dekolletes verbot. Doch noch 1675 hieß es im *Alamode Teuffel*: »Umb den Halß, Schultern und Brüste muß alles wol durchsichtig oder gar bloß seyn, eine klare subtile Leinwath thuts nicht mehr, sondern subtiler Flor und anders mit Spitzen behänget und fürters ausgerüstet als ein Halsband an einem Hunde.« Cf. J. Lehner, 1984, S. 94f., 161. Zu weiteren spätmittelalterlichen Ratserlässen bezüglich der Brustausschnitte cf. F. Keutgen, 1901, S. 456 (Straßburg, um 1375); O. Feger, 1955, S. 67, 175; ders., 1957, S. 161f. (Konstanz, 1390 & um 1436); W. Müller, 1963, S. 101f. (Konstanz, um 1450); A. Felber, 1961, S. 112 (Nördlingen, 1466).
27 Cf. E. Varga, a.a.O., S. 22; D.O. Hughes, a.a.O., S. 82f.; E. Rodocanachi, 1907, S. 148, 358; J. Heers, 1979, S. 1100.
28 Cf. G. Lottes, 1984, S. 171.
29 Cf. J.M. Vincent, 1969, S. 51.
30 Ich habe solche Behauptungen zwischen 1990 und 1995 an niederländischen und italienischen Badestränden überprüft. Cf. auch J.-C. Kaufmann, a.a.O., S. 123f.
31 H. Cammermeister, 1896, S. 23.
32 In einem herablassenden und aggressiven Artikel meint H. Boehncke (1988), die Frauen im späten Mittelalter hätten sich gar nicht so »schamlos« kleiden können, wenn es, wie ich behauptete, eine allgemeine Schamhaftigkeit gäbe. Ein solcher Einwand ist nun ziemlich töricht. Denn selbstverständlich bringt die Mode immer wieder Menschen dazu, ihre Schamgefühle zu mißachten oder zu überspielen. Andere Interessen, z.B. die an sexu-

eller Werbung oder Machtentfaltung lassen dann die Körperscham zurücktreten. Selbst wenn die Körperscham angeboren wäre, würde das natürlich nicht bedeuten, daß ein Mensch zur Realisierung anderer Ziele keine Schamlosigkeiten begehen könnte.
33 Cf. R. Rainey, 1991, S. 236.
34 Cf. G. Theuerkauf, 1991, S. 155.
35 Cf. U. Lehmann-Langholz, 1985, S. 255 f.
36 Cf. H. Schüppert, 1986, S. 125, 151.
37 O. Blanc, 1993, S. 27 bzw. A. Franklin, 1908, II, S. 14f. Jean Lansperge wies in einer Predigt die Nonnen an, den »filles & adolescentes & femmes« klarzumachen, daß sie jene »choses« zu verstecken hätten, »qui attirent a amour charnelle«. Cf. L. Taylor, 1992, S. 158.
38 Cf. J. Rossiaud, 1989, S. 227; T. N. Tentler, 1977, S. 228. Es sei für die »iuvenes mulieres« besser, an Lepra zu erkranken, als die »mamillas« zu zeigen. Cf. Taylor, a. a. O., S. 159.
39 Michel Menot sagte, es gäbe Frauen, die nur deshalb öffentliche Huren würden, damit sie tief ausgeschnittene Kleider tragen könnten. Cf. a. a. O., S. 160.
40 Cf. M. J. Rocke, 1989, S. 22. Bereits diese Aussagen aus der ersten Hälfte des Quattrocento deuten im übrigen an, daß die durch Foucault bekannt gewordene Behauptung, in jenen Zeiten habe es noch keine »homosexuelle Identität« gegeben und diese sei eine »Konstruktion« des 19. Jahrhunderts, unzutreffend ist. Ich werde dies im nächsten Band ausführen.
41 Cf. H. P. Duerr, 1990, S. 21 ff., 291 ff.
42 Cf. ders., 1993, S. 452 ff.
43 Cf. J. P. Haesaert, 1938, S. 179. Derartige Erklärungen findet man auch noch in unserer Zeit. So führte z. B. der Erzbischof von Neapel das Erdbeben von Amalfi im Jahre 1924 auf die Mode der kniefreien Röcke zurück (cf. J. C. Flügel, 1930, S. 58), und im Juli 1984 hieß es in einem Leserbrief in der *Süddeutschen Zeitung* bezüglich der Nackten im Englischen Garten: »Noch am selben Abend schlug der Herrgott zu. Er ließ über dieses sittenlose München Hagelkörner von ziemlicher Größe fallen. Da wunderten sich die Münchner, wieso solches überhaupt noch in einer technisch fortgeschrittenen Zeit möglich sei. Die Eissteine vom Himmel sind ein Zeichen für eine Stadt, die die Sittenlosigkeit in der Öffentlichkeit und auf manchen Bühnen zuläßt. Gottes Mühlen mahlen langsam, aber sicher« (zit. n. T. Reuter, 1986, S. 411).

Anmerkungen zu §6

1 Zit. n. M. Bauer, 1917, II, S. 99.
2 Cf. A. Cabanes, IV, 1924, S. 32.
3 Das Gemälde ist abgebildet bei G. A. Brucker, 1984, S. 40.
4 Cf. U. Ganz-Blättler, 1991, S. 189, 191.
5 J. Amman, 1586, n.p.
6 Cf. z.B. H.J. Peters, 1971, S. 97.
7 H. Habe, 1977, S. 126.
8 A. Groh, 1992, S. 138f.
9 Cf. E.G. Eder, 1995, S. 242.
10 Cf. R. Broby-Johansen, 1968, S. 143.
11 Cf. Abb. 47 und 48 in H.P. Duerr, 1993, S. 79. Manchmal wurden allerdings die Brustwarzen der ›Unzucht‹ schamhaft mit Rosetten bedeckt. Cf. L. A. Stone-Ferrier, 1983, S. 105.
12 B. Rudofsky, 1987, S. 121.
13 Cf. z.B. V.L. Bullough, 1982, S. 184 oder R. König, 1971, S. 219, der schreibt, die Sorel habe es geliebt, »bei kleineren Empfängen mit nackter Brust zu erscheinen«. Einige »wahrscheinlich recht flachbrüstige« Hofdamen hätten dies mißbilligt.
14 Zit. n. J.C. Bologne, 1986, S. 57 und J. Verdon, 1986, S. 334.
15 Cf. V.J. Willi, 1958, S. 72.
16 Cf. M. Scott, 1980, S. 141.
17 1648 malte beispielsweise Laurent de La Hyre die Mutter Ludwigs XIV., Anna von Österreich, mit bis zum Warzenrand entblößter Brust (cf. E. Le Roy Ladurie, 1991, S. 87), und 1659 portraitierte Pierre Mignard auf diese Weise die junge Maria Mancini als Kleopatra. Cf. E. Mai, 1988, S. 59. Auf englischen und französischen Miniaturen des 18. und des frühen 19. Jahrhunderts ist die eine Brust bisweilen ganz entblößt. Aber es scheint, als ob die Künstler es manchmal nicht gewagt hätten, auch die Brustwarze darzustellen, und so fehlt diese völlig, z.B. auf dem Selbstportrait von Louise-Elizabeth Vigee Le Brun. Cf. G. Reynolds, 1980, *passim*. Cf. auch Abb. 188.
18 So z.B. von A. Hollander, 1978, S. 108, 18 oder von L. Stone, 1977, S. 521, angesichts der Tatsache, daß die Markgräfin Mary of Hamilton sich um 1635 mit einem Dekollete malen ließ, das die Brustwarzen zeigte. Cf. auch Abb. 21.
19 Cf. R. Goffen, 1994, S. 302. Die Geschichte des Aktmodells werde ich an einem anderen Ort behandeln.
20 Zit. n. G.-J. Witkowski, 1907, S. 84.
21 In einem englischen Wörterbuch aus dem Jahre 1611 wird »gorre« wie folgt erläutert: »f. a sow (also French pockes [= Sy-

philis]); also bravery, gallantness, gorgeousness, etc. *Femmes a la grande gorre*, Huffing or flaunting wenches; costlie, or stately dames« (P.G. Brewster, 1958, S. 483). Wie mir Rene Leboutte sagt, gibt es den Ausdruck »goret« (= Ferkel) noch im Wallonischen.

22 Cf. P. Dufour, 1899, III, S. 81. In Deutschland sprach man damals von Gewändern »mit offener Bubengasse«. Cf. J. Janssen, 1924, S. 258.
23 So z. B. von I. Loesch, 1965, S. 248.
24 Cf. R. Miquel, 1965, S. 30, 34.
25 Zit. n. B. Geremek, 1976, S. 243.
26 P. Jezler/E. Jezler/C. Göttler, 1984, S. 88. Die im *Volkacher Salbuch* abgebildeten ehrbaren Frauen tragen hochgeschlossene und die Frauenhaushuren tief dekolletierte Kleider. Cf. K.-S. Kramer, 1985, S. 52, 61.
27 P. Larivaille, 1975, S. 81.
28 Denn etwas später drohte der Hohe Rat von Venedig, er werde jeden Mann, dessen Frau, ohne eine *putana* zu sein, ein Dekollete trage, seiner Ämter entheben und ihm eine Geldbuße von etlichen hundert Dukaten auferlegen, sei er nun edel oder unedel. Cf. E. Fuchs, 1909, S. 177.
29 Cf. E. Pavan, 1980, S. 264; C. Vecellio, 1977, S. 33. Dies blieb auch so. Im Jahre 1743 berichtete der englische Reisende Thomas Nugent über die venezianischen Kurtisanen: »As the habits of other people are black and dismal, these dress in the gayest colours with their breasts open, and their faces bedaubed with paint, standing by dozens at the doors and windows to invite the customers« (W.E. Mead, 1914, S. 295; C. Hibbert, 1969, S. 124).
30 Cf. z. B. L. Lawner, 1987, S. 17.
31 Cf. P.H. Labalme, 1984, S. 247.
32 Mündliche Mitteilung von Reinhold C. Mueller vom 17. Oktober 1989.
33 P. Aretino, 1986, S. 321.
34 Cf. E.J. Burford, 1973, S. 190.
35 Cf. M. Keijser, 1993, S. 160. Bei den jungen Frauen auf den niederländischen Genrebildern des 17. Jahrhunderts, deren runde Brüste beinahe aus den tiefen Dekolletes quellen, handelt es sich ebenfalls um Huren. Cf. C. Brown, 1984, S. 183.
36 Zit. n. V.L. Bullough, a.a.O., S. 179. In einer Novelle Giraldi Cinthios folgt eine Kurtisane, die ihrem Liebhaber untreu geworden war, dem Vorbild Phrynes und entblößt vor ihm die Brüste, als er ihr Vorwürfe macht: »Sie hatte die weichsten, die herrlichsten und die laszivsten Brüste, die die Welt je gesehen

hatte.« Der Eifersüchtige schmilzt bei diesem Anblick dahin und vergibt ihr. Cf. Lawner, a.a.O., S. 93.
37 Cf. T. Coryate, 1988, S. 189, 196. Die brustfreien Damen der italienischen Renaissancemalerei tragen häufig einen gelben Schal, der sie als Kurtisane ausweist, denn gelb war die Farbe der öffentlichen Huren. Cf. H.P. Duerr, 1990, S. 314f. Eine frühe Aktstudie Dürers ist bis auf das gelbe Kopftuch in brauner Tinte ausgeführt, was wohl bedeutet, daß sein Modell eine Hure war. Cf. H. Ost, 1981, S. 134, 136f. Auch für gewagte ›Lebende Bilder‹ und ähnliches verwendete man in der Renaissance meist Huren. So waren z.B. die brustfreien Nymphen am venezianischen Giovedi Grasso bekannte *putane* aus Ferrara. Cf. E. Muir, 1981, S. 174. Paul Moreelses ›Schäferin‹ aus dem Jahre 1626 trägt ein so tiefes Dekollete, daß die Nippel entblößt sind. Ihr lüsterner Blick, mit dem sie dem Betrachter eine Muschel (=Vulva) hinhält, weist auch sie als eine Hure aus. Cf. A.M. Kettering, 1977, S. 23. Auf einer Illustration aus dem Jahre 1477 trägt eine spanische Frau die Brüste völlig frei (cf. R.M. Anderson, 1979, S. 206), aber auch hier handelt es sich kaum um die Darstellung der Mode einer anständigen Frau. Gewiß galten im spätmittelalterlichen Spanien feste Brüste als äußerst erotisch, und um die Mitte des 15. Jahrhunderts berichtete Alonso Martınez de Toledo, die modischen Damen verfügten über ein kosmetisches Mittel, mit dem sie die runzelig gewordenen Brüste straffen könnten (cf. K.R. Scholberg, 1965, S. 112). Doch wurden die Brüste nie völlig entblößt, denn dies hätte das Schamgefühl zu sehr verletzt. So durften z.B. die spätmittelalterlichen Flagellantinnen, die »confradas de luz«, zwar an den Bußzeremonien teilnehmen, aber es war ihnen nicht gestattet, sich zu geißeln, weil sie dazu den Oberkörper hätten entblößen müssen. Statt dessen fegten sie den Schmutz vor den Füßen der männlichen Flagellanten weg oder wischten ihnen das Blut ab. Cf. M. Flynn, 1989, S. 132. Allerdings trugen auch in den großen Städten Spaniens manche Damen ein sehr tiefes Dekollete, und im Jahre 1494 berichtete ein Pilger, das der Damen von Valencia habe bis zu den Brustwarzen gereicht (»Tamen in anteriori parte omnes sunt aperte usque ad mamillas et ut quasi papillas arborum videre possis«). Solche Ausschnitte waren zwar meist mit einem Satin ausgefüllt, aber dieser war gelegentlich so dünn, »daß die Weiße der Haut einer Dame so leicht hindurchschien«, daß sie auch auf ihn hätte verzichten können. Cf. Ganz-Blättler, a.a.O., S. 192 bzw. Anderson, a.a.O., S. 178f., 181. Um 1530 sollte sich dies ändern, und zwar so weitgehend, daß es im Jahre 1587 von den Frauen von Sevilla hieß, es sei eine

Lust zu sehen, wie sie einherschritten »und anmutsvoll das Antlitz mit ihrem Mantel (*manto*) verhüllen, nur mit einem Auge hervorblickend«. Cf. Weiss, a.a.O., S. 545f.
38 Zit. n. G.H. Oberzill, 1984, S. 26. Cf. auch G. Salgado, 1977, S. 50, 63.
39 Cf. R. Waldegg, 1957, S. 169. Ein solch skandalöses Dekollete, das ihre stattlichen Brüste weitestgehend entblößte, trug um 1745 die Mätresse des Herzogs von Bolton, Lavinia Fenton, die zuvor Schauspielerin gewesen war und einen zweifelhaften Ruf genoß. Cf. E. Einberg/J. Egerton, 1988, S. 76.
40 Cf. E.-M. Benabou, 1987, S. 320.
41 H. Fischer, 1966, S. 386.
42 Zit. n. C.N. Gattey/B. Rahm, 1971, S. 170.
43 Auf der Straße seien sie im Unterrock herumgelaufen und hätten die Männer in die Häuser gezogen. Cf. R. Pearsall, 1969, S. 271 f. Auch die italienischen Huren dieser Zeit sollen mit nackten Brüsten in der Öffentlichkeit gestanden haben. Cf. M. Gibson, 1986, S. 155. Gleichermaßen trugen in anderen Gesellschaften die Prostituierten den Oberkörper unbedeckt, um auf sich aufmerksam zu machen. So bewegten sich z.B. bei den Haussa ausschließlich die Huren mit nackten Brüsten (*mama*) in der Öffentlichkeit,

198 Luigi Maretti zugeschrieben:
Tigrinnische Prostituierte, 1885.

was als äußerst unanständig galt (cf. L.L. Wall, 1988, S. 156), und ein Reisender berichtete über die sich in Biskra prostituierenden Frauen des Stammes der Awlad Na'-il: »Sie gehen alle unverschleiert und sind reich mit seltsam geformtem Geschmeide behangen. Ihr Haar fällt entfesselt in langen dunklen Wellen auf den nackten bronzefarbigen Busen herab« (J. Chavanne, 1879, S. 295). ..

44 G. Brassaï, 1976, S. 110, 114.
45 Dies bedeutet im übrigen keineswegs, daß die Prostituierten außerhalb ihres Berufslebens kein Schamgefühl gehabt hätten. Bereits im 17. Jahrhundert galt die Prostituierte Claire Prie unter ihren Kolleginnen als verrufen, weil sie nackt zu schlafen pflegte (cf. J. Sole, 1979, S. 248), und Parent-Duchatelet (1838, S. 37) berichtet von den öffentlichen Huren der napoleonischen Zeit: »Si un etranger entre inopinement dans le depot de la prefecture ou dans les dortoirs de la prison, au moment ou elles s'habillent, on les voit a l'instant se couvrir ou croiser les bras sur leurs poitrines«, und zwar vor allem »devant des femmes honnetes et des meres de famille«. Cf. auch J. Walkowitz, 1977, S. 81 f.; W. Liepmann, 1924, S. 173. Eine Ex-Hure verlautete kürzlich (*1 Plus*, 8. April 1991), die meisten Prostituierten seien im Alltagsleben viel »anständiger« und schamhafter als die »Normalen«. Keine Hure würde sich z. B. ›oben ohne‹ an den Strand legen.

Anmerkungen zu §7

1 Cf. Q. Bell, 1976, S. 44 f.; E. Fuchs, 1911, S. 177; D. Jarrett, 1974, S. 134 f.; A.E. Ribeiro, 1984, S. 32, 47; T. Castle, 1983, S. 165 f.
2 Bezeichnend für sie war die Tatsache, daß Horace Walpole anläßlich der Geburt eines zweiköpfigen Kalbes in Essex der Vermutung Ausdruck verlieh, dessen Mutter könne nur Miss Chudleigh sein. Sir Robert Keith fügte dem hinzu, er würde sie ja gerne heiraten, aber dann müsse man ihm für die Flitterwochen noch einen Grenadier stellen. Cf. T.H. White, 1986, S. 149 f.
3 Cf. M. v. Boehn, 1922, S. 678.
4 Cf. T. Wright, 1868, S. 243. Bereits zu Beginn des 17. Jahrhunderts gab es Masken für Damen, bei denen die Brüste lediglich mit einem semitransparenten Material bedeckt waren, so daß die Nippel durchschimmerten. Cf. R. Strong, 1983, S. 178.
5 Es kam freilich vor, daß solche Damen ihre Kühnheit teuer bezahlten. Eine wurde im Trubel von einigen Dominos vom Maskenball weggeführt und an einem einsamen Ort vergewaltigt. Cf.

Castle, a. a. O., S. 163f., 170. Das Erdbeben, das Ende 1755 Lissabon heimsuchte, wurde von vielen als Strafe Gottes für solche Veranstaltungen erklärt.

6 Cf. Ribeiro, a. a. O., S. 330. Im Jahre 1768 sorgte allerdings eine gewisse Miss Pelham als »blackamore« [= Mohrin] für einen Skandal, weil ihre schwarzgefärbten Beine unbedeckt waren. Und etwas später zog ein junger Offizier »the contempt of the whole company« auf sich, nachdem er als Adam im fleischfarbenen »body« und einem Schurz aus Feigenblättern erschienen war.

7 Cf. R.W. Malcolmson, 1973, S.77f., 104.

8 Cf. D. Shemek, 1995, S. 24; H.P. Duerr, 1988, S. 304; ders., 1990, S. 328.

9 Cf. D. Brailsford, 1991, S. 134.

10 Cf. A. Guttmann, 1986, S. 71f.

11 Cf. C. Rearick, 1985, S. 110, 185.

12 Cf. A. Schultz, 1892, S. 336. Bei den schulterfreien Kleidern des Biedermeier trug man die Träger seitlich an den Oberarmen: »This ensured ladylike behaviour by preventing the wearer from raising her arms« (C. Rose, 1989, S. 76).

13 Zit. n. S. Epperlein, 1975, S. 103.

14 H.C. Agrippa v. Nettesheim, 1913, I, S. 86ff., 276. Cf. auch J.R. Gillis, 1985, S. 27.

15 Gegen Ende des 19. Jahrhunderts trugen manche englischen Damen Abendroben, die bis zum Warzenhof ausgeschnitten waren, aber die freie Partie war mit einem dünnen, fleischfarbenen Samtstoff bedeckt, um die Illusion von Nacktheit hervorzurufen. Cf. C.W. Cunnington, 1935, S. 21.

16 Cf. F.K. Mathys, 1985, S. 41.

17 Cf. F. Fay-Sallois, 1980, S. 154f. Dr. John Walsh schrieb 1857, daß »in the present state of society, from the pressure of stays carried through several generations, the nipples are so shortened and injured in their development that, if left to itself, many a child would actually starve« (zit. n. S. Kevill-Davies, 1991, S. 32).

18 Cf. S. Levitt, 1986, S. 30.

19 Cf. G. Reynolds, 1980, S. 143, ferner H. Plutat-Zeiner, 1988, S. 155.

20 »Elle avait les mains liees«, fuhr de la Meuse fort, »on se hata de les lui delier, afin qu'elle reparat elle-meme ce desordre accidentel, ce qu'elle fit la face tournee contre le mur« (L. Blanc, 1857, S. 89f.).

21 Wilhelmine v. Bayreuth, 1988, S. 246.

22 M.-J. Roland, 1987, S. 168f.

23 Zit. n. M. Farin, 1991, S. 463. In zahlreichen Ländern war es damals unter Strafe gestellt, ein so tiefes Dekollete zu tragen, daß die Brustwarzen sichtbar waren. Cf. J. P. Haesaert, 1938, S. 86 f.

Anmerkungen zu § 8

1 Cf. J. v. Falke, 1892, S. 35. In noch stärkerem Maße verbarg die byzantinische Frauenkleidung die Körperformen.
2 Cf. H. Brost, 1984, S. 65.
3 Cf. E. Ennen, 1984, S. 42.
4 Zit. n. H. Weiss, II, 1864, S. 538 f. Cf. auch P. Kletler, 1934, S. 156; M.-L. Portmann, 1958, S. 127.
5 Cf. J. v. Falke, 1881, S. 159.
6 Cf. Herrad v. Landsberg, 1977, I, S. 37.
7 A. a. O., S. 25, 27, 225. Cf. auch E. Temple, 1976, Abb. 191.
8 Cf. O. Nübel, 1970, S. 182 f. Auch nach den hochmittelalterlichen Klosterregeln hatte das Gewand so weit zu sein, daß die Körperformen nicht sichtbar wurden. Cf. G. Zimmermann, 1973, S. 391.
9 Zit. n. J. Bumke, 1986, S. 192 f. Der Verfasser des späthöfischen *Reinfried von Braunschweig* (um 1300) meinte: »sint daz kluoge sinne, des muoz mich nemen wunder groz, daz si me denne halber bloz gant ob des gürtels lenge. ir kleit sint also enge daz ez mich lasters vil ermant, wan in dem rocke spant der lip mit lasterlicher pflicht« (Zit. n. E. Brüggen, 1989, S. 150).
10 Cf. A. Khattab, 1989, S. 36.
11 W. J. Buma/W. Ebel, 1967, S. 78 f.; H. H. Munske, 1973, S. 165.
12 Cf. S. M. Newton, 1980, S. 9; P. Fryer, 1963, S. 35; C. G. Coulton, 1918, S. 380.
13 Cf. O. Blanc, 1989, S. 244. Für die Zeit nach 1320 konstatierte der Anonymus Leobiensis »plures adinventiones et novitates«, darunter die aus Frankreich stammenden und sich in Österreich und in der Steiermark verbreitenden enganliegenden Frauenkleider. Cf. H. Kühnel, 1989, S. 102. Auch die in der Wenzelsbibel abgebildeten Bademägde tragen meist ärmellose, seltener langärmelige, aber dekolletierte lange Hemden, die auf Taille gearbeitet sind. Cf. H. Appuhn, 1990, I, fol. 86v.
14 Cf. C. Vanja, 1984, S. 16.
15 Cf. H.-J. Hüsgen, 1993, S. 34.
16 Cf. G.-J. Witkowski, 1908, S. 303 f.
17 Cf. T. Aschenbrenner, o. J., S. 27.
18 Zit. n. A. Schultz, 1892, S. 138.

19 Tacitus: Germania XVII.
20 Cf. H. Marx/M. Meier, 1990, S. 457. Die Unterarme frei lassende Frauenkleider aus dickem Wollstoff gab es bereits in der Bronzezeit. Cf. F. Kauffmann, 1913, S. 152.
21 Anscheinend gab es damals auch Männer, die ausgeschnittene Kleidung trugen, aber sie galten als effeminiert, und ihre Frauen hatten das Recht, sich aus diesem Grunde von ihnen scheiden zu lassen. Cf. K. Weinhold, 1938, S. 100, 108. Wie man von einem der Selbstbildnisse Dürers her weiß, existierten auch im ausgehenden Mittelalter Männerdekolletes. Im Jahre 1493 wurden diese in Straßburg durch eine Ratsverordnung untersagt: »Als sich jetz begit das ettlich mannespersonen, die gotsvorht nit habent, unerbare schampere cleyder tragent, die oben tief uszgesnitten sind bisz uf die schultern« (J. Brucker, 1889, S. 293.
22 Cf. H.P. Duerr, 1988, S. 277f.
23 Cf. C. Ahrens, 1990, S. 25, 38.
24 Cf. P. Bohaumilitzky/I. Nägl, 1989, S. 156. Die verheirateten Frauen, die abends das Schiff umtanzten, das 1133 auf Rädern von Aachen nach Maastricht gezogen wurde, entblößten offenbar dabei die Brüste, was von dem Berichterstatter als große Schamlosigkeit empfunden wurde. Cf. A. Lesky, 1925, S. 16.
25 Cf. K.F. Morrison, 1990, S. 184. Herbord berichtete in seinem *Dialogus de Vita S. Ottonis,* der Priester habe lediglich *gehört*, daß der Täufling im Wasser stand, diesen aber nicht *gesehen*. Als der Däne Herold und seine Gemahlin getauft wurden, wurden er von Ludwig dem Frommen und sie von Ludwigs Frau aus dem Wasser gehoben. Cf. H.-W. Goetz, 1991, S. 34.
26 Ulrich von dem Türlin: *Willehalm* CCLXXVIII, 24 ff.
27 Zit. n. E. Fuchs, II, 1911, S. 122.
28 Wolfram v. Eschenbach: *Parzival* 259, 2 ff.
29 Cf. G. Hindley, 1979, S. 160.
30 Cf. E.R. Chamberlin, 1982, S. 190 f.; K. Schelle, 1980, S. 135.
31 Cf. G.G. Coulton, 1943, S. 645. Im frühen 14. Jahrhundert wurde dem französischen Gesandten in Aragon aufgetragen, bei der Brautschau besonders darauf zu achten, ob die Brüste Prinzessin Violantes »utilis ad prolem« seien. Cf. R. Sablonier, 1984, S. 287.
32 »Il petto non potemmo vedere, perche usano ire tutte turate, ma mostra di buona qualita« (zit. n. E. Micheletti, 1983, S. 41). Cf. auch G.A. Brucker, 1984, S. 40. Keine anständige Florentinerin ging damals, wenn sie verheiratet war, ohne die meist bodenlange »mantella« aus dem Haus, doch die jungen dekolletierten Mädchen taten dies oft. Cf. I. Origo, 1985, S. 240.

33 Zit. n. A. Marwick, 1988, S. 26. Eine gewisse Schamhaftigkeit blieb also selbst in Utopia erhalten.
34 Gleichwohl wurde die Brustuntersuchung durchgeführt, und die Gerichtsdienerin sagte danach aus, »daß sye woll ein Tupf gleich bey dem Dütl gemerkhet habe« (N. Schindler, 1994, S. 173).
35 Cf. J.C. Brown, 1988, S. 73, 120.

Anmerkungen zu §9

1 P. Collett, 1994, S. 118f. Cf. auch J. van Ussel, 1970, S. 70f.
2 Dies behauptet U. Pramann, 1988, S. 68f., auf der Grundlage der Stelle in einem pornographischen Roman Restif de la Bretonnes, wo eine Frau sich auf diese Weise von ihrem Liebhaber sexuell erregen läßt!
3 T. Platter/F. Platter, 1840, S. 106.
4 T. Murner, 1894, S. 26, 54ff.
5 Cf. L. Stone, 1992, S. 52. Solche Frauen wurden nach mittelalterlicher Vorstellung in der Hölle damit gequält, daß man Kröten an ihren Nippeln saugen ließ. Cf. E. Kosmer, 1975, S. 4.
6 Cf. J. Fabritius-Dancu, 1987, S. 8.
7 J. Anger, 1985, S. 38.
8 Unter der linken Brust befand sich der Sitz der weiblichen Ehre. 1708 mußten z.B. in Heilbronn die Frauen »mit aufflegung der rechten hand auff ihre lincke brust einen leiblichen eyd zum allmächtigen Gott schwören« (H. Weckbach, 1987, S. 4).
9 S. Pepys, VI, 1972, S. 297, 310. Später notierte er, daß er mit den wunderschönen Brüsten seines Dienstmädchens Mary Mercer gespielt hatte (»handling her breasts«), als diese ihm beim Ankleiden half (a.a.O., VII, S. 172). Ende Mai 1667 machte er sich an den Brüsten der jungen Mrs. Daniel zu schaffen, die ihn gewähren ließ, weil sie sich davon erhoffte, daß er zum Dank ihrem Mann eine Stelle verschaffen würde. Allerdings war die Frau so mager, daß Pepys nicht auf seine Kosten kam (»but she is so lean that I had no great pleasure with her«). Cf. a.a.O., VIII, 1974, S. 244.
10 Cf. Pepys, a.a.O., S. 389.
11 Cf. B. Siberts, 1954, S. 143.
12 Cf. N. Elias, 1939, II, S. 121, 469. Die Strafen für solche Vergehen waren nämlich in den alten Volksrechten viel härter als später. Meist waren sie nach Körperteilen gestaffelt. Wer z.B. zur Zeit der Merowinger einer Frau an die Brust faßte, büßte drei mal so

viel, wie wenn er ihr mit sexueller Absicht die Hand streichelte. Cf. S. Dill, 1926, S. 48.
13 Cf. F. A. Köhler, 1981, S. 17. Im späten 19. Jahrhundert grabschten in manchen Gegenden Rußlands die Bauernburschen beim Poussieren nach den Brüsten der jungen Mädchen, aber nur dann, wenn sie sicher sein konnten, daß die Erwachsenen davon nichts mitbekamen. Man erwartete, daß ein Mädchen sich wehrte, aber daß sie schließlich, wenn sie kein »Rühr-mich-nicht-an« (*nedotraga*) war, die Hand duldete: »Sie verteidigt sich, sie verteidigt sich, aber wenn sie nicht schreit, dann heißt das: du kannst.« Cf. B. A. Engel, 1990, S. 700.
14 Zit. n. H. Möller, 1969, S. 286. Cf. auch D. W. Sabean, 1984, S. 127f.
15 Cf. W. Acton, 1968, S. 224.
16 Cf. J. Elsom, 1973, S. 39. Vermutlich hat es bisher noch keine Epoche gegeben, in der das von einer Frau ungewollte Betasten ihrer Brüste dermaßen oft als quantite negligeable betrachtet wurde wie in der heutigen. 1987 wurde z. B. ein Mann, der die Brüste einer Frau ›befummelt‹ hatte und deshalb von dieser wegen »sexual assault« angezeigt worden war, vom ›New Brunswick Court of Appeal« freigesprochen. In der Urteilsbegründung hieß es, man müsse dem Wort »sexuell« seine »natürliche Bedeutung« zurückgeben, wonach ausschließlich die Genitalien sexuelle Körperteile seien. Allerdings befand die nächsthöhere Instanz, der ›Canadian Supreme Court‹, »that the touching of a woman's breasts, at least in this context, was indeed sexual« (R. Graycar/J. Morgan, 1990, S. 343 f.). Es gibt keinerlei Anhaltspunkte dafür, daß heutzutage solche Belästigungen seltener seien als in der Frühen Neuzeit. Immer häufiger wird z. B. berichtet, daß erst 14 Jahre alte Schüler ihren Lehrerinnen vor der johlenden Klasse an die Brüste fassen. Im Oktober 1996 mußte aus diesem Grunde eine Schule im nordenglischen Halifax vorübergehend geschlossen werden, weil die Sicherheit der jungen Lehrerinnen nicht mehr gewährleistet werden konnte. Cf. *Weser-Kurier* vom 2. November 1996.
17 Cf. z. B. J. Bousquet, 1985, S. 166 oder G. Neret, 1992, S. 89.
18 »In the early modern period«, so z. B. O. Hufton, 1995, S. 254 f., »there was no recognized sex without a penis«. Dieser unzutreffenden Behauptung liegt wahrscheinlich die Tatsache zugrunde, daß lesbische Handlungen ohne Penetration – wenn man einmal vom *Codex Batavus* absieht (»Tribades feminae, clitorizontes seu fricatrices, morte puniuntur« [T. W. Laqueur, 1989, S. 129]) – nicht mit dem Tode bestraft wurden. So wurde z. B. im Jahre

1549 eine Frau wegen »sodomia imperfecta« lediglich auf ewig aus Saragossa verbannt (cf. D.F. Greenberg, 1988, S. 277), und in anderen Fällen wurde das Verhalten der Betreffenden zwar als unanständig verurteilt, aber nicht für strafwürdig erachtet. Cf. L. Cardaillac/R. Jammes, 1985, S. 188. Im Jahre 1725 wurden im sächsischen Freiberg zwei Frauen wegen »fricatio« ausgepeitscht und auf zehn Jahre verbannt, weil die eine sich lediglich auf die andere gelegt, sich »in höchster Erregung« hin und her bewegt und schließlich eine »gewisse Feuchtigkeit« gespürt hatte. Cf. S. Buchholz, 1986, S. 121f., 135; M.E. Perry, 1989, S. 79. Diese Beispiele zeigen zur Genüge, daß derartige Handlungen durchaus als sexuelle gesehen wurden, auch wenn es den Begriff »Sexualität« noch nicht gab.

19 Meist hieß es, die Impotenz ihres Mannes habe sie dazu getrieben. Cf. L. Hunt, 1991, S. 117ff.

20 Die betreffenden Frauen tun nicht viel mehr, als einander unters Kinn zu fassen. Cf. D. Wolfthal, 1992, S. 18.

21 Man denke nur an die pornographischen Frauenbadstubenbilder Sebald Behams, die vermutlich von italienischen Vorlagen angeregt wurden. Darüber mehr im nächsten Band.

22 Cf. hierzu R.-M. Hagen/R. Hagen, 1984, S. 138 ff. Wenn z.B. Cristofano Robettas Eva, die gemeinsam mit Adam und ihren Kindern dargestellt ist, mit dem Zeigefinger ihre Brustwarze berührt, bedeutet diese Geste wohl auch, daß sie mit ihrem Mann geschlafen und Kinder bekommen hat. In Robettas Darstellung des sich in Liebesbanden windenden Jünglings umfaßt die ihn reizende Frau ebenfalls ihre Brustwarze. Cf. M. Zucker, 1980, S. 277; ders., 1984, S. 562.

23 Cf. J. Cherry, 1981, S. 59.

24 Auf einem anderen rätselhaften Gemälde sieht es so aus, als ob Gabrielle d'Estrees derselben unbekannten Dame, die auf Abb. 44 bei ihr die ›Nippel-Geste‹ ausführt, einen nicht vorhandenen Ring überstreift oder diesen zumindest mit der bekannten Fingergeste festhält. (Abb. 199). Man hat bisher die nackte Gefährtin Gabrielles für eine ihrer Schwestern, vermutlich Julienne, gehalten, aber es könnte sein, daß W. Fleischhauer (1996, S. 388f., 410) recht hat, der in seinem historischen Roman über Gabrielles Tod die junge Frau für Henriette d'Entragues hält. Kurz nach dem Tode Gabrielles wurde nämlich die blutjunge Henriette die Geliebte des Königs, nachdem dieser ihr die Ehe versprochen hatte. Dieses Versprechen hielt Heinrich IV. indessen nicht, sondern heiratete Maria de' Medici, die Nichte des Großherzogs der Toskana. So will das Bild, das wohl – entgegen der Vermutung

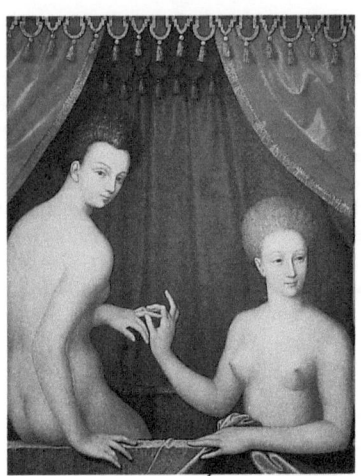

199 Gabrielle d'Estrees (rechts) mit unbekannter Frau im Bad, um 1600.

Fleischhauers – eher nach dem Tode Gabrielles und nach der Eheschließung mit Maria angefertigt wurde, vielleicht sagen: Die nicht mehr den Betrachter anschauende, sondern wegblickende, d.h. tote Gabrielle berührt die Stelle am Ringfinger der neuen Mätresse des Königs, an der das Symbol von dessen Heiratsversprechen sitzen müßte. Das Versprechen war aber nichtig, und deshalb existiert der Ring lediglich in der Vorstellung.

25 Weitere Beispiele bei P. Ardouin, 1981, S. 40, 120; O. Ranum, 1986, S. 255. Deshalb bedeutet die Geste auch heute noch unter Deutschen, Griechen oder Türken soviel wie »Votze!« oder »Arschloch!« (cf. M.S. Kirch, 1987, S. 17) und, vom letzten abgeleitet, »Schwuler!« (cf. P. Collett, a.a.O., S. 91f.). In Deutschland kann sie aber auch soviel wie »prima!« oder »sehr gut!« bedeuten. Cf. A. Niederer, 1989, S. 211. Die Geste, bei der eine Frau über ihrer Brustwarze mit den Fingern einen kleinen Kreis beschrieb, hieß im alten Indien *hamsaya* und bedeutete »Liebe«. Sie wird z.B. von den himmlischen Huren an den Wänden des Felsentempels von Ajanta ausgeführt. Cf. R.M. Hughes, 1964, S. 36.

26 Auf Abb. 200 hält eine Frau einer auf dem Geburtsstuhl Kreißenden mit dieser Gebärde zur Beschleunigung der Geburt Koriander-Samen unter den Schoß. Ich bin mir nicht sicher, ob es

200 Geburtsszene aus *De medicaminibus herbarum*, 13. Jh.

überinterpretiert wäre, auch hier ein auf die Vulva und Schwangerschaft verweisendes Zeichen zu sehen.

27 Wie Pierre de l'Estoile in seinem *Journal de Henri IV* schreibt, wurde ähnliches aber auch über Margarete von Valois gesagt, mit der Heinrich eine kinderlose Ehe führte: »Le predicateur de Nostre Dame qu'on appelait Sufrin, jesuite, estant tombe en son sermon sur la dissolution et la lascivite des femmes, dist qu'il n'y avoit aujourdhuy si petite coquette a Paris qui ne monstrat ses testons, prenant exemple sur la reyne Marguerite.« Allerdings fügte er hinzu, »que beaucoup de choses estoyent permises aux Reynes qui estoyent defendues aux autres« (zit. n. R. Miquel, 1965, S. 37f.).

28 R. Clemencic/M. Korth/U. Müller, 1979, S. 112. Viele Kunden der italienischen *putane* liebten es anscheinend, an den Nippeln derselben zu saugen. Cf. P. Larivaille, 1975, S. 42.

29 *Partonopier und Meliur* V 1566ff. Cf. auch H.M. Hyde, 1965, S. 79. In York ging man im Jahre 1433 davon aus, daß ein potenter Mann eine Erektion bekam, wenn eine junge Frau ihm »ostendebat mammillas suas denudates« (R.H. Helmholz, 1974, S. 89).

30 Zit. n. H. Lomnitzer, 1984, S. 117. In Capellanus' *De amore* wird ein junges Mädchen, das vor ›dem Letzten‹ zurückschreckt, mit dem Hinweis beruhigt, es gebe ja nicht nur den *amor mixtus* (also offenbar Koitus und mutuelle Masturbation), sondern auch den *amor purus*, bei dem man einander küsse und der Mann mit den nackten Brüsten spiele. Ersterer erzeuge ohnehin bald eine Sättigung, während man von letzterem nie genug bekommen könne.

Cf. U. Liebertz-Grün, 1977, S. 35. Im ausgehenden Mittelalter riet Arnoldus de Villanova den Männern, erst dann mit den Brüsten ihrer Frauen zu spielen, wenn diese müde seien, denn jede Frau sei von Natur aus schamhaft. Cf. H.R. Lemay, 1982, S. 202.
31 Zit. n. A. Ribeiro, 1986, S. 47.
32 Zit. n. M.L. Colker, 1984, S. 105. Cf. auch P. Dinzelbacher, 1994, S. 71.
33 Cf. F.S. Krauss, 1923, S. 403.

Anmerkungen zu §10

1 Cf. C. Rodenberg, 1925, S. 54. Bei der Bestrafung höhergestellter Frauen verzichtete man offenbar ganz auf die Entblößung des Oberkörpers. So erhielt z.B. die aus einer angesehenen Familie stammende Isabella von Murley, die mit ihrem Schwager geschlafen hatte, in Durham ohne zuvoriges »stripping« sechs Peitschenhiebe. Cf. J.J. Jusserand, 1970, S. 263.
2 Zit. n. E.J. Burford/S. Shulman, 1992, S. 145. Von Frauen, die am Pranger stehen mußten, heißt es zwar, wie z.B. 1565 in Romford, Essex, daß man sie »stripped out of their clothes«, doch die Delinquentinnen trugen ein langes, auch den Oberkörper bedeckendes Büßerhemd aus Leinwand. Cf. F.G. Emmison, 1973, II, S. 286.
3 Cf. J. Tedeschi, 1987, S. 103 f.; ders., 1991, S. 236 f.
4 Cf. R. Martin, 1989, S. 220.
5 Cf. B. Panke-Kochinke, 1990, S. 15.
6 Cf. Burford/Shulman, a.a.O., S. 71. Im Jahre 1644 wurde eine Jennett Hawkes verurteilt, »to be stripped naked from the middle upwards, and presently be soundly whipped through the town of Wetherby«. Cf. S.J. Wiseman, 1990, S. 185.
7 Cf. J. Glenzdorf/F. Treichel, 1970, S. 56, 82.
8 Cf. P. Morrah, 1979, S. 140.
9 Zit. n. Burford/Shulman, a.a.O., S. 79.
10 So z.B. 1772 zwei junge Frauen wegen Stehlens von 100 Gallonen Mehl. 1778 wurde in Südengland angeordnet, daß eine Diebin »be stripped from the Waist upward and ty'd to a Cart's Tail and Whip'd« (J.M. Baines, 1986, S. 96). Im Februar 1748 wurde ein junges Mädchen, das sich mit einem Soldaten Ludwigs XV. eingelassen hatte, zwar nur dadurch gedemütigt, daß man es in einem langen Hemd auf den Place Royale stellte; aber im Jahr darauf, führte man offenbar ein Mädchen, das sich in gleicher Weise vergangen hatte, mit nacktem Oberkörper (»toute nue«)

zum Gefängnis. Cf. R.A. Schneider, 1995, S. 80. Und im gleichen Jahr vermeldete die in Berlin erscheinende *Haude-Spenersche Zeitung* aus Paris: »Es wurde erwehnten Tages eine Gelegenheitmacherin der Liebe halb nackend ausgezogen, und, mit einem Strohhute auf dem Kopfe gezieret, verkehrt auf einen Esel gesetzt, so, daß sie ihr Gesichte nach der Extremität des Esels wendete. An ihrem Strohhute las man forn und hinten die Worte ›Oeffentliche Kupplerin!‹« (E. Buchner, 1914, S. 204). Wie beschämend eine solche Entblößung bisweilen gewesen sein muß, läßt sich wiederum im Falle der Mörderin Marats erkennen: »Quand l'executeur, pour lui decouvrir le cou, arracha le fichu qui couvrait sa gorge, la pudeur humilie lui donna plus d'emotion que la mort prochaine« (M.A. de Lamartine, IV, 1847, S. 175).

11 Zit. n. J.-G. König, 1982, S. 36. Cf. auch H. Cyrus, 1988, S. 98.
12 Cf. J. Axtell, 1985, S. 169.
13 Cf. z.B. W.K. Holdsworth, 1975, S. 408f. Im Jahre 1705 wurde allerdings im nichtpuritanischen Virginia verfügt, daß eine *weiße* Christin – im Gegensatz zu einer Negerin oder Indianerin – nicht mit nacktem Oberkörper ausgepeitscht werden dürfe. Cf. M. Sobel, 1987, S. 45. Auch manche Indianerstämme erniedrigten ihre Frauen nach gewissen Verfehlungen, indem sie deren Brüste entblößten. Wenn z.B. bei den Wintertänzen der Kwakiutl eine der Teilnehmerinnen nicht ordnungsgemäß gekleidet war, riß man ihr die Brustbedeckung herunter (Werner Müller: Brief vom 9. November 1986). Ähnliches war auch in anderen Weltgegenden üblich. Wenn bei den Matapato-Massai eine Frau mehrere Fehlgeburten hatte, nahm man an, daß sie während der Schwangerschaft freizügig mit Männern geschlafen hatte. Die Frauen des eigenen und der umliegenden Dörfer rotteten sich daraufhin zusammen, ergriffen sie und entblößten gewaltsam ihre Brüste, so daß die Männer diese sehen konnten. Cf. P. Spencer, 1988, S. 205. Schon die Babylonier entblößten der überführten Ehebrecherin den Oberkörper. Cf. W.A. Müller, 1906, S. 32.
14 Cf. S. Brownmiller, 1980, S. 111. Die Leiche von Claretta Petacci, der Geliebten Mussolinis, wurde auf dem Piazzale Loretto in Mailand, also jener Stadt, in welcher der Diktator noch fünf Monate zuvor als Held gefeiert worden war, neben der ihres Liebhabers so mit dem Kopf nach unten aufgehängt, daß ihre entblößten Brüste zu sehen waren. Cf. R. Lamb, 1993, S. 303. Vor ihrer Ermordung war sie von kommunistischen Partisanen vergewaltigt worden. Cf. *Spiegel* 35, 1996, S. 136.
15 K. Müller, 1987, S. 72.

16 Oder aber man zog ihr Hosen an, vermutlich weil sie – wie ein Mann – die sexuelle Initiative ergriffen hatte. Cf. C.D. Worobec, 1991 a, S. 202.
17 Cf. dies., 1991, S. 196; 1991 a, S. 141.
18 C.G. Züge, 1988, S. 124.
19 Als er später zur Rede gestellt wurde, ob dies »was not calculated to hurt the delicacy of the females under his care«, entgegnete er ausweichend, die Frauen hätten nicht zu der Sorte gehört, die man auf solche Weise entehren könne. Auf dem Auswanderungsschiff *Ramilies* ging man noch weiter und ließ vier Frauen, die auf der Fahrt nach Adelaide Brot gestohlen hatten, vor den Männern auf den nackten Hintern prügeln. Cf. M. Cannon, 1978, S. 145.
20 Cf. M. Clark, 1950, I, S. 114.
21 G. Pallaver, 1987, S. 131.
22 Cf. G. Raudszus, 1985, S. 77.
23 Otfried v. Weißenburg: *Evangelienbuch* XI, 35 ff.
24 Cf. M. Landau, 1909, S. 146. Auf der Darstellung einer Martyriumsszene, die wohl um 1440 am Mittelrhein entstanden ist, sind zwei Jüdinnen zu sehen, die an den Brüsten an einem Baum aufgehängt sind, weil sie unter Mißachtung eines königlichen Erlasses ihre Söhne hatten beschneiden lassen. Cf. J. Gutmann, 1978, S. 100. Ob man Jüdinnen im Spätmittelalter nun wirklich so aufgehängt hat oder nicht – eine erniedrigendere Strafe für eine Frau war wohl kaum denkbar.
25 Cf. J. Preuß, 1923, S. 473. Wie mir Tuvia Kwasman (mündliche Mitteilung vom 9. Januar 1986) sagte, stillt auch heute noch eine orthodoxe Jüdin nicht einmal im Kreise ihrer Familie. Seit biblischen Zeiten waren die Brüste der Frauen einerseits sehr erotisch – bekanntlich werden sie mit »zwei jungen Rehzwillingen, die unter den Rosen weiden«, sowie mit »Weintrauben« verglichen (*Hoheslied* 4,5 bzw. 7,7) –, andererseits sehr schambesetzt, und über Juda und Israel, die sich beide mit den Heiden einließen, heißt es: »Die trieben Hurerei in Ägypten in ihrer Jugend; daselbst ließen sie ihre Brüste begreifen und den Busen ihrer Jungfernschaft betasten« (Hesekiel 23, 3). So berichtete z. B. der Arzt Mar Samuel, eine junge jüdische Sklavin habe, als er die Veränderung ihrer Brüste während der Pubertät beobachten wollte, ein »Beschämungsgeld« von ihm verlangt, »da ihm wohl ihre Arbeitskraft, nicht aber ihre Schamhaftigkeit gehöre«. Cf. C.O. Rosenthal, 1923, S. 126. Kein Wunder, daß die Juden in späterer Zeit insbesondere die Dekolletemode verurteilten. So klagte beispielsweise im Jahre 1705 der Frankfurter Rabbiner Hirsch

Kaidnower: »Während wir aus Trauer über unser Exil und unsere verfolgten Glaubensgenossen schwarzgekleidet sein sollten, gehen unsere Frauen im Gegenteil stolz und ausgeschnitten daher« (zit. n. H. Heubach, 1988, I, S. 54). Cf. auch A. Rubens, 1973, S. 198. Ausschnitte wurden allenthalben verboten, und hassidische Jüdinnen tragen selbst heute noch nicht einmal kurze Ärmel. Cf. J.R. Mintz, 1968, S. 84; S. Poll, 1965, S. 151. Überhaupt sollte man von den beiden Ausbuchtungen so wenig wie möglich sehen, und eine Frau, die in einem osteuropäischen Shtetl aufgewachsen war und später nach Amerika auswanderte, erinnerte sich: »When my breasts began to develop, I was scared stiff. I thought I was sick. I had no idea where they came from« (N.M. Cowan/R.S. Cowan, 1989, S. 156). Allerdings gab es in alter Zeit gewisse Rituale, bei denen theoretisch die Brüste entblößt wurden, aber in der Praxis wurde auch hier auf Dezenz geachtet. So wurden z.B. die Frauen, die bei der Trauerklage das Gewand über der Brust zerrissen, ermahnt, dies so zu tun, daß auf keinen Fall die nackten Brüste (cf. L.M. Epstein, 1948, S. 32), sondern lediglich die Schultern zu sehen waren (cf. A. Löwinger, 1916, S. 40). Beim ›Bitterwasserritual‹ führte man zwar die des Ehebruchs Verdächtigte zu den Türen des Tempels hinauf, »die am Eingang des Nikanortores sind, und der Priester erfaßt ihre Kleider; macht er hierbei einen Riß, so tut es nichts, und reißt er sie ganz durch, so tut es auch nichts; dann entblößt er ihre Brust und löst ihr das Haar auf« (*Misna Sota* I, 4). Doch man entblößte ihre Brüste nur für einen ganz kurzen Augenblick, da sonst »die jungen Priester durch sie in Lüsternheit geraten« könnten (a. a. O., 7 aff.). Alsbald band ihr der ausführende Priester »oberhalb der Brüste« einen Baststrick um, »damit ihr die Kleider nicht abgleiten« und ihr nackter Oberkörper längere Zeit zu sehen gewesen wäre. Außerdem hieß es, daß die versammelten Frauen die entblößte Frau anschauen *müßten*, damit sie davor gewarnt seien, es ihr gleichzutun; den Männern aber sagte man, daß sie die Augen auch abwenden könnten. Obgleich also die Brüste der mußmaßlichen Ehebrecherin gemäß der *lex talionis* (man nahm an, daß ihr Liebhaber die nackten Brüste gesehen hatte) nur einen Moment lang zu sehen waren, glaubte man, daß diese Strafe für eine Frau schlimmer war als eine körperliche Folter. Cf. W. Mehlitz, 1992, S. 265. Deshalb hielten viele das Ritual für eine unzumutbare Schamlosigkeit: Rabbi Judah meinte z.B. im 2. Jahrhundert, das Entblößen der Brüste solle unterbleiben, und Rabbi Johanan ben Barokah, ein Zeitgenosse, empfahl, das Ritual nur dann auszuführen, wenn der Oberkörper der Delin-

quentin hinter einem Schirm verborgen sei. Cf. Epstein, a.a.O., S. 34.
26 Cf. L. De Mause, 1977, S. 58; D. McLaren, 1978, S. 386.
27 Cf. V.A. Fildes, 1986, S. 110.
28 Zit. n. A. Cabanes, X, 1934, S. 348f. Cf. ferner R. Müller, 1904, S. 126; D. Hunt, 1972, S. 106.
29 E. MacLysaght, 1939, S. 64.
30 Zit. n. R.V. Schnucker, 1980, S. 263.
31 Cf. H.L.P. Leeuwenberg, 1988, S. 91; C. Brown, 1984, S. 165; R.E. Fleischer, 1988, S. 83; P. Schramm, 1985, S. 35. Auf einem Gemälde von Sebastien Bourdon vom Jahre 1643 hat eine neben kartenspielenden Soldaten sitzende stillende Frau beide Brüste völlig entblößt. Bezeichnenderweise handelt es sich um eine Troßhure. Cf. G. Feustel, 1993, S. 87.
32 Cf. M.F. Durantini, 1983, S. 36.
33 Dies war bei den orientalischen, südeuropäischen und französischen Zigeunerinnen noch bis in unsere Zeit hinein der Fall (cf. U. Völklein, 1981, Abb. 14; F. de Vaux de Foletier, 1983, S. 104; J.B. Clebert, 1976, S. 215), nicht aber bei den britischen. So sagte eine in England lebende Rom-Frau: »Ich habe nur eines meiner Kinder gestillt. Aber vorher habe ich mich im Wohnwagen eingeschlossen und die Vorhänge zugezogen. Wir würden nie einen Mann zuschauen lassen. Das wäre schweinisch!« Cf. J. Okely, 1983, S. 208.
34 Cf. F. Anzelewsky, 1983, S. 59, 61; J.B. Pflug, 1975, Abb. 67.
35 Cf. K. Wilkins, 1977, S. 403.
36 Cf. E. Badinter, 1980, S. 84f. Schon in der Frühen Neuzeit war manchen Frauen das Stillen peinlich, und zwar unabhängig davon, ob ihnen jemand dabei zuschaute oder nicht. Sie empfanden es als ›animalisch‹ oder einfach als zu ›körperlich‹ und zu intim. So wurde beispielsweise William Stukeley im Jahre 1687 bereits nach einer Woche abgestillt, da seine Mutter »had that peculiarity that she could not show in the common feminine tenderness, so that she scarce in her life kisst any of her children« (Fildes, a.a.O., S. 361). Später empfand Königin Viktoria, die ansonsten alles andere als prüde war, nicht nur das Gebären als »so very animal« (cf. F. Harrison, 1977, S. 24), sondern auch das Stillen. Schon die Vorstellung »of making a cow of oneself« erschien ihr unangenehm, und sie nahm keines ihrer Kinder jemals an die Brust, obgleich sie selber von ihrer Mutter, der Herzogin von Kent, ausgiebig gestillt worden war, was deren Gatte »most interesting in its nature« gefunden hatte. Cf. S. Kevill-Davis, 1991, S. 29; D. Duff, 1990, S. 298. Als ›weiblich-animalisch‹ empfanden

auch häufig homosexuelle Männer das Stillen und dem »Urning« Carl Heinrich Ulrichs war es zu jener Zeit völlig verständlich, daß jede Frau von einer instinktiven »Scham angetrieben« werde, »den Akt des Säugens zu verbergen« (C.H. Ulrichs, 1898, V, S. 32). Man ist vielleicht versucht, zu glauben, eine solche Abneigung sei ein bürgerliches Phänomen. Doch das wäre falsch, denn man findet sie auch seit Jahrhunderten in gewissen ländlichen Gebieten, vor allem in Süddeutschland, aber auch im Süden Finnlands, wo stillende Mütter in Anwesenheit von Männern sich zur Wand hin setzten oder wenigstens die Brust bedeckten. Cf. E. Aaltonen, 1970, S. 165. Bereits im 17. Jahrhundert und vermutlich schon lange vorher war es in vielen Gegenden Bayerns verpönt, zu stillen, was eine hohe Säuglingssterblichkeit zur Folge hatte (cf. J.J. Sheehan, 1989, S. 76), und noch bis in unsere Zeit hieß es z.B. im Donaukreis, das Stillen sei eine »Schweinerei« (cf. G. Mentges, 1989, S. 372). Um die Jahrhundertwende »schämt sich« in einer anderen bayerischen Region »ja die Bäuerin sogar vor ihrem Manne, wenn sie ihr Kind stillt« (O. Goldmann, 1924, S. 93), und im Jahrhundert davor hätte es auch auf dem südschwäbischen Dorf als »anstößig und unsittlich« gegolten, dem Kind die Brust zu geben. Statt dessen würgte man ihm den Mehlpapp hinunter, »den ihm die Mutter oder ein Kindmädle vorkaute. Kein Wunder, daß die Hälfte und mehr von den Säuglingen schon vor Vollendung ihres ersten Lebensjahres der schönen Welt wieder Ade sagten« (H.F.K. Günther, 1939, S. 554).

37 Zit. n. E. Buchner, 1914, S. 255. Cf. P. Schmid, 1995, S. 71f.
38 Zit. n. P. Schmid, 1989, S. 106. Wenn allerdings Mary Wollstonecraft (1929, S. 139) im Jahre 1792 fragte, warum die Mütter denn ihren Kindern nicht sagten, daß die Säuglinge auf die gleiche Weise ernährt würden wie kleine Katzen, läßt sich daraus schließen, daß damals das öffentliche Stillen zumindest in England nicht sehr verbreitet gewesen sein kann.
39 Zit. n. D. Hoof, 1987, S. 323
40 Zit. n. H.O. Lichtenberg, 1970, S. 109.
41 Zit. n. A. van Dülmen, 1992, S. 99. Cf. auch N. Senior, 1982, S. 387.
42 Cf. D. Kunzle, 1982, S. 105. Ein solcher Vorwurf ist den stillenden Frauen über Jahrhunderte hinweg gemacht worden. Cf. S. 351 ff., 550 f.

Anmerkungen zu § 11

1 Cf. M. Vloberg, 1954, S. 85.
2 Daß allerdings auch die ausrasierte und dadurch hohe Stirn, der kleine Mund, die schneeweiße Haut und die runden Brüste, die Agnes nachgesagt wurden, für diese Identität sprächen (so T. Cox, 1931, S. 52), ist wenig überzeugend, denn diese Charakteristika entsprechen einfach den Schönheitsidealen der Zeit. Die ausrasierte Stirn empfanden indessen manche Leute als unzüchtig, und 1427 predigte der hl. Bernardino in Siena, sie sei ein Zeichen der Huren. Cf. D.O. Hughes, 1985, S. 168.
3 G. Pallaver, 1987, S. 129.
4 Cf. P. Wescher, 1947, S. 105.
5 Dies behauptet jedenfalls H. Habe, 1977, S. 13, allerdings ohne Quellenangabe.
6 N. Elias, 1939, I, S. 296.
7 Um das Jahr 500 gab es die Darstellung der stillenden Madonna (Galaktrophusa) fast ausschließlich in Ägypten, von wo aus sie sich im 8. Jahrhundert nach Südeuropa ausbreitete. Cf. G.A. Wellen, 1961, S. 164f. Das Motiv ist auf drei koptischen Fresken aus Bawit und Saqqara erhalten, die wohl in der Tradition der den Horusknaben stillenden Isis stehen. Cf. M. Cramer, 1964, S. 60. Aus nördlicheren Gegenden scheint es vor dem 12. Jahrhundert keine Darstellungen der Madonna lactans zu geben, deren Echtheit nicht angezweifelt wird. Cf. F.J. Ronig, 1974, S. 201.
8 Cf. z.B. Jan Metsijs' ›Flora mit einem Ausblick auf Antwerpen‹ vom Jahre 1559. Wenn also R. Huber, 1977, S. 54f., meint, »so manches Jesuskind hätte an der Mutterbrust kläglich verhungern müssen, wenn es nach den Madonnenmalern gegangen wäre«, weil diese der hl. Jungfrau winzige Nippel auf die Brüste gemalt hätten, so ist dies nicht durchgängig der Fall. Und *wenn* es sich so verhält, dann nicht, wie Huber meint, da realistische Brustwarzen häßlich seien, sondern weil große und besonders erigierte Nippel an den Zustand sexueller Erregung erinnern und deshalb anstößig sein könnten.
9 Cf. E. Fuchs, 1930, S. 59.
10 Zit. n. P. Jezler et al., 1984, S. 87f. »Man hat S. Bernhard also gemalt, daß er die Jungfrau Maria anbetete, welche ihrem Sohn Christus weiset die Brüste«, heißt es bei Luther, der die Darstellung solcher Entblößungen für schamlos hielt: »Man soll solche Gemälde wegtun« (zit. n. P.-K. Schuster, 1983, S. 254).
11 Cf. Aschenbrenner, a.a.O., S. 82.
12 Zit. n. E. Vavra, 1986, S. 292f.

13 Cf. D. Freedberg, 1989, S. 324.
14 A. a. O., S. 312, 332. Im Süden Spaniens werden der hl. Jungfrau noch heute Liebeslieder (*saetas*) gewidmet, und während der Prozessionen rufen die jungen Männer ihr häufig erotische Komplimente zu, die an die *piropos* erinnern, mit denen man auf der Straße schöne Frauen bedenkt. Cf. C. de la Lastra, 1986, S. 245.
15 Cf. z. B. P. Schubring, 1923, Abb. 828. Als völlig abartig und unanständig wurde ein derartiger Akt in der Wirklichkeit angesehen, z. B. im 16. Jahrhundert in St. Gallen, wo eine Frau »zwei Hünd wider alle menschliche Natur an Jre brüst angelait und derselben ihre Milch nießen und von ihr sugen lassen« (C. Moser-Nef, 1951, V, S. 332).
16 Cf. J. Bousquet, 1985, S. 167. »Who are so pure«, meint Freedberg (a. a. O., S. 360), »that when they see a painting like Rubens's *Cimon and Pero* (so say nothing of the Behams' prints of the subject) they will only draw the virtuous lesson?« In späterer Zeit verschmolz die Geschichte mit der von Lot und seinen Töchtern. Cf. R. Rosenblum, 1973, S. 45.
17 In China, Korea und Japan haben in der Tat immer wieder junge Frauen erwachsenen männlichen Familienmitgliedern die Brust gegeben, um sie zu verjüngen oder – im Falle ihrer Krankheit – zu heilen. Wie mir Dorothea Sich in einem Brief vom 25. März 1987 schrieb, sagten ihr in Korea einige Patientinnen, daß Männer offenbar aus diesen Gründen bisweilen an ihren Brustwarzen saugten: »Eine Patientin berichtete mir einmal, daß sie ihrem Mann immer eine Tasse voll Brustmilch für den Abend zurückstellen müsse, eine andere, daß ihr Mann irritiert sei, daß die Milch nicht mehr fließe. Sie wollte deshalb wieder schwanger werden.« Allerdings war das Nippelsaugen durch erwachsene Männer auch im Fernen Osten Gegenstand zahlreicher *erotischer* Bilder: Nach taoistischer Lehre sondern die Brustwarzen im Zustand sexueller Erregung eine feine, lebenserhaltende Flüssigkeit, »Korallenessenz«, »Schnee« oder »Saft des Apfels der Unsterblichkeit« genannt, ab, der von den Männern gerne während des Liebesspiels gesaugt wurde. Cf. N. Douglas/P. Slinger, 1984, S. 22; H. Hunger, 1984, S. 76.
18 Über den kranken Hendrick Goltzius heißt es beispielsweise: »Er trank darum einige Jahre Ziegenmilch und mußte sogar an Frauenbrüsten saugen, wovon er Besserung erhoffte« (C. van Mander, 1991, S. 336). Der 1573 verstorbene Arzt John Caius, Gründer des Oxforder Caius-Colleges, wurde auf dem Krankenbett von zwei Frauen, deren Namen verschwiegen wurden,

gesäugt. Die beiden hatten indessen so verschiedene Temperamente, daß die Milch der einen sich nicht mit der der anderen vertrug. Cf. V. A. Fildes, 1988, S. 73 f. Ein solches Säugen wurde freilich als absonderlich empfunden. Cf. z. B. S. Pepys, 1974, VIII, S. 543. Der letzte Großherzog der Toskana, Leopoldo II., wurde wegen seiner zarten Konstitution erst im Jahre 1818, d. h. im Alter von 21 Jahren, abgestillt und anschließend mit der Prinzessin von Sachsen verheiratet. Cf. P. Bargellini, 1980, III, S. 299.

19 Cf. D. Weinstein/R. M. Bell, 1982, S. 89 f.
20 Man denke etwa an das Gemälde von Jean-Jacques-François Le Barbier, auf dem die junge Frau eines Kaziken dem kranken Las Casas zur Erquickung die Brust reicht. Cf. H. Honour, 1976, S. 161.
21 T. Kleinspehn, 1987, S. 243.
22 So z. B. die berühmte ›Madonna che allatta il figlio‹ von Michelangelo. Cf. auch L. Silver, 1986, S. 26 ff.; H. Schmidt, 1928, S. 268; M. F. Durantini, 1983, S. 22; L. D. Cheney, 1988, S. 20; F. W. H. Hollstein, 1949, I, S. 145 f.; ders., 1950, III, S. 6; A. Turchini, 1983, S. 181, 193; K. G. Boon, 1976, S. 111, 155; ders., 1980, S. 191, 193, 235; A. M. Pachinger, 1906, S. 160; L. Birchler/O. Karrer, 1941, Tf. 77 & 89; R. Pallucchini, 1961, Abb. 343; J. Ronig, 1974, Abb. 374 f.; F. v. Zglinicki, 1983, S. 276 ff.; U. Schmitt-Lieb, 1987, S. 390; B. Schwering, 1987, Tf. 32; D. Alexander, 1977, I, S. 151; ders., 1977a, S. 475; W. Brückner, 1969, Tf. 78.
23 Cf. Vloberg, a. a. O., S. 77; J. Schewe, 1958, S. 63.
24 Das bedeutet natürlich nicht, daß sich niemand über solche Darstellungen aufgeregt hätte. So beauftragte z. B. im Jahre 1676 der Papst den bekannten Maler Carlo Maratto, die allzu üppigen entblößten Brüste der hl. Jungfrau, die zu Beginn des Jahrhunderts von Guido Reni gemalt worden war, durch Retuschen zu mäßigen. Cf. J. Clapp, 1972, S. 88. Im selben Jahrhundert wetterten auch die Puritaner gegen die freizügigen stillenden Madonnen der Katholiken. Cf. R. H. Bloch, 1978, S. 239; M. Warner, 1976, S. 203.
25 Cf. F. Borin, 1991, S. 219; C. Joannis, 1987, S. 69; M.-C. Hoock-Demarle, 1990, S. 99; J. Bruyn, 1987, S. 36; T. Döring, 1987, S. 80; H. Olbrich/H. Möbius, 1990, S. 153; G. Kocher, 1992, S. 160; J.-P. Goubert, 1988, Tf. 1; C. Duncan, 1973; J. Gelis, 1986, S. 320.
26 Cf. R. R. Brettell/C. B. Brettell, 1984, S. 58, 120; B. Laughton, 1991, S. 65, 105 f.; C. Yeldham, 1984, IV, Abb. 71 & 89; A. Burguiere, 1991, S. 116, 122; M. Jacobus, 1992, S. 56 f.; D. Rosenfeld, 1994, S. 15.
27 Cf. L. Nead, 1988, S. 27 bzw. F. Fay-Sallois, 1980, S. 146. Cf. auch

M. Mauvieux, 1988, S. 39; V. Birke, 1983, S. 76; M.-T. Duflot-Priot/Y.-E. Broutin, 1987, S. 176; T. Garb, 1985, S. 12 f.; H. York/B.L. Schlossman, 1982, S. 40; D. Spiess, 1990, S. 19, 85.
28 Cf. L. Davidoff/C. Hall, 1987, S. 399, 405.
29 Cf. D. Kift, 1991, S. 82. Heute ist dies bei proletarischen Müttern anders. Cf. M.-L. Plessen/P. v. Zahn, 1979, S. 116.
30 P. Horn, 1991, S. 104. In Italien wird die Gräfin damit wohl kaum die Aufmerksamkeit auf sich gezogen haben, da viele Italienerinnen in der Öffentlichkeit stillten, wobei sie sich allerdings – wenn man Genremalern wie Heinrich Bürkel vertrauen kann –, diskret abwandten. Cf. H.P. Bühler/A. Krückl, 1989, S. 135. Michael Ende schrieb mir (Brief vom 23. April 1986), er habe in Rom seit den frühen siebziger Jahren keine Frau mehr gesehen, die ihrem Kind vor Fremden die Brust gegeben hätte, und Thomas Hauschild teilte mir mit (Brief vom 27. Februar 1986), er habe während seiner Feldforschungen in Süditalien diese Praxis nie gesehen. Allerdings sagte mir unlängst ein apulischer Bauer, daß in seinem Dorf, in dem die meisten Bewohner griechischer Abstammung seien, das öffentliche Stillen noch heute in Gebrauch sei.
31 Ein solches Stillkleid ist z.B. auf einer Illustration zu den Amesbury Psalters aus der Mitte des 13. Jahrhunderts zu sehen. Auf einer Liste der Vermögensgegenstände des Skipton-Schlosses vom Jahre 1572, die freilich die Transkription eines viel älteren Verzeichnisses ist, steht: »Item one black damask nurcis [= ›Still-‹] gowne.« Es hatte wahrscheinlich einer gewissen Lady Eleanor Brandon gehört. Cf. P. Cunnington/C. Lucas, 1972, Pl. 1 & 2, S. 20. Man hat übrigens die These vertreten, daß die Frauen deshalb ihre Kleidung auf der linken Seite knöpften, weil sie das Kind auf dem linken Arm über dem Herzen trugen und so auf dezentere Weise stillen konnten. Cf. R. Broby-Johansen, 1968, S. 131.
32 Zit. n. R. Pearsall, 1969, S. 117. Stillschlitze sind auch auf Gillrays berühmter Karikatur ›A Fashionable Mama‹ vom Jahre 1796 zu sehen. Freilich handelt es sich hierbei nicht um eine wirklich getragene Kleidung, wie oft behauptet wird. Vielmehr macht Gillray einen satirischen Vorschlag, wie man die modischen Taschenschlitze der Frauenkleidung, etwas höher angesetzt, nutzbar machen könnte. Cf. T. Wright, 1868, S. 540.
33 R.W. Wertz/D.C. Wertz, 1989, S. 148.
34 Zit. n. T.G.H. Drake, 1948, S. 517.
35 Besonders Frauen von der Ostküste gaben als Grund, warum sie nicht stillen wollten, an, daß sie sich schämten, vor Dritten die

Brust entblößen zu müssen. Cf. S. Fisher, 1976, S. 154; N. Newton, 1968, S. 34; K. Tilli, 1991, S. 62; J.S. Victor, 1980, S. 124. Noch heute kann in einigen Staaten der USA eine in der Öffentlichkeit stillende Frau wegen »indecent exposure« abgeurteilt werden. Cf. *Weser-Kurier*, 14. März 1994; B.B. Harrell, 1981, S. 807. Die Autorin des weitverbreiteten amerikanischen Benimmbuches *Miss Manners' Guide to Excruciatingly Correct Behavior* meint gegenüber den Befürwortern des »naturalia non turpia«, daß das Stillen zwar in der Tat natürlich sei, aber bekanntlich zieme es sich nicht, alles das, was natürlich sei, auch in der Öffentlichkeit zu tun. Cf. J. Martin, 1983, S. 43. Ende der siebziger Jahre empfiehlt eine US-Autorin zunächst für Klinik und Privatsphäre einen »Still-BH mit Häkchen, bei dem Du die Brust ganz entblößen kannst«. An anderen Orten »wirst Du« jedoch »die BHs mit Häkchen und Schleifchen recht ungünstig finden, da sie ein unkompliziertes und unauffälliges Stillen in der Öffentlichkeit sehr erschweren. Viele Frauen ziehen daher BHs mit Klappe vor, bei denen lediglich der Warzenhof freigelegt wird. Frauen mit einem guten Bindegewebe und einer kleineren Brust gehen auch nach einiger Zeit dazu über, normale, elastische BHs zu tragen, deren Körbchen zu den Stillzeiten einfach unter die Brust gestülpt werden.« Gehe die Frau dabei dezent vor, würde kaum jemand den Vorgang bemerken. Sei jedoch – wenn sie z.B. ein ausgeschnittenes Sommerkleid trage – eine Entblößung unvermeidbar, dann könne sie »ein Tuch über Schulter, Kind und Brust« legen. »Eigentlich« sei das Stillen ja »solch ein natürlicher Vorgang, daß es selbstverständlich sein sollte, in der Öffentlichkeit das Kind anzulegen«, aber vorsichtshalber empfiehlt die Autorin der Mutter, sich während des Stillens von den anderen Personen abzuwenden. Etwas peinlich könne es allerdings werden, wenn das Baby beim Saugen schmatze. Cf. H. Lothrop, 1983, S. 148 ff., 188; ähnlich auch S. Brunn/E. Schmidt, 1979, S. 121. Eine unlängst in Großbritannien durchgeführte Umfrage ergab, daß viele Männer das öffentliche Stillen als anstößig empfinden und der Auffassung sind, die betreffenden Frauen zeigten »einen peinlichen Hang zum Exhibitionismus«. Insbesondere junge Männer zwischen 15 und 24 bezeichneten die Praxis als »unappetitlich«. Cf. *Rundbrief der Arbeitsgemeinschaft freier Stillgruppen* 5, 1994. (Den Hinweis auf diese Publikation verdanke ich Ines Albrecht-Engel.) Cf. auch N. Newton, 1973, S. 84.
36 T. Capote, 1993, S. 216.
37 G. Flaubert, 1973, S. 493. Im Jahre 1915 versuchte eine Französin in einem Bus ihrem schreienden Kind die Brust zu geben. Als das

Kleine sich weigerte, den Nippel in den Mund zu nehmen, drohte ihm die Mutter, sie werde gleich die Brust dem gegenüber sitzenden Herrn reichen, worauf dieser meinte: »Sehe ich denn so unterernährt aus?« Cf. M. Messenger, 1987, S. 16.

38 Er fuhr fort: »Von Riedlingen und Tettnang wird berichtet, daß manche das Stillgeschäft als eine Schweinerei ansehen, als ein Geschäft für Zigeunerinnen; man werde ausgelacht, wenn man stille« (zit. n. W. Kaschuba/C. Lipp, 1982, S. 563). Cf auch § 10, Anm. 36.

39 R.J. Pucher, 1992, S. 111. Auch in Niederbayern scheinen die Kinder nie nackte Frauenbrüste gesehen zu haben. So erzählt eine Bäuerin, wie sie eines Tages seltsame Beulen am Oberkörper entdeckte: »Ich erschrak sehr, getraute mich aber nicht zu fragen, um nicht ausgelacht zu werden. Die Beulen wurden von Woche zu Woche größer. Immer wenn ich mich gewaschen habe, waren sie schon wieder größer geworden. Ich war sehr beunruhigt. Ich drückte sie, sie waren ganz weich. Ich dachte, da ist Luft drinnen. So ging ich zur Nähschatulle, nahm eine dünne Nadel und stach hinein, damit die Luft herauskommt« (A. Wimschneider, 1987, S. 48). Auf dem polnischen Dorf entblößte eine Frau normalerweise nicht einmal vor ihrem Mann die Brüste – mit einer Ausnahme, nämlich wenn sie stillte. Cf. S. Benet, 1951, S. 175, 214.

40 Zit. n. H.P. Bleuel, 1972, S. 71.

41 Im Jahre 1910 hatten sich Frankfurter Bürger über ein solches Bild entrüstet. Geschäftsleute lehnten es ab, das »anstößige« Plakat auszuhängen, und die Damen, die Geld für die Säuglingsfürsorge sammelten, weigerten sich, eine Postkarte, auf der diese »unanständige« Mutter zu sehen war, zu verkaufen. Cf. V. Schmidt-Linsenhoff, 1981, S. 23.

42 Cf. S. Graham-Brown, 1988, S. 106f.; B. George, 1972, S. 52.

43 Tawfiq Dawani: Mündliche Mitteilung vom 27. Oktober 1986.

44 Vincent Crapanzano: Brief vom 22. September 1986.

45 Cf. H. Ammar, 1954, S. 100. Nach A.B. Rugh, 1986, S. 142f., würde heutzutage in Ägypten nur eine Frau der Unterschicht in der Öffentlichkeit stillen. Wie mir Erika Friedl-Löffler (in einem Brief vom 4. November 1986) schrieb, stillen die Frauen im westiranischen Zagros-Gebirge zwar öffentlich, doch sie ziehen den Chador dabei so über die Brust, daß diese samt dem Kopf des Säuglings bedeckt ist. M.M.J. Fischer, 1978, S. 208, meint, dies sei herkömmlicherweise in ganz Persien so üblich gewesen, während H. Masse, 1938, I, S. 49 schreibt, daß die Perserinnen dies aus Schamhaftigkeit nicht einmal im Familienkreis getan hätten. Vermutlich meint er Frauen in den Großstädten.

46 In der Gegend von Benares tragen die Frauen keine Bluse, sondern lediglich den *sāṛī* über den Brüsten, aber während des Stillens verhalten sich die Frauen sehr schamhaft. Früher scheint in Bhopal das Stillen vor Männern nicht üblich gewesen zu sein, und in den siebziger Jahren regten sich die alten Frauen über die »Schamlosigkeit« der jungen auf, die dies taten. So sagte eine ältere Frau: »Ich habe mein Baby im Haus gestillt, nie vor einem Mann außer dem eigenen. Und ich habe dies selbst dann vermieden, wenn eine Frau anwesend war.« Cf. D.A. Jacobson, 1980, S. 160. Cf. auch S. Fuchs, 1950, S. 336 (Nimar Balahi). Auf dem nordindischen Dorf stecken die Frauen den Kopf des Kindes meist unter den *sāṛī* (Detlef Kantowsky: Brief vom 30. August 1986).

47 Die Frauen der Haussa und die der Fulbe schämten sich früher beim Stillen sogar vor ihrem eigenen Mann. Cf. A.J.N. Tremearne, 1912, S. 164. Bei den Mongolen durfte eine Frau ihre Brust nicht zum Stillen entblößen, solange ihr Schwiegervater anwesend war. Cf. R. Hamayon/N. Bassanoff, 1973, S. 50.

48 So z.B. bei den Navaho (cf. W. Dyk, 1951, S. 109) oder bei den Cheyenne (Informantinnen der Tsitsistas, Juni 1982). Schon früher scheinen die Cheyenne-Frauen und insbesondere die jungen Mädchen (cf. T. Gladwin, 1957, S. 116) sich geschämt zu haben, vor Männern die Brust zu entblößen. Eine Ausnahme bildete anscheinend lediglich die Heilige Frau während der Neulebenshüttenzeremonie. Cf. H.P. Duerr, 1984, S. 24. Friderike Seithel teilte mir in einem Brief vom 2. Mai 1987 mit, sie könne sich nicht daran erinnern, jemals eine stillende Cheyenne-Frau gesehen zu haben, und auch beim engsten Zusammenleben habe nie eine Frau den Oberkörper entblößt. Karl Schlesier schrieb mir (in einem Brief vom 13. Februar 1987), eine Cheyenne würde nie vor ihrem Vater oder Bruder, geschweige vor einem fremden Mann die Brust entblößen, um ihr Kind anzulegen. Vielleicht würde sie es in Anwesenheit ihres Mannes tun, aber auch das sei nicht sicher. William K. Powers teilte mir dagegen (in einem Brief vom 4. März 1987) mit, daß die Frauen der Oglala noch in den fünfziger und wieder in den achtziger Jahren öffentlich stillten, wobei sie allerdings nie die Brüste entblößt, sondern den Kopf des Kindes unter die Bluse gesteckt hätten. Auch die Frauen der Kickapoo stillten unter ihren weiten Blusen so dezent, daß kaum einer es bemerkte. Cf. F.A. Latorre/D.L. Latorre, 1976, S. 182. Cf. auch R. Littlewood, 1983, S. 169 (Trinidad).

49 Cf. E. Pechuel-Loesche, 1878, S. 31, der ausdrücklich bemerkt, die Bafiote-Frauen hätten dies offenkundig aus Schamgefühl und

nicht aus Furcht vor dem Bösen Blick getan. In anderen Gesellschaften war indessen letzteres der Grund. Wenn z.B. die Frauen der Nandi östlich des Victoria-Sees früher europäische Baumwollkleider trugen, durch die sich ihre Brüste plastisch abbildeten, schlangen sie häufig ein dickes Tuch um dieselben, um sich vor dem Bösen Blick von Frauen mit häßlichen Brüsten zu schützen, die sie beneideten. Cf. F. Bryk, 1928, S.4. Bei den Agni-Bona und den Abron der Elfenbeinküste bedeckten die schwangeren Frauen, sobald sie das Haus verließen, die Brüste, um diese vor den Hexen (*mbayefwe*) zu bewahren. Cf. E. Cerulli, 1978, S.69f., 73. Im Punjab, bei den Chagga, Banjoro (Bakitara) und Borana bedeckten die stillenden Frauen die Brust, damit ihre Milch nicht versiegte. Cf. S.N. Dar, 1969, S.135; O.F. Raum, 1940, S.111; J. Roscoe, 1923, S.240; E. Haberland, 1963, S.48. Wenn im alten Schweden eine insgeheim unzüchtige Frau (*lönhore*) die nackte Brust einer stillenden Mutter sah, wurden diese und der Säugling krank. Cf. H.F. Feilberg, 1901, S.312; F. Eckstein, 1937, Sp. 1598. In Süditalien gaben sich vor allem jene Frauen, die pralle, vor Milch strotzende Brüste hatten, Mühe, diese vor dem Blick zu schützen, aber auch vor der Berührung durch eine Nachbarin oder eine andere Frau, die ihr aus Neid die Milch rauben könnten. Wenn z.B. in Colobraro eine Frau das Baby auf den Arm nahm und beim Zurückreichen die Brust der Mutter streifte, konnte diese Berührung die Milch versiegen lassen. In der Tat scheint es Mütter gegeben zu haben, die zu wenig Milch produzierten und die deshalb versuchten, mit besseren Milchdrüsen ausgestattete Nachbarinnen ›magisch‹ anzuzapfen. Entdeckte eine der letzteren, was vorgefallen war, so stellte sie sich vor der Räuberin auf. Beide entblößten daraufhin die Brüste, spritzten Milch heraus, und das Opfer sprach dazu: »Del tuo non ne voglio, e del mio non te ne voglio dare«, womit der Zauber rückgängig gemacht wurde. Cf. E. de Martino, 1976, S.42f.; ders., 1982, S.63f.

Anmerkungen zu §12

1 So z.B. im spätmittelalterlichen Nürnberg, wo man Säugammen in erster Linie in der reichen Oberschicht anstellte (cf. M. Beer, 1990, S.246f.), oder im frühneuzeitlichen Köln (cf. R. Jütte, 1991, S.61). Cf. allgemein M.L. King, 1990, S.287.
2 Die meisten Frauen der wohlhabenden Florentiner benutzten Ammen. C. Klapisch-Zuber, 1990, S.286, meint, diese Damen

seien eher bereit und fähig gewesen, zahlreiche Kinder zu bekommen, wenn ihnen das langwierige Stillen abgenommen wurde. Wenn ärmere Frauen eine Amme verpflichteten, taten sie dies allerdings meist aus anderen Gründen. So stellte im Jahre 1778 Prost le Royer, Lieutenant General der Lyoner Polizei, die rhetorische Frage, wie »une femme, chargee de vetir, d'approvisionner, & de nourrir une famille deja nombreuse, & travailler elle-meme pour subsister«, es sich leisten könne, dem jeweiligen Säugling auch noch selbst die Brust zu geben. Cf. N. Senior, 1982, S. 372. In England hatte die Aufforderung der Puritaner zum Selbststillen ein starkes antiaristokratisches Element.

3 Cf. King, a.a.O.; E. Koch, 1991, S. 62 f.; L.M. Paterson, 1993, S. 305.

4 Als im Jahre 1766 einige Frauen aus vermögenden Familien La Rochelles ihre Kinder wegen zahlreicher Todesfälle nicht mehr an Ammen abgaben und nicht nur selber, sondern sogar in der Öffentlichkeit stillten, galt das als degoutant. Cf. E. Shorter, 1977, S. 211. Sechs Jahre vorher meinte ein Verfechter der Selbststillpraxis, Desessarts, er wisse wohl, daß diese ein Phänomen sei, »qu'on ne rougit pas de taxer de folie« (zit. n. Senior, a.a.O., S. 379 f.). Das galt natürlich nur für gewisse gesellschaftliche Kreise, und selbst dort nicht immer, denn der im Jahre 1608 geborene Paul Beurrier schrieb beispielsweise, daß seine Mutter »aimoit si tendrement ses enfants, qu'elle voulut elle mesme estre leur mere nourrice« (zit. n. R. Muchembled, 1988, S. 347).

5 Im Jahre 1627 bemerkte Thomas Godfrey über sein dreizehntes Kind: »This child my wife nursed, being the first that ever she gave suck unto.« Daß zu jener Zeit in England das Selbststillen zumindest in den Kreisen des niederen Adels (Gentry) nicht selbstverständlich war, läßt sich vielleicht daran erkennen, daß Benjamin Brand im Jahre 1636 auf seinen Grabstein meißeln ließ, seine Frau habe ihm zwölf Kinder geschenkt, die sie sämtlich »mit ungeborgter Milch« ernährt habe. Cf. D.M. Palliser, 1983, S. 44. Allerdings wird dadurch deutlich, daß auch in diesen gesellschaftlichen Kreisen das Selbststillen etwas war, worauf man stolz sein konnte. So schrieb Frances Hatton drei Wochen nach der Geburt ihrer Tochter an ihren Mann: »There was but two things in the world that I set my heart upon. One the first was to suckle my poor child my self but my sore nipples would not give me leave. I am so really discontented at it that I believe I shall never be cheerful again but I am resolved if ever I should have another I must try again« (zit. n. L. Pollock, 1986, S. 64 f.). Auch auf dem Kontinent stillten in vielen Gegenden im 17. Jahrhundert

sogar adelige Damen ihre Kinder selber. So schrieb z.B. die Gräfin Franziska Slavata in einem Brief, daß sie »nach gemeinem Brauch anderer adelichen Muttern / keine fremde Saugamme hielte / sondern sie von eigenen Brüsten naehrete« (zit. n. B. Bastl, 1990, S. 382). Wie bereits erwähnt, war dies in gewissen Landschaften Süddeutschlands anders, wo es seit langem die »stark eingewurzelte Anschauung« gab, das Stillen überhaupt »sei wider die gute Sitte« (cf. G. Schreiber, 1918, S. 121, 143). So tadelte im Jahre 1773 der Arzt Edler von Leveling, daß von den Einwohnerinnen Ingolstadts »vielleicht unter 40 kaum eine« ihr Kind selber stille. Cf. H. Namgung, 1974, S. 44. Im ausgehenden 19. Jahrhundert hatte sich das in diesen Gegenden wohl zum Teil geändert, denn ein schwäbischer Bauer entsinnt sich, die Mütter hätten »halt ausgepackt, auf der Straße. Das ist eine ganz natürliche Sache gewesen« (S. Mutschler, 1985, S. 55).

6 Zit. n. M.F. Durantini, 1983, S. 18. Bis ins ausgehende 17. Jahrhundert stillten im Normalfall die Niederländerinnen aller Klassen ihre Kinder selber. Die Hochschätzung des ›Natürlichen‹ in der zweiten Hälfte des 18. Jahrhunderts führte zu einem ›Selbststillschub‹, der 1794 in der Bestimmung des Allgemeinen Preußischen Landrechts gipfelte, die jede Frau dazu verpflichtete, ihr Kind an die eigene Brust zu legen. Cf. M. Borkowsky, 1988, S. 172. In Nordamerika stillten die Frauen im 18. Jahrhundert im allgemeinen selber, und es gibt auch keine Anzeichen, daß die Damen in den Südstaaten Negerammen beschäftigt hätten. Recht typisch ist zu jener Zeit die Aussage einer Nelly Custis Lewis, die zu einer Freundin sagte, sie kenne »no delight equal to nursing«. Cf. M.B. Norton, 1980, S. 90f.

7 Zit. n. V.A. Fildes, 1986, S. 102; M. Salmon, 1994, S. 258.

8 Cf. M. Borkowsky, 1990, S. 54.

9 Cf. Paterson, a.a.O., S. 228; E. van de Walle, 1980, S. 163. Vermutlich mieteten bereits im vorklassischen Griechenland adelige Damen deshalb eine *titthe*. Ein anderer Grund war sicher, daß sie das Stillen als würdelos und als von anderen Aufgaben ablenkend empfanden. Cf. R. Garland, 1990, S. 113f.

10 Zit. n. B.H.E. Niestroj, 1985, S. 40.

11 Zit. n. M, Bauer, 1917, I, S. 290.

12 Cf. J. Gelis/M. Laget/M.-F. Morel, 1978, S. 160; ferner S.F.M. Grieco, 1991, S. 18; G. Vigarello, 1995, S. 89.

13 Manche Frauen banden auch Bandagen um den Bauch, damit dieser nicht zu schwabbelig würde. Cf. J. Gelis, 1988, S. 474f., 542.

14 Cf. R. Mandrou, 1975, S. 60.

15 Cf. D. Weinstein/R.M. Bell, 1982, S. 91.
16 Cf. W.M. Fues, 1990, S. 96. Auf der irischen Insel Inis Beag war das Stillen unüblich, weil es bedeutet hätte, einen ›sexuellen‹ Körperteil mit dem unschuldigen Kind in Verbindung zu bringen. Aber auch beim Liebesspiel wurden die Brüste allem Anschein nach aus Scham nicht berührt. Der Mann drückte lediglich in grober Weise den Hintern der Frau. Cf. J.C. Messenger, 1971, S. 29. Zur Stillscham in Irland cf. auch S. Kitzinger, 1983, S. 237f.
17 Zit. n. Fues, a.a.O., S. 96.
18 C.G. Salzmann, 1785, S. XVII.
19 Zit. n. K. Tilli, 1991, S. 55.
20 Natürlich gab es auch andere Gründe, warum manche Frauen nicht stillen wollten. So meinte z.B. der Verfasser des 1579 erschienenen Buches *The Arte and Science of preseruing Bodie and Soule in all healthe, Wisedome, and Catholike Religion*, schuld daran, daß viele Engländerinnen ihr Kind nicht mit ihren »own most tender breasts« nährten, seien »idleness, delicacy, or wantonness« (B.M. Berry, 1974, S. 576), und im Jahre 1650 beschimpfte ein gewisser Schuppius die Hanseatinnen: »Ihr wollt eine Amme haben, damit ihr glatt und schön bleibt und des nachts woll schlafen könnet« (K. Grobecker, 1976, S. 78). Man war auch in der frühen Neuzeit der Auffassung, die Muttermilch entstehe aus Blut und wandere von der Gebärmutter in die Brüste, d.h., das Kind entziehe der Mutter den kostbaren Lebenssaft, schwäche sie und ließe sie frühzeitig altern (cf. W. Gibson, 1989, S. 4; R. Perry, 1992, S. 122). Nach der Geburt seines Sohnes im Jahre 1783 schrieb Mozart an seinen Vater: »Auf das Milchfieber habe ich Sorge! Denn sie hat ziemliche Brüste! – Nun hat das Kind wider meinen Willen, und doch mit meinem Willen, eine Säug-Amme bekommen! Meine Frau, sei sie es imstande oder nicht, sollte niemals ihr Kind stillen, das war immer mein fester Vorsatz! – Allein, einer andern Milch« wollte er dem Kind auch nicht geben lassen. Vielmehr hatte er ursprünglich vor, daß es – wie seine Schwester – künstlich ernährt werde. Doch seine Schwiegermutter und die Hebamme hatten ihn schließlich davon überzeugt, daß bei einer solchen Ernährung die meisten Kinder »darauf gehen«. Cf. P. Lahnstein, 1970, S. 56.
21 Cf. R.V. Schnucker, 1980, S. 263.
22 Cf. V.A. Fildes, 1988, S. 134.
23 Cf. z.B. M.A. Kaplan, 1991, S. 49; M. Ringler, 1985, S. 183. Eine alte Sardin sagte: »Die Frauen der Schäfer und Bauern wollen stillen, aber die der Lehrer, Rechtsanwälte und Polizisten sind

pavone [= Pfauen]. Sie wollen schön sein, wollen bewundert werden – sie fühlen sich als was Besseres – und sie denken, daß das Stillen sie altern läßt« (zit. n. D. Raphael/F. Davis, 1985, S. 77). Herkömmlicherweise scheinen sich viele Frauen zu genieren, dies als den wahren Grund ihrer Still-Unlust anzugeben. Vielmehr sagten sie schon immer, sie hätten keine oder zu wenig Milch, weshalb bereits im Jahre 1591 Henrie Smith in *A Preparative to Marriage* ironisch kommentierte: »But whose breasts have this perpetual drought? Forsoothe it is like the goute [= Gicht], no beggars may have it, but citizens or Gentlewomen. In the 9 of *Hosea*, drie breasts are named for a curse: what lamentable happe have Gentlewomen to light upon this curse more than other? Sure if their breasts be drie, as they say, they should fast and pray together that this curse may bee removed from them« (zit. n. N.H. Keeble, 1994, S. 213).

24 Winckel nannte dies eine erbliche »Laktationsatrophie«. Cf. M. Borkowsky, 1988, S. 174.

25 Cf. K. Jax, 1933, S. 129, 188; D.E. Gerber, 1978, S. 208.

26 Zit. n. H. Ellis, 1928, IV, S. 156. Cf. auch J. Falke, 1857, S. 394.

27 Cf. J. Verdon, 1986, S. 338.

28 *Parzival* 258, 24 ff. Ähnlich auch: »hoch und kleine bruste / reht als ein apfel sinewel / wızer denn ie krıdemel / wæn ich, daz es wære« (*Reinfried v. Braunschweig* 2258 ff.), sowie im Schwank *Die Meierin mit der Geiß* (cf. M. Jonas, 1986, S. 76) oder bei Ulrich von Lichtenstein, der diese »brüstel« gar »hundert tusent tusent« mal mit Küssen bedecken möchte. Cf. P. Schultz, 1907, S. 34. Auch Matthäus von Vendome schrieb in seinem Leitfaden *Ars Versificatoria*, eine Dame müsse unbedingt *parca mammilla* haben. Cf. M. Jones, 1994, S. 221.

29 Zit. n. E.W. Klimowsky, 1956, S. 39. Cf. auch H.-W. Goetz, 1986, S. 57.

30 Als der Jüngling Partenopier sich unter der Bettdecke an der königlichen Meliur zu schaffen macht, heißt es: »sus greif er mit der hende sın / an die frouwen mit gelust / unde ruorte ir suezen brust / diu sam ein apfel was gedrat« (zit. n. G. Jung, 1921, S. 85). »Et regarde la pucelete«, heißt es in einer der *fabliaux* aus dem 13. Jahrhundert, »Cui primes point la mamelete / Enmi le piz com une pomme« (M.-T. Lorcin, 1984, S. 435). Eine Berliner Prostituierte des Jahres 1442 hieß dagegen »Else med den langen tytten« (Dr. v. Posern-Klett, 1874, S. 76).

31 Ähnlich beschreiben auch die italienischen Autoren des Spätmittelalters und der Frührenaissance wie Boccaccio, Ficino oder Federigo Luigini in seinem *Libro della Bella Donna* die idealen

Brüste. Cf. M.M. McGowan, 1985, S. 163 f.; G. Althoff, 1991, S. 79.

32 »Las teticas agudicas« wurden von den provençalischen und französischen Dichtern noch faszinierter besungen als z.B. von den deutschen: »Tetin refait, plus blanc qu'un œuf, / Tetin de satin blanc tout neuf, / Tetin qui fait honte a la Rose, / Tetin plus beau que nulle chose, / Tetin dur, non pas Tetin voire, / Mais petite boule d'Ivoire, / Au milieu duquel est assise, / Une Freze, ou une Cerise, / Quant on te voit il vient a maints / Une envie dedans les mains / De te taster, de te tenir« (zit. n. E.J. Dingwall, 1931, S. 21 f.).

33 Zit. n. Jones, a.a.O., S. 222. Voll des Lobes war hingegen im 15. Jahrhundert der schlesische Ritter Nikolaus von Poppelau, der anmerkte, daß die Mädchen in den Dörfern zwischen London und Cambridge »liebliche schöne hausbakene Busen« hätten. Cf. A. Kalckhoff, 1980, S. 375. Das Bauerntrampel hatte ansonsten im Gegensatz zur edlen Maid schwere Hängebrüste. So klärt in einem Fasnachtsspiel die junge Bauerntochter ihren Bräutigam auf: »Mein duetlein, oben klain und schmal / Und je groesser hinab gen tall, / Geformet gleich zwen glogen schwenglen, / Solt ich dich umb dein maul mit denglen« (zit. n. H. Ragotzky, 1983, S. 84).

34 K.A. Barack, 1881, I, S. 345.

35 Zit. n. Klimowsky, a.a.O., S. 38.

36 Zit. n. A. Schultz, 1889, S. 218. In einem französischen Stück aus dem 12. Jahrhundert, *De Tribus Puellis*, heißt es, daß die jungen Mädchen mit größeren Brüsten diese mit Hilfe eines Mieders zusammenquetschten, damit sie den Männern gefielen.

37 Zit. n. A. Schultz, 1892, S. 357. Gleichzeitig sagt Geiler aber auch: »Wenn sie nit brüst hon: so stossen sie dieselben weichen thüchlin in die glencken.«

38 Cf. H. Bächtold-Stäubli, 1931, Sp. 734 f.; P. Diepgen, 1933, S. 240.

39 Cf. ders., 1963, S. 116; S. Heißler/P. Blastenbrei, 1990, S. 93 f. Zu verschiedenen Zeiten und in den verschiedensten Gesellschaften sind große Brüste für ein Zeichen großer Libido gehalten worden. Die Balinesen sagen, daß Frauen mit üppigen Brüsten sich durch besonders starke Geschlechtslust auszeichneten und sich deshalb leicht »flachlegen« ließen. Cf. A. Duff-Cooper, 1985, S. 417. Nach Herder zeigt sich die Tatsache, daß »der sinnliche Trieb eine der Hauptglückseligkeiten« im Leben der Neger ist, darin, daß ihre »Lippen, die Brüste und die Geschlechtsglieder« so dick und groß seien. Cf. M. Henningsen, 1992, S. 841. Daß die üppigeren Brüste der Negerinnen ein Indiz für ihre größere se-

xuelle Leidenschaftlichkeit seien, wurde bereits Jahrhunderte vor der Aufklärung behauptet, und an dieser Auffassung hat sich auch heute kaum etwas geändert. Cf. W.D. Jordan, 1969, S. 501; V. Newall, 1980, S. 309 f.

40 Cf. J. Lange, 1903, S. 167. B. Haendcke, 1910, S. 39, meint, das brettartige Schnürleib habe einen Rundrücken, hängende Schultern, Engbrüstigkeit und einen prominenten Unterleib hervorgerufen. Das ist sicher richtig, aber die S-Linie ist gewiß keine ungewollte Konsequenz dieser Form von Schnürung gewesen.

41 »Kopf vor, Oberkörper zurückgebogen, Bauch vorgeschoben. Das macht schlank« (H. Krammer, 1961, S. 30).

42 Cf. G. Kannamüller, 1991, S. 32.

43 R. Merten, 1982, S. 12.

44 Cf. R. König, 1965, S. 554; J.A. Hobbs, 1991, S. 228 f. Bereits im Hochmittelalter drückten manche Damen verführerisch das Becken nach vorne, und William of Malmesbury schimpfte, weil einige männliche Modegecken es ihnen nachtaten. Cf. C.S. Jaeger, 1985, S. 181.

45 Cf. A.H. de Oliveira Marques, 1971, S. 87. Die Hüften hatten schlank zu sein – »Sie war so schmal in den Hüften, daß Ihr sie mit Euren beiden Händen hättet umspannen können«, heißt es in *Aucassin et Nicolette* (zit. n. R.H. Foerster, 1969, S. 116) – wie man überhaupt zwar schlanke, aber rundliche Formen liebte. Cf. A. Köhn, 1930, S. 92 f. Vorgetäuschte runde Bäuche gab es auch in späteren Zeiten. So verbreitete sich um 1758 die Mode der *paddies* aus Roßhaar und zuweilen sogar aus Zinn, wobei man »Dreimonats-« und »Sechsmonatspaddies« unterschied. Cf. G. Wittkop-Menardeau, 1985, S. 52.

46 Zit. n. A. Schultz, 1892, S. 311.

47 F. Villon, 1962, S. 20, in der Nachdichtung von Paul Zech. »La belle Heaulmière«, die im ausgehenden 14. Jahrhundert eine der bekanntesten Edelnutten von Paris gewesen war, ließ Villon zwar auch kleine Brüste und ein kleines »Gärtchen«, aber breite, schwere Hüften, pralle Lenden und dralle Schenkel haben: »Ces gentes espaulles menues, / Ces bras longs et ces mains traictisses / Petiz tetins, hanches charnues, / Eslevees, propres, faictisses / A tenir amoureuses lisses; / Ces larges rains, ce sadinet, / Assis sur grosses fermes cuisses, / Dedens son petit jardinet« (Villon: *Le Grant Testament* 53).

48 Dieselbe Körperhaltung – flache Brüste, nach vorne gedrückter Bauch – zeichnet auch die türkischen Damen des 16. und 17. Jahrhunderts aus (cf. P. Tuglaci, 1985, S. 28 f.). Sehr gut erkennbar ist diese S-Linie auf dem Kupferstich ›Eine türkische Prinzessin‹

von Georges de la Chapelle aus dem Jahre 1649. Cf. S. Germaner/Z. Inankur, 1989, S. 60.

49 Mehr noch als im nördlichen Europa wurde die ›Jugendlichkeit‹ der spätmittelalterlichen Damen im Italien des Quattrocento durch die hohe ›Jungmädchenstirn‹ betont, die man durch das Auszupfen der Stirnhaare erzielte. Auch die gezupften Augenbrauen, die man mit einem Farbstift dünn nachzog, vergrößerten die Stirn. Damit diese besser zur Geltung kam, ließen sich die Damen gerne im Profil portraitieren. Cf. R. Scholz, 1988, S. 67. Die Sittenprediger wetterten auch gegen diese Mode und malten aus, wie die betroffenen Frauen in der Hölle von den Teufeln in die Stirn gestochen wurden. Cf. J.J. Jusserand, 1970, S. 254.

50 Cf. K. Gaulhofer, 1930, S. 246.

Anmerkungen zu §13

1 Zit. n. H. Krammer, 1961, S. 33.
2 Cf. R. Wackernagel, 1916, II. 3, S. 908 bzw. H. Dürre, 1861, S. 664.
3 Cf. J. Gelis, 1988, S. 474 bzw. S.F.M. Grieco 1993, S. 58 bzw. A. Marwick, 1988, S. 70. Als klein und weit auseinanderstehend wurden 1511 die Brüste der Venus beschrieben. Cf. A. Gendre, 1983, S. 32.
4 Zit. n. E. Fuchs, 1911, S. 123.
5 Zit. n. R. Miquel, 1965, S. 38.
6 Cf. A.T. van Deursen, 1991, S. 82.
7 Cf. C.D. van Strien, 1993, S. 215.
8 Cf. F. Chandernagor, 1984, S. 194, 344.
9 Um die Mitte des 14. Jahrhunderts brachten zwar die portugiesischen Damen bisweilen unter dem Hemd und über den Brüsten sowie dem Unterbauch ein Futter an, aber nicht, um diese zu vergrößern, sondern um ihnen eine ideale runde Form zu geben. Cf. A.H. de Oliveira Marques, 1971, S. 79. Ein Gleiches taten zu jener Zeit, wie Franco Sacchetti es festhielt, die Florentinerinnen. Cf. H. Acton/E. Chaney, 1986, S. 239.
10 Cf. O. Stoll, 1908, S. 563f. Auch in England waren Salben und Öle auf dem Markt, die angeblich die Brüste strafften, härter und größer machten. Cf. M. George, 1988, S. 211.
11 Zit. n. *Bilderlexikon Kulturgeschichte*, Wien 1928, S. 200.
12 Bereits im Jahre 1618 wurde den jungen Damen in *La descouverte du style impudique des courtisanes de Normandie* geraten: »Celles qui auront la gorge blanche et bien taille et les testons blancs et bien releves, qu'elles se donnent bien garde de mettre

rien de leurs affutages [= Schleifen] au devant, qui empechent la vue des regardans, mais leur fasse souhaiter de s'en servir de coucinets [= Einlagen]« (zit. n. Miquel, a.a.O., S.40). Aus den *Instructions pour les jeunes dames* von Marie de Romieu geht hervor, daß Damen mit flachen Brüsten dieselben mit Baumwolleinlagen vergrößerten. Cf. G. Vigarello, 1989, S. 174.

13 J.M. Moscherosch, 1986, S. 36, 42.
14 Zit. n. M. Bauer, 1917, II, S. 17f. Etwas später heißt es: »Daß deine Bietzgen itzt so grosz und pausicht sein, / Will mir, Adalia, gar nicht in den Kopf hinein, / Drum lasz mich nur bei dir ein wenig visitieren, / Du sollst, ich wette, bald den hohen Berg verlieren. / Ich weisz, ich ziehe dir zwölf Stücken Lappen raus, / Dann sehn sie wie ein Beet mit Jüden-Kirschen aus« (zit. n. Fuchs, a.a.O., S.177).
15 Zit. n. A. Junker/E. Stille, 1988, S. 38. Die weiße Farbe war unabdingbar. So schwärmte etwa der Duc de Lauzun von »einem Busen von strahlender Weiße und frisch wie die Blätter einer Rose«. Cf. S. Tillyard, 1994, S.260. Und ähnlich äußerte sich bereits Simplicissimus Teutsch: »So ist ihr Hals ja schier so weiß / als eine gestandene Saurmilch / und ihre Brüstlein / die darunter ligen / seyn von gleicher Farb / und ohn Zweiffel so hart anzugreiffen / wie ein Gaiß-Mämm / die von übriger Milch strotzt: Sie seynd wol nicht so schlapp / wie die alte Weiber hatten / die mir neulich den Hindern butzten« (H.J.C. v.Grimmelshausen, 1669, S.154).
16 Cf. A. Salmond, 1991, S. 376. Natürlich gab es auch damals bisweilen Liebhaber voluminöserer Brüste. So gab z.B. im Jahre 1750 ein zweiundfünfzigjähriger »Country Gentleman« im *Daily Advertiser* ein Heiratsgesuch auf, in dem er eine Frau zwischen 14 und 45 Jahren suchte, »her bosom full, plump [= prall], firm and white«. Cf. D. Jarrett, 1974, S. 103.
17 Cf. L. Schiebinger, 1993, S. 163. Dies kann man auf vielen Photos erkennen. Cf. z.B. F. Hubmann, 1971, S. 128.
18 J.-J. Rousseau, 1907, S. 542f. »La forme d'un demi-globe« hatten nach Aussage des Arztes Nicolas Andry vom Jahre 1741 die idealen Brüste zu haben. »Mais les bonnes mamelles pour l'allaitement des enfants sont un peu pendantes« (Gelis, a.a.O., S. 542). Die halbkugelige Brust blieb auch das Ideal des 19. Jahrhunderts.
19 Cf. A.M. Annas, 1983, S.45.
20 Cf. P. Weber, 1980, S. 10.
21 Zit. n. R. Waldegg, 1957, S. 83f., 150.
22 Zit. n. F.S. Krauss, 1923, S.412. Auch in Venedig wurden die falschen Brüste und Hintern verboten. Cf. C. Hibbert, 1988, S. 176.

23 Ab ca. 1730 reichten manche Ausschnitte bis zum Bauch, über dem die Damen freilich ein separates Miederstück, den sogenannten »stomacher«, und oberhalb davon ein meist weißes Fichu trugen. Cf. M. Bradfield, 1968, S. 5 ff. Als beispielsweise im 19. Jahrhundert Charles Worth für eine junge Dame ein Abendkleid mit einem sehr tiefen V-Ausschnitt schneiderte, ließ diese ihre Zofe für das Dekolletee ein Tüllfichu herstellen. »Nothing remains exposed«, lautete ein Kommentar, »save the fact that she is a virgin« (P. Fryer, 1963, S. 180). Obgleich dieses Fichu ein unentbehrliches Accessoire des Anstands war – sein Herunterreißen galt als eine üble Form des tätlichen Angriffs und der Verletzung der weiblichen Ehre (cf. A. Barruol, 1989, S. 137) –, trugen manche jungen Frauen es aus Gründen der erotischen Werbung sehr nachlässig, so daß im frühen 18. Jahrhundert ein Autor ironisch fragte: »Was habt ihr denn für einen Halß, er geht ja biß auf die Brustknorbe?« (A. Schultz, 1890, S. 51). Und im Jahre 1756 wurde in Wil im Kanton St. Gallen bestimmt, daß »bey den Frowen Zimmern alle ärgerliche Blösse an Hals und Armen alle verboten sein, desgleichen die Mieder und Brusttücher wohl beschlossen sein sollten« (M. Bless-Grabher, 1979, S. 191).

24 Zit. n. E. Sturtevant, 1917, S. 349 f.

25 Cf. A. v. Heyden, 1889, S. 230 bzw. G. Lenning, 1956, S. 132 f., 139. »Ein anderer Gräuel des hiesigen Anzuges«, schrieb Georg Forster im Jahre 1790 über die Kleidung der Engländerinnen, »sind die Schnürbrüste, die so allgemein wie jemals getragen werden, und jetzt nur wegen der fürchterlich hohen Florbusen eine Exkrescenz vor der Brust bilden, welche wenigstens diesen zarten Theil vor Beschädigung sichert, aber zur Schönheit der weiblichen Figur nichts beiträgt« (G. Forster, 1893, S. 234).

26 Die Konstruktion hieß *buffont*. Cf. T. Wright, 1868, S. 534.

27 Zit. n. E. Glaser, 1993, S. 213.

28 Cf. M. Bringemeier, 1985, S. 331.

29 Cf. W. Rudeck, 1905, S. 84 f. Um 1800 wurden in Paris die falschen Brüste (»appas postiches«) unter der Bezeichnung »suppleants« verkauft. Cf. P. Binder, 1953, S. 123. Im Jahre 1867 bot eine französische Firma »poitrines adherentes« aus rosafarbenem Gummi an, »die den Atembewegungen mit mathematischer und perfekter Präzision« folgten. Cf. A. Gernsheim, 1963, S. 56; E. Ewing, 1978, S. 79. In England nannte man diese Artikel »palpitators«.

30 A. a. O., S. 56. Auf Grund der damals üblichen dünnen Stoffe gab es auch falsche Waden und »globes d'arriere«.

31 Binder, a. a. O., S. 128.

32 Cf. R. Jupont, 1961, S. 256.
33 Dior selber kommentierte, der Rock sei der Stiel und das Oberteil die Blüte: »Durch das Spiel eines neuen Abnähers blüht die Brust auf und vermittelt das Gefühl atmender Ungezwungenheit« (zit. n. G. Knopp, 1993, S. 12 f.).
34 Zit. n. R. Jogschies, 1990, S. 32; A. Delille/A. Grohn, 1990, S. 334.
35 Cf. A. Mazur, 1986, S. 293.
36 Zit. n. G.S. Freyermuth, 1996, S. 137.
37 Cf. C. Schmerl, 1980, S. 161.
38 Cf. *Stern* 29, 1995, S. 120.

Anmerkungen zu § 14

1 P. de Commerson, 1772, S. 277 f.
2 F. v. Reitzenstein, o. J., S. 127.
3 Cf. H. Ploss/M. Bartels, 1908, I, S. 362.
4 Wie mir Irene Löffler in einem Brief vom 28. April 1986 schrieb, sind die Tege in Gabun der Auffassung, daß die Brüste der Mädchen nur dann wachsen, wenn die jungen Männer daran ziehen. Früher tat dies der künftige Ehemann eines Mädchens, und heute tut es – sehr zum Mißfallen des Bräutigams – bisweilen der Lehrer. Als Irene den Frauen erzählte, daß ihre eigenen Brüste sich voll entwickelt hätten, ohne daß sich irgendein Mann daran zu schaffen machte, wollte ihr das niemand glauben. Ähnliche Vorstellungen gab es auch im südöstlichen Arnhemland (cf. V. K. Burbank, 1987, S. 227) sowie bei den Truk-Insulanern (cf. M. J. Swartz, 1958, S. 468) und bei den Parakuyo- und Loita-Massai, die der Meinung sind, die Brüste wüchsen erst dann, wenn ein Angehöriger der Altersklasse der Krieger (*moran*) »den Weg geöffnet«, d. h. mit dem betreffenden Mädchen geschlafen habe. Cf. M. Llewelyn-Davies, 1978, S. 229; U. v. Mitzlaff, 1988, S. 81.
5 Cf. G. Klemm, 1845, IV, S. 12 f.; Ploss/Bartels, a. a. O., S. 371; R. M. Arringer, 1908, S. 54 f. Dies bedeutet freilich allem Anschein nach nicht, daß weibliche Brüste *per se* als unerotisch galten – ganz im Gegenteil. So gab es bei den Tscherkessen und anderen nordkaukasischen Völkern Geschichten, in denen Männer beim Anblick der nackten Brüste einer Wäscherin ejakulieren. Cf. A. v. Löwis of Menar, 1910, S. 510. Nach H. Ellis, 1928, IV, S. 170, empfanden auch die Bulgaren stark entwickelte Brüste als häßlich. In manchen Gegenden Persiens sollen die Brüste eingeschnürt worden sein, damit sie nicht zu üppig wurden (cf. R. J.

Mehta, o.J., S. 224). Die indischen Bajadere, d.h. Tempeltänzerinnen, trugen eine Art hölzernen Büstenhalter, damit die Brüste in eine ideale Form wüchsen. Cf. S.N. Dar, 1969, S. 167. Dagegen banden sich die indischen Weltentsagerinnen, die von Männern nichts wissen wollten, die Brüste mit einem festen weißen Stoff völlig weg. Cf. G.S. Ghurye, 1951, S. 257. Auch bei uns preßten seit Jahrhunderten viele Nonnen mit üppigen Brüsten Feuerschwammscheiben auf dieselben, um sie vor allem durch das darin vorhandene Jod zum Schrumpfen zu bringen. Novizinnen hängte man häufig Sandsäckchen an die Brüste, damit diese schlaff wurden und sich durch die Kleidung weniger abzeichneten. Cf. G.-J. Witkowski, 1898, S. 51. Im allgemeinen wurden die Brüste indessen mit Bandagen flachgepreßt. Diejenigen Klosterschülerinnen der Schwestern von Bellevue dagegen, die über gut ausgebildete Brüste verfügten, nahmen bei jeder Mahlzeit ein gewisses Quantum eines aus Seerosen gewonnenen Pulvers zu sich, das nicht nur frigide machen, sondern auch die beschämenden »estomacs« zum Hängen bringen sollte. Exzentrikerinnen wie der seligen Marie-Marguerite Dufrost de Lajemmerais, der Gründerin der Kongregation der ›Grauen Schwestern der Liebe‹, genügten feste Bandagen nicht, und deshalb ersetzte sie diese durch stachelige Eisenketten, so daß sie stets eine blutüberströmte Brust hatte. Cf. ders., 1907, S. 24f.
6 Ploss/Bartels, a.a.O., S. 360.
7 Es heißt, daß als Folge die Dachauerinnen keine Brüste, sondern nurmehr Brustwarzen gehabt hätten, so daß sie ihre Kinder selbst dann nicht hätten stillen können, wenn sie dies gewollt hätten. Deshalb sei etwa die Hälfte aller Säuglinge gestorben. Cf. Arringer, a.a.O., S. 52f.
8 Und er führte weiter aus: »Das deutsch-tiroler Eheweib stillt ihr Neugeborenes nicht oder höchstens 2-3 Wochen, theils weil die Brüste atrophisch sind, theils weil das Stillen nicht Sitte ist. Es wird auch behauptet, dass sowohl die volle Brust als das Stillen von gewisser sehr massgebender Seite nicht gerne gesehen wird und darauf die so häufig anzutreffende künstlich herbeigeführte flache Büste zurückzuführen sei. So viel ist sicher, dass in Welschtirol der Holzpanzer fehlt und dort die weibliche Brust besser entwickelt ist als im deutschen Norden« (L. Kleinwächter, 1882, S. 275). Cf. auch C.H. Stratz, 1900, S. 124. Bereits im Jahre 1795 hatte der baltische Reisende Jacob Schulz über die Tirolerinnen berichtet: »Brüste und Schultern waren ganz bedeckt, teils durch den hohen und dicken Kragen des Kamisols, teils durch das steife Mieder, das bis unter das Kinn hinaufstieg und

noch quervor durch einen Latz unüberwindlich gemacht wurde« (zit. n. R. Rosenbaum, 1898, S. 58). Unter »Deutschtirol« sind das heutige Nord- und Südtirol zu verstehen.

9 Cf. H. Baumann, 1955, S. 69.
10 »Ueber den Schnürleib, so eigentlich nach der Natur die Brust frei lassen sollte, statt daß er solche zusammen presset, tragen sie Ueberzüge von Sammt« (zit. n. A. Birlinger, 1874, II, S. 403 f.).
11 A.a.O., S. 401. Im Jahre 1865 schreibt der schwäbische Arzt Buck: »Anstatt sich einer wohlgeformten Brust zu freuen, verkümmern unsere Landweiber dieses Organ durch enge Kleidung, Mieder usw. zu völliger Unbrauchbarkeit, will man nachher Kinder trinken lassen« (zit. n. G. Mentges, 1989, S. 118). Und 1886 heißt es über die weibliche Bevölkerung des Ellwanger Oberamts: »Die schönere Hälfte des Landvolks, Mädchen und Frauen, trägt kein geschnürtes Panzerkorsett, aber auch kein Leibchen, das die Rundungen des Busens trägt und erhält; die Brüste werden von dem Kleiderleib herunter gedrückt, auf die Rippen aufgepreßt und platt gedrückt. Solche Behandlung muß, abgesehen von anderen Nachtheilen, auf die Leistung der Milchquelle schädlich einwirken« (zit. n. G. Mentges, 1996, S. 194). Bei Trachten in anderen Gegenden – z.B. im Hunsrück – wurden die Mieder zwar ausgeschnitten, aber die Brüste zeichneten sich nicht ab, da man ein bauschiges Brusttuch darüber trug. Cf. G.W. Diener/W. Born, 1984, S. 67. Das bayrisch-österreichische Dirndl dagegen, das im gegebenen Fall viel von dem »Holz« zeigt, welches das Mädchen »vor der Hüttn« hat, ist keine alte Tracht. Dieser mit einem Mieder vernähte Rock entwickelte sich als Oberkleid erst um 1870 im Salzkammergut und in den Landschaften um den Tegernsee und Garmisch-Partenkirchen aus einer Unterkleidung, in der sich niemand in der Öffentlichkeit sehen ließ. Cf. F.C. Lipp, 1978, S. 30.
12 Nach Wilhelm von Rubruk (1984, S. 55) preßten z.B. auch die Mongolinnen – ähnlich wie die Chinesinnen – die Brüste flach, falls diese es nicht schon ohnehin waren. Gleichzeitig scheinen sie bei den jüngeren Frauen sehr schambesetzt gewesen zu sein. Cf. W. Heissig, 1981, S. 141.
13 Cf. J.K. Campbell, 1964, S. 287.
14 Cf. L.J. Kern, 1981, S. 350.
15 Zit. n. A. Bischoff-Luithlen, 1982, S. 63. Pietistinnen wie Eva v. Buttlar, die Frau des fürstlich-sächsischen Pagen-Hofmeisters, gestatteten den Frauen weder Dekolletes noch das Stillen ihrer Kinder, was sie freilich nicht daran hinderte, sich selber von Männern an den Nippeln saugen zu lassen, damit diese aus den

»Quellen der himmlischen Weisheit« gelabt wurden. Cf. F. Tanner, 1952, S. 85.

16 So heißt es in dem 1910 erschienenen Buch *Wie erhalten wir uns gesund und schön?* von Elly Vierath: »Eine wohlgeformte, schöne harte und pralle Brust ist hoch angesetzt und reicht von der dritten bis zur sechsten Reihe. Die bedeckende Haut muß so straff und elastisch sein, daß unter der Brust keine Falte entsteht. Die Form der Brüste ist halbkugelig oder scheibenförmig, auch kegelförmig. Andere Gestaltungen gelten bei uns nicht als schön. [...] Die Brustwarzen sollen mindestens 20 cm von einander entfernt sein und nicht zu sehr vorspringen. [...] Eine schöne, normale Brust soll so groß sein, daß sie von einer Männerhand eben noch umfaßt werden kann, wobei allerdings ein Spreizen der Finger gestattet sein darf« (zit. n. M.-L. Könneker, 1978, S. 215).

17 I. Bloch, 1908, S. 159. Im gleichen Jahr kommentierte die *Vogue*: »Die moderne Silhouette wird immer gerader, weniger Busen, weniger Hüften, hohe Taille, schlank und geschmeidig« (zit. n. P. White, 1989, S. 77).

18 Zit. n. D. Glatzer/R. Glatzer, 1986, S. 38.

19 Cf. D. Yarwood, 1952, S. 253.

20 Cf. L. Markun, 1930, S. 614. Selbst Poiret bezeichnete die Dekolletes des Jahres 1913 als »wirklich schamlos«, obgleich er im Jahr darauf sogar brustfreie Kostüme entwarf – allerdings nur für Sklavinnen und Kurtisanen in einem Theaterstück. Eine der Frauen, die in diesem Kostüm auftraten, war Mata Hari. Cf. White, a.a.O., S. 127f., 136.

21 Zit. n. S.D. Cashman, 1988, S. 236. Etwas später teilte die US-Miederwarenfirma H.W. Gossart Co. ihren Kundinnen mit, daß »the unnatural figure is no longer smart«: Heute trage man das unsichtbare Korsett, welches zugunsten der »straighter lines of youth« die weiblichen Ausbuchtungen vorne und hinten einebne. Cf. J.E. Dispenza, 1975, S. 106f.

22 J.M. Ussher, 1989, S. 38.

23 L.A. Hall, 1991, S. 137.

24 Und weiter: »Sie spreizt ihre Arme – sie dreht sich im Kreis. / Was will sie? Was hat sie? Was kann sie? – Wer weiß? / Wer ist dieses Ausrufungszeichen der Not? / Welch Abgesandter vom Tode? / Man weiß nicht – ist es der Hungertod? / Oder die neueste Linie der Mode?« (zit. n. U. Westphal, 1986, S. 83. Cf. auch D. Lorenz, 1995, S. 25).

25 Wie z.B. der Psychoanalytiker K.A. Menninger (1939, S. 519) meinte.

26 In England nannte man diese Linie »urchin [= Bengel] style« und

die Trägerin »flapper«, ein Slang-Ausdruck, der im frühen 20. Jahrhundert soviel wie »junges Ding« bedeutete. Um 1650 verstand man unter einem »flapper« eine junge Wildente, die mit den Flügeln schlug, um das Fliegen zu üben. Cf. C. Panati, 1991, S. 117.

27 Zit. n. H. Baum, 1993, S. 259. Kurz nach der Jahrhundertwende war die Rede vom »bon garçonnisme« der jungen Frauen, die kein Korsett benutzten. Cf. V. Steele, 1985, S. 186.

28 Cf. M.L. Roberts, 1993, S. 672; M. Pavillon, 1986, S. 92.

29 Über diese ›Zeit der Großmütter‹ schrieb damals eine Frau: »In those days, the contours of Ceres were more fashionable than those of Venus, and my mother's ripe curves were much admired. To conform to such standards, handkerchiefs padded out some of the bodices of her flatter-chested friends« (zit. n. V. Steele, a.a.O., S. 221).

30 Cf. J. Schuyf, 1993, S. 65.

31 Im allgemeinen haben nicht nur die »fems«, sondern auch die »butches« (»kesse Väter«) ein androgynes Ideal, was ihre Partnerinnen betrifft. Nach einer Umfrage zogen lediglich 3 % der weißen und 13 % der schwarzen Lesben eine Partnerin mit »distinguishable hips« vor; 29 % bzw. 45 % bevorzugten eine Partnerin mit »noticeable breasts«. Cf. S. Rose, 1994, S. 76. Dieses androgyne Ideal scheint allerdings erst seit den siebziger Jahren vorzuherrschen und entspricht feministischen Vorstellungen von »political correctness«. Früher lehnten meist nur die »butches« Brüste ab, und zwar bei sich selber, nicht bei ihrer Partnerin, und auch heute hassen es anscheinend die meisten, wenn eine »fem« ihnen an die Brüste faßt. Cf. D. Martin/P. Lyon, 1972, S. 74; C. Kitzinger, 1987, S. 146. In den fünfziger Jahren, als die BHs vorne spitz zuliefen, nähten viele »butches«, die üppige Brüste hatten, ihre Büstenhalter um oder trugen feste Bandagen, so daß die Brüste flachgepreßt wurden. Auch liebten sie weite Pullover, damit die Brüste sich nicht abzeichneten. Cf. E.L. Kennedy/M.D. Davis, 1993, S. 161. Eine lesbische Frau schreibt über ihre Jugend vor dem Zweiten Weltkrieg: »Das Wort ›Busen‹ oder ›Brust‹ war für mich etwas Unaussprechliches, ich wurde schon rot, wenn jemand anderes es aussprach« (L. Pagenstecher, 1995, S. 188).

32 Zit. n. J.-G. König, 1982, S. 136.

33 Deshalb galt vor allem in den USA die rauchende Frau als »sexy«. Cf. S. Ware, 1982, S. 63.

34 Zit. n. M. Pugh, 1992, S. 78.

35 Cf. W. Jansen, 1987, S. 75.

36 Im Jahre 1924 schrieb der Berliner Polizeipräsident an seinen

201 »Statuarische Pose« einer französischen Nacktänzerin, um 1925.

Dresdener Kollegen, die Brüste der Tänzerinnen müßten in der Weise bedeckt sein, daß die Nippel nicht gesehen werden könnten. Falls die jungen Frauen sich aber nicht bewegten, dürften ihre Brüste völlig entblößt sein. Cf. P. Jelavich, 1993, S. 162f.; L. Fischer, 1984, S. 24f. So traten auch im Jahre 1923 junge Frauen in der Revue ›Wien gib acht!‹ bis zur Hüfte entblößt in statuarischen Posen auf. Cf. F.-P. Kothes, 1977, S. 70. Cf. auch H. Pfeiffer, 1961, S. 56f. Im Winter 1922 gab es in Kiel einen Theaterskandal, als eine Schauspielerin mit nackten, »orangen geschminkten« Brüsten die Bühne betrat. Der Intendant und der Dramaturg wurden fristlos entlassen und das Theater geschlossen. Cf. C. Zuckmayer, 1977, S. 413.

37 Zit. n. Steele, a.a.O., S. 238f. Auch die Unterwäsche-Reklame der Zeit zeigte diese Idealbrust. Cf. z.B. A. Higonnet, 1994, S. 356.
38 Zit. n. P. Werner, 1990, S. 134.
39 Und weiter: »Sie lachen nur bei unsern Witzen / Und zeigen alles uns, was schön, / Bloß das, worauf die Damen sitzen, / Das hat die Welt noch nicht gesehn« (zit. n. Jansen, a.a.O., S. 52).
40 Cf. A. Jenkins, 1974, S. 62.
41 Cf. E. Ewing, 1978, S. 127.
42 Um Brüste und Hintern abzuflachen, gab es auch den »combinaire« aus Gummi, Satin oder fester weißer Baumwolle. Cf. D.

Caldwell, 1981, S. 37; B. Mundt, 1977, S. 119. Außerdem gelangten allerlei andere Schlankheitsmittel zur Anwendung, von der Rüttelmassage bis zu Brustsalben.
43 Cf. P. Fryer, 1963, S. 189.
44 Cf. F.L. Wangen/O.F. Scheuer, 1928, S. 170.
45 Zit. n. L. Baritz, 1970, S. 254.
46 Das Jahr darauf gab der Erzbischof von Freiburg einen ähnlichen Erlaß heraus. Cf. *Bilder-Lexikon Sexualwissenschaft*, Wien 1930, S. 474.
47 Cf. J.F. McMullin, 1984, S. 164.

Anmerkungen zu §15

1 Cf. L.C.B. Seaman, 1970, S. 63.
2 Cf. D. Caldwell, 1981, S. 45. Kurze Zeit später fand auch das weibliche Gesäß in der Mode wieder größere Beachtung. Bereits 1925 war ein BH auf dem Markt, der die Brüste wieder voneinander trennte, und ein Jahr später hieß es, daß »the bust is emphasized and the waistline indicated« (E. Ewing, 1978, S. 130).
3 Cf. W. Dölp, 1984, S. 128.
4 Zit. n. J. Laver, 1945, S. 134.
5 Cf. F. Montreynaud, 1989, S. 236.
6 R. Lothar, 1929, S. 76.
7 Cf. Laver, a.a.O., S. 149f.
8 Es heißt, daß die Rückendekolletes in Hollywood entstanden seien: Nachdem der ›Hays Code‹ im Jahre 1935 die tiefen Brustdekolletes untersagt habe, sei man auf die Rückenausschnitte ausgewichen. Das ist nicht richtig, denn es gab diese Dekolletes bei Abendkleidern schon einige Jahre früher und bei Badeanzügen bereits seit Jahrzehnten. Cf. E. Wilson, 1985, S. 92.
9 A. Jenkins, 1976, S. 33.
10 Eine aus den Südstaaten stammende Autorin behauptet indessen, daß dies für ihre Heimat nicht zutreffe: Die »Southerners« (»adders«) vernachlässigten die Brüste ihrer Sexualpartnerinnen völlig: »In a nation of breast men he stands alone in his utter lack of interest in breasts« (F. King, 1975, S. 99).
11 Zit. n. M.P. Ryan, 1975, S. 53.
12 Cf. L. Koehler, 1980, S. 81.
13 Zit. n. E.J. Dingwall, 1962, S. 45. Cf. auch G. Lenning, 1956, S. 112.
14 Cf. A.M. Earle, 1903, S. 609.
15 Zit. n. D. de Marly, 1990, S. 72.

16 Cf. Dingwall, a.a.O., S. 69.
17 Zit. n. Earle, a.a.O., S. 721.
18 Cf. Dingwall, a.a.O., S. 54.
19 F. Trollope, 1927, S. 258.
20 Zit. n. F.A. Parsons, 1923, S. 282. Diese Empfindlichkeit blieb bestehen. Noch um 1940 durften in Amerika eine ganze Reihe englischer Filme nicht gezeigt werden, weil darin im Empire-Stil gekleidete Frauen auftraten. Cf. G. Gorer, 1956, S. 47.
21 Zit. n. L. Markun, 1930, S. 465.
22 Zit. n. Earle, a.a.O., S. 786.
23 Cf. M. Sobel, 1987, S. 212.
24 Cf. M. Majer, 1989, S. 234.
25 Cf. L.W. Banner, 1983, S. 60.
26 Zit. n. S. Coontz, 1988, S. 230.
27 Wenn »the bosom and the arms« weniger entblößt gewesen wären, hieß es z.B. im Jahre 1818 über eine amerikanische Dame, dann hätte man ihr Abendkleid als »truly elegant« bezeichnen können. Cf. Earle, a.a.O., S. 775.
28 Zit. n. M. Rugoff, 1972, S. 105.
29 Cf. L.J. Kern, 1981, S. 38.
30 Cf. Banner, a.a.O., S. 61.
31 H. Ploß, 1872, S. 216.
32 Cf. Dingwall, a.a.O., S. 69.
33 Cf. a.a.O., S. 103.
34 Cf. J. Lecompte, 1986, S. 72 ff. Auch die Röcke der hispanischen Frauen waren viel kürzer als die der Anglo-Damen.
35 Cf. Banner, a.a.O., S. 80.
36 Cf. a.a.O., S. 104.
37 Cf. K. Daly, 1988, S. 190, 197.
38 T. Capote, 1993, S. 91 f.
39 Cf. H.M. Alexander, 1938, S. 18.
40 Cf. A. Laufe, 1978, S. 50.
41 Cf. J. Baker/J. Bouillon, 1976, S. 74. Unter Verkennung der Tatsachen schrieb z.B. Lynn Haney später: »Anders als viele weiße Frauen, die nackt und bläßlich aussehen und unnatürlich, trug Josephine Baker ihre Nacktheit so selbstsicher wie ein Panther sein Fell« (zit. n. D. Wildt, 1987, S. 123). 1935 hieß es in der italienischen Zeitschrift *Lei*: »Die Neger haben eine seidige Haut, nicht nur auf den Beinen, sondern am ganzen Körper, wie ein Pullover. Schauen Sie sich doch Josephine Baker an! Sie ist nackt, aber in ihrer Nacktheit bekleidet« (zit. n. K. Pinkus, 1995, S. 55). Und schließlich Harry Graf Kessler: »Ein bezauberndes Wesen, aber fast ganz unerotisch. Man denkt bei ihr an Erotik ebenso-

wenig wie bei einem schönen Raubtier« (zit. n. L. Fischer, 1989, S. 112). Mehrere Ethnologen, die als Feldforscher in Gegenden Westafrikas gearbeitet hatten, wo die Frauen ihre Brüste in der Öffentlichkeit unbedeckt trugen, sagten mir, daß sie eine Schwarze mit nacktem Oberkörper als viel weniger nackt empfunden hätten als eine Weiße. Auch Frauen, die sich am Strand ›oben ohne‹ bewegen, sagen, daß sie sich mit gebräunten Brüsten viel »angezogener« fühlten als mit weißen, zumal sich die Nippel dann nicht so deutlich von den Brüsten abheben wie bei weißer Haut. Cf. G.B. Goodhart, 1964, S. 560. Davon später mehr.

42 Cf. P. Rose, 1990, S. 22ff.

43 Als im Jahre 1964 die ›Folies Bergeres‹ in New York eröffnet wurden, durften die Showgirls nur mit bedeckten Brustwarzen auftreten. Andere Toplesstänzerinnen schminkten sich die Nippel zu, worauf die Zahl der Zuschauer abnahm. »If your nipples don't show«, meinte eine Tänzerin, »they think you're covered«. Cf. Ayalah/Weinstock, a.a.O., S. 76. Bereits im Jahre 1917 war Theda Bara als Kleopatra ›oben ohne‹ aufgetreten, allerdings mit konzentrischen Metallringen auf den Brüsten. Cf. G. Hanson, 1970, S. 62. In einer Duschszene des Filmes ›Doctor at Sea‹ aus dem Jahre 1955 trug Brigitte Bardot über den Nippeln Heftpflaster. Cf. R. Reichert, 1991, S. 98.

44 Cf. Laufe, a.a.O., S. 137f.; J.L. Hanna, 1988, S. 33. Im Jahre 1965 beanstandete die Zensurbehörde zunächst eine Szene aus dem Film ›The Pawnbroker‹, in welcher eine schwarze Prostituierte vor dem jüdischen Pfandleiher die Brüste entblößt. Daß die Szene, in der die Frau des Juden mit nacktem Oberkörper zu sehen ist, nicht zensiert wurde, begründete man damit, daß die Frau sich nicht bewegte. Schließlich ließ die Behörde die Szene mit der Negerin, nicht aber die mit der Weißen durchgehen, was ihr den Vorwurf des Rassismus einbrachte, da, wie es in der Kritik hieß, »films have always regarded the exposure of dark skins more indulgently than white«. Cf. J. Vizzard, 1970, S. 363; L.J. Leff/J.L. Simmons, 1990, S. 252. In dem 1959 gedrehten US-Spielfilm ›Hügel des Schreckens‹ mit Robert Mitchum gibt es allerdings eine Szene, in der man die nackten zitternden Brüste einer weißen Bartänzerin sehen kann, aber ich weiß nicht, ob dieser Film damals ungeschnitten gezeigt wurde.

45 Cf. Dingwall, a.a.O., S. 228. Im Jahre 1935 waren die Filmproduzenten Hollywoods mit folgendem Erlaß konfrontiert worden: »The Production Code makes it mandatory that the intimate parts of the body – specifically the breasts of women – be fully covered at all times. Any compromise with this regulation will

compel us to withhold approval of your picture« (zit. n. J. Izod, 1988, S. 107). In einer Zusatzbestimmung vom Oktober 1939 hieß es jedoch, dies »shall not be interpreted to exclude authentically photographed in a foreign land, of natives of such foreign land, showing native life, if such scenes are a necessary and integral part of a motion picture depicting exclusively such land and native life, provided that no such scenes shall be intrinsically objectionable nor made a part of any motion picture produced in any studio« (zit. n. Vizzard, a.a.O., S. 373). Ähnliche Bestimmungen gab es auch in Australien, wo z.B. in dem 1921 gedrehten Film ›Pearls and Savages‹ Szenen, in denen Trobrianderinnen mit nacktem Oberkörper zu sehen waren, nicht geschnitten wurden. Dagegen fielen entsprechende Szenen des 1933 auf Tahiti und Pitcairn gedrehten Filmes ›In the Wake of the Bounty‹ der Schere des Zensors zum Opfer. Cf. I. Bertrand, 1978, S. 150, 170. Dies vermutlich aus drei Gründen: Erstens trugen damals die Polynesierinnen im Gegensatz zu den Trobrianderinnen schon lange nicht mehr ›oben ohne‹. Zweitens tanzten die Polynesierinnen, so daß ihre Brüste auf und ab hüpften, und drittens waren die Polynesierinnen wesentlich hellhäutiger als ihre melanesischen Schwestern.

46 Cf. G. Gorer, 1956, S. 47. Auch die Briten hatten in dieser Hinsicht bereits im Ersten Weltkrieg Probleme. So war man sich z.B. nicht schlüssig, ob Brusttaschen auf den Uniformen der eingezogenen Frauen deren Brüste zu sehr akzentuierten oder eher verdeckten. Schließlich entschied man sich für taschenlose Uniformen. Cf. C. Enloe, 1983, S. 119. Im Zweiten Weltkrieg wurde vor abendlichen Tanzveranstaltungen überprüft, ob die weiblichen Angehörigen des Royal Naval Service auch die vorgeschriebenen »black-outs« trugen, »rugged black knickers with stout elastic at waist and knee«, Schutzvorrichtungen gegen unter dem Tisch oder beim Tanz ›wandernde‹ Männerhände. Cf. P. Fussell, 1989, S. 108.

47 Cf. Leff/Simmons, a.a.O., S. 112 ff.; E. de Grazia/R.K. Newman, 1982, S. 65 f. Ungleich weniger prüde war man zu dieser Zeit in Deutschland. So trug z.B. Marika Rökk in dem 1944 uraufgeführten Film ›Frau meiner Träume‹ ein »schwarzes, enges Kleid, tief bis zum Nabel dekolletiert« (M. Rökk, 1974, S. 133), und in dem 1943 gedrehten Film über den Untergang der Titanic tanzte auf dem Zwischendeck eine junge Frau mit völlig durchsichtiger Bluse.

48 Dort heißt es: »Transparent or translucent materials and silhouette are frequently more suggestive than actual exposure« (zit. n. Vizzard, a.a.O., S. 379).

49 Cf. P. Webb, 1983, S. 279. Nachdem bereits Anita Ekberg die Träger ihres Abendkleides hatte reißen lassen, so daß sie bis zum Nabel entblößt in der Öffentlichkeit stand (cf. H. Krammer, 1961, S. 136), verlor Jayne Mansfield ›unbeabsichtigt‹ beim Twist ihre Bluse. Cf. A. Eichstedt/B. Polster, 1985, S. 115.

50 Cf. D. Ayalah/I.J. Weinstock, 1979, S. 36. Dekolletes waren noch in den frühen Fünfzigern in mehreren Städten verboten worden, so z.B. in Milwaukee. Cf. G. Raeithel, 1989, S. 121.

51 Als die Gemaßregelte sich verteidigte und feststellte, sie habe sich »niemals büstenhalterlos präsentiert«, und selbst wenn sie dies getan hätte, so sei es unerheblich, da es bei ihr »nicht viel zu sehen« gebe, kündigte der General ihr fristlos. Cf. *Spiegel* 24, 1978.

52 Cf. H.P. Duerr, 1993, S. 53.

53 Als zum 200. Jahrestag des Sturms auf die Bastille eine amerikanische Briefmarke erschien, auf der Delacroix' ›Liberte‹, die das Volk auf die Barrikade führt, abgebildet war, mußte man feststellen, daß deren Brustwarzen wegretuschiert worden waren. Cf. *Spiegel* 51, 1988. 1976 schrieb ein amerikanischer Kunstprofessor im Kapitel ›Painting Nipples‹ seines Lehrbuchs zum Aktzeichnen: »Don't paint them in some sweet pink and avoid detail. This would attract attention, suggesting the kind of cheap erotic quality that is least desirable« (J. DeRuth, 1976, S. 125, zit. n. L. Nead, 1992, S. 54). Damit die Schulkinder nicht die Nippel auf der Statue der Häuptlingstochter Pocahontas im Louisiana State Museum sehen oder gar berühren konnten, wurde diese im Juni 1953 an einen abgelegenen Ort an der Hinterseite des Gebäudes verlegt. Cf. J. Clapp, 1972, S. 298. Wie der Donald Duck-Zeichner Carl Banks in einem Interview sagte, hatte Walt Disney seinen Zeichnern streng verboten, die weiblichen Comicfiguren wie Minnie Mouse oder Daisy Duck auch nur mit einer Andeutung von Brüsten zu versehen. Als Banks einmal gegen diese Anordnung verstieß, »hat es Ärger gegeben. Der Redakteur hat mich zusammengestaucht und erklärt: ›Du sollst den Enten keine Titten anhängen!‹ Von da an war ich auf der Hut« (*Spiegel* 24, 1994, S. 184).

54 Cf. D.L. Rhode, 1989, S. 249. Im Sommer 1977 vergewaltigte ein 15 Jahre alter Schüler ein sechzehnjähriges Mädchen in einem Treppenschacht in Madison, Wisconsin. In seiner Urteilsbegründung verlautete der Richter, die Unsitte der College-Girls, auf dem Campus der University of Wisconsin ohne BH unter dem T-Shirt herumzulaufen, errege eben die jungen Männer sexuell, so daß Vergewaltigungen verständlich seien: »Are we supposed

to take an impressionable person of 15 or 16 years of age who can respond to something like that and punish that person severely because they react to it normally?« Sprach's und setzte die moderate Strafe auf Bewährung aus. Cf. M.F. Hirsch, 1981, S. 76.

55 Schon im 17. und im 18. Jahrhundert waren Reisende aus dem Norden entsetzt über die Gewohnheit vieler Südstaatler, auf die in den Häfen liegenden Schiffe zu gehen, um auf ihnen die kaum bekleideten Negersklaven und vor allem -sklavinnen zu betrachten, deren Oberkörper nackt waren. Cf. M. Sobel, 1987, S. 134f. Während dieser Besuche befühlten die Männer gerne die Brüste der jungen Mädchen und Frauen (»to feel her titties«). So notierte z.B. im Dezember 1720 ein gewisser William Byrd: »I felt the breasts of the Negro girl which she resisted a little« (a.a.O., S. 147; cf. auch H.G. Gutman, 1979, S. 307). Allerdings taten dies manche potentiellen Käufer auch, um den körperlichen Zustand der Sklavinnen zu überprüfen. So heißt es z.B. in einem holländischen Handbuch für Sklavenhändler aus dem Jahre 1769, daß diese die Brüste der Frauen betasteten, um die Festigkeit zu prüfen und danach den Preis zu bestimmen. Cf. J.M. Postma, 1990, S. 236. Unmittelbar nach der Ankunft in ihren Bestimmungshäfen in Nordamerika erhielten die Frauen westliche Kleidung, die auch die Brüste bedeckte (cf. S. White/G. White, 1995, S. 151 f.), während in Lateinamerika die Negerinnen den Oberkörper häufig weiterhin unbedeckt trugen. So berichtet z.B. im Jahre 1616 der niederländische Jesuit Hubert Verdonck aus Neuspanien: »Cartagena ist eine schöne reiche Statt / darinn sehr wenig Indianer / aber an dero statt mehr dann zwölfftausent Schwartze Moren / die gehn alle / so wol ihre Weiber biß zu der gürtel Nakkendt« (zit. n. S. Sauer, 1992, S. 63). Freilich mußten in den nordamerikanischen Baumwollfeldern in manchen Gegenden nicht nur die Jungen, sondern auch die jungen Mädchen sogar völlig nackt arbeiten, was sie zutiefst beschämte. So erinnerte sich ein ehemaliger Sklave: »More than half of the gang was entirely naked. Several young girls who had arrived at puberty, wearing only the livery with which nature had ornamented them, and a great number of lads of an equal or superior age, appeared in the same custom« (C. Ball, 1854, S. 128f.).

56 Cf. H. Meyer, 1994, S. 161. Daß diese »mammary madness« mit der ›Hausfrauisierung‹ der Amerikanerinnen zusammenhänge, da nach dem Kriege viele Frauen aufhörten, außer Hause zu arbeiten – eine beliebte feministische These (cf. z.B. S. Bordo, 1993, S. 159) –, erscheint mir fragwürdig, da ja der erste große ›Big tits‹-Schub gerade *während* des Krieges einsetzte.

57 Cf. J.E. Dispenza, 1975, S. 94.
58 L. Lederer, 1980, S. 60. Im Jahre 1969 bestimmte die amerikanische Schauspielergewerkschaft ›Actors Equity‹, daß eine Schauspielerin bei Vorstellungsgesprächen nicht genötigt werden dürfe, ihre Brüste zu entblößen, damit diese inspiziert werden können. Cf. A.M. Rabenalt, 1970, S. 93. Der britische ›Equity Council‹ erließ eine entsprechende Verordnung. Cf. M. Billington, 1973, S. 218. Die starke Schambesetzung und Erotisierung der Brüste in den USA zeigt auch das gängige Ritual der ärztlichen Brustuntersuchung. Nachdem die Patientin Bluse und BH abgelegt hat, bedeckt die Arzthelferin die Brüste mit einem Tuch. Erst dann betritt der Arzt den Raum, entfernt das Tuch von der einen Brust, tastet sie ab, bedeckt sie wieder und tut dann dasselbe bei der anderen. Cf. M.A. Biggs/J.M. Henslin, 1971, S. 262.
59 Cf. *Spiegel* 40, 1968, S. 206. Die Schlagzeile der ersten Seite der *New York Times* vom 21. September lautete: »Ten Thousand Wait in Vain for Re-appearance of Wall Street's Sweater Girl«. Cf. D.E. Morrison/C.P. Holden, 1974, S. 348, 362. Peggy Somers hat mich auf einen Artikel im *Herald Tribune* (22. Juni 1996, S. 24) aufmerksam gemacht, in dem die Schauspielerin Gillian Anderson mit der Aussage zitiert wurde, sie befürchte, ihre Rolle in der – im übrigen sehr seriösen – Fernsehserie ›The X Files‹ zu verlieren, da die Produzenten »wanted somebody with more breasts«. Worauf die Zeitung fragte: »How many breasts did they have in mind?«
60 Cf. A. Lurie, 1981, S. 46.
61 Cf. R.J. Freedman, 1989, S. 166.
62 Cf. C. Winick, 1968, S. 292; Morrison/Holden, a.a.O., S. 356. Diese »training bras« werden meist ab dem Alter von sieben oder acht getragen, und es gab sie um das Jahr 1980 in den Größen AA und AAA.
63 Cf. M. Salutin, 1973, S. 190.
64 Cf. *Rhein-Neckar-Zeitung* vom 8.1.1992. Anfang der Neunziger ist »liposuction« in den USA die häufigste Schönheitsoperation, dicht gefolgt von Brustvergrößerung (Durchschnittspreis 2000 $). Cf. Bordo, a.a.O., S. 25.
65 Cf. R.T. Lakoff/R.L. Scherr, 1984, S. 173f.
66 Cf. W.H. Masters/V.E. Johnson/R.C. Kolodny, 1987, S. 50. In den frühen Siebzigern kamen auch Östrogen-Cremes auf den Markt, die angeblich die Brüste vergrößerten. In Wirklichkeit stimulierten sie freilich lediglich die Brustwarzen. Cf. J.E. Williams, 1974, S. 317.
67 *Tempo* 8, 1995, S. 48.

68 Cf. E.H. Lopez, 1979, S. 5. Ein ehemaliges amerikanisches Callgirl berichtet: »Fast alle Männer wollten meine Brüste sehen und küssen. Die Kunden baten uns am Telefon häufig, unsere Brüste zu beschreiben« (D. French/L. Lee, 1992, S. 57).
69 Cf. K. Shanor, 1979, S. 184.
70 Cf. J.S. Victor, 1980, S. 141. Nicht wenige Frauen scheinen durch die Stimulierung ihrer Brustwarzen eine größere Befriedigung zu erlangen als durch vaginalen Geschlechtsverkehr. Eine Frau mußte z.B., um zum Orgasmus zu kommen, sowohl beim Koitus als auch während der manuellen Reizung ihrer Klitoris an den Nippeln ›bespielt‹ werden. Cf. C.N. Sarlin, 1975, S. 353 f. Eine andere kam nur dadurch zum Höhepunkt, daß sie sich beständig einredete, »einen ganz festen, spitz vorspringenden Busen« zu haben (H. Mester, 1982, S. 83).
71 Cf. A. Scodel, 1957, S. 371 ff. A Kardiner (1961, S. 184 f.) versucht, das große erotische Interesse der Aloresen für Brüste durch die »Hunger-Frustrationen« der Kleinkinder zu erklären, die durch derartige Erfahrungen »fetischistisch« auf die Mutterbrüste »fixiert« würden. Zum einen ist freilich die Tatsache, daß man auf der Insel Alor selten drei- oder vierjährige Kinder sieht, die noch gestillt werden (cf. C. DuBois, 1961, S. 40), international gesehen durchaus nichts Ungewöhnliches, und das häufige Vorkommen des Themas Nahrung und Hunger in den Erzählungen und Legenden dieses Kulturkreises (mündliche Mitteilung von Karl-Heinz Kohl vom 30. Juli 1986) läßt sich eher durch reale Nahrungsknappheit als durch zu frühes Abstillen erklären. Zum anderen ist im Solor-Alor-Archipel, wie wir später sehen werden, gerade die ›große *Mutter*brust enterotisiert. Die Mütter der Colville- und Point Barrow-Eskimo im nördlichen Alaska stillten ihre Kinder viel früher ab als die Aloresen, und trotzdem spielten die Brüste im Liebesspiel, bei dem der Mann der Frau lediglich bisweilen zärtlich ins Genick biß, keine Rolle. Cf. R.F. Spencer, 1959, S. 235, 247. Dagegen wurden die Kinder der Polar-Eskimo mitunter acht Jahre lang gestillt, aber trotzdem liebten es die Männer, beim Liebesspiel die Brüste zu streicheln. Cf. J. Malaurie, 1979, S. 176, 380. Die Punjabis stillten ihre Kinder sehr lange, und diese entwickelten sich später meist zu ausgesprochenen »Brustfetischisten«. Cf. M.L. Darling, 1934, S. 70. Die tibetischen Frauen stillten ihre Kinder manchmal bis zum Alter von acht Jahren – die normale Entwöhnung fand zwischen drei und sechs statt (cf. G. Ludwar, 1975, S. 67 f.) –, und trotzdem stellen die entblößten weiblichen Brüste einen großen sexuellen Reiz dar und werden gerne von den Männern liebkost: »Ihre beiden

Brüste«, dichtete Lubsanjamtso, der fünfte Dalai Lama, »hell wie weiße Wolken am Himmel, / Erregen bodenlose Lust« (N. Tsultrem, 1982, S. 9. Ich danke Veronika Ronge für den Hinweis auf diese Stelle). Cf. auch K. Dowman, 1982, S. 58, 181.
72 Cf. O. Stoll, 1908, S. 878.
73 Cf. H. Lightfoot-Klein, 1992, S. 119.

Anmerkungen zu § 16

1 Cf. S. B. Beck, 1979, S. 19. In Europa präsentierte die Mode im Frühling 1964 sehr gewagte, bis zur Taille reichende »Sommer-Dekolletes« für »junge Frauen und Mädchen mit kleinen Brüsten«, die den Busen – wie einst bei Agnes Sorel – völlig entblößten. Cf. *burda*, Modesonderheft, Frühjahr 1964, S. 40.
2 Cf. A. Mazur, 1986, S. 294.
3 Cf. E. Shorter, 1994, S. 191. Dieser Trend hielt an. Cf. J. L. Anderson, 1988, S. 321.
4 Mit ›Amerika‹ sind hier die USA gemeint. In Brasilien beispielsweise herrscht herkömmlicherweise das Schönheitsideal der kleinen Brüste, und viele junge Mädchen träumen davon, sie sich eines Tages verkleinern zu lassen. Es gibt im Lande mehr als 400 Schönheitschirurgen, die teilweise sehr populär sind, aber auch viele Stümper und Kurpfuscher, die häufig mit katastrophalen Folgen für die Frauen operieren. Cf. *Spiegel* 24, 1993, S. 182.
5 »I was desperate for a big bust«, bekannte Twiggy später, »although flat-chested was getting to be the look« (zit. n. A. Marwick, 1988, S. 374).
6 ›In‹ war »the curvaceous woman who is likened to Marilyn Monroe if only she had exercised a little more«. Freilich durfte sie nicht zu viele Muskeln haben – selbst Bodybuilderinnen wurden Punkte abgezogen, wenn sie zu muskulös waren. Cf. A. Bolin, 1992, S. 87 ff.
7 Etwas übertreibend meint C. McDowell (1992, S. 175) hierzu: »Many homosexual designers are repulsed by female breasts. As far as they are concerned, artificial, predictable and controllable silicone versions are far preferable.« Zum Leidwesen dieser Models scheint sich heute, gegen Ende des 2. Jahrtausends, eine Rückkehr zu kleineren Brüsten anzudeuten.
8 Cf. D. Caldwell, 1981, S. 124, 129. Die Anregung zum Entwurf des ›Monokinis‹ hatte Gernreich von dem florentinischen Modefachmann Emilio Pucci empfangen.
9 Cf. R. Ames/S. W. Brown/N. L. Weiner, 1970, S. 36.

10 Cf. z.B. S. Marinatos, 1967, S. A 51 oder P. Connolly, 1986, S. 73. A.C. Vaughan, 1959, S. 129, meint, daß lediglich stillende Mütter diese Kleidung getragen hätten. Auf manchen Goldringen tragen die Frauen den ganzen Oberkörper unbedeckt. Cf. H.P. Duerr, 1984, S. 186.
11 Cf. C. Verlinden, 1984, S. 107.
12 Bei der Figurine handelt es sich um die sogenannte Fitzwilliam-Göttin. Zwei Figurinen aus Mochlos und Mallia weisen statt Brustwarzen Löcher auf. Vermutlich füllte man die Figurinen mit Milch, die dann aus diesen Öffnungen floß. Cf. G.C. Gesell, 1983, S. 94.
13 Nicht bei allen. Cf. P. Faure, 1976, S. 270, 369.
14 Cf. C. Picard, 1938, S. 62; H.E.L. Mellersh, 1967, S. 65 f.; F. Boucher, 1983, S. 85; R. Castleden, 1990, S. 13. Die busenfreien Damen der Malereien von Thera pflücken Krokusse, und zwar anscheinend, um sie der Göttin auf deren Bergheiligtum zu opfern. Cf. S.A. Immerwahr, 1983, S. 148.
15 Vielleicht trugen die Priesterinnen eine transparente Chemisette über den Brüsten. Cf. M.G. Houston, 1947, S. 18; E. Abrahams/ M.M. Evans, 1964, S. 12. Marinatos (a.a.O., S. A 30) dachte an ein feines weißes Tuch aus Linnen. Die Brüste der mykenischen Frauen sind auf den Malereien zwar bedeckt – anscheinend sollen sie Blusen unter den Leibchen tragen –, doch sind die Brustwarzen mit dem Warzenhof dargestellt. So hat z.B. die Akrotiri-Dame mit den schweren, herabhängenden Brüsten eine große rote Brustwarze, die nach N. Marinatos (1984, S. 101) anzeigen soll, daß sie stillt.
16 Cf. K. Kerenyi, 1976, S. 108. Ob die Brüste im minoischen Kreta besonders erogen und schambesetzt waren, weiß man nicht. Auf alle Fälle waren sie es bei den späteren Griechen. Die Silene griffen den Mänaden an die τιτδια, die Männer den Frauen im allgemeinen, und die Lesbierinnen liebkosten sie einander gegenseitig. Cf. H. Licht, o.J., S. 226; J. Henderson, 1975, S. 149; L. Dunant/P. Lemarchand, 1977, S. 142 ff. Auch betrachteten die Männer voller Lust, wenn bei einer sich erregenden Frau die Brüste größer wurden und die Brustwarzen sich durch das Gewand abzeichneten. Als Aphrodite vor Paris die Brüste entblößte, hatte sie den Wettbewerb schon gewonnen. Cf. D.E. Gerber, 1978, S. 205 ff.
17 Cf. W. Barthelmess, 1994, S. 18.
18 J. Laver, 1945, S. 176.
19 Cf. H. Masalskis, 1964, S. 72; O. Neuloh/W. Zilius, 1982, S. 128. Bereits im Jahre 1924 hatte der Nudist Hans Suren die Erlaubnis

für Frauen und junge Mädchen gefordert, ›oben ohne‹ am Strand erscheinen zu dürfen: »Auch sie wollen wie die Männer mit freiem Oberkörper, bekleidet nur mit einer Badehose, baden können« (zit. n. D. Wildt, 1987, S. 110).
20 Ich habe zahlreiche Frauen befragt, die damals junge Mädchen waren, aber keine konnte die Behauptung Lavers bestätigen. Lediglich meine Mutter sagte mir, daß sich um 1932 im südlichen Strandbad von Mannheim, von der Öffentlichkeit abgesondert, einige wenige besonders wagemutige Mädchen ›oben ohne‹ gesonnt hätten, worüber viel gemunkelt worden sei.
21 Zit. n. C. Schütze, 1985, S. 212.
22 A.a.O., S. 208. Auch der Vatikan verbot den »Monokini« auf der Stelle.
23 Cf. W. M. Mandel, 1975, S. 256.
24 Zum ersten Mal in der Geschichte der Sowjetunion entblößte allerdings erst im Jahre 1988 die Schauspielerin Jelena Silina die Brüste auf einer Theaterbühne, und zwar im Moskauer Jermolewa-Theater in dem Stück ›Im Jahre 2 der Freiheit‹. Cf. *Spiegel* 40, 1988. Inzwischen spielen sich auf russischen Bühnen ganz andere Szenen ab (Abb. 202).

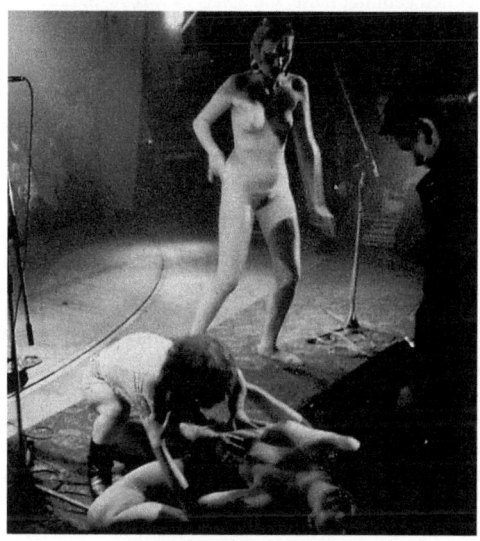

202 Auftritt der Heavy Metal-Gruppe ›Korrosija Metala‹ in Moskau, 1993.

25 Cf. Schütze, a.a.O., S. 200.
26 Cf. *Spiegel* 30, 1978, S. 122f. In Kreta drohten freilich immer noch 170 DM Geldbuße oder wahlweise 15 Tage Haft (cf. *Frankfurter Rundschau*, 3. August 1978), und auf Naxos fand C. Stewart (1985, S. 49) in einem Dorfcafe Handzettel mit der Aufschrift: »Griechische Männer, griechische Frauen! Der Nudismus [gemeint war das ›Oben ohne‹-Gehen] ist eine Mode, die der Satan in Szene setzt, indem er degenerierte Wesen aus dem Ausland (*ekphyla onta tou exoterikou*) benutzt, um die Menschen zu ruinieren und um Schande und geistigen Tod zu bringen!« 1986 wurden in Sardinien zwei schwedische ›Oben ohne‹-Touristinnen von Einheimischen gesteinigt, und drei Jahre später widerfuhr dies einer Italienerin an einem ligurischen Strand durch einen halbwüchsigen Gymnasiasten. Cf. *Spiegel* 14, 1989, S. 215. In einigen mediterranen Gegenden wie z.B. Nordzypern ist das ›Oben ohne‹-Baden selbst an den einsamsten Stränden auch heute noch ein Unternehmen mit hohem Risiko. Cf. C. Petry, 1995, S. 69.
27 Vorausgegangen war, daß im Sommer 1978 die Berner Polizeidirektion das ›Oben ohne‹-Gehen in öffentlichen Bädern ausdrücklich gebilligt hatte. Cf. *Spiegel* 30, 1978, S. 124.
28 Zit. n. M. Jäger, 1992, S. 292.
29 Im Sommer 1989 ließ die Zürcher Stadtverwaltung sogar das *bütteln*, d.h. das hüllenlose Baden, in sämtlichen öffentlichen Badeanstalten zu. Nach einer Umfrage sprachen sich lediglich 18% der Zürcher gegen diese Verordnung »strikt« aus. Cf. *Neue Revue* 33, 1989. Im Frühsommer 1986 hatte die Heidelberger Stadtverwaltung auf der Neuenheimer Neckarwiese Schilder aufstellen lassen, auf denen den Sonnenbadenden empfohlen wurde, doch wenigstens die Genitalien zu bedecken, »weil es die Rücksicht gebietet«. Das ›Oben ohne‹-Baden der Frauen war kein Thema mehr. Nach einer bundesdeutschen Umfrage vom Jahre 1988 fanden von tausend befragten Frauen zwischen 16 und 80 Jahren 44% »nichts dabei«, sich am Strand öffentlich ›oben ohne‹ zu bewegen. Immerhin 13% der unter dreißigjährigen Frauen erklärten sich auch bereit, ›unten ohne‹ am »passenden Ort«, vor allem an Stränden und in Badeanstalten zu erscheinen. Cf. *Rhein-Neckar-Zeitung* vom 15. Juni 1988. Nach einer zwei Jahre zuvor durchgeführten Befragung hatten von allen Frauen lediglich 33% das öffentliche Baden mit nacktem Unterleib an öffentlichen Orten als »anstößig« bezeichnet. Cf. a.a.O., 17. April 1986.
30 Cf. Schütze, a.a.O., S. 203ff.

31 1980 entblößten zahlreiche Teilnehmerinnen an den Paraden der *escolas de samba* und Besucherinnen von Karnevalsbällen ihre Oberkörper, obgleich die Stadtverwaltung von Rio dies untersagt und ein Entblößen der Brüste auf die Strände beschränkt hatte. Im darauffolgenden Jahr zeigten viele junge Frauen im feinen Club ›Canecao‹ ihre nackten Brüste, und in einem anderen Club war es gar über die Hälfte der weiblichen Gäste. Während die Lesben sich diesbezüglich im allgemeinen sehr zurückhielten, war zehn Jahre später für heterosexuelle Frauen das abendliche Erscheinen mit unbedeckter Brust fast *de rigueur*. Cf. M.I. Pereira de Queiroz, 1992, S. 136f., 144, 149f. Insbesondere während des Karnevals gehen in Rio und anderen großen Städten Brasiliens zahlreiche junge Mädchen und Frauen ›oben ohne‹ auf die Straße sowie in Bars und Clubs (cf. F.L. Whitam/R.M. Mathy, 1986, S. 141), und als im Jahre 1994 das Entblößen der Brüste an den Stränden von Rio verboten wurde, blieb diese Freiheit für die Karnevalszeit unangetastet (*3 sat* vom 28. Februar 1995). Früher zeigten lediglich die öffentlichen Huren an den Fenstern der Bordelle die Brüste (cf. S.L. Graham, 1988, S. 45), doch anscheinend bedeckten auch manche armen Negerinnen ihren Oberkörper so unvollkommen, daß 1870 der Stadtrat verlautete, sie sollten künftig »anständige Kleidung« tragen, »d.h., daß sie keine Teile des Körpers sehen lassen, die der öffentlichen Ehrbarkeit und Moral gegenüber anstößig sind« (a.a.O., S. 93). Offenbar mißachteten manche Frauen zumindest in fremder Umgebung solche Anordnungen. Jedenfalls wurde im Jahre 1875 am Strand von Burg auf Fehmarn eine ›oben ohne‹ badende »schwarzhaarige glutäugige Brasilianerin« von einem »lustwandelnden« Honoratioren-Ehepaar »mit zwei konfirmierten Töchtern« gesichtet, das sofort die Polizei alarmierte. Als diese eintraf, hatte sich bereits eine dichte Menschenmenge gebildet, die sich diesen Anblick nicht entgehen lassen wollte. Cf. P. Wiepert, 1957, S. 71.
32 Cf. W.D. Lorensen, 1983, S. 1496.
33 *Rhein-Neckar-Zeitung* vom 13. Dezember 1988. Im Jahre 1994 kam es an den Stränden der Ostküste zu zahlreichen Verhaftungen von Frauen, die ihre Brüste gar nicht und ihre Hinterbacken nur unzureichend bedeckt hatten. In Tennessee wurde ein Boutiquebesitzer vor Gericht gestellt, weil er Schaufensterpuppen mit »nacktem Oberkörper« hatte herumstehen lassen. Cf. *Weser-Kurier* vom 14. März 1994. Die staatliche Rundfunk- und Fernsehaufsichtsbehörde FCC bedroht jede kommerzielle TV-Anstalt mit Lizenzentzug, falls sie Frauen mit entblößten Brüsten

zeigt. Erlaubt sind lediglich nackte Rücken, aber auch nur dann, wenn die Betreffende auf »aufreizende Bewegungen« verzichtet.

34 Am Mardi Gras in New Orleans konnte man noch am Ende der achtziger Jahre auf den Straßen Frauen sehen, die lediglich einen winzigen »G-string« trugen. Cf. S. Kinser, 1990, S. 266f.

35 *Weser-Kurier* vom 12. November 1993.

36 *RTL2*, 6. April 1995. Bereits von Jean Harlow hieß es, sie habe sich vor den Filmaufnahmen Eiswürfel an die Nippel gehalten, damit diese sich deutlicher durch den Stoff abzeichneten. Cf. G.S. Freyermuth/R. Fabian, 1984, S. 314. Im Jahre 1929 hatte sie sich in einem semitransparenten Schleier ablichten lassen, durch den ihre Brustwarzen deutlich zu sehen waren. Cf. J. Kobal, 1980, S. 52f. In den siebziger Jahren legten sich manche junge Amerikanerinnen Eisstücke auf die Brustwarzen, bevor sie abends ausgingen. Cf. D. Ayalah/I.J. Weinstock, 1979, S. 99.

37 *Rhein-Neckar-Zeitung* vom 10. August 1988. Im Jahr davor mußte allerdings in Venedig eine Frau, die mit entblößten Brüsten durch die Stadt schlenderte, wegen »unzivilisierten« Verhaltens mit einer – nicht allzu empfindlichen – Geldbuße von 50000 Lire rechnen (a.a.O., 7. Juli 1987). Auch in Kalabrien und in Sizilien wurden in dieser Zeit noch Touristinnen mit nacktem Oberkörper wegen »Verletzung des Schamgefühls in der Öffentlichkeit« bestraft. Cf. D. Polaczek, 1988, S. 150.

38 Cf. *Spiegel* 35, 1982, S. 135.

39 *Spiegel* 34, 1995, S. 200f. Auch an den französischen Stränden werden ›oben ohne‹ sonnenbadende Frauen mit Hängebrüsten meist mit derart ablehnenden Blicken bedacht, daß sie freiwillig den Strand verlassen oder das Oberteil anziehen. »Les seins tout mous et tout flasques qui pendouillent dans tous les sens c'est vraiment affreux« – so ein Strandbesucher. Cf. J.-C. Kaufmann, 1995, S. 155.

40 So sagte z.B. eine vierundzwanzigjährige Frau, die am Strand das Oberteil abzulegen pflegt, über die Frauen, deren Brüste bereits ein wenig ›fallen‹: »C'est vrai que moi ça me choque.« Und eine andere, noch jüngere: »A 25 ans on n'est plus trop dans le coup, on ne veut plus montrer ses seins« (a.a.O., S. 83f.).

41 Cf. E. Herold/B. Corbesi/J. Collins, 1994, S. 141.

42 In dieser Pose wurden bereits in der Kolonialzeit häufig barbusige »schwarze Schönheiten« photographiert. Cf. R. Corbey, 1988, S. 79. In einem neueren Fachbuch für Aktphotographie heißt es ganz unverblümt: »Eine Busenform, die vielleicht zum Hinfassen noch ganz schön sein mag – für das Aktfoto reicht sie nicht mehr, wenn auch nur die geringsten Bedenken bestehen.«

Denn: »Große Busen haben meist einen nicht sehr fotogenen Nachteil: sie sind der Anziehungskraft der Erde in besonderem Maße ausgeliefert. Wenn das Modell sexy im Ausdruck ist oder sonst eine gute Figur hat, dann fotografieren Sie es, wenn es die verlorengegangene Schwebekraft seines Busens vielleicht mit verschränkten Unterarmen etwas unterstützt. Oder liegend« (zit. n. C. Schmerl, 1992, S. 159).

43 Eine junge Frau, die selber ›Oben ohne‹-Praktikantin ist: »Y en a qui sont quand meme pas genees de faire les seins nus alors qu'elles ont pas de seins« (Kaufmann, a.a.O., S. 94).

44 Dies mußte beispielsweise im Jahre 1994 die *RTL*-Moderatorin Esther Schweins erfahren. Nachdem sie bei einer Bambi-Verleihung in einem »Röntgen-Abendkleid« aufgetreten war, mokierte sich anderntags die Presse über ihren »Spiegeleier-Busen«.

45 Cf. F.-C. Schroeder, 1992, S. 61.

46 W. Davis (1991, S. 98) erklärt dies damit, daß Liane sich eben in der »Natur« bewegt habe (und nicht in einem Schlafzimmer). Dies erscheint mir nicht zutreffend, denn Ulla Jakobsen bewegte sich 1952 in ›Sie tanzte nur einen Sommer‹ ebenfalls »in der Natur«, d.h., sie badete in einem Waldsee, doch der Film löste dennoch einen Skandal aus, da die schwedische Schauspielerin eine reife Frau war.

47 Kaufmann, a.a.O., S. 59, 184.

48 Was die Brustscham der Irinnen anbetrifft, so gibt es seit den ältesten Zeiten widerspruchsvolle Informationen, und zwar je nachdem, in welchem Licht die Berichterstatter die Inselbewohner sahen. Auf der einen Seite wurden die dortigen Frauen bereits zu Beginn der Kolonisierung als schamlos und geil beschrieben, »more lewd than lewdness itself«, wie William Camden es im Jahre 1610 formulierte (cf. W. Palmer, 1992, S. 707f.), und im Jahre 1596 berichtete Edmund Spenser: »In the remote parts where the English Lawes and manners are unknowne, the very cheefe of the Irish, as well men and women, goe naked in very Winter time, onely having their privy parts covered with a ragge of linnen, and their bodies with a loose mantell, so as it would turne a mans stomacke to see an old woman in the morning before breakefast« (zit. n. R. Jones/P. Stallybrass, 1992, S. 166). Ähnlich, nur etwas lyrischer, schilderte fast drei Jahrhunderte später ein deutscher Reisender ein junges Mädchen, das ihm in Connemara handgestrickte Socken zum Verkauf angeboten hatte: »Ich muß sagen, sie ging beinahe nackt. Sie hatte ein zerrissenes Hemd an, das bis an die Knie reichte, und darüber einige rothe Lappen, die Nichts von den Körperreizen dieses prächti-

gen Geschöpfs verbargen, sondern sie noch erhöhten, indem sie dastand – auf einem Felsstück, in der Abenddämmerung – die rothen Fetzen flatternd über den nackten Waden, das schwarze Haar flatternd um das Oval des schönen mattbraunen Gesichts, und den vollen, jungfräulichen Busen enthüllt, je nachdem der Heidewind das Hemd hob oder senkte« (J. Rodenberg, 1860, S. 138). Und im Jahre 1779 mutmaßte der englische Reisende Philip Luckombe, es könne gewiß vorkommen, daß ein Junge die nackten Brüste seiner Schwester sehe, da auf dem Lande ja die ganze Familie in *einem* Raume übernachte, doch würde ihn dieser Anblick wohl kaum sexuell erregen: »One of these poor souls is no more influenced by the nude bosom of a sister than in a more affluent state he would be at seeing it covered with gauze« (E. MacLysaght, 1939, S. 68). Auf der anderen Seite hob z.B. im Jahre 1645 Dottore Dionysius Massari, der Sekretär des Erzbischofs Rinuccini, die außerordentliche Schamhaftigkeit der irischen Frauen hervor (cf. J. Carty, 1949, S. 15), und andere Reisende berichteten in dieser Zeit, daß selbst die armen Landweiber stets darauf achteten, daß über dem Leibchen ein Busentuch den Ansatz der Brüste bedeckte. Cf. F. Hottenroth, 1891, S. 145. Daß die Brüste der Frauen damals schambesetzt waren, geht auch indirekt aus einem Bericht von John Dunton hervor, der mitteilte, daß im 17. Jahrhundert die »strolling courteous ladies« von Dublin dadurch gedemütigt wurden, daß man sie mitunter »forced to expose their lily white skin down to the waist at a cart's tail« (MacLysaght, a.a.O., S. 382), und Henry Mayhew schrieb im Jahre 1850 über die Londoner »lodging houses« der untersten Kategorie, in denen zahlreiche Betten in einem einzigen Raum standen: »The Irish women are as bad as the others with respect to language; but I have known them keep themselves covered in bed when the other women were outraging modesty or decency« (E.R. Pike, 1967, S. 299). Dasselbe hatte schon ein halbes Jahrhundert zuvor Edward Wakefield beobachtet. Cf. S.J. Connolly, 1982, S. 192. Auf den Inseln der Gaeltacht hätte früher eine Frau niemals die Brüste vor dem anderen Geschlecht entblößt, und wenn sie sich am Samstagabend wusch, dann nur das Gesicht, den Hals und die Extremitäten, und auch diese ausschließlich im stillen Kämmerlein. Beim ›Baden‹ im Meer wateten die Frauen lediglich im seichten Wasser herum und hoben die Röcke – wenn sie alleine waren – maximal bis zu den Knien hoch. Geschlafen wurde stets in der Unterwäsche, nie nackt, und keine Frau hätte ihr Hemd in Anwesenheit eines anderen Menschen gewechselt. Cf. J.C. Messenger, 1971, S. 18f. Auf den Auswanderungsschiffen im 19. Jahrhundert,

auf denen es praktisch keine Privatsphäre gab, wuschen sich die irischen, aber auch die hochlandschottischen Frauen im Gegensatz zu den englischen anscheinend überhaupt nicht. Cf. D. Charlwood, 1981, S. 165 f.
49 *Rhein-Neckar-Zeitung* vom 14. Januar 1989.
50 Sowohl die singhalesischen als auch die tamilischen Frauen bedecken herkömmlicherweise beim Baden den Körper von den

203 Badende Tamilin.

Knien bis zu den Achseln. Auch ein junges Mädchen entblößte nie den Oberkörper, sobald die Brüste zu sprießen begannen. Cf. P. Wirz, 1941, S. 273; N. D. Wijesekera, 1949, S. 118; M. Carrithers, 1983, S. 188. Allerdings trugen *Mütter* früher bisweilen den Oberkörper frei, aber nur im Hausbereich. Cf. R. K. de Silva/W. G. M. Beumer, 1988, S. 358, 373, 376. Bereits in den siebziger Jahren lösten ›alternative Rucksacktouristinnen‹, die nonchalant ihre Brüste entblößten, großen Unmut aus. Nachdem im Süden Sri Lankas ein junger Amerikaner, der sich sogar ganz hüllenlos am Dorfbrunnen zu waschen pflegte, auf dezente Hinweise der Einheimischen nicht reagierte, schlich sich eines Tages eine alte Frau an ihn heran und brandmarkte ihn mit einem rotglühenden Schüreisen auf dem nackten Hintern. Cf. R. O'Grady, 1992, S. 102.
51 Cf. F. K. Errington, 1984, S. 63. Erstaunlicherweise bedeckten bei den matrilinearen Minangkabau die Frauen die Brüste, während die Frauen vieler patrilinearer Gesellschaften Sumatras den Oberkörper entblößt trugen. Cf. O. J. A. Collet, 1925, S. 359 f., 435. Wie mir Ute Metje mitteilte, sah sie selbst im Haus nie eine

Minangkabau-Frau ›oben ohne‹. Die Frauenkleidung ist weder weit ausgeschnitten noch enganliegend. Als die Ethnologin einmal den obersten Knopf ihrer Bluse offen ließ, sagte eine Frau barsch, dies sei schamlos und knöpfte die Bluse zu. Cf. dies., 1995, S. 201, 204.
52 Cf. J. Fiske/B. Hodge/G. Turner, 1987, S. 63.
53 Herkömmlicherweise bedecken auf Bali die öffentlichen Huren die Brüste. Cf. L. Blank, 1969, S. 19. Doch sie entblößen sie auf Wunsch des Kunden.
54 Henning Eichberg schrieb mir in einem Brief vom 17. Mai 1986, daß heute die Frauen der Sakuddai, wenn sie sich in Richtung auf Muara Siberut bewegten, wo die Behörden und die Polizeistation sich befinden, die Brüste bedecken, was sie in ihrem Dorf nicht tun. Die knapp bekleideten Touristinnen werden hingegen als unanständig empfunden, weil sie so bekleidet *zu Besuch* kommen.
55 Dies rät z. B. A. Groh, 1992, S. 138f. Zum »going native« cf. auch H. P. Duerr, 1978, S. 158.
56 C. Makhlouf, 1979, S. 37f.
57 Cf. Kaufmann, a. a. O., S. 148f. Auf die Frage, ob die Frauen ins Nudistencamp gingen, um sich nackt zur Schau zu stellen und sich dadurch sexuell zu erregen, antwortete vor mehr als zwanzig Jahren ein amerikanischer Anhänger der Nacktkultur: »Almost everybody simply because of the fact that our society hooks up nudity to sex. But I don't think it persists« (R. W. Winslow/V. Winslow, 1974, S. 150). Nach einer anonymen Umfrage unter amerikanischen Nudistinnen gaben 9 % der Befragten an, sie seien aus sexuellen Motiven Nudisten geworden, vor allem, um sich fremden Männern nackt präsentieren zu können, was sie sehr genössen. Cf. M. F. De Martino, 1969, S. 169f. Auf der anderen Seite wollten manche Nudistinnen keine einzelnen Männer, d. h. solche ohne Frauen, im Camp, weil sie das Gefühl hatten, daß jene nur kamen, »to oggle them«. Cf. G. S. Page, 1971, S. 396.
58 Kaufmann, a. a. O., S. 134f., 137f.
59 Von den insgesamt befragten australischen Studentinnen hielten 27 % Exhibitionismus für das Motiv des ›Oben ohne‹-Gehens. 62 % waren der Überzeugung, daß die nackten Brüste der männlichen Strandbesucher sexuell stimulierten, und ein Drittel glaubte, ›Oben ohne‹-Frauen würden eher sexuell belästigt als solche mit Oberteil. Cf. E. Herold et al., 1994, S. 137f. Es ist auffallend, daß die jungen Australierinnen insgesamt gesehen viel eher bereit waren, die starke sexuelle Komponente des ›Oben ohne‹-Gehens zuzugeben als die Französinnen. Vermutlich liegt

dies nicht daran, daß die Australierinnen in höherem Maße sexuell motiviert wären, sondern daß sie *anonym* befragt wurden, was bei den Französinnen nicht der Fall war.
60 Kaufmann, a.a.O., S. 53; Herold et al., a.a.O., S. 137. Eine Umfrage ergab, daß für viele Frauen die Brüste *das* Potenzsymbol und daher von allergrößter Bedeutung für ihr Selbstbewußtsein sind. ›Mütterlichkeit‹ oder ›sexuelle Lust‹ verbanden die befragten Frauen erst in zweiter Linie mit ihren Brüsten. Cf. I. Lackinger/S. Glang/I. Rechenberger, 1993, S. 1202 sowie H.P. Duerr, 1993, §3.
61 Cf. *Spiegel* 35, 1969, S. 140.
62 Cf. K. Fraser, 1981, S. 251.
63 Zit. n. G. Heuer, 1978, S. 11. Noch im Jahrzehnt davor hatten sich viele junge Mädchen, die keine BHs trugen, Heftpflaster über die Nippel geklebt, damit diese sich *nicht* abzeichneten. Cf. Ayalah/Weinstock, a.a.O., S. 80.

Anmerkungen zu §17

1 R. Harré, 1990, S. 196.
2 »Je ne suis pas tres fiere de ma poitrine«, sagte z.B. eine zweiundvierzigjährige Französin, »alors je vais pas la montrer« (J.-C. Kaufmann, 1995, S. 149). Von britischen Frauen, die der Meinung waren, ihre Brüste seien zu klein, gaben 100% an, daß sie sich schämten, vor anderen Frauen den Oberkörper zu entblößen. 79% sagten, sie schämten sich davor, mit nackten Brüsten von ihrem Mann gesehen zu werden. Von der Kontrollgruppe waren es 14 bzw. 7%. Cf. S. Beale/H.-O. Lisper/B. Palm, 1980, S. 135.
3 *Anonym* gaben freilich 31% der befragten australischen Studentinnen zu, sie legten zwar am Strand das Oberteil ab, fühlten sich dabei jedoch »uncomfortable«. Fast die Hälfte der jungen Frauen erklärte, wegen ihrer entblößten Brüste sexuell belästigt worden zu sein. Cf. E. Herold et al., 1994, S. 137.
4 Cf. Kaufmann, a.a.O., S. 195.
5 Cf. Herold et al., a.a.O., S. 138. 77% nannten als Motiv gleichmäßige Bräune, 42% weil es »natürlich« sei. Cf. auch Kaufmann, a.a.O., S. 45 f., 49 f. Von den *anonym* Befragten, die nicht ›oben ohne‹ gehen, gaben 48% als Grund »Scham« an, 25% weil sie nicht wollten, daß die Männer ihre nackten Brüste sehen, etwa ein Drittel, weil so etwas »unmoralisch« sei, und ebenfalls ungefähr ein Drittel, weil ihre Brüste »unattraktiv« seien.

6 *Rhein-Neckar-Zeitung* vom 30. Mai 1992.
7 Cf. P. Glynn, 1982, S. 53 f.
8 *La Nazione* vom 15. Januar 1996.
9 Noch im Jahrzehnt zuvor hatte eine amerikanische Tennisspielerin großes Aufsehen erregt, weil sie zwischen zwei Sätzen ihre durchgeschwitzte Bluse gewechselt hatte, so daß sie für einen Augenblick im BH zu sehen war. Als im Juni 1988 Barbara Potter in Wimbledon das Trikot wechseln wollte und darum bat, daß man ihr Tücher vorhielt, wurde ihr der Kleidungswechsel mit der Begründung verboten, die tuchhaltenden Balljungen könnten durch den Anblick einer jungen Frau im Büstenhalter sittlich gefährdet werden. Frauensportarten wie Leichtathletik oder Turnen ziehen heute wohl auch deshalb so viele männliche Zuschauer an, weil sich durch die Sportkleidung viele Details des weiblichen Körpers abzeichnen. Cf. L.J. Kolnes, 1995, S. 67. So sagte z.B. ein Berliner Ethnologe, der sich im Fernsehen gerne die jungen Mädchen beim Geräteturnen und ähnlichen Sportarten anschaut: »Das finde ich hocherotisch ... Die Frauen sind meistens sehr hübsch. Und bei der richtigen Kameraeinstellung sieht man sehr viel, die ziehen da mehr ab als normalerweise eine in der Peepshow« (zit. n. H. Bilitewski et al., 1991, S. 95).
10 Cf. R. Gaudriault, 1983, S. 94. Schon im 3. und im 4. Jahrhundert wurden gewisse römische ›Damen‹ öffentlich kritisiert, weil sie »Gewänder aus chinesischer Seide« trugen, die semitransparent waren. Cf. J. Clapp, 1972, S. 27.
11 Diese Mode stand in Rußland offenbar im Zusammenhang mit jener Bewegung, in deren Demonstrationszügen im Jahre 1922 auf den Straßen von Moskau, Petrograd, Odessa, Saratow und anderen Städten Transparente mit der Aufschrift »Nieder mit dem Schamgefühl!« hochgehalten wurden. Die Demonstranten wurden teils von der Polizei, teils, wie es hieß, von »entrüsteten Arbeitern« vertrieben und einige der unbekleideten Demonstrantinnen sogar an Ort und Stelle öffentlich vergewaltigt. Cf. M. Stern/A. Stern, 1980, S. 39.
12 »Bei Courreges«, so kommentierte damals der *Herald Tribune*, »ist alles durchsichtig, bis auf die Rechnung« (*Spiegel* 7, 1969, S. 157).
13 Cf. I. Loschek, 1987, S. 456.
14 *Spiegel* 33, 1973, S. 103. Das Sichabzeichnen der Brustwarzen sowie der Schamlippen durch die Badekleidung war in den vergangenen Jahrhunderten ein ständiges Problem gewesen. So schrieb z.B. im Jahre 1687 Celia Fiennes über die Badegäste der englischen Stadt Bath: »The ladyes goes into the bath with garments

made of a fine yellow canvas, with great sleeves like a parson's gown, the water fills it up so that its borne off that your shape is not seen, it does not cling close as other linning« (zit. n. P. Cunnington/A. Mansfield, 1969, S. 259). Im 19. Jahrhundert probierten viele Damen die Badekostüme vor dem Kauf erst einmal in nassem Zustand aus, um sicher zu sein, daß sich nicht jede Einzelheit ihres Körpers abzeichnete. Cf. S. Howell, 1974, S. 119. Freilich taten dies nicht alle. So berichtete im *Gentlewomen's Book of Sports* eine Dame, sie habe sich mit einem in Trouville gekauften Badeanzug ins Meer hinausziehen lassen und sei anschließend zurückgeschwommen. Als sie am Strand aus den Fluten gestiegen sei, hätten sich »a hundred pairs of eyes« auf sie gerichtet, da ihr Kostüm bei der Berührung mit dem Wasser vollkommen durchsichtig geworden war. Cf. F. Fraser, 1987, S. 186. Auch die gar nicht prüde Königin Viktoria trug nach dem Bad ein semitransparentes Kleid aus Naturseide, das so an ihrem feuchten Leib klebte, daß die Phantasie sich nicht mehr zu bemühen brauchte. Cf. D. Duff, 1990, S. 276. In Fehmarn banden sich dagegen im Jahre 1861 manche Damen sogenannte »Busentrichter«, bauschige Krausen aus weißer Leinwand mit gehäkelter Spitze, um, damit sich die Details ihrer Brüste nicht durch den Badeanzug abzeichneten. Cf. P. Wiepert, 1957, S. 69. Gegen Ende des Jahrhunderts verwendete man für Badeanzüge meist Serge – schwarz, rot, cremefarben, tegetthoffblau oder breitgestreift –, weil sich dieses Material in nassem Zustand nicht zusammenzog und nicht anklatschte (cf. L. Hampel, 1964, S. 78), aber im Verlaufe der Belle Epoque lagen die meisten Trikots dem Körper immer enger an, und im Jahre 1923 schrieb schließlich der Arzt Erich Wulffen: »Das durchsichtige, vom Wasser angeschmiegte Badekostüm läßt die vollen weiblichen Formen – Brüste, Unterleib, sogar oft mit den Schamhaaren, das Hinterteil – sichtbar werden. Das ist alles in gewissem Sinne larvierter Exhibitionismus« (E. Wulffen, 1993, S. 82). Aus diesem Grund verbot man z. B. an den südaustralischen Stränden jedem Badenden, »to approach nearer than twenty yards to a person of the opposite sex« (J. A. Daly, 1988, S. 171).

15 Cf. I. Loschek, 1987a, S. 69.
16 Schon im Hochmittelalter wurde die Schlankheit der Taille durch enggeschnittene Tuniken und möglicherweise durch feste Bandagen erzielt. Das Wort *corcet* taucht aber angeblich zum ersten Mal um die Mitte des 13. Jahrhunderts auf. Cf. R. Lothar, 1926, S. 90. Allerdings gab es bereits im 12. Jahrhundert ein meist an der Vorderseite geschnürtes Korsett aus Leinwand oder fei-

nem Leder, das *über* der Kleidung getragen wurde. In Frankreich nannte man im 13. Jahrhundert solche fest um die Taille gebundenen Gürtel, die die Brüste hochdrückten, *bandeau*. Cf. A. Franklin, 1911, I, S. 267. Das *unter* dem Kleid getragene Mieder des 14. Jahrhunderts hieß im allgemeinen *cotte* (von frz. »cote« = Rippe). Im ausgehenden Mittelalter wurde es noch zusätzlich versteift, indem man zwischen die beiden Leinwandschichten, aus denen es bestand, eine Paste strich, die anschließend hart wurde. In dieser Zeit nannte man das Mieder in Frankreich *corps* und in England *body*, später *bodice*. Cf. D. Yarwood, 1978, S. 109f.

17 M. Scott, 1980, S. 44. Möglicherweise klagte der Dichter nicht direkt über die *cotte*, sondern über die beiden Beutel, in die Damen mit großen Hängebrüsten dieselben zwängten, bevor sie sich schnürten. Diese Beutel waren im Hemd eingenäht. Bereits im 13. Jahrhundert empfahl der *Clef d'amors* den zu üppig ausgestatteten Damen ein »chemise serree ou soient escrites les formes de deux petites mamelles« (J.C. Bologne, 1986, S. 54).

18 Zit. n. M. Dallapiazza, 1983, S. 280. Schon im 12. Jahrhundert ist in einem englischen Manuskript ein Teufel abgebildet, der diese Ausgeburt der Hölle über der Kleidung trägt.

19 E.J. Mone, 1856, S. 59.

20 Zit. n. A. Schultz, 1892, S. 298f. Um 1375 hieß es in einer Straßburger Kleiderordnung: »Item daz keine frowe, were die ist, hinanfur me sich nit me schurzen sol mit iren brusten, weder mit hemeden noch gebrisen rŏcken noch keinre ander gevengnusze, und daz och keine frowe sich nit me verwe [= Schminke] oder loecke von totenhaur [= Toupet] anhenken sulle« (F. Keutgen, 1901, S. 455). Auch in Ulm untersagte der Rat im Jahre 1426 samtene oder seidene *preise* (J. v. Falke, 1881, S. 200f.), ein Wort, das sich von »brisen« [= schnüren] ableitet.

21 Im Jahre 1620 verlautete der englische Richter Luke Gernon über die irischen Frauen: »They are not strait-laced nor plated in their youth, but suffered to grow at liberty so that you shall hardly see one crooked or deformed« (zit. n. J. Carty, 1949, I, S. 7). Auch in Rußland trugen die Damen zu jener Zeit keine »corps«, und so schrieb 1697 die Kurfürstin Sophie von Hannover über einen Empfang der Moskowiter an die pfälzische Raugräfin Luise: »Im tantz sollen unsere schnürbrüster wie knochen vorkommen sein undt der Sar [= Peter I.] gesacht haben: ›Wie thüfels harte knochen haben die tütsche dames‹« (Sophie v. Hannover, 1888, S. 162).

22 Cf. J.C. Whorton, 1982, S. 106.

23 Cf. D. Kunzle, 1973, S. 93 ff.; E. Stolzenberg-Bader, 1989, S. 802 f. Der Pfarrer Kneipp meinte später: »Wenn nur die Leute öfter in ein Todtenhaus gingen und schauen würden, wie man dem Leichname ohne alles Schnüren ein einfaches Kleid anlegt, und wie da jede Mode aufhört, dann würde man viel besonnener zu Werke gehen und nicht jede Thorheit mitmachen« (S. Kneipp, 1889, S. 25).
24 P. Hilarion, 1785, S. 111.
25 Cf. W. Artelt, 1969, S. 124. Auch Gottlieb v. Ehrhart wendete sich 1821 gegen die beengende Frauenkleidung, doch nach den Erfahrungen mit der nachrevolutionären »Nacktmode« fügte er einschränkend hinzu, dieselbe müsse aber auch »ehrbar« sein. Freilich war im frühen 19. Jahrhundert das feste Schnüren ohnehin passé, und 1808 hieß es, lediglich in abgelegenen Gegenden wie den Hautes-Alpes beharrten die Leute noch in der »verabscheuungswürdigen Gewohnheit«, die Mädchen und Frauen in Schnürleiber zu pressen, was »zu allerlei Mißbildungen und Brustkrankheiten« führe. Cf. M.-N. Bourget, 1981, S. 92. Cf. auch A. Scheurle, 1974, S. 35.
26 G. Forster, VIII, 1974, S. 184.
27 L. A. de Bougainville, 1771, S. 215 (bzw. ders., 1772, S. 179). In ›vorrousseauscher‹ Zeit hatte man gelegentlich an den Frauen der Wilden herumgemäkelt, weil sie sich *nicht* schnürten. So vermerkte im Jahre 1729 der Reisende Claude Le Beau über die Irokesinnen: »Viele sogar könnten für Schönheiten gehalten werden, wenn ihre Leibesgestalt mit ihrem Gesicht übereinkäme, ich will sagen, wenn dieselbe etwas geschmeidiger wäre. Sie ist aber ein wenig allzu stark, weil weder die Töchter noch die Weiber ein Korsett tragen« (C. Le Beau, 1986, S. 209). Manche Indianerinnen, wie z. B. die Frauen der Blackfeet, trugen allerdings feste Korsette aus Rohleder, aber lediglich nach einer Geburt, um ihre vorherige Figur wiederzuerlangen. Cf. B. Hungry Wolf, 1985, S. 175. Wie William Marsden, der sich ab 1771 in Sumatra aufhielt, berichtete, trugen die Frauen der Rejang und anderer Völker der Insel »a kind of bodice, or short waistcoat rather, that defends the breasts« (Marsden, 1811, S. 50).
28 Zit. n. P. Albrecht, 1987, S. 56.
29 Cf. P. Binder, 1953, S. 123. Freilich wurde auch die Konsulats- und Empire-Mode als ›undeutsch‹ abgekanzelt: »Das Weib«, so z. B. der Hamburger Arzt Rambach im Jahre 1801, »das, unsern vaterländischen Sitten zum Troz, so viel zeigt, oder doch wenigstens verräth, muß an sittlichem Werthe verlohren haben« (zit. n. H. Möller, 1969, S. 283).

30 Das Gedicht stammt von Justinus Kerner. Cf. S. Kienitz, 1986, S. 323; J.J. Jenny, 1943, S. 3070. Im 18. Jahrhundert waren die Franzosen in der Korsettmacherei führend gewesen (cf. E. Stille/ A. Junker, 1988, S. 23), und deshalb assoziierte man das Schnürleib auch noch zur napoleonischen Zeit mit Frankreich. Auch zur Zeit der beiden Weltkriege war die »französische Mode« eine beliebte Zielscheibe »völkischer« Kritik. So stellte im Jahre 1915 Dr. Adolf Vetter auf einer Tagung des ›Vereins zur Verbesserung der Frauenkleidung‹ in Wien fest, daß die französische Modediktatur stets eine Folge der politischen Vormachtstellung Frankreichs in Europa gewesen sei, und rief zu einem »Umdenken« auf (cf. T. Hansen, 1984, S. 17), und in den dreißiger Jahren wurde proklamiert: »Deutsche Frauen und Mädchen! Eine gewaltige Zeit ist gekommen und hat im Sturme alles Unwahre und Fremdländische, das dem deutschen Wesen anhaftete, hinweggenommen. Und wir deutsche Frauen haben uns freigemacht vom jahrelangen Sklavendienst der unnatürlichen häßlichen Ausgeburten französischer Phantasie, die sich Pariser Mode nannten. Deutsch wollen wir sein, frei, edel und rein auch in unserer Kleidung!« (zit. n. M. de Ras, 1985, S. 94). Etwas später wurden schließlich die beiden Übeltäter in einem Atemzuge genannt: »Die *Pariser* Dirne gab den modischen Ton in der deutschen Frauenwelt an – im Bunde mit *jüdischen* Konfektionshändlern« (zit. n. H.P. Bleuel, 1972, S. 98).

31 Cf. R. Forstner, 1986, S. 220.

32 Cf. R. Pearsall, 1981, S. 13.

33 Diese »Blanchette« oder »Blankscheit« (frz. *planchette*, »Brettchen«) war ein bis unter den Nabel reichender, meist aus Fischbein oder Holz gefertigter Stab, der den Bauch zurück und dadurch die Brüste nach oben preßte. Nachdem offenbar als erste die minoischen Priesterinnen ihre Brüste mit steifen Miedern betont hatten, trugen die antiken Griechinnen die ersten Stabkorsette. So heißt es bei Athenaios: »Eine vierte ist beleibt, ihren Körper schnürt man mit Stäben und Binden ein« (zit. n. R. Röwer-Döhl, 1989, S. 212).

34 Cf. H. Bender, 1979, S. 374f.

35 Cf. V. Steele, 1985, S. 170. Richtig ist allerdings, daß bereits in der Frühen Neuzeit kleine Mädchen geschnürt wurden. So notierte z.B. im Jahre 1617 Anne Clifford, Gräfin von Dorsett, über ihre nicht ganz dreijährige Tochter Margaret in ihrem Tagebuch: »The 28th was the first time the child put on a pair of whalebone bodice« (A. Clifford, 1989, S. 49). Obgleich man den Kindern die Schnürleiber in erster Linie verpaßte, um Körperschäden vorzu-

beugen, wurde bereits damals kritisiert, daß es gerade diese kleinen Panzer seien, die den Körper deformierten (cf. G. Vigarello, 1989, S. 173 f.; K. Halttunen, 1982, S. 83). Deshalb ging diese Gewohnheit im 18. und im 19. Jahrhundert stark zurück. So erinnerte sich beispielsweise Lady Augusta Fane, die Tochter des Earl of Stradbroke, daß sie ihr erstes »pair of stays« als Balldebütantin im Alter von 17 Jahren erhielt. Es handelte sich um »fearsome things made of silk and whalebone and laced up at the back«, und es war für sie eine Qual, in diesem Folterinstrument eingesperrt zu sein. Cf. P. Horn, 1992, S. 82. Trotzdem gab es sogar noch bis ins 20. Jahrhundert hinein Korsette für Säuglinge. Cf. z.B. G. Massobrio/P. Portoghesi, 1983, Abb. 525.

36 Bereits im hohen Mittelalter wird Nicolette als »binsenschlank in den Hüften« beschrieben, »daß Ihr sie mit beiden Händen umspannen könntet« (zit. n. E.W. Klimowsky, 1956, S. 39 f.).
37 Cf. E. Ewing, 1978, S. 80.
38 Zit. n. A. Gernsheim, 1963, S. 70.
39 Allerdings gab es auch – vor allem im 18. Jahrhundert – Schnürleiber, durch welche die Brüste flachgedrückt wurden. Auch die meisten ›Körperpanzer‹ der fünfziger Jahre des 20. Jahrhunderts umfaßten die Brüste eher, als daß sie sie nach oben drückten und frei ließen.
40 Cf. C.W. Cunnington, 1935, S. 84.
41 Zit. n. M.J.B. Rauck et al., 1979, S. 168. Eine weitere Verteidigerin der Schnürbrust schrieb über die Zeit ihrer Kindheit um das Jahr 1730: »Ich bekam Fallhut, Fischbeinleibchen und Laufzaum, und wuchs doch unverkrüppelt empor: woraus ich denn fast den Schluß machen dürfte, daß alle diese heutzutage so hoch verpönten Erziehungsfehler doch wohl nicht so halsbrechend und lebensgefährlich sein mögen, als sie ausgeschrien werden« (zit. n. E. Sturtevant, 1917, S. 324).
42 Zit. n. G. Wittkop-Menardeau, 1985, S. 66.
43 J.-J. Rousseau, 1981, S. 397.
44 Cf. T. Hansen, a.a.O., S. 10; M.E.P. de Ras, 1988, S. 15.
45 Cf. H. Ihm, 1913, S. 192.
46 Cf. H. Ellis, 1909, S. 273 f.; ders., 1928, IV, S. 172. Zu diesem Gedanken war Ellis durch einen Brief des Arztes Louis Robinson angeregt worden, der ihm schrieb, er glaube, daß die »constriction« durch das Schnürleib »renders the breathing thoracic, and so advertises the alluring bosom by keeping it in constant and manifest movement«. Cf. R. Pearsall, 1969, S. 121.
47 So beschrieb z.B. Wilhelmine, die Lieblingsschwester des Alten Fritz, wie ihre Mutter sie im Jahre 1722 für den Heiratsmarkt

dermaßen fest schnüren ließ, daß ihr Gesicht schwarz anlief und der Atem ihr ausging (»Elle faisoit serrer mon corps de jupe au point que j'en devenois toute noire et que cela m'otoit la respiration«) (W. v. Bayreuth, 1967, S. 60).
48 Cf. Cunnington, a.a.O., S. 188.
49 Cf. M.I. Lewis, 1980, S. 25.
50 Zit. n. V. Steele, 1985, S. 165.
51 Cf. P. Fryer, 1963, S. 309. Das feste Schnüren sowie den Import französischer Moralvorstellungen machten viele Amerikaner verantwortlich für den Verfall der Sitten in ihrem Land. Cf. D.J. Pivar, 1973, S. 40.
52 Cf. R. Pearsall, 1976, S. 19.
53 Zit. n. Steele, a.a.O., S. 176.
54 Cf. J. Guttzeit, 1910, S. 100f. Später war diese »Sexualisierung« des Körpers eines der Hauptargumente der ›Mädchenbewegung‹ des Wandervogels gegen das Korsett. Cf. M.E.P. de Ras, 1986, S. 414.
55 Cf. *Bilder-Lexikon Sexualwissenschaft*, Wien 1930, S. 490.
56 Cf. Anm. 33. Um 1580 wurden noch an den Seiten Fischbeinstangen angebracht, so daß die *basquina* sich in eine regelrechte Zwangsjacke verwandelte, zu der die gefrorenen Gesichtszüge paßten, die man nicht nur von den Herren, sondern auch von den Damen erwartete. So schrieb z.B. der Gesandte von Parma nach Hause, der Hof Philipps II. sei »kalt wie Eis« und er wolle heim nach Italien (cf. V.J. Willi, 1958, S. 68), und Lady Ann Fanshawe, die drei Jahre lang als Gattin des englischen Botschafters in Madrid gelebt hatte, berichtete, daß die Spanier selten lachten, und wenn, dann nie herzhaft. Cf. P.W. Bomli, 1950, S. 24. Im Jahre 1530 wurde auf den Kanarischen Inseln eine gewisse Aldonça de Vargas bei der Inquisition denunziert, weil sie gelächelt hatte, als jemand den Namen der hl. Jungfrau erwähnte. Cf. H. Kamen, 1985, S. 163.
57 Cf. E. Fuchs, 1911, S. 195; A. Ribeiro, 1986, S. 70.
58 Cf. Guttzeit, a.a.O., S. 85.
59 Zit. n. A.M. Earle, 1903, S. 722.
60 Noch im Jahre 1914 berichtete die amerikanische Tennisspielerin Bunny Ryan, daß es in Wimbledon in den Umkleidekabinen Aufhängevorrichtungen gab, auf denen die Spielerinnen ihre Stahlstangenkorsette trockneten: »It was never a pretty sight, for most of them were blood-stained.« Cf. H. Walker, 1989, S. 263f.; H. Egger, 1992, S. 144. Allerdings scheint es, daß die Sportlerinnen sich nur dann schnürten, wenn im Publikum auch Männer waren. Innerhalb der Colleges und Schulen trugen die jungen

Mädchen, wenn sie Sport betrieben, kein Korsett, und bereits gegen Ende des 19. Jahrhunderts waren die Röcke nur knielang. Um 1902 waren z.B. am Chelsea College Korsette »absolutely *verboten*« (K.E. McCrone, 1988, S. 224f.).
61 Cf. T. Veblen, 1949, S. 172.
62 Cf. D. Roche, 1987, S. 166. Im Jahre 1704 hieß es über die holländischen Frauen in New York, daß diese – offenbar im Gegensatz zu den Mittelklassefrauen der anderen Nationen – »go loose«, d.h. ohne Mieder. Cf. N. Rexford, 1993, S. 1358. Im Jahre 1862 konstatierte ein Arzt, daß den französischen Bäuerinnen das Tragen eines Korsetts völlig fremd sei. Cf. E. Shorter, 1984, S. 49.
63 Cf. E. Gee, 1993, S. 27.
64 Cf. D. Kunzle, 1982, S. 122.
65 Steele, a.a.O., S. 161.
66 Zit. n. A. Browne, 1987, S. 33.
67 Cf. C. McDowell, 1992, S. 28.
68 Zit. n. P. Perrot, 1984, S. 294.
69 Cf. S. Barwick, 1984, S. 52f., 62f.
70 Zit. n. D. Birkett, 1989, S. 76.
71 In diesem Jahr wurden in Basel insgesamt 86 Frauen verhaftet, weil sie in Hauskleidung, ohne Mieder und mit nackten Armen, die Gasse betreten hatten. Cf. J.M. Vincent, 1969, S. 102ff. Um 1730 erregten sich die Moralisten darüber, daß manche Damen mit einer dekolletierten Negligejacke, der sogenannten Adrienne oder Volante, und vor allem ohne Schnürleib auf die Gasse, ja sogar zur Frühmette gingen. Cf. E. Sturtevant, 1917, S. 265.
72 Cf. M.W. Blanchard, 1995, S. 30f.
73 Zit. n. J.S. Haller/R.M. Haller, 1974, S. 148f.
74 Cf. P.W. Schuppisser, 1958, S. 286.
75 Zit. n. E. Arnet, 1958, S. 264.
76 Allerdings hatte sich bereits um die Jahrhundertwende das »künstlerische Reformkleid« der Empiremode angenähert, und in der Zeitschrift *Wiener Mode* stand im Jahre 1901 zu lesen: »Was den Ärzten nicht durchzusetzen gelang und allen Vernunftgründen, das setzen die Künstler durch, denn auf uns wirkt immer stärker das Schöne, als das Heilsame« (zit. n. A. Völker, 1985, S. 148).
77 Cf. B. Mundt, 1977, S. 26.
78 Cf. E. Ewing, 1978, S. 113. »Ich liebe die zarte Brust«, so Poiret, »die jung und keck unter dem Kleid hervorragt. [...] Gibt es etwas Schöneres als diese Rundung? Ich halte es für unerlaubt, so viel Schönheit zu mißachten und in eine Festung wie das Korsett

zu stecken« (zit. n. P. White, 1989, S. 68). Der Büstenhalter, den Poiret entworfen hatte, ähnelte den griechischen Brustbändern. Cf. R. Kinzel, 1990, S. 76.

ANMERKUNGEN ZU §18

1 Cf. A. Schultz, 1892, S. 300.
2 Cf. H.P. Duerr, 1993, S. 203f.
3 J. Cook II, 1961, S. 464.
4 I. Eibl-Eibesfeldt/W. Schiefenhövel/V. Heeschen, 1989, S. 126. Auch bei den Alfuren und Wemale auf der Molukkeninsel Ceram schnürten die Männer sich Wespentaillen. Cf. O.D. Tauern, 1918, S. 114.
5 A. Hermann, 1959, S. 119.
6 M.V. Fox, 1985, S. 349. Beim Fest der Liebesgöttin Hathor in Dendera zu Beginn jedes Jahres gab es ein Ritual, das »die Öffnung der Brüste der Frauen« hieß. Cf. H. Wild, 1963, S. 65f.
7 Cf. H. Licht, o.J., S. 72; U.E. Paoli, 1955, S. 25.
8 Cf. W. Amelung, 1903, S. 26.
9 *Ilias* 14, 214f.
10 Cf. T. Hopfner, 1938, S. 318. Auch die Römerinnen benutzten Salben zur Konservierung der Brüste. Cf. J. Ilberg, 1971, S. 396.
11 Allerdings hatte wohl auch das στρόφιον die Aufgabe, die Brüste ›festzuhalten‹: »Kein *strophium* hält ihre wogende Brust zurück«, teilt Catull über Ariadne auf Naxos mit (zit. n. R. Jupont, 1961, S. 221). Das von Aristophanes erwähnte στηθόδεσμος hatte dagegen die Aufgabe, zu kleine Brüste größer erscheinen zu lassen. Cf. A. Pekridou-Gorecki, 1989, S. 95; E. Ewing, 1978, S. 15.
12 Cf. G. Marangoni, 1985, I, S. 121; Paoli, a.a.O., S. 127. Solche Brustbänder trägt auch die Venus auf den pompejanischen Wandmalereien. Cf. M. Grant, 1979, S. 91; ders., 1982, S. 150ff.
13 Cf. A. Henrichs, 1972, S. 123f. Manche Römerinnen trugen offenbar mehrere Brustbänder. Cf. Petronius, 1980, S. 59.
14 Cf. L. Friedländer, 1922, I, S. 267f.
15 Cf. D. Kunzle, a.a.O., S. 65.
16 Zit. n. O. Stoll, 1908, S. 476.
17 Cf. C. Saint-Laurent, 1986, S. 36. Eine anständige Römerin hätte nie die Brüste vor ihrem Bruder oder gar vor fremden Männern entblößt (cf. Properz 3.14, 13ff.). Frauen mit Brustleiden suchten deshalb weibliche Ärzte auf, z.B. eine gewisse Forella Mela-

niona, die sich »medica a mammis« nannte. Cf. M. Eichenauer, 1988, S. 158.
18 So z. B. E. Brödner, 1983, S. 112 oder G. v. Hahn/H.-K. v. Schönfels, 1980, S. 28.
19 Cf. H. P. Duerr, 1988, S. 75 f.
20 Cf. H. M. Lee, 1988, S. 111. Eine solche, aus dem 1. Jahrhundert stammende lederne ›Unterhose‹, die aus einem Stück hergestellt und mit einem Saum versehen war, fand man in einem Brunnen in der Londoner Queen Street. Sie war für eine Frau mit einem Beckenumfang von knapp 79 cm hergestellt worden. Woanders fand man eine weitere Hose aus dem 3. Jahrhundert. Da beide sehr unbequem sein mußten, wurden sie gewiß nicht als gewöhnliche Unterwäsche getragen. Cf. J. P. Wild, 1985, S. 405; L. Allason-Jones, 1989, S. 112 ff.
21 Cf. D. Y. Symons, 1987, S. 27; C. Schmitt, 1993, S. 38. Die Frauen, die in der Palaestra übten oder die nach Juvenal und Martial mit Männern badeten, waren zumindest Flittchen oder Gelegenheitsprostituierte, und sie hatte der Gesetzgeber im Sinn, wenn er das gemeinsame Baden der Geschlechter verbot. Cf. F. Yegül, 1992, S. 32 f., 42.
22 Cf. L. Bonfante, 1975, S. 21.
23 Cf. H. M. Lee, 1984, S. 60 ff.
24 Cf. Bonfante, a. a. O. Solche jungen Mädchen scheinen auch ›Bikinis‹ getragen zu haben, die denen der Piazza Armerina-Mädchen ähneln. Cf. H. P. Duerr, 1988, Abb. 189.
25 Cf. E. Thiel, 1963, S. 79.
26 Cf. M. Pastoureau, 1976, S. 97 f.
27 *Roman de la Rose* V. 13299, 14270. Cf. auch F. Piponnier, 1970, S. 177.
28 Cf. A. H. de Oliveira Marques, 1971, S. 79.
29 Cf. M. Heyne, 1903, S. 312.
30 Cf. P. Jupont, 1961, S. 238. Solche Brustbinden waren auf Michelangelos Bild ›Noli me tangere‹ zu sehen, das heute nur noch als Kopie von Bronzino existiert.
31 In Frankreich wurden solche *demi-gusset* genannten Binden vor allem in der zweiten Hälfte des 16. Jahrhunderts populär, als die kleinen ›gotischen‹ Brüste passe waren. Cf. F. Hottenroth, 1891, II, S. 159. Die Frauen des Volkes trugen im allgemeinen solche Binden nicht. Wie allerdings auf einem Bild von Pieter Bruegel, ›Der Besuch bei der Wöchnerin‹ (cf. M. Greilsammer, 1990, S. 299), zu sehen ist, trugen anscheinend manche flämischen Bäuerinnen, die stillten, aber Hängebrüste hatten, eine unter der Brust hindurchgeführte Schlaufe um den Hals, damit der Säug-

ling die Brustwarze leichter fassen konnte. Solche Büstenhalter benutzten früher auch manche Mütter bei den Osage und den Kansa, wenn ihre Brüste zu weit herunterhingen. Cf. J.D. Hunter, 1823, S. 335. Die Frauen der Cheyenne stützten noch im 19. Jahrhundert ihre Brüste ähnlich wie die Römerinnen durch Brustbänder, wie auf Photographien zu erkennen ist. Cf. G.A. Dorsey, 1905, S. 106 f. Alte Cheyenne-Frauen, denen ich im Jahre 1981 diese Photos zeigte, konnten mir nichts mehr über die Funktion dieser Bänder sagen.

32 Die pompejanischen Huren, die auf den Fresken in den verschiedensten Beischlafstellungen und -arten dargestellt sind, tragen die farbigen Brustbänder teils auf, teils unter den Brüsten. Cf. M.L. Barre, 1915, S. 119, 129, 299; F. Arias de la Canal, 1995, S. 296.

33 Cf. S. Bertelli/F. Cardini/E.G. Zorzi, 1985, S. 17.

34 Zit. n. A. Bömer, 1897, S. 186.

35 Cf. C. de la Motte Fouque, 1987, S. 51.

36 Deshalb klagte ein Korsettverächter: »The bosom must be pushed up by waddings [= Pölsterchen] and whalebone; the stays laced as tight as possible over the waist and hips; the excessive compression of those close long stays and iron busks produce diseases frightful to name« (zit. n. C.W. Cunnington, 1935, S. 40 f.).

37 Cf. M. Bradfield, 1968, S. 105.

38 Cf. A. Junker/E. Stille, 1988, S. 59.

39 Cf. P. Seguy, 1988, S. 76.

40 Cf. J. Godechot, 1977, S. 153. Nach R. Lothar (1926, S. 88) wurde das Brustband sogar bisweilen nach antikem Vorbild *zona* oder *zone* genannt. Zu den Brustbändern cf. auch ferner E. Glaser, 1993, S. 212 f.; I. Loschek, 1984, S. 728.

41 Cf. M. Delpierre, 1990, S. 15; A. Ribeiro, 1995, S. 118, 239. In einer Zeitschrift hieß es, daß »the chemise-dress must be made tight to form of bosom, drawn very low at each corner of neck and worn with crooked pearl slide [= gebogene Perlenspange] to separate the bosom«. Manche Damen spannten auch ein goldenes Netzwerk über die Brüste, um sie zu modellieren, aber dies galt als unanständig. Cf. A.M. Earle, 1903, S. 788. Wie man z.B. auf dem Gemälde sieht, das die Marquise de la Grange im Jahre 1809 darstellt, trugen Damen fortgeschrittenen Alters nicht selten zusätzlich zum Büstenhalter eine stützende doppelte Kordel unter der Brust. Frauen, die nicht viel vorzuweisen hatten, bauschten häufig das Kleid über den Brüsten. So mokierte sich im Februar 1801 das *St. Gallische Wochenblatt* über die neue

Damenmode: »Sie besteht größtentheils aus einem langen Sacke (Chemise-Rock), der unter den Armen zusammengestrupft ist, und so, wegen der vielen Falten, die das Zusammenstrupfen verursacht, an einer gewissen Stelle eine Art Luftballon bilden, welcher äußerlich das vorstellen muß, was die Natur bey vielen vergaß« (zit. n. E. Ziegler, 1991, S. 141). Um 1810 gab es kurzfristig ein »corset a la Ninon«, das wiederum zu große Brüste flachdrückte. Cf. P. Perrot, 1984, S. 270.
42 Cf. H. Ottenjann, 1984, S. 48.
43 Cf. I. Loschek, 1987, S. 317, 356.
44 Cf. M. Martischnig, 1987, S. 215 f.
45 Cf. F. K. Mathys, 1985, S. 69.
46 A. Rother, 1897, S. 116.
47 Somit, so heißt es weiter, wird »jeder gesundheitsschädliche Druck auf die Brustorgane vermieden. Die Brüste werden nur in ihren anschliessend stellbaren Brustbehältern mit Hülfe der Träger hochgehalten, nicht aber durch ein fest um Brust und Rücken anliegendes Korsett und Leibchen« (zit. n. G. Neret, 1986, S. 68). Im Jahre 1902 stellte Ernst Mueck aus Danzig einen BH mit Tragbeuteln aus einem weitmaschigen Stoff vor, der mit Hilfe von Riemen und Schnallen am Körper befestigt wurde. In seiner Patentschrift hieß es, bei den bisherigen Haltern sei »zu wenig Gewicht darauf gelegt worden, die Brüste vor Quetschungen durch den Apparat selbst zu schützen« (zit. n. M. Meyer-Schneidewind, 1994, S. 32).
48 Cf. R. Gödtel, 1993, S. 57.
49 Anscheinend gab es um diese Zeit bereits »Transparenz-BHs«. Jedenfalls trägt eine Frau auf einem um 1900 entstandenen Reklamebild der American Tobacco Co. ein solches für diese Zeit wohl recht gewagtes Modell.
50 Zit. n. W. G. Fischer, 1987, S. 76.
51 Zit. n. C. Wetzel, 1984, S. 142.
52 Cf. M. Scott, 1980, S. 193; M. Dinges, 1988, S. 219.
53 Nach dem Langenscheidtschen Wörterbuch bedeuten »brassiere de dessous« ein Babyhemdchen und »brassiere de dessus« ein Babyjäckchen, »ensemble a brassiere« einen weiten Rock mit kurzem Leibchen und »maillot brassiere« einen zweiteiligen Badeanzug.
54 Cf. Ewing, a. a. O., S. 115.
55 Cf. A. Bailey, 1988, S. 114.
56 Cf. D. Yarwood, 1952, S. 266.
57 Zit. n. D. Caldwell, 1981, S. 54. Kurz vor Ausbruch des Zweiten Weltkrieges brachte die Corsagefabrik Bernard & Co. den ersten

trägerlosen BH mit Haftbesatz an den Seiten und am Rücken auf den Markt. Cf. Mathys, a.a.O., S. 70.
58 Cf. J. Daves, 1967, S. 153.
59 *Spiegel* 35, 1969, S. 140.
60 *Spiegel* 39, 1969, S. 220.
61 Zumindest bei denen, deren Brüste nicht allzu groß und schwer waren.
62 Cf. J.E. Dispenza, 1975, S. 98 f.
63 Vier Jahre später erblickte Barbie, die erste Puppe mit – konischen – Brüsten, das Licht der Welt. Allerdings hatte sie – und dabei ist es bis heute geblieben – keine Nippel. Entsprechend verfügt der Barbie-Mann nicht über Genitalien.
64 Cf. C. Moog, 1990, S. 24 ff., die die ›Sexualisierung‹ der BH-Reklame in den USA meines Wissens als erste beschrieben hat.
65 *Brigitte* 18, 1995, S. 42 ff.
66 Cf. S. Bordo, 1993, S. 20.
67 Cf. J. Tozer/S. Levitt, 1983, S. 149.
68 R. Ungewitter, 1907, S. 68.
69 Cf. B. Hedinger, 1986, S. 114 f.
70 Nach C. de Nuys-Henkelmann (1993, S. 35) wurde in Deutschland der zweiteilige Badeanzug im Jahre 1930 eingeführt. Etwa aus dieser Zeit stammt auch das Photo vom Mannheimer Frauenbad Arnold im Rhein, auf dem so gekleidete Frauen zu sehen sind. Cf. G. Jacob, 1971, S. 98. Cf. auch K. Geerken/I. Petersen/F.W. Kramer/P. Winchester, 1983, S. 104. Im Jahre 1931 vertrieb eine französische Firma in mehreren europäischen Ländern eine Art Bikini mit Trägern. Cf. V. Bertini/F. Foggi, 1986, Abb. 138.
71 Cf. A. Jenkins, 1976, S. 36. Entsprechend den Abendkleidern hatte es schon vor 1930 Badeanzüge mit tiefem Rückendekollete gegeben.
72 Cf. M. Larsson, 1988, S. 156.
73 Cf. P. Silmon, 1986, S. 8 f., 22. Der spätere Bikini hatte mehr als die doppelte Stoffmenge.
74 *Rhein-Neckar-Zeitung* vom 5. Juni 1986.
75 Der Tanga oder »String Bikini«, der 1974 fast weltweit auf den Markt kam, bestand aus drei winzigen, von Schnüren gehaltenen Dreiecken, die nicht viel mehr als die Nippel und die Schamlippen bedeckten.
76 »The bikini«, so R. Martin/H. Koda (1991, S. 83), »betokened the schism between European and American values in the period. American modesty avoided the bikini for years after its adoption on beaches« in Westeuropa und Brasilien.

Anmerkungen zu § 19

1 Cf. S.N. Dar, 1969, S. 16.
2 Cf. J.B. Bhushan, 1964, S. 32. Es hieß *pratidhi* und wurde über dem Rücken geknöpft. Cf. M. Chandra, 1973, S. 8f.
3 Cf. G.S. Ghurye, 1951, S. 248f., 258, 265.
4 A.a.O., S. 266.
5 Zit. n. Dar, a.a.O., S. 33. Vor allem im Norden Indiens hielt man freilich solche die Brüste zur Schau stellenden Kleidungsstücke für schamlos. In der Mogulzeit besaßen die Rajputinnen Mieder, die so kurz waren, daß sie die Taille frei ließen und die Brüste genau umschrieben. In der Öffentlichkeit trugen sie allerdings aus Schicklichkeitsgründen darüber einen Schleier (a.a.O., S. 41).
6 Um den Anstand zu wahren, mußten herkömmlicherweise diese Ärmel bis zum Ellenbogen reichen, waren aber bisweilen kürzer.
7 Cf. Dar, a.a.O., S. 93.
8 Cf. S.P. Ruhela, 1968, S. 138.
9 Cf. N.C. Chaudhuri, 1976, S. 62f.
10 Cf. G.S. Ghurye, a.a.O., S. 179, 194.
11 Geraldine Forbes: Brief vom 12. Juli 1985.
12 Wie mir Kirti Chaudhuri sagt, hält er Abb. 133 für eine Satire auf die Kleidung niederländischer Frauen im frühen 18. Jahrhundert.
13 Cf. Y. Knibiehler/R. Goutalier, 1985, S. 263. Als freilich Regierungsvertreter die jungen Frauen und Mädchen der Korongo-Nuba zwingen wollten, die Brüste zu bedecken, malten diese sich bisweilen BHs und Netzhemden auf. Cf. F.W. Kramer/G. Marx, 1993, S. 12 und Fritz Kramer: Mündliche Mitteilung vom 15. Juli 1987.
14 Cf. O. Olajubu, 1972, S. 165. Als im Jahre 1966 einige Zulumädchen BHs anzogen, wurde dies von vielen älteren Leuten als schamlos kritisiert, denn gerade die Tatsache, daß eine Jungfrau ihre Brüste frei trug, sollte dokumentieren, daß sie noch unschuldig und rein war. Cf. E.J. Krige, 1968, S. 174. Man sollte nicht vergessen, daß auch in unserer eigenen Gesellschaft BHs zunächst als erotisch galten und deshalb von konservativeren Damen nicht getragen wurden (Wolfgang Brückner: Brief vom 1. August 1994).
15 Cf. M. Holzach, 1982, S. 131.
16 Cf. P.J. Brewer, 1986, S. 37.
17 Cf. B. Bachmann-Geiser, 1988, S. 162; J.A. Nagata, 1989, S. 195; H.M. Hyatt, 1965, S. 192.
18 Cf. L. Yalçin, 1987, S. 218.
19 Cf. L. Abu-Lughod, 1993, S. 242.

20 E. Çelebi, 1987, S. 232f. Cf. auch B. Lewis, 1983, S. 269. H. v. Maltzan (1871, S. 158) berichtete, daß die Frauen im südarabischen Hissuwa ziegeneuterähnliche Brüste hatten, die sie in der Öffentlichkeit nicht bedeckten und die als schön galten. Über ihr Gesicht hatten sie allerdings ein buntes Musselintuch gespannt, und wenn ihnen ein Mann begegnete, wichen sie überdies aus und blickten auf den Boden. Der Unterleib war mit unten zusammengebundenen indigogefärbten Hosen bekleidet.

21 Cf. F.M. Göçek, 1987, S. 45f., 65. Wie die indischen Künstler stellten z. B. auch die arabischen – wenn sie dekolletierte Frauen malten – diese nicht selten mit völlig entblößten Brüsten dar, so etwa im 18. Jahrhundert eine Amerikanerin.

22 R. al-Tahtawı, 1988, S. 114f. Obgleich in manchen Gebieten der islamischen Peripherie früher die Frauen den Oberkörper nicht bedeckten, fanden arabische und türkische Reisende diese Sitte bei fremden Völkern meist sehr anstößig. So war z. B. der Marokkaner Ibn Battuta sehr betroffen von der Tatsache, daß der Sarong der Malediven-Insulanerinnen nicht die Brüste bedeckte. Cf. K. Chaudhuri, 1990, S. 185. Auch heutzutage wird die ›Offenherzigkeit‹ der westlichen Frauen kritisiert, beispielsweise von dem Koranlehrer Kuddusi Efendi: »Wenn es in einem Land nicht allererst Tugend, Scham und Keuschheit gibt, kann in diesem Land dann Geist und Ehrgefühl sein? Du siehst es doch selbst. Man weiß nicht, ob jemand Mädchen oder schon Frau ist. Ob dein Gegenüber männlich oder weiblich ist, ist häufig auch unklar. Ich mußte einmal bei einem Deutschen etwas erledigen. Die Frau, die die Tür aufmachte, hatte ein dünnes Nachthemd an ... Ich dachte, es sei ein Versehen, und sie würde sich vor mir verstecken. Weit gefehlt. Sie setzte sich mir gegenüber und steckte sich mit übergeschlagenen Beinen eine Zigarette an. Während ich vor Scham Höllenqualen ausstand, grinste sie mich an. Allah helfe ihnen, Allah!« (zit. n. J. de Jong, 1984, S. 92f.).

23 Cf. N. Şeni, 1991, S. 60.

24 Cf. F. Tiefensee, 1924, S. 219. Während heutzutage viele Taiwan-Chinesinnen so hochgeschlitzte Kleider tragen, daß dies sogar den Europäern bisweilen gewagt erscheint, sind sie am Hals hochgeschlossen. Ein Dekollete wäre »völlig undenkbar« (Gernot Prunner: Brief vom 30. Mai 1985).

25 Cf. P. Johnson, 1991, S. 785.

26 Zit. n. Yuan Tsu-chi, 1987, S. 29.

27 Cf. J. Meech-Pekarik, 1986, S. 41, 50, 135; A. Fukai, 1990, S. 153f. Ausgeschnittene europäische Badekostüme wurden als unzüchtig empfunden. Weil aber manche Japanerinnen sie am Strand

trugen, wurde 1888 an allen Stränden der Kanagawa-Präfektur Geschlechtertrennung eingeführt. Cf. K. Yanagida, 1957, S. 278.
28 Zit. n. L. Bush, 1968, S. 86. Einige Delegationsmitglieder wurden auf Oahu auch von Prostituierten ›angemacht‹, was ihr Bild von den Polynesierinnen abrundete. Cf. M. Masao, 1979, S. 59.
29 Masao, a. a. O., S. 76, 78, 88; Bush, a. a. O., S. 170. Cf. auch H. Wagatsuma, 1974, S. 58.
30 Cf. Y. Hambee, 1979, S. 182.
31 Cf. V. G. Kiernan, 1972, S. 188 bzw. Wagatsuma, a. a. O., S. 69.
32 Zit. n. R. Schmidt, 1922, S. 599.
33 Cf. W. Davenport, 1965, S. 173.
34 Cf. A. C. Haddon, 1912, S. 16f.
35 Cf. J. Schuy, 1975, S. 58, 61f. Bei den Buin auf Bougainville galten Hängebrüste als unerotisch, und die betreffende Frau wurde abfällig *maide*, »Alte«, genannt. Cf. H. Thurnwald, 1937, S. 133. Die Mende finden ebenfalls hängende Brüste abstoßend: Eine schöne Brust sollte tellerförmig sein und beim Laufen oder Tanzen nicht hüpfen oder hin und her schwappen. Cf. S. A. Boone, 1986, S. 104. Cf. auch R. A. LeVine/B. B. LeVine, 1963, S. 63 (Gusii); T. Förster, 1985, S. 72 (Kafibele, eine Untergruppe der Senufo); C. E. Hopen, 1958, S. 72 (Fulani oder Fulbe); M. Mead, 1942, S. 51 (Manus); Ernest Brandewie: Brief vom 29. Februar 1988 (Mbowamb). Bei den Hawu westlich des Kiwu-Sees sowie Nachbarvölkern wie den Banyabungu (Bashi) und den Hunde waren sehr große und schwere Brüste unbeliebt, aber noch weniger schätzte man zu kleine, weshalb die betreffenden Frauen alle möglichen Pflanzenmittel benutzten, um sie zu vergrößern. Einer Frau mit winzigen Brüsten sprach man den Status einer ›richtigen‹ Frau ab – man glaubte, sie sei ein ›Zwischenwesen‹ und daher unrein und gefährlich. Es heißt, daß solche Frauen früher der Fruchtbarkeitsgottheit geopfert worden seien, wenn es ihnen nicht gelang, ihren Brüsten mehr Volumen zu geben. Cf. A. Kashamura, 1973, S. 114, 144.
36 Cf. R. M. Arringer, 1908, S. 56; R. J. Mehta, o. J., S. 224. Damit taten die Mädchen dasselbe wie die bereits erwähnten jungen Amerikanerinnen, die sich vor ihrem »date« Eisstückchen an die Nippel hielten.
37 Ibn Qayyim al-Gauziyya, 1986, S. 331, 336f.
38 R. Burton, o. J., S. 232.
39 Cf. A. Bouhdiba, 1985, S. 141. Allerdings gab es auch immer wieder Männer, die flachbrüstige Frauen bevorzugten.
40 Zit. n. V. A. Fildes, 1986, S. 43.
41 Zit. n. V. Newall, 1980, S. 309.

42 Cf. K. Pinkus, 1995, S. 40.
43 Cf. R. Gödtel, 1993, S. 17.
44 Cf. a.a.O., S. 55; R. Gros, 1987, S. 23, 42. Wenn eine Frau keine elastische Haut besitzt, sollte sie nach dem Rat der Fachleute auch bei kleinen Brüsten einen BH tragen. Allerdings sollte dieser in keinem Falle zu fest sitzen, da sich ansonsten das stützende Bindegewebe zurückbildet.
45 Cf. R. Pearsall, 1969, S. 118.
46 Cf. B. de Rachewiltz, 1965, S. 131; E.E. Evans-Pritchard: Mündliche Mitteilung vom 30. Januar 1971.
47 Cf. A.G. Morice, 1910, S. 979. Nach G. Devereux (1975, S. 118) legten die Yuma und die Mohave keinen Wert auf feste und ›stehende‹ Brüste.
48 So z.B. bei den Bayaka und den Aschanti. Cf. E. Torday/T.A. Joyce, 1906, S. 41. Wie mir Paul Parin sagte, gelten in vielen traditionellen Gesellschaften Westafrikas, insbesondere im Senegal, Hängebrüste als schön, und die Mädchen versuchen, ihre Brüste durch Massieren und Binden in diese Form zu bringen. In den Städten bevorzuge man indessen mittlerweile kleine runde und ›stehende‹ Brüste mit hervorstehenden Nippeln. Im 19. Jahrhundert berichtete der französische Militärarzt Amand, daß »die Frauen der Annamiten in Cochinchina« ihre Brüste »mittelst einer dreieckigen Brustbinde, welche durch ein doppeltes, um Hals und Rücken gewundenes Band sehr zusammengeschnürt« wurde, niederdrückten. Cf. H. Ploß, 1872, S. 216. Die Payagua am Paraguay-Fluß taten dies mit Riemen, und die Frauen auf der polynesischen Insel Vanikoro banden sich unmittelbar über den Nippeln zu diesem Zweck einen Gürtel um den Leib. Cf. a.a.O., S. 218f.
49 Cf. E. Pechuel-Loesche, 1878, S. 21f. Gleiches wurde auch von anderen afrikanischen Gesellschaften berichtet. Cf. F. v. Reitzenstein, o.J., S. 127.
50 Cf. Anm. 48.
51 Cf. R. Devisch, 1993, S. 138.
52 Cf. H. Schurtz, 1891, S. 71f.
53 Cf. P. Piquereddu, 1990, S. 341. Zur selben Zeit trugen die Bauernmädchen im Norden Frankreichs ab der Pubertät eine Art Büstenhalter, »cache-corset« genannt. Cf. T. Lelen, 1981, S. 644.
54 Cf. C. Lindsay, 1992, S. 114.

Anmerkungen zu §20

1 Cf. H.P. Duerr, 1990, S. 266ff. Um diese Gefühle von Scham und Unsicherheit zu begrenzen, riet schon im Jahre 1779 der Aufklärer Johann Peter Frank in seinem in Mannheim erschienenen *System einer vollständigen medicinischen Policey*: »Die Eltern sollen demnach ihren Töchtern, wenigstens zu Ende ihres dreyzehnten Jahrs, von der ihnen bevorstehenden Veränderung in ihrer Natur behutsam Nachricht ertheylen« (zit. n. A. Junker/E. Stille, 1988, S. 338).
2 Cf. S. Scraton, 1987, S. 179.
3 Cf. J.-C. Kaufmann, 1995, S. 78 ff.
4 Cf. S. Bordo, 1993, S. 148, 178 ff., 188 f.; P.L. Goitein, 1942, S. 360.
5 Diese Haltung hat natürlich nicht nur etwas mit den sich entwickelnden weiblichen Brüsten zu tun. Vielmehr findet man sie auch bei gleichaltrigen Buben sowie bei unsicheren Erwachsenen. Wenn jemand die Brust einfallen läßt, so signalisiert er damit: »Ich bin passiv, ich will mich nicht behaupten.« Bei ihm ›ist die Luft heraus‹. Holt jemand Atem und ›brüstet sich‹, so signalisiert er Aktivität und Kampfbereitschaft. Cf. S. Molcho, 1983, S. 87 f., 110.
6 Ein Ethnologe berichtete, daß die älteren Mädchen auch sofort ihren Parka über der Brust schlossen, sobald er einen Raum betrat, in dem sie sich aufhielten. Bei seiner Frau taten sie dies nicht. Cf. R.G. Condon, 1987, S. 63.
7 Cf. N.J. Gubser, 1965, S. 216. Eine Cape Hope-Eskimofrau beschrieb, wie peinlich es für sie war, als ihre Brüste sich entwickelten. Cf. M. Freeman-Aodla, 1980, S. 91 f.
8 Cf. P.K. Neuhaus, 1962, S. 313 f.
9 P. Hulton, 1984, S. 112. Bei den Küsten-Algonkin wie den Powhatan, Accomac, Chickahominy, Potomac oder den Weanoc trugen einfache Frauen beinahe knielange Röcke aus Hirschhaut, die jedoch die »hynder parts« zu einem guten Teil unbedeckt ließen. Nach William Strachey, der 1611 nach Virginia kam, bedeckten dagegen die etwas vornehmeren Damen den ganzen Körper mit Mänteln. Cf. B.C. McCary, 1957, S. 27. Der um diese Zeit von Virginia-Indianern entführte Captain John Smith berichtete, daß die Frauen »are very shame faced to be seene bare« (zit. n. D. de Marly, 1990, I, S. 20 f.). Deren südliche Nachbarn in Carolina badeten zwar im Sommer nackt in den Flüssen, aber nie »both Sexes together« (J. Lawson, 1709, S. 191).
10 Cf. M. Vanoverbergh, 1937, S. 913; ders., 1938, S. 124. Cf. auch ders., 1925, S. 410; J.M. Garvan, 1964, S. 39; W.A. Reed, 1904,

S. 37. Bei den Casiguran Agta zogen sich allerdings in neuerer Zeit nicht mehr alle Jungfrauen den *tapis* bis unter die Achselhöhlen. Cf. T.N. Headland, 1975, S. 248. (Ich danke Pater Rudolf Rahmann SVD für diesen Hinweis.) Bei den Tagbanua, Fischern im nördlichen Palawan, tragen bisweilen »ältere und verheiratete Frauen« die Brüste frei, doch vor Fremden oder auf einer Reise in die Stadt bedecken auch sie den Oberkörper. Cf. E.R. Talaroc, 1994, S. 45 f. Bei den Isneg wurden die unverheirateten Frauen ermahnt, peinlichst darauf zu achten, daß niemand ihre nackten Brüste sehen konnte. Lediglich beim Waschen oder beim Durchschreiten eines Flusses durften sie den Oberkörper entblößen, vorausgesetzt, daß nur Frauen zugegen waren. Müttern war es gestattet, in der Öffentlichkeit mit nackter Brust zu erscheinen, wenn sie stillten oder den Säugling bei sich trugen. Das Berühren der jungfräulichen Brüste, *magkabbal* genannt, war für die Männer ein großes sexuelles Vergnügen, und die jungen Mädchen wurden meist sehr wütend, wenn jemand sich eine solche Frechheit erlaubte. Der betreffende Lüstling versuchte sich dann für gewöhnlich damit herauszureden, daß er die Brust unabsichtlich berührt habe. Cf. Vanoverbergh, 1938, S. 151 ff. Ähnlich auch bei den Ibaloy und Kankanay (cf. ders., 1929, S. 194, 198 f.) sowie den Manobo. Cf. J.M. Garvan, 1941, S. 44.

11 Cf. G. Spannaus, 1951, S. 128. Ähnlich auch bei den Nyanga und Bayaka im Kongo (cf. R. Devisch, 1991, S. 289 und D.P. Biebuyck, 1989, S. 212) sowie den Chagga am Kilimandscharo, die den jungen Mädchen während der Initiation sagten, daß sie von nun an ihre Brüste bedecken müßten, weil die Männer ›scharf‹ auf sie würden, »wenn sie diese Körperteile sehen« (Abb. 204). Cf. O.F. Raum, 1939, S. 559 f. Gleichzeitig wurde den jungen Männern streng verboten, die Mädchen an den Brüsten zu berühren, weil das *die Mädchen* sexuell errege. Cf. ders.: Brief vom 24. März 1986. Cf. auch B.S. Low, 1990, S. 73 (Dogon); J. Rouch, 1954, S. 49 (Songhai). Bei den Gbande im Hinterland von Liberia wurde ein Mädchen mit etwa 15 Jahren heiratsfähig und mußte ab dann ihre Brüste bedecken. Nur stillende und sehr alte Frauen durften ›oben ohne‹ in der Öffentlichkeit erscheinen. Cf. B.G. Dennis, 1972, S. 62. Die Mädchen der Lyela im Quellgebiet des Weißen Volta bedecken ihre Brüste, sobald sie sich zu entwickeln beginnen, da sie von nun an sehr schambesetzt sind und nie entblößt werden. Erst wenn eine Frau Kinder hat und ihre Brüste hängen, zeigt sie sich innerhalb des Gehöfts auch vor Männern mit nacktem Oberkörper, da ihre Brüste sexuell und erotisch bedeutungslos geworden sind (Sa-

204 Junges Mädchen der Chagga.

bine Dinslage: Brief vom 15. Februar 1987). Bei den madegassischen Tanala trugen die verheirateten Frauen meist die Brüste frei, während die jungen Mädchen ein kurzes enges Jäckchen oder eine Art Büstenhalter anzogen. Cf. R. Linton, 1933, S. 120, ferner R. Decary, 1951, S. 72.

12 Die Baiga hatten jeweils verschiedene Bezeichnungen für alle möglichen Formen von Brüsten.

13 Cf. V. Elwin, 1939, S. 244f.

14 Cf. C. Mukherjea, 1962, S. 397, 412, 415f., 434f.; W.G. Archer, 1974, S. 51, 82; G.S. Ghurye, 1951, S. 182; P.C. Ray, 1975, S. 7. Auch bei den ebenfalls in Bihar lebenden Paharia waren die – nur unzureichend bedeckten – Brüste sehr erotisch, und wenn ein Mädchen einen Jungen verführen wollte, nahm sie seine Hand und legte sie auf ihre nackte Brust. Cf. L.P. Vidyarthi, 1963, S. 92. Bei anderen indischen »tribals« scheinen sich die Männer weniger aus den Brüsten gemacht zu haben, so z.B. die der Kol oder Ho von Singhbum. Cf. D.N. Majumdar, 1950, S. 83.

15 Cf. Dr. Sachchidananda, 1964, S. 12. Bei den Maria Gond war es den verheirateten Frauen verboten, die Brüste zu bedecken, doch

die unverheirateten durften es und machten auch häufigen Gebrauch davon. Cf. S.G. Deogaonkar, 1982, S. 6ff.
16 Cf. P. Konrad, 1939, S. 64. Auch in Hinterindien, Südostasien und im Himalaya ist die Sitte weit verbreitet, daß die Jungfrauen im Gegensatz zu den Frauen, vor allem wenn diese einen Säugling haben, die Brüste bedecken. Cf. z.B. H.J. Wehrli, 1904, S. 43 (Kachin); T.H. Lewin, 1870, S. 192 (Toungtha); S.N. Majumder, 1925, S. 13; W.C. Smith, 1925, S. 18; J.P. Mills, 1926, S. 40 (Ao-Naga); C. v. Fürer-Haimendorf/E. v. Fürer-Haimendorf, 1945, S. 37 (Reddi); dies., 1948, Abb. 20 (Raj Gond); S. Hutchinson, 1909, S. 37 (Tippera in den Chittagong-Bergen); W. Shaw, 1928, S. 18 (Thadou Kuki); J. Lemoine, 1972, S. 116 (Grüne Hmong); K.G. Izikowitz, 1951, S. 110f. (Lamet); L. Milne, 1910, S. 69; O. Rheinwald, 1942, S. 35 (Shan); H. Stübel/P. Meriggi, 1937, S. 125f. (Ki auf Hainan); H. Stübel, 1954, S. 13 (Ta-hua Miao in Yünnan); H.O. Mawrie, 1981, S. 83 (Khasi).
17 Cf. H.A. Bernatzik, 1947, S. 329; B.C. Srisavasdi, 1963, S. 104; F.V. Grunfeld, 1982, S. 40f.; R. Bökemeier/M. Friedel, 1984, S. 264f.; P. Chaturabhawd, 1980, S. 80, 86f.; Friedhelm Scholz: Mündliche Mitteilung vom 7. März 1987.
18 Ders.: Mündliche Mitteilung vom 13. Mai 1986.
19 Cf. Bernatzik, a.a.O., S. 89. Auch bei den Bhotia im Himalaya bedeckten die jungen Mädchen im Gegensatz zu den Müttern stets den Oberkörper (cf. Col. Dalton, 1873, S. 337; W. Chorlton/N. Wheeler, 1982, S. 106f.; S.S. Shashi, 1979, Tf. IX), und die Männer liebten es sehr, ihnen an die Brüste zu fassen, was *nöq gyala*, »belästigen«, genannt wurde. Auch während des Koitus spielten die Männer mit den Brüsten. Cf. D.J. Lichter, 1984, S. 185, 237ff. Wenn bei den Lepcha ein Mann einem jungen Mädchen an die Brust griff, signalisierte er ihr damit, daß er mit ihr schlafen wollte. Cf. G. Gorer, 1967, S. 329. Ähnlich verhält es sich bei den Magar. In einem Mythos heißt es, daß zunächst nur Frauen auf der Erde lebten. Zwar stiegen bisweilen auch Männer vom Himmel herab, doch weil es ihnen hienieden nicht besonders zusagte, gingen sie immer wieder zurück. Da ersannen die Frauen eine List. Sie versteckten in ihren Brusttaschen Tabaksblätter, und als die Männer das nächste Mal auf die Erde kamen, fragten die Frauen sie scheinheilig, ob sie etwas zu rauchen wollten – hier hätten sie die Tabaksblätter. Die Männer faßten den Frauen in die Brusttaschen, fühlten die Brüste und erregten sich dabei so, daß sie fortan auf der Erde blieben, um den Frauen immer wieder an die Brüste greifen zu können. Cf. M. Oppitz, 1981, S. 246. Die jungen Magar-Mädchen bedecken ihre Brüste in

der Öffentlichkeit immer, Frauen für gewöhnlich und Mütter mit Säuglingen gar nicht. Cf. ders.: Brief vom 20. Februar 1986. Cf. auch I. Majupuria/T.C. Majupuria, 1978, S. 64 (Chepang). Ähnlich verhält es sich auch bei den Newar (cf. G.S. Nepali, 1965, S. 66), wo die Frauen häufig die Bluse (*la*) offen stehen lassen, damit der Säugling trinken kann. Cf. G. Toffin, 1977, S. 180. Die Mütter der Gurung bleuen bereits den fünf- oder sechsjährigen Mädchen ein, die Brust zu bedecken, und ein junges Mädchen würde sich nie im Freien waschen, da sonst die Gefahr bestände, daß jemand ihre Brüste sähe. Cf. B. Pignede, 1966, S. 70, 214.

20 Cf. H.A. Bernatzik, 1938, S. 147. Ob die Männer der Akha die nackten Brüste der Jumbrifrauen wirklich als Aufforderung zum Geschlechtsverkehr verstanden oder ob sie dies nur als Vorwand benutzten, ist schwer zu sagen. Zu allen Zeiten und in den verschiedensten Gesellschaften haben Vergewaltiger ihre Tat damit gerechtfertigt, daß ihr Opfer sich schamlos gekleidet oder benommen habe. Cf. H.P. Duerr, 1993, S. 452f.

21 Reinhard Greve: Brief vom 15. Januar 1988. Ältere Frauen entblößen indessen beim Waschen auch bei Anwesenheit des anderen Geschlechts die Brüste. Die tibetischen Nomadenfrauen sonnten sich gerne mit nacktem Oberkörper; die Dorffrauen taten dies weniger, doch auch sie badeten mit entblößten Brüsten im Fluß oder in den heißen Heilquellen (Veronika Ronge: Brief vom 7. Mai 1987). Als besonders schamlos empfinden es die Gurung, Newar, Thakali oder Magar, wenn die jungen Touristinnen nicht allein die nackten Schultern und den oberen Teil ihrer Brüste zur Schau stellen, sondern wenn sie überdies Shorts tragen, so daß ihre Oberschenkel entblößt sind (cf. L. Tüting, 1989, S. 115). Die nackten Oberschenkel einer Magarfrau zu sehen ist praktisch unmöglich (cf. M. Oppitz, 1984, S. 287), da bereits die siebenjährigen Mädchen nicht mehr unbekleidet baden (ders.: Brief vom 17. März 1986). Würde einem jungen Mädchen der Rock hochfliegen, so gälte dies als ein sexuelles Vergehen, da es darauf achten muß, daß so etwas nicht vorkommt. Auch die Thakalifrauen würden nie ihre nackten Beine zeigen. Bei den Newarfrauen gelten neben den Oberschenkeln die Waden als sehr erotisch.

22 Hauptinformanten für das Folgende waren Bene Boli Koten Tena Wahang und Pak Lamuri im Sommer 1986. Ein Informant sagte mir, daß der Oberkörper der Mädchen früher nicht dann bedeckt wurde, wenn die Brüste sich bildeten, sondern zum Zeitpunkt der Reifefeier. Beides mußte nicht notwendigerweise zusammenfallen. Andere erzählten, der Sarong sei ›hochge-

rutscht‹, sobald sich die ersten Anzeichen einer Entwicklung von Brüsten bemerkbar machten. Cf. auch E. Vatter, 1932, S. 186; B. K. Majlis, 1984, S. 91 f.

23 Heute dürfen unverheiratete Frauen den Sarong nur im Haus so binden, daß die Schultern freibleiben (Informantin: Ema Lepa, August 1986).

24 Einige Männer aus dem Dorf Belogili sagten mir, daß im Tandjong, einem abgelegenen Gebiet im äußersten Nordosten, bis vor kurzem die jungen Mädchen den Oberkörper nicht bedeckt hätten. Ich halte dies für sehr unwahrscheinlich. Der Tandjong ist eine Art »backwoods«, und man glaubt oder behauptet, daß es dort in jeder Hinsicht sehr ›primitiv‹ zugehe.

25 Die Toba-Batak nannten das erste Kind »Öffner der Brüste« (*si bucha badju*), weil der Sarong (*hapit*) der Mutter den Oberkörper frei ließ. Cf. J. v. Brenner, 1894, S. 273. Noch kurz vor dem Ersten Weltkrieg trugen die Frauen der Toba im Gegensatz zu denen der Karo-Batak die Brüste unbedeckt (cf. O. J. A. Collet, 1925, S. 359 f.), doch scheint sich das bald geändert zu haben. Cf. J. Winkler, 1925, S. 39.

26 Am ehesten entblößten stillende Mütter den Oberkörper, ferner ältere Frauen im Bereich des Hauses, beim Arbeiten, bisweilen auch auf Dorfwegen. Wann das allgemeine ›Oben ohne‹-Gehen der Frauen bei den Ata Kiwan von Ost-Flores aufgehört hat, ist schwer zu sagen. Reisende im 19. Jahrhundert berichteten, daß die Frauen von Ost-Flores im Gegensatz zu denen auf der Nachbarinsel Adonare die Brust bedeckt getragen hätten (cf. A. Jacobsen, 1896, S. 62), was freilich durch Photographien aus dieser Zeit nicht bestätigt wird. Cf. z. B. M. Gittinger, 1979, S. 58. Cf. auch H. J. T. Bijlmer, 1929, Tf. XC & XCIV. Auch in der Manggarai trugen um diese Zeit noch alle Frauen den Oberkörper frei (cf. P. Heerkens, 1930, S. 29), und im Jahre 1888 berichtete ein Reisender aus der Gegend um Endeh, dort hätten dies all die Frauen getan, die ausschließlich dem *adat* gefolgt seien. Cf. M. Weber, 1890, S. 6, 10 f. Junge sikkanesische Mütter mit Säuglingen habe ich häufig mit aus der Kleidung hängenden Brüsten im Umkreis ihrer Gehöfte, aber auch im Bus gesehen. Wie die Frauen der Ata Kiwan führen auch die Sikkanesinnen nicht das Kind zur Brust, sondern die Brust zum Kind.

27 Papa Mado, August 1986. Andere Informanten erklärten, die katholischen Missionare hätten das ›Oben ohne‹ der Frauen toleriert. Insgesamt kann man kaum sagen, daß die »neue Religion« das *adat* in nennenswerter Weise verdrängt hätte. Cf. K.-H. Kohl, 1995, S. 131 f.

28 Pak Lamuri, Juli 1986.
29 Die jungfräulichen Brüste gelten als sehr erogen, und die meisten Männer würden gerne mit ihnen spielen, wenn sie dazu die Gelegenheit hätten. Cf. H.P. Duerr, 1993, S. 344. Wer bei den Ngadha ein junges Mädchen ›unsittlich berührte‹, wurde früher mit Händen und Füßen in den Pflock (*kogo*) gesteckt. Weigerte er sich, anschließend eine gepfefferte Geldstrafe zu entrichten, wurde er als Sklave verkauft. Cf. P. Arndt, 1954, S. 514. Auch auf den Tanimbar-Inseln war es »verboten« (*moli*), die Brust eines jungen Mädchens zu berühren. Cf. O. Stoll, 1908, S. 877.
30 Cf. C. DuBois, 1961, S. 98.
31 Cf. z.B. K. Muller/P. Zach, 1987, S. 144f.; S. Fraser-Lu, 1988, S. 43 (Sumbanesen); S. Eder, 1984, S. 171, 175, 189, 195 (Bajau Laut und Bajau Sitangai im Sulu-Archipel). Wie mir Rodney Needham in einem Brief vom 25. Oktober 1986 mitteilte, trugen bei den Kodi und den Mamboru auf Sumba auch die jungen Mädchen ›oben ohne‹, bis der Raja sie dazu aufforderte, *moderen* zu sein und den oberen Saum des Sarong über die Brüste zu ziehen. Cf. auch S. van Praag, 1933, S. 288, 336. Bei den Belu auf Timor trugen Frauen und Mädchen einen langen, von den Schultern bis zu den Knöcheln herabfallenden Sarong, den sie bei der Arbeit im Haus oder im Garten bis unter die Brüste herabstreiften. Cf. B.A.G. Vroklage, I, 1952, S. 163; III, 1953, IV. 27.
32 Cf. O. Rutter, 1929, S. 50ff., 146; J. Staal, 1924, S. 962 (ebenfalls bei den Tahgas); I. H.N. Evans, 1922, S. 91; ders., 1953, S. 4f.; H. Ling Roth, 1896, II, S. 44.
33 Cf. T.R. Williams, 1965, S. 83.
34 Noch im Jahre 1966 stillten und badeten die Dusunfrauen mit nacktem Oberkörper, heute nicht mehr. Cf. E. Koepping, 1993, S. 284.
35 Cf. G. Tiemann, 1968, S. 390.
36 Bei Arbeiten im Hause streiften manchmal die Mädchen Tuch und Strick von den Brüsten, doch legten sie beides wieder um, sobald ein Mann hereinkam. Mitunter banden sich auch Frauen mit ›gefallenen‹ Brüsten einen Strick um, damit diese nicht umherbaumelten und sie bei der Arbeit störten. Gelegentlich bedeckten solche Frauen beim Stillen die Brust, weil sie Angst vorm Bösen Blick hatten. Cf. P.M. Schulien, 1926, S. 875ff.
37 Cf. z.B. W. Suhr, 1927, S. 28.
38 Cf. K. Karkosch, 1954, S. 8.
39 Die Männer liebten es, solche Brüste in den Händen zu halten, weshalb sie gerne von hinten den Penis in die Vagina einführten.
40 Cf. R.M. Berndt/C.H. Berndt, 1951, S. 24, 67.

41 Cf. R.M. Berndt, 1953, S. 176.
42 Cf. C.M. Turnbull, 1963, S. 210; ders., 1985, S. 109f.
43 R. Ames et al., 1970, S. 46f.
44 Cf. J.-C. Kaufmann, 1995, S. 89f., 93f. 87% der jungen Frauen an den australischen Stränden entblößen ihre Brüste lediglich beim Liegen, 70% beim Sitzen, 60% schwimmen ›oben ohne‹, aber nur 39% gehen ohne Oberteil am Strand entlang. Cf. E. Herold et al., 1994, S. 137. Natürlich spielen dabei auch andere Gründe eine Rolle: Viele Frauen fühlen sich z.B. unsicherer, wenn sie ihr ›Territorium‹ verlassen. In früheren Zeiten konnte man auch bei vielen Nudisten beobachten, daß sie Badekleidung anzogen, wenn sie mit dem Sonnenbaden aufhörten und umhergingen. Cf. A. Kuntz, 1985, S. 68. Im Jahre 1987 wurde auf dem Campingplatz ›Union Lido‹ bei Venedig den Frauen zwar erlaubt, das Oberteil abzulegen, doch nur unter der Voraussetzung, daß sie nicht ›oben ohne‹ umhergingen oder gar -liefen. Cf. *Stern* 30, 1987, S. 128.
45 Allzu viele seien dies freilich nicht mehr gewesen. Cf. S. Anglo, 1977, S. 51. Ideal waren nach Federigo Luiginis *Libro della bella donna* kleine Brüste und ein »zitternder Hintern«. Cf. D. Hammer-Tugendhat, 1994, S. 387.
46 Cf. H. Klecker, 1994, S. 146 bzw. G. Mentges, 1989, S. 118.
47 Cf. C. Baill/J. Money, 1980, S. 66.
48 Cf. P.A. Treckel, 1989, S. 32. Keine Probleme mit der Doppelfunktion der Brüste scheint Mohammed gehabt zu haben, der festgestellt haben soll: »Die Brüste der Frau ernähren das Kind und erfreuen den Vater« (zit. n. R. Lothar, 1929, S. 75).
49 Cf. G. Devereux, 1978, S. 175.
50 Cf. E.V. Welldon, 1988, S. 27.
51 Cf. E.H. Lopez, 1979, S. 74. Umgekehrt sagte mir eine Bekannte, sie möge es nicht, wenn ihr Mann ihre Nippel in den Mund nehme, weil sie das an das Stillen erinnere. Cf. hierzu auch N. Bischof, 1985, S. 131.
52 Cf. G. Devereux, a.a.O., S. 176. Zur »Milchverwandtschaft« cf. H.P. Duerr, 1978, S. 212.
53 Cf. C. Beckwith, 1983, S. 487. Ein Sprichwort der Berber lautete: »Bevor eine Frau geboren hat, ist sie Geliebte, hernach Mutter« (O.C. Artbauer, 1911, S. 198).
54 Cf. H.E. Driver/W. Driver, 1963, S. 113.
55 Cf. D.B. McGilvray, 1982, S. 62. Bei den Sefwi-Akan war es einem Mann untersagt, die Brüste seiner Frau sowie die seiner verheirateten Schwester zu berühren. Cf. A.K. Mensah-Brown, 1969, S. 56, 59.

56 Elizabeth Koepping: Brief vom 28. September 1989.
57 Cf. N. McDowell, 1991, S. 195 f.
58 E. de Martino, 1976, S. 43 f. Den Hinweis auf diese Stelle verdanke ich Thomas Hauschild.

Anmerkungen zu § 21

1 F. Kurz, 1894, S. 55, 70 f. Über eine junge Omahafrau berichtete er, wie sie erzürnt reagierte, als er es wagte, sie anzuschauen, obgleich sie halbnackt war: »Wir schwammen zusammen über den Bach, nachdem sie mich ins Wasser gestoßen, weil ich aus verzeihlicher Neugierde mich umsah, um sie in ihrem Badekostüm zu sehen« (a.a.O., S. 50).
2 »Kleine Kinder«, so die Blackfootfrau, »durften gewöhnlich zusammen spielen, und im Sommer liefen sie oft nackt herum. Doch sobald sie alt genug waren, um den Unterschied zwischen Jungen und Mädchen zu erkennen, wurden sie getrennt. Von da an wurden die Mädchen sorgfältig durch ihre Mütter und Tanten beaufsichtigt, und Jungen durften nicht in ihre Nähe kommen« (B. Hungry Wolf, 1985, S. 182 f., 205 f.).
3 Cf. T. Shakespeare, 1971, S. 43.
4 Cf. J.D. Hunter, 1823, S. 336.
5 Cf. z.B. O. La Farge/A.M. Josephy, 1974, S. 114.
6 Cf. T. Michelson, 1933, S. 600; R.J. DeMallie, 1983, S. 253; M.W. Beckwith, 1930, S. 361; M.N. Powers, 1986, S. 71 f. Deshalb lauerten junge Männer, die gerne ein bestimmtes Mädchen gegen seinen oder den Willen seiner Familie heiraten wollten, diesem beim Baden auf.
7 Cf. K.N. Llewellyn/E.A. Hoebel, 1941, S. 177; E.A. Hoebel, 1960, S. 95.
8 Cf. W.E. Unrau, 1971, S. 29; Hungry Wolf, a.a.O., S. 205.
9 Cf. Powers, a.a.O., S. 72. Allerdings wäre es wohl für Frauen technisch unmöglich gewesen, analog den Männern ihre Brust zu »durchbohren«, da die an den Seilen befestigten Adlerklauen oder -knochen bestimmt sofort aus dem Bindegewebe gerissen wären. So hätten sich die Frauen lediglich an der Rückenmuskulatur aufhängen können.
10 Cf. M. Nizhoni, 1990, S. 40. In neuerer Zeit badeten bei den Oglala manche Männer und Frauen gemeinsam, doch obwohl es in den Hütten so dunkel ist, daß man den Nachbarn kaum sehen kann, hielten die älteren Oglalas diese Neuerung für unanständig (William K. Powers: Brief vom 4. März 1987). Auch die Männer

bedeckten untereinander in der Schwitzhütte die Genitalien mit einem Lendenschurz oder zumindest mit den Händen. Im Juni 1941 besetzte eine Gruppe von Tsistsistas (Cheyenne) das Postamt von Watonga in Oklahoma, weil ihnen das dortige Wandbild, auf dem ihre Vorfahren zu sehen waren, zu unanständig erschien. Der alte Häuptling Red Bird begründete die Aktion mit den Worten: »Breech clout too short, looks like Navaho. No good. It stinks!« (J. Clapp, 1972, S. 270).

11 Cf. W. O'Meara, 1968, S. 314. Die jungen Mädchen der Mandan wie die der Blackfeet trugen »auch im Sommer« ein »langes ledernes Kleid« sowie die Unterschenkel bedeckende Lederstrümpfe (*mitasses*). Cf. M. Prinz zu Wied, I, 1839, S. 566, 573; II, 1841, S. 115 f.
12 J. Cook, III, 1, 1967, S. 313.
13 Cf. G.T. Emmons, 1991, S. 238 f.; F. de Laguna, 1972, S. 523. Wie zwei britische Seefahrer im Jahre 1787 berichteten, waren auch die Frauen der Haida »vom Nacken bis an die Waden« bekleidet (cf. G. Dixon, 1790, S. 204), doch bemerkte der spanische Seefahrer Caamano, der fünf Jahre später die Queen Charlotte-Inseln besuchte, daß die verheirateten Frauen keinen großen Wert darauf gelegt hätten, daß ihre Brüste bedeckt waren. Cf. H.R. Wagner/W.A. Newcombe, 1938, S. 221. Den Hinweis auf diese beiden Quellen verdanke ich Hans-Joachim Schepker.
14 Cf. E.S. Curtis, X, 1915, S. 5, 215; H. Codere, 1990, S. 366; D. Mattison/D. Savard, 1992, S. 274 f. Ähnlich auch bei den Chinook. Cf. M. Silverstein, 1990, S. 539 f. Die Frauen der Athapasken im südöstlichen Oregon bedeckten stets die Brust, wenn sie das Haus verließen. Cf. J. Miller, 1990, S. 582. Wie Roger Williams im Jahre 1643 berichtete, zogen sich die Indianerinnen in Neuengland manchmal bis auf den Schamschurz aus, wenn sie allein zu Hause waren, doch dann »the women will keepe their skin or cloth as neare to them ready to gather it up about them« (zit. n. D. de Marly, 1990, I, S. 23).
15 Cf. L. Thompson, 1916, S. 42.
16 Cf. J.B. Katz, 1977, S. 20 bzw. E.S. Curtis, II, 1908, S. 111. Bei den Yuma sollen die Frauen bis um etwa 1880 den Oberkörper unbedeckt getragen haben. Cf. a.a.O., S. 67.
17 Cf. M.L. Zigmond, 1986, S. 403.
18 Cf. K.P. Wells, 1982, S. 273 ff., 286.
19 Cf. J.L. Rawls, 1984, S. 98 ff., 187 f.
20 Cf. L. Spier, 1928, S. 183 ff.; J.W. Powell, 1971, S. 41; S. Jahn, 1992, S. 16; O. La Farge, 1974, S. 73; D.M. McCall, 1980, S. 239.
21 Zit. n. W.D. Baird, 1980, S. 11 f.

22 Cf. W. O'Meara, a.a.O., S. 141. Zumindest bei den Mohave hatten die Brüste auch eine erotische Bedeutung. Cf. G. Devereux, 1978a, S. 87.
23 Cf. J. Gillin, 1935, S. 233.
24 *ZDF*-Sendung vom 22. September 1992.
25 Cf. O.O. Howard, 1907, S. 94.
26 Cf. I.M. Peithmann, 1957, S. 66.
27 Cf. S.D. Gill, 1979, Tf. XVc & XXXf.; W. Dyk, 1938, S. 248f.; J. Ladd, 1957, S. 247; D. Leighton/C. Kluckhohn, 1948, S. 127. Die Navaho vermieden jegliche Art von Entblößung, damit »those around don't feel bad«. Cf. C. Kluckhohn, 1962, S. 174; ders./D. Leighton, 1946, S. 91.
28 Cf. M. Titiev, 1972, S. 51 sowie E.S. Curtis, a.a.O., XVII, S. 96 (Zuni). Richard O. Clemmer schrieb mir in einem Brief vom 4. November 1986, daß der weibliche Körper bei den Hopi, Westlichen Schoschonen, Paiute und Ute mit Ausnahme des Halses, der Arme und der Unterschenkel schambesetzt war und ist. Neuerdings gäbe es zwar – ähnlich wie bei den Oglalas – Frauen, die gemeinsam mit Männern die Schwitzhütten aufsuchten, doch würden sie dabei nie die Brust entblößen.
29 Cf. M. Titiev, 1944, S. 205.
30 Cf. F.A. Latorre/D.L. Latorre, 1976, S. 83. Der Puritaner John Gyles, der im Jahre 1689 in die Hände von indianischen Kriegern fiel, berichtet über die Cape Sable-Indianer: »Though both male and female may be in the water at a time, they have each of them more or less of their clothes on and behave with the utmost chastity and modesty« (J. Gyles, 1981, S. 111).
31 Zwar erwähnte deren Landsmann Don Juan Onate im Jahre 1601, er habe Apachefrauen mit nackten Brüsten gesehen, doch wird es sich um Mütter mit Säuglingen gehandelt haben. Cf. J.U. Terrell, 1972, S. 37, 65, 77, 87. Cf. auch C.G. Salz, 1980, S. 149.
32 Cf. G. Goodwin, 1942, S. 289, 303, 564ff. Auch die Ingalik hatten ein großes erotisches Interesse an weiblichen Brüsten (cf. C. Osgood, 1958, S. 217), nicht aber die Ojibwa, bei denen die Männer gleich ›zur Sache‹ kamen, ohne sich mit irgendwelchem Vorspiel aufzuhalten. Cf. A.I. Hallowell, 1955, S. 298. Ähnlich verhielt es sich bei den Navaho. Cf. W. Dyk, 1951, S. 109.
33 Wie mir L. Bryce Boyer in einem Brief vom 18. Februar 1986 schrieb, kommt es sogar vor, daß ›sturzbesoffene‹ Paare der Mescalero-Apache vor anderen den Geschlechtsakt ausführen.
34 Cf. Goodwin, a.a.O., S. 54f. Eine Frau der Chiricahua hätte ihre Genitalien normalerweise nie einer Frau gezeigt, geschweige einem Mann. Cf. M.E. Opler, 1941, S. 140.

35 Cf. F.F. Berdan, 1993, S. 187. Die Azteken wiederum schauten auf die »schamlosen« Huaxteken herab, weil deren Männer unter der Kleidung keinen Lendenschurz trugen, und nannten sie *can tla-pilo-ti-nemi*, »Immer nur mit Hängendem sein«. Cf. G. Höltker, 1930, S. 471. Auch die Tarasken verachteten sie, weil jene unter ihren bis zu den Knien reichenden Gewändern (*cicuil-xicolli*) keine Schambinden anhatten. Cf. E. Seler, 1923, IV, S. 428.
36 Zit. n. M. Leon-Portilla/R. Heuer, 1986, S. 105 f. Einer Frau an die Brust zu fassen bedeutete bei den Azteken, mit ihr schlafen zu wollen. Auf Darstellungen tut dies z. B. Xochipilli bei der Liebesgöttin.
37 Cf. z. B. D. Fabre, 1986, S. 550.
38 Cf. N. Quezada, 1991, S. 49, 51. Auch bei den Inka waren die Brüste der Frauen für gewöhnlich bedeckt, und diese schliefen nie nackt, sondern in ihrer Tunika (*anaku*), nachdem sie lediglich den Umhang (*likla*) abgelegt hatten. Cf. L. Baudin, 1956, S. 47. Wie man der Mochica-Kunst entnehmen kann, scheinen zumindest in manchen südamerikanischen Hochlandgesellschaften die Brüste als sehr erotisch gegolten zu haben, denn häufig werden Männer dargestellt, die die Brüste von Frauen oral und taktil stimulieren. Cf. P. H. Gebhard, 1970, S. 121. Eine Schwester der Göttin Chokesuso verführte Tutaiquiri, indem sie ihm ihre nackten Brüste zeigte, was bei den südamerikanischen Hochland-Indianern »natürlich verpönt war« (H. Trimborn, 1951, S. 132).
39 Cf. O. Stoll, 1908, S. 572. Freilich erzählte eine Quiche-Mayafrau, ihre Mutter habe ihr, als sie zehn Jahre alt war, eingebleut, »daß eine Indígena-Frau nur respektiert würde, wenn sie ihre vollständige Kleidung trage. Weil, schon wenn man sein Schultertuch vergißt, die Leute anfangen, nicht mehr so viel Achtung vor der Frau zu haben« (E. Burgos, 1984, S. 207).
40 Cf. H. Grimm, 1976, II, S. 116 f.
41 Cf. K. Helfrich, 1972, S. 155; ders.: Brief vom 31. Oktober 1986. Die mexikanischen Bäuerinnen zeigen im allgemeinen nur ein Minimum des Körpers unbedeckt, und bereits ein Dekollete gilt als sexuelle Provokation. In den Rocksaum werden Bleistückchen eingenäht, damit der Wind nicht die Oberschenkel oder noch Anstößigeres entblößt. Cf. C. T. de Bouchony, 1982, S. 75. Auch bei den alten Maya scheinen die Brüste erotisch gewesen zu sein, denn auf einem Gefäßfragment aus Uaxactun greift ein Affe, die Allegorie der Geilheit, der Mondgöttin an die Brust. Cf. M. Romain, 1988, S. 294. Bei den Otomi darf ein junges Mädchen

mit einsetzender Pubertät nicht mehr ohne Schal in die Öffentlichkeit gehen. Cf. M. Nadig, 1986, S. 149.
42 Cf. G. Ammon, 1966, S. 54.
43 Christian Rätsch: Brief vom 5. Juni 1986.
44 Robert D. Bruce: Brief vom 27. Juni 1986.
45 Bruce, a.a.O.
46 So C. Rätsch/H.J. Probst, 1985, S. 1124f.
47 Felicitas Goodman: Brief vom 14. März 1986. Taktil scheinen die Brüste bei den Yucatan-Maya allerdings keine allzu große Rolle zu spielen, jedenfalls eine geringere als der vom *'ipil* entblößte Nacken (a.a.O.).
48 Cf. M. Elmendorf, 1976, S. 86. Anscheinend galten zumindest früher üppige Brüste als unerotisch, vielleicht weil man sie zu sehr mit dem Stillen assoziierte. Jedenfalls sagte man den Mädchen, sie sollten nicht mit den runden Früchten eines bestimmten Baumes spielen, weil sonst ihre Brüste zu groß würden. Cf. R. Redfield/A. Villa Rojas, 1934, S. 207.
49 »Diese Indianer trugen ein kurzes baumwollenes Hemd, das wie eine Weste aussah, und Lendenschürzen, die sie *masteles* nannten. Wir hielten sie deshalb für kultivierter als die Indianer auf Kuba, bei denen nur die Weiber die Scham mit baumwollenen Lappen verhüllen, die sie dort *naguas* nennen« (B. Diaz del Castillo, 1988, S. 22). Diese weitgehende Nacktheit der Frauen war schon von den allerersten Spaniern als sexuelle Aufforderung verstanden worden, weshalb Kolumbus auf seine dritte Reise dreißig Frauen mit nach Amerika nahm. Abstellen konnte er die zahlreichen Vergewaltigungen damit freilich nicht. Cf. M. Lequenne, 1992, S. 100.
50 Robert D. Bruce: Brief vom 22. März 1986.

Anmerkungen zu §22

1 Cf. H.P. Duerr, 1993, S. 72ff.
2 Cf. V.S.R. Brandt, 1971, S. 133.
3 Eno Beuchelt: Brief vom 14. März 1986.
4 Y. Kim, 1978, S. 38. Den Hinweis auf diese Stelle verdanke ich Frau Wha-Seon Cho.
5 Wha-Seon Cho: Brief vom 21. Februar 1987. Die dabei anwesenden Frauen kicherten zu dieser Erzählung in einer Weise, daß Frau Cho annahm, das ›Spielen‹ mit den weiblichen Brüsten sei im späten 19. Jahrhundert in Korea allgemein üblich gewesen.
6 Dies.: Brief vom 26. Februar 1987. Wenn die Männer unter sich

waren, verhielten sie sich weniger schamhaft. So zogen sie sich bisweilen zum Fischen aus (cf. C. Osgood, 1951, S. 78), doch galt es als sehr anstößig, wenn ein Mann die Eichel des anderen sah (Eno Beuchelt: Brief vom 25. Februar 1986). Über die relativ große Unbefangenheit der Japaner waren die Koreaner schokkiert. Cf. M. Nomura, 1990, S. 261.

7 Im Jahre 1994 verbot die Stadtverwaltung von Kwangju das Tragen enger T-Shirts, durch die sich die Brustwarzen abzeichneten und die den Nabel frei ließen. Vorausgegangen war die Verhaftung zweier junger Mädchen, die solche Hemden getragen hatten. Cf. *Weser-Kurier* vom 6. August 1994.

8 Cf. Y.K. Harvey, 1979, S. 267f.

9 Cho, a.a.O.; Beuchelt, a.a.O.

10 Cf. M. Koike, 1891, S. 18; A. Eckardt, 1972, S. 111.

11 Cf. W. Eberhard, 1971, S. 294f.; B.B. Harrell, 1981, S. 809; M.C. Yang, 1968, S. 127; Shenyi Luo: Mündliche Mitteilung vom 30. November 1989.

12 Cf. P. Hsieh, 1940, S. 46.

13 Cf. H.S. Levy, 1966, S. 176, 207. Es heißt, daß im 8. Jahrhundert Yang Kwei-fei, die berühmte Konkubine des Kaisers Huang Tsong, die höfische Mode der die Brüste *hoch*drückenden Mieder eingeführt habe. Eines Morgens habe sie sich vor dem Spiegel gekämmt, als eine ihrer Brüste aus dem Mieder gehüpft sei, was das Begehren des Kaisers entfachte, der von weitem zuschaute. Daraufhin, so will es die Legende, habe sie die Dekolletemode erfunden. Cf. E. Chou, 1974, S. 229. In der Tat scheinen während der T'ang- sowie der frühen Sung-Zeit die Hofdamen ausgeschnittene Kleider getragen zu haben, die den oberen Teil des Busens sowie den Nacken frei ließen, bis man dies im 13. Jahrhundert als schamlos empfand und zu den als typisch chinesisch geltenden hochkragigen Jacken überging. Cf. R.H. van Gulik, 1961, S. 219; D. Bodde, 1985, S. 166; I. Veith, 1980, S. 259. Die Brüste hochdrückende Mieder gab es allerdings noch bis in die dreißiger Jahre des 20. Jahrhunderts, als sie zunehmend von westlichen BHs verdrängt wurden.

14 Cf. N.A. Chance, 1984, S. 109. Eine der wenigen Gelegenheiten, bei denen ehrbare Chinesinnen einst die Brüste entblößten, war der Totenkult. Um den Geist des Verstorbenen zu vertreiben, »drückten«, wie es im *Li chi* heißt, die Frauen die Brüste »heraus« (*fa hsiung*). Cf. E.H. Schafer, 1951, S. 145f.

15 Während der Sung-Dynastie im 11. Jahrhundert sollen solche Mädchen auch mit nacktem Oberkörper Ringkämpfe durchgeführt haben (*fu-jen lo-t'i hsiang-p'u*), bis der Staatsmann Szu-ma

Kuang solche »schamlosen« Darbietungen verbieten ließ. Cf. van Gulik, a.a.O., S. 186, 229f., 237.
16 Cf. C. Osgood, 1975, S. 993.
17 Wang Shi-Tcheng, 1961, S. 131. Von einem Prinzen der mittleren T'ang-Zeit heißt es allerdings, daß er sich die Hände zu wärmen pflegte, indem er die Brüste seiner Mätressen massierte (cf. H.S. Levy, 1965, S. 105), wobei er vermutlich das Nützliche mit dem Angenehmen verband.
18 Zit. n. B. Hinsch, 1990, S. 101.
19 Cf. Chou, a.a.O., S. 156.
20 »Dance hostesses have to do so. The usual run of slippery rogues who pay to dance with me think they can have a bit of something from me, once they've paid their dirty cash. They take advantage of the electric lights going out to stretch their hands out in utterly shameless fashion to my breasts, and feel about. To begin with, I wore double-thickness hygienic slip, but they actually undid the buttons so their ice-cold demonic hands could pierce their way to my breasts« (M. Elvin, 1989, S. 306).
21 Cf. Chou, a.a.O., S. 251f.
22 Cf. M. Rudolph, 1993, S. 101.
23 Cf. J. Mollee, 1990, S. 244. Obgleich offiziell westliche Brust- und Rückendekolletes als exemplarisch für die verrottete Sexualmoral des Kapitalismus gegeißelt wurden, konnte man schon Mitte der achtziger Jahre in den rotchinesischen Frauenzeitschriften zahlreiche Reklamen finden, in denen Mittel angepriesen wurden, mit Hilfe derer angeblich die Brüste vergrößert und am ›Fallen‹ gehindert werden konnten. Cf. E. Honig/G. Hershatter, 1988, S. 47, 68f., 71.
24 Cf. D. Bochow, 1967, S. 203. Viele Japanerinnen scheinen wegen ihrer flachen Brüste Minderwertigkeitsgefühle zu haben. Als ich einmal eine japanische Dame nach der Brustscham im heutigen Japan befragte, antwortete sie verschämt: »Wir haben doch gar keine Brüste!« Und ihr Mann fügte hinzu: »Nur Waschbretter mit einer Rosine darauf.« Im Zuge der ›Amerikanisierung‹ des Schönheitsideals bemühten sich viele Japanerinnen auch um eine stärkere Profilierung ihres Hinterns. Heute tragen zahlreiche Frauen »Wonder-Slips« oder »Hip-Bras« – breite Stoffstreifen, die unterhalb der Pobacken verlaufen, hochgeschnürt und um die Taille geschlossen werden. Cf. I. Pfeifer, 1996, S. 43.
25 Cf. E. Bachmeyer, 1986, S. 142ff., ferner K. Funabashi, 1991, S. 172. Traditionellerweise banden die Frauen ein Handtuch um den Brustkorb, so daß die Brüste nicht mehr hervorstanden. Später benutzte man zu diesem Zweck Büstenhalter (*kimonobras-*

siere). Cf. M. Braw/H. Gunnarsson, 1982, S. 26; S. Noma, 1974, S. 12.
26 Cf. R. Linhart, 1991, S. 239.
27 Cf. z.B. G. Chesi, o.J., S. 180.
28 *Tempo* 8, 1995, S. 40.
29 Zit. n. P. Kapitza, 1990, I, S. 65.
30 L. Frois, 1955, S. 122.
31 Cf. M. Hane, 1982, S. 62 f.
32 Auf der Insel Enoshima unweit von Yokohama boten noch im Jahre 1892 Muschelverkäuferinnen mit nacktem Oberkörper ihre Ware feil. Cf. C.H. Stratz, 1902, S. 88. Cf. auch ders., 1925, S. 116; S. Greenbie, 1920, S. 419. Auf der anderen Seite berichteten um diese Zeit Reisende, daß manche Frauen in den Gemeinschaftsbädern nicht nur den Genitalbereich, sondern auch die Brüste mit Händen und Armen bedeckten. Cf. E. v. Hesse-Wartegg, 1897, S. 539.
33 Cf. J.W. Dower, 1980, S. 279, 328.
34 Cf. z.B. E. Norbeck, 1954, S. 74.
35 Cf. E. Saito, 1989, S. 106, 110.
36 Zit. n. Y. Kawashima, 1972, S. 502.
37 P.F. v. Siebold, I, 1897, S. 185 f.
38 A. Wernich, 1878, S. 135.
39 Cf. F. Henriques, 1963, S. 307; E.R. Pike, 1966, S. 34.
40 W.H. Masters/V.E. Johnson/R.C. Kolodny, 1987, S. 48.
41 Cf. D.P. Martinez, 1990, S. 100.
42 Bis um die Mitte der zwanziger Jahre und in manchen Gegenden sogar noch länger (Abb. 205) trugen die *ama* beim Tauchen lediglich ein Lendentuch (*koshimaki*) und ein die Haare zurückhaltendes Baumwoll-Handtuch (*tenugui*). Nach dem Kriege zogen sie zunächst langärmelige weiße Blusen und Hosen an und in Katada seit etwa 1980 »wet suits« und darunter Wollunterwäsche. Cf. R. Linhart, 1983, S. 18 f.; dies., 1985, S. 89 ff.
43 So gibt es seit dem 18. Jahrhundert viele Holzschnitte mit koitierenden *ama*. Cf. R. Lane, 1989, S. 165 f. Auch die nackte Wasserleiche auf Hokusais berühmtem Holzschnitt vom Jahre 1814, deren Lippen von einem kleinen und deren Schamlippen von einem großen Kraken ›geküßt‹ werden (cf. H.P. Duerr, 1990, S. 218), ist eine solche Muscheltaucherin.
44 Cf. P. Constantine, 1994, S. 112, 133 f., 193.
45 *Weser-Kurier* vom 8. Juli 1994.
46 Schon im Jahre 1956 ergab eine Umfrage, daß die manuelle und orale Stimulierung der Brustwarzen der Partnerin vor und während der Ehe sehr verbreitet war. Cf. S. Asayama, 1975, S. 102 ff.

205 *Ama*-Taucherin von Boso.
Zeitungsbild nach einem Photo von Fosco Maraini, 1937.

47 Cf. I. Buruma, 1985, S. 85.
48 Auch auf Okinawa liebten es einst vor allem die jüngeren Männer, die Brüste ihrer Partnerinnen oral zu stimulieren. Die älteren Männer kamen meist lieber gleich ›zur Sache‹. Cf. T. W. Maretzki/H. Maretzki, 1963, S. 430.

ANMERKUNGEN ZU §23

1 Cf. R. G. Brown, 1915, S. 135; S. Fraser-Lu, 1988, S. 86f.; C. H. Stratz, 1902, S. 165.
2 Cf. Brown, a. a. O.
3 Cf. J. E. de Young, 1966, S. 40; H. Tichy, 1977, S. 162. Auch die Thaifrauen bedeckten die Brüste ursprünglich mit einem um den Oberkörper geschlungenen Tuch (*pa-hom*). Cf. M. Smith, 1947, S. 79.
4 Cf. E. Diezemann, 1979, S. 298.
5 In manchen Illustrierten wird indessen ein ganz anderes Bild, nämlich das eines »natürlichen« Verhältnisses der Thaifrauen zur Nacktheit und zur Sexualität, verbreitet. Cf. hierzu S. Lipka, 1985, S. 22; E. Niesner, 1990, S. 94f.
6 Cf. M. H. Mouhot, II, 1864, S. 134, 146. Hundert Jahre später

blieben auf den laotischen Dörfern nur noch die Oberkörper vorpubertärer Mädchen und alter Frauen gelegentlich unbedeckt. Cf. J.M. Halpern, 1964, S. 89. Die malaiischen Frauen trugen im 19. Jahrhundert an der Küste und in den größeren Orten den Sarong so, daß er die Brüste bedeckte, und wenn sie in die Öffentlichkeit gingen, bedeckten sie zusätzlich die nackten Schultern mit einem Tuch (*selendang* oder *tudung*). Cf. J.M. Gullick, 1987, S. 190. Weiter im Innern der Halbinsel konnte man freilich noch bis in unsere Zeit in den Häusern oder in deren unmittelbarer Umgebung ältere Frauen sehen, die den Sarong lediglich von der Hüfte abwärts trugen. Cf. W. Wilder, 1970, S. 260; R.O. Winstedt, 1909, S. 38.

7 Cf. M.E. Spiro, 1977, S. 232.
8 Cf. O.K. Hutheesing, 1990, S. 95, 149.
9 Cf. H. Eichberg, 1981, S. 25; ders., 1983, S. 163; ders., 1989, S. 182. Erst in den frühen achtziger Jahren hat die indonesische Regierung die Mentawaierinnen in den Küstengegenden dazu gebracht, die Brüste zu bedecken. Im Innern der Inseln tragen die Frauen – wenn überhaupt – die javanischen Blusen häufig so, daß die Brüste frei bleiben (Reimar Schefold: Brief vom 19. August 1986).
10 Cf. P. Schmid, 1956, S. 341 f. Damit die Moral der niederländischen Truppen nicht gefährdet wurde, hatte bereits die Kolonialmacht den nordbalinesischen Frauen verordnet, die Brüste mit der malaiischen Bluse (*badju*) zu bedecken. Cf. M. Covarrubias, 1956, S. 111.
11 Cf. A. Duff-Cooper, 1985, S. 405.
12 Cf. auch A. Leemann, 1979, S. 44, 51.
13 A. Rein, 1994, S. 12.
14 Auch im Mentawai-Archipel tragen viele Jungfrauen im Gegensatz zu den Müttern und älteren Frauen die Brüste bedeckt. Cf. O. Lelievre, 1992, S. 18, 36.
15 Balinesische Informantinnen, August 1986.
16 Cf. W. Forman/R. Mrazek/B. Forman, 1984, S. 16 f., 120.
17 Informantinnen sowie Duff-Cooper, a.a.O., S. 415. Im *As wara wanita*, der ›Erweckung der geschlechtlichen Begierde der Frau‹, wird dem Mann geraten, die Brüste seiner Partnerin zu streicheln. Cf. H. Grimm, 1976, S. 123 f. Runde und feste Brüste galten als besonders erregend. Cf. W. Weck, 1937, S. 104.
18 Man muß diese balinesischen Masseusen von den eigentlichen Prostituierten, die fast ausschließlich aus Java stammen, unterscheiden. Allerdings sind viele der Masseusen bereit, gegen Bezahlung die Kunden zu masturbieren.

19 Manche Mütter bedeckten zwar beim Stillen die Brüste (cf. z.B. Leemann, a.a.O., S. 94; dagegen G. Bateson/M. Mead, 1942, S. 125), doch taten sie dies vermutlich aus Angst vor bösen Geistern. Cf. K. Birket-Smith, 1965, S. 181. Wenn früher eine verheiratete Frau stets die Brüste bedeckte, hielt man sie für unmoralisch und promiskuitiv (cf. Duff-Cooper, a.a.O., S. 405), weil auch die Prostituierten in den größeren Orten dies taten. Cf. L. Blank, 1969, S. 19. Warum gerade die öffentlichen Huren die Brüste bedeckten, scheint nicht geklärt zu sein. Vielleicht waren sie einfach nicht bereit, ohne vorherige Bezahlung sexuelle Reize auszusenden.
20 Cf. M. Covarrubias, a.a.O., S. 48, 110.
21 Cf. z.B. C.H. Stratz, 1897, S. 27; P. Guichonnet, 1975, S. 39. Daß einst die Barbusigkeit in Java allgemein verbreitet war, spiegelt eine Legende wider, in der vor langer Zeit der Brahmane Kaundinya aus einem fernen Land auf die Insel kam und die lokale Königin besiegte und anschließend heiratete. Da sie aber den Oberkörper frei trug und ihm dies mißfiel, führte er als Frauengewand ein Tuch mit einem Loch in der Mitte ein, das sich alle Javanerinnen über den Kopf ziehen mußten. Cf. R. Maxwell, 1990, S. 154.
22 Cf. R. Maxwell, a.a.O., S. 153. Widersprüchliche Informationen gibt es über die Frauenkleidung an den javanischen Fürstenhöfen. Einerseits heißt es, daß dort jede Frau ihre Brüste mit einem

206 Männliche Hofkleidung in Jojakarta, 19. Jh.

207 Frauen und junge Mädchen aus Tjirebon, Nordwest-Java, 19. Jh.

speziellen Brusttuch (*selendang*) bedecken mußte (cf. H. Mützel, 1925, S. 69; A. van Beek, 1990, S. 59), doch andererseits, daß noch im ausgehenden 19. Jahrhundert der nackte, häufig mit Sandelholzpaste gelb gefärbte Oberkörper für beide Geschlechter am Hofe obligatorisch gewesen sei (Abb. 206 u. 207). Cf. H. Schurtz, 1891, S. 127f.; C. Hooykaas, 1957, S. 278. Auch wird auf der einen Seite berichtet, daß die Frauen vor den Göttern auf keinen Fall die Brüste entblößen durften, doch dann heißt es wiederum: »The more sacred the ceremony, the more scanty the clothing worn by both men and women« (van Beek, a.a.O., S. 59). So gibt es z.B. Photographien von in Trance befindlichen javanischen Kris-Tänzerinnen, deren Oberkörper nackt ist. Cf. S. Wavell et al., 1966, Abb. 12.

23 Javanische Informantinnen, denen ich Abb. 166 zeigte, meinten, daß es sich bei dem Modell nur um eine Prostituierte handeln könne. Im vergangenen Jahrhundert hielt sich ein Teil der Schikkeria in gewissen europäischen Großstädten halbbekleidete Indonesierinnen als Dienstboten. So beschäftigte z.B. die bekannte Sängerin Nina Pack von der Großen Oper in Paris ein indischjavanisches Mischlingsmädchen namens Annah, das den Gästen mit nacktem Oberkörper Getränke servierte und sich dabei von den Herren die Brüste streicheln ließ. Auf einer Party lernte sie

Gauguin kennen, dem sie in sein Studio in der Rue Vercingetorix folgte, wo das berühmte Aktbild ›Die Javanerin Annah‹ entstand. Cf. H. Habe, 1977, S. 221 f.
24 Cf. G. Polykrates, 1984, S. 205.
25 Cf. A. Linklater, 1990, S. 70, 89.
26 Cf. H. P. Duerr, 1988, S. 144 f.
27 L. Wright et al., 1972, S. 59. Auf Photos kann man häufig sehen, daß die jungen Iban-Mädchen die Brüste bedeckt trugen. Cf. z. B. H. Morrison, 1962, S. 91.

Anmerkungen zu §24

1 Cf. M. Sharma/U. Vanjani, 1993, S. 35.
2 Cf. P. Jeffery, 1979, S. 101. Auch im zentralindischen Bhopal schärft man schon den kleinen Mädchen ein, später nie ihre Brüste sehen zu lassen, und bereits die acht- oder neunjährigen sind Meisterinnen in der Kunst, sich so umzuziehen oder im *sārī* zu baden, daß keine schambesetzte Stelle ihres Körpers zu sehen ist. Cf. D. A. Jacobson, 1980, S. 127. Bei den Mukkuvar, tamilischen Fischern in Südindien, wird den heranwachsenden Mädchen eingebleut, sich bei schweren Arbeiten nicht so zu bücken oder zu bewegen, daß man ihnen in den *sārī* schauen kann. Cf. K. Ram, 1991, S. 89. Die Frauen der Kond von Bisipara im östlichen Indien trugen früher zwar einen *sārī*, doch selten eine Bluse, so daß man ihnen bisweilen von einem bestimmten Winkel aus auf die nackte Brust schauen konnte, aber es galt die Regel, daß ein Mann in einem solchen Fall den Blick abwenden mußte. Allerdings provozierten manche jungen Mädchen die Männer, indem sie diesen durch gewisse Haltungen und Stellungen Einblicke auf ihre Brüste geradezu aufdrängten. Dies galt freilich als äußerst unanständig, denn gerade die jungfräulichen Brüste waren sehr schambesetzt. Als ein Ethnologe einmal ein Haus betrat, in dem sich ein sechzehnjähriges Mädchen mit unbekleidetem Oberkörper aufhielt, warf deren Mutter hastig ein Baumwolltuch über ihre Brüste. Cf. F. G. Bailey, 1994, S. 20, 51, 178. Dies war auch bei den Indern in Ostafrika der Fall, wo ein Mädchen, das sich von einem jungen Mann an die Brust fassen ließ, das Risiko einging, keinen Heiratspartner zu finden, falls sich die Sache herumsprach. Cf. A. Bharati, 1972, S. 124.
3 Dies bedeutet freilich nicht, daß die Brüste der jungen, kinderlosen Frau schambesetzter gewesen seien als ihre Vulva, denn letztere durfte im allgemeinen nicht einmal der Ehemann sehen.

4 Manche Punjabifrauen trugen den *sārī*, doch andere hielten ihn für schamlos, weil er den Bauch freiließ und kurze Ärmel hatte. Aus diesem Grunde sollten auch die Sikh-Frauen keinen *sārī* tragen.

5 Cf. Jeffery, a.a.O., S. 20, 100f.; P. Hershman, 1977, S. 272ff.; D.G. Mandelbaum, 1988, S. 74f. Im weiter südlich liegenden ländlichen Bhopal entblößen ebenfalls viele Mütter beim Stillen in der Öffentlichkeit die Brust, was aber die hinduistischen und muslimischen Städter meist empört. Cf. Jacobson, a.a.O., S. 127f. Bei den auf Trinidad lebenden Indern gehen die Mütter bei ihren Kindern freilich bald auf Distanz und lassen sie nicht mehr auf ihrem Schoß sitzen, weil sie Angst haben, daß die Kleinen ihre Brüste berühren könnten. Cf. J. Nevadomsky, 1983, S. 137. Die Mädchen der Nimar Balahi erhielten meist schon dann das von allen Frauen getragene und die Brüste akzentuierende kurze Mieder (*choli*), wenn sie noch gar keine Brüste hatten. Auch bei ihnen waren die Brüste sehr schambesetzt, doch die Frauen entblößten sie in der Öffentlichkeit beim Stillen. Cf. S. Fuchs, 1950, S. 336. Den Sikh-Frauen war dagegen das Tragen des *choli* untersagt, weil man glaubte, es schnüre die Frauen so sehr ein, daß sie sexuell erregt würden. Cf. W.O. Cole/P.S. Sambhi, 1978, S. 109. Vielleicht war dies auch der Grund, warum bei den Prabhus eine Witwe kein *choli* mehr anziehen durfte. Cf. K. Raghunathji, 1879, S. 12.

6 Cf. F. Heiler, 1977, S. 61.

7 Cf. G. Schweizer, 1986, S. 238.

8 Cf. L. Minturn/J.T. Hitchcock, 1966, S. 38; dies., 1963, S. 244. In vielen Gegenden Indiens ziehen sich herkömmlicherweise die Frauen beim Baden auch dann nicht aus, wenn sie alleine sind, weil sie dann immer noch der Wassergott Varuṇa sehen kann (Eli Franco: Mündliche Mitteilung vom 5. November 1989).

9 Auch die Männer baden nie nackt, sondern behalten stets das *dhoti* oder ihre Shorts an. Cf. Jacobson, a.a.O., S. 248f. Cf. auch C.C. Sanyal, 1965, S. 27f. (Bengalen). Wie mir Detlef Kantowsky mitteilte, ziehen in anderen Gegenden Nordindiens die Männer bei dieser Gelegenheit ebenfalls nicht das Lendentuch aus und reinigen auf sehr dezente Weise ihre Genitalien. Verweilen sie zu lange dabei, müssen sie allerdings mit dreckigen Bemerkungen der anderen rechnen.

10 Cf. S.N. Dar, 1969, S. 152. Die bengalischen Frauen hatten und haben eine außerordentliche Brustscham. Cf. B. Hartmann/J.K. Boyce, 1983, S. 118. Manchen Bengalinnen scheint die erotische Bedeutung der Brüste peinlich zu sein und sie behaupten, sie

seien nur dazu da, um die Kinder zu nähren. Dorffrauen meinten deshalb, die üppigen Brüste einer kinderlosen Ethnologin seien *khali*, »leer«, im Sinne von betrügerisch, weil sie etwas vortäuschten, was nicht der Fall war. Cf. J. Kotalova, 1993, S. 205 f.

11 Cf. N. Hasnain, 1982, S. 95. Trotzdem gelang es gelegentlich einigen halbwüchsigen Jungen, sich anzuschleichen und die Frauen zu betrachten. Bereits auf den ältesten Bildern wird gezeigt, wie die von einem Voyeur überraschten Frauen Genitalien und Brüste mit Händen und Armen verdeckten, so die badenden Kuhhirtinnen (*gopis*), als Kr̥ṣṇa ihnen die Kleider stiehlt. Cf. S. Kramrisch, 1986, S. 123.

12 Aus Allahabad berichtete im vergangenen Jahrhundert ein Brite: »An Indian woman can change in public from a wet chudder [= *chuddah*, ein Umhängetuch der Frauen] to a dry one, with a lightning-like celerity that would baffle a music-hall conjurer, and without exposing more than a glimpse of neck and shoulder« (zit. n. Dar, a.a.O., S. 223).

13 Cf. G.S. Ghurye, 1951, S. 241.

14 Cf. V. de Golish, 1954, S. 24f. Eine etwas andere Version der Geschichte findet sich bei L.W. Schaposchnikowa, 1970, S. 220f.

15 Bereits in den zwanziger Jahren war die Szene, in der Eva ›oben ohne‹ im Paradies zu sehen war, aus dem betreffenden Stummfilm geschnitten worden, und im Jahre 1952 spezifizierte das ›Central Board of Film Censors‹ in einer Verfügung, die Produzenten sollten auf »garments of such transparency« verzichten, »as to invite attention to the legs or bust of the woman or girl«, sowie auf Szenen, in denen die bekleideten Brüste der Schauspielerinnen schaukeln, schwingen, hüpfen oder zittern. Und um dieselbe Zeit hieß es in der Zensurbestimmung für den Hindi-Film *Dara*: »Delete Mid-close and close shots showing Usha with emphasized bust when she is on a jeep, as she jumps down, as she runs facing the camera.« Aber auch die Brüste in absoluter Ruhestellung kamen nicht ungeschoren davon: »Delete the close-up of Sundai's bust«, verordnete die Behörde dem Produzenten des Telugu-Filmes *Pempudu Koduku*, »when she is lying dead on bed.« Tiefe westliche Dekolletes erregten gleichermaßen Anstoß, und zwar nicht allein bei den Zensoren. Als beispielsweise *The Outlaw* mit der tiefausgeschnittenen Jane Russell in Bombay gezeigt wurde, verließen viele empörte Zuschauer das Kino, und die übrigen begleiteten den Film mit Pfeifen und Pfuirufen, so daß er vom Programm abgesetzt wurde. Seit den siebziger Jahren wurden Zensurbehörde und Publikum toleranter, und es wurden nur noch Szenen mit nackten Brüsten oder solche ver-

boten, in denen ein Mann eine bekleidete Brust berührte. Cf. A. Vasudev, 1978, S. 23, 106, 123, 167; E. Barnouw/S. Krishnaswamy, 1963, S. 209; E. J. Dingwall, 1962, S. 230; A. S. Ahmed, 1992, S. 307f. Schon im Jahre 1925 waren in Indien der Vertrieb, Verkauf, Import und Export von »obscene drawings, paintings, representations or figures« verboten worden, und dazu gehörten auch Darstellungen von Frauen mit nackten üppigen Brüsten. Ausgenommen war freilich »any drawing or painting kept or used *bonafide* for religious purposes or any representation sculptured, engraved, painted or otherwise represented on or in any temple or any car used for the conveyance of idols or kept and used for any religious purpose«. 1952 revidierte der Indische Gerichtshof die Bestimmung dahingehend, daß auch diese Darstellungen außerhalb ihres kultischen Kontextes als obszön gelten sollten. Gemäß dieser neuen Anordnung wurde noch im gleichen Jahr der verantwortliche Redakteur des bengalischen Magazins *Nari Nari*, in dem ein Artikel mit Bildern von obszönen Tempelreliefs erschienen war, zu zwei Monaten Gefängnis und einer hohen Geldstrafe verurteilt. Cf. J. Clapp, 1972, S. 216, 291f.

16 Cf. *Stern* 40, 1982, S. 65; F. Rangoonwalla, 1979, S. 105.
17 Cf. A. S. Altekar, 1956, S. 280. Wie aus den Upanisaden hervorgeht, galten um 800 v. Chr. die Brüste als äußerst erogen und die Männer liebten es, sie zu betasten. Cf. W. O'Flaherty, 1980, S. 105.
18 Cf. T. Donaldson, 1980, S. 79, 92.
19 Cf. Altekar, a.a.O., S. 282f.; B. R. Rao, 1982, S. 18.
20 Cf. J. Sahi, 1980, S. 114.
21 Cf. Altekar, a.a.O., S. 283ff., der vermutet, daß bei manchen Darstellungen die Kleidung durch einen inzwischen abgefallenen Gipsüberzug dargestellt worden sei, was z. B. die unnatürlich dünnen Beine der in Amaraoti wiedergegebenen Frauen erkläre.
22 Zit. n. J. Fisch, 1986, S. 81. Afanasij Nikitin, der 1466 aus Rußland nach Indien aufgebrochen war, berichtete später, daß die Inderinnen »die Brüste nackt« getragen hätten (cf. H. Hecker, 1993, S. 203), aber es scheint unklar zu sein, auf welche Gegend die Aussage sich bezieht.
23 Heute hat sich dies geändert, und die Brüste einer Frau werden in der Öffentlichkeit nur dann entblößt, wenn sie stillt. Wenn die Frauen im Hof baden, ziehen sie zwar die Bluse, nicht aber den *sarī* aus. Cf. M. N. Srinivas, 1976, S. 17, 142. Bei den aus Malabar stammenden Einwanderern auf der Insel Reunion im Indischen Ozean darf man über weibliche Brüste ausschließlich im Kon-

text des Stillens reden – außerhalb desselben ›gibt es sie nicht‹. Ein Mädchen erhält ihren ersten BH nach der Menarche. Cf. C. Ghasarian, 1992, S. 183, 193.

24 Cf. M.M. Penzer, 1952, S. 142 f. Im Jahre 1879 schrieb der Abbé Dubois über die »Dienerinnen der Gottheit« (*devadasi*), daß diese wie auch die Tempeltänzerinnen dezenter gekleidet seien als die gewöhnlichen Frauen, und nur während eines bestimmten Rituals, bei dem sie die Verführung Balabhadras aufführten, entblößten sie ihre Brüste. Cf. F.A. Marglin, 1985, S. 4 f., 107. Schon die Huren und Tänzerinnen auf den Wandmalereien von Ajanta sind voll bekleidet, und die *nartaki* trugen zudem noch Hosen, damit man ihnen bei ihren Tänzen nicht auf die Genitalien sehen konnte. Vor allem die akrobatischen Tänzerinnen (*lankhika*) trugen straffe Brustbänder, damit ihre Brüste nicht wollüstig auf und nieder hüpften. Cf. M. Chandra, 1973, S. 72, ferner V.N. Desai, 1985, S. 77. Entgegen den gewöhnlichen Frauen bedeckten auch die *kosi* (von *kono*, »unfruchtbar«) in Dahomey die Brüste (cf. F.A. Marglin, 1987, S. 312), was vielleicht den Schluß zuläßt, daß die balinesischen, indischen und westafrikanischen Prostituierten deshalb die Brüste nicht offen trugen, weil sie ohne Milch waren. Dies würde aber wiederum bedeuten, daß die ›Enterotisierung‹ der weiblichen Brüste eine Folge ihrer Stillfunktion ist. Auf der anderen Seite könnte die Verhüllung der Brüste damit zusammenhängen, daß eine Hure nichts ›umsonst‹ vergab. So riet das *Kamasutram* der Prostituierten: »Zunächst mache sie sich fein und blicke dann die Hauptstraße auf und ab, wobei sie dafür Sorge tragen soll, daß sie auch selbst erblickt wird. Sie ist nun gleichartig mit einer Ware, aber gerade deshalb soll sie sich nicht allzu weit enthüllen« (M. Vatsyayana, 1987, S. 158). Eine Hure aus Lucknow sagte, sie zeige ihre Brüste nur gegen Bezahlung. Cf. V.T. Oldenburg, 1990, S. 274.

25 Cf. U.R. v. Ehrenfels, 1960, S. 164. Nach E. Thurston, 1906, S. 530 f., unterschieden sich früher die Tamilinnen der Koromandelküste von den Malabaresinnen, den Frauen der Nayar, Tiyan, Cheruman, aber auch der Toda dahingehend, daß die ersteren, also die Frauen von der Südostküste, bei der Begegnung mit Europäern sofort die Brüste bedeckt hätten, während die Südwestküstenfrauen in solchen Situationen unbefangen geblieben seien. S.P. Rice, 1901, S. 33, berichtete hingegen, daß zwar eine Uriya-Frau sich von einem Europäer abwende und ihr Kleid »in Ordnung bringe«, damit er ihre Brust nicht sehen könne. Die Koromandelküsten-Tamilinnen, »many of whom go about without shame, in no more clothing than their lords [= Ehemänner]«,

würden dies hingegen nicht tun. Allerdings hieß es bereits um die Mitte des 19. Jahrhunderts, daß die meisten Frauen in den Städten wie Pondicherry mit einem den Bauch frei lassenden BH, dem *ravukai*, bekleidet gewesen seien. Dieser Büstenhalter wurde von den Ärzten auch den in Südindien lebenden Europäerinnen empfohlen, weil das Tragen eines westlichen Korsetts im tropischen Klima häufig verheerende Folgen für die Gesundheit hatte. Cf. Dr. Huillet, 1867, S. 173f., 176.

26 Cf. U.R. v. Ehrenfels, 1952, S. 79f., 217ff. Wie mir Dieter B. Kapp mitteilte, bedeckten die Frauen der Kurumba zunächst vor ihm die Brüste, aber nachdem er sich dezent verhielt, taten sie dies nach ein paar Tagen nicht mehr. Auch die Nikobaresinnen hielten sich bei Anwesenheit von Indern Hände und Arme vor die Brüste (cf. P. Lal, 1977, S. 60), und die Frauen der Semai taten dies vor den Malaien. Cf. R.K. Dentan, 1968, S. 17. Cf. auch M.A. Condon, 1910, S. 942 (Basoga nördlich des Victoria-Sees).

27 Cf. M.J. Walhouse, 1874, S. 370.

28 Cf. C.H. Rao, 1911, S. 809 bzw. W. Crooke, 1919, S. 239.

29 Cf. S.G. Deogaonkar, 1982, S. 6ff.

30 L. Dube, 1975, S. 161.

31 Cf. S. Abdulali, 1988, S. 201. Offenbar gingen die Täter davon aus, daß die Cholonaika-Frauen ihre Bereitwilligkeit zum Geschlechtsverkehr durch ihre Halbnacktheit dokumentierten. Dies zeigt sich auch in einem anderen Fall. Nachdem eine Frau der südindischen Havikbrahmanen von einer ganzen Gruppe Jugendlicher vergewaltigt worden war, fragte sie der Richter, wer nach dem Überfall das Tuch gelöst habe, das sie über der Vulva trug. Als die Frau daraufhin sagte, sie selber habe dies – ganz offenbar unter massiver Bedrohung durch die jungen Männer – getan, wurden sämtliche Täter freigesprochen. Der Richter war nämlich der Auffassung, daß jede Frau, die sich entblöße, dem Geschlechtsverkehr zustimme. Cf. H.E. Ullrich, 1977, S. 96f. Auf Urdu bedeutet »Frau«, *aurat*, soviel wie »verhüllte Möse«. Cf. E. Knabe, 1977, S. 121.

Anmerkungen zu §25

1 Dies behauptet z.B. R. Harre, 1990, S. 196.

2 H. Weigel, 1577, CLXIIII.

3 Cf. A.B. Rugh, 1986, S. 142f.

4 R. v. Brunn, 1990, S. 172, die allerdings betont daß eine Ägypterin der städtischen Mittelschicht ein solches Benehmen für »per-

vers« hielte. Die verheirateten Frauen der Ma'adan in den Marschen des südlichen Irak verschleierten zwar die Brust- sowie die Halspartie, doch stillten sie selbst vor Fremden ihre Kinder. Cf. S. Westphal-Hellbusch/H. Westphal, 1962, S. 100, 202, 253. Auch in der Türkei scheinen früher zumindest die Unterschichten-Frauen in Anwesenheit von Männern gestillt zu haben (cf. F.C. Endres, 1916, S. 91), und ein Heidelberger Arzt erzählte mir, daß ältere türkische Patientinnen auch im Beisein ihrer halbwüchsigen Söhne, die sie zum Dolmetschen mitbrachten, die Brüste entblößten. Die Wochenbettnachbarin meiner Frau, eine junge Türkin aus Griechenland, stillte ihr Kind ohne Umschweife auch dann, wenn ich mich im Zimmer befand. Als ihre Mutter einmal zu Besuch kam, zog die ältere Frau scherzhaft ihre gewaltige Brust aus dem Kleid und hielt sie dem Winzling hin. Allerdings stillte die junge Mutter nie vor fremden Männern, wenn ihr eigener Mann anwesend war, der mit Argusaugen darüber wachte, daß seine Frau in solchen Situationen völlig bedeckt blieb. Auf der anderen Seite versuchten er und andere türkische Männer beharrlich, im Raum zu bleiben, wenn andere Frauen die Brust entblößten, um ihr Kind anzulegen.

5 Rushdi Said: Mündliche Mitteilung vom 1. März 1990. Wenn die Fellachinnen stillten, taten sie dies zwar auch gelegentlich in Anwesenheit von sehr nahe verwandten Männern, aber so, daß die Brust und der Kopf des Kindes völlig verhüllt waren. Cf. H. Ammar, 1954, S. 100. Auch die afghanischen Frauen stillen mit verdeckter Brust. Wie mir Elizabeth Koepping einmal erzählte (Mitteilung vom 16. Dezember 1985), fielen ihrem Hausangestellten, der noch nie die nackten Brüste einer Frau gesehen hatte, geradezu die Augen aus dem Kopf, als sie vor ihm die Brüste entblößte, um ihre Zwillinge anzulegen. Bei den Paschtunen gelten weibliche Brüste als sehr erotisch, und die Männer lieben es, sie zu streicheln und zu kneten (Peter Snoy: Mündliche Mitteilung vom 17. April 1986).
6 Cf. J.G. Frazer, 1923, S. 379.
7 Cf. W.S. Blackman, 1927, S. 124.
8 Cf. L. Vaczek/G. Buckland, 1981, S. 127; P. de Fenoyl, 1982, S. 191; ferner R. Steiger/M. Taureg, 1985, S. 138.
9 Zit. n. B. v. Dewitz, 1988, S. 21f. Eine so weitgehende Entblößung hätte bei anderen muslimischen Prostituierten freilich Anstoß erregt. So sagte etwa eine in Köln tätige türkische Hure über eine ihrer Kolleginnen: »Das darf nicht wahr sein, furchtbar sah sie aus, ich schwöre es dir, konntse alles sehen ... sie hat keinen BH angehabt. Nur ein weißes T-Shirt, und sie war ganz naß ge-

wesen, es hat ja geregnet!« (E. Heinser-Ueckert, 1994, S. 42). Im 19. Jahrhundert trugen in manchen Gegenden selbst die Bauchtänzerinnen rote Käppchen auf den Brustwarzen, damit diese nicht durch den semitransparenten Stoff schimmerten. Cf. W. Buenaventura, 1984, S. 53. Gustave Flaubert berichtet, die Zuschauerinnen bei einem Bauchtanz in Esna hätten dem Spielmann seinen Turban übers Gesicht und dem ihn begleitenden Jungen »einen kleinen schwarzen Schleier über die Augen« gezogen, als die Tänzerin sich anschickte, die Brüste zu entblößen. Cf. E. Eggebrecht, 1982, S. 91. Im Jahre 1991 wurde die ägyptische Bauchtänzerin Fifi Abduh von einem Kairoer Gericht zu drei Monaten Gefängnis verurteilt, weil sie im Nachtclub »Uncle Sam« »unter lautem Stöhnen« wollüstige Bewegungen ausgeführt hatte, »um die Aufmerksamkeit auf ihre Brüste zu lenken«. In Ägypten müssen die Tänzerinnen Brüste, Bauch, Becken und Rücken bedecken, während in Ländern wie Saudi-Arabien oder Libyen der Bauchtanz ganz verboten ist. Cf. *Spiegel* 51, 1991, S. 176.
10 Cf. Ammar, a.a.O., S. 185, 190f. Die Mzabitinnen der nördlichen Sahara gingen früher nie zum Arzt, es sei denn, es ging um Leben und Tod. Aber auch dann brauchte es »schon alle erdenklichen Überredungskünste von seiten ihres Mannes, damit sie auch einmal die Brust entblößte. Damit hatte es dann aber unter allen Umständen sein Bewenden« (K. Suter, 1958, S. 267).
11 Cf. D. Chatty, 1978, S. 402. In manchen Gegenden trugen indessen die jungen Mädchen der Sudan-Araber lediglich einen Rock aus Schnüren (*rahad*), und die Frauen bedeckten zusätzlich den Oberkörper mit dem *tob*, doch lag dieser Körperschleier so locker an, daß man bei gewissen Stellungen der Frauen auf ihre Brüste schauen konnte. In den achtziger Jahren gingen immer mehr Mädchen und Frauen dazu über, eine Kleidung zu tragen, bei der man keine Stelle des nackten Oberkörpers mehr sehen konnte, und im November 1991 verordnete der Juntachef, General Umar el-Bashir, der *tob* sei »unkeusch« und durch muslimische Kleidung zu ersetzen. »Die Leute sind Muslime geworden«, kommentierte eine Frau diese Entwicklung. Cf. V. Bernal, 1994, S. 46; *Spiegel* 48, 1991, S. 183.
12 Allerdings gab es in den Armeebeständen Lösungsmittel, die Filzstiftfarben auf Offset-Papier zum Verschwinden bringen.
13 *ARD*, 19. März 1994.
14 *Rhein-Neckar-Zeitung*, 24. Januar 1990; *Spiegel* 40, 1990, S. 188. Trotzdem riet Scheich Abd el-Sabur in Dahran seinen Landsleuten bezüglich der US-Soldatinnen: »Schaut nicht auf sie, und

wenn es sein muß, dann bestraft sie mit Blicken, damit sie spüren, daß sie sich nicht wie anständige Frauen benehmen.«
15 Cf. E.A. Early, 1993, S. 102.
16 Zit. n. B. Langner, 1983, S. 58. Wenn der Prophet anordnete, daß die Frauen ihre Brüste verschleiern sollten (*Koran* 24, 31), so hieß das, daß sie den Oberkörper in einer Weise mit dem *khimar* bedecken mußten, daß die Formen der Brüste sich nicht abzeichneten. Im späten Mittelalter begann der Ägypter al-Suyuti eine Abhandlung mit den Worten: »Im Namen Allahs, des Barmherzigen, des Erbarmers. Lob sei Allah, der die Oberkörper der Frauen zu Plattformen für die Scham der Männer machte!« (zit. n. W. Walther, 1980, S. 113).
17 Cf. E. Heller/M. Mosbahi, 1993, S. 94.
18 Cf. A. ʿA. ʿO.b.M. an-Nafzawi, 1966, S. 99.
19 Cf. Early, a.a.O., S. 173.
20 Y. el-Masry, 1963, S. 43. Auch in vielen vom Islam beeinflußten Gesellschaften streicheln die Männer beim Vorspiel neben Vulva und Schenkeln ebenfalls die Brüste der Frau – so bei den Bäle im Ennedi, wo bereits die vorpubertären Mädchen die Brust mit einem blauen Tuch bedecken. Cf. P. Fuchs, 1961, S. 72.
21 I. Q. al-Gauziyya, 1986, S. 54f.
22 Anschließend forderte Kraft den Leser auf, sich die Erniedrigung vorzustellen, die eine Frau erleidet, wenn sie sich von einem fremden Mann an die nackte Brust greifen lassen muß, was allerdings genauso viel Licht auf die deutschen Schamstandarde des 16. Jahrhunderts wirft wie auf die arabischen: »Da hinderenckh du Gottloser Crist vnd hurnsackh, wie Innen muß zu Mutt sein; so Ich selbsten mit Weinendten augen gesehen vnd gehört, sunderlichen der Weibsbilder schwer seyfzen vnd weinen, daß man Ire Wasser thrennen vor Iren Füessen gesehen« (H.U. Kraft, 1861, S. 136).
23 S. Schweigger, 1986, S. 103.
24 Cf. K.N. Ahmed, 1978, S. 425, 430.
25 Cf. F. Azari, 1983, S. 105.
26 Dies gilt auch für die neuere Zeit – so wurde z.B. im Jahre 1950 eine Bestimmung erlassen, nach der in Filmen keine nackten Brüste gezeigt werden durften. Cf. B. Najafi, 1986, S. 182. Als freilich iranische Regierungsvertreter auf den senegalesischen Dörfern das Angebot machten, jeder Frau eine gewisse Summe zu zahlen, wenn sie ihre Brüste bedeckte, wurden die Boten Allahs ausgelacht. Cf. *Stern* 8, 1986, S. 26. Auch die jüngeren Frauen der Siravand im iranischen West-Lurestan haben eine ausgesprochene Brustscham, was die Öffentlichkeit betrifft,

doch gibt es bei ihnen folgende Eigentümlichkeit. Während in den meisten menschlichen Gesellschaften eine ›Schwiegerscheu‹ zwischen Schwiegersohn und Schwiegermutter herrscht, gibt es bei den Siravand nicht nur keine solche gesellschaftlich erwartete Meidung zwischen diesen beiden Personen. Vielmehr besteht gerade zwischen ihnen ein besonders herzliches Verhältnis, und der Schwiegersohn ist neben dem Ehemann der einzige Mann, der die Frau anschauen darf, wenn sie beim Waschen oder Sichumziehen die Brüste entblößt hat. Cf. Sahnaz Nadjmabadi: Brief vom 8. Mai 1988; dies., 1975, S. 102f.; 127.

27 Cf. Azari, a.a.O., S. 103.
28 Cf. M. Alloula, 1986, S. 15.
29 Cf. N. Monti, 1987, S. 113.
30 Cf. P. Bourdieu, 1965, S. 224; ders., 1976, S. 40.
31 Angeblich hingen an diesen Ringen Kettchen, an denen goldene Halbmonde befestigt waren, die wiederum durch ein zweites Kettchen mit Ringen verbunden waren, die das Mädchen durch die Schamlippen gesteckt hatte. Cf. T. Healey, 1982, S. 305.
32 Cf. M. Makilam, 1996, S. 93.
33 Cf. G. Spittler, 1990, S. 112. Nach M. Gast, 1992, S. 166, sind allerdings bei den Kel Ahaggar-Tuareg nach der Vulva nicht die Brüste des Mädchens die erogenste Zone, sondern die Hüften. Der junge Mann fasse dem Mädchen unter das Gewand »pour leur palper des hanches appele *tamayazut* et qu'on nomme en France ›les poignees d'amour‹«.
34 Wie mir Peter Fuchs in einem Brief vom 15. Dezember 1986 mitteilte, handelt es sich bei diesen Frauen freilich um Angehörige der unteren Schichten, während die Oberschichtfrauen sich sittsamer verhielten. Auch gibt es ein Nord-Süd-Gefälle der diesbezüglichen Schamstandarde, was mir Wolfgang Creyaufmüller in einem Brief vom 6. Januar 1987 bestätigte. So sind die Tuaregfrauen der Sahel-Zone eher bereit, den Oberkörper zu entblößen, als die der nördlichen Tuareg in der Zentralsahara.
35 Cf. H. Lhote, 1984, S. 157. Nach S.J. Rasmussen, 1991, S. 105, würde eine anständige Targia in der Öffentlichkeit nicht einmal den Nacken entblößen.
36 Cf. E. Bernus, 1981, S. 147. Als im Mai 1990 Soldaten der Republik Niger einige Tuareg-Stämme überfielen und die Frauen nackt auszogen und betasteten, wurde dies von den Tuareg als eine Schmach empfunden, die »schlimmer als der Tod« ist. Cf. *Spiegel* 45, 1990, S. 216.

Anmerkungen zu § 26

1 R. Gödtel, 1993, S. 39.
2 A. Groh, 1992, S. 135. D. Symons, 1995, S. 102, meint einschränkend: »Where breasts are normally left uncovered, men apparently do not ›eroticize‹ them (i.e., the sight of breasts is not in itself sexually arousing), but this does not mean that breasts are irrelevant to sexual *attractiveness*.«
3 J.L. Anderson, 1988, S. 320. Hervorh. v. mir.
4 In einem Interview, das in den achtziger Jahren im Deutschen Fernsehen zum Thema ›Oben ohne‹ ausgestrahlt wurde. Leider habe ich es damals versäumt, mir das Datum und den Namen des Senders zu notieren.
5 Gilbert H. Herdt: Brief vom 13. November 1986; ders., 1981, S. 186.
6 G.H. Herdt/R.J. Stoller, 1985, S. 111 f.
7 J. Boelaars, 1981, S. 88.
8 Cf. W. Davenport, 1965, S. 168 f., 172, 183 f. Auch in anderen Gegenden Melanesiens oder Neuguineas gelten die frei getragenen weiblichen Brüste als erotisch. Bei den Wahgi darf ein Mann nicht einmal unabsichtlich die Brüste des Mädchens, um das er wirbt und mit dem er flirtet, berühren. Auch bleut man den Jungen ein, in der Öffentlichkeit nicht die Wörter für gewisse Früchte oder für Gemüse zu benutzen, die in ihrer Form Brüsten ähneln, da dies peinliche Situationen heraufbeschwöre. Cf. M. O'Hanlon, 1989, S. 41. Bei den Eipo stimuliert der Mann beim Vorspiel die Brüste der Frau (cf. W. Schiefenhövel, 1982, S. 150) und auf der Normanby-Insel im d'Entrecasteaux-Archipel forderten früher gewisse junge Frauen die Männer mit den Worten auf: »Saug mir die Nippel, dann krieg ich große Lust zum Vögeln!«, worauf die Männer sie mit dem Mund an den Brustwarzen und mit dem Finger an der Klitoris stimulierten. Cf. G. Roheim, 1977, S. 143. Bei den Baruya spielen die Frauen einander bisweilen, wenn niemand sie sehen kann, an den Brüsten, ähnlich wie ein Mann einem Freund im Männerhaus zärtlich den Hodensack und den Penis streichelt. Auch scheinen stillende Frauen analog den Männern, die Jungen mit Sperma füttern, vorpubertären Mädchen die Brust zu geben, damit diese sich entwickeln. Die Männer lieben es, wenn eine Frau dicke Brüste hat, doch wenn sie die Brust einer Frau streifen oder gar anfassen, dann kommt dies einer Aufforderung zum Beischlaf gleich. Cf. M. Godelier, 1987, S. 86 f., 92. Wenn bei den Gururumba jemand einer Frau, die eine Hexe (*gwumu*) war, erklärte, er habe ent-

deckt, was sie treibe, bot sie ihm für gewöhnlich an, er dürfe mit ihren Brüsten spielen, wenn er sie nicht denunziere. Cf. P.L. Newman, 1965, S. 87. Bei den Manus hatte ein Mann eine zärtliche erotische Beziehung zu seiner Kreuzkusine, die allerdings nicht zu weit gehen durfte: Er raspelte mit ihr Süßholz, machte neckische Anspielungen und hielt sie dabei an ihren nackten Brüsten. All dies vermied er bei seiner Frau, die er normalerweise auf unromantische und brutale Weise beschlief. Als einmal eine sich nach Zärtlichkeit sehnende Frau ihren Mann fragte, ob er nicht ein bißchen mit ihren Brüsten spielen könne, erwiderte er barsch: »Natürlich nicht! Dieses Privileg genießt nur meine Kreuzkusine.« Cf. M. Mead, 1939, II, S. 163, 166. Die jungen Männer der Mbowamb dürfen beim Flirten ein Mädchen zwar nur im Gesicht berühren, aber wenn das Lagerfeuer niedergebrannt ist und Dunkelheit herrscht, streifen sie häufig ›unabsichtlich‹ ihre nackte Brust, um herauszufinden, ob sie ›erwünscht‹ sind. Cf. E. Brandewie, 1981, S. 93; ders.: Brief vom 29. Februar 1988. Cf. auch B. Malinowski, 1988, S. 176 (Mailu). Bei den Tangu im nördlichen Neuguinea spielten die unverheirateten Männer sehr gerne mit den Brüsten und Nippeln der jungen Mädchen, während diese die Männer an den Genitalien krauelten. Cf. K. Burridge, 1969, S. 96. Auch die Tolai (Qunantuna) auf Neubritannien scheinen die Brüste ihrer Partnerinnen geküßt und karessiert zu haben, doch wie mir A. L. Epstein in einem Brief vom 18. Dezember 1986 mitteilte, war es für ihn sehr schwierig, etwas Verläßliches darüber herauszufinden, da die Tolai äußerst dezent sind. Auf den Trobriand-Inseln schließlich hatten die frei getragenen Brüste eine große erotische Bedeutung, und auf gewissen Festen schlichen sich die Burschen an die Mädchen an und faßten ihnen von hinten an die Brüste, um sie sexuell zu erregen. Auch beim Vorspiel manipulierten die Männer die Nippel ihrer Partnerin. Feste, gut entwickelte Brüste galten als die schönsten, und solche Brüste hießen *nu'ulawolu*, »massierte Brüste«, weil die Mädchen sie sich gegenseitig kneteten, damit sie die gewünschte Qualität erhielten. Cf. B. Malinowski, 1979, S. 179, 258f., 373.

9 *Nyini* bedeutet »Beißen der Süßigkeit«. Das Wort für Nippel lautet *nyini la wondi*, »Brust-Mund-Vorhaut« oder *nyini la bowa*, »Brust-Mund-Blüte«. Cf. S. A. Boone, 1986, S. 104f.

10 Wenn ein Mädchen noch keine Brüste hat, zeigt man für ihren Oberkörper kein Interesse, »denn er ist ja nur wie der eines Jungen«. Cf. a. a. O., S. 102.

11 Cf. O. Olajubu, 1972, S. 153. Wenn ein junges Hereromädchen

einem Mann begegnete, schlug es die Augen nieder und bedeckte die Brüste. Cf. J. Irle, 1906, S. 64.

12 J.O. Ojoade, 1980, S. 333.

13 So nötigte z.B. auch Marie Pauline Thorbecke, die im Jahre 1911 ihren Mann auf einer geographischen Expedition nach Kamerun begleitete, Haussa-Frauen, ihre Brusttücher abzulegen, bevor sie sie ablichtete. Cf. C.M. Geary, 1990, S. 154f. Heute ist es in Kamerun verboten, Frauen mit unbedeckter Brust zu photographieren, was in gewissen ländlichen Gebieten Aufnahmen von Frauen fast unmöglich macht. Cf. N. Barley, 1990, S. 106.

14 *ARD*-Sendung vom 1. Dezember 1987.

15 Cf. J. Roscoe, 1923, S. 281. So auch bei den Bhaca. Cf. W.D. Hammond-Tooke, 1962, S. 117, 122.

16 Cf. E.J. Krige, 1936, S. 30; O.F. Raum, 1973, S. 105 ff.; R.K. Herbert, 1990, S. 457. Ähnlich auch bei den Pondo. Cf. M. Hunter, 1961, S. 38. Bei den Ngoni mußten die Schwiegermutter vor dem Schwiegersohn und die Tochter vor ihrem Vater die Brüste mit einem unter die Achseln geklemmten Tuch oder einer mit Perlen eingefaßten Tierhaut verhüllen. Ein Mann durfte nie seine Tochter schlagen, weil sonst die Gefahr bestanden hätte, daß die Oberkörperbedeckung verrutschte. Cf. H.P. Junod, 1938, S. 93; M. Shaw, 1974, S. 101.

17 Cf. G. Lindblom, 1920, S. 89, 96f., 560. Bei den Lovedu gab es eine Rätselfrage: »Was ist das? Es liegt in deiner Hand und doch außerhalb deiner Reichweite?« Die Antwort lautete: »Die Brust deiner Schwester.« Geschwister verschiedenen Geschlechts durften zwar frei miteinander reden, doch hätte ein Junge niemals auf übermütig-spielerische Weise nach den Brüsten seiner Schwester grabschen können, wie er das bei seiner Kreuzkusine tat. Cf. E.J. Krige/J.D. Krige, 1943, S. 77. Auch die Ndebele kannten eine ›Scherzbeziehung‹ zwischen einem jungen Mann und den jüngeren Schwestern seiner Frau, bei denen er gelegentlich versuchte, ihnen an die Brüste zu fassen, was durchaus eine erotische Bedeutung hatte. Cf. A.J.B. Hughes/J. van Velsen, 1954, S. 87.

18 Cf. G. Roheim, 1974, S. 30. Es wird zwar immer wieder behauptet, daß die unbedeckt getragenen weiblichen Brüste bei den australischen Aborigines keine erotische Bedeutung gehabt hätten, doch ist dies unrichtig. Bei den Loritja sowie den Aranda faßte ein Mann bei einer Frau zuerst ans Schamhaar und dann an die Brüste, um herauszufinden, ob sie ihn begehrte, und während des Vorspiels rieben beide Partner die Brust an der des anderen. Cf. ders., 1933, S. 240; ders., 1974, S. 234f. In der Ooldea-Region

liebten es früher die unverheirateten Mädchen, einander gegenseitig den Körper zu streicheln, wobei sie besonders gerne mit den Brüsten ihrer Partnerin spielten. Cf. R.M. Berndt/C.H. Berndt, 1943, S. 277. Und bei den Walbiri vollzogen die jüngeren Männer in einer erotisch-obszönen Atmosphäre ein Liebesritual (*ilbindji*), bei dem sie sich im Busch versammelten, Liebeslieder sangen und dabei kleine Sandhügel formten, die weibliche Brüste und Hinterbacken darstellten. Der Zweck des Rituals bestand darin, daß die Mädchen später wohlgeformte Rundungen bekämen. Cf. M.J. Meggitt, 1962, S. 270. Da die Brüste bei den Mabuiag-Insulanern als sehr erotisch galten, mußten die Männer sie ›übersehen‹. Jüngere Frauen bedeckten sie in Anwesenheit von Männern mit den Händen oder wandten sich ab. Cf. A.C. Haddon, 1890, S. 337.
19 Cf. M.B. Emeneau, 1937, S. 109.
20 Cf. J.W. Fernandez, 1982, S. 333.
21 Cf. E.E. Evans-Pritchard, 1973, S. 171, 173.
22 Cf. S. Ottenberg, 1989, S. 106, 110. Bei den Nkumbi in Angola sah man darüber hinweg, wenn ein junger Mann beim erotischen *ekumbuete*-Tanz für einen kurzen Augenblick seiner Partnerin an die Brust faßte. Cf. C. Estermann, 1979, II, S. 47. Die jungen Männer der Jur-Luo des Bahr el Ghazal betasteten beim Flirten nach den Stammestänzen die Brüste der jungen Mädchen. Cf. S. Santandrea, 1977, S. 602. Ähnlich auch bei den Dan (Ulrike Himmelheber: Mündliche Mitteilung vom 16. März 1986); Nuba (S.F. Nadel, 1947, S. 111); Sebei am Elgonberg (W. Goldschmidt, 1976, S. 203); Gusii (R.A. LeVine, 1959, S. 975). Bei den Otoro-Nuba durfte ein junger Mann allerdings erst nach Anzahlung des Brautpreises seiner Verlobten an die Brüste greifen (cf. F.W. Kramer, 1987, S. 153), und die Ik veranstalteten während der Hochzeitsfeier eine »Brüste« (*id-itın*) genannte Zeremonie, die eine Art Entschädigung dafür darstellte, daß der Bräutigam die Brüste der Braut berührt hatte. Cf. B. Heine, 1987, S. 78. Eine fremde Frau an der Brust zu berühren war ein ernstes Vergehen: So weigerten sich im vergangenen Jahrhundert die Dinka-Frauen heftig, sich von europäischen Ärzten an diesem Teil des Körpers anfassen zu lassen, und schämten sich tagelang allein über das Ansinnen. Cf. C. Lombroso/M. Carrara, 1897, S. 22. »Schlägt eine Frau ihren Mann so sehr«, sagen die Tugen, »daß er sich nicht mehr zu helfen weiß, dann greift er nach ihren Brüsten. Das ist verboten. Sie hat ihn besiegt, und er muß einen Ziegenbock schlachten« (H. Behrend, 1985, S. 100).
23 Mit einem Samenerguß, so sagten die Karanga, »fällt der Mann«,

d. h., er wird schwach. Die Mütter achteten darauf, daß der Penis ihres kleinen Sohnes nicht mit ihren Brüsten in Berührung kam, weil dies den Jungen geschwächt hätte. Cf. H. Aschwanden, 1976, S. 44, 193.

24 Das ›Knutschen‹ (*ngweko*) der unverheirateten Kikuyu zielte in erster Linie auf *orugare wa nyondo*, »das Genießen der Wärme der Brust«, ab, was dadurch erreicht wurde, daß der junge Mann seine Brust an den Brüsten des Mädchens rieb. Auf diese Weise kamen bisweilen sowohl der Mann als auch seine klitoridektomierte Partnerin zum Orgasmus. Das Stammesrecht verbot es, daß er den Penis an dem weichen Lederschurz (*mwengo*) rieb, den das Mädchen fest zwischen die Beine geklemmt hielt, und sie durfte seine Genitalien nicht berühren oder gar reiben. Cf. J. Kenyatta, 1938, S. 156ff. Ein verheirateter Mann durfte seine Frau nicht an den Nippeln berühren oder diese lutschen (cf. N. Nelson, 1987, S. 222), vermutlich weil ihre Brüste dem Säugling ›gehörten‹.

25 L. White, 1990, S. 91. Dagegen sagten norwegische Prostituierte, daß sie sich von den Kunden nicht an den Brüsten berühren ließen, weil ihnen das zu intim sei. Cf. L. Finstad/C. Høigard, 1988, S. 120.

26 Cf. F. Kröger, 1978, S. 273. Wenn bei den Songe ein Mann die Brüste einer Frau berührte, bedeutete dies, daß er bereits mit ihr geschlafen hatte. Die Männer liebten es, die Narbentätowierungen (*mapaa*) auf den Brüsten der Frauen zu karessieren. Cf. A. P. Merriam, 1971, S. 82f., 85. Cf. auch A. Doutreloux, 1967, S. 102 (Yombe).

27 Beim »Spiel der Brüste« tragen die Mädchen einen knielangen Rock. Alles, was von ihm bedeckt wird, darf von dem Jungen nicht berührt werden. Cf. T. Förster, 1985, S. 77. Solche »Spiele« betreiben in manchen Gesellschaften auch die Mädchen untereinander. So streicheln und kneten z. B. bei den Gadsup in Neuguinea die jungen Mädchen einander gerne die Brüste, doch die Erwachsenen mißbilligen dies. Cf. B. M. du Toit, 1975, S. 220.

28 O. p'Bitek, 1982, S. 27.

29 Um die Chavante zu »pazifizieren« sollen die Brasilianer in den vierziger Jahren Großaufnahmen von Pin up-Girls mit nackten Brüsten über deren Gebiet abgeworfen haben. Es heißt, die Chavante hätten sich daraufhin bereit erklärt, gegen weitere solcher Photos ihre Giftpfeile abzuliefern. Cf. K. R. Lewald, 1990, S. 125. Die Cubeo fanden z. B. die Brüste besonders dann sehr erotisch, wenn sie üppig und voll waren, und die jungen Mädchen liebten

208 Junges Mädchen der Huichol, spätes 19. Jh.

es, sich gegenseitig sexuell zu erregen, indem sie einander die Brustwarzen streichelten. Cf. I. Goldman, 1963, S. 142, 181. Bei den Guahibo manipulierten die Männer beim – allerdings recht knapp gehaltenen – Vorspiel die Brüste der Frauen. Cf. R.V. Morey/D.J. Metzger, 1974, S. 81 sowie L.C. Watson, 1973, S. 154 (Guajiro). Gleiches galt für Gesellschaften in Nordamerika, in denen früher die Frauen ›oben ohne‹ gingen, z.B. für die der Mohave. Cf. G. Devereux, 1978a, S. 87. Noch gegen Ende des vergangenen Jahrhunderts konnte man Frauen und Mädchen der Tarahumara mit nacktem Oberkörper sehen (cf. C. Lumholtz, 1902, S. 265 f., 285; ders., 1982, S. 25, 31, 34), doch waren die Brüste gleichwohl erogene Teile des Körpers. Wenige Jahrzehnte später wurden auch sie bedeckt, und eine Frau achtete sogar beim Stillen darauf, daß sie nicht gesehen werden konnten. Cf. W.C. Bennett/R.M. Zingg, 1935, S. 106. Bereits die ganz kleinen Mädchen trugen Rock und Hemd. Cf. auch C. Deimel, 1982, S. 105. Einem jungen Mädchen oder einer Frau an die Brüste zu greifen gälte als schlimme Beleidigung. Ein Ethnologe wurde einmal Zeuge einer Szene, in der ein betrunkener Mann seiner ›Scherzpartnerin‹, der gegenüber er sich einige Freiheiten herausnehmen kann, an die – bedeckten – Brüste faßte, was dieser keineswegs gefiel. Cf. J.G. Kennedy, 1978, S. 173. Ein Zapoteke, der so etwas im nüchternen Zustand täte, würde nachgerade für pervers gehalten. Cf. H.A. Selby, 1974, S. 46. Ähnlich wie bei den Tarahumara konnte man vor hundert Jahren auch in den Dörfern der Huichol noch junge Mädchen mit nacktem Oberkörper antreffen (cf. C. Lumholtz, 1903, S. 5, 83, 269 u. Abb. 208). Die verheirateten Frauen bedeckten sich dagegen meist, doch während einer Heilzeremonie des *mara'akame* entblößen auch heute noch die etwas älteren Frauen die Brüste. Cf. G. Aldana/J. Norman, 1977, S. 846 f. Wie die Tarahumara, die sich nicht einmal zum ehelichen Koitus entkleiden (cf. J. Fried, 1969, S. 868 f.), schlafen auch die Huichol in ihren Tageskleidern und baden voll angezogen und nach Geschlechtern getrennt (Benno Bollhardt: Brief vom 19. Mai 1986).

30 Die Frauen der Bajau Laut tragen nach der Geburt ihres ersten Kindes die Brüste frei. Trotzdem werden sie dadurch nicht ›enterotisiert‹, denn der Ehemann stimuliert seine Frau während des Vorspiels weiterhin an den Brüsten. Cf. H.A. Nimmo, 1970, S. 255 f.

31 Dieses ›Küssen‹ war eher ein Beriechen als eine orale Stimulierung in unserem Sinne (Lorenz G. Löffler: Brief vom 22. Februar 1988).

32 Cf. N.E. Parry, 1932, S. 39, 281 bzw. ders., 1928, S. 54. Bei den Land-Dayak liebten es die jungen Männer, den jungen Mädchen an die frei getragenen Brüste zu greifen, aber nur, wenn gerade niemand hinsah. Cf. W.R. Geddes, 1957, S. 61.

33 Betrachtet man freilich die alten Photographien von Bondo-Frauen, so sieht man, daß anscheinend doch nur die etwas älteren verheirateten Frauen den Oberkörper völlig unbedeckt trugen, während die jungen Mädchen und die jüngeren Frauen die Brüste mit Halsketten, aber auch mit den Armen zumindest teilweise verdeckten. Daß diese Frauen die Arme vor die Brüste hielten, mag vielleicht auch daran gelegen haben, daß es ihnen unangenehm war, halbnackt photographiert zu werden. In der Zeit, als die Frauen der Jatmül in Neuguinea noch ›oben ohne‹ gingen, versteckte sich einmal eine Gruppe junger Frauen im hohen Gras, weil sie befürchteten, von Touristen photographiert zu werden: »Die sollen uns nicht fotografieren«, sagte eine Frau, »die Bilder herumzeigen und auf unsere Brüste scharf werden« (F. Weiss, 1991, S. 141). Aus diesem Grunde wollten schon ein

halbes Jahrhundert vorher die Kwoma-Frauen nicht abgelichtet werden. Cf. H.P. Duerr, 1988, S. 136.
34 Einer verheirateten Bondo-Frau an die nackte Brust oder Schulter zu fassen war ein ernstes Vergehen, das zu heftigem Streit führte.
35 Cf. V. Elwin, 1950, S. 79ff. Wie bei den Saora und Maria waren auch bei den Muria die frei getragenen Brüste äußerst erogen und erotisch, zumindest solange sie rund und fest waren. »Ihre Brüste können so groß wie eine Kokosnuß oder so klein wie eine Zitrone sein«, schwärmte ein Muria, »in jedem Falle sind sie wunderschön, und wir sind von ihnen begeistert.« Die Männer sagten, daß sie die Brüste auch brauchten, um während des Geschlechtsverkehrs etwas zu haben, woran sie sich festhalten konnten – »wenn man sie hält, überkommt einen unbeschreibbare Wonne«. Hatte eine Frau allerdings Hängebrüste, so hielt sich ihr Partner beim Koitus nicht an ihnen, sondern an den ebenfalls als sehr reizvoll geltenden Schultern fest. Cf. V. Elwin, 1947, S. 429; ders., 1959, S. 247. Wie die Bondo hatten auch die Muria ein Jugendschlafhaus (*ghotul*), in dem indessen nicht nur mit den Brüsten gespielt wurde. Jedenfalls erzählte ein Informant: »Ein großes Mädchen bringt dem kleinen Jungen [der allerdings bereits in der Pubertät war] alles bei, indem sie ihn zunächst mit ihren Brüsten spielen und ihn sich anschmiegen läßt. Dann öffnet sie die Beine, hält sie gespreizt und legt den Jungen auf ihre Brüste. Dann zeigt sie ihm, wie er ihre Kleidung öffnen und seinen kleinen Pimmel mit der Hand reinstecken kann. Beim ersten Mal weiß der Junge nicht, was er tun soll, und sein Saft spritzt zu früh raus.« Cf. ders., 1953, S. 211. Auch bei den Didayi in Orissa, deren Mädchen traditionellerweise ›oben ohne‹ gingen, waren die Brüste, wenn man einmal von der Vulva absieht, der erotischste und sensitivste Teil des weiblichen Körpers. Während des Flirts berührte der Junge meist zunächst nur flüchtig die Brust des Mädchens, die ihn zwar einerseits wegen dieser Frechheit ausschimpfte, ihn aber andererseits, wenn sie ihn mochte, ermunterte, es noch einmal zu versuchen, bis er schließlich ihre beiden Brüste in den Händen hielt und liebevoll knetete. Cf. U. Guha/M.K.A. Siddiqui/P.R.G. Mathur, 1970, S. 15, 103. Auch die Brüste der jungen Badaga-Mädchen in den Nilgiri-Bergen faszinierten die Männer, die sie mit Begeisterung küßten und in die sie zärtlich bissen. Die Mädchen stimulierten sich gegenseitig an den Brüsten, und von denen, deren Brüste sich besonders schnell und üppig entwickelten, sagte man, daß sie solche Spielchen sehr häufig betreiben. Cf. P. Hockings, 1980, S. 39,

47. Im 18. Jahrhundert erzählte man einem Reisenden über die Tiyan von Malabar, deren Männer seien einst sexuellen »Praktiken ergeben gewesen, die so übel waren, daß sie nur vage angedeutet werden können«. Um die Männer wieder auf den von der Natur vorgegebenen Weg zu leiten, habe eine Prinzessin verordnet, daß fortan alle Tiyan-Frauen sich in der Öffentlichkeit mit entblößten Brüsten bewegen müßten. Cf. E. Thurston, 1906, S. 529. Natürlich handelt es sich hierbei um eine ätiologische Legende, doch sie zeigt, daß schon damals der nackte weibliche Oberkörper im südwestlichen Indien als sexuell stimulierend empfunden wurde.

36 So heißt es z.B. von der Frau eines Provinzadeligen auf einer Grabstele der Ersten Zwischenzeit, sie sei mit einem »die Brust frei lassenden Trägerkleid« bekleidet (K. Martin, 1985, S. 36).

37 Cf. P. Munro, 1980, Sp. 665. G. Krahmer, 1931, S. 74, sprach von »paratakischen Vorstellungsbildern additiver Natur«. Cf. auch E. Brunner-Traut, 1964, S. 309ff. In der 18. und teilweise in der 19. Dynastie gab es in der Kunst realistischere Tendenzen, und Gesicht und Brüste wurden en face dargestellt. Eine Tochter Echnatons wiederum gab man zwar von der Seite, aber mit Frontalsicht auf ihre Brüste wieder. Cf. C. Aldred, 1968, Pl. VI & XI.; C. Vandersleyen, 1975, Tf. 333a. Auch bei den koitierenden Huren des satirisch-pornographischen Papyrus 55001 aus der ramessidischen Zeit sieht man meist beide Brüste. Cf. J.A. Omlin, 1973, Tf. XIII; H.P. Duerr, 1993, Abb. 56.

38 Cf. E. Staehelin, 1966, S. 166.

39 Cf. z.B. A. Vigneau, 1935, I, S. 48. In selteneren Fällen lief auch *ein* Träger quer zwischen den Brüsten hindurch, und in ptolemäischer Zeit wurde bisweilen eine Brust frei getragen. Cf. L. Heuzey/J. Heuzey, 1935, Pl. XVII.1, XVIII, XXVI; A. Erman, 1923, S. 241; H. Bonnet, 1917, S. 141f., 147f. Im Neuen Reich wurde das Kleid meist über dem Solarplexus geknotet, so daß es beide Brüste bedeckte, manchmal aber ein Dekolleté frei ließ.

40 Cf. B.V. Bothmer, 1960, S. 13f. & Pl. 11, Fig. 26; D. Dunham, 1937, Pl. XX, IV.1 & XXV.1. Im Totenbuch der Heritubechet aus der 21. Dynastie ist eine Frau mit einem unter der Brust gesäumten Kleid abgebildet (cf. Vandersleyen, a.a.O., Tf. XLIII), doch handelt es sich hier um eine Tote, die vor den Göttern häufig die Brust entblößten. Cf. W. Forman/H. Kischkewitz, 1971, Tf. 57ff. Auch Klagefrauen entblößten ihre Brüste. Cf. A. Champdor, 1957, S. 91.

41 Cf. E. Staehelin, 1975, Sp. 385. Anders verhält es sich mit völliger Nacktheit. Zwar hat N. de G. Davies, 1917, S. 58, auf Grund der

Darstellung unbekleideter junger Klagefrauen und Musikantinnen gemutmaßt, daß die Ägypterin »to a period shortly preceding an early marriage« zumindest in einer eingeschränkten Öffentlichkeit nackt sein konnte. Doch ist es eine offene Frage, ob z.B. junge Tänzerinnen wirklich nackt waren oder ob sie nur so dargestellt wurden, um die Schönheit des weiblichen Körpers besser zum Ausdruck bringen zu können. Auf alle Fälle steht fest, daß Darstellungen völlig unbekleideter, entwickelter Mädchen, Tänzerinnen und Dienerinnen selten und die erwachsener Frauen noch seltener sind, wenn man einmal von den Grabbildern der sogenannten »Beischläferinnen« absieht. Eine Ausnahme bildet die Muttergöttin Nut, die manchmal auf der Innenseite der Sarkophagdeckel (cf. W.H. Peck, 1978, S.45; H.P. Duerr, 1984, Abb. 51) oder dort, wo sie von ihrem Bruder Geb, mit dem sie eine primordiale Einheit bildete, getrennt wird, splitternackt dargestellt ist. Cf. H. te Velde, 1977, S. 165 f. Häufig *scheinen* zwar Skulpturen nackte Frauen darzustellen, aber beim näheren Hinsehen erkennt man am Saum, daß die Betreffenden knöchellange Kleider tragen. Cf. z.B. Bothmer, a.a.O., S. 120. Als man in der Zeit Ramses' II. ein zweihundert Jahre vorher, während der Regierungszeit des Amenophis II. gebautes thebanisches Grab wiederbenutzte, übermalte man die sich dort befindlichen Bilder leichtbekleideter Frauen in der Weise, daß die entblößten Brüste der Mutter des ersten Grabinhabers unter einem weiten bauschigen Gewand verborgen wurden und daß man die Kleider der an einem Gastmahl teilnehmenden Damen sowie die der sie bedienenden Mädchen bis zum Hals verlängerte, so daß auch deren Brüste nicht länger zu sehen waren. Cf. S. Schott, 1939, S. 102 f.; H.G. Fischer, 1974, S. 119. Ob es sich hier wirklich um den Ausdruck einer Veränderung der Schamstandarde in der altägyptischen Gesellschaft handelt, wie z.B. S. Wenig, 1967, S. 20 f., meint, scheint mir schwer entscheidbar, da eine Bedeckung der »Liebesäpfel«, wie der Papyrus Harris 500 die Brüste nennt, nicht zwangsläufig bedeutet, daß sie schambesetzter geworden sind. Allgemein kann man aber gewiß sagen, daß die ägyptischen Kinder sich mit Eintritt der Pubertät nicht mehr nackt in der Öffentlichkeit sehen ließen. Cf. E. Feucht, 1992, S. 379.

42 Cf. A. Hermann, 1959, S. 92, 122, 125, 128, 138 f.; P. Derchain, 1975, S. 71. In einem Text heißt es, daß die Brüste »höher als breit« sein sollten. Cf. E. Brunner-Traut, 1974, S. 79. Auch die Frauen der Zeit Echnatons wurden mit jungfräulichen Brüsten wiedergegeben. Cf. J. Samson, 1978, S. 24.

43 Cf. C. Aldred, 1973, S. 108. Auch die Hüften und die möglichst ausladenden Schenkel galten in der Amarnazeit als äußerst erotisch. Cf. auch L. Manniche, 1987, S. 25 ff.
44 Cf. W. Sameh, 1980, S. 106 & Abb. 98. Ein solches Netzkleid trägt in einem Fall auch Nut im Inneren eines Sarges.
45 Zit. n. E. Brunner-Traut, 1963, S. 14.
46 Cf. M. K. Slater, 1976, S. 218.
47 Cf. M. Fortes, 1949, S. 189. Aus der Tatsache, daß Frauen der Bukidnon auf Mindanao sich bei Körpermessungen zwar schämten, wenn sie an der Ferse, nicht aber wenn sie an der Brust berührt wurden, schließt F.-C. Cole, 1956, S. 68, daß in dieser Gesellschaft die im übrigen bedeckt getragenen Brüste keine erotische Bedeutung hätten. Aber auch bei uns lassen es viele Frauen ohne weiteres zu, wenn der Arzt sie bei einer Untersuchung an der Brust berührt, während Berührungen des Genitalbereiches für sie sehr viel problematischer sind. In Südostasien gehören die weiblichen Fersen gewissermaßen zum Genitalbereich, weil sich beim Hocken die Fersen in unmittelbarer Nähe der Vulva befinden. Deshalb wird z.B. auch bei den Dusun ein Mann, der einem Mädchen oder einer Frau an die Ferse faßt, viel härter bestraft, als wenn er nach ihren Brüsten grabscht (Elizabeth Koepping: Mündliche Mitteilung vom 18. Juni 1992). Von den Ifugao und den Igorot wurde behauptet, daß bei ihnen die Brüste unerotisch seien (cf. z.B. D. Raphael/F. Davis, 1985, S. 35), doch galt und gilt dies nur für *Mutter*brüste. Wenn z.B. ein junger Ifugao-Mann ein Mädchen herumkriegen wollte, versuchte er, sie an den Brustwarzen zu stimulieren. Cf. C.S. Ford/F.A. Beach, 1951, S. 48.
48 Cf. z.B. L. Marshall, 1959, S. 360; dies., 1976, S. 244 (!Kung); R. Kjellström, 1973, S. 38 (Eskimo).
49 Mathias Guenther: Brief vom 3. März 1986.
50 Cf. I. Eibl-Eibesfeldt, 1984, S. 320. Gleiches dokumentierte er auch bei den Yanomamö, von denen ebenfalls behauptet wurde, die Brüste hätten bei ihnen keine erotische Bedeutung. Deshalb ist auch die Behauptung von C. Wagley, 1977, S. 128, die Tapirape seien an Brüsten sexuell desinteressiert, mit Vorsicht zu genießen.
51 Cf. C. Valente-Noailles, 1993, S. 125 f.
52 Die Frauen der Eskimo im westlichen Zentral-Alaska tanzten bei den Zeremonien bisweilen mit entblößten Brüsten. Cf. M. Lantis, 1947, S. 94. Die Frauen der Eskimo an der Beringstraße trugen noch im Jahre 1910 im Hause den Oberkörper unbedeckt (cf. D.J. Ray, 1984, S. 297), und ein Gleiches taten die Frauen der Cape Prince of Wales-Eskimo.

53 Während des Trommeltanzes am Umanak-Fjord sangen die jungen Mädchen einst: »Mein Liebhaber berührt oft meine Möse, er drückt mein Jungfernhäutchen ein und bumst mich« (Kjellström, a.a.O., S.25). In Westgrönland gab es in alten Zeiten folgenden Aufklärungs-Unterricht für junge Männer: Sobald diese ihren ersten Seehund getötet hatten, nahm ein älteres unverheiratetes Mädchen sie beiseite und ließ sich von ihnen die Vulva betasten. Cf. I. Kleivan, 1984, S. 613. Bei den Polar-Eskimo waren indessen die weiblichen Genitalien sowohl für das Auge als auch die Hände der Männer tabu, und diese sagten, daß eine Frau die Hand ihres Mannes auf heftige Weise zurückstieß, wenn er versuchte, ihre Schamlippen oder ihren After zu streicheln. Auch wehrten sie sich lange gegen gynäkologische Untersuchungen und den Gebrauch von Zäpfchen oder rektalen Fieberthermometern. Cf. J. Malaurie, 1979, S. 176, 130f. Die Hauskleidung der Frauen war zwar häufig äußerst knapp – die Ostgrönländerinnen (Abb. 181) trugen lediglich eine Art Tanga aus Seehundfell (cf. G. Holm, 1888, S.64) und die Polar-Eskimofrauen aus den Fellen zweier Blaufüchse hergestellte Hosen, die nur den oberen Teil der Oberschenkel bedeckten (cf. G. Hatt, 1969, S.66) – doch blieb der Genitalbereich stets verhüllt, und wenn z.B. eine Frau der Keewatin-Eskimo einmal nackt angetroffen wurde, verlangte es der Anstand, sie zu ›übersehen‹. Cf. R.G. Williamson, 1974, S. 34. Eine Polar-Eskimofrau hätte sich nie vor einer anderen Frau, geschweige einem Mann völlig entblößt, und wenn die Frauen der Napaskiagamiut untereinander badeten, hielten sie sich die Genitalien zu. Cf. W. Oswalt, 1963, S. 127. Auch andere Eskimogruppen hatten im Dampfbad eine strenge Geschlechtertrennung. Cf. H. Himmelheber, 1980, S. 14f. (Nunivak); E.W. Nelson, 1899, S.287 (Beringstraße-Eskimo); H.M.W. Edmonds, 1966, S.33 (St. Michael-Eskimo). Der Reisende David Dannel berichtete, daß im Frühsommer des Jahres 1654 Eskimofrauen im westgrönländischen Godthåb-Gebiet angeboten hätten, ihm gegen Entgelt ihre Genitalien zu zeigen, und über sechzig Jahre später berichtete auch Lourens Feykes Haan, in derselben Gegend hätten gewisse Frauen ihm und seinen Begleitern für Nähnadeln und Brot »Dinge gezeigt, die beim Namen zu nennen der Allmächtige, die Natur und das Schamgefühl verbieten«. Cf. G.A. Olsen, 1973, S. 128. Es ist nicht bekannt, wer diese »gewissen« Frauen waren, aber nach allem, was man von den frühen Reisenden und Ethnographen über die Schamstandards der Eskimo erfahren hat, wird es sich bei ihnen um eine Art ›Dorfhuren‹ gehandelt haben.

54 Cf. H.P. Duerr, 1990, Abb. 143. Wie mir Hans Himmelheber am 27. Februar 1986 mitteilte, sah er in den dreißiger Jahren bei den Nunivak-Eskimo nie ein junges Mädchen oder eine Frau, die noch kein Kind hatte, bei irgendeiner Gelegenheit in Anwesenheit von Männern mit entblößtem Oberkörper.

55 Die Mädchen und Frauen der Utku schliefen zwar mit nacktem Oberkörper, doch war dieser stets im Schlafsack verborgen. Auch beim Umziehen achteten sie darauf, daß die Jungen und die Männer nicht ihre Brüste sahen. Zwar stillten die Mütter in aller Öffentlichkeit, aber sie mochten es nicht, wenn die Ethnologin sie dabei photographierte, und fragten sie ironisch, ob sie nicht auch Aufnahmen machen wolle, wenn sie gerade pinkelten. Als die Frauen schließlich die Photos in der Hand hielten, auf denen sie mit nackten Brüsten zu sehen waren, kratzten sie ihre Gesichter weg, damit man nicht erkennen konnte, um wen es sich handelte (Jean L. Briggs: Brief vom 30. Oktober 1986). Wie Malaurie, a.a.O., S. 380, berichtet, betasteten auch die Männer der Polar-Eskimo gerne die Brüste junger Frauen.

56 Cf. z.B. B. Danielsson, 1956, S. 78; D.S. Marshall, 1971, S. 110; R.C. Suggs, 1971, S. 174.

57 Cf. E.N. Ferdon, 1987, S. 5 f.

58 Cf. C.W. Gailey, 1987, S. 157.

59 Obwohl die Missionare die Tonganerinnen schon relativ früh nötigten, die Brüste in der Öffentlichkeit zu bedecken, kamen die verheirateten Frauen bis gegen Ende des letzten Jahrhunderts diesen Anordnungen meist nur unvollkommen nach. Cf. C.W. Gailey, 1980, S. 313. Im Verlaufe des 20. Jahrhunderts bedeckten beim Baden im Meer häufig bereits die kleinen Mädchen in Nachahmung ihrer Mutter den Oberkörper (cf. G. Koch, 1955, S. 54), und die entwickelten Mädchen, die schon immer heikler mit ihren Brüsten waren als die Frauen, zeigten nur an ihrem Hochzeitstag ihre möglichst weißen Arme, Schultern und die obere Hälfte der Brüste. Cf. K. Bain, 1967, S. 81. Auch die Marquesanerinnen entblößten an diesem Tage die Brüste, wie es ein Werbeplakat des Leipziger Völkerkundemuseums vom Jahre 1911 zeigt, auf dem die marquesanische »Prinzessin Mounatine im Hochzeitsschmuck« zu sehen ist. Cf. P. Probst, 1994, S. 105.

60 Zit. n. W.T. Brigham, 1911, S. 187f.

61 Cf. P. Grimshaw, 1989, S. 31 f.; ferner C.E. Robertson, 1989, S. 316.

62 G. Forster, II, 1965, S. 226.

63 Cf. R.I. Levy, 1973, S. 113. Auch Kapitän Cook notierte: »It is reckon'd no shame for any part of the body to be exposed to

view except those which all man kind hide« (J. Cook, 1955, S. 126).

64 Cf. J.R. Forster, 1783, S. 315. Cf. auch J.C. Furnas, 1937, S. 66. Cook berichtete, wie Frauen und Männer vor dem König aus Respekt ihren Umhang (*ahu*) ablegten: »The moment they saw the King enter they undress'd themselves in great haste, that is they put off their ahows or clothes from their shoulders« (a.a.O., S. 208). Charles Clerke, der Kapitän der *Discovery*, erwähnte, daß er und Cook sich geweigert hätten, vor einem tonganischen Häuptling den Oberkörper zu entblößen. Cf. Cook, III.2, 1967, S. 1304.

65 Cf. Levy, a.a.O. bzw. Cook, 1955, a.a.O. Wenn allerdings eine Tahitianerin im Alter von etwa 15 bis 30 Jahren sich mit entblößten Brüsten wusch und ein Mann ging vorüber, so forderte es der Anstand, daß er nicht zu ihr hinschaute, sondern so tat, als sehe er sie nicht. Anders verhielt es sich, wenn die Frau stillte oder älter war. Cf. Levy, a.a.O., S. 111. Die französischen Seeleute hielten sich meist nicht an diese Regel, weshalb sie von den Bewohnern der Insel Nuku Hiva im Marquesas-Archipel *miri miri* genannt wurden, was man mit »Glotzer« oder »Voyeure« übersetzen kann. Cf. E.-E.-R. Ribo, 1931, S. 130. Seltsamerweise schreibt E. Beuchelt, 1978, S. 113, auf Tahiti und Umgebung hätten die stillfähigen Frauen die Brüste bedeckt, während die jungen Mädchen wie die alten Frauen die Brüste frei getragen hätten. Belegt wird diese Behauptung nicht.

66 Cf. B. Shore, 1981, S. 196.

67 Daß vor der Ankunft der Europäer die jungen Mädchen nicht ›oben ohne‹ gingen, läßt sich meines Erachtens daraus erschließen, daß folgender Brauch eigens hervorgehoben wurde: Bei Hochzeiten führten Jungfrauen von niedrigem Status, die sogenannten »*poula*-Mädchen«, anzügliche rituelle Tänze vor, die offenbar der Steigerung der Fruchtbarkeit dienten. Dabei waren ihre Brüste entblößt, und der Lendenschurz, den sie trugen, war so knapp, daß man den unteren Teil ihrer tätowierten Oberschenkel sehen konnte. Beides hätte außerhalb des rituellen Kontextes als obszön gegolten. Cf. J.M. Mageo, 1994, S. 146. Während die jungfräulichen Brüste also offenbar bis zu einem gewissen Grade als erotisch empfunden wurden und schambesetzt waren, traf dies für die Brüste von Müttern und älteren Frauen nicht mehr zu, die auch heute noch bei der Hausarbeit oder beim Wäschewaschen mit unbedecktem Oberkörper angetroffen werden können (Lowell D. Holmes: Brief vom 18. Februar 1986). Über die Touristinnen freilich, die sich an den Strän-

den ›oben ohne‹ sonnen, empören sich die meisten Samoaner, da sie diese Entblößung nicht als ›funktionale‹, sondern als erotische empfinden. »Hitze ist keine Entschuldigung für Nacktheit«, verlautete entsprechend das samoanische Touristenblatt *Visitors* (cf. *Stern* 12, 1989, S. 210).

68 Auch auf den Fidschi-Inseln dürfen noch heute ältere Frauen, deren Brüste nicht länger erotisch stimulieren, in der Öffentlichkeit den Oberkörper entblößen. Cf. J.M. Varawa, 1990, S. 270.

69 Cf. H.P. Duerr, 1990, S. 443; B. Shore, 1976, S. 292; D. Fuertes de Cabeza, 1984, S. 148 f. Anscheinend liebten es auch die Frauen der Yuma und der Mohave, an den Brüsten stimuliert zu werden, doch die Männer, die eher an einer ›Heuschreckennummer‹ interessiert waren, taten dies so knapp wie nur möglich. Cf. G. Devereux, 1985, S. 118. Cf. auch J.C. Messenger, 1969, S. 78.

70 Cf. z.B. Marshall, a.a.O. (Mangaier im Cook-Archipel); W.A. Lessa, 1966, S. 78, 85 (Ulithi-Insulaner).

71 Cf. Marshall, a.a.O., S. 110 bzw. 114.

72 Cf. R. Linton, 1939, S. 173; G. Devereux, 1968, S. 377. Freilich fühlten sich die Männer auch von anderen Körperteilen angezogen, manchmal sogar mehr als von den nackten Brüsten. So wurden die Tonganer sehr von den weißen Oberschenkeln erregt, weshalb die jungen Mädchen einen fast bodenlangen Rock (*vala*) trugen (cf. Bain, a.a.O., S. 80), was auch für die Bewohner des mikronesischen Ifaluk-Atolls galt, die die weißen Innenseiten der weiblichen Oberschenkel in zahlreichen Liebesliedern besangen. Cf. E.G. Burrows, 1963, S. 233, 256. Auf Tahiti bedeutete *'ohure* die Teile des weiblichen Unterleibs, die wir als Vulva, Damm und After bezeichnen. Es galt als ungehörig, dieses Wort in der Öffentlichkeit zu gebrauchen, und eine Frau erwies einem Mann ›le dernier faveur‹, wenn sie ihn ihr *'ohure* sehen und befühlen ließ. Cf. Levy, a.a.O., S. 106.

73 Cf. F.C. Anders, 1974, S. 129.

74 Cf. T. Gladwin/S.B. Sarason, 1953, S. 60; W.H. Goodenough, 1966, S. 117.

75 Cf. E.G. Burrows/M.E. Spiro, 1957, S. 297.

Anmerkungen zu §27

1 Cf. D. Morris, 1977, S. 239 f. Daß die Brüste »function erotically as an alternative to the buttocks« meint auch D. Symons, 1979, S. 198 f.

2 Cf. I. Eibl-Eibesfeldt, 1987, S. 738.

3 Cf. I. Bloch, 1907, S. 157.
4 Cf. R. Waldegg, 1957, S. 363.
5 Cf. I. Gibson, 1978, S. 286. Um die Busenspalte tiefer erscheinen zu lassen, schminkten manche der dekolletierten Damen die Innenseiten ihrer Brüste hellblau. Cf. R. Brain, 1979, S. 111.
6 Cf. E. J. Dingwall, 1962, S. 241.
7 Cf. H. Bilitewski et al., 1991, S. 264. Die Wissenschaft spricht etwas dezenter vom *coitus mammalis*. Cf. H. Licht, 1924, S. 21. Er kommt auch in einem lasziven holländischen Gedicht vom Jahre 1640 vor. Cf. A. M. Kettering, 1977, S. 33.
8 Cf. A. Kind, 1908, S. 263.
9 Diese Entwicklung wird in dem Spielfilm ›Am Anfang war das Feuer‹, für den Desmond Morris als Berater verpflichtet worden war, nachgezeichnet: Ein Neanderthaler-Mann (?) wird von einer Dorfbewohnerin (!) ›umgedreht‹ – nachdem er sie zu ihrem Mißvergnügen *a tergo* vergewaltigt hat, bringt sie dem verwunderten Primitivling die »Missionarsstellung« bei und hilft ihm damit, den Prozeß der Zivilisation nachzuholen.
10 Mit *coitus a tergo* meine ich natürlich nicht, wie es anscheinend viele der mittelalterlichen Gelehrten taten (cf. P. J. Payer, 1980, S. 357 f.), Analverkehr, sondern Vaginalverkehr von hinten.
11 Cf. B. G. Blount, 1990, S. 702 ff. Hauptauslöser bei den Bonobos ist die Vulva, die während eines großen Teils des weiblichen Zyklus rosarot angeschwollen ist. Cf. F. de Waal, 1989, S. 180. Die Orang Utans scheinen geradezu eine Vorliebe für die »Missionarsstellung« zu haben. Cf. R. D. Nadler, 1975, S. 173.
12 Cf. hierzu auch F. E. Mascia-Lees/J. H. Relethford/T. Sorger, 1986, S. 423. Im übrigen intensivieren sich die roten Brustflecke des weiblichen Geladapavians *nicht* während des Östrus, so daß kaum anzunehmen ist, daß die Männchen durch diese Flecke sexuell stimuliert werden. Cf. C. J. Jesser, 1971, S. 18 f.
13 Damit will ich nicht in Abrede stellen, daß es auch bei Frauen einen sexuell stimulierenden Vulvageruch gibt (cf. R. P. Michael, 1975, S. 178; I. Ebberfeld, 1996, S. 205 f.), doch ist er bei Menschen von wesentlich geringerer Bedeutung als bei vielen Tieren. Östrusgerüche und vor allem Östrusschwellungen spielen auch bei – im übrigen *a tergo* kopulierenden – Affen wie Gorillas, Gibbons oder Languren keine große Rolle (cf. V. Sommer, 1992, S. 153): Die Weibchen der Grauen Languren beispielsweise zeigen den Männchen ihre Koitusbereitschaft durch ein Zittern des Kopfes an. Cf. S. B. Hrdy, 1977, S. 49.
14 Cf. G. G. Gallup, 1986, S. 29 ff. Von anorektischen Heiligen wie

Hilaria oder Anastasia heißt es, daß ihre Brüste »verwelkt« waren. Cf. E. Patlagean, 1976, S. 605 f.
15 Zit. n. J. Anschütz/K. Meier/S. Obajdin, 1994, S. 126.
16 Cf. M. Harris, 1991, S. 176 f.
17 Cf. Sommer, a.a.O., S. 153.
18 Cf. hierzu B.S. Low/R.D. Alexander/K.M. Noonan, 1987, S. 249 ff.; J.L. Anderson/C.B. Crawford/J. Nadeau/T. Lindberg, 1992, S. 199.
19 A. Schopenhauer, 1911, S. 620. Allerdings ist die Qualität des Milchdrüsengewebes in dieser Hinsicht wichtiger als die Menge an Fettgewebe. Doch in sehr kleinen Brüsten ist meist auch die Drüsensubstanz sehr spärlich vorhanden. Cf. A. Hegar, 1896, S. 540.
20 Cf. Gallup, a.a.O., S. 33. Sehr große Brüste dürften überdies für die Frauen nomadisierender Wildbeuter, die gewiß auch Kleintiere jagten, unvorteilhaft gewesen sein, weshalb es fraglich erscheint, wenn I. Eibl-Eibesfeldt, 1988, S. 40, meint, »large breasts« seien das paläolithische Schönheitsideal gewesen. Es gibt keine Hinweise darauf, daß die ›Venus von Willendorf‹ eine *schöne* Frau darstellen sollte.
21 Cf. B. Preuschoff, 1989, S. 658 bzw. V.A. Fildes, 1988, S. 70. Cf. auch G. Vigarello, 1995, S. 88. Wenn bei den Paiute eine Ehe kinderlos blieb, hielt man dann die Frau für die Ursache, wenn sie kleine Brüste hatte. Waren ihre Brüste aber durchschnittlich groß oder größer, machte man den Mann für das Übel verantwortlich. Cf. B.B. Whiting, 1950, S. 102.
22 Allerdings stellt sich die Frage, warum »lactation-mimicking breast enlargement«, also die permanent entwickelten Brüste der Frauen, männliche Interessenten nicht überhaupt eher abgeschreckt hat. C. Knight, 1991, S. 219, meint, daß die Brüste insofern funktional gewesen seien, als sie männliche Partner abgeschreckt hätten, die lediglich am ›schnellen Sex‹ interessiert waren und die Folgekosten allein der Frau überließen. M. Harris, a.a.O., S. 177, vertritt dagegen die Auffassung, daß unsere Vorfahren in ihrem Sexualverhalten eher den Bonobos geglichen hätten, die auch nicht säugende Weibchen kopulieren. Dies würde aber bedeuten, daß die Brüste der Frauen, ähnlich wie die der Bonoboweibchen, *kein* sexuelles Stimulans waren, was wiederum der Harrisschen Meinung widerspricht, daß in jenen Zeiten »die natürliche Signalwirkung großer Frauenbrüste« noch größer gewesen sein müsse als heute (a.a.O., S. 178). Ich glaube, daß die Brüste deshalb relativ »subtle attractants« (P.W. Turke, 1984, S. 35) waren, weil sie widersprüchliche Signale aussende-

ten, doch war gerade dies für die menschliche Gesellschaft funktional: Hätten die permanent vergrößerten Brüste der Frauen eine so starke und eindeutige Attraktivität auf die Männer ausgeübt wie eine zur Schau gestellte Vulva, wären die zur Aufrechterhaltung der Gesellschaft notwendigen Formen der Partnerbindung sowie die soziale Harmonie ernsthaft gefährdet gewesen. Daß sie freilich im Vergleich zu den Brüsten der Affenweibchen *permanent* vergrößert waren, war gewiß deshalb für alle Beteiligten von Vorteil, weil die Frau den Mann auf diese Weise auch ständig und nicht nur für eine bestimmte Zeit an sich band.

23 R.D. Guthrie, 1976, S. 106, meint, die Funktion des Warzenhofes bestehe darin, die Männer anzuziehen, indem ihnen eine besonders große Brustwarze vorgetäuscht würde, d.h. etwas, das ihnen als Säugling nicht nur Nahrung und Sicherheit gespendet, sondern sie auch sexuell erregt habe.

24 Cf. Peter of Greece and Denmark, 1963, S. 228. Ob es sich dabei wirklich stets um *Lust*erektionen handelt, sei dahingestellt, denn offenbar bekommen manche Säuglinge erst dann eine Erektion, wenn die Mutter sie von der Brust nimmt, *bevor* sie befriedigt sind. G. Devereux, 1982, S. 340, spricht in diesem Fall von »Angsterektionen«, wie sie auch bei Männern vorkommen. So berichtete ein russischer Arzt, einer seiner Patienten habe ihm erzählt, wie er kurz nach dem Kriege einen ukrainischen Nationalisten getötet habe: »Ich stellte ihn an den Rand des Lochs, das er auf meinen Befehl hatte ausheben müssen. Ich mach mich fertig, ihn zu erschießen, da seh ich, daß ihm die Rute steht, enorm (er war natürlich nackt)« (M. Stern/A. Stern, 1980, S. 108 f.). Allerdings scheinen auch Angst- und Zorn-Erektionen von Lustgefühlen begleitet zu sein. So wird von Frauen berichtet, deren Brustwarzen bei Zornesausbrüchen steif wurden und die anschließend einen Orgasmus hatten. Cf. K. F. Stifter, 1988, S. 104.

25 Cf. P. Constantine, 1994, S. 101. J. L. Briggs, 1975, S. 168, hat beobachtet, daß die meisten Säuglinge der Utku- und Qipi-Eskimo in Baffinland während des Gestilltwerdens ihren Penis hielten oder rieben.

26 Ich will nicht bestreiten, daß manche heterosexuellen Frauen beim Anblick schöner weiblicher Brüste sexuell stimuliert werden können, doch wird dies eher daran liegen, daß die Betrachterinnen sich mit den betreffenden Frauen identifizieren und sich dabei vorstellen, welche Lustgefühle sie bei Männern auslösen. Was schließlich die Säuglingserektionen betrifft, so läßt sich feststellen, daß auch junge Paviane beim Gestilltwerden Erektionen bekommen (cf. R.D. Guthrie, 1976, S. 97), und zwar ohne daß

die Nippel der Weibchen für die erwachsenen Männchen einen sexuellen Reiz darstellten.

27 »To the extent that a double standard has prevailed by which women can be arrested for exposing their breasts in public, while men suffer no such restrictions, toplessness is a liberationist issue. Hence, I do not expect the taboo on female breast exposure to be maintained much longer« (M. Harris, 1973, S. 25). Alexandra Kollontai (1980, S. 14) hatte für die »stark entwickelten« Brüste der heutigen Frauen das »Patriarchat« verantwortlich gemacht, in dem die Frauen zu »Weibchen« gemacht worden seien. Im »matriarchalischen Urkommunismus« hätten die Frauen nur »schwach entwickelte« Brüste gehabt, was man daran sehe, daß es »sogar heute noch schwer« sei, »auf größeren Abstand bei Naturvölkern zwischen Mann und Frau zu unterscheiden«, da die Frauen kaum Brüste aufwiesen.

28 N. Wolf, 1991, S. 212. Eine andere Feministin, S. Brownmiller, 1984, S. 41, meint, die Schambesetzung der Frauennippel läge daran, daß für uns die »Milchproduktion« ein »Problem« sei. Wenn das zuträfe, müßten die entblößten Brüste einer stillenden Frau schambesetzter sein als z. B. die eines jungen Mädchens.

29 *Weser-Kurier* vom 2. September 1994.

30 Daß insbesondere Wissenschaftler*innen* und Feministinnen diese »Doppelmoral« ablehnen, liegt gewiß an der für viele Frauen verdrießlichen Vermarktung der erotischen Qualität weiblicher Brüste in der heutigen westlichen Gesellschaft. R. Huber, 1984, S. 590, hat gegen diesen Vorwurf eingewandt, daß die »Benutzung weiblicher erotischer Signale« in der Werbung doch keine Erfindung »cleverer Kapitalisten«, sondern eine Erfindung der Natur sei. Freilich ist nicht alles, was natürlich ist, deshalb auch schon legitim: Es ist sicher natürlich, daß ein Mann, der mit einer Frau kopulieren möchte, ihr diesen Wunsch deutlich macht. Aber keine Gesellschaft würde es zulassen, daß ein solcher Mann einer x-beliebigen Frau zwischen die Beine griffe, um ihr seinen Kopulationswunsch mitzuteilen.

31 *Frankfurter Rundschau* vom 17. Mai 1991.

32 Die einzigen Hinweise darauf, daß Frauen dies gelegentlich taten, fand ich bei W. Davenport, 1965, S. 183 (Santa Cruz-Insulaner) und bei D. S. Marshall, 1971, S. 119 (Mangaier im Cook-Archipel).

33 Cf. R. Wille, 1984, S. 81 f.; H. Meyer, 1994, S. 202. Dies widerspricht der Behauptung von R. D. Mohr, 1992, S. 161, die Brustwarzen westlicher Männer seien ebenso erogen wie die westlicher Frauen.

34 Anscheinend versuchten bereits manche griechische Päderasten, Knaben durch Betasten ihrer Brustwarzen zu stimulieren (cf. J.Z. Eglinton, 1967, S. 183) – nach Lukian karessiert der Liebhaber die Nippel des Knaben, »welche in der Erregung alsbald übermäßig anschwellen« (zit. n. O. Knapp, 1906, S. 256). Homosexuelle Neigungen wird auch der puritanische Geistliche Edward Taylor verspürt haben, der Gott darum bat, Jesus zu veranlassen, ihm seine »nibbles then my mouth into« zu stecken, der aber andererseits die Empfindungen in seinen Nippeln als so sündhaft empfand, daß er Gott anflehte, dieser solle ihn durch Herausschneiden der beiden »Mammularies« aus seinem irdischen Gefängnis befreien. Cf. L. Koehler, 1980, S. 17. In den amerikanischen Schwulenbädern fordern viele Besucher ihre Partner auf, sie während des Koitus in der »Missionarsstellung« an den Nippeln zu saugen, und Steve, ein Badegast, erklärte dem Soziologen, er könne beim Geschlechtsverkehr gar nicht »kommen«, wenn seine Brustwarzen dabei nicht kräftig gelutscht würden, allerdings nur von einem starken und muskulösen Mann und nicht von einer »nelly«. Sehr beliebt ist in diesen Bädern auch das sadomasochistisch getönte »heavy nipple work«, bei dem die Brustwarzen so heftig gezwickt, gesaugt, gebissen und beklammert werden, daß sie häufig geradezu ausgeleiert sind. Cf. E.W. Delph, 1978, S. 144. Nach W.H. Masters/V.E. Johnson, 1980, S. 72, 75 f., wird die Vagina der meisten Lesbierinnen feucht, wenn ihre Partnerinnen sie an den Nippeln stimulieren und manche kommen auch zum Orgasmus. Dagegen wird zwar bei den meisten homosexuellen Männern in solchen Fällen der Penis steif, doch scheinen sie nicht zu ejakulieren. Cf. auch ferner M. Springer-Kremser, 1985, S. 108; M. Röhl, 1978, S. 43; Mohr, a. a. O., S. 162.

35 Cf. A. Lawrence/L. Edwards, 1980, S. 276 f.

36 Cf. H. Brierley, 1979, S. 213 f.

37 Cf. H. Benjamin/R.E.L. Masters, 1965, S. 167.

38 Cf. D. Jodelet, 1987, S. 236. Umgekehrt wurde immer wieder berichtet, daß manche Frauen während des Orgasmus Milch absondern. Cf. P. Anderson, 1983, S. 26; S.G. Frayser, 1985, S. 70.

39 Cf. E. Badinter, 1980, S. 46 f. Lombroso meinte, daß man die essentielle Wollüstigkeit des Weibes sogar bei den Müttern erkennen könne, »denn oft ruft das Säugen des Kindes sexuelle Lustgefühle hervor« (zit. n. P. Strasser, 1984, S. 71). Schon im Jahre 1795 verlautete ein deutscher Arzt, er hoffe, daß alle Frauen, die beim Stillen wollüstige Gedanken hätten, Hängebrüste bekämen und daß ihre Milch sauer würde.

40 K. v. Sydow, 1993, S. 103, behauptet ohne Belege, daß die Frauen »in nichtindustriellen Kulturen« von sexuellen Gefühlen beim Stillen nicht beunruhigt würden. Vielmehr bezögen sie aus ihnen sogar »sinnliche Gratifikationen«.
41 Cf. N. Newton, 1973, S. 83. Cf. auch W. Eicher, 1979, S. 649.
42 B. Sichtermann, 1983, S. 66 f.
43 S. Kitzinger, 1989, S. 140. Nach einer israelischen Untersuchung erlebten von den Müttern, die einen *Sohn* stillten, 80% dabei »extreme enjoyment«. Bei den eine *Tochter* stillenden Frauen waren es nur 40%. Cf. C. Wolff, 1979, S. 105.
44 *Brigitte* 26, 1990, S. 121. Liberale »Anything goes«-Konzepte tragen gewiß dazu bei, daß viele junge Mütter keine Maßstäbe mehr dafür haben, wie weit sie gehen können. Die Tatsache, daß z. B. auf die Frage »Stellen Sie sich vor, Ihr Sohn möchte, daß Sie sein Genital streicheln – was würden Sie tun?« in der alten BRD 11,3% der Mütter antworteten, sie würden es ohne ›Wenn und Aber‹ tun (in der ehemaligen DDR waren es 6,3%), zeigt nach G. Amendt, 1993, S. 109, »daß Frauen es unter dem Anspruch liberaler Erziehungserwartungen nicht mehr wagen, sich auf ihre eigenen Schamgefühle zu verlassen.« Cf. auch B. Justice/R. Justice, 1979, S. 215.
45 Cf. K. Amrain, 1910, S. 242 bzw. H. Schipperges, 1985, S. 49.
46 F. S. Krauss, 1904, S. 210. Um eine permanente sexuelle Stimulierung der Brustwarzen zu gewährleisten, ließen sich gegen Ende des 19. Jahrhunderts exzentrische Damen, die es sich leisten konnten, goldene Ringe durch die zuvor durchbohrten Nippel ziehen, an denen sie edelsteinbesetzte Anhänger befestigten. Eine solche Dame berichtete in einem Leserbrief an eine englische Frauenzeitschrift über »ein äußerst angenehmes, prickelndes Gefühl«, das ihr durch »das leichte Reiben und Schleifen der Ringe« an ihren Brustwarzen bereitet werde, und andere Leserinnen bestätigten dies. Cf. E. Dühren, 1903, S. 257 f.; R. Sennett, 1983, S. 217 f. Andere ›Damen‹ sollen solchen Nippelschmuck getragen haben, damit ihre Brustwarzen erigierten und sich durch das Kleid abzeichneten. Cf. T. Healey, 1982, S. 305. Cf. auch R. W. B. Scutt/C. Gotch, 1974, S. 86 f. und Pl. 6. Ringe werden heute auch an noch intimeren Stellen des Körpers getragen. So trägt z. B. die Leiterin einer Münchner Bankfiliale einen durch ihre Klitoris gezogenen Goldring, den sie »seitdem auch gern mal herzeigt«. Schon das Durchstechen der Klitoris habe sie »total erotisiert«, und »inzwischen jagen beim Gehen dauernd kleine Stromstöße durch meinen Körper« (*Stern* 42, 1993, S. 98).
47 Cf. R. Huber, a. a. O., S. 638; ders., 1985, S. 558, ferner I. Olbricht,

1985, S. 94. Umgekehrt schwellen in den Erregungs-, Plateau- und Orgasmusphasen die Brustwarzen sowie der Warzenhof an. Auch werden die Brüste selber größer und die Venenzeichnung nimmt zu. Cf. J.M. Wenderlein, 1978, S. 307.

Anmerkungen zum Anhang

1 M.S. Davis, 1971, S. 343. Für ein konkretes Beispiel cf. D. Freeman, 1992, S. 7ff.
2 Dies spürte einer der profiliertesten Schüler Elias', als er auf einem Elias-Kongreß sagte, ich hätte in jedem Falle die Eliassche Zivilisationstheorie »versaut«.
3 N. Elias, 1988, S. 129.
4 Zu den Anlässen zählten allerdings auch meine Verstöße gegen die »Political Correctness«. Cf. V. Schenz, 1995, S. 44; H.P. Duerr, 1995, S. 141 f. Nach einer öffentlichen Diskussion über meine Kritik an der Zivilisationstheorie forderte mich ein ergrimmter Universitätsprofessor auf, mit ihm »vor die Türe zu gehen«.
5 K. Rutschky, 1993, S. 50. Sie begründet dies damit, daß sie als Frau nicht über einen Penis verfüge, der ihr ein »phallisches Drohen« gestatte. Zu diesem Zwecke bräuchte Frau Rutschky freilich gar keinen Penis. Weibliche Totenkopfaffen beispielsweise demonstrieren ihre Überlegenheit, indem sie die Schenkel spreizen und ihre erigierte Klitoris zur Schau stellen. Cf. R. Bösel, 1974, S. 67f. Zu Rutschkys Artikel cf. auch W. Pauli, 1993, S. 60f.
6 Man mag die Frage stellen, wieso ausgerechnet ein Nobelblatt wie *Die Zeit* die Gefühlsausbrüche einer Frau publiziert, die ihre Triebe nicht einmal ansatzweise zu kontrollieren vermag. Könnte es sein, daß da ein Feuilleton-Chef, der noch eine Rechnung zu begleichen hatte (H.P. Duerr, 1988a), nachtreten wollte und sich dazu dieser erregten Aufklärerin bedient hat, die, sich mit ihrem Ehemann Michael Rutschky abwechselnd, seit zehn Jahren jedes Buch verreißt, das ich veröffentliche?
7 P. Parin, 1996, S. 18. Seltsamerweise hielten die Interviewer es nicht für nötig, Parin um eine Begründung dieser schmeichelhaften Charakterisierung zu bitten. Bemerkenswert ist auch, daß viele Kritiker offenbar ein großes Bedürfnis danach haben, mich zoologisch zu klassifizieren. Während etwa J. Goudsblom, 1990, S. 23, der die erstaunliche Meinung vertritt, meine Elias-Kritik sei eine verkappte Huldigung (»a tribute in disguise«), mich für ein Schaf im Wolfspelz zu halten scheint, ist sein Landsmann J.

Staring, 1992, S. 201, eher der Auffassung, ich sei ein Wolf im Schafsfell (»wolven in schaapskleren«).
8 M. Gsell, 1994.
9 K. Lotter, 1993, S. 91.
10 E. Böhlke, 1995, S. 767.
11 A. Göbel, 1995, S. 58.
12 Exemplarisch an Vertretern der damals ›Neuen Linken‹ hat U. Pörksen, 1974, S. 219, diese Sprache gesichts- und stimmloser Denkfunktionäre analysiert: »Ein schwacher Kopf läßt hier eine Formation etablierter Termini auf den Leser zurollen; er selbst hat sich bis zur Unkenntlichkeit hinter seiner aus Versatzstücken montierten leeren Objektivität verschanzt.«
13 R. Trefzer, 1992. Sehr gut hat K. Anders, 1995, S. 30, diese ›Argumentationen‹ durchschaut: »›Duerr reitet ahistorisch durch die Geschichte‹: Eine solche Formulierung ist nur sinnvoll, wenn die Geschichte in einer ganz bestimmten Form *schon postuliert worden ist.*«
14 Zit. n. W. Bauer, 1971, S. 85 f.
15 S. Shimada, 1994, S. 206 f. F. X. Eder, 1994, S. 17, meint, ich würde mich mit meiner Argumentation »der Gefahr des Essentialismus« ausliefern. Aber warum wäre das denn »gefährlich«? Eder hält sich nicht an die Warnung Elias', daß es fruchtlos ist, Meinungen mit »klassifizierenden Etiketten« zu versehen, anstatt gegen sie *zu argumentieren!* Auch solche belanglosen Etikettierungen sind ein Ausdruck dessen, was K.-S. Rehberg, 1996, S. 13, als »Diskussionsverweigerung in der Auseinandersetzung mit« meiner Elias-Kritik bezeichnet hat.
16 Hinter solchen ›Argumentationen‹ steht natürlich die immer noch grassierende Modephilosophie des »Konstruktivismus«, wie sie von Foucault inauguriert wurde, einer – erkenntnistheoretisch ausgedrückt – seltsamen Melange von Idealismus, Relativismus und Soziologie, über den R. D. Mohr, 1992, S. 242, treffend feststellte: »But there is also something terrificly arrogant about such social constructionism. While it bumptiously holds that all science's claims to objectivity and cultural neutrality are rendered bogus by the social forces and ideologies in which the practices of science are located, it claims of and for itself (its theory of the social relativity of meanings notwithstanding) a God's-eye perspective, a view unwarped by ideology, a crystal clear understanding of the past and of social change. When paired with this posture of omniscience, the belief in relativity is the height of intellectual hypocrisy.«
17 P. Sarasin, 1993, S. 37. E. Englisch, 1994, S. 175, schreibt mir die

Behauptung zu, es habe vom Mittelalter bis zum 18. und 19. Jahrhundert »keine Mentalitätsverschiebung« bezüglich der »unterschiedlichen Tabugrenzen« gegeben. Einmal abgesehen davon, daß ich so etwas nie gesagt habe, ist interessant, wie Englisch seine Kritik *begründet*, nämlich lediglich damit, daß er feststellt, eine solche Auffassung könne »wohl kaum ernsthaft aufrecht« erhalten werden und so habe meine These auch »kaum zustimmende Aufnahme« gefunden.
18 J. Hohl, 1994, S. 40.
19 L. Delnui, 1992, S. 8 f. Ähnlich S. Tabboni, 1993, S. 254.
20 B. Schuster, 1995, S. 29.
21 Cf. H.P. Duerr, 1990, S. 19 f. Wenn Elias mir bereits in einem Brief vom 4. Mai 1980 entgegenhält, »daß es sich« bei dem von ihm beschriebenen Zivilisationsprozeß »um einen *offenendigen* Prozeß handelt – ohne einen absoluten Nullpunkt zivilisatorischer Zwänge«, so will ich hier nicht darauf beharren, daß Elias immer wieder mehr oder weniger implicite behauptet hat, noch »ein oder zwei Jahrhunderte« vor der Zeit Erasmus', also im späten Mittelalter, habe es »Dinge, Verrichtungen [und] Verhaltensweisen« gegeben, die *noch nicht* »mit Scham und Peinlichkeitsgefühlen belegt« worden seien (cf. N. Elias, 1939, I, S. 107; ders., 1978, S. 34), so hätten z. B. zu jener Zeit die Erwachsenen noch auf der Gasse Kot angefaßt, was heute nur noch die ganz kleinen Kinder tun (ders., 1990a). In diesem Zusammenhang kommt es mir nämlich nicht auf den ›Anfang‹ und das ›Ende‹ des Zivilisationsprozesses, sondern auf seine *Richtung* an.
22 K. Anders, a.a.O., S. 12 f., vermutet mit Recht, daß der ständig erhobene »Vorwurf ›mangelnder Theorie‹« (so z.B. bei U. Raulff, 1991) unter anderem folgenden »Beweggrund« hat: »Er resultiert aus der Unsicherheit und Orientierungslosigkeit, die ein Zusammenbruch des Eliasschen Modells bei vielen verursachen würde. *Wenn* nun also schon die eine Theorie aufgegeben werden soll, so müßte Duerr wenigstens ein alternatives Gebäude errichten, in das dann die Wissenschaftler umziehen könnten, und zwar mit *allen* Möbeln.« Wenn z.B. P. Burke, 1991, S. 65 (ähnlich K.-S. Rehberg, 1991, S. 66) meint, es sei unklar, »was« denn »das von Elias aufgestellte Paradigma ablösen soll«, so hat er gewiß ein »Paradigma« vom Eliasschen *Typus* im Auge. Und so scheint er sich zu sagen: Besser ein falsches als gar keines.
23 Angesichts dieser Tatsache ist es mir unverständlich, wie F.M. Skowronek, 1992, S. 83 f., 88, mir vorwerfen kann, ich würde ein »prinzipiell dichotomisches« Verhältnis zwischen eigener und fremder Kultur behaupten, oder mit welchem Recht M. Spöttel,

1995, S. 251, mir unterstellt, die traditionellen Gesellschaften seien für mich »das absolut andere im Vergleich mit der gegenwärtigen«. Es kann den Kritikern doch kaum entgangen sein, daß ich gerade zu zeigen versucht habe, daß vieles, was zunächst ganz andersartig und fremd zu sein scheint, in Wirklichkeit vertraut ist. Wenn Skowronek allerdings so weit geht, zu behaupten, schon die Rede von »eigener« und »fremder« Kultur sei *falsches Bewußtsein*« (kursiv im Original), weil damit »kategorial die Ausgrenzung des Gemeinsamen verewigt« werde, dann läßt sich mit gleichem Recht sagen, daß Skowronek auch nicht mehr begrifflich zwischen sich und seinem Milchhändler trennen darf, da sonst das, was er mit dem Manne gemeinsam hat, »kategorial ausgegrenzt« wird.

24 N. Elias, 1983, S. 77.
25 Ders., 1987, S. 247f.
26 D. Hume, 1886, I, S. 533, 535.
27 Natürlich kann es Fälle geben wie den von Kafkas Gregor Samsa, der eines Morgens aufwacht und feststellen muß, daß er sich in eine riesige Küchenschabe verwandelt hat, obgleich er sich noch an sein bisheriges Leben als Mensch erinnern kann. Ist Gregor nun ein Mensch mit dem Körper einer Schabe oder eine Schabe mit dem Bewußtsein eines Menschen? »Nur in normalen Fällen ist der Gebrauch der Worte uns klar vorgezeichnet; wir wissen, haben keinen Zweifel, was wir in diesem oder jenem Fall zu sagen haben. Je abnormaler der Fall, desto zweifelhafter wird es, was wir nun hier sagen sollen« (L. Wittgenstein, 1960, § 142). Cf. auch I. Berlin, 1973, S. 11; J.L. Pollock, 1974, S. 293f.; D. Wiggins, 1976, S. 151; E.J. Borowski, 1976, S. 494, 499.
28 N. Elias, 1970, S. 119ff.
29 M. Gsell, a.a.O.
30 Cf. H.P. Duerr, 1978, S. 255.
31 »Den gestohlenen Eierschneider und die Eierlöffel«, so die Polizei, »erhielt er zurück« (*Weser-Kurier*, 18. März 1993, S. 23). Den Hinweis auf diese Notiz verdanke ich Sieglinde Walter.
32 *Rhein-Neckar-Zeitung*, 27. Juli 1990.
33 Ich habe im vorigen Band ausgeführt, daß das ›Brüsteweisen‹ eine aggressive, aber auch eine besänftigende Bedeutung haben kann. So wird z.B. in der Vita der seligen Agnes Blannbekin berichtet, daß die hl. Jungfrau beim Streit um die Seele einer Nonne den Teufel durch Entblößen ihrer Brüste in die Flucht schlägt (cf. M. Seidel, 1977, S. 74), aber auf der anderen Seite besänftigt sie auf diese Weise den erzürnten Gottvater. Und die Palästinenserinnen sollen einerseits beim Fluchen die Brust entblößt haben,

aber andererseits auch dann, wenn sie Gott um etwas baten. Cf. H. Granqvist, 1950, S. 155. Eine spätmittelalterliche Miniatur zeigt drei Frauen auf den Zinnen einer Stadt, die von Kreuzrittern angegriffen wird. Eine von ihnen ringt die Hände, eine zweite wehklagt, und eine dritte hat ihre linke Brust aus dem Kleid gezogen. Cf. P. Bargellini, 1980, I, S. 157.

34 Die Analogie zwischen Sperma und Muttermilch sowie die zwischen männlichen Genitalien und weiblichen Brüsten wurde in vielen Kulturen hergestellt. So schnitten sich, wie Arnobius berichtet, die Anhänger des Kybele-Kultes die Hodensäcke und die Anhängerinnen die Brüste ab. Cf. C. Sterckx, 1981, S. 119f. Nicht wenige Männer scheinen dann, wenn sie Aggressionen entwickeln oder Zeugen von Aggressionen werden, Erektionen zu bekommen oder gar zu ejakulieren. In den römischen Amphitheatern trieben sich stets große Mengen von Prostituierten herum, weil es bekannt war, daß viele Zuschauer sich angesichts der tödlichen Kämpfe sexuell erregten. Cf. E. Carlton, 1994, S. 63f. Der Matador Juan Mora sagte, er habe, wenn er den Stier in der Arena beherrsche, das gleiche Gefühl, wie wenn er mit einer Frau schlafe. Andere bekannten, daß sie im ›Augenblick der Wahrheit‹, wenn sie mit dem Degen zustießen, sich so fühlten, wie wenn sie ihren Penis in eine Vagina stießen, und in diesem Moment ejakulierten sie auch. Cf. T. Mitchell, 1991, S. 79f., 156, 184. Aber auch eine junge Frau sagte, sie gehe deshalb so gerne zum Stierkampf, weil sie »hierbei angenehme geschlechtliche Erregungen, ja besonders bei den [...] Angriffen des Stieres einen Orgasmus« habe. Cf. E. Wulffen, 1993, S. 125. Möglicherweise ist dieser Zusammenhang auf einem Grabfresko in Tarquinia dargestellt (Abb. 209).

35 Ein anderer Kritiker meint, die von mir angeführten Beispiele brüsteweisender englischer Frauen bewiesen nicht, »daß ein solches Verhalten typisch für die gesamte gegenwärtige Bevölke-

209 Fresko aus dem ›Grab der Stiere‹, Tarquinia, 5. Jh. v. Chr.

rung von England ist« (M. Hinz, 1995, S. 115). Natürlich nicht – genausowenig, wie die Fälle ›brüsteweisender‹ aztekischer Frauen beweisen, daß alle Aztekinnen in solchen Situationen die Brüste entblößt haben. Der Philosoph K. Lotter (a.a.O., S. 90), der sich große Mühe gibt, das Vorurteil zu erhärten, daß Philosophen Menschen sind, die zwar nichts wissen, aber trotzdem zu allem etwas zu sagen haben, meint, ich setzte mich »souverän« über die entscheidende Frage hinweg, »wie repräsentativ« Verhaltensweisen wie solche Brustentblößungen in den jeweiligen Gesellschaften seien. Der Philosoph sollte sich freilich einmal selber fragen, wie man eine repräsentative Umfrage unter alten Griechinnen oder Aztekinnen des späten 15. Jahrhunderts durchführen könnte. Immerhin steht fest, daß aztekische Berichterstatter ein solches Verhalten als »sonderbar« und »ausgefallen« bezeichnet haben. Laut I. Eibl-Eibesfeldt, 1991, S. 164, beschrieb Cortes, wie Motecuzoma den Spaniern Frauen entgegenschickte, die den Feinden »die Brust präsentierten und Milch spritzten«. Wie Hubert Kronenburg mir liebenswürdigerweise mitteilte, ereignete sich dies freilich in einem Krieg zwischen Tenochtitlan und Tlatelolco im Jahre 1473, als Motecuzomas Vater Axayacatl die zuletzt genannte Stadt einnahm. Als die Einwohner von Tlatelolco sich nämlich in einer aussichtslosen Lage befanden, verfielen sie in ihrer Verzweiflung »auf einen höchst sonderbaren Trick«. Sie schickten den Angreifern »Scharen von splitternackten Frauen« entgegen, »die aus ihren entblößten Brüsten Milch auf die gegnerischen Krieger spritzten«, sowie völlig nackte junge Männer, die lediglich Federn auf den Köpfen trugen. Als Axayacatl sah, daß seine Krieger »durch diese ausgefallene Taktik« entnervt wurden, befahl er ihnen, die Nackten gefangenzunehmen. Cf. N. Davies, 1973, S. 124. Daß die Frauen von Tlatelolco im übrigen nicht, wie Eibl-Eibesfeldt glaubt, die Krieger durch ihre Nacktheit »besänftigen« wollten, sieht man daran, daß die Verzweifelten den Azteken auch nackte *Männer* entgegenwarfen. Eine Frau mit entblößtem Unterleib und nackten Brüsten war für die Azteken der Gipfel der Schamlosigkeit, und so stellten sie auf diese Weise die ursprünglich huaxtekische Tlazolteotl dar, auch Tzinteotl genannt, die Göttin der Geschlechtslust (Abb. 210). Cf. R.E. Anderson, 1979, S. 162f. Der Geschlechtsverkehr galt den aztekischen Männern als gesundheitsschädlich und bedrohlich, und deshalb wird im *Codex Laud* auch die vielbrüstige Mayahuel, die Göttin des Pulque-Rausches mit gespreizten Beinen und entblößten Brüsten und Vulva gezeigt, vor der sie eine kastrierende Schere hält. Cf. I. Clendinnen, 1991, S. 245.

210 Tlazolteotl spreizt die Beine und präsentiert die nackten Brüste, *Codex Laud*, 15. Jh.

36 Cf. K. Simon-Muscheid, 1992, S. 224. Bisweilen haben sich die Chronisten dieser Zeit ein wenig geschämt, solche Handlungen zu erwähnen. Wie Machiavelli in den *Discorsi* berichtete, drohte im Jahre 1487 die Gräfin Caterina den Mördern ihres Mannes, indem sie die Vulva entblößte (*mostro loro le membra genitali*). In der *Istorie Fiorentine* erzählte er dieselbe Anekdote, erwähnte aber nicht, daß sie sich beim Verfluchen der Feinde entblößte. Cf. N. Machiavelli, 1966, S. 327 bzw. 775.
37 Cf. C. Heyne, 1993, S. 298. Ein funktionales Äquivalent zur Vulvapräsentation ist bekanntlich die des Penis. Dieses Penisweisen wird immer häufiger von ›emanzipierten‹ Frauen imitiert, bisweilen auch ironisch. So kommentierte z.B. der Pop-Star Madonna ihren berühmten Griff zwischen die Beine: »Männer greifen sich dauernd an den Schwanz. Ich mache mich darüber lustig. Seht her, ich habe keinen Penis, but I've got balls!« (*Spiegel* 42, 1994, S. 228). Und in einem anderen Interview antwortete sie auf die Frage, was sie am meisten aufgeile: »Macht über andere Menschen. Macht ist ein großartiges Aphrodisiakum. Und ich bin eine sehr machtvolle Frau« (*Bunte* 42, 1992, S. 132).
38 Zit. n. U. Biermann/V. Bock, 1993. Wie wenig solche Entblößungen auch in neuerer Zeit ihre Wirkung verfehlt haben, geht aus einer Schilderung in den Erinnerungen U. v. Wilamowitz-Moellendorfs (1928, S. 123) hervor, auf die mich Walter Burkert aufmerksam gemacht hat. Als der junge Gräzist 1871 vor Paris lag, wurde er Augenzeuge eines Mordes an einer Französin, deren Leiche noch tagelang »vor einer nahen Feldwache« herumlag. »Grenadier Rosmarinowitsch, Oberschlesier, war der Täter. Der Kompanieführer verhörte ihn, denn es war ihm peinlich, daß der Befehl wörtlich ausgeführt worden war. ›Aber auf Frauen schießt man doch nicht gleich!?‹ ›Zu Befehl, Herr Hauptmann,

aber Weib frech, zeigt sich Arsch, schießt sie Rosmarinowitsch kaput.‹ ›Na gut, wenn sie so frech ist, schießen, aber da schießt man doch vorbei!‹ ›Herr Hauptmann, Rosmarinowitsch erste Schießklasse.‹«

39 »Duerrs Angriffe«, so H.-P. Waldhoff, 1995, S. 90, »zielen so weit daneben, daß man sich in der Tat fragen könnte, ob sie in Wirklichkeit überhaupt Elias meinen.« »Im Grunde reden Sie an mir vorbei«, schrieb mir schon Elias selber in einem Brief vom 21. März 1988, ohne dies zu begründen. Gleichzeitig sprach er aber im selben Brief von einer »vernichtenden Kritik«.

40 Deshalb fühlte sich T. Macho, 1993, S. 11, veranlaßt, an »die wissenschaftliche Binsenweisheit« zu erinnern: »Wer an der empirischen Falsifizierbarkeit einer Hypothese zweifelt, bezweifelt auch, ob sie überhaupt als eine wissenschaftliche Hypothese betrachtet werden darf.«

41 U. Greiner, 1988, S. 54.

42 H. Boehncke, 1988.

43 B. Hinz, 1993, S. 224. Selbst ein wohlwollender Kritiker wie C. Marx, 1996, S. 284, meint, »das entscheidende Defizit« meiner Elias-Kritik liege darin, daß ich versuche, die Theorie Elias' *empirisch* zu widerlegen.

44 Delnui, a.a.O., S. 20f.

45 Zit. n. J. Schnitzmeier, 1988, S. 997.

46 K. Taschwer, 1994, S. 65. Darüber hinaus behauptet der Verfasser dieses flachen Kommentars aus der hohlen Hand heraus, ich würde »sämtliche Rezensionen« meiner »Werke selbst rezensieren bzw. den Feuilletonisten entsprechende Briefe zukommen lassen«, z.B. der »wohlwollenden« Rezensentin Sigrid Löffler. Mit diesen Unterstellungen will Taschwer beim Leser natürlich den Eindruck erwecken, ich sei ein Neurotiker, der wie besessen Briefe an die Zeitungsredaktionen schickt. Tatsache ist, daß ich »den Feuilletonisten«, z.B. Sigrid Löffler, noch nie einen Brief geschrieben habe. Es ist zwar richtig, daß ich in der *Zeit* einmal auf eine Kritik geantwortet habe, aber dazu war ich von der Redaktion aufgefordert worden. M. Hinz, a.a.O., S. 19, wirft mir vor, ich würde die Presse »publikumswirksam« für meine Absichten einsetzen. Auch mir tut es leid, daß die Presse so häufig über meine »Werke« schreibt – aber ich weiß einfach nicht, was ich dagegen tun könnte. Ich konnte es ja nicht einmal verhindern, daß Hinz selber 233 Seiten über meine Elias-Kritik verfaßt hat. Die »großen Verkaufszahlen« sind im übrigen nicht nur Taschwer, sondern auch anderen Kritikern ein Dorn im Auge, so der ungehaltenen M. Gsell (1994).

47 W. Engler, 1992, S. 100. Etwas realistischer scheint M. Schröter (1996, S. 111 f.) diese Dinge zu sehen.
48 Kellner, a.a.O., S. 68.
49 M. Hinz, a.a.O., S. 10, 19. Der Kritiker meint, dies ließe sich auch an der »Rungholt-Affäre« erkennen, in der ich das archäologische Establishment angegriffen hätte. Aber damit stellt er die Dinge auf den Kopf: Nicht *ich* habe das Establishment angegriffen – die Meinungen der Archäologen waren mir schlicht egal –, sondern die Landesarchäologen von Schleswig-Holstein haben *mich* wegen Raubgrabens angezeigt und meine Auffassungen als Unsinn bezeichnet. Cf. H.P. Duerr, 1995, S. 86 ff., 144 ff.
50 Rutschky, a.a.O. K. Lotter, a.a.O., S. 89, fragt, ob im Falle des »Reaktionärs Duerr« denn »überhaupt von Wissenschaft die Rede sein kann und nicht besser von einer Reportage, die besser in der *Bunten* als in einem wissenschaftlichen Verlag plaziert wäre.«
51 M. Schröter, 1993, S. 692. Wenn ich auch einmal einen psychoanalytischen Begriff verwenden darf, so möchte ich die Vermutung äußern, daß hier eine »Projektion« vorliegt. Denn gerade die Anhänger der Zivilisationstheorie zeichnen sich nicht eben durch ein gesteigertes Interesse an Ideen oder Positionen aus, die der eigenen Theorie zuwiderlaufen, sondern eher durch eine hochemotionale Abwehr, die bei Elias selber so weit ging, daß er nach der Ankündigung meines zweiten Bandes einen Protestbrief an meinen (und seinen) Verleger schrieb. Auch im Ausland haben nicht selten Kritiker festgestellt, daß es bei Elias und den meisten seiner Schüler »only limited evidence of any genuine openness to other views« gebe (J. Horne/D. Jary, 1987, S. 108).
52 A. Bolaffi, 1988, S. 120.
53 M. Hinz, a.a.O., S. 13.
54 A. Holl, 1991, S. 65.
55 U. Döcker, 1994, S. 21.
56 Von Anfang an hat mir ein großer Teil der Kritiker meine »polemischen Attacken« gegen Elias und dessen Nachfolger und Verteidiger angelastet. So rügte bereits nach Erscheinen des ersten Bandes eine Rezensentin, mein »aggressiver Stil« würde »das Lesen nicht immer angenehm« machen (B. Happe, 1989, S. 119), und R. Brandt, 1993, S. 117, ders., 1996, S. 188, äußerte die Meinung, »daß erst der von vornherein polemische Zug« meiner »Darstellung die reichlich aufgeregte Rezeption zum Teil mit provoziert haben dürfte«. Nun will ich gar nicht bestreiten, daß ich, wie eine schwedische Kommentatorin es ausdrückt, »kind-

lich verliebt in die Polemik« sein mag (A. Lönnroth, 1990, S. 19), möchte aber festhalten, daß der erste Band meines Buches keineswegs polemisch abgefaßt war – ja, eine der ersten Rezensentinnen warf sogar die Frage auf, ob inzwischen meine »Beißerchen stumpf geworden« seien. Nicht dieser Band war »aggressiv« geschrieben, sondern die ersten Rezensionen, und wenn ein Vorwurf berechtigt ist, dann höchstens der, daß ich nichts dazu getan habe, die Situation zu deeskalieren. Wenn H.-M. Lohmann, 1994, S. 129, mir empfiehlt, mein »agonales Temperament so weit zu zügeln, daß« ich mich »nicht dem Verdacht« aussetze, meine »Kritiker persönlich bloßstellen« zu wollen, dann bin ich ihm für die Sorge um die Zivilisierung meiner Gefühlswelt sehr dankbar. Freilich sollte er sich, der Gerechtigkeit halber, einmal die Frage stellen, ob denn die häufig mit einer scheinseriösen, akademischen Sprache maskierten Angriffe vieler Kritiker nicht auch in Wirklichkeit *ad personam* gemeint sind, mit dem einzigen Unterschied, daß die Wut in diesen Angriffen auf *kalte* und nicht auf *heiße* Weise zum Ausdruck kommt, kaschiert mit einem Mäntelchen ›wissenschaftlicher Objektivität‹. Cf. hierzu die Ausführungen von K. Anders, a.a.O., S. 34ff.
57 M. Matzner, 1993, S. 73.
58 H. Heinzelmann, 1993. Man könne nicht vom »Wesen« des Menschen sprechen, so Skowronek (a.a.O., S. 84) unter Berufung auf Adorno, weil eine solche Aussage »dem Menschen die emanzipatorische Möglichkeit« abspreche. Auf deutlichere Weise kann man nicht zum Ausdruck bringen, daß nur sein *kann*, was sein *darf*.
59 E. Borneman, 1992, S. 47.
60 So führt H.-M. Lohmann (a.a.O., S. 131f.) als einen wichtigen »Zivilisations*gewinn*« an, daß wir heute ein Interesse an der »Innenwelt« anderer Menschen hätten, »ein Fortschritt gegenüber jenen Epochen und Gesellschaften, die für die Innenwelten der Individuen bloß Ignoranz oder gar Repression übrig hatten«. Ist es indessen wahr, daß die Menschen in traditionellen Gesellschaften kein Interesse an den Gefühlen, Wünschen oder Hoffnungen anderer Menschen hatten? Zeigt nicht die Tatsache, daß sogar viele Inquisitoren tiefstes Mitgefühl für die Delinquenten hatten, wie z.B. Nicolo de Alessi, dem es oft das Herz brach, wenn er die Gefangenen foltern lassen mußte (cf. J. Tedeschi, 1991, S. 61), oder daß manche Henker weinten, wenn sie einen Dieb oder einen Mörder vom Leben zum Tode beförderten und ihnen versprachen, sich um ihre Kinder zu kümmern, damit sie

in Frieden sterben konnten, zeigen diese Fälle nicht, daß jene Menschen eine große Empathie für andere hatten? War die Härte des Richters gegenüber der ›Hexe‹ ein Ausdruck seiner *Grausamkeit*, oder bekundete sich in ihr nicht eher die Sorge um das Seelenheil der Angeklagten, die Angst davor, daß bei größerer Milde die Verdächtigte auf ewig in der Hölle schmoren müßte? Und wer will den Eltern die Liebe zu ihren Kindern oder den Eheleuten die Zuneigung zueinander allein nur deshalb absprechen, weil es damals in geringerem Maße als heute üblich war, solche Gefühle in der Öffentlichkeit zu *zeigen*?

61 M. Spöttel, a.a.O., S. 216. Er macht seine Leser besonders darauf aufmerksam, daß ich, ein Deutscher, *den Juden* Elias attackiert habe. Schon vor Jahren sei ich gegen den »jüdischen Geist zu Felde« gezogen, und daran knüpfte ich jetzt an, wenn ich behauptete, »der *Jude* Elias« habe eine »Weltanschauung wissenschaftlich gestützt«, die ich für den Kolonialismus und für die totalitäre Gewalt im 20. Jahrhundert verantwortlich mache. Außerdem habe die Tatsache, daß ich im »Totalitarismus dieses Jahrhunderts ein Problem der ›Zivilisation‹« und nicht ein spezifisches Problem *der Deutschen* sähe, die Funktion, die Deutschen von ihrer nationalsozialistischen Vergangenheit zu entlasten (a.a.O., S. 254, 257). Auch R. Kellner, a.a.O., S. 68, deutet an, es sei eine Ungehörigkeit, einem »Juden, der zumindest ein Elternteil im KZ verloren« habe, vorzuwerfen, die Auffassung vertreten zu haben, das Abendland sei darangegangen, »die frohe Botschaft der Zivilisation zu verkünden«. Da möchte ich aber mal fragen: Dürfte ich dies jemandem vorwerfen, wenn er Araber oder wenn ich selber Jude wäre? »Cui bono?« fragt nicht nur Spöttel bezüglich meiner Erwähnung der Tatsache, daß in amerikanischen Gefängnissen häufiger Weiße von Schwarzen als Schwarze von Weißen vergewaltigt werden, sondern auch der Abonnement-Kritiker A. Schobert, 1994, S. 834, der in einer von linker Ideologie triefenden Rezension schreibt, meine Erwähnung der Tatsache, eine Umfrage unter türkischen Frauen habe ergeben, daß mehr als die Hälfte der Männer ein starkes Verlangen danach spürte, ihre Frauen gewaltsam zu koitieren, wenn sie zuvor verprügelt hatten, sei lediglich »Wasser auf die Mühlen des von *Emma* immer häufiger propagierten antiislamischen Rassismus«. R. Kößler, 1988, S. 89, der mir gerne ein bißchen am Zeug flicken möchte, aber nicht so recht zu wissen scheint, wie er das anstellen soll, tadelt mich, weil ich mich einer »kolonialen Terminologie« bediente, indem ich Wörter wie »Buschleute« oder »Nordrhodesien« benutzte. Aber warum sollte »Busch-

leute« ein abwertenderer Begriff sein als das politisch korrekte »San«, mit dem einst die Nama-Hottentotten auf geringschätzige Weise die Buschleute bezeichneten? Und warum sollte ich beim Zitieren älterer Feldforschungsberichte nicht von »Nordrhodesien« reden? Oder würde Kößler z.B. sagen, daß Marco Polo im 13. Jahrhundert in die Mongolische Volksrepublik gereist war? »Anmaßend und abstoßend« wirke es, so meint ein Kritiker, der offenbar zeigen will, daß er sein feministisches Brainwashing erfolgreich absolviert hat, wenn ich mich als Mann mit dem ›Frauenthema‹ der Prostitution beschäftige (K. Schneider, 1996, S. 41). Findet der Kritiker es auch »anmaßend und abstoßend« wenn Feministinnen sich mit ›Männerthemen‹ wie dem Machismo oder der Geschichte des Duells beschäftigen? Eine wahre Flut empörter Proteste, die wohl ebenfalls weniger der Einsicht als der Erregung zuzuschreiben waren, hat sich auf Grund meiner Schilderung von Kriegsvergewaltigungen ergossen. Ich kann hier nicht auf diese Vorwürfe eingehen.

62 *Spiegel* 24, 1993, S. 194. Schon G. Simmel, 1957, S. 236f., hat einerseits Wert auf die Feststellung gelegt, daß die Menschen in traditionellen Gesellschaften Sozialkontrollen unterworfen waren, »unter denen der moderne Mensch nicht atmen könnte«, doch andererseits hat er auch betont, es sei keineswegs sicher, daß die neue »Freiheit des Menschen sich in seinem Gefühlsleben als Wohlbefinden spiegele«, vielmehr könne sie dazu führen, daß er sich »einsam und verlassen« fühle. Und bereits vorher hatte E. Durkheim, 1930, S. 328, bezweifelt, daß die moderne Zivilisation uns dadurch, daß sie mehr Bedürfnisse kreieren und befriedigen könne, glücklicher und moralisch besser gemacht habe, denn ihre Wohltaten »ne sont pas un enrichissement positif, un accroissement de notre capital de bonheur, mais ne font que reparer les pertes qu'elle-meme a causees«. Und: »Il parait bien que le bonheur est autre chose qu'une somme de plaisirs« (a.a.O., S. 222). Cf. hierzu auch M. Sahlins, 1972, S. 4f.

63 Der gesamte Text Spöttels ist nichts als eine Aneinanderreihung dreister Unterstellungen und Verdrehungen von Tatsachen. Meine in einem Interview geäußerte Vermutung, unsere angeborenen Verhaltensmechanismen seien so verkümmert, daß wir ohne Kultur gar nicht überleben könnten, biegt er dahin um, ich behauptete nicht nur den kulturellen, sondern auch den »*genetischen* Verfall« des modernen Menschen (a.a.O., S. 230); die Tatsache, daß ich ein Buch über Regenerierungsrituale wie die Neulebenshütte der Cheyenne und den ιερος γαμος in der Antike geschrieben habe, veranlaßt ihn zu der Unterstellung, ich hätte

behauptet, in traditionellen Gesellschaften seien »die menschlichen Triebe«, namentlich die sexuellen, nur zu »sakralen Zwecken« ausgelebt worden (a.a.O., S. 256). Weiter legt er mir in den Mund, ich hätte geschrieben, »die archaischen Menschen« hätten »noch keine Trennung von ›Subjekt‹ und ›Objekt‹« gekannt (a.a.O., S. 218); behauptet er, daß »Fremde« in meinen Büchern »allenfalls als Vergewaltiger einheimischer Frauen« aufträten (a.a.O., S. 252) und dergleichen mehr. Besonders dann, wenn dieser Kritiker meine angeblichen Behauptungen nicht mit einer genauen Stellenangabe zitiert, kann man davon ausgehen, daß er sie erfunden hat.
64 E. Gebhardt, 1993; ders., 1991.
65 A.a.O. Spöttel, a.a.O., S. 255, der so tut, als kenne er die Quellen aus dem Effeff, verweist auf die Polemik Gebhardts und schreibt, dieser habe gezeigt, daß »die korrekte Wiedergabe von Ausführungen, auf die« ich mich beziehe, meine »Sache nicht« sei.
66 Cf. H.P. Duerr, 1993, S. 134 ff., 525 ff.
67 B. Malinowski, 1932, S. 234. Ich selber neige dazu, die Berichte der Informanten für authentisch zu halten, glaube aber, daß sie mit viel Phantasie ausgeschmückt wurden. Es ist bekannt, daß Malinowski nie sehr enge menschliche Beziehungen zu den Trobriandern gepflegt hat (cf. R. Firth, 1981, S. 124) und daß er anscheinend auch den Leuten mit seinem ewigen Gefrage auf die Nerven ging. Cf. M.W. Young, 1979, S. 15. So kann es leicht sein, daß man ihm bisweilen einen Bären aufgebunden hat. Dies empfand auch Malinowski selber so: »They lied, concealed, and irritated me«, schrieb er in sein Tagebuch: »I am always in a world of lies here.« Und: »Whenever I touched upon magic or intimate matters, I felt they were telling lies; this vexed me« (B. Malinowski, 1989, S. 234, 240). Und an einer anderen Stelle sagt er, daß er gewissen Aussagen der Trobriander über Sex mißtraue, weil sie eine »very strong tendency to exaggerate in the direction of the grotesque« hätten, »a tendency not altogether devoid of a certain malicious Rabelaisian humour« (1932, S. 48 f.). Geschichten von vergewaltigenden Frauen werden im übrigen mit Vorliebe über benachbarte Gruppen erzählt. So berichtete z.B. ein Batainabura in Neuguinea: »Wir haben gehört, daß die Frauen der Tairora und der Tuntu?ira erstmal den Mann niederschlagen und dann setzt sich die Frau auf seinen Penis und dann bumsen sie gerade so. Wir Batainabura tun dies nicht. Wenn hier die Frau lacht oder lächelt, dann legt sie sich hin und er legt sich auf sie« (J.B. Watson/V. Watson, 1972, S. 385).
68 In ähnlicher Weise wird immer wieder aus der Tatsache, daß ge-

wisse Rituale einen obszönen Charakter haben, der falsche Schluß gezogen, die betreffenden Handlungen seien nicht schambesetzt. Wenn sich jedoch z.B. die älteren Frauen der westafrikanischen Yakuba bei einer Mondfinsternis, die man als bedrohlich für Schwangere empfand, nackt versammelten, um laszive Lieder zu singen, stellten sie zuvor sicher, daß die Männer ihnen nicht zuschauen konnten (cf. A. Hauenstein, 1994, S.86f.). Und wenn bei den Samo (Nanerge) in der Nähe des Weißen Volta ein Paar die Erde beleidigte, indem es außerhalb des Hauses miteinander schlief, mußte es zwar auf dem Markt ein Ritual vollziehen, bei dem Hühner über den entblößten Genitalien der Schuldigen geopfert wurden, doch mieden zu diesem Zeitpunkt viele Leute aus Schamhaftigkeit diesen Ort. Cf. F. Heritier, 1981, S.120. Nach der ›informellen‹ lex talionis der Beng an der Elfenbeinküste mußte das Opfer einer Vergewaltigung im Urwald, des schlimmsten Sexualverbrechens, den Täter durch einen simulierten Geschlechtsakt ›vergewaltigen‹. Dieser Akt galt aber als so schamlos, daß keine Frauen, Kinder oder jungen Männer zugegen sein durften, wenn er ausgeführt wurde. Cf. A. Gottlieb, 1992, S.35. Bevor die Frauen bei der ›Kopulation‹ im spätmittelalterlichen Norddeutschland für einen Moment das Bettlaken über dem Brautpaar zusammenschlugen, achteten sie darauf, daß keine Jungfrau zugegen war (cf. F. Frensdorff, 1918, S.11), und eine um 1882 geborene Muruwari-Frau erzählte, ihre Mutter habe ihr früher verboten, abends am Lagerfeuer zu sitzen, weil dort Mythen erzählt wurden, in denen sexuelle Anspielungen vorkamen. Cf. L. Oates, 1985, S.110. Wenn schließlich im frühneuzeitlichen Niederschleinz im Weinviertel vorpubertäre Mädchen bei einem Regenritual »gewendlich nackend« einen Brunnen »raumten« [= reinigten], wachte »alle Zeit ein ehrwürdiges Weib dabei, wegen den Zutritt der jungen Burschen und schlimmen Leute« (L. Schmidt, 1972, S.240, 385).
69 Cf. P. Spencer, 1988, S.206.
70 Cf. L. McDougall, 1975, S.83.
71 Cf. A.B. Weiner, 1988, S.23.
72 Cf. B. Malinowski, 1932, S.379, 48, 256. Undenkbar wäre es gewesen, daß ein kleiner Junge seine Mutter oder seine Schwestern nackt gesehen hätte (a.a.O., S.47). Die Frauen trugen einen Ober- und einen Unterrock, und auch beim Baden waren sie nie nackt. Daß sie sich den Männern zur Schau stellten, wie Gebhardt behauptet, kam nicht in der Realität, sondern lediglich in den schlüpfrigen Geschichten vor, die manche Trobriander einander erzählten. Deshalb konnte Malinowski auch nur vom Hö-

rensagen her berichten, daß der weibliche Unterleib tätowiert wurde (a.a.O., S. 257).

73 A.a.O., S. 403. In den Junggesellenhäusern (*bukumatula*) verbrachten zwar junge Paare in der Intimität von ›Knutsch-Ecken‹ angenehme Stunden, aber es hätte als unanständig gegolten, wenn sie einander dabei zugeschaut hätten (a.a.O., S. 62f.). Strengste Schamhaftigkeit herrschte bei den Erwachsenen, und Malinowski konnte nie Verheiratete dazu bewegen, irgend etwas über ihr Liebesleben zu sagen, denn bei den Trobriandern war selbst die kleinste Anspielung beispielsweise auf frühere Liebschaften verpönt: »It would be an unpardonable breach of etiquette were you to mention, even unwittingly and in passing, the good looks of a wife to her husband: the man would walk away and not come near you for a long time. The Trobriander's grossest and most unpardonable form of swearing or insult is *kwoy um kwava* (›copulate with thy wife‹). It leads to murder, sorcery, or suicide« (a.a.O., S. 94f.). Entsprechend verhielten sich Ehepartner in der Öffentlichkeit zueinander so, als wären sie einander fremd – Händchenhalten wie in Nordamerika wäre bei den Trobriandern undenkbar gewesen. Cf. Weiner, a.a.O., S. 89f. Aber auch ein unverheirateter Mann würde selbst heute nicht über Sexuelles reden, wenn z.B. wirkliche oder klassifikatorische Schwestern, und das können viele Frauen sein, in der Nähe sind. So berichtet I. Bell (Ms., S. 5), ein junger Mann habe aufgehört, ihr diesbezügliche Mitteilungen zu machen, als eine Frau auftauchte, die gerade von einer entlegenen Insel gekommen war, und habe ihr zugeflüstert: »She – little bit my sister!«

74 Malinowski, 1932, S. 212, 404. I. Bell, 1990, S. 78, berichtet gleichermaßen von der »sorgsam gewahrten Diskretion bei Liebesbeziehungen«. Wenn ein Liebhaber seine Geliebte in deren Hütte besuchte, mußte er beim ersten Hahnenschrei schon wieder verschwunden sein. Solche Besuche ›gab es‹ offiziell ›nicht‹ – vor allem gegenüber dem Vater und den Brüdern des Mädchens durfte niemand auch nur eine Andeutung machen, daß sie nachts Besuch erhielt. Wäre die Beziehung allgemein bekannt geworden, so hätte dies eine Schande für die ganze Familie bedeutet. Cf. A.B. Weiner, 1976, S. 171; dies., 1988, S. 71f., 76. Zeigte sich ein Mädchen als sexuell zu bereitwillig, warf ihr Mutterbruder ihr vor, sie benehme sich »wie ein Hund« (a.a.O., S. 72).

75 Malinowski, a.a.O., S. 383. Beim *kamasi*-Fest in ein paar Dörfern im Süden der Insel Vakuta soll es zu sexuellen Zügellosigkeiten unter Jugendlichen gekommen sein, aber Malinowski selber hat dergleichen nie erlebt und meinte, er teile diese Information

»with due reservation« mit (a.a.O., S. 217ff.). Denn auch bei Ausflügen, die die Jugendlichen ohne Überwachung durch Erwachsene unternahmen, fanden sexuelle Handlungen nie vor den Augen der anderen statt (a.a.O., S. 209).
76 Delnui, a.a.O., S. 130.
77 W.M. Schleidt, 1994, S. 279. Nicht mehr eingehen werde ich auf Kritiker, die mir unterstellen, ich nähme eine »biologistische Grundlegung sozialen Geschehens« vor (Döcker, a.a.O., S. 21), oder die glauben, sie hätten irgend etwas gesagt, wenn sie mir vorwerfen, ich hätte ein »Konstrukt beschworen«, das »in der sexuellen Schamhaftigkeit eine habituelle und dem Menschen gleichsam eingeborene Universalie sehen will« (G. Jerouschek, 1991, S. 284). Ähnlich auch C.G. Philipp, 1991, S. 8 oder K. Hoffmann, 1996, S. 254, der bei mir ein »letztlich anthropologisch-mythisierendes Erkenntnisinteresse« ausgemacht hat (was immer das sein mag). Die italienische Soziologin S. Tabboni, 1993, S. 254, die mir andichtet, ich hätte behauptet, die Scham sei angeboren, schreibt, meine These von den hohen Schamstandarden bei ›Primitiven‹ und den Menschen vergangener Zeiten sei leicht zu widerlegen (a.a.O., S. 256). Das mag ja so sein, aber ich frage mich, warum sie es dann nicht *tut*.
78 Wie man so etwas macht, zeigt M. Hinz (a.a.O., S. 113), der dem Leser weismachen will, ich führte »das Männermagazin ›Playboy‹ *als Quelle* für die sexuelle Unersättlichkeit der Frauen in der Partei der ›Grünen‹ an (H.P. Duerr, 1993, S. 71)«. Selbstverständlich habe ich den *Playboy* an dieser Stelle aus einem völlig anderen Grund zitiert, nämlich um zu zeigen, welche Phantasien es auch heute noch über ›emanzipierte Frauen‹ gibt.
79 J. Loschek, 1991, S. 94. Unverfroren behauptet diese Kritikerin, ich zeigte »als weiteren angeblichen Beweis für eine universale Genitalscham« ein Photo, auf dem ein Ethnologe eine sich schämende Onge-Frau zwingt, in die Kamera zu blicken (a.a.O., S. 95). Natürlich habe ich nicht aus diesem Grund das Photo abgebildet – denn die betreffende Frau trägt ja einen voluminösen, *obunga* genannten Grasrock (H.P. Duerr, 1988, S. 143) – sondern um an einem Beispiel zu zeigen, daß in vielen Gesellschaften die Frauen ein Angestarrt- oder Photographiertwerden als schamverletzend empfanden. Bereits im 16. Jahrhundert berichtete Kaplan Layfield über die dominikanischen Karaıbinnen, die wie zur Zeit des Kolumbus lediglich einen Schamschurz trugen: »Yet in that nakednesse, they perceived some sparkes of modestie, not willingly comming in the sight of strange and apparelled men: and when they did come, busie to

cover, what should have bin better covered« (zit. n. P. Hulme/ N.L. Whitehead, 1992, S. 60).
80 Cf. J. van Ussel, 1979, S. 77; ähnlich auch O. König, 1990, S. 45.
81 C. Niebuhr, 1774, I, S. 165.
82 Cf. E. Thurston, 1906, S. 530.
83 Cf. E. v. Martens, 1873, S. 206. Der kaiserliche ottomanische Major a. D. Endres berichtete: »Bei einer Furt an einem kleinen Flüßchen Anatoliens sah ich drei Frauen das Wasser durchwaten. Sie zogen in meinem Beisein alles aus, was ihnen für diese Betätigung hinderlich erschien und hoben den Rest – sagen wir: hinreichend genug – in die Höhe. Und als sie mich gewahrten, zogen sie, die bisher auch unverschleiert gegangen waren, nur ihr Kopftuch über das Gesicht« (F.C. Endres, 1916, S. 90f.). In Umran Nazifs Kurzgeschichte ›Die Ehre der Fatima‹ begeht dagegen ein Mädchen Selbstmord, weil sie beim Durchqueren einer Furt die Hose verloren und ein Junge ihren nackten Unterleib gesehen hatte. Cf. P. Weische-Alexa, 1977, S. 84.
84 K. Haiding, 1965, S. 332. Die südirakischen Ma'adan sowie die dort lebenden Araber hockten sich zum Defäkieren auch dann nieder, wenn sich Leute in der Nähe befanden. In solchen Fällen zogen sie allerdings ihren Umhang über den Kopf und legten das Gesicht auf den abgewinkelt auf den Knien ruhenden Arm, damit niemand sie erkennen konnte. Cf. S. Westphal-Hellbusch/W. Westphal, 1962, S. 202f. Im Jahre 1836 berichtete die Gräfin Pauline Nostitz, daß bei ihrem Besuch im Harem des Imams von Oman die Haremsdamen zwar Gewänder aus »durchsichtigem Krepp« trugen, »der die Körperformen völlig durchscheinen« ließ, aber ihre Gesichtsmasken nicht abnahmen. Cf. J. W. Helfer, 1873, S. 13.
85 H. Alverson, 1978, S. 188.
86 Cf. R. Meringer, 1913, S. 134. Eine peruanische Hure sagte, es errege sie sehr, wenn ein Kunde ihre Brüste streichle, doch sie bedecke dabei ihr Gesicht. Cf. K. Arnold, 1978, S. 64. Wenn ein junges Mädchen der Nyul-Nyul oder der Karadjeri bei gewissen Ritualen nackt tanzen mußte und ihr Bruder kam zufällig vorbei, bedeckte sie mit der Hand die Augen. Cf. A.T.H. Jolly/F.G.G. Rose, 1966, S. 105. Als Ethnologen einige Frauen der Manus dazu aufforderten, sich auszuziehen, weil sie anthropologische Messungen durchführen wollten, bedeckten die Frauen ihr Gesicht mit den Händen, senkten den Kopf und wandten sich ab. Cf. H. Nevermann, 1934, S. 85, 87. Eine Ägypterin, die, um ihre Tätowierung zu zeigen, ihre Brüste entblößen mußte, verschleierte dabei das Gesicht. Cf. L. Keimer, 1948, S. 112.

87 Cf. H. Honour, 1989, IV.2, S. 97.
88 So W. Buonaventura, 1984, S. 53.
89 Dies schildert die Amerikanerin B. Mahmoody, 1988, S. 404, die diesen »Widerspruch« nicht versteht und ihn als Indiz dafür anführt, »wie absurd« die persische Gesellschaft sei. Würde sie auch aus der Tatsache, daß früher Aktmodelle Masken trugen, damit man sie nicht erkannte (Abb. 211), folgern, daß die amerikanische Gesellschaft um 1912 »absurd« gewesen sei?

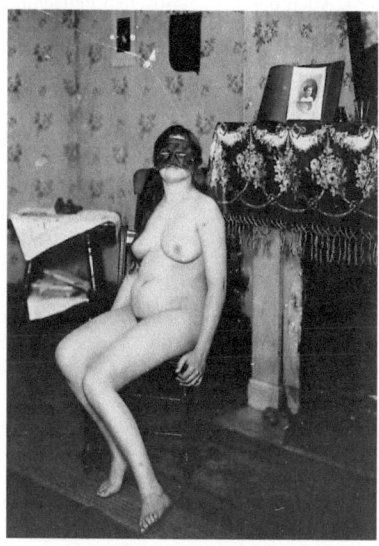

211 Aktmodell in New Orleans, um 1912.
Photo von E. J. Belloq.

90 Cf. M.M.J. Fischer, 1978, S. 213.
91 Cf. D. Diringer, 1967, Pl. III. 14b.
92 G.M. Kressel, 1988, S. 169. Die Verfügung der *satr al-ʿawra*, nach der die Gläubigen ihren Genitalbereich bedecken sollten, bezog sich bei den Frauen allerdings fast auf den ganzen Leib. Cf. S.D. Gotein, 1979, S. 43. Das Wort für »nackt« bedeutete in diesem Falle häufig nur »unverschleiert«. So verlautete im frühen 10. Jahrhundert der Jurist al-Zubaır, daß ein nicht miteinander verwandtes oder verheiratetes Paar, das ohne Aufsicht in einem Zimmer angetroffen wird, dann jeweils 40 Peitschenhiebe erhalte, wenn die betreffende Frau zwar »nackt, d.h. unverschlei-

ert« ist, die beiden einander aber nicht berührt haben. Cf. G. Benmelha, 1982, S. 216.
93 R.T. Antoun, 1968, S. 674 ff. Nichts war für eine palästinensische Frau beschämender, als daß jemand ihre Genitalien sah – *kus immak*, »die Fotze deiner Mutter«, war die schlimmste Beleidigung, die man einem Mann zufügen konnte. Das Mahlen von Getreide galt deshalb als eine so niedrige Tätigkeit, weil die Frauen dabei einen Teil der Schenkel entblößen mußten (a. a. O., S. 677, 680). Auch bei den ägyptischen Fellachinnen waren die Beine äußerst schambesetzt, weshalb ihre Kleider bodenlang waren. Cf. W. S. Blackman, 1948, S. 47.
94 Cf. A. Bouhdiba, 1985, S. 37 f. Gleichzeitig hieß es seit den Tagen des Propheten durchweg in der erotischen Literatur, daß eine profilierte Vulva mit ausgeprägten Schamlippen schön sei (a. a. O., S. 141).
95 A. H. al-Ghazali, 1984, S. 106. Der Partnerin auf die Vulva zu schauen sei *haram*, verboten. In Afghanistan und in Pakistan ist ein Paar beim Koitus herkömmlicherweise bekleidet: »Sowohl die Frau als auch der Mann behalten in der Regel ihr *qamız*, also ihr lang herabfallendes Hemd an; der Mann löst oft bei seiner Frau lediglich den Knoten des Stoffbandes, das die Hose zusammenhält, so daß diese etwas hinuntergleitet.« Selbst Prostituierte entblößen sich nicht (Jürgen Frembgen: Brief vom 27. Juli 1989). Cf. auch S. 323 f.
96 Einzig in Kairo scheinen sich im 14. Jahrhundert im Frauenbad einige Besucherinnen ganz ausgezogen zu haben, was Ibn al-Hajj schockierte. Cf. H. Lutfi, 1991, S. 109.
97 Cf. E. Heller/H. Mosbahi, 1993, S. 94, 119. Aus diesem Grunde hatte der Kalif Hakim im Jahre 1014 alle Frauenbäder schließen lassen. Cf. A. Mazaheri, 1957, S. 79 f.
98 Cf. L. Thornton, 1994, S. 67 ff.
99 Zit. n. W. B. Stanford/E. J. Finopoulos, 1984, S. 199. Früher besuchten die meisten jungen Mädchen in Marokko nie die Frauenbäder, und viele wuschen sich bis zur Hochzeitsnacht lediglich bis zum Ellbogen. Cf. D. H. Dwyer, 1978, S. 132. Am Strand von Tanger gab es später eine Verordnung, nach der sich dort nur Frauen aufhalten durften, die einen einteiligen Badeanzug trugen, was von den Marokkanerinnen als ein Trick aufgefaßt wurde, mit dem man muslimische Frauen vom Baden fernhielt, denn keine Muslimin hätte ohne *jillaba* gebadet. Cf. H. Munson, 1984, S. 202.
100 R. A. Khan, 1977, S. 44 bzw. V. Doubleday, 1988, S. 87.
101 Obgleich jede der Anwesenden ihre Blößen mit einem Tuch be-

deckt hatte, bewegten sie sich »mit einer Heimlichkeit, als ob sie sich schämten« (L. Peets, 1988, S. 57f.).
102 N. Elias, 1939, II, S. 397.
103 C. Wouters, 1994, S. 211f.
104 Cf. A. Barnard, 1980, S. 117f., 120 (Buschleute); H.P. Duerr, 1993, S. 241. Auch bei den südöstlichen Nuba scheint es nie Vergewaltigungen durch *einheimische* Männer gegeben zu haben. Allerdings wurden Frauen sexuelle Opfer fremder, und zwar *arabischer* Männer. Die Tat galt als außerordentlich entehrend, freilich nicht für das Opfer, sondern *für den Täter*! Cf. J.C. Faris, 1989, S. 119.
105 Die Buschleute der Zentral-Kalahari erwiesen sich als so schamhaft, daß die Ethnologen das Gelingen ihrer gesamten Feldforschung gefährdeten, als sie Fragen über Sex stellten. Die Buschleute sagten, ohne Körperscham könnten die Menschen überhaupt nicht miteinander leben, und in der Tat ist die Sexualität bei ihnen *der* soziale Zündstoff. Cf. C. Valente-Noailles, 1993, S. 131, 134. Cf. auch M. Gusinde, 1974, III.1, S. 189 (Alakaluf).
106 Elias, a.a.O., S. 397.
107 Ders., 1987, S. 49. Bereits im Jahre 1673 schrieb Richard Baxter: »Nature hideth the obscene parts and teacheth man to blush at the mention of any thing that is beyond the bounds of modesty.« Und er fügte hinzu: »Say not that it is mere custom« (zit. n. N.H. Keeble, 1994, S. 39).
108 Cf. D. Morris, 1994, S. 138; G. Dux, 1992, S. 199.
109 O. König, a.a.O., S. 52.
110 »Es gab keine Scham«, so auch J. van Ussel (1970, S. 63) in Anlehnung an Elias, »weil es keine Bedrohung gab.« Ähnlich A. de Swaan (1989, S. 44f.), der behauptet, sogar in den wohlhabenderen bürgerlichen Familien des 17. und 18. Jahrhunderts hätten die Dienstboten als »Nichtpersonen« gegolten: »Das erklärt, warum der Herr bzw. die Dame des Hauses keinerlei Verlegenheit empfanden, vor den Bediensteten nackt aufzutreten.« Ich habe gezeigt, daß solche Behauptungen sich meist auf eine Anekdote stützen, in der die nackt im Bade sitzende Marquise von Chatelet vor ihrem schockierten Diener die Beine öffnete, so daß dieser ›alles‹ sehen konnte. Freilich galt Emilie de Chatelet als extrem kokett und verführerisch, als exzentrische Exhibitionistin, die so tiefe Dekolletes trug, daß man einen Teil ihrer rot gefärbten Brustwarzen sehen konnte. »Sie brauchte Zuschauer«, so sagte jemand über sie, »die Bewunderung von Tölpeln, der Applaus von Dummköpfen waren ihr eine Notwen-

digkeit.« Als sie 1749 im Alter von 43 Jahren kurz nach der Entbindung von ihrer Tochter starb, schrieb ein Herr in Versailles das Epigramm: »Hoffen wir, daß dies die letzte ihrer Posen ist. In ihrem Alter im Kindbett sterben – das tut nur jemand, der um jeden Preis anders sein will als alle anderen.« Cf. S. Edwards, 1989, S. 24, 29, 233, 262. Ganz offensichtlich wollte das Chatelet ihren Diener reizen, so wie dies umgekehrt auch Dienstmägde bei ihren Herrn versuchten. So wurde im 17. Jahrhundert über eine junge Dienstmagd geklagt, die dem Hausherrn »allgemach umb das Maul gegangen, sich im bloßen Hembde und nackenden Brüsten, ohne Wammes und Mieder im Hause gezeuget, die Gelegenheiten in acht genommen, daß wenn er schlaffen gehen wollen, ihme die Strümpff ausgezogen, damit er ihr, wenn sie sich gebücket, fast biß hinunter an den Nabel sehen können« (zit. n. M. Bauer, I, 1917, S. 357).

111 M. Wegrainer, 1914, S. 85 f.
112 P. Morrah, 1979, S. 45; M. Ashley, 1971, S. 149.
113 Zit. n. C. Petitfrere, 1986, S. 132.
114 In Kent beispielsweise zeigte im Jahre 1697 ein Hausmädchen ihren Herrn an, weil dieser die Gewohnheit hatte, sich in ihrer Gegenwart »in his shirt« zu Hause zu bewegen und sogar »undressed after she was gone to bed«. Cf. A. Fletcher, 1986, S. 261. Offenbar wurde ein solches Benehmen als sexuelle ›Anmache‹ empfunden. Aber auch viele hochrangige Herren waren äußerst schamhaft, und das nicht nur vor Zofen. Der Alte Fritz z. B. zog sich nicht einmal vor seinen Kammerdienern nackt aus. Vor dem Schlafengehen legte er, nachdem er sich der Oberbekleidung entledigt hatte, sein langes Nachthemd an, ließ dann die Hosen bis aufs Knie fallen und setzte sich auf den Bettrand, worauf ihm der Diener die Hosen von den Beinen zog. Cf. W. Hofmann, 1986, S. 236. Um das Jahr 1658 begann das Haar Ludwigs XIV., der als junger Mann sehr stolz auf seine üppige Mähne gewesen war und Perücken abgelehnt hatte, dünner zu werden, und er ging dazu über, künstliche Haare zu tragen. Im Jahre 1670 entwickelte sein Leibperruquier Binette für ihn die »binette« oder »Allonge-Perücke«, ein Gewalle hellblonden Haares, das dem König weit über Schultern und Brust fiel. Vor keinem Menschen ließ Ludwig sich »sans perruque« sehen: Wenn er sich abends zu Bett begab, reichte er seinem Kammerdiener die Perücke durch die geschlossenen Bettgardinen und morgens erhielt er sie auf gleiche Weise zurück. »Il avait une petite perruque courte«, die er während seiner monatlichen Reinigungskuren im Bett und dann trug, wenn er sich den Bart

scheren ließ. Cf. L. de Saint-Simon, 1983, V, S.605; P. F. de Chantelou, 1930, S.153; J. Woodforde, 1971, S.15f.; P. Burke, 1993, S.62. Ähnlich schamhaft scheinen auch viele mittelalterliche Herrscher gewesen zu sein. Wie Guillaume de Saint-Pathus, der Beichtvater Königin Margaretes, berichtete, zog sich Ludwig IX. im 13. Jahrhundert so dezent an und aus, daß sein Kammerdiener in 20 Jahren nie mehr als seine nackten Waden sah. Cf. P. Dibie, 1989, S.78.

115 Wilhelmine v. Bayreuth, 1967, S.60.
116 Cf. A. Cabanes, o.J., II, S.304. Rosalie Lamorliere, die Kammerzofe der Königin, berichtete später, wie sehr Marie-Antoinette sich geschämt habe, als sie sich in der Conciergerie sogar in Anwesenheit eines Gendarmen umziehen mußte, doch dies sei ihr »mit aller nur möglichen Vorsicht und Schamhaftigkeit« gelungen, ohne daß der Mann die Möglichkeit hatte, etwas von ihrem Leib zu sehen. Cf. G. Pernoud/S. Flaissier, 1976, S.255; H.-E. Lex, 1989, S.249f.
117 Je höher bei den Tlingit der Rang eines Individuums war, um so größer war auch seine Scham, wenn es von einem sozial unter ihm Stehenden nackt oder beim Urinieren oder Defäkieren gesehen wurde. Cf. K. Oberg, 1966, S.219.
118 M.-J. Roland, 1987, S.102. »Pas devant les domestiques« hieß es noch im Hause der Eltern Gräfin Dönhoffs (1988, S.60). Es ist zwar richtig, daß im 17. und im 18. Jahrhundert männliche Schneider den Damen die Mieder anprobierten und vereinzelt auch männliche Kammerdiener den Damen behilflich waren, morgens das Mieder anzuziehen, aber dabei sahen diese Männer die Betreffenden nur auf den »galanten« Stichen mit nackten Brüsten. Trotzdem war z.B. die spanische Infantin Maria Teresia, nachdem sie im Jahre 1660 Ludwig XIV. geheiratet hatte, über diese ›französische Sitte‹ entsetzt und drängte vergeblich ihren Mann, diese Unsittlichkeit abzuschaffen. Zeitlebens bestand sie darauf, sich beim Anziehen von Mieder, Unterröcken oder Strümpfen hinter einen Wandschirm zurückzuziehen, und zwar ohne daß ihr auch nur eine Zofe dabei zuschaute. Cf. D. de Marly, 1987, S.25.
119 N. Elias, 1983a, S.41.
120 Elisabeth Charlotte v. Orleans, 1908, II, S.67f. Zu Hause verfügte Liselotte über »eine kleine garderobe, wo mein, mett verlöff, kackstuhl ist, das hatt ein degagement [= Nebenausgang] auff den balcon undt graben« (a.a.O.). Es gibt keinen Hinweis darauf, daß Liselotte jemals den »kackstuhl« in Anwesenheit von Dienstboten benutzt hätte.

121 Auch scheint Liselotte sich nie vor den »cammer-weibern« gewaschen zu haben, und Herren empfing sie erst, wenn sie »gantz ahngezogen« und geschnürt war. Bezeichnenderweise schrieb sie in einem Brief: »Ma Tante Elisabeth von Pfalz, die Aebtissin von Herford, hatte gar schwarze Haare. Als sie einmal aus dem Bade stieg und ein Leibtuch um sich wikkelte, fand sich ohngefähr, daß ein Loch im Leibtuch war. Sie fing an zu zürnen und sagte zu ihrer Kammerfrau: seyd ihr nicht die nachlässigsten und schmutzigsten Leute von der Welt, ihr gebt mir da ein Leibtuch mit einem großen Dintenfleke. Die Kammerfrau fing an zu lachen, und sagte: Ew. Durchl. legen nur die Hand auf den Dintenfleck, so werden sie schon sehen, was für ein Flecken es ist. Sie folgte der Kammerfrauen Rath und lief ganz beschämt ins Bette« (a.a.O., S. 314, 220).

122 Elisabeth Charlotte, a.a.O., I, S. 32.

123 Louis de Saint-Simon, a.a.O., II, S. 694f.; I, S. 810.

124 J. Hohl, 1994, S. 41.

125 Es ist völlig überzeichnet, wenn z.B. A. Lorenzer, 1989, S. 28f., behauptet, Ludwig XIV. habe alles in der Öffentlichkeit getan, für ihn habe es überhaupt keine Intimität gegeben, da zu jener Zeit »ständisches Verhalten« nicht »der Differenzierung von Privatheit und Öffentlichkeit unterworfen« gewesen sei. Natürlich gab es einen *Mangel* an Privatheit im königlichen Palast, doch wie z.B. aus den Briefen der Marquise de Maintenon hervorgeht, war dies den dort Lebenden schmerzlich bewußt und unangenehm, und die Maintenon fragte sich später, wie sie es an einem solchen Ort so lange hatte aushalten können. Cf. F. Chandernagor, 1984, S. 302. Es ist also falsch, wenn N. Elias, 1987, S. 176, behauptet, in den damaligen Zeiten habe es überhaupt kein »Bedürfnis« gegeben, »allein zu sein«. Aus zahlreichen Quellen geht nämlich hervor, daß viele Adelige sich nach mehr Privatheit sehnten. So schrieb z.B. Caroline Lennox, die Tochter des Herzogs von Richmond, die keineswegs ungesellig war, in einem Brief, daß sie am liebsten alleine sei und im Garten herumstreife, »looking at plants etc by myself or being shut up in my dressing room reading or writing« (zit. n. S. Tillyard, 1994, S. 16, 19).

126 B. Cellini, 1901, S. 472.

127 Elisabeth Charlotte, a.a.O., II, S. 283 f.

128 Ich betone noch einmal, daß ich diese These in der Weise, wie Elias sie formuliert hat, nicht für falsch, sondern für überzogen halte. Und gewiß gibt es Beispiele, die sie stützen. So berichtete im Jahre 1800 der flämische Leibarzt des Beys von Tunis, daß

viele arabische Frauen sich vor einem Juden nicht verschleierten, weil sie ihn ohnehin nicht ›für voll‹ nähmen (cf. B. Ye'or, 1985, S. 293; G. v. Bruck, 1993, S. 10), aber auf der anderen Seite galt es als schandhaft und beschämend, wenn eine vornehme Araberin es wagte, vor erwachsenen männlichen Dienern den Schleier abzulegen, und so taten dies auch nur ältere Frauen, deren sexuelle Reize verblüht waren. Cf. S. Altorki, 1986, S. 54. Als eine Frau der Qurais, eines Stammes, dem auch der Prophet angehörte, in ihrem Zelt den Gesichtsschleier abgelegt hatte, um ihr Haar zu kämmen, betrat ein Eunuche ihres Mannes das Zelt und sah sie entblößt. Daraufhin schnitt sie sich alle Haare ab und sagte: »Kein einziges Haar, das ein anderer Mann als mein eigener erblickt hat, soll länger auf meinem Haupte sein!« (Q. al-Gauziyya, 1986, S. 236; H. Motzki, 1990, S. 29f.). Frances Trollope (1927, S. 212) berichtete dagegen von einer jungen amerikanischen »lady who, when seated at table between a male and a female, was induced by her modesty to intrude on the chair of her female neighbour to avoid the indelicacy of touching the elbow of a *man*. I once saw this very young lady lacing her stays with the most perfect composure before a negro footman.« M. Strobel, 1991, S. 25, ist der Auffassung, daß zumindest ein Teil solcher weißer Frauen die schwarzen Diener auf diese Weise ›scharf‹ machen wollten, zumal die meisten von der enormen Geschlechtslust der Neger überzeugt waren. Dies führte allerdings bei manchen weißen Frauen dazu, sich in Anwesenheit schwarzer Männer besonders zurückhaltend zu benehmen. So bestand z.B. Mary Kingsley auf einem Trek in Westafrika während eines tropischen Regens darauf, *hinter* dem schwarzen Führer zu gehen, damit dieser nicht die schwarzen Korsettbänder sehen konnte, die durch ihre nasse Bluse hindurchschimmerten (a.a.O., S. 37).

129 Trotzdem glaube ich nicht, daß es richtig ist, zu sagen, das Dekollete als solches gehe auf die »Entkleidung als Ehrenbezeugung« zurück, stelle also eine Selbsterniedrigung dar, wie F. v. Hellwald (1891, S. 9) meint, weil das Dekollete ja ursprünglich von *adeligen* Damen getragen wurde. Allerdings mag die Tatsache, »daß ausgeschnittene Kleider noch jetzt bei den feierlichsten Gelegenheiten als Hoftracht des weiblichen Geschlechts *vorgeschrieben* sind«, doch, wie H. Schurtz (1891, S. 124) meint, daraufhindeuten, daß hier ein Moment von Erniedrigung enthalten ist. J. Laver (1945, S. 147) meint, daß z.B. Ludwig XIV. das tiefe Dekollete als Hoftracht eingeführt habe, weil er es als »a mark of respect to the Deity« empfunden habe, aber er führt

keinerlei Quellen an, aus denen hervorginge, daß seine Vermutung zutrifft. Auch sein Nachfolger liebte den Anblick ausgeschnittener Damenkleider, und die Gräfin Dubarry berichtete, Ludwig XV. habe einmal zu ihr gesagt, ein Mann schaue bei einer Frau immer zuerst auf das Dekollete. Cf, M.-J. Dubarry, 1990, S. 182. Ich glaube eher, daß das Dekollete ursprünglich eine moderate *Brustentblößung der initiativen, aktiven, sich Freiheiten herausnehmenden Frau* gewesen ist (cf. H.P. Duerr, 1993, S. 33 ff.). Nach einer alten tamilischen Tradition manifestiert sich die Macht der Frauen und Göttinnen in ihren Brüsten (cf. C.J. Fuller, 1979, S. 326), und bei den Nayar trugen vor allem die *hochrangigen* Frauen die Brüste frei, bis die Briten ihnen dies verboten. Cf. U.R. v. Ehrenfels, 1941, S. 4, 68.

130 Cf. L. Wagner, 1894, S. 64. Bekanntlich ist es in unserer eigenen Gesellschaft herkömmlicherweise beleidigend, jemandem die Hand zu geben, ohne zuvor den Handschuh ausgezogen zu haben oder ohne dabei, wenn es sich beim Grüßenden um einen Mann handelt, den Hut vom Kopf zu nehmen. Diesen Entblößungen entspricht im Orient das Ausziehen der Schuhe. Cf. G. Friederici, 1928, S. 137 f. Cf. auch H. Ling Roth, 1890, S. 176. Als Zeichen der Untergebenheit mußte man sich auch Motecuzoma barfuß nähern. Cf. H. Cortes, 1779, S. 143 f.

131 Cf. A.M. Kiki, 1969, S. 23. Die Frauen und Männer der Ewe, Adangme, Popo und anderer Ethnien in Togo entblößten den Oberkörper vor den deutschen Kolonialherren. Cf. Schurtz, a.a.O., S. 122. Nach der Hofetikette von Benin mußten sich vor dem König jeder Mann und jede Frau nackt ausziehen (cf. R.K. Granville, 1898, S. 109), und bei den Fon mußten beide Geschlechter vor einem Häuptling, aber auch dann, wenn sie an dessen Haus vorübergingen, die Schultern entblößen. Cf. F. Wolf, 1912, S. 83. »Schon auf dem Platze vor der Königswohnung« von Abesche, so erzählte der Forscher Nachtigal, »entfernten meine Begleiter ihr Gewand von der rechten Schulter« (G. Nachtigal, 1889, III, S. 55), und vor dem Sultan von Bagirmi »erscheint der Unterthan mit entblößtem Oberkörper« (ders., 1873, S. 336). Die Frauen des Königs der Ibibio waren im Gegensatz zu gewöhnlichen verheirateten Frauen nackt, doch durften sie von niemandem als dem König angesehen oder gar berührt werden. Cf. M.D.W. Jeffreys, 1956, S. 16. Wenn sie mit den Göttern sprachen, entblößten die Yoruba-Frauen ihre Brüste (cf. R. Abioduni, 1975, S. 446), und dies war auch im *vodu*-Kult der Ewe üblich. Cf. F.W. Kramer, 1987, S. 32. Auch die

Süditalienerinnen entblößten früher vor Gott und vor den Heiligen die Brüste. Cf. Abb. 196.

132 Heute tragen nur noch alte Frauen die Brüste frei. Die jungen verhüllen sie mit einer Bluse. Während früher der *sāri* nicht die Knie bedecken durfte, ist er heute länger geworden. Den Männern der Paraiyar waren ähnliche Vorschriften auferlegt. Sie durften keinen Turban tragen, den Oberkörper nicht bedecken, keine Schuhe anziehen, und ihr Hüfttuch mußte so kurz sein, daß es die Knie frei ließ. Cf. R. Deliege, 1988, S. 28 f. Auch die Frauen der Taino auf Guanahanı und den anderen karibischen Inseln trugen zur Zeit der Entdeckung durch Kolumbus mit steigendem Rang einen längeren Rock (*nagua*). Cf. I. Rouse, 1992, S. 11. Mit Recht stellt V. Steele, 1985, S. 114, fest, daß bei uns vom Mittelalter bis zum Beginn des 20. Jahrhunderts »it had been a general rule that long robes indicated high status and short garments low status«.

133 Cf. G.S. Ghurye, 1951, S. 213.

134 Auch die Männer entblößten vor den Göttern oder vor ihrem Guru die Brust. Früher durften in Kerala kein Mann und keine Frau mit bedecktem Oberkörper einen Tempel betreten. Heute öffnen die Frauen bisweilen im Allerheiligsten *sari* und Mieder und lassen den Gott für einen Augenblick ihre nackten Brüste stehen. Cf. Agehananda Bharati: Brief vom 5. Februar 1985; Peter Prince of Greece & Denmark, 1963, S. 166 f. Im Gegensatz dazu verhüllten sich die syrischen Christinnen von Malabar in ihren Kirchen mit langen weißen Tüchern, so daß man nur ihre Gesichter unbedeckt sehen konnte. Cf. L. K. A. Ayyar, 1926, S. 244.

135 Cf. S.N. Dar, 1969, S. 153.

136 Cf. E. Thurston, 1906, S. 529.

137 Cf. W. Crooke, 1919, S. 239 f. Heute ist es gerade umgekehrt, und zu weit gehende Entblößungen vor den Göttern können zu Unruhen führen. Als sich vor zehn Jahren in Shimoga eine große Anzahl von Frauen und Männern entblößten, um zur Göttin Renukamba zu beten, schritt die Polizei ein. Allerdings ergriff daraufhin die Menge zwei Polizistinnen und acht Polizisten, zog sie splitternackt aus und zwang sie, in diesem Zustand in einem Pilgerzug mitzuziehen. Cf. S. Prasad, 1986, S. 44. (Den Hinweis auf diese Zeitungsnotiz verdanke ich Dieter Conrad). Die Entblößung der Brüste als Ausdruck der Erniedrigung gab es auch in vielen anderen Gesellschaften, so z.B. auf Tahiti, Samoa und Hawaii (J. La Farge, 1987, S. 314; V. Valeri, 1985, S. 360), bei den alten Römern (cf. F. Eckstein, 1935, Sp. 868) und

bei den Arabern (cf. H. Granqvist, 1950, S. 155f.). Die Männer zogen sich bei den Arabern zur Selbsterniedrigung sogar ganz aus, so z.B. der Bote oder Kundschafter, der etwas Unangenehmes wie eine drohende Gefahr meldete – daher der meist unverstandene Ausdruck »Der nackte Warner« (cf. J. Wellhausen, 1897, S. 195). In einem aztekischen Bußgebet heißt es: »Vor dir, Herr, lege ich meine Kleider ab und zeige meine Nacktheit« (H. Hunger: Brief vom 17. Dezember 1985). Wenn eine Frau nach dem bayerischen Recht vom Jahre 1346 einen Eid ablegte, mußte sie eine Brust entblößen und sie berühren, und noch im Jahre 1670 mußte sie beim Schwören »das wammes aufmachen und ihre zween rechten finger nach dem daumen auf die linke bloße brust legen« (zit. n. E. v. Künßberg, 1932, S. 547). In anderen Gegenden faßte eine Frau sich an eine andere »Ehre«, nämlich an das unbedeckte Haar, so wie ein Mann sich an den Bart faßte – »Beim Barte des Propheten« schworen bekanntlich die muslimischen Männer. Cf. A. Erler, 1941, S. 63; Fredegar, 1982, S. 63. Freilich entblößten die Männer gelegentlich auch in unserer Gesellschaft aus Demut den Oberkörper, so z.B. etwa hundert Männer vor der Abteikirche von Bury im 12. Jahrhundert, die der Abt wegen eines Sakrilegs exkommuniziert hatte. Cf. J.B. Given, 1977, S. 197.
138 Cf. G.M. Childs, 1949, S. 104.
139 Cf. W.H. Scott, 1958, S. 330.
140 Er berichtet auch, daß es im Nordosten der benachbarten Insel Halmahera üblich war, vor Höhergestellten die Schulter zu entblößen. Cf. J.G.F. Riedel, 1885, S. 60, 81. Anders verhielt es sich z.B. bei den Safwa, wo die Frauen vor dem Häuptling die sonst frei getragenen Brüste mit den Händen bedeckten (cf. E. Kootz-Kretschmer, 1926, S. 79), oder bei den Yaka oder Majacalla im Kongo. Cf. R. Devisch, 1991, S. 288. Im brasilianischen Candomble ist ein zu tiefes Dekollete oder ein enges, rückenfreies T-Shirt eine Beleidigung der Götter (cf. E.J. de Hohenstein, 1991, S. 274), und bei den Negev-Beduinen muß eine Frau als Zeichen des Respekts das Gesicht verschleiern, sobald ihr Mann das Zelt betritt. Cf. E. Marx, 1987, S. 168. Während z.B. im alten Ägypten Sklavinnen weitgehend nackt waren, mußten sich im Mittelalter die Sklaven und Sklavinnen vor ihrer jüdischen Herrschaft völlig bedecken (cf. I. Abrahams, 1896, S. 278), und schließlich verlautete noch im Jahre 1672 ein Anstandsbuch, die »bienseance«, d.h. die Schicklichkeit, dulde es nicht, »qu'une personne que nous devons respecter nous voie nus et en deshabille« (zit. n. A. Franklin, 1908, II, S. 269).

141 Damit will ich nicht sagen, daß die Mehrzahl der Kritiker meine ›empirischen‹ Einwände gegen die Zivilisationstheorie akzeptiert hätte. Im Gegenteil haben die meisten ihrerseits meine Ausführungen zum Badewesen und zur Prostitution im Mittelalter, zur Geschichte des Voyeurismus, der Modalitäten des Schlafens im Bett usw. in Frage gestellt. Da diese Kritiken sehr umfangreich sind, werde ich sie in einer gesonderten Publikation beantworten, möchte aber schon hier sagen, daß die meisten dieser Kritiken auch dann, wenn sie von Spezialisten stammen, zwar prätentiös, aber erstaunlich wenig substantiell sind. Dies gilt auch für Einwände von Gelehrten, die meiner Infragestellung der Zivilisationstheorie keineswegs ablehnend gegenüberstehen, wie z.B. R. Jütte (1991a), der mir vorwirft, ich ließe mich bisweilen »zu vorschnellen oder falschen Urteilen hinreißen, die bei denjenigen, die mit Sprache und Kultur des betreffenden Volkes besser vertraut sind, eher ein Stirnrunzeln, wenn nicht gar Zweifel an Duerrs ansonsten recht vorsichtigem interpretativen Umgang mit den Quellen auslösen« (R. Jütte, 1993). So bleibe beispielsweise »Duerrs Geheimnis«, wieso »das hebräische Wort für ›Füße‹ gelegentlich eine Umschreibung für ›Genitalien‹ sein« sollte: »Die zitierte Bibelstelle (1 Sam 24.4) ist jedenfalls durch das dazugehörige Verb, das in diesem Fall richtig mit ›salben‹ und nicht mit ›decken‹ übersetzt werden müßte, nicht zweideutig und bezieht sich keinesfalls auf das Bedecken der Scham. Auch die Interpretation des Psalms 78, 66 entspricht nicht der landläufigen Exegese, und es findet sich dafür weder ein Beleg in der mir bekannten alttestamentarischen Forschung noch in den einschlägigen jüdischen Bibelkommentaren« (a.a.O.). Wer sich einer solchen Ausdrucksweise bedient, so wird man denken, der muß es ganz genau wissen, doch leider zeigt es sich, daß Jütte die Kenntnisse, die er zu haben vorgibt, lediglich prätendiert und in Wirklichkeit keinen einzigen gelehrten Kommentar zu 1 Samuel 24,4 zu kennen scheint. Denn alle Kommentatoren sind sich darin einig, daß Saul, als er auf der Suche nach David in »eine Höhle« ging, »um seine Füße zu bedecken«, sich zum Urinieren oder Defäkieren in eine Höhle zurückzog, *damit niemand seinen Schambereich sehen konnte, der somit »bedeckt« war.* Wie mir Bernhard Lang in einem Brief vom 16. Februar 1996 mitteilte, verlauteten entsprechend der Septuaginta, daß Saul eintrat, »um seine Dinge zu erledigen«, und die Vulgata, daß er dies tat, »um seinen Bauch zu entleeren«. Wie Lang mir weiter mitteilte, diskutierten bereits die jüdischen Gelehrten im Mittelalter die Frage, ob Saul eher uri-

niert oder defäkiert habe, wobei sie sich schließlich für das Urinieren entschieden. Daß das Wort »Füße« in Jesaja 7,20 (»Zu der Zeit wird der Herr das Haupt und die Haare an den Füßen scheren und den Bart abnehmen durch das Schermesser«) mit »Genitalien« übersetzt werden muß (so wie »Hüfte« bisweilen mit »Penis«) ist seit langem allgemein bekannt. In einem neueren Kommentar (H. Wildberger, 1980, I, S. 301) lautet die Übersetzung deshalb: »An jenem Tag wird abscheren der Herr mit dem Messer [...] das Haupt und die Schamhaare, und auch den Bart nimmt er weg«, und auch die katholische Einheitsübersetzung lautet »Schamhaar« (B. Lang: Brief vom 27. Januar 1996). Cf. auch R. Patai, 1962, S. 170. Vielleicht ist »Fuß« deshalb ein so alter hebräischer Euphemismus für die Genitalien, weil herkömmlicherweise die Füße als unrein (cf. T. Somogyi, 1982, S. 97) wie auch als schambesetzt galten: Wenn im Mittelalter ein Jude oder eine Jüdin ihren nackten Fuß zeigten, konnte sich der Partner scheiden lassen. Im mystischen Schrifttum wurde der Koitus mit »Fußwaschen« umschrieben (cf. J. Nacht, 1923, S. 141, 156), und auch später noch schliefen viele Juden, ohne ihre Strümpfe auszuziehen (cf. M. Zborowski/E. Herzog, 1952, S. 359). Eine Frau berichtete, sie habe früher im Shtetl nie mit ihrem Mann geschlafen, ohne dabei Schuhe anzuhaben. Cf. N.M. Cowan/R.S. Cowan, 1989, S. 169. Beliebt ist es auch bei vielen Kritikern, auf empirische Gegenbeispiele zu verweisen, die angeblich meine Ausführungen in Frage stellen, ohne diese Beispiele explizit anzuführen, so daß nur derjenige, der sich die Mühe macht, die Verweise zu überprüfen, feststellen kann, daß es sich überhaupt nicht um Gegenbeispiele handelt. M. Schröter (1990, S. 69), um nur ein Beispiel zu nennen, verweist auf W. Ebel (1954, S. 53 f.), um zu zeigen, daß im ausgehenden Mittelalter das Klosett zwar zugegebenermaßen »prifet« oder »heimliches Gemach« *genannt* wurde, in Wirklichkeit aber ein mehr oder weniger öffentlicher Ort gewesen sei. An der von Schröter angegebenen Stelle ist indessen davon die Rede, daß 1496 in Lübeck ein Hans Mussmann gegen einen Hans Bruggemann klagte, weil dieser unberechtigterweise das heimliche Gemach des Klägers benutze. Bruggemann hatte zunächst das unmittelbar neben dem Hause Mussmanns gelegene Gebäude bewohnt und auf rechtmäßige Weise Mussmanns Klo benutzt. Jetzt jedoch wohnte er ein Haus weiter, benutzte das Klo aber weiterhin (a.a.O., S. 53). Wir sehen also, daß sich diese Stelle keineswegs als Beispiel dafür verwenden läßt, zu jener Zeit sei das Defäkieren so wenig schambesetzt gewesen, daß man dieser

Tätigkeit ohne weiteres vor aller Augen nachging. Denn Mussmanns Klo war lediglich in der Weise »öffentlich«, daß zwei verschiedene Parteien es benutzten. Und so etwas gibt es ja auch heute: Die Tatsache, daß es in Kaufhäusern oder Restaurants »öffentliche« Toiletten gibt, die von zahllosen Menschen benutzt werden, läßt sich sicher nicht als Beleg dafür anführen, daß die Defäkation keine private Funktion sei. Schließlich ist Ebels zweiter Fall noch weniger dazu geeignet, Schröters Einwände gegen meine These zu stützen, denn er handelt davon, daß im Jahre 1466 ein Bäcker in seinem Keller ein Klo sowie einen Schweinestall eingerichtet hatte, worüber sich die Nachbarn beschwerten, weil »dardorch se in eren huseren gestenket worden«. Daraufhin wurde dem Bäcker die Schweinehaltung in seinem Keller untersagt (a.a.O., S. 54). Auf die übrigen Gegenbeispiele Schröters werde ich an anderer Stelle eingehen.

142 So schon K.-H. Kohl, 1986, S. 294, als Reaktion auf meine erste Kritik an Elias aus dem Jahre 1978.
143 N. Elias/E. Dunning, 1986, S. 163.
144 Schröter, a.a.O., S. 80f.
145 S. Tabboni, 1993, S. 251.
146 N. Elias, 1988, S. XXXVf.; ferner H. Korte, 1987, S. 95f.
147 S. Mennell, 1988, S. 51.
148 J. van Ussel, 1970, S. 40.
149 Cf. H.P. Duerr, 1995, S. 109.
150 M. Gusinde, 1931, S. 519f., 524. J. Overing, 1987, S. 188, schreibt, die Ideologie der Piaroa »is one that places great stress upon self-control, and not social control«.
151 Cf. O.K. Hutheesing, 1990, S. 96.
152 R.I. Levy, 1973, S. 342.
153 Informant: Bene Boli, August 1986. Als Begründung dafür, warum man etwas nicht tue, erhalten Ethnologen meist Antworten wie: »Weil man so etwas nicht tut« oder »Weil es nicht richtig ist, so etwas zu tun«.
154 »Am ehesten traut man unter den Bergvölkern den Opium-Rauchern einen Diebstahl zu: diese gelten allgemein als moralisch unzuverlässig, aber auch als nicht zurechnungsfähig« (L.G. Löffler: Brief vom 7. Dezember 1988).
155 Löffler, a.a.O.
156 Besonders die männlichen Semai ekeln sich sehr vor Blut und sagen, sie könnten es in der Nähe einer Kreißenden oder einer Menstruierenden nicht aushalten. Obgleich es kein ausdrückliches Tabu gibt, das den Koitus mit einer menstruierenden Frau

verbietet, ist allein schon der Gedanke an einen solchen Akt für einen Semai widerlich.
157 Cf. C.A. Robarchek/R.K. Dentan, 1987, S. 360f.
158 M. Baker, 1981, S. 191, 206 (Hervorh. v. mir).
159 W. Gaylin, 1988, S. 67. Selbstverständlich will ich nicht behaupten, daß *alle* Angehörige traditioneller Gesellschaften *alle* verbindlichen Normen internalisiert hätten, denn auch in ihnen wurden – wie in der unsrigen – zu fast allen Zeiten Klagen laut, daß manche Menschen den Regeln nur äußerlich folgten. So betonte z.B. im 7. Jahrhundert der Angelsachse Aldhelm, eine wahre Jungfrau sei nicht allein diejenige, welche mit keinem Mann geschlafen habe, denn die wahre Keuschheit sei eine »Keuschheit *des Herzens*« (cf. D. B. Baltrusch-Schneider, 1991, S. 53), und um das Jahr 1000 unterschied die Hofdame Sei Shonagon (1992, S. 196) das äußere Verhalten von dem, was im »Inneren des Herzens« vor sich gehe. »Auch wenn du allein bist«, so heißt es im 12. Jahrhundert im *Chu Hsi*, »sei nicht nachlässig auch nur in einem einzigen deiner Gedanken. Selbst wenn du meinst: ›Es sieht ja keiner!‹, kannst du es etwa vor dem Himmel verbergen?‹ Und glaubst du: ›Niemand erfährt es!‹, so täuschst du dein eigenes Herz!« (zit. n. G. Linck, 1990, S. 202). Im frühen 13. Jahrhundert betonte schließlich Walther von der Vogelweide, man dürfe die Kinder nicht nur äußerlich konditionieren, sondern müsse die Gewissensbildung bei ihnen fördern: »Nieman kan mit gerten / kindes zuht beherten«, denn: »Wer sleht den lewen? wer sleht den risen? / wer überwindet jenen unt disen? / daz tuot jener der sich selber twinget« (zit. n. E. Schoelen, 1965, S. 155f.).

Bibliographie

Aaltonen, E.: »On the Sociology of the *sauna* of the Finnish Countryside«, *Transactions of the Westermarck Society* 1970.
Abdulali, S.: »Rape in India« in *Women in Indian Society*, ed R. Ghadially, New Delhi 1988.
Abioduni, R.: »Ifa Art Objects« in *Yoruba Oral Traditions*, ed. W. Abimbola, Ife 1975.
Abrahams, E. / M. M. Evans: *Ancient Greek Dress*, Chicago 1964.
Abrahams, I.: *Jewish Life in the Middle Ages*, Philadelphia 1896.
Abu-Lughod, L.: *Writing Women's Worlds*, Berkeley 1993.
Acton, H. / E. Chaney: *Florence*, London 1986.
Acton, W.: *Prostitution*, ed. P. Fryer, London 1968.
Agrippa v. Nettesheim, H. C.: *Die Eitelkeit und Unsicherheit der Wissenschaften*, Bd. I, ed. F. Mauthner, München 1913.
Ahmed, A. S.: »Bombay Films«, *Modern Asian Studies* 1992.
Ahmed, K. N.: *The Muslim Law of Divorce*, New Delhi 1978.
Ahrens, C.: *Wiederaufgebaute Vorzeit*, Neumünster 1990.
Albrecht, P.: »Die Nationaltrachtsdebatte im letzten Viertel des 18. Jahrhunderts«, *Jahrbuch für Volkskunde* 1987.
Aldana, G. / J. Norman: »The Huichols«, *National Geographic*, June 1977.
Aldred, C.: *Akhenaten*, London 1968.
–: *Akhenaten and Nefertiri*, New York 1973.
Alexander, D.: *The German Single-Leaf Woodcut 1600-1700*, Bd. I, New York 1977; Bd. II, 1977.
Alexander, H. M.: *Strip Tease*, New York 1938.
Allason-Jones, L.: *Women in Roman Britain*, London 1989.
Alloula, M.: *The Colonial Harem*, Minneapolis 1986.
Altekar, A. S.: *The Position of Women in Hindu Civilization*, Banares 1956.
Althoff, G.: *Weiblichkeit als Kunst*, Stuttgart 1991.
Altorki, S.: *Women in Saudi Arabia*, New York 1986.
Alverson, H.: *Mind in the Heart of Darkness*, New Haven 1978.
Amazona, D.: »Some Customs of the Aëta of the Baler Area, Philippines«, *Primitive Man* 1951.
Amelung, W.: *Die Gewandung der alten Griechen und Römer*, Leipzig 1903.
Ames, R. et al.: »Breakfast With Topless Barmaids« in *Observations of Deviance*, New York 1970.
Amendt, G.: *Wie Mütter ihre Söhne sehen*, Bremen 1993.
Amman, J.: *Das Frauentrachtenbuch*, Frankfurt/M. 1586.
Ammar, H.: *Growing Up in an Egyptian Village*, London 1954.
Ammon, G.: »Beobachtungen und Erfahrungen eines Psychiaters mit den Lacandon-Maya«, *Mitteilungen der Berliner Gesellschaft für Anthropologie, Ethnologie und Urgeschichte* 1966.
Amrain, K.: »Bi jastambhana«, *Anthropophyteia* 1910.
Amtmann, J.: *Mode und Moral*, Hamburg 1993.
Anders, F. C.: »Hawaiis heiliger Hula«, *Die Grünenthal-Waage* 1974.
Anders, K.: *Norbert Elias, Hans Peter Duerr und die Debatte um den Zivilisationsprozeß*, Berlin 1995.
Anderson, J. L.: »Breasts, Hips, and Buttocks Revisited«, *Ethology and Sociobiology* 1988.

Anderson, J.L./ C.B. Crawford et al.: »Was the Duchess of Windsor Right?«, *Ethology and Sociobiology* 1992.

Anderson, P.: »The Reproductive Role of the Human Breast«, *Current Anthropology* 1983.

Anderson, R.E.: *The Fifth Sun*, Austin 1979.

Anderson, R.M.: *Hispanic Costume 1480-1530*, New York 1979.

Andersson, C.: »Das Bild der Frau in der oberrheinischen Kunst um 1520« in *Die Frau in der Renaissance*, ed. P.G. Schmidt, Wiesbaden 1994.

Anger, J.: »Her Protection for Women (1589)« in *The Women's Sharp Revenge*, ed. S. Shepherd, London 1985.

Anglo, S.: »The Courtier« in *The Courts of Europe*, ed. A.G. Dickens, London 1977.

Annas, A.M.: »The Elegant Art of Movement« in *An Elegant Art*, ed. E. Maeder, Los Angeles 1983.

Anschütz, J./ K. Meier / S. Obajdin: »›Dieses leere Gefühl, und die Blicke der anderen‹« in *Frauen in Konzentrationslagern*, ed. C. Füllberg-Stolberg et al., Bremen 1994.

Antoun, R.T.: »On the Modesty of Women in Arab Muslim Villages«, *American Anthropologist* 1968.

Anzelewsky, F.: *Dürer-Studien*, Berlin 1983.

Appuhn, H.: *Wenzelsbibel*, Dortmund 1990.

Archer, W.G.: *The Hill of Flutes*, London 1974.

Ardouin, P.: *Maurice Scève, Pernette du Guillet, Louise Labé: L'amour à Lyon au temps de la Renaissance*, Paris 1981.

Aretino, P.: *Kurtisanengespräche*, ed. E.O. Kayser, Frankfurt/M. 1986.

Arias de la Canal, F.: *Museo secreto del arte erótico de Pompeya y Herculaneo*, México 1995.

Arndt, P.: *Gesellschaftliche Verhältnisse der Ngadha*, Mödling 1954.

Arnet, E.: »Pioniere, Boten und Richter der Mode« in *Die Mode*, ed. R. König/ P.W. Schuppisser, Zürich 1958.

Arnold, K.: »The Whore in Peru« in *Tearing the Veil*, ed. S. Lipshitz, London 1978.

Arp, E.: *A. Paul Weber 1893-1980*, Hamburg 1985.

Arringer, R.M.: *Der weibliche Körper und seine Verunstaltungen durch die Mode*, Berlin 1908.

Artbauer, O.C.: *Kreuz und quer durch Marokko*, Stuttgart 1911.

Artelt, W.: »Kleiderhygiene im 19. Jahrhundert« in *Städte-, Wohnungs- und Kleidungshygiene im 19. Jahrhundert in Deutschland*, ed. W. Artelt et al., Stuttgart 1969.

Asayama, S.: »Adolescent Sex Development and Adult Sex Behavior in Japan«, *Journal of Sex Research* 1975.

Aschenbrenner, T.: *Die Tridentinischen Bildervorschriften*, Freiburg o.J.

Aschwanden, H.: *Symbole des Lebens*, Zürich 1976.

Ashley, M.: *Charles II.*, London 1971.

Atwood, J.E.: *Nächtlicher Alltag*, München 1980.

Auer, A.: »Klassizistische Damenmode in Baden und Württemberg« in *Baden und Württemberg im Zeitalter Napoleons*, Bd. II, ed. R. Braig-Gachstetter, Stuttgart 1987.

Aulard, A.: *Paris sous le Consulat*, Bd. I, Paris 1903.
Axtell, J.: *The Invasion Within*, Oxford 1985.
Ayalah, D./ I.J. Weinstock: *Breasts*, New York 1979.
Ayyar, L.K.A.: *Anthropology of the Syrian Christians*, Ernakulam 1926.
Azari, F.: »Sexuality and Women's Oppression in Iran« in *Women of Iran*, ed. F. Azari, London 1983.

Baader, J.: *Nürnberger Polizeiordnungen aus dem 13. bis 15. Jahrhundert*, Stuttgart 1861.
Bachmann-Geiser, B.: *Amische*, Bern 1988.
Bachmeyer, E.: »›Gequälter Engel‹: Das Frauenbild in den erotischen Comics in Japan« in *Aspekte japanischer Comics*, ed. M. Maderdonner/ E. Bachmeyer, Wien 1986.
Badinter, E.: *L'amour en plus*, Paris 1980.
Bächtold-Stäubli, H.: »Geschlechtsteile« in *Handwörterbuch des deutschen Aberglaubens*, Bd. III, ed. H. Bächtold-Stäubli, Berlin 1931.
Bailey, A.: *The Passion for Fashion*, Limpsfield 1988.
Bailey, F.G.: *The Witch Hunt or The Triumph of Morality*, Ithaca 1994.
Baill, C./J. Money: »Physiological Aspects of Female Sexual Development« in *Women's Sexual Development*, ed M. Kirkpatrick, New York 1980.
Bain, K.: *The Friendly Islanders*, London 1967.
Baines, B.B.: *Fashion Revivals from the Elizabethan Age to the Present Day*, London 1981.
Baines, J.M.: *Historic Hastings*, St. Leonards-on-Sea 1986.
Baird, W.D.: *The Quapaw Indians*, Norman 1980.
Baker, J./J. Bouillon: *Ausgerechnet Bananen!*, Bern 1976.
Baker, M.: *Nam*, New York 1981.
Ball, C.: *A Narrative of the Life and Adventures of Charles Ball, a Black Man*, Pittsburgh 1854.
Baltrusch-Schneider, D.B.: »Klosterleben als alternative Lebensform zur Ehe?« in *Weibliche Lebensgestaltung im frühen Mittelalter*, ed H.-W. Goetz, Köln 1991.
Banesz, L.: »Les structures d'habitat au paléolithique supérieur en Europe centrale« in *Les structures d'habitat au paléolithique*, ed. A. Leroi-Gourhan, Paris 1976.
Banner, L.W.: *American Beauty*, Chicago 1983.
Barack, K.A.: *Zimmerische Chronik*, Freiburg 1881.
Bargellini, P.: *Florence the Magnificent*, Firenze 1980.
Baritz, L.: *The Culture of the Twenties*, Indianapolis 1970.
Barley, N.: *Traumatische Tropen*, Stuttgart 1990.
Barnard, A.: »Sex Roles Among the Nharo Bushmen of Botswana«, *Africa* 1980.
Barnouw, E./S. Krishnaswamy: *Indian Film*, New York 1963.
Barre, M.L.: *Museo secreto*, Barcelona 1915.
Barruol, A.: »La parole des femmes à travers les plaintes devant la sénéchaussée de Marseille (1750-1789)« in *Les femmes et la Révolution française*, Bd. I, ed. M.-F. Brive, Toulouse 1989.

Bartels, M.: »Der Gang in die Wildnis als Weg zu sich selbst? Kritische Überlegungen zu Hans Peter Duerrs Ethnologie«, *Psyche* 1986.

Barthelmess, W.: »Zwischen Montmartre und Champs-Élysées« in *Pariser Nächte*, ed. A. Röver-Kann, Bremen 1994.

Barwick, S.: *A Century of Style*, London 1984.

Bassnett, S.: *Elisabeth I*, Oxford 1988.

Bastl, B.: »Adeliger Lebenslauf« in *Adel im Wandel*, ed. H. Knittler et al., Wien 1990.

Bateson, G./M. Mead: *Balinese Character*, New York 1942.

Baudin, L.: *Der sozialistische Staat der Inka*, Reinbek 1956.

Bauer, M.: *Deutscher Frauenspiegel*, München 1917.

Bauer, W.: *China und die Hoffnung auf Glück*, München 1971.

Baum, H.: »Schaufensterpuppen« in *Der neuen Welt ein neuer Rock*, ed. C. Köhle-Hezinger / G. Mentges, Stuttgart 1993.

Bauman, Z.: *Modernity and the Holocaust*, Oxford 1989.

Baumann, F. A./H. Läng/K. Seltmann: *Far West*, Recklinghausen 1976.

Baumann, H.: *Das doppelte Geschlecht*, Berlin 1955.

Baur, V.: *Kleiderordnungen in Bayern vom 14. bis zum 19. Jahrhundert*, München 1975.

Beale, S. et al.: »A Psychological Study of Patients Seeking Augmentation Mammaplasty«, *British Journal of Psychiatry* 1980.

Beals, A.R.: »Gopalpur« in *Being an Anthropologist*, ed. G.D. Spindler, New York 1970.

Beatty, A.: *Society and Exchange in Nias*, Oxford 1992.

Beck, S.B.: »Women's Somatic Preferences« in *Love and Attraction*, ed. M. Cook/ G. Wilson, Oxford 1979.

Beckwith, C.: »Niger's Woodaabe«, *National Geographic*, October 1983.

Beckwith, M.W.: »Mythology of the Oglala Dakota«, *Journal of American Folklore* 1930.

van Beek, A.: *Life in the Javanese Kraton*, Singapore 1990.

Beer, M.: *Eltern und Kinder des späten Mittelalters in ihren Briefen*, Nürnberg 1990.

Behrend, H.: *Die Zeit des Feuers*, Frankfurt/M. 1985.

Beinhauer, W.: »Über ›Piropos‹«, *Volkstum und Kultur der Romanen* 1934.

Bell, I.: *Haben um zu geben: Eigentum und Besitz auf den Trobriand-Inseln*, Basel 1990.

–: »Was sich liebt, versteckt sich: Interaktionsmuster zwischen Liebenden auf Kaileuna/Trobriand-Inseln«, Ms.

Bell, Q.: *On Human Finery*, London 1976.

Bellocq, E.J.: *Storyville Portraits*, New York 1979.

Benabou, E. M.: *La prostitution et la Police des Mœurs au XVIIIe siècle*, Paris 1987.

Bender, H.: »Ein ›Oekonomischer und populär-medizinischer Universal-Rathgeber‹ des Biedermeier«, *Archiv für Kulturgeschichte* 1979.

Benet, S.: *Song, Dance, and Customs of Peasant Poland*, New York 1951.

Benjamin, H./R.E.L. Masters: *Prostitution and Morality*, London 1965.

Benmelha, G.: »Ta'azir Crimes« in *The Islamic Criminal Justice System*, ed. M. Bassiouni, London 1982.

Bennassar, B.: *L'homme espagnole*, Paris 1975.
Bennett, W. C./R. M. Zingg: *The Tarahumaras*, Chicago 1935.
Berdan, F. F.: »Trauma and Transition in Sixteenth Century Central Mexico« in *The Meeting of Two Worlds*, ed. W. Bray, Oxford 1993.
Berlin, I.: »Austin and the Early Beginnings of Oxford Philosophy« in *Essays on J. L. Austin*, ed. G. J. Warnock, London 1973.
Bernal, V.: »Women and the Remaking of Islamic ›Tradition‹ in a Sudanese Village«, *Comparative Studies in Society and History* 1994.
Bernatzik, H. A.: *Die Geister der Gelben Blätter*, München 1938.
–: *Akha und Meau*, Innsbruck 1947.
Berndt, R. M.: »A Day in the Life of a Dieri Man Before Alien Contact«, *Anthropos* 1953.
Berndt, R. M./ C. H. Berndt: »A Preliminary Report of Field Work in the Ooldea Region, Western South Australia«, *Oceania* 1943.
–: *Sexual Behavior in Western Arnhem Land*, New York 1951.
Bernus, E.: *Touaregs nigériens*, Paris 1981.
Berry, B. M.: »The First English Pediatricians and Tudor Ideas Toward Childhood«, *Journal of the History of Ideas* 1974.
Bertelli, S. et al.: *Le corti italiane del Rinascimento*, Milano 1985.
Bertini, V./F. Foggi: *Il pappagallo giallo*, Firenze 1986.
Bertrand, I.: *Film Censorship in Australia*, St. Lucia 1978.
Beuchelt, E.: »Sozialisation auf den Gesellschaftsinseln«, *Sociologus* 1978.
–: Brief vom 25. Februar 1986.
–: Brief vom 14. März 1986.
Bharati, A.: *The Asians in East Africa*, Chicago 1972.
–: Brief vom 5. Februar 1985.
Bhushan, J. B.: *Indian Jewellery, Ornaments and Decorative Designs*, Bombay 1964.
Bieber, M.: *Entwicklungsgeschichte der griechischen Tracht*, Berlin 1967.
Biebuyck, D. P.: »Dress and Body Adornment as Status and Power Symbols in Central Africa« in *Man Does Not Go Naked*, ed. B. Engelbrecht/B. Gardi, Basel 1989.
Biermann, U./V. Bock: »Tabuverluste und Gewalt: Zum neuesten Werk des Ethnologen Hans Peter Duerr«, *WDR*, 12. Juli 1993.
Biesboer, P.: *Schilderijen voor het stadhuis Haarlem*, Haarlem 1983.
Biggs, M. A./J. M. Henslin: »Dramaturgical Desexualization: The Sociology of the Vaginal Examination« in *Studies in the Sociology of Sex*, ed J. M. Henslin, New York 1971.
Bijlmer, H. J. T.: *Outlines of the Anthropology of the Timor-Archipelago*, Batavia 1929.
Bilitewski, H. et al.: *Freier*, Hamburg 1991.
Billington, M.: *The Modern Actor*, London 1973.
Binder, P.: *Muffs and Morals*, London 1953.
Birchler, L./O. Karrer: *Maria*, Zürich 1941.
Birke, V.: *Josef Danhauser (1805-1845)*, Wien 1983.
Birket-Smith, K.: *The Paths of Culture*, Madison 1965.
Birkett, D.: *Spinsters Abroad*, Oxford 1989.
Birlinger, A.: *Aus Schwaben*, Bd. II, Wiesbaden 1874.

Bischof, N.: *Das Rätsel Ödipus*, München 1985.
Bischoff-Luithlen, A.: *Der Schwabe und sein Häs*, Stuttgart 1982.
p'Bitek, O.: *Lawinos Lied*, Berlin 1982.
Black, E. C.: *Victorian Culture and Society*, New York 1973.
Blackman, W. S.: *The Fellāhīn of Upper Egypt*, London 1927.
–: *Les Fellahs de la Haute-Égypte*, Paris 1948.
Blanc, L.: *Histoire de la Révolution*, Paris 1857.
Blanc, O.: »Vêtement féminin, vêtement masculin à la fin du Moyen Age« in *Le vêtement*, ed. M. Pastoureau, Paris 1989.
–: »Weibliche und männliche Kleidung im späten Mittelalter«, *Metis* 1993.
Blanchard, M. W.: »Boundaries and the Victorian Body: Aesthetic Fashion in Gilded Age America«, *American Historical Review* 1995.
Bland, L.: »Feminist Vigilantes of Late-Victorian England« in *Regulating Womanhood*, ed. C. Smart, London 1992.
Blank, L.: »Nudity as a Quest for Life the Way It Was Before the Apple«, *Psychology Today*, June 1969.
Bleckwenn, R.: »Die Mode« in *Panorama der fridericianischen Zeit*, ed. J. Ziechmann, Bremen 1985.
Bless-Grabher, M.: »Das alte Wil im Spiegel seiner Sittenmandate«, *Forschungen zur Rechtsarchäologie und Rechtlichen Volkskunde* 1979.
Bleuel, H. P.: *Das saubere Reich*, Bern 1972.
Bloch, I.: *Das Sexualleben unserer Zeit*, Berlin 1907.
Bloch, R. H.: »Untangling the Roots of Modern Sex Roles«, *Signs* 1978.
Blochmann, H.: »Koch Bihár, Koch Hájo, and A'sám in the 16th and 17th Centuries«, *Journal of the Asiatic Society of Bengal* 1872.
Blosser, U. / F. Gerster: *Töchter der Guten Gesellschaft*, Zürich 1985.
Blount, B. G.: »Issues in Bonobo (*Pan paniscus*) Sexual Behavior«, *American Anthropologist* 1990.
Boccaccio, G.: *Das Dekameron*, Berlin 1912.
Bochow, D.: »Die Äpfel der Venus«, *Stern* 41, 1967.
Bodde, D.: »Sex in Chinese Civilization«, *Proceedings of the American Philosophical Society* 1985.
Böhlke, E.: Rezension von Hans Peter Duerrs *Obszönität und Gewalt*, *Politische Vierteljahresschrift* 1995.
Boehn, M. v.: *England im XVIII. Jahrhundert*, Berlin 1922.
–: *Die Mode*, München 1964.
Boehncke, H.: »Penetrant Lehrhaftes über die Nacktheit«, *Frankfurter Rundschau*, 1. Oktober 1988.
Bökemeier, R. / M. Friedel: *Verlorene Menschen*, Hamburg 1984.
Boelaars, J.: *Head-Hunters About Themselves*, The Hague 1981.
Bömer, A.: »Die deutschen Humanisten und das weibliche Geschlecht«, *Zeitschrift für Kulturgeschichte* 1897.
Bösel, R.: *Humanethologie*, Stuttgart 1974.
Bogucka, M.: *Das alte Danzig*, Leipzig 1980.
Bohaumilitzky, P. / I. Nägl: »Sexualität und Volksfrömmigkeit in Europa« in *Volksfrömmigkeit*, ed. H. C. Ehalt, Wien 1989.
Bolaffi, A.: »Selvaggi siamo noi«, *L'Espresso* 36, 1988.
Bolin, A.: »Vandalized Vanity: Feminine Physiques Betrayed and Por-

trayed« in *Tattoo, Torture, Mutilation, and Adornment*, ed. F. E. Mascia-Lees/P. Sharpe, Albany 1992.

Bollhardt, B.: Brief vom 19. Mai 1986.

Bologne, J. C.: *Histoire de la pudeur*, Paris 1986.

Bomli, P. W.: *La femme dans l'Espagne du siècle d'or*, 's-Gravenhage 1950.

Bonfante, L.: *Etruscan Dress*, Baltimore 1975.

Bonnet, H.: »Die ägyptische Tracht bis zum Ende des Neuen Reiches«, *Untersuchungen zur Geschichte und Altertumskunde Ägyptens* 1917.

Boon, K. G.: *Dutch and Flemish Etchings, Engravings and Woodcuts, ca. 1450-1700*, Bd. XVII, Amsterdam 1976; Bd. XXII, 1980.

Boone, S. A.: *Radiance From the Waters*, New Haven 1986.

Borchert, J./A. Bouvier: *Nahrung für weibliche Seelen*, Hanau 1987.

Bordo, S.: *Unbearable Weight*, Berkeley 1993.

Borin, F.: »Arrêt sur image« in *Histoire des femmes en Occident*, Bd. III, ed. N. Z. Davis/A. Farge, Paris 1991.

Borkowsky, M.: *Krankheit Schwangerschaft?*, Zürich 1988.

–: »Medizinhistorische Betrachtungen zu Schwangerschaft, Geburt, Wochenbett und Stillzeit« in *Der Weg ins Leben*, ed. G. Kroeber-Wolf, Frankfurt/M. 1990.

Borneman, E.: *Sexuelle Marktwirtschaft*, Wien 1992.

Borowski, E. J.: »Identity and Personal Identity«, *Mind* 1976.

Bosinski, G.: »Vorwort« in *Grotte Chauvet*, ed. J.-M. Chauvet et al., Sigmaringen 1995.

Bothmer, B. V.: *Egyptian Sculpture of the Late Period*, Brooklyn 1960.

Boucher, F.: *Histoire du costume en occident*, Paris 1983.

de Bouchony, C. T.: »Women in the Work of Rosario Castellanos«, *Cultures* 1982.

Bougainville, L. A. de: *Voyage autour du monde*, Paris 1771.

–: *Reise um die Welt*, Leipzig 1772.

Bouhdiba, A.: *Sexuality in Islam*, London 1985.

Bourdieu, P.: »The Sentiment of Honour in Kabyle Society« in *Honour and Shame*, ed. J. G. Peristiany, London 1965.

–: *Entwurf einer Theorie der Praxis auf der ethnologischen Grundlage der kabylischen Gesellschaft*, Frankfurt/M. 1976.

Bourget, M.-N.: »Topographie des häuslichen Raums und soziales Ritual« in *Familie zwischen Tradition und Moderne*, ed. N. Bulst et al., Göttingen 1981.

Bousquet, J.: *Malerei des Manierismus*, München 1985.

Bouwsma, W. J.: *A Usable Past*, Berkeley 1990.

Boyer, L. B.: Brief vom 18. Februar 1986.

Boyer, R. M.: Review of Hans Peter Duerr's *Dreamtime*, *Journal of Psychoanalytic Anthropology* 1987.

Brachwitz, R.: »Die sittlichen Verhältnisse im alten Berlin«, *Sudhoffs Archiv* 1942.

Bracton, H. de: *De legibus et consuetudinibus Angliae*, ed. G. E. Woodbine, Bd. II, Cambridge 1968.

Bradfield, M.: *Costume in Detail: Women's Dress 1730-1930*, London 1968.

Bräumer, P.: *Szenen aus der Zent*, Birkenau 1985.

Brailsford, D.: *Sport, Time, and Society*, London 1991.
Brain, R.: *The Decorated Body*, New York 1979.
Brandewie, E.: *Contrast and Context in New Guinea Culture*, St. Augustin 1981.
–: Brief vom 29. Februar 1988.
Brandt, R.: »Die Duerr-Elias-Kontroverse« in *Enklaven – Exklaven: Zur literarischen Darstellung von Öffentlichkeit und Nichtöffentlichkeit im Mittelalter*, München 1993.
–: »Die Rezeption von Norbert Elias in der Altgermanistik« in *Norbert Elias und die Menschenwissenschaften*, ed. K.-S. Rehberg, Frankfurt/M. 1996.
Brandt, V. S. R.: *A Korean Village*, Cambridge 1971.
Brassaï, G.: *Das geheime Paris*, Frankfurt/M. 1976.
Braun, L./H. Schneider: *Historic Costume in Pictures*, New York 1975.
Braun, R./D. Gugerli: *Macht des Tanzes, Tanz der Mächtigen*, München 1993.
Braw, M./H. Gunnarsson: *Frauen in Japan*, Frankfurt/M. 1982.
Braybon, G.: *Women Workers in the First World War*, London 1981.
v. Brenner, J.: *Besuch bei den Kannibalen Sumatras*, Würzburg 1894.
Brettell, R. R./ C.B. Brettell: *Bäuerliches Leben*, Genf 1984.
Brewer, P. J.: *Shaker Communities, Shaker Lives*, Hanover 1986.
Brewster, P. G.: »A Note on the ›Winchester Goose‹ and Kindred Topics«, *Journal of the History of Medicine* 1958.
Brierley, H.: *Transvestism*, Oxford 1979.
Briggs, A.: *How They Lived*, Bd. III, Oxford 1969.
Briggs, J. L.: »The Origins of Nonviolence: Aggression in Two Canadian Eskimo Groups«, *Psychoanalytic Study of Society* 1975.
–: Brief vom 30. Oktober 1986.
Briggs, R.: *Communities of Belief*, Oxford 1989.
Brigham, W. T.: *Ka Hana Kapa*, Honolulu 1911.
Bringemeier, M.: »Wandel der Mode im Zeitalter der Aufklärung«, *Rheinisch-Westfälische Zeitschrift für Volkskunde* 1966.
–: *Mode und Tracht*, Münster 1985.
Broby-Johansen, R.: *Body and Clothes*, London 1968.
Brödner, E.: *Die römischen Thermen und das antike Badewesen*, Darmstadt 1983.
Brost, H.: *Kunst und Mode*, Stuttgart 1984.
Brown, C.: *Holländische Genremalerei im 17. Jahrhundert*, München 1984.
Brown, J. C.: *Schändliche Leidenschaften*, Stuttgart 1988.
Brown, R. G.: »Burman Modesty«, *Man* 1915.
Browne, A.: *The Eighteenth Century Feminist Mind*, Brighton 1987.
Brownmiller, S.: *Gegen unseren Willen*, Frankfurt/M. 1980.
–: *Weiblichkeit*, Frankfurt/M. 1984
Bruce, R. D.: Brief vom 22. März 1986.
–: Brief vom 27. Juni 1986.
Bruck, G. v.: »Männlichkeit und Feminisierung im Jemen« in *Sprache, Symbole und Symbolverwendungen*, ed. W. Krawietz et al., Berlin 1993.
Brucker, G. A.: *Florence*, New York 1984.

Brucker, J.: *Straßburger Zunft- und Polizei-Verordnungen des 14. und 15. Jahrhunderts*, Straßburg 1889.
Brückner, W.: *Populäre Druckgraphik Europas: Deutschland vom 15. bis zum 20. Jahrhundert*, München 1969.
Brückner, W.: Brief vom 1. August 1994.
Brüggen, E.: *Kleidung und Mode in der höfischen Epik des 12. und 13. Jahrhunderts*, Heidelberg 1989.
Brundage, J. A.: »Sumptuary Laws and Prostitution in Late Medieval Italy«, *Journal of Medieval Studies* 1987.
Brunn, R. v.: *Kultur-Knigge Ägypten*, Köln 1990.
Brunn, S./E. Schmidt: *Die Kunst des Stillens*, Altendorf 1979.
Brunner-Traut, E.: *Altägyptische Märchen*, Düsseldorf 1963.
–: »Aspektivische Kunst«, *Antaios* 1964.
–: *Die alten Ägypter*, Stuttgart 1974.
Bruyn, J.: »Mittelalterliche ›doctrina exemplaris‹ und Allegorie des sog. Genrebildes« in *Holländische Genremalerei im 17. Jahrhundert*, ed. H. Bock/T. W. Gaehtgens, Berlin 1987.
Bryant, C. D.: *Sexual Deviancy and Social Proscription*, New York 1982.
Bryk, F.: *Neger-Eros*, Berlin 1928.
Buchholz, S.: »Liebesglück und Liebesleid in Sachsen«, *Rechtshistorisches Journal* 1986.
Buchner, E.: *Das Neueste von gestern*, Bd. I, München 1912.
–: *Ehe*, München 1914.
Bühler, H. P./A. Krückl: *Heinrich Bürkel*, München 1989.
Buisseret, D.: *Henry IV*, London 1984.
Bullough, V. L.: »Prostitution in the Later Middle Ages« in *Sexual Practices & the Medieval Church*, ed. V. L. Bullough/J. Brundage, Buffalo 1982.
Buma, W. J./W. Ebel: *Das Emsiger Recht*, Göttingen 1967.
Bumke, J.: *Höfische Kultur*, München 1986.
Bunsen, M. v.: *Die Welt in der ich lebte: Erinnerungen aus glücklichen Jahren 1860-1912*, Leipzig 1929.
Buonaventura, W.: *Bauchtanz*, München 1984.
Burbank, V. K.: »Premarital Sex Norms«, *Ethos* 1987.
Burford, E. J.: *The Orrible Synne*, London 1973.
Burford, E. J./S. Shulman: *Of Bridles and Burnings*, London 1992.
Burghartz, S.: »Jungfräulichkeit oder Reinheit?« in *Dynamik der Tradition*, ed. R. van Dülmen, Frankfurt/M.1993.
Burgos, E.: *Rigoberta Menchú*, Bornheim 1984.
Burguière, A.: *Paysages et paysans*, Paris 1991.
Burke, P.: »Keine Alternative? Zur Elias-Duerr-Debatte«, *Psychologie heute*, Dezember 1991.
–: *Ludwig XIV.*, Berlin 1993.
Burland, C. A./W. Forman: *So sahen sie uns*, Leipzig 1972.
Burridge, K.: *Tangu Traditions*, Oxford 1969.
Burrows, E. G.: *Flower in My Ear*, Seattle 1963.
Burrows, E. G./M. E. Spiro: *An Atoll Culture*, New Haven 1957.
Burton, E.: *The Georgians at Home 1714-1830*, London 1967.

Burton, R.: »Terminal Essay« in *The Book of the Thousand Nights and a Night*, o.O., o.J.
Buruma, I.: *Japan hinter dem Lächeln*, Frankfurt/M. 1985.
Bush, L.: *77 Samurai*, Tōkyō 1968.
Byrne, M.S.C.: *Elizabethan Life in Town and Country*, London 1961.

Cabanès, A.: *Mœurs intimes du passé*, Paris 1908 ff.
Caldwell, D.: *And All Was Revealed*, London 1981.
Calhoun, C.: »The Infrastructure of Modernity« in *Social Change and Modernity*, ed. H. Haferkamp/N.J. Smelser, Berkeley 1992.
Camden, C.: *The Elizabethan Woman*, Mamaroneck 1975.
Cammermeister, H.: *Chronik*, ed. R. Reiche, Halle 1896.
Campbell, J.K.: *Honour, Family and Patronage*, Oxford 1964.
Cannon, M.: *Who's Master? Who's Man? Australia in the Victorian Age*, Melbourne 1978.
Capote, T.: *Eine Kindheit in Alabama*, ed. M. Moates, Reinbek 1993.
Cardaillac, L./R. Jammes: »Amours et sexualité à travers les ›Mémoires‹ d'un inquisiteur du XVIIe siècle« in *Amours légitimes, amours illégitimes en Espagne*, ed. A. Redondo, Paris 1985.
Carlton, E.: *Massacres*, Aldershot 1994.
Carrithers, M.: *The Forest Monks of Sri Lanka*, Delhi 1983.
Carty, J.: *Ireland*, Bd. I, Dublin 1949.
Cashman, S.D.: *America in the Age of the Titans*, New York 1988.
Castiglione, B.: *Das Buch vom Hofmann*, Bremen o.J.
Castle, T.: »Eros and Liberty at the English Masquerade, 1710-90«, *Eighteenth-Century Studies* 1983.
Castleden, R.: *Minoans*, London 1990.
Çelebi, E.: *Im Reiche des goldenen Apfels*, ed. R.F. Kreutel, Graz 1987.
Cellini, B.: *La vita*, ed. A.J. Rusconi / A. Valeri, Roma 1901.
Cerulli, E.: »An-, Ent- und Verkleiden: wie, wann und weshalb«, *Paideuma* 1978.
Chamberlin, E.R.: *The World of the Italian Renaissance*, London 1982.
Champdor, A.: *Die altägyptische Malerei*, Leipzig 1957.
Chance, N.A.: *China's Urban Villagers*, New York 1984.
Chandernagor, F.: *L'Allée du Roi*, Paris 1984.
Chandra, M.: *Costumes, Textiles, Cosmetics & Coiffure in Ancient and Mediaeval India*, Delhi 1973.
Chantelou, P.F. de: *Journal du voyage en France du Cavalier Bernin*, Paris 1930.
Charlwood, D.: *The Long Farewell*, Ringwood 1981.
Chatty, D.: »Changing Sex Roles in Bedouin Society in Syria and Lebanon« in *Women in the Muslim World*, ed. L. Beck/N. Keddie, Cambridge 1978.
Chaturabhawd, P.: *People of the Hills*, Bangkok 1980.
Chaudhuri, K.: *Asia Before Europe*, Cambridge 1990.
–: Mündliche Mitteilung vom 2. Juli 1996.
Chaudhuri, N.C.: *Culture in the Vanity Bag*, Bombay 1976.
Chavanne, J.: *Die Sahara oder Von Oase zu Oase*, Wien 1879.

Cheney, L. D.: »Barbara Longhi of Ravenna«, *Woman's Art Journal*, Spring 1988.
Cherry, J.: »Der Ring im Mittelalter« in *Der Ring im Wandel der Zeit*, ed. A. Ward et al., München 1981.
Chesi, G.: *Geistheiler*, Wörgl o. J.
Chevalier, D.: *Métaphysique du Strip-tease*, Paris 1960.
Childs, G. M.: *Umbundu Kinship & Character*, London 1949.
Cho Wha-Seon: Brief vom 21. Februar 1987.
–: Brief vom 26. Februar 1987.
Chorlton, W. / N. Wheeler: *Felsbewohner des Himalaya: Die Bhotia*, Amsterdam 1982.
Chou, E.: *Les jeux de l'amour en Chine*, Paris 1974.
Clapp, J.: *Art Censorship*, Metuchen 1972.
Clark, M.: *Select Documents in Australian History 1788-1850*, Bd. I, Sydney 1950.
Clébert, J. B.: *Les Tsiganes*, Paris 1976.
Clemencic, R. / M. Korth / U. Müller: *Carmina Burana*, München 1979.
Clemmer, R. O.: Brief vom 4. November 1986.
Clendinnen, L.: *Aztecs*, Cambridge 1991.
Clifford, A.: »From ›Diary‹ 1616-17« in *Her Own Life*, ed. E. Graham et al., London 1989.
Codere, H.: »Kwakiutl Traditional Culture« in *Handbook of North American Indians*, Bd. 7, ed. W. Suttles, Washington 1990.
Cognasso, F.: *L'Italia nel rinascimento*, Torino 1966.
Cohen, M. N.: *Health and the Rise of Civilization*, New Haven 1989.
Cole, F.-C.: *The Bukidnon of Mindanao*, Chicago 1956.
Cole, W. O. / P. S. Sambhi: *The Sikhs*, London 1978.
Colker, M. L.: »The Lure of Women: Hunting, Chess, and Tennis«, *Speculum* 1984.
Colle, R. P.: *Les Baluba*, Bruxelles 1913.
Collet, O. J. A.: *Terres et peuples de Sumatra*, Amsterdam 1925.
Collett, P.: *Der Europäer als solcher ist unterschiedlich*, Hamburg 1994.
Collison-Morley, L.: *Italy After the Renaissance*, London 1930.
Commerson, P. de: »Lettre à M. de La Lande« in J. Banks / D. Solander: *Supplément au voyage de M. de Bougainville*, Paris 1772.
Condon, M. A.: »Contribution to the Ethnography of the Basoga-Batamba, Uganda Protectorate«, *Anthropos* 1910.
Condon, R. G.: *Inuit Youth*, New Brunswick 1987.
Connolly, P.: *Die Welt des Odysseus*, Hamburg 1986.
Connolly, S. J.: *Priests and People in Pre-Famine Ireland 1780-1845*, Dublin 1982.
Constantine, P.: *Japan's Sex Trade*, Tōkyō 1994.
Cook, J.: *The Journals*, ed. J. C. Beaglehole, Cambridge 1955 ff.
Coontz, S.: *The Social Origins of Private Life*, New York 1988.
Corbey, R.: »Alterity: The Colonial Nude«, *Critique of Anthropology* 1988.
Corson, R.: *Fashions in Makeup*, London 1972.
Cortés, H.: *Briefe an Kaiser Karl V.*, Bd. I, ed. J. J. Stapfern, Heidelberg 1779.

Coryate, T.: *Beschreibung von Venedig 1608*, ed. B. Heintz / R. Wunderlich, Heidelberg 1988.
Coulton, C.G.: *Social Life in Britain From the Conquest to the Reformation*, Cambridge 1918.
Coulton, G.G.: *Medieval Panorama*, Cambridge 1943.
Covarrubias, M.: *Island of Bali*, New York 1956.
Cowan, N.M./R.S. Cowan: *Our Parents' Lives*, New York 1989.
Cowles, V.: *1913: Abschied von einer Epoche*, Frankfurt/M. 1969.
Cox, T.: *Jehan Foucquet, Native of Tours*, London 1931.
Cramer, M.: *Koptische Buchmalerei*, Recklinghausen 1964.
Crapanzano, V.: Brief vom 22. September 1986.
Creyaufmüller, W.: Brief vom 6. Januar 1987.
Crooke, W.: »Nudity in India in Custom and Ritual«, *Journal of the Royal Anthropological Institute* 1919.
Cumming, V.: *A Visual History of Costume: 17th Century*, London 1984.
Cunnington, C.W.: *Feminine Attitudes in the Nineteenth Century*, London 1935.
Cunnington, C.W./P. Cunnington: *History of Underclothes*, London 1981.
Cunnington, P./C. Lucas: *Costume for Births, Marriages & Deaths*, London 1972.
Cunnington, P./A. Mansfield: *English Costume for Sports and Outdoor Recreation*, London 1969.
Curtis, E.S.: *The North American Indian*, New York 1907 ff.
Cyran, E.: *Preußisches Rokoko*, Berlin 1979.
Cyrus, H.: Das ›vorsäzlich verheimlichen von Schwangerschaft und Niederkunft‹« in *Criminalia: Bremer Strafjustiz 1810-1850*, ed. J. Feest/C. Marzahn, Bremen 1988.

Dallapiazza, M.: »›Ein püechel von der regel der heyligen ee‹«, *Zeitschrift für deutsches Altertum und deutsche Literatur* 1983.
Dalton, Col.: »Beschreibende Ethnologie Bengalens«, *Zeitschrift für Ethnologie* 1873.
Daly, J.A.: »A New Britannia in the Antipodes« in *Pleasure, Profit, Proselytism*, ed. J.A. Mangan, London 1988.
Daly, K.: »The Social Control of Sexuality«, *Research in Law, Deviance and Social Control* 1988.
Danielsson, B.: *Love in the South Seas*, London 1956.
Dante: *Die Göttliche Komödie*, ed. F.v. Falkenhausen, Frankfurt/M. 1974.
Dar, S.N.: *Costumes of India and Pakistan*, Bombay 1969.
Darling, M.L.: *Wisdom and Waste in a Punjab Village*, London 1934.
Das, S.T.: *The People of the Eastern Himalayas*, New Delhi 1978.
Davenport, W.: »Sexual Patterns and Their Regulation in a Society of the Southwest Pacific« in *Sex and Behavior*, ed. F.A. Beach, New York 1965.
Daves, J.: *Ready-Made Miracle*, New York 1967.
Davidoff, L./C. Hall: *Family Fortunes: Men and Women of the English Middle Class, 1780-1850*, Chicago 1987.
Davidsohn, R.: *Geschichte von Florenz*, Bd. IV, Berlin 1927.
Davidson, B.: *Photographies*, Paris 1979.

Davies, M.: »Corsets and Conception: Fashion and Demographic Trends in the Nineteenth Century«, *Comparative Studies in Society and History* 1982.

Davies, N.: *Die Azteken*, Düsseldorf 1973.

Davies, N. de G.: *The Tomb of Nakht at Thebes*, New York 1917.

Davis, M. S.: »That's Interesting!«, *Philosophy of the Social Sciences* 1971.

Davis, W.: »›Der Neger denkt ja nicht‹: Fremde im deutschen Fernsehen« in *Menschenfresser, Negerküsse*, ed. M. Lorbeer/B. Wild, Berlin 1991.

Dawani, T.: Mündliche Mitteilung vom 27. Oktober 1986.

Decary, R.: *Mœurs et coutumes des Malgaches*, Paris 1951.

Dedekind, F.: *Grobianus*, ed. K. Scheidt, Halle 1882.

DeForest, M.: »Clytemnestra's Breast and the Evil Eye« in *Woman's Power, Man's Game*, ed. M. DeForest, Wauconda 1993.

Defourneaux, M.: *La vie quotidienne en Espagne au Siècle d'Or*, Paris 1964.

Deimel, C.: »Scham und Kindlichkeit der Rarámuri« in *Kinderalltag in der Dritten Welt und bei uns*, ed. A. Kelm, Hamburg 1982.

Deliège, R.: *Les Paraiyars du Tamil Nadu*, Nettetal 1988.

Delille, A./A. Grohn: »›Wir wollten wieder schön sein‹« in *Hart und zart*, Berlin 1990.

Delnui, L.: *Hans Peter Duerr und Norbert Elias*, Aachen 1992.

Delph, E. W.: *The Silent Community*, Beverly Hills 1978.

Delpierre, M.: *Le costume: Consulat-Empire*, Paris 1990.

DeMallie, R. J.: »Male and Female in Traditional Lakota Culture« in *The Hidden Half*, ed. P. Albers/B. Medicine, Lanham 1983.

DeMartino, M. F.: *The New Female Sexuality*, New York 1969.

DeMause, L.: »Evolution der Kindheit« in *Hört ihr die Kinder weinen?*, ed. L. DeMause, Frankfurt/M. 1977.

Dennis, B. G.: *The Gbandes*, Chicago 1972.

Dentan, R. K.: *The Semai*, New York 1968.

Deogaonkar, S. G.: *The Madia of Bhamragad*, Delhi 1982.

Derchain, P.: »La perruque et le cristal«, *Studien zur altägyptischen Kultur* 1975.

DeRuth, J.: *Painting the Nude*, New York 1976.

Desai, V. N.: *Life at Court: Art for India's Rulers*, Boston 1985.

Descola, J.: *Daily Life in Colonial Peru 1710-1820*, London 1968.

van Deursen, A. T.: *Plain Lives in a Golden Age*, Cambridge 1991.

Devereux, G.: »L'image de l'enfant dans deux tribus: Mohave et Sedang«, *Revue de Neuropsychiatrie infantile* 1968.

–: *Realität und Traum*, Frankfurt/M. 1975.

–: *Ethnopsychoanalyse*, Frankfurt/M. 1978.

–: »The Cultural Implementation of Defense Mechanisms«, *Ethnopsychiatrica* 1978.

–: »The Nursing of the Aged in Classical China«, *Journal of Psychological Anthropology* 1979.

–: *Träume in der griechischen Tragödie*, Frankfurt/M. 1982.

Devisch, R.: »Symbol and Symptom Among the Yaka of Zaire« in *Body and Space*, ed. A. Jacobsen-Widding, Uppsala 1991.

–: *Weaving the Threads of Life*, Chicago 1993.

Dewitz, B. v.: *An den süßen Ufern Asiens*, Köln 1988.
Diener, G. W./ W. Born: *Hunsrücker Volkskunde*, Würzburg 1984.
Diaz del Castillo, B.: *Geschichte der Eroberung von Mexiko*, ed. G. A. Narciß, Frankfurt/ M. 1988.
Dibie, P.: *Wie man sich bettet*, Stuttgart 1989.
de Dienes, A.: *Marilyn mon amour*, München 1986.
Diepgen, P.: »Reste antiker Gynäkologie im frühen Mittelalter«, *Quellen und Studien zur Geschicht der Naturwissenschaften und der Medizin* 1933.
–: *Frau und Frauenheilkunde in der Kultur des Mittelalters*, Stuttgart 1963.
Diesbach, G. de: *Mémoirs et souvenirs d'une Femme de Qualité sur le Consulat et l'Empire*, Vichy 1966.
Diezemann, E.: *Birma*, Pforzheim 1979.
Dill, S.: *Roman Society in Gaul in the Merovingian Age*, London 1926.
Dinges, M.: *Stadtarmut in Bordeaux 1525-1675*, Bonn 1988.
Dingwall, E. J.: *The Girdle of Chastity*, London 1931.
–: *Die Frau in Amerika*, Düsseldorf 1962.
Dinslage, S.: Brief vom 15. Februar 1987.
Dinzelbacher, P.: »Mittelalterliche Sexualität« in *Privatisierung der Triebe?*, ed. D. Erlach et al., Frankfurt/M. 1994.
Diringer, D.: *The Illuminated Book*, New York 1967.
Dispenza, J. E.: *Advertising the American Woman*, Dayton 1975.
Dixon, G.: *Der Kapitäne Portlocks und Dixons Reise um die Welt*, Berlin 1790.
Döcker, U.: *Die Ordnung der bürgerlichen Welt*, Frankfurt /M. 1994.
Dölp, W.: »Die Kleidung in Bremen« in *Ein Hauch von Eleganz*, Bremen 1984.
Dönhoff, M. Gräfin: *Kindheit in Ostpreußen*, Berlin 1988.
Döring, J.: »Gesellschaftssatiren: Verhöhnte Eitelkeiten« in *Bild als Waffe*, ed. G. Langemeyer et al., München 1984.
Döring, T.: »Jan van Bijlert und die Ikonographie von Karneval und Fasten« in *Holländische Genremalerei im 17. Jahrhundert*, ed. H. Bock/T. W. Gaethgens, Berlin 1987.
Donaldson, T.: »Stilistische Entwicklung der Skulpturen von Orissa« in *Orissa*, ed. E. Fischer et al., Zürich 1980.
Dorfles, G.: *Mode e modi*, Milano 1979.
Dorsey, G. A.: *The Cheyenne*, Bd. II, Chicago 1905.
Doubleday, V.: *Three Women of Herat*, London 1988.
Douglas, N./ P. Slinger: *Le Livre de l'Oreiller*, Montréal 1984.
Doutreloux, A.: *L'ombre des fétiches*, Louvain 1967.
Dower, J. W.: *A Century of Japanese Photography*, New York 1980.
Dowman, K.: *Der heilige Narr*, Bern 1982.
Drake, T. G. H.: »American Infant Feeding Bottles, 1841 to 1946, as Disclosed by United States Patent Specifications«, *Journal of the History of Medicine* 1948.
Draper, P.: »Social and Economic Constraints on Child Life Among the !Kung« in *Kalahari Hunter-Gatherers*, ed. R. B. Lee/ I. DeVore, Cambridge 1976.

Driver, H. E./W. Driver: *Ethnography and Acculturation of the Chichimeca-Jonaz of Northeast Mexico*, Bloomington 1963.

Dubarry, M.-J.: *Die geheimen Papiere*, ed. P. Frischauer, Frankfurt/M. 1990.

Dube, L.: »Woman's Worlds« in *Encounter and Experience*, ed. A. Béteille/T. N. Madan, Honolulu 1975.

DuBois, C.: *The People of Alor*, New York 1961.

Dühren, E.: *Das Geschlechtsleben in England mit besonderer Beziehung auf London*, Bd. II, Charlottenburg 1903.

van Dülmen, A.: *Frauenleben im 18. Jahrhundert*, München 1992.

Duerr, H. P.: *Ni Dieu - ni mètre*, Frankfurt/M. 1974.

–: *Traumzeit*, Frankfurt/M. 1978.

–: *Sedna oder Die Liebe zum Leben*. Frankfurt/M. 1984.

–: *Satyricon*, Frankfurt/M. 1985.

–: *Der Mythos vom Zivilisationsprozeß*, Frankfurt/M. 1988ff.

–: »In der Rocktasche eines Riesen: Erwiderung auf Ulrich Greiners Polemik«, *Die Zeit*, 27. Mai 1988.

–: *Frühstück im Grünen*, Frankfurt/M. 1995.

Dürre, H.: *Geschichte der Stadt Braunschweig im Mittelalter*, Braunschweig 1861.

Duff, D.: *Victoria und Albert*, München 1990.

Duff-Cooper, A.: »Notes About Some Balinese Ideas and Practices Connected With Sex from Western Lombok«, *Anthropos* 1985.

Duflot-Priot, M.-T./ Y.-E. Broutin: »De quelques fonctions du costume« in *Costume, coutume*, ed. J. Cuisenier, Paris 1987.

Dufour, P.: *Geschichte der Prostitution*, Berlin 1899.

Dulong, C.: *La vie quotidienne de femmes au Grand Siècle*, Paris 1984.

Dunant, L./P. Lemarchand: *Les amours des dieux*, Lausanne 1977.

Duncan, C.: »Happy Mothers and Other New Ideas in French Art«, *Art Bulletin* 1973.

Duncan, I.: *Der Tanz der Zukunft*, Leipzig 1903.

Dunham, D.: *Naga-ed-Dêr Stelae of the First Intermediate Period*, Boston 1937.

Durantini, M. F.: *The Child in Seventeenth-Century Dutch Painting*, Ann Arbor 1983.

Durkheim, É.: *De la division du travail social*, Paris 1930.

Dux, G.: *Die Spur der Macht im Verhältnis der Geschlechter*, Frankfurt/M. 1992.

Dwyer, D. H.: *Images and Self-Images: Male and Female in Morocco*, New York 1978.

Dyk, W.: *Son of Old Man Hat*, New York 1938.

–: »Notes and Illustrations of Navaho Sex Behavior« in *Psychoanalysis & Culture*, ed. G. B. Wilbur/W. Münsterberger, New York 1951.

Earle, A. M.: *Two Centuries of Costume in America*, New York 1903.

Early, E. A.: *Baladi Women of Cairo*, Boulder 1993.

Ebberfeld, I.: »Anrüchig und anziehend zugleich: Der Geschlechtsgeruch des Weibes«, *Sexualmedizin* 1996.

Ebel, W.: *Bürgerliches Rechtsleben zur Hansezeit in Lübecker Ratsurteilen*, Göttingen 1954.
Eberhard, W.: *Kultur und Siedlung der Randvölker Chinas*, Leiden 1942.
–: *Moral and Social Values of the Chinese*, Taipei 1971.
Eckardt, A.: *Korea*, Nürnberg 1972.
Eckardt, W. v./S. L. Gilman/J. E. Chamberlin: *Oscar Wilde's London*, Garden City 1987.
Eckstein, F.: »Verhüllen« in *Handwörterbuch des deutschen Aberglaubens*, Bd. VIII, ed. H. Bächtold-Stäubli, Berlin 1937.
Eder, E. G.: *Bade- und Schwimmkultur in Wien*, Wien 1995.
Eder, F.X.: »›Sexualunterdrückung‹ oder ›Sexualisierung‹?« in *Privatisierung der Triebe?*, ed. D. Erlach et al., Frankfurt/M. 1994.
Eder, S.: *Abenteuer in der Sulu-See*, Salzburg 1984.
Edmonds, H. M. W.: »Report on the Eskimos of St. Michael and Vicinity«, *Anthropological Papers of the University of Alaska* 1966.
Edwards, S.: *Die göttliche Geliebte Voltaires*, Stuttgart 1989.
Eggebrecht, E.: *Ägypten: Faszination und Abenteuer*, Mainz 1982.
Egger, H.: »Sportswear« Zur Geschichte der Sportkleidung«, *Stadion* 1992.
Eglinton, J.Z.: *Griechische Liebe*, Hamburg 1967.
Ehrenfels, U.R. v.: *Mother-Right in India*, Hyderabad 1941.
–: *Kadar of Cochin*, Madras 1952.
–: *The Light Continent*, London 1960.
Eibl-Eibesfeldt, I.: *Die !Ko-Buschmann-Gesellschaft*, München 1972.
–: *Die Biologie des menschlichen Verhaltens*, München 1984.
–: *Grundriß der vergleichenden Verhaltensforschung*, München 1987.
–: »The Biological Foundations of Aesthetics« in *Beauty and the Brain*, ed. I. Rentschler et al., Basel 1988.
–: »Gewaltbereitschaft aus ethologischer Sicht« in *Gewalt in unserer Gesellschaft*, ed. K. Rolinski, Berlin 1990.
–: *Das verbindende Erbe*, Köln 1991.
–: *Gewalt und Fürsorglichkeit*, Zürich 1996.
Eibl-Eibesfeldt, I./W. Schiefenhövel/V. Heeschen: *Kommunikation bei den Eipo*, Berlin 1989.
Eichberg, H.: »Blumen im Haar sind verboten. In einem Dorf der Mentawaier in Indonesien«, *Unter dem Pflaster liegt der Strand* 8, 1981.
–: »Die Schönheit des Sitakigagailau, der Kreisel und das Kind im Arm« in *Der gläserne Zaun*, ed. R. Gehlen/B. Wolf, Frankfurt/M. 1983.
–: Brief vom 17. Mai 1986.
–: »Eine andere Sinnlichkeit: Körper und Gesellschaft in Mentawai« in *Mentawai*, ed. W. Wagner, Bremen 1989.
Eichenauer, M.: *Untersuchungen zur Arbeitswelt der Frau in der römischen Antike*, Frankfurt/M. 1988.
Eicher, W.: »Gynäkologie und Geburtshilfe« in *Die Psychologie im 20. Jahrhundert*, Bd. IX, ed. P. Hahn, Zürich 1979.
Eichstedt, A./B. Polster: *Wie die Wilden*, Berlin 1985.
Einberg, E./J. Egerton: *The Age of Hogarth*, London 1988.
Elias, N.: *Über den Prozeß der Zivilisation*, Basel 1939.
–: *Was ist Soziologie?*, München 1970.

–: »Soziologie als Sittengeschichte«, *Psychologie heute*, Februar 1978.
–: Brief vom 4. Mai 1980.
–: *Über die Einsamkeit der Sterbenden in unseren Tagen*, Frankfurt/M. 1982.
–: *Engagement und Distanzierung*, Frankfurt/M. 1983.
–: »›L'espace privé‹ ›Privatraum‹ oder ›privater Raum‹?« in *A propos de l'histoire de l'espace privé*, ed P. Ariès, Berlin 1983.
–: *Die Gesellschaft der Individuen*, Frankfurt/M. 1987.
–: *Über die Zeit*, Frankfurt/M. 1988.
–: Brief vom 21. März 1988.
–: »Wir sind die späten Barbaren: Über den Zivilisationsprozeß und die Triebbewältigung«, *Spiegel* 21, 1988.
–: *Über sich selbst*, Frankfurt/M. 1990.
–: Fernsehinterview, ZDF, 3. Juli 1990.
–: *The Symbol Theory*, London 1991.
–: *Reflections on a Life*, Oxford 1994.
Elias, N./E. Dunning: *Quest for Excitement*, Oxford 1986.
Elisabeth Charlotte v. Orléans: *Briefe*, Bd. II, ed. W.L. Holland, Tübingen 1871.
–: *Briefe*, ed. H.F. Helmolt, Leipzig 1908.
–: *Briefe*, ed. H. Kiesel, Frankfurt/M. 1981.
Elliot, A.: *Sons of Zulu*, Johannesburg 1978.
Elliott, D.: *New Worlds: Russian Art and Society 1900-1937*, London 1986.
Ellis, H.: *Mann und Weib*, Würzburg 1909.
–: *Studies in the Psychology of Sex*, Bd. IV, Philadelphia 1928.
Elmendorf, M.: *Nine Mayan Women*, New York 1976.
Elsom, J.: *Erotic Theatre*, London 1973.
Elvin, M.: »Tales of *Shen* and *Xin*« in *Fragments for the History of the Human Body*, Bd. II, ed. M. Feher et al., New York 1989.
Elwin, V.: *The Baiga*, London 1939.
–: *The Muria and Their Ghotul*, Oxford 1947.
–: *Bondo Highlander*, Bombay 1950.
–: »The Two-Sex Dormitories of the Muria« in *Primitive Heritage*, ed. M. Mead/N. Calas, New York 1953.
–: *Maisons des Jeunes chez les Muria*, Paris 1959.
Emeneau, M.B.: »Toda Marriage Regulations and Taboos«, *American Anthropologist* 1937.
Emmison, F.G.: *Elizabethan Life*, Bd. II, Chelmsford 1973.
Emmons, G.T.: *The Tlingit Indians*, ed. F. de Laguna, Seattle 1991.
Ende, M.: Brief vom 23. April 1986.
Endicott, K.: »Property, Power and Conflict Among the Batek of Malaysia« in *Hunters and Gatherers*, ed. T. Ingold et al., Bd. II, Oxford 1988.
Endres, F.C.: *Türkische Frauen*, München 1916.
Engel, B.A.: »Peasant Morality and Pre-Marital Relations in Late 19th Century Russia«, *Journal of Social History* 1990.
Engels, F.: *Die Lage der arbeitenden Klasse in England*, Berlin 1947.
Engler, W.: *Selbstbilder: Das reflexive Projekt der Wissenssoziologie*, Berlin 1992.

Englisch, E.: »Die Ambivalenz in der Beurteilung sexueller Verhaltensweisen im Mittelalter« in *Privatisierung der Triebe?*, ed. D. Erlach et al., Frankfurt/M. 1994.
Enloe, C.: *Does Khaki Become You?*, London 1983.
Ennen, E.: *Frauen im Mittelalter*, München 1984.
Entwisle, D. R. / S. G. Doering / T. W. Reilly: »Sociopsychological Determinants of Women's Breast-Feeding Behavior«, *American Journal of Orthopsychiatry* 1982.
Epperlein, S.: *Der Bauer im Bild des Mittelalters*, Leipzig 1975.
Epstein, A. L.: Brief vom 18. Dezember 1986.
Epstein, L. M.: *Sex Laws and Customs in Judaism*, New York 1948.
Epton, N.: *Eros und die Franzosen*, Hamburg 1962.
Erler, A.: »Der Ursprung der Gottesurteile«, *Paideuma* 1941.
Erman, A.: *Ägypten und ägyptisches Leben im Altertum*, Tübingen 1923.
Errington, F. K.: *Manners and Meaning in West Sumatra*, New Haven 1984.
Estermann, C.: *The Ethnography of Southwestern Angola*, Bd. II, New York 1979.
Evans, I. H. N.: *Among Primitive Peoples in Borneo*, London 1922.
–: *The Religion of the Tempasuk Dusuns of North Borneo*, Cambridge 1953.
Evans-Pritchard, E. E.: Mündliche Mitteilung vom 30. Januar 1971.
–: »Some Notes on Zande Sex Habits«, *American Anthropologist* 1973.
Ewing, E.: *Dress and Undress*, London 1978.

Fabre, D.: »Familles: Le privé contre la coutume« in *Histoire de la vie privée*, ed. P. Ariès / G. Duby, Bd. III, Paris 1986.
Fabritius-Dancu, J.: »Beiträge evangelisch-sächsischer Pfarrer zur Trachtenforschung«, *Zeitschrift für Siebenbürgische Landeskunde* 1987.
Falke, J. v.: »Die körperliche Schönheit und ihre Pflege in der Zeit der höfischen Dichtkunst«, *Zeitschrift für Kulturgeschichte* 1857.
–: *Costümgeschichte der Culturvölker*, Stuttgart 1881.
–: *Geschichte des Geschmacks im Mittelalter*, Berlin 1892.
Farin, M.: *Lust am Schmerz*, München 1991.
Faris, J. C.: *Southeast Nuba Social Relations*, Aachen 1989.
Farr, J. R.: *Authority and Sexuality in Early Modern Burgundy (1550-1730)*, Oxford 1995.
Faure, P.: *Das Leben im Reich des Minos*, Stuttgart 1976.
Faust, A.: *Künzelsauer Chronik*, Künzelsau 1960.
Faÿ-Sallois, F.: *Les nourrices à Paris au XIXe siècle*, Paris 1980.
Feger, O.: *Vom Richtebrief zum Roten Buch*, Konstanz 1955.
–: *Konstanz*, Konstanz 1957.
Feilberg, H. F.: »Der böse Blick in nordischer Überlieferung«, *Zeitschrift des Vereins für Volkskunde* 1901.
Feit, H. A.: »The Enduring Pursuit« in *Key Issues in Hunter-Gatherer Research*, ed. E. S. Burch / L. J. Ellanna, Oxford 1994.
Felber, A.: *Unzucht und Kindsmord in der Rechtsprechung der freien Reichsstadt Nördlingen vom 15. bis 19. Jahrhundert*, Bonn 1961.
Fenoyl, P. de: *Chefs-d'œuvre des photographes anonymes au XIXe siècle*, Poitiers 1982.

Ferdon, E. N.: *Early Tonga*, Tucson 1987.
Fernandez, J. W.: *Bwiti*, Princeton 1982.
Feucht, E.: »Frauen« in *Der Mensch im Alten Ägypten*, ed. S. Donadoni, Frankfurt/M. 1992.
Feustel, G.: *Käufliche Lust*, Leipzig 1993.
Feyerabend, P: *Briefe an einen Freund*, Frankfurt/M. 1995.
Fiero, G. K./W. Pfeffer/M. Allain: *Three Medieval Views of Women*, New Haven 1989.
Fildes, V. A.: *Breasts, Bottles and Babies*, Edinburgh 1986.
–: *Wet Nursing*, Oxford 1988.
Finstad, L./C. Høigård: »Der Hurenkunde – ein Spiegelbild« in *Männerhaß*, ed. C. Meyenburg/M.-T. Mächler, München 1988.
Firth, R.: »Bronislaw Malinowski« in *Totems and Teachers*, ed. S. Silverman, New York 1981.
Fisch, J.: *Hollands Ruhm in Asien*, Stuttgart 1986.
Fischer, H.: *Die deutsche Märendichtung des 15. Jahrhunderts*, München 1966.
Fischer, H. G.: »The Mark of a Second Hand on Ancient Egyptian Antiquities«, *Metropolitan Museum Journal* 1974.
Fischer, L.: *Anita Berber*, Berlin 1984.
–: »Getanzte Körperbefreiung« in ›*Wir sind nackt und nennen uns Du*‹, ed. M. Andritzky/T. Rautenberg, Gießen 1989.
Fischer, M. M. J.: »On Changing the Concept and Position of Persian Women« in *Women in the Muslim World*, ed. L. Beck/N. Keddie, Cambridge 1978.
Fischer, W. G.: *Gustav Klimt und Emilie Flöge*, Wien 1987.
Fisher, A.: *Afrika im Schmuck*, Köln 1984.
Fisher, S.: *Orgasmus*, Stuttgart 1976.
Fiske, J. et al.: *Myths of Oz*, Boston 1987.
Flaubert, G.: »Mémoires d'un fou« in *Œuvres complètes*, Paris 1973.
Fleischer, R. E.: »Quirijn van Brekelendam and ›The Artist's Workshop‹ in the Hermitage Museum« in *The Age of Rembrandt*, ed. R. E. Fleischer/ S. S. Munshower, Philadelphia 1988.
Fleischhauer, W.: *Die Purpurlinie*, Stuttgart 1996.
Fletcher, A.: *Reform in the Provinces*, New Haven 1986.
Flügel, J. C.: *The Psychology of Clothing*, London 1930.
Flynn, D.: *Costumes of India*, Kalkutta 1971.
Flynn, M.: *Sacred Charity: Confraternities and Social Welfare in Spain, 1400-1700*, Houndmills 1989.
Foerster, R. H.: *Das Leben in der Gotik*, München 1969.
Förster T.: *Divination bei den Kafibele-Senufo*, Berlin 1985.
Foley, R.: »Hominids, Humans and Hunter-Gatherers« in *Hunters and Gatherers*, ed. T. Ingold et al., Bd. I, Oxford 1988.
Forbes, G.: Brief vom 12. Juli 1985.
Forbes, T. R.: »A Jury of Matrons«, *Medical History* 1988.
Ford, C. S./F. A. Beach: *Patterns of Sexual Behavior*, New York 1951.
Forman, W./H. Kischkewitz: *Die altägyptische Zeichnung*, Prag 1971.
Forman, W./R. Mrázek/B. Forman: *Bali*, Luzern 1984.

Forster, G.: *Briefe und Tagebücher von seiner Reise am Niederrhein, in England und Frankreich*, ed. A. Leitzmann, Halle 1893.
–: *Werke*, Berlin 1965 ff.
Forster, J. R.: *Bemerkungen über Gegenstände der physischen Erdbeschreibung, Naturgeschichte und sittliche Philosophie auf seiner Reise um die Welt gesammelt*, Berlin 1783.
Forstner, R.: »Mode der Bürgerlichkeit« in *Wien 1815 bis 1848*, ed. R. Waissenberger, Wien 1986.
Fortes, M.: *The Web of Kinship Among the Tallensi*, London 1949.
Fox, M. V.: *The Song of Songs and the Ancient Egyptian Love Songs*, Madison 1985.
Framke, G.: »Pariser Geschmack um 1800« in *Bilderwelten*, ed. G. Langemeyer, Dortmund 1985.
Franco, E.: Mündliche Mitteilung vom 5. November 1989.
Franke, M.: *Schinderhannes*, Düsseldorf 1984.
Franklin, A.: *La Civilité*, Paris 1908.
–: *La vie privée au temps des premiers Capétiens*, Bd. I, Paris 1911.
Fraser, F.: *The English Gentlewoman*, London 1987.
Fraser, K.: *The Fashionable Mind*, New York 1981.
Fraser-Lu, S.: *Handwoven Textiles of South-East Asia*, Singapore 1988.
Frayser, S. G.: *Varieties of Sexual Experience*, New Haven 1985.
Frazer, J. G.: *Folk-Lore in the Old Testament*, New York 1923.
Fredegar: »Chronicarum« in *Quellen zur Geschichte des 7. und 8. Jahrhunderts*, ed. A. Kusternig, Darmstadt 1982.
Freedberg, D.: *The Power of Images*, Chicago 1989.
Freedman, R. J.: *Die Opfer der Venus*, Zürich 1989.
Freeman, D.: *Paradigms in Collision*, Canberra 1992.
Freeman-Aodla, M.: *Tochter der Inuit*, Rüschlikon 1980.
Frembgen, J.: Brief vom 27. Juli 1989.
French, D. / L. Lee: *Kurtisane*, Hamburg 1992.
Frensdorff, F.: »Verlöbnis und Eheschließung nach hansischen Rechts- und Geschichtsquellen«, *Hansische Geschichtsblätter* 1918.
Freyermuth, G. S.: »Marilyns letztes Geheimnis«, *Spiegel special* 2, 1996.
Freyermuth, G. S. / R. Fabian: *Der erotische Augenblick*, Hamburg 1984.
Frézier, A. F.: *Relation du Voyage de la mer du Sud aux côtes du Chili et du Pérou*, Bd. II, Paris 1716.
Fried, J.: »The Tarahumara« in *Handbook of Middle American Indians*, Bd. 8, ed. R. Wauchope, Austin 1969.
Friederici, G.: »Bemerkungen über die Benutzung von Übersetzungen beim Studium der Völkerkunde«, *Zeitschrift für Ethnologie* 1928.
Friedländer, L.: *Darstellungen aus der Sittengeschichte Roms*, Bd. I, Leipzig 1922.
Friedl-Löffler, E.: Brief vom 4. November 1986.
Frois, L.: *Kulturgegensätze Europa–Japan (1585)*, Tōkyō 1955.
Frugoni, C.: »Der Blick des Mannes: Mittelalter« in *Geschichte der Frauen im Bild*, ed. G. Duby / M. Perrot, Frankfurt/M. 1995.
Fryer, P.: *Mrs Grundy: Studies in English Prudery*, London 1963.

Fuchs, E.: *Illustrierte Sittengeschichte vom Mittelalter bis zur Gegenwart*, Berlin 1909 ff.

–: *Die Frau in der Karikatur*, München 1928.

–: *Die großen Meister der Erotik*, München 1930.

Fuchs, P.: *Die Völker der Südost-Sahara*, Wien 1961.

–: *Sudan*, Wien 1977.

–: Brief vom 15. Dezember 1986.

Fuchs, S.: *The Children of Hari*, Wien 1950.

Fürer-Haimendorf, C.v./E. v. Fürer-Haimendorf: *The Reddis of the Bison Hills*, London 1945.

–: *The Raj Gonds of Adilabad*, London 1948.

Fuertes de Cabeza, D.: »Freudloses Paradies«, *Unter dem Pflaster liegt der Strand* 14, 1984.

Fues, W. M.: »Amme oder Muttermilch? Der Disput um das Stillen in der frühen deutschen Aufklärung«, *Aufklärung* 1990.

Fukai, A.: »L'introduction de la mode occidentale dans le Japon Meiji« in *Femmes fin de siècle 1885-1895*, ed R. Davray-Piekolek et al., Paris 1990.

Fuller, C. J.: »The Divine Couple's Relationship in a South Indian Temple«, *History of Religions* 1979.

Funabashi, K.: »Das Frauenbild in der japanischen Pornographie« in *Japan – ein Land der Frauen?*, ed. E. Gössmann, München 1991.

Furnas, J. C.: *Anatomy of Paradise*, New York 1937.

Fussell, P.: *Wartime*, Oxford 1989.

Fyfe, J. G.: *Scottish Diaries and Memoirs 1550-1746*, Stirling 1928.

Gailey, C. W.: »Putting Down Sisters and Wives: Tongan Women and Colonization« in *Women and Colonization*, ed. M. Etienne/E. Leacock, Brooklyn 1980.

–: *Kinship to Kingship*, Austin 1987.

Gaite, C. M.: *Love Customs in Eighteenth-Century Spain*, Berkeley 1991.

Galloway, R.: *Annals of Coal Mining and the Coal Trade*, Bd. II, London 1904.

Gallup, G. G.: »Unique Features of Human Sexuality in the Context of Evolution« in *Alternative Approaches to the Study of Sexual Behavior*, ed. D. Byrne/K. Kelley, Hillsdale 1986.

Ganz-Blättler, U.: *Andacht und Abenteuer: Berichte europäischer Jerusalem- und Santiago-Pilger (1320-1520)*, Tübingen 1991.

Garb, T.: »Renoir and the Natural Woman«, *Oxford Art Journal* 2, 1985.

Garland, R.: *The Greek Way of Life From Conception to Old Age*, London 1990.

Garvan, J. M.: *The Manóbos of Mindanao*, Washington 1941.

–: *The Negritos of the Philippines*, Horn 1964.

Gast, M.: »Relations amoureuses chez les Kel Ahaggar« in *Amour, phantasmes et sociétés en Afrique du Nord et au Sahara*, ed. T. Yacine, Paris 1992.

Gattey, C. N./B. Rahm: *Flora Tristan*, Zürich 1971.

Gaudriault, R.: *La gravure de mode féminine en France*, Paris 1983.

Gauger, W.: *Geschlechter, Liebe und Ehe in der Auffassung von Londoner Zeitschriften um 1700*, Berlin 1965.

Gaulhofer, K.: *Die Fußhaltung*, Kassel 1930.
al-Ġauziyya, I. Q.: *Aḫbar an-nisa'*, ed. D. Bellmann, München 1986.
Gaylin, W.: *Gefühle*, München 1988.
Geary, C. M.: »›On the Savannah‹ Marie Pauline Thorbecke's Images from Cameroon«, *Art Journal* 1990.
Gebauer, C.: *Geschichte des französischen Kultureinflusses auf Deutschland von der Reformation bis zum Dreißigjährigen Kriege*, Straßburg 1911.
Gebhard, P. H.: »Sexual Motifs in Prehistoric Peruvian Ceramics« in *Studies in Erotic Art*, ed. T. Bowie / C. V. Christenson, New York 1970.
Gebhardt, E: Rezension von H. P. Duerrs *Intimität*, Südwestfunk, 8. Februar 1991.
–: »Nützliche Obszönitäten fürs Gewissen«, *Süddeutsche Zeitung*, 3. September 1993.
Geddes, W. R.: *Nine Dayak Nights*, Melbourne 1957.
Gee, E.: »*Issei* – Frauen: Japanische ›Picture Brides‹ in Amerika«, *Frauen in der einen Welt* 2, 1993.
Geerken, K. et al.: »Bombenkulte« in *Bikini oder Die Bombardierung der Engel*, ed. F. W. Kramer, Frankfurt/M. 1983.
Gélis, J.: »L'individualisation de l'enfant« in *Histoire de la vie privée*, ed. P. Ariès / G. Duby, Bd. III, Paris 1986.
–: *La sage-femme ou le médecin*, Paris 1988.
Gélis, J. / M. Laget / M.-F. Morel: *Entrer dans la vie*, Paris 1978.
Gendre, A.: »Jeux du corps féminin durant la Renaissance française« in *Le corps enjeu*, ed. J. Hainard / R. Kaehr, Neuchâtel 1983.
George, B.: *Edouard Boubat*, Luzern 1972.
George, M.: *Women in the First Capitalist Society*, Urbana 1988.
George, M. D.: *Hogarth to Cruikshank*, New York 1967.
Gerber, D. E.: »The Female Breast in Greek Erotic Literature«, *Arethusa* 1978.
Geremek, B.: *Les marginaux parisiens aux XIVe et XVe siècles*, Paris 1976.
Germaner, S. / Z. Inankur: *Orientalism and Turkey*, Istanbul 1989.
Gernsheim, A.: *Fashion and Reality*, London 1963.
Gesell, G. C.: »The Place of the Goddess in Minoan Society« in *Minoan Society*, ed. O. Krzyszkowska / L. Nixon, Bristol 1983.
Ghasarian, C.: *Honneur, chance & destin: La culture indienne à La Réunion*, Paris 1992.
al-Ghazālī, A. Ḥ.: *Iḥyā 'ulūm al-din*, ed. M. Farah, Salt Lake City 1984.
Ghurye, G. S.: *Indian Costume*, Bombay 1951.
Gibson, I.: *The English Vice*, London 1978.
Gibson, M.: *Prostitution and the State in Italy, 1860-1915*, New Brunswick 1986.
Gibson, W.: *Women in Seventeenth-Century France*, Houndmills 1989.
Gill, S. D.: *Songs of Life*, Leiden 1979.
Gillett, P.: *Worlds of Art*, New Brunswick 1990.
Gillin, J.: »Social Life of the Barama River Caribs in British Guiana«, *Scientific Monthly* 1935.
Gillis, J. R.: *For Better, For Worse: British Marriages, 1600 to the Present*, Oxford 1985.

Gittinger, M.: *Splendid Symbols*, Washington 1979.
Given, J. B.: *Society and Homicide in Thirteenth-Century England*, Stanford 1977.
Gladwin, T.: »Personality Structure in the Plains«, *Anthropological Quarterly* 1957.
Gladwin, T. / S. B. Sarason: *Truk: Man in Paradise*, New York 1953.
Glaser, E.: »Von Hemden und Miedern« in *Der neuen Welt ein neuer Rock*, ed. C. Köhle-Hezinger / G. Mentges, Stuttgart 1993.
Glatter, A.: *Contributions to the Ethnography of the Chodhris*, Wien 1969.
Glatzer, D. / R. Glatzer: *Berliner Leben 1900-1914*, Berlin 1986.
Glenzdorf, J. / F. Treichel: *Henker, Schinder und arme Sünder*, Bd. I, Bad Münder 1970.
Glynn, P.: *Skin to Skin*, New York 1982.
Gobyn, R.: »Stations thermales et cités balnéaires en Belgique« in *Histoire d'eaux*, ed. R. Gobyn, Bruxelles 1987.
Godden, G. M.: »Nágá and Other Frontier Tribes of North-East India«, *Journal of the Anthropological Institute of Great Britain and Ireland* 1898.
Godechot, J.: *La vie quotidienne en France sous le directoire*, Paris 1977.
Godelier, M.: *Die Produktion der Großen Männer*, Frankfurt / M. 1987.
Göbel, A.: »Entzivilisierte Zivilisation: Über Duerrs neueste Attacke auf Norbert Elias«, *Symptome* 13, 1995.
Göçek, F. M.: *East Encounters West*, New York 1987.
Gödtel, R.: *Die Brust*, Berlin 1993.
Görgens, M. / J. Bringenberg: *Sri Lanka*, Oberhausen 1985.
Goetz, H.-W.: *Leben im Mittelalter*, München 1986.
–: »Frauenbild und weibliche Lebensgestaltung im Fränkischen Reich« in *Weibliche Lebensgestaltung im frühen Mittelalter*, ed. H.-W. Goetz, Köln 1991.
Goffen, R.: »The Problematic Patronage of Titian's Venus of Urbino«, *Journal of Medieval and Renaissance Studies* 1994.
Goitein, P. L.: »The Potential Prostitute«, *Journal of Criminological Psychopathology* 1942.
Goldman, I.: *The Cubeo*, Urbana 1963.
Goldmann, O.: *Nacktheit, Sitte und Gesetz*, Bd. I, Dresden 1924.
Goldschmidt, W.: *Culture and Behavior of the Sebei*, Berkeley 1976.
Goldsmith, E.: »The Family Basis of Social Structure«, *The Ecologist* 1976.
Goldthorpe, C.: *From Queen to Empress*, New York 1988.
de Golish, V.: *Primitive India*, London 1954.
Goodenough, W. H.: *Property, Kin, and Community on Truk*, Hamden 1966.
Goodhart, C. B.: »A Biological View of Toplessness«, *New Scientist* 1964.
Goodman, F.: Brief vom 14. März 1986.
Goodrum, C. / H. Dalrymple: *Advertising in America*, New York 1990.
Goodwin, G.: *The Social Organization of the Western Apache*, Tucson 1942.
Gorer, G.: *Die Amerikaner*, Hamburg 1956.
–: *Himalayan Village*, London 1967.
Gotein, S. D.: »The Sexual Mores of the Common People« in *Society and the Sexes in Medieval Islam*, ed. A. L. al-Sayyid-Marsot, Malibu 1979.
Gottlieb, A.: *Under the Kapok Tree*, Bloomington 1992.

Goubert, J.-P.: *Du luxe au confort*, Alençon 1988.
Goudsblom, J.: »Stijlen en beschavingen«, *De Gids* 1989.
–: »Introduction« in *Society as Process*, ed. W. H. Kranendonk, Amsterdam 1990.
Graham, S. L.: *House and Street: The Domestic World of Servants and Masters in 19th-Century Rio de Janeiro*, Cambridge 1988.
Graham-Brown, S.: *Images of Women: The Portrayal of Women in Photographies of the Middle East 1860-1950*, London 1988.
Granqvist, H.: *Child Problems Among the Arabs*, Helsingfors 1950.
Grant, M.: *The Art and Life of Pompeii and Herculaneum*, Milano 1979.
–: *Eros in Pompeii*, New York 1982.
Granville, R. K.: »Notes on the Jekris, Sobos and Ijos of the Warri District of the Niger Coast Protectorate«, *Journal of the Anthropological Institute of Great Britain and Ireland* 1898.
Graycar, R./J. Morgan: *The Hidden Gender of Law*, Annandale 1990.
de Grazia, E./R. K. Newman: *Banned Films*, New York 1982.
Greenberg, D. F.: *The Construction of Homosexuality*, Chicago 1988.
Greenbie, S.: *Japan: Real and Imaginary*, New York 1920.
Gregory, S.: *Letter to Ladies, In Favor of Female Physicians for Their Own Sex*, Boston 1856.
Greilsammer, M.: *L'Envers du tableau*, Paris 1990.
Greiner, U.: »Nackt sind wir alle: Über den sinnlosen Kampf des Ethnologen Hans Peter Duerr gegen den Soziologen Norbert Elias«, *Die Zeit*, 20. Mai 1988.
Greve, R.: Brief vom 15. Januar 1988.
Grieco, S. F. M.: »Breastfeeding, Wet Nursing and Infant Mortality in Europe (1400-1800)« in *Historical Perspectives on Breastfeeding*, ed. S. Grieco/C. A. Corsini, Firenze 1991.
–:»The Body, Appearance, and Sexuality« in *A History of Women*, Bd. III, ed. N. Z. Davis/A. Farge, Cambridge 1993.
Grimm, H.: »Ethnobiologie der Sexualität« in *Sexuologie*, Bd. II, ed. P. G. Hesse/H. Grimm, Leipzig 1976.
Grimmelshausen, H. J. C. v.: *Der Abentheuerliche Simplicissimus Teutsch*, Monpelgart 1669.
Grimshaw, P.: »New England Missionary Wives, Hawaiian Women and ›The Cult of True Womanhood‹« in *Family and Gender in the Pacific*, ed. M. Jolly/M. MacIntyre, Cambridge 1989.
Grobecker, K.: *Herb und süß in einem*, Lübeck 1976.
Groh, A.: »Tourismus oder Terrorismus?«, *Arkaden* 3, 1992.
Gros, R.: *Die weibliche Brust*, Berlin 1987.
Gruber, C.: Brief vom 28. August 1995.
Grunfeld, F. V.: *Wayfarers of the Thai Forest: The Akha*, Amsterdam 1982.
Gsell, M.: »Von Hirschkäfern & Maikäfern: Hans Peter Duerrs Angriff auf den ›Prozeß der Zivilisation‹«, *Die Wochenzeitung*, 18. März 1994.
Gubser, N. J.: *The Nunamiut Eskimos*, New Haven 1965.
Günther, H. F. K.: *Das Bauerntum als Lebens- und Gemeinschaftsform*, Leipzig 1939.
Guenther, M.: Brief vom 3. März 1986.

Guha, U./M. K. A. Siddiqui/ P. R. G. Mathur: *The Didayi*, Delhi 1970.
Guichonnet, P.: *Indonesien*, Lausanne 1975.
van Gulik, R. H.: *Sexual Life in Ancient China*, Leiden 1961.
Gullick, J. M.: *Malay Society in the Late Nineteenth Century*, Singapore 1987.
Gusinde, M.: *Die Feuerland Indianer*, Bd. I, Mödling 1931; Bd. III. 1, 1974.
–: *Die Kongo-Pygmäen in Geschichte und Gegenwart*, Halle 1942.
–: *Urmenschen im Feuerland*, Berlin 1946.
Guthrie, R. D.: *Body Hot Spots*, New York 1976.
Gutman, H. G.: »Marital and Sexual Norms Among Slave Women« in *A Heritage of Her Own*, ed. N. F. Cott/E. H. Pleck, New York 1979.
Gutmann, J.: *Buchmalerei in hebräischen Handschriften*, München 1978.
Guttmann, A.: *Sports Spectators*, New York 1986.
Guttzeit, J.: *Schamgefühl, Sittlichkeit und Anstand*, Dresden 1910.
Gyles, J.: »Memoirs of Odd Adventures, Strange Deliverances, Etc.« in *Puritans Among the Indians*, ed. A. T. Vaughan/E. W. Clark, Cambridge 1981.

Habe, H.: *Der Maler und sein Modell*, München 1977.
Haberland, E.: *Galla Süd-Äthiopiens*, Stuttgart 1963.
Habermas, J.: *Zur Rekonstruktion des Historischen Materialismus*, Frankfurt/M. 1976.
–: *Theorie des kommunikativen Handelns*, Frankfurt/M. 1981.
Habermas, T.: *Heißhunger: Historische Bedingungen der Bulimia nervosa*, Frankfurt/M. 1990.
Haddon, A. C.: »The Ethnography of the Western Tribe of Torres Straits«, *Journal of the Anthropological Institute of Great Britain and Ireland* 1890.
–: »Decoration of the Person and Toilet« in *Reports of the Cambridge Anthropological Expedition to Torres Straits*, Bd. IV, Cambridge 1912.
Haeberlin, C.: »Inselfriesische Volkstrachten vom XVI. bis XVIII. Jahrhundert«, *Zeitschrift für Schleswig-Holsteinische Geschichte* 1926.
Haendcke, B.: *Der unbekleidete Mensch in der christlichen Kunst*, Straßburg 1910.
Haesaert, J. P.: *Etiologie de la répression des outrages publics aux bonnes mœurs*, Paris 1938.
Hagen, R.-M./R. Hagen: *Meisterwerke europäischer Kunst als Dokumente ihrer Zeit erklärt*, Köln 1984.
Hahn, G. v./H.-K. v. Schönfels: *Wunderbares Wasser*, Aarau 1980.
Haiding, K.: »Berchtenbräuche im steirischen Ennsbereich«, *Mitteilungen der Anthropologischen Gesellschaft in Wien* 1965.
Hall, L. A.: *Hidden Anxieties*, Oxford 1991.
Haller, J. S./R. M. Haller: *The Physician and Sexuality in Victorian America*, Urbana 1974.
Hallowell, A. I.: *Culture and Experience*, Philadelphia 1955.
Halpern, J. M.: *Economy and Society of Laos*, Detroit 1964.
Halttunen, K.: *Confidence Men and Painted Women*, New Haven 1982.
Hamayon, R./N. Bassanoff: »De la difficulté d' être une belle-fille«, *Études mongoles* 1973.

Hammer-Tugendhat, D.: »Erotik und Geschlechtsdifferenz: Aspekte zur Aktmalerei Tizians« in *Privatisierung der Triebe?*, ed. D. Erlach et al., Frankfurt/M. 1994.
Hammond-Tooke, W.D.: *Bhaca Society*, Cape Town 1962.
Hampel, L.: »Hundert Jahre Badeanzug«, *Lenzinger Berichte*, August 1964.
Hampl-Kallbrunner, G.: *Beiträge zur Geschichte der Kleiderordnungen*, Wien 1962.
Hane, M.: *Peasants, Rebels and Outcasts*, New York 1982.
Hanna, J.L.: *Dance, Sex and Gender*, Chicago 1988.
Hansen, T.: *Wiener Werkstätte Mode*, Wien 1984.
Hansen, W.: *Kalenderminiaturen der Stundenbücher*, München 1984.
Hanson, G.: *Original Skin*, London 1970.
Happe, B.: Rezension von H.P. Duerrs *Nacktheit und Scham*, *Zeitschrift für Volkskunde* 1989.
Harré, R.: »Embarrassment: A Conceptual Analysis« in *Shyness and Embarrassment*, ed. W.R. Crozier, Cambridge 1990.
Harrell, B. B.: »Lactation and Menstruation in Cultural Perspective«, *American Anthropologist* 1981.
Harris, J.: »The Red Cap of Liberty: A Study of Dress Worn by French Revolutionary Partisans 1789-94«, *Eighteenth-Century Studies* 1980.
Harris, M.: »What Goes Up, May Stay Up«, *Natural History*, January 1973.
–: *Menschen*, Stuttgart 1991.
Harris, P.G.: »Notes on Yauri (Sokoto Province), Nigeria«, *Journal of the Royal Anthropological Institute* 1930.
Harrison, F.: *The Dark Angel*, London 1977.
Harrison, G.B.: *A Second Elizabethan Journal*, London 1931.
Harrison, W.: *The Description of England*, ed. G. Edelen, Ithaca 1968.
Hartmann, B./J.K. Boyce: *A Quiet Violence*, London 1983.
Harvey, Y.K.: *Six Korean Women*, St. Paul 1979.
Hasnain, N.: *Bonded for Ever: A Study of the Kolta*, New Delhi 1982.
Hatt, G.: »Arctic Skin Clothing in Eurasia and America«, *Arctic Anthropology* 1969.
Hauenstein, A.: »Rites et coutumes liés à la nudité en Afrique Occidentale«, *Baessler-Archiv* 1994.
Hauschild, T.: Brief vom 27. Februar 1986.
Hauser, A.: *Das Neue kommt: Schweizer Alltag im 19. Jahrhundert*, Zürich 1989.
Hayden, B.: »Competition, Labor, and Complex Hunter-Gatherers« in *Key Issues in Hunter-Gatherer Research*, ed. E.S. Burch/L.J. Ellanna, Oxford 1994.
Headland, T.N.: »The Casiguran Dumagats Today and in 1936«, *Philippine Quarterly of Culture and Society* 1975.
Healey, T.: »Genitalschmuck«, *Sexualmedizin* 1982.
Hebecker, I.: »Kleider machen Leute« in *Die Welt des Hans Sachs*, ed. R. Freitag-Stadler, Nürnberg 1976.
Heckendorn, H.: *Wandel des Anstands im französischen und deutschen Sprachgebiet*, Bern 1970.

Hecker, H.: »Die Fahrt des Afanasij Nikitin über drei Meere« in *Reisen in reale und mythische Ferne*, ed. P. Wunderli, Düsseldorf 1993.
Hedinger, B.: »Strand- und Badeleben« in *Saison am Strand*, ed. B. Hedinger, Herford 1986.
Heerkens, P.: *Flores de Mangarei*, Uden 1930.
Heers, J.: »La mode et les marchés des draps de laine« in *Société et économie à Gênes, XIVe-XVe siècles*, London 1979.
Hegar, A.: »Brüste und Stillen«, *Deutsche Medicinische Wochenschrift* 1896.
Heiler, F.: *Die Frau in den Religionen der Menschheit*, Berlin 1977.
Heine, B.: »Das Bergvolk: Einige Bemerkungen zu den Ik im Nordosten Ugandas« in *Authentizität und Betrug in der Ethnologie*, ed. H. P. Duerr, Frankfurt/M. 1987.
Heine-Geldern, R. v.: *Gesammelte Schriften*, Bd. I, Wien 1976.
Heinser-Ueckert, E.: »Ayse und Sevtap: Zwei türkische Prostituierte in Köln« in *Bezahlt, geliebt, verstoßen*, ed. U. Holter, Bonn 1994.
Heinz, H. J.: »The Bushmen's Store of Scientific Knowledge« in *The Bushmen*, ed. P. V. Tobias, Cape Town 1978.
Heinz, H.-J./M. Lee: *Namkwa*, London 1978.
Heinzelmann, H.: »Projekt Mensch gescheitert«, *Nürnberger Nachrichten*, 4. Dezember 1993.
Heissig, W.: *Die Geheime Geschichte der Mongolen*, Düsseldorf 1981.
Heißler, S./P. Blastenbrei: *Frauen in der italienischen Renaissance*, Pfaffenweiler 1990.
Helfer, J. W.: *Reisen in Vorderasien und Indien*, ed. P. Nostitz, Bd. II, Leipzig 1873.
Helfrich, K.: »Sexualität und Repression in der Kultur der Maya«, *Baessler-Archiv* 1972.
–: Brief vom 31. Oktober 1986.
Heller, E./H. Mosbahi: *Hinter den Schleiern des Islam*, München 1983.
Heller, G.: ›Propre en ordre‹, Lausanne 1979.
Hellerstein, E. O./L. P. Hume/K. M. Offen: *Victorian Women*, Stanford 1981.
Hellwald, F. v.: *Ethnographische Rösselsprünge*, Leipzig 1891.
Helmholz, R. H.: *Marriage Litigation in Medieval England*, Cambridge 1974.
Henderson, J.: *The Maculate Muse*, New Haven 1975.
Henderson, K. U./B. F. McManus: *Half Humankind: Contexts and Texts of the Controversy About Women in England, 1540-1640*, Urbana 1985.
Henningsen, M.: »Der heilige Mauritius und der Streit um die multikulturelle Identität des Westens«, *Merkur* 1992.
Henrichs, A.: *Die Phoinikika des Lollianos*, Bonn 1972.
Henriques, F.: *Prostitution and Society*, New York 1963.
Hentzner, P.: *Itinerarium Germaniae, Galliae, Angliae, Italiae*, Nürnberg 1612.
Herbert, R. K.: »*Hlonipha* and the Ambiguous Woman«, *Anthropos* 1990.
Herdt, G. H.: *Guardians of the Flutes*, New York 1981.
–: Brief vom 13. November 1986.

Herdt, G. H./R. J. Stoller: »Theories of Origins of Male Homosexuality« in *Observing the Erotic Imagination*, ed. R. J. Stoller, New Haven 1985.

Héritier, F.: »Le charivari, la mort et la pluie« in *Le charivari*, ed. J. Le Goff/ J.-C. Schmitt, Paris 1981.

Herlihy, D.: *Medieval and Renaissance Pistoia*, New Haven 1967.

Hermann, A.: *Altägyptische Liebesdichtung*, Wiesbaden 1959.

Herold, E./B. Corbesi/ J. Collins: »Psychosocial Aspects of Female Topless Behavior on Australian Beaches«, *Journal of Sex Research* 1994.

Herrad v. Landsberg: *Hortus deliciarum*, ed. A. D. Caralzas, New Rochelle 1977.

Hershman, P.: »Virgin and Mother« in *Symbols and Sentiments*, ed. I. M. Lewis, London 1977.

Herz, J.: »Das Tagebuch des Augsburger Arztes und Stadtphysicus Dr. Philipp Hoechstetter 1579-1635«, *Zeitschrift des Historischen Vereins für Schwaben* 1976.

Hesse-Wartegg, E.v.: *China und Japan*, Leipzig 1897.

Heubach, H.: *Jüdisches Leben in Frankfurt*, Bd. I, Frankfurt/M. 1988.

Heuer, G.: *Problem Sexualität im Strafvollzug*, Stuttgart 1978.

Heuzey, L./ J. Heuzey: *Histoire du costume dans l'antiquité classique: l'Orient*, Paris 1935.

Heyden, A.v.: *Die Tracht der Kulturvölker Europas*, Leipzig 1889.

Heydenreuter, R.: »Gesetze gegen das Elend« in *Biedermeiers Glück und Ende*, ed. H. Ottomeyer, München 1987.

Heyne, C.: *Täterinnen*, Zürich 1993.

Heyne, M.: *Körperpflege und Kleidung bei den Deutschen*, Leipzig 1903.

Hibbert, C.: *The Grand Tour*, London 1969.

–: *Venice*, London 1988.

Higonnet, A.: »Women, Images, and Representation« in *A History of Women*, Bd. V, ed. F. Thébaud, Cambridge 1994.

Hilarion, P.: *Bildergalerie weltlicher Misbräuche*, Frankfurt/M. 1785.

Hiley, M.: *Victorian Working Women*, London 1979.

Hilgenstock, R.: »Wie es früher war«, *Deutsche Jugendpressematerialien* 4, 1982.

Hill, C.: *The World Turned Upside Down*, London 1972.

Himmelheber, H.: »Ethnographische Notizen von den Nunivak-Eskimo«, *Abhandlungen und Berichte des Staatlichen Museums für Völkerkunde Dresden* 1980.

–: Mündliche Mitteilung vom 27. Februar 1986.

Himmelheber, U.: Mündliche Mitteilung vom 16. März 1986.

Hindley, G.: *England in the Age of Caxton*, New York 1979.

Hinsch, B.: *Passions of the Cut Sleeve*, Berkeley 1990.

Hinz, B.: »Nackt/Akt: Dürer und der ›Prozeß der Zivilisation‹«, *Städel-Jahrbuch* 1993.

Hinz, M.: *Wie stabil sind Selbstzwänge? Ein Beitrag zur Elias-Duerr-Kontroverse*, Hannover 1995.

Hirsch, M. F.: *Women and Violence*, New York 1981.

Hitchcock, J. T./L. Minturn: »The Rājpūts of Khalapur« in *Six Cultures*, ed. B. B. Whiting, New York 1963.

Hobbs, J. A.: *Art in Context*, San Diego 1991.
Hockings, P.: *Sex and Disease in a Mountain Community*, New Delhi 1980.
Hoebel, E. A.: *The Cheyennes*, New York 1960.
Höflein, U.: *Vom Umgang mit ländlicher Tracht*, Frankfurt/M. 1988.
Höltker, G.: »Die Familie bei den Azteken in Altmexiko«, *Anthropos* 1930.
Hoffmann, K.: »Vom Leben im späten Mittelalter: Aby Warburg und Norbert Elias zum ›Hausbuchmeister‹« in *Norbert Elias und die Menschenwissenschaften*, ed. K.-S. Rehberg, Frankfurt/M. 1996.
Hofmann, W.: ›*Flegels haben Wir genug im lande*‹, Frankfurt/M. 1986.
Hohenstein, E. J. de: *Das Reich der magischen Mütter*, Frankfurt/M. 1991.
Hohl, J.: »Die zivilisatorische Zähmung des Subjekts« in *Zugänge zum Subjekt*, ed. H. Keupp, Frankfurt/M. 1994.
Holdsworth, W. K.: »Adultery or Witchcraft? A New Note on an Old Case in Connecticut«, *New England Quarterly* 1975.
Holl, A.: »Verfehlung der Stammeltern: Zur Elias-Duerr-Debatte«, *Psychologie heute*, Dezember 1991.
Hollander, A.: *Seeing Through Clothes*, New York 1978.
Hollstein, F. W. H.: *Dutch and Flemish Etchings, Engravings and Woodcuts, ca. 1450-1700*, Bd. I, Amsterdam 1949; Bd. III, 1950.
Holm, G.: »Ethnologisk Skizze af Angmagsalikerne«, *Meddelelser om Grønland* 1888.
Holmes, L. D.: Brief vom 18. Februar 1986.
Holzach, M.: *Das vergessene Volk*, Hamburg 1982.
Honig, E./G. Hershatter: *Personal Voices: Chinese Women in the 1980s*, Stanford 1988.
Honour, H.: *The New Golden Land*, London 1976.
–: *The Image of the Black in Western Art*, Bd. IV. 2, Cambridge 1989.
Hoock-Demarle, M.-C.: *Die Frauen der Goethezeit*, München 1990.
Hoof, D.: *Pestalozzi und die Sexualität seines Zeitalters*, St. Augustin 1987.
Hooykaas, C.: »Love in Lĕṅkā«, *Bijdragen tot de Taal-, Land- en Volkenkunde* 1957.
Hopen, C. E.: *The Pastoral Fulbe Family in Gwandu*, London 1958.
Hopfner, T.: *Das Sexualleben der Griechen und Römer*, Bd. I, Prag 1938.
Horn, P.: *Ladies of the Manor*, Phoenix Mill 1991.
–: *High Society*, Wolfeboro Falls 1992.
Horne, J./D. Jary: »The Figurational Sociology of Sport and Leisure of Elias and Dunning« in *Sport, Leisure and Social Relations*, ed. J. Horne et al., London 1987.
Hottenroth, F.: *Trachten*, Bd. II, Stuttgart 1891.
Hours, F.: *Les civilisations du Paléolithique*, Paris 1982.
Houston, M. G.: *Ancient Greek, Roman and Byzantine Costume*, London 1947.
Howard, O. O.: *My Life and Experiences Among Our Hostile Indians*, Hartford 1907.
Howell, S.: *The Seaside*, London 1974.
Hrdy, S. B.: *The Langurs of Abu*, Cambridge 1977.
Hsieh, P.: *Girl Rebel*, New York 1940.
Huber, R.: *Sexualität und Bewußtsein*, München 1977.

–: »Die weibliche Brust: Fascinosum und Surrogat«, *Sexualmedizin* 1984.
–: »Die erotische Bedeutung der Brust aus anthropologischer und historischer Sicht« in *Praktische Sexualmedizin*, ed. V. Herms et al., Wiesbaden 1984.
–: »Stillakt und Liebesakt«, *Sexualmedizin* 1985.
Hubmann, F.: *k.u.k. Familienalbum*, Wien 1971.
Hubmann, H.: *Augenzeuge 1933-45*, München 1980.
Hüsgen, H.-J.: *Zisterzienserinnen in Köln*, Köln 1993.
Hufton, O.: *The Prospect Before Her*, London 1995.
Hughes, A.J.B./J. van Velsen: *The Ndebele of Southern Rhodesia*, London 1954.
Hughes, D.O.: »Sumptuary Law and Social Relations in Renaissance Italy« in *Disputes and Settlements*, ed. J. Bossy, Cambridge 1983.
–: »Earrings for Circumcision« in *Persons in Groups*, ed. R.C. Trexler, Binghamton 1985.
Hughes, R.M.: *The Gesture Language of the Hindu Dance*, New York 1964.
Huillet, Dr.: *Hygiène des blancs, des mixtes et des Indiens à Pondichéry*, Pondichéry 1867.
Hulme, P./N.L. Whitehead: *Wild Majesty*, Oxford 1992.
Hulton, P.: *America 1585: The Complete Drawings of John White*, Charlotteville 1984.
Hume, D.: *A Treatise of Human Nature*, Bd. I, London 1886.
Hundsbichler, H.: »Kleidung« in *Alltag im Spätmittelalter*, ed. H. Kühnel, Graz 1984.
Hunger, H.: *Die Heilige Hochzeit*, Wiesbaden 1984.
–: Brief vom 17. Dezember 1985.
Hungry Wolf, B.: *Das Tipi am Rand der großen Wälder*, München 1985.
Hunt, D.: *Parents and Children in History*, New York 1972.
Hunt, L.: »The Many Bodies of Marie Antoinette« in *Eroticism and the Body Politic*, ed. L. Hunt, Baltimore 1991.
Hunter, J.D.: *Memoirs of a Captivity Among the Indians of North America*, London 1823.
Hunter, M.: *Reaction to Conquest*, London 1961.
Hurault, A.: *A Journal of all that was accomplished by Monsieur de Maisse, ambassador in England*, ed. G.B. Harrison/ R.A. Jones, London 1931.
Hutchinson, S.: *Chittagong Hill Tracts*, Allahabad 1909.
Hutheesing, O.K.: *Emerging Sexual Inequality Among the Lisu of Northern Thailand*, Leiden 1990.
Hyatt, H.M.: *Folk-Lore from Adams County, Illinois*, Hannibal 1965.
Hyde, H.M.: *Geschichte der Pornographie*, Stuttgart 1965.

Ihm, H.: »Ein älterer Sittenprediger«, *Anthropophyteia* 1913.
Ilberg, J.: »Aus Galens Praxis« in *Antike Medizin*, ed. H. Flashar, Darmstadt 1971.
Immerwahr, S.A.: »The People in the Frescoes« in *Minoan Society*, ed. O. Krzyszkowska/L. Nixon, Bristol 1983.
van Ingen, F.: »Frauentugend und Tugendexempel« in *Barocker Lust-Spiegel*, ed. M. Bircher et al., Amsterdam 1984.

Inglis, T.: *Moral Monopoly: The Catholic Church in Modern Irish Society*, Dublin 1987.
Irle, J.: *Die Herero*, Gütersloh 1906.
Izikowitz, K. G.: *Lamet*, Göteborg 1951.
Izod, J.: *Hollywood and the Box Office, 1895-1986*, Houndmills 1988.

Jaacks, G.: »Städtische Kleidung im Mittelalter« in *Aus dem Alltag der mittelalterlichen Stadt*, ed. J. Wittstock, Bremen 1982.
Jacob, G.: *Mannheim – so wie es war*, Düsseldorf 1971.
Jacobsen, A.: *Reise in die Inselwelt des Banda-Meeres*, Berlin 1896.
Jacobson, D. A.: *Hidden Faces*, Ann Arbor 1980.
Jacobus, M.: »Incorruptible Milk: Breastfeeding and the French Revolution« in *Rebel Daughters*, ed. S. E. Melzer / L. W. Rabine, Oxford 1992.
Jaeger, C. S.: *The Origins of Courtliness*, Philadelphia 1985.
Jäger, M.: »Kleidung und Mode« in *Handbuch der schweizerischen Volkskultur*, Bd. I., ed. P. Hugger, Zürich 1992.
Jahn, S.: *Die Irokesen*, Wyk 1992.
Jansen, W.: *Glanzrevuen der zwanziger Jahre*, Berlin 1987.
Janssen, J.: *Geschichte des deutschen Volkes seit dem Ausgang des Mittelalters*, Bd. VIII, Freiburg 1924.
Jarrett, D.: *England in the Age of Hogarth*, New York 1974.
Jarrick, A. / J. Söderberg: »Spontaneous Processes of Civilization«, *Ethnologia Europaea* 1993.
Jax, K.: *Die weibliche Schönheit in der griechischen Dichtung*, Innsbruck 1933.
Jeffery, P.: *Frogs in a Well*, London 1979.
Jeffreys, M. D. W.: »The Nyama Society of the Ibibio Women«, *African Studies* 1956.
Jelavich, P.: *Berlin Cabaret*, Cambridge 1993.
Jenkins, A.: *The Twenties*, London 1974.
–: *The Thirties*, London 1976.
Jenny, J. J.: »Kleiderreform und Nationaltracht«, *Ciba Zeitschrift* 1943.
Jerouschek, G.: »›Diabolus habitat in eis‹« in *Ordnung und Lust*, ed. H.-J. Bachorski, Trier 1991.
Jesser, C. J.: »Reflections on Breast Attention«, *Journal of Sex Research* 1971.
Jezler, P. / E. Jezler / C. Göttler: »Warum ein Bilderstreit? Der Kampf gegen die ›Götzen‹ in Zürich« in *Bilderstreit*, ed. H.-D. Altendorf / P. Jezler, Zürich 1984.
Joannis, C.: »Petits métiers et Cris de Paris« in *Costume, coutume*, ed. J. Cuisenier, Paris 1987.
Jodelet, D.: »Le sein laitier: plaisir contre pudeur?«, *Communications* 46, 1987.
Jogschies, R.: *Blick zurück durchs Schlüsselloch*, Frankfurt / M. 1990.
Johnson, P.: *Elizabeth I*, London 1974.
Johnson, P.: *The Birth of The Modern*, New York 1991.
Jolly, A. T. H. / F. G. G. Rose: »Field Notes on the Social Organization of Some Kimberley Tribes«, *Ethnographisch-Archäologische Zeitschrift* 1966.

Jonas, M.: »Idealisierung und Dämonisierung als Mittel der Repression« in *Der Widerspenstigen Zähmung*, ed. S. Wallinger/M. Jonas, Innsbruck 1986.

Jones, M.: »Sex and Sexuality in Late Medieval and Early Modern Art« in *Privatisierung der Triebe?*, ed. D. Erlach et al., Frankfurt/M. 1994.

Jones, R./P. Stallybrass: »Dismantling Irena: The Sexualizing of Ireland in Early Modern England« in *Nationalisms & Sexualities*, ed. A. Parker et al., New York 1992.

Jones, V.: *Women in the Eighteenth Century*, London 1990.

de Jong, J.: *Haremsdame und Heimchen am Herd*, Düsseldorf 1984.

de Jongh, E.: »Erotica in vogelperspectief«, *Simiolus* 1969.

Jordan, L.: »Die Renaissance in Piacenza«, *Archiv für Kulturgeschichte* 1907.

Jordan, W. D.: *White Over Black*, Baltimore 1969.

Jordanova, L.: *Sexual Visions*, Hemel Hempstead 1989.

Jülich, T.: »Maria lactans, die stillende Muttergottes« in *Gottesfurcht und Höllenangst*, ed. S. Ebert-Schifferer/T. Jülich, Darmstadt 1993.

Jütte, R.: *Ärzte, Heiler und Patienten*, München 1991.

–: »Evolutionäre Verlockungen: Zur Elias-Duerr-Debatte«, *Psychologie heute*, Dezember 1991.

–: »Schwerarbeit am Mythos«, *Frankfurter Allgemeine Zeitung*, 13. September 1993.

Jugler, A.: *Aus Hannovers Vorzeit*, Hannover 1883.

Jung, G.: *Die Geschlechtsmoral des deutschen Weibes im Mittelalter*, Leipzig 1921.

Junker, A./E. Stille: *Zur Geschichte der Unterwäsche 1700-1960*, Frankfurt/M. 1988.

Junod, H. P.: *Bantu Heritage*, Johannesburg 1938.

Jupont, R.: *Das Dessous im Wandel der Zeiten*, Pforzheim 1961.

Jusserand, J. J.: *English Wayfaring Life in the Middle Ages*, Bath 1970.

Justice, B./R. Justice: *The Broken Taboo*, New York 1979.

Kalckhoff, A.: *Richard III.*, Bergisch Gladbach 1980.

Kamen, H.: *Inquisition and Society in Spain*, Bloomington 1985.

Kaminski, G.: *China gemalt*, Wien 1983.

Kannamüller, G.: *Die weibliche Brust*, München 1991.

Kantowsky, D.: Brief vom 30. August 1986.

Kany, C. E.: *Life and Manners in Madrid 1750-1800*, Berkeley 1932.

Kapitza, P.: *Japan in Europa*, Bd. I, München 1990.

Kaplan, L.: *Das Mona Lisa-Syndrom*, Düsseldorf 1990.

Kaplan, M. A.: *The Making of the Jewish Middle Class*, Oxford 1991.

Kapp, D. B.: Mündliche Mitteilung vom 15. April 1987.

Kardiner, A.: »Some Personality Determinants in Alorese Culture« in *The People of Alor*, New York 1961.

Karkosch, K.: *Der nackte Mensch im Film*, Hamburg 1954.

Kaschuba, W./C. Lipp: *Dörfliches Überleben*, Tübingen 1982.

Kashamura, A.: *Famille, sexualité et culture*, Paris 1973.

Katz, J. B.: *I Am the Fire of Time*, New York 1977.

Kauffmann, C. M.: *Romanesque Manuscripts 1066-1199*, London 1975.

Kauffmann, F.: *Deutsche Altertumskunde*, München 1913.
Kaufmann, J.-C.: *Corps de femmes, regards d'hommes*, Paris 1995.
Kawashima, Y.: »America Through Foreign Eyes: Reactions of the Delegates from Tokugawa Japan, 1860«, *Journal of Social History* 1972.
Keeble, N. H.: *The Cultural Identity of Seventeenth-Century Women*, London 1994.
Keijser, M.: »Volkskultur und Volksvergnügen« in *Amsterdam 1585-1672*, ed. B. Wilczek/J. van Waterschoot, Bühl-Moos 1993.
Keimer, L.: *Remarques sur le tatouage dans l'Égypte ancienne*, Le Caïre 1948.
v. Keller, A.: *Erzählungen aus altdeutschen Handschriften*, Stuttgart 1855.
Kellner, R.: »Die Kontroverse zwischen Norbert Elias und Hans Peter Duerr«, Ms.
Kelly, R. L.: *The Foraging Spectrum*, Washington 1995.
Kennedy, E. L./M. D. Davis: *Boots of Leather, Slippers of Gold*, New York 1993.
Kennedy, J. G.: *Tarahumara of the Sierra Madre*, Arlington Heights 1978.
Kenyatta, J.: *Facing Mount Kenya*, London 1938.
Kerényi, K.: *Dionysos*, München 1976.
Kern, L. J.: *An Ordered Love: Sex Roles and Sexuality in Victorian Utopias*, Chapel Hill 1981.
Kettering, A. M.: »Rembrandt's ›Flute Player‹«, *Simiolus* 1977.
Keutgen, F.: *Urkunden zur städtischen Verfassungsgeschichte*, Berlin 1901.
Kevill-Davies, S.: *Yesterday's Children*, Woodbridge 1991.
Khan, R. A.: *The Flight from a Harem*, ed. D. Ericson, Uppsala 1977.
Khattab, A.: *Das Bild der Franken in der arabischen Literatur des Mittelalters*, Göppingen 1989.
Kienitz, S.: »›Aecht deutsche Weiblichkeit‹ Mode und Konsum als bürgerliche Frauenpolitik 1848« in *Schimpfende Weiber und patriotische Jungfrauen*, ed. C. Lipp, Bühl-Moos 1986.
Kiernan, V. G.: *The Lords of Human Kind*, Harmondsworth 1972.
Kift, D.: *Arbeiterkultur im gesellschaftlichen Konflikt*, Essen 1991.
Kiki, A. M.: *Ich lebe seit 10000 Jahren*, Frankfurt/M. 1969.
Kim, Y.: *Noŭl chin meari*, Seoul 1978.
Kind, A.: »Die Masturbation im Folklore«, *Anthropophyteia* 1908.
–: *Die Weiberherrschaft in der Geschichte der Menschheit*, Bd. I, Wien 1930.
King, F.: *Southern Ladies and Gentlemen*, New York 1975.
King, M. L.: »Die Frau« in *Der Mensch der Renaissance*, ed. E. Garin, Frankfurt/M. 1990.
Kinser, S.: *Carnival, American Style*, Chicago 1990.
Kinzel, R.: *Die Modemacher*, Wien 1990.
Kirch, M. S.: *Deutsche Gebärdensprache*, Hamburg 1987.
Kirchenbaum, B. D.: *The Religious and Historical Paintings of Jan Steen*, Oxford 1977.
Kistemaeker, H.: »Die Kleidung der Frau als erotisches Problem«, *Züricher Diskußionen* 8, 1898.
Kitzinger, C.: *The Social Construction of Lesbianism*, London 1987.
Kitzinger, S.: *Alles über das Stillen*, München 1983.

–: *Ich stille mein Baby*, München 1989.
Kjellström, R.: *Eskimo Marriage*, Lund 1973.
Klapisch-Zuber, C.: *La maison et le nom*, Paris 1990.
Klecker, H.: *Von der Wiege bis zur Bahre*, Waltersdorf 1994.
Klein, G.: *Frauenkörpertanz*, Weinheim 1992.
Kleinert, A.: »La mode: miroir de la Révolution française«, *Francia* 1989.
Kleinert, A. / G. Wagner: »Mode und Politik: Die Vermarktung der französischen Revolution in Frankreich und Deutschland«, *Waffen- und Kostümkunde* 1989.
Kleinspehn, T.: *Warum sind wir so unersättlich?*, Frankfurt / M. 1987.
Kleinwächter, L.: »Die geburtshülfliche Klinik zu Innsbruck«, *Deutsches Archiv für Geschichte der Medicin* 1882.
Kleivan, I.: »West Greenland Before 1950« in *Handbook of North American Indians*, Bd. 5, ed. D. Damas, Washington 1984.
Klemm, G.: *Allgemeine Cultur-Geschichte der Menschheit*, Leipzig 1845.
Kletler, P.: »Deutsche Kultur zwischen Völkerwanderung und Kreuzzügen« in *Handbuch der Kulturgeschichte*, ed. H. Kindermann, Potsdam 1934.
Klimowsky, E. W.: *Geschlecht und Geschichte*, Teufen 1956.
Kluckhohn, C.: *Culture and Behavior*, New York 1962.
Kluckhohn, C. / D. Leighton: *The Navaho*, Cambridge 1946.
Knabe, E.: *Frauenemanzipation in Afghanistan*, Meisenheim 1977.
Knapp, O.: »Die Homosexuellen nach hellenischen Quellenschriften«, *Anthropophyteia* 1906.
Knapton, E. J.: *Empress Josephine*, Harmondsworth 1969.
Kneipp, S.: *So sollt ihr leben!*, Kempten 1889.
Knibiehler, Y. / R. Goutalier: *La femme au temps des colonies*, Paris 1985.
Knight, C.: *Blood Relations*, New Haven 1991.
Knopp, G.: »Der Kampf um den Rocksaum«, *Damals* 1993.
Kobal, J.: *The Art of the Great Hollywood Portrait Photographers 1925-1940*, London 1980.
Koch, E.: *Maior dignitas est in sexu virili*, Frankfurt / M. 1991.
Koch, G.: *Südsee – gestern und heute*, Braunschweig 1955.
Koch, T. / J. Seuß: *Die goldenen zwanziger Jahre*, Frankfurt / M. 1970.
Kocher, G.: *Zeichen und Symbole des Rechts*, München 1992.
Köhler, F. A.: *Nehren. Eine Dorfchronik der Spätaufklärung*, ed. C. Lipp et al., Tübingen 1981.
Koehler, L.: *A Search for Power: The ›Weaker Sex‹ in 17th-Century New England*, Urbana 1980.
Köhn, A.: *Das weibliche Schönheitsideal in der ritterlichen Dichtung*, Greifswald 1930.
Koelbl, H.: *Feine Leute*, Nördlingen 1986.
König, J.-G.: *Die feine Bremer Art*, Bremen 1982.
König, O.: *Nacktheit*, Opladen 1990.
König, R.: »Erotik und Mode« in *Soziologische Orientierungen*, Köln 1965.
–: »Busenfrei oder nicht?« in *Macht und Reiz der Mode*, Düsseldorf 1971.
–: *Menschheit auf dem Laufsteg*, München 1985.
Könneker, M. L.: *Mädchenjahre*, Darmstadt 1978.
Koepping, E.: Mündliche Mitteilung vom 16. Dezember 1985.

–: Brief vom 28. September 1989.
–: Mündliche Mitteilung vom 18. Juni 1992.
–: »Vom Blasrohr zum Aktenkoffer: Sozialgeschichte der Kindheit in einem Dorf auf Borneo« in *Kinder*, ed. M.-J. van de Loo / M. Reinhart, München 1993.
Kößler, R.: Rezension von Hans Peter Duerrs *Nacktheit und Scham*, *Peripherie* 1988.
Kohl, K.-H.: *Entzauberter Blick*, Frankfurt/M. 1986.
–: Mündliche Mitteilung vom 30. Juli 1986.
–: »Lokalreligion, Christentum und staatliche Religionspolitik in Ost-Flores« in *Lokale Religionsgeschichte*, ed. H.G. Kippenberg / B. Luchesi, Marburg 1995.
Koike, M.: »Zwei Jahre in Korea«, *Internationales Archiv für Ethnographie* 1891.
Kolb, P.: *Unter Hottentotten 1705-1713*, ed. W. Jopp, Tübingen 1979.
Kollontai, A.: »Matriarchat – Patriarchat« in *Frauenbilder*, ed. A. Tühne / R. Olfe-Schlothauer, Berlin 1980.
Kolnes, L.J.: »Heterosexuality as an Organizing Principle in Women's Sport«, *International Review for the Sociology of Sport* 1995.
Konrad, P.: »Zur Ethnographie der Bhils«, *Anthropos* 1939.
Konrad v. Würzburg: *Partonopier und Meliur*, ed. K. Bartsch, Wien 1871.
Kootz-Kretschmer, E.: *Die Safwa in Ostafrika*, Bd. I, Berlin 1926.
Korte, H.: *Eine Gesellschaft im Aufbruch*, Frankfurt/M. 1987.
Kosmer, E.: »The ›noyous humoure of lecherie‹«, *Art Bulletin* 1975.
Kotalová, J.: *Belonging to Others*, Uppsala 1993.
Kotelmann, L.: *Gesundheitspflege im Mittelalter*, Hamburg 1890.
Kothes, F.-P.: *Die theatralische Revue in Berlin und Wien 1900-1938*, Wilhelmshaven 1977.
Krafft-Ebing, R. v.: *Psychopathia sexualis*, Wien 1912.
Kraft, H.U.: *Reisen und Gefangenschaft*, ed. K.D. Haßler, Stuttgart 1861.
Krahmer, G.: *Figur und Raum in der ägyptischen und griechisch-archaischen Kunst*, Halle 1931.
Kramer, F.W.: Mündliche Mitteilung vom 15. Juli 1987.
–: *Der rote Fes*, Frankfurt/M. 1987.
–: »›Eine Frau ist wie ein Schatten‹: Scheidung auf afrikanisch«, *Kursbuch 87*, 1987.
Kramer, F.W. / G. Marx: *Zeitmarken*, München 1993.
Kramer, K.-S.: *Fränkisches Alltagsleben um 1500*, Würzburg 1985.
Krammer, H.: *Das entblößte Frauenzimmer*, München 1961.
Kramrisch, S.: *Painted Delight*, Philadelphia 1986.
Krauss, F.S.: »Südslavische Volksüberlieferungen, die sich auf den Geschlechtsverkehr beziehen«, *Anthropophyteia* 1904.
–: *Die Anmut des Frauenleibes*, Berlin 1923.
Kressel, G.M.: »More on Honour and Shame«, *Man* 1988.
Krige, E.J.: *The Social System of the Zulus*, Pietermaritzburg 1936.
–: »Girl's Puberty Songs and Their Relation to Fertility, Health, Morality and Religion Among the Zulu«, *Africa* 1968.
Krige, E.J. / J.D. Krige: *The Realm of a Rain-Queen*, London 1943.

Kröger, F.: *Übergangsriten im Wandel*, Hohenschäftlarn 1978.
Kröll, C.: *Heimliche Verführung: Ein Modejournal 1786-1827*, Düsseldorf 1978.
Kross, E.: *Am Hofe Heinrichs VIII.*, Leipzig 1992.
Krüger, M.: *Die Entwicklung und Bedeutung des Nonnenklosters Port-Royal im 17. Jahrhundert*, Halle 1936.
Kuckenberg, M.: *Siedlungen der Vorgeschichte in Deutschland*, Köln 1993.
Kühnel, H.: »Mentalitätswandel und Sachkultur« in *Menschen, Dinge und Umwelt in der Geschichte*, ed. U. Dirlmeier / G. Fouquet, St. Katharinen 1989.
Künßberg, E. v.: *Deutsches Rechtswörterbuch*, Bd. II, Weimar 1932.
Kuhnert, R. P.: *Urbanität auf dem Lande: Badereisen nach Pyrmont im 18. Jahrhundert*, Göttingen 1984.
Kuntz, A.: *Der bloße Leib*, Bern 1985.
Kunzle, D.: »The Corset as Erotic Alchemy« in *Woman as Sex Object*, ed. T. B. Hesse/ L. Nochlin, London 1973.
–: *Fashion and Fetishism*, Totowa 1982.
Kurz, F.: »Aus dem Tagebuch des Malers Friedrich Kurz über seinen Aufenthalt bei den Missouri-Indianern 1848-1852«, *Jahresberichte der Geographischen Gesellschaft von Bern* 1894.
Kwasman, T.: Mündliche Mitteilung vom 9. Januar 1986.

Labalme, P. H.: »Sodomy and Venetian Justice in the Renaissance«, *Tijdschrift voor Rechtsgeschiedenis* 1984.
Lackinger, I. et al.: »Sind weibliche Brüste ein Potenzsymbol?« in *Verhandlungen der Deutschen Gesellschaft für Gynäkologie und Geburtshilfe*, ed. D. Krebs / D. Berg, Heidelberg 1993.
Ladd, J.: *The Structure of a Moral Code*, Cambridge 1957.
La Farge, J.: *An American Artist in the South Seas*, ed. K. O'Connor, London 1987.
La Farge, O./A. M. Josephy: *A Pictorial History of the American Indian*, New York 1974.
de Laguna, F.: *Under Mount Saint Elias*, Washington 1972.
Lahnstein, P.: *Report einer ›guten alten Zeit‹*, Stuttgart 1970.
Lakoff, R. T./R. L. Scherr: *Face Value*, Boston 1984.
Lal, P.: *Great Nicobar Island*, Kalkutta 1977.
LaMar, V. A.: *English Dress in the Age of Shakespeare*, Ithaca 1958.
de Lamartine, M. A.: *Histoire des Girondins*, Bd. IV, Leipzig 1847.
Lamb, R.: *War in Italy 1943-1945*, London 1993.
Lammel, G.: *Karikatur der Goethezeit*, Berlin 1992.
de Lamothe-Fénelon, F. de S.: *Über Töchtererziehung*, Leipzig 1879.
Landau, M.: *Hölle und Fegfeuer*, Heidelberg 1909.
Lane, R.: *Hokusai*, London 1989.
Lang, B.: »No Sex in Heaven: The Logic of Procreation, Death, and Eternal Life in Judaeo-Christian Tradition« in *Mélanges bibliques en l'honneur de Mathias Delcor*, Neukirchen 1985.
–: Brief vom 27. Januar 1996.
–: Brief vom 16. Februar 1996.

Lange, J.: *Die menschliche Gestalt in der Geschichte der Kunst*, Straßburg 1903.

Langner, B.: *Untersuchungen zur Historischen Volkskunde Ägyptens nach mamlukischen Quellen*, Berlin 1983.

Lantis, M.: *Alaskan Eskimo Ceremonialism*, Seattle 1947.

Laqueur, T.W.: »›Amor Veneris, vel Dulcedo Appeletur‹« in *Fragments for a History of the Human Body*, Bd. III, ed. M. Feher et al., New York 1989.

Larivaille, P: *La vie quotidienne des courtisanes en Italie au temps de la Renaissance*, Paris 1975.

Larsson, M.: »Från badkostym till bikini«, *Fataburen* 1988.

Lasch, C.: »Historical Sociology and the Myth of Maturity«, *Theory & Society* 1985.

de la Lastra, C.: »Spanien ist katholisch!‹« in *Volksfrömmigkeit*, ed. M.N. Ebertz / F. Schultheis, München 1986.

Latorre, F.A./ D.L. Latorre: *The Mexican Kickapoo Indians*, Austin 1976.

Laufe, A.: *The Wicked Stage*, New York 1978.

Laughton, B.: *The Drawings of Daumier and Millet*, New Haven 1991.

Laver, J.: *Taste and Fashion*, London 1945.

–: *Modesty in Dress*, London 1969.

Lawner, L.: *Lives of the Courtesans*, New York 1987.

Lawrence, A./ L. Edwards: »Self-Help in Gynecological Practice« in *Women's Sexual Development*, ed. M. Kirkpatrick, New York 1980.

Lawson, J.: *A New Voyage to Carolina*, London 1709.

Leacock, E.: »Class, Commodity, and the Status of Women« in *Toward a Marxist Anthropology*, ed. S. Diamond, The Hague 1979.

Le Beau, C.: *Seltsame und neue Reise zu den Wilden von Nordamerika*, München 1986.

Leboutte, R.: Mündliche Mitteilung vom 3. Mai 1996.

Lecompte, J.: »The Independent Women of Hispanic New Mexico, 1821-1846« in *New Mexico Women*, ed. J.M. Jensen/ D.A. Miller, Albuquerque 1986.

Lederer, L.: »Then and Now: An Interview With a Former Pornography Model« in *Take Back the Night*, ed. L. Lederer, New York 1980.

Lee, H.M.: »Athletics and the Bikini Girls from Piazza Armerina«, *Stadion* 1984.

–: »SIG 802: Did Women Compete Against Men in Greek Athletic Festivals?«, *Nikephoros* 1988.

Lee, R.B.: »What Hunters Do for a Living« in *Man the Hunter*, ed. R.B. Lee/ I. DeVore, Chicago 1968.

–: »Ecology of a Contemporary San People« in *The Bushmen*, ed. P.V. Tobias, Cape Town 1978.

–: »Reflections on Primitive Communism« in *Hunters and Gatherers*, ed. T. Ingold et al., Bd. I, Oxford 1988.

Leemann, A.: *Bali*, Innsbruck 1979.

Leeuwenberg, H.L.P.: »Steden en hun kerken« in *Steden & hun verleden*, ed. M. van Rooijen, Utrecht 1988.

Leff, L.J./J.L. Simmons: *The Dame in the Kimono*, London 1990.

Lehmann-Langholz, U.: *Kleiderkritik in mittelalterlicher Dichtung*, Frankfurt/M. 1985.
Lehner, J.: *Die Mode im alten Nürnberg*, Nürnberg 1984.
Leighton, D./C. Kluckhohn: *Children of the People*, Cambridge 1948.
Lelen, T.: »Scènes de la vie quotidienne: les femmes de la vallée de la Lys (1870-1920)«, *Revue du Nord* 1981.
Lelièvre, O.: *Mentawaï*, Paris 1992.
Lemay, H.R.: »Human Sexuality in 12th- Through 15th Century Scientific Writings« in *Sexual Practices & the Medieval Church*, ed. V.L. Bullough/J. Brundage, Buffalo 1982.
Lemoine, J.: *Un village Hmong Vert du Haut Laos*, Paris 1972.
Lenars, C. & J./ A. Virel: *Corps en fête*, Paris 1979.
Lenning, G.: *Kleine Kostümkunde*, Berlin 1956.
León-Portilla, M./R. Heuer: *Rückkehr der Götter*, Frankfurt/M. 1986.
Lequenne, M.: *Christoph Columbus*, Ravensburg 1992.
Le Roy Ladurie, E.: *L'Ancien Régime 1610-1770*, Paris 1991.
Lesky, A.: »Zum Schiffskarren des Dionysos«, *Mitteilungen des Vereins für klassische Philologie*, Wien 1925.
Lésoualc'h, T.: *Érotique du Japon*, Paris 1978.
Lessa, W.A.: *Ulithi*, New York 1966.
Leuker, M.-T./H. Roodenburg: »»Die dan hare wyven laten afweyen< Overspeel, eer en schande in de zeventiende eeuw« in *Soete minne en helsche boosheit*, ed. G. Hekma/H. Roodenburg, Nijmegen 1988.
LeVine, R.A.: »Gusii Sex Offenses«, *American Anthropologist* 1959.
LeVine, R.A./B.B. LeVine: »Nyansongo: A Gusii Community in Kenya« in *Six Cultures*, ed. B.B. Whiting, New York 1963.
Levitt, S.: *Victorians Unbuttoned*, London 1986.
Levy, H.S.: »T'ang Women of Pleasure«, *Sinologica* 1965.
–: *Chinese Footbinding*, New York 1966
Levy, R.I.: *Tahitians*, Chicago 1973.
Lévy-Bruhl, L.: *Les fonctions mentales dans les sociétés inférieures*, Paris 1951.
Lewald, K.R.: *Unser täglicher ›Heterrorismus‹*, Frankfurt/M. 1990.
Lewin, T.H.: *Wild Races of South-Eastern India*, London 1870.
Lewis, B.: *Die Welt der Ungläubigen*, Frankfurt/M. 1983.
Lewis, M.I.: »The History of Female Sexuality in the United States« in *Women's Sexual Development*, ed. M. Kirkpatrick, New York 1980.
Lex, H.-E.: *Der Henker von Paris*, Hamburg 1989.
Lhote, H.: *Les Touaregs du Hoggar*, Paris 1984.
Licht, H.: *Beiträge zur antiken Erotik*, Dresden 1924.
–: *Sittengeschichte Griechenlands*, Wiesbaden o. J.
Lichtenberg, H.O.: *Unterhaltsame Bauernaufklärung*, Tübingen 1970.
Lichter, D.J.: *Person, Action & Causation in a Bhote Ethic*, Ann Arbor 1984.
Liebaers, H./ V. Vermeersch: *Flämische Kunst*, Antwerpen 1985.
Liebertz-Grün, U.: *Zur Soziologie des ›amour courtois‹*, Heidelberg 1977.
Liepmann, W.: *Gynäkologische Psychotherapie*, Berlin 1924.
Lightfoot-Klein, H.: *Das grausame Ritual*, Frankfurt/M. 1992.
Linck, G. »Aus der fruchtbaren Erde wie einsame Schatten« in *Lebenswelt*

und Weltanschauung im frühzeitlichen China, ed. H. Schmidt-Glintzer, Stuttgart 1990.
Lindblom, G.: *The Akamba*, Uppsala 1920.
Lindemann, A.-M.: *Mannheim im Kaiserreich*, Mannheim 1986.
Lindsay, C.: *Mentawai Shaman*, London 1992.
Ling Roth, H.: »On Salutations«, *Journal of the Anthropological Institute of Geat Britain and Ireland* 1890.
—: *The Natives of Sarawak and British North Borneo*, Bd. II, London 1896.
Linhart, R.: »Bei den Muscheltaucherinnen von Katada«, *Die Frau* 37, 1983.
—: »Die *ama* von Katada« in *Japan*, ed. S. Linhart, Wien 1985.
—: *Onna da kara*, Wien 1991.
Linklater, A.: *Wild People*, London 1990.
Linse, U.: »Zeitbild Jahrhundertwende« in ›*Wir sind nackt und nennen uns Du*‹, ed. M. Andritzky/ T. Rautenberg, Gießen 1989.
Linton, R.: *The Tanala*, Chicago 1933.
—: »Marquesan Culture« in *The Individual and His Society*, ed. A. Kardiner, New York 1939.
Lipka, S.: *Das käufliche Glück in Südostasien*, Münster 1985.
Lipp, F.C.: *Eine europäische Stammestracht im Industriezeitalter*, München 1978.
Lise, G.: *L'incisione erotica del rinascimento*, Milano 1975.
Littlewood, R.: *Pathology and Identity: The Work of Mother Earth in Trinidad*, Cambridge 1983.
Llewellyn, K.N./E.A. Hoebel: *The Cheyenne Way*, Norman 1941.
Llewellyn-Davies, M.: »Two Contexts of Solidarity Among Pastoral Maasai Women« in *Women United, Women Divided*, ed. P. Caplan/ J.M. Bujra, London 1978.
Locke, J.: *Travels in France 1675-1679*, ed. J. Lough, Cambridge 1953.
Löffler, I.: Brief vom 28. April 1986.
Löffler, L.G.: Brief vom 22. Februar 1988.
—: Brief vom 7. Dezember 1988.
Lönnroth, A.: »Inte mer civiliserade än naturfolken«, *Svenska Dagbladet*, 15. März 1990.
Loesch, I.: *So war es Sitte in der Renaissance*, Hanau 1965.
Löwinger, A.: »Rechts und Links in Bibel und Tradition der Juden«, *Mitteilungen zur Jüdischen Volkskunde* 1916.
Löwis of Menar, A.v.: »Nordkaukasische Steingeburtsagen«, *Archiv für Religionswissenschaft* 1910.
Lofts, N.: *Domestic Life in England*, London 1976.
Lohmann, H.-M.: Rezension von Hans Peter Duerrs *Obszönität und Gewalt*, *Luzifer-Amor* 1994.
Lohse, B.: *Menschen wie du und ich in der Welt von gestern*, Köln 1989.
Lombroso, C./M. Carrara: *Contributo all' antropología dei Dinka*, Lanciano 1897.
Lomnitzer, H.: »Geliebte und Ehefrau im deutschen Lied des Mittelalters« in *Liebe, Ehe, Ehebruch in der Literatur des Mittelalters*, ed. X.v. Ertzdorff/ M. Wynn, Gießen 1984.
Lopez, E.H.: *Eros and Ethos*, Englewood Cliffs 1979.

Lorcin, M.-T.: »Le corps a ses raisons dans les fabliaux«, *Le Moyen Age* 1984.
Lorensen, W.D.: »Sex Offenses: Voyeurism and Indecent Exposure« in *Encyclopedia of Crime and Justice*, Bd. IV, ed. S.H. Kadish, New York 1983.
Lorenz, D.: »Die mühsame Befreiung vom Korsett«, *Damals* 2, 1995.
Lorenzer, A.: »Intimität im Zeitalter der instrumentellen Vernunft« in *Intimität*, ed. M.B. Buchholz, Weinheim 1989.
Loschek, J.: »Mit und ohne – je nach Lust und Laune«, *Sexualmedizin* 1984.
–: *Mode- und Kostümlexikon*, Stuttgart 1987.
–: »Mode: Medium der Anschauungen« in *Die zweite Haut*, ed. T. Böhm et al., Berlin 1987.
–: *Mode*, München 1991.
Lothar, R.: »Sittengeschichte des Korsetts« in *Sittengeschichte des Intimen*, ed. L. Schidrowitz, Wien 1926.
–: »Intime Körperbehandlung vom Kopf bis zur Hüfte« in *Sittengeschichte des Intimsten*, ed. L. Schidrowitz, Wien 1929.
Lothrop, H.: *Das Stillbuch*, München 1983.
Lotter, K.: Rezension von Hans Peter Duerrs *Obszönität und Gewalt*, *Widerspruch* 1993.
Lottes, G.: »Popular Culture and the Early Modern State in 16th Century Germany« in *Understanding Popular Culture*, ed. S.L. Kaplan, Berlin 1984.
Low, B.S.: »Fat and Deception«, *Ethology and Sociobiology* 1990.
Low, B.S./R.D. Alexander/K.M. Noonan: »Human Hips, Breasts and Buttocks«, *Ethology and Sociobiology* 1987.
Łoziński, W.: *Polnisches Leben in vergangenen Zeiten*, München o. J.
Lucas-Dubreton, J.: *So lebten die Florentiner zur Zeit der Medici*, Stuttgart 1961.
Ludwar, G.: *Die Sozialisation tibetischer Kinder*, Wiesbaden 1975.
Lumholtz, C.: *Unknown Mexico*, Bd. I, New York 1902; Bd. II 1903.
–: *Los Indios del Noroeste, 1890-1898*, México 1982.
Luo, S.: Mündliche Mitteilung vom 30. November 1989.
Lurie, A.: *The Language of Clothes*, New York 1981.
Lutfi, H.J.: »Manners and Customs of Fourteenth-Century Cairene Women« in *Women in Middle Eastern History*, ed. N.R. Keddie/B. Baron, New Haven 1991.
Lyons, M.: *France Under the Directory*, Cambridge 1975.

Machiavelli, N.: *Opere*, Milano 1966.
Macho, T.: »Jäger und Sammler in der Wissenschaft: Notizen zu Hans Peter Duerrs ›Der Mythos vom Zivilisationsprozeß‹«, *Der Freitag*, 6. August 1993.
MacLysaght, E.: *Irish Life in the Seventeenth Century*, Cork 1939.
Magendie, M.: *La politesse mondaine et les théories de l'honnêteté en France au XVIIe siècle*, Paris 1925.
Mageo, J.M.: »Hairdos and Don'ts: Hair Symbolism and Sexual History in Samoa«, *Man* 1994.
Mahmoody, B.: *Nicht ohne meine Tochter*, Bergisch Gladbach 1988.

Mai, E.: »Porträtkunst und höfisches Porträt« in *Anna Maria Luisa Medici, Kurfürstin von der Pfalz*, ed. B. Heppe/ W. Koenig, Düsseldorf 1988.

Majer, M.: »American Women and French Fashion« in *The Age of Napoleon*, ed. K. le Bourhis, New York 1989.

Majlis, B. K.: *Indonesische Textilien*, Köln 1984.

Majumdar, D. N.: *The Affairs of a Tribe*, Lucknow 1950.

Majumder, S. N.: *Ao Nagas*, Kalkutta 1925.

Majupuria, I./T.C. Majupuria: *Marriage Customs in Nepal*, Jullundur 1978.

Makhlouf, C.: *Changing Veils*, London 1979.

Makilam, M.: *La magie des femmes kabyles*, Paris 1996.

Malaurie, J.: *Die letzten Könige von Thule*, Frankfurt/M. 1979.

Malcolmson, R.W.: *Popular Recreations in English History*, Cambridge 1973.

Malinowski, B.: *The Sexual Life of Savages in North-Western Melanesia*, London 1932.

–: *Das Geschlechtsleben der Wilden in Nordwest-Melanesien*, ed. F.W. Kramer, Frankfurt/M. 1979.

–: *The Natives of Mailu*, ed. M.W. Young, London 1988.

–: *A Diary in the Strict Sense of the Term*, London 1989.

Maltzan, H. v.: »Sittenschilderungen aus Südarabien«, *Globus* 1871.

Mandel, W.M.: *Soviet Women*, Garden City 1975.

Mandelbaum, D.G.: *Women's Seclusion and Men's Honor*, Tucson 1988.

van Mander, C.: *Das Leben der niederländischen und deutschen Maler von 1400 bis ca. 1615*, ed. H. Floerke, Worms 1991.

Mandrou, R.: *Introduction to Modern France 1500-1640*, London 1975.

Manniche, L.: *Sexual Life in Ancient Egypt*, London 1987.

Mansfield, A.: *Ceremonial Costume*, London 1980.

Månsson, A. K.: »Kirschblüte und Kontrazeption«, *Sexualmedizin* 1978.

Marangoni, G.: *Evoluzione storica e stilistica della moda*, Milano 1985.

Maretzky, T.W./ H. Maretzki: »Taira: An Okinawan Village« in *Six Cultures*, ed. B.B. Whiting, New York 1963.

Marglin, F.A.: *Wives of the God-King*, Delhi 1985.

–: »Hierodouleia« in *The Encyclopedia of Religion*, Bd. VI, ed. M. Eliade, New York 1987.

Marinatos, N.: *Art and Religion in Thera*, Athens 1984.

Marinatos, S.: *Archaeologia Homerica: Kleidung, Haar- und Barttracht*, Göttingen 1967.

Mariner, W.: *Nachrichten über die Freundschaftlichen oder die Tonga-Inseln in der Süd-See*, Weimar 1819.

Markun, L.: *Mrs Grundy*, New York 1930.

de Marly, D.: *Louis XIV & Versailles*, London 1987.

–: *Dress in North America*, New York 1990.

Marsden, W.: *The History of Sumatra*, London 1811.

Marshall, D.S.: »Sexual Behavior on Mangaia« in *Human Sexual Behavior*, ed. D.S. Marshall/R.C. Suggs, New York 1971.

Marshall, L.: »Marriage Among the !Kung Bushmen«, *Africa* 1959.

–: *The !Kung of Nyae Nyae*, Cambridge 1976.

–: »Sharing, Talking, and Giving« in *Kalahari Hunter-Gatherers*, ed. R. B. Lee/I. DeVore, Cambridge 1976.

Martens, E. V.: »Im Binnenlande von Borneo«, *Zeitschrift der Gesellschaft für Erdkunde zu Berlin* 1873.

Martin, C.: *Keepers of the Game*, Berkeley 1978.

Martin, D./P. Lyon: *Lesbian/Woman*, Toronto 1972.

Martin, J.: *Miss Manner's Guide to Excruciatingly Correct Behavior*, New York 1983.

Martin, K.: »Grabstele des Nemtiui und seiner Frau Hepi« in *Nofret – die Schöne*, ed. B. Schmitz et al., Hildesheim 1985.

Martin, R.: *Witchcraft and the Inquisition in Venice 1550-1650*, Oxford 1989.

Martin, R./H. Koda: *Splash! A History of Swimwear*, New York 1991.

Martinez, D. P.: »Tourism and the *ama*« in *Unwrapping Japan*, ed. E. Ben-Ari et al., Honolulu 1990.

de Martino, E.: *Sud e magia*, Milano 1976.

–: *Katholizismus, Magie, Aufklärung*, München 1982.

Martischnig, M.: »Schöner Vogel Jugend« in *Gegenwartsvolkskunde und Jugendkultur*, ed. K. Beitl/E. Kausel, Wien 1987.

Marwick, A.: *Beauty in History*, London 1988.

Marx, C.: »Staat und Zivilisation: Zu Hans Peter Duerrs Kritik an Norbert Elias«, *Saeculum* 1996.

Marx, E.: »Relations Between Spouses Among the Negev Bedouin«, *Ethnos* 1987.

Marx, H./M. Meier: »Trageversuche mit einem eisenzeitlichen Frauenkleid« in *Experimentelle Archäologie in Deutschland*, ed. M. Fansa, Oldenburg 1990.

Masalskis, H.: »Geschichte der Freikörperkultur« in *Ziel und Weg der deutschen Freikörperkultur*, ed. H. Masalskis, Hannover 1964.

Masao, M.: *As We Saw Them*, Berkeley 1979.

Mascia-Lees, F. E./J. H. Relethford/ T. Sorger: »Evolutionary Perspectives on Permanent Breast Enlargement in Human Females«, *American Anthropologist* 1986.

Mason, J. E.: *Gentlefolk in the Making*, Philadelphia 1935.

el-Masry, Y.: *Die Tragödie der Frau im arabischen Orient*, München 1963.

Massé, H.: *Croyances et coutumes persanes*, Bd. I, Paris 1938.

Massobrio, G./P. Portoghesi: *La donna Liberty*, Bari 1983.

Masters, W. H./V. E. Johnson: *Homosexualität*, Frankfurt/M. 1980.

Masters, W. H. et al.: *Liebe und Sexualität*, Berlin 1987.

Mathy, H.: *Der Schinderhannes*, Mainz 1989.

Mathys, F. K.: *Ewig wandelbare Mode*, Aarau 1985.

de Matos, L.: *Imagens do Oriente no século XVI*, Lisboa 1985.

Mattison, D./D. Savard: »The North-West Pacific Coast: Photographic Voyages 1866-81«, *History of Photography* 1992.

Matzner, M.: Rezension von Duerrs *Obszönität und Gewalt*, *Intra* 17, 1993.

Maurer, H.: *Britannien, von deiner Freiheit einen Hut voll*, München 1992.

Mauvieux, M.: *Mary Cassatt*, Paris 1988.

Mawrie, H. O.: *The Khasi Milieu*, New Delhi 1981.

Mayr, F.: »The Zulu Kafirs of Natal«, *Anthropos* 1907.
Maxwell, R.: *Textiles of Southeast Asia*, Melbourne 1990.
Mazahēri, A.: *So lebten die Muselmanen*, Stuttgart 1957.
Mazur, A.: »U.S. Trends in Feminine Beauty and Overadaptation«, *Journal of Sex Research* 1986.
McCall, D.: »The Dominant Dyad: Mother-Right and the Iroquois Case« in *Theory and Practice*, ed. S. Diamond, The Hague 1980.
McCary, B. C.: *Indians in Seventeenth Century Virginia*, Williamsburg 1957.
McCrone, K. E.: *Sport and the Physical Emancipation of English Women*, London 1988.
McDougall, L.: »The Quest of the Argonauts« in *Psychological Anthropology*, ed. T. R. Williams, The Hague 1975.
McDowell, C.: *Dressed to Kill*, London 1992.
McDowell, N.: *The Mundugumor*, Washington 1991.
McGee, J. L.: *Cornelis Corneliszoon van Haarlem (1562-1638)*, Nieuwkoop 1991.
McGilvray, D. B.: »Sexual Power and Fertility in Sri Lanka« in *Ethnography of Fertility and Birth*, ed. C. P. MacCormack, London 1982.
McGowan, M. M.: *Ideal Forms in the Age of Ronsard*, Berkeley 1985.
McLaren, D.: »Fertility, Infant Mortality, and Breast Feeding in the 17th Century«, *Medical History* 1978.
McMullin, J. F.: *Houswife or Harlot*, Brighton 1984.
Mead, M.: *From the South Seas*, New York 1939.
–: *Growing Up in New Guinea*, Melbourne 1942.
–: »The Evocation of Psychologically Relevant Responses in Ethnological Fieldwork« in *The Making of Psychological Anthropology*, ed. G. D. Spindler, Berkeley 1978.
Mead, W. E.: *The Grand Tour in the Eighteenth Century*, Boston 1914.
Meech-Pekarik, J.: *The World of the Meiji Print*, New York 1986.
Meggitt, M. J.: *Desert People*, Chicago 1962.
Mehlitz, W.: *Der jüdische Ritus in Brautstand und Ehe*, Frankfurt/M. 1992.
Mehta, R. J.: *Scientific Curiosities of Love-Life and Marriage*, Bombay o. J.
Meisel, L. K.: *Photo-Realism*, New York 1980.
Mellersh, H. E. L.: *Minoan Crete*, New York 1967.
Mendelson, S. H.: *The Mental World of Stuart Women*, Amherst 1987.
Mennell, S.: *Die Kultivierung des Appetits*, Frankfurt/M. 1988.
–: »Short-Term Interests and Long-Term Processes« in *Human History and Social Process*, ed. J. Goudsblom et al., Exeter 1989.
Menninger, K. A.: »Somatic Correlations With the Unconscious Repudiation of Femininity in Women«, *Journal of Nervous and Mental Disease* 1939.
Mensah-Brown, A. K.: »Marriage in Sefwi-Akan Customary Law«, *Sociologus* 1969.
Mentges, G.: *Erziehung, Dressur und Anstand in der Sprache der Kinderkleidung*, Frankfurt/M. 1989.
–: »Blicke auf den ländlichen Leib« in *Körper-Geschichten*, ed. R. van Dülmen, Frankfurt/M. 1996.

Meringer, R.: »Einige primäre Gefühle des Menschen, ihr mimischer und sprachlicher Ausdruck«, *Wörter und Sachen* 1913.
Merker, M.: *Die Masai*, Berlin 1910.
Merriam, A. P.: »Aspects of Sexual Behavior Among the Bala (Basongye)« in *Human Sexual Behavior*, ed D.S. Marshall/R.C. Suggs, New York 1971.
Merten, R.: *FKK-Ratgeber*, München 1982.
Messenger, J.C.: *Inis Beag*, New York 1969.
–: »Sex and Repression in an Irish Folk Community« in *Human Sexual Behavior*, ed. D.S. Marshall/R.C. Suggs, New York 1971.
Messenger, M.: *Stillen*, Ravensburg 1987.
Mester, H.: »Der Wunsch einer Frau nach Veränderung der Busengröße«, *Zeitschrift für psychosomatische Medizin* 1982.
Metje, U.: *Die starken Frauen*, Frankfurt/M. 1995.
–: Mündliche Mitteilung vom 18. September 1996.
Meyer, H.: *Sexualität und Bindung*, Weinheim 1994.
Meyer-Knees, A.: »Zur Debatte über die Möglichkeit der ›Nothzucht‹ im gerichtsmedizinischen Diskurs des 18. Jahrhunderts« in *Blickwechsel*, ed. I. Lindner et al., Berlin 1989.
Meyer-Schneidewind, M.: »Historie« in *Wäsche*, ed. F. Bachmann et al., Frankfurt/M. 1994.
Michael, R.P.: »Possible Pheromones in Human Females«, *Medical Aspects of Human Sexuality* 1975.
Micheletti, E.: *Le donne dei Medici*, Firenze 1983.
Michelson, T.: »Narrative of an Arapaho Woman«, *American Anthropologist* 1933.
Miller, J.: »Athapaskans of Southwestern Oregon« in *Handbook of North American Indians*, Bd. 7, ed. W. Suttles, Washington 1990.
Mills, J.P.: *The Ao Nagas*, London 1926.
–: *The Rengma Nagas*, London 1937.
Milne, L.: *Shans at Home*, London 1910.
Minturn, L./J.T. Hitchcock: *The Rājpūts of Khalapur*, New York 1966.
Mintz, J.R.: *Legends of the Hasidim*, Chicago 1968.
Miquel, R.: *Mythologie du sein*, Paris 1965.
–: *Histoire pittoresque de pantalon féminin*, Paris 1979.
Mitchell, T.: *Blood Sport*, Philadelphia 1991.
Mitzlaff, U. v.: *Maasai-Frauen*, München 1988.
Möbius, H.: *Die Frau im Barock*, Stuttgart 1982.
Möller, H.: *Die kleinbürgerliche Familie im 18. Jahrhundert*, Berlin 1969.
Mohr, R.D.: *Gay Ideas*, Boston 1992.
Molcho, S.: *Körpersprache*, München 1983.
Mollée, J.: »China hautnah« in *China der Frauen*, ed. A. Gerstlacher/M. Miosga, München 1990.
Mone, E.J.: »Sittenpolizei zu Speier, Straßburg und Konstanz im 14. und 15. Jahrhundert«, *Zeitschrift für die Geschichte des Oberrheins* 1856.
Monti, N.: *Africa Then: Photographs 1840-1918*, New York 1987.
Montreynaud, F.: *Le XXe siècle des femmes*, Paris 1989.
Montrose, L.A.: »›Shaping Fantasies‹: Figurations of Gender and Power in Elizabethan Culture«, *Representations*, Spring 1983.

—: »The Work of Gender and Sexuality in the Elizabethan Discourse of Discovery« in *Discourses of Sexuality*, ed. D.C. Stanton, Ann Arbor 1992.

Moog, C.: ›*Are They Selling Her Lips?*‹, New York 1990.

Morey, R.V./D.J. Metzger: *The Guahibo*, Wien 1974.

Morice, A.G.: »The Great Déné Race«, *Anthropos* 1910.

Morrah, P.: *Restoration England*, London 1979.

Morris, D.: *Manwatching*, New York 1977.

—: *Das Tier Mensch*, Köln 1994.

Morrison, D.E./C.P. Holden: »The Burning Bra: The American Breast Fetish and Women's Liberation« in *Sociology for Pleasure*, ed. M. Truzzi, Englewood Cliffs 1974.

Morrison, H.: *Life in a Longhouse*, Hongkong 1962.

Morrison, K.F.: *History as a Visual Art in the Twelfth-Century Renaissance*, Princeton 1990.

Mort, F.: *Dangerous Sexualities: Medico-Moral Politics in England Since 1830*, London 1987.

Moscherosch, J.M.: *Wunderliche und wahrhafftige Gesichte Philanders von Sittewalt*, ed. W. Harms, Stuttgart 1986.

Moser-Nef, C.: *Die freie Reichsstadt und Republik Sankt Gallen*, Bd. V, Zürich 1951.

de la Motte Fouqué, C.: *Geschichte der Moden, vom Jahre 1785 bis 1829*, ed. D. Böck, Berlin 1987.

Motzki, H.: »»Hinter dem Schleier«« in *Außereuropäische Frauengeschichte*, ed. A. Jones, Pfaffenweiler 1990.

Mouhot, M.H.: *Travels in the Central Parts of Indo-China, Cambodia, and Laos*, Bd. II, London 1864.

Muchembled, R.: *L'invention de l'homme moderne*, Paris 1988.

Mühlmann, W.E.: »Erfahrung und Denken in der Sicht des Ethnologen«, *Paideuma* 1964.

—: »Kindheit und Jugend in traditionalen und progressiven Gesellschaften« in *Jugend in der Gesellschaft*, ed. A. Mohler, München 1975.

Müller, H.: *Dienstbare Geister*, Berlin 1985.

Müller, K.: *Domostroi*, Leipzig 1987.

Mueller, R.C.: Mündliche Mitteilung vom 17. Oktober 1989.

Müller, W.: Brief vom 9. November 1986.

Müller, W.: *Die Maßnahmen des Rates auf dem Gebiet der offenen Wohlfahrtspflege in den Oberrheinischen Stadtrechten des 16. und beginnenden 17. Jahrhunderts*, Heidelberg 1963.

Müller, W.A.: *Nacktheit und Entblößung in der altorientalischen und älteren griechischen Kunst*, Borna 1906.

Müllerheim, R.: *Die Wochenstube in der Kunst*, Stuttgart 1904.

Müller-Staats, D.: *Klagen über Dienstboten*, Frankfurt/M. 1987.

Münch, R.: *Die Struktur der Moderne*, Frankfurt/M. 1984.

—: »Von der höfischen Etikette zur modernen Zivilisation? Zur Kontroverse zwischen Norbert Elias und Hans Peter Duerr«, Ms.

Mützel, H.: *Vom Lendenschurz zur Modetracht*, Berlin 1925.

Muir, E.: *Civic Ritual in Renaissance Venice*, Princeton 1981.

Mukherjea, C.: *The Santals*, Kalkutta 1962.

Muller, K./P. Zach: *Indonesien*, Berlin 1987.
Mundt, B.: *Metropolen machen Mode*, Berlin 1977.
Munro, P.: »Körper und Gewand« in *Lexikon der Ägyptologie*, Bd. III, ed. W. Helck/W. Westendorf, Wiesbaden 1980.
Munske, H. H.: *Der germanische Rechtswortschatz im Bereich der Missetaten*, Berlin 1973.
Munson, H.: *The House of Si Abd Allah*, New Haven 1984.
Murner, T.: *Narrenbeschwörung*, ed. M. Spanier, Halle 1894.
Murphy, R. F.: »Social Distance and the Veil«, *American Anthropologist* 1964.
Mutschler, S.: *Ländliche Kindheit in Lebenserinnerungen*, Tübingen 1985.
Myers, O. H: »Topless in Crete«, *Man* 1965.

Nacht, J.: »Der Fuß«, *Jahrbuch für jüdische Volkskunde* 1923.
Nachtigal, G.: »Reise in die südlichen Heidenländer Baghirmi's«, *Zeitschrift der Gesellschaft für Erdkunde zu Berlin* 1873.
–: *Sahârâ und Sûdân*, Bd. III, Leipzig 1889.
Nadel, S. F.: *The Nuba*, London 1947.
Nadig, M.: *Die verborgene Kultur der Frau*, Frankfurt/M. 1986.
Nadjmabadi, Š.: *Die Sirāvand in West-Lorestan*, Heidelberg 1975.
–: Brief vom 8. Mai 1988.
Nadler, R. D.: »Face-to-Face Copulation in Nonhuman Mammals«, *Medical Aspects of Human Sexuality* 1975.
an-Nafzawi, A.: *Der duftende Garten*, Hanau 1966.
Nagata, J. A.: *Continuity and Change Among the Old Order Amish of Illinois*, New York 1989.
Najafi, B.: *Film in Iran*, Stockholm 1986.
Namgung, H.: *Ingolstädter Bürgerleben in der zweiten Hälfte des 18. Jahrhunderts*, Ingolstadt 1974.
Narr, K. J.: »Wohnbauten des Jungpaläolithikums in Osteuropa« in *Palast und Hütte*, Mainz 1982.
Ndagala, D. K.: »Free or Doomed? Images of the Hadzabe Hunters and Gatherers of Tanzania« in *Hunters and Gatherers*, ed. T. Ingold et al., Bd. I, Oxford 1988.
Nead, L.: *Myths of Sexuality*, Oxford 1988.
–: *The Female Nude*, London 1992.
Needham, R.: Brief vom 25. Oktober 1986.
Nelson, E. W.: »The Eskimo About Bering Strait«, *18th Annual Report of the Bureau of American Ethnology*, Washington 1899.
Nelson, N.: »Selling Her Kiosk«: Kikuyu Notions of Sexuality and Sex for Sale in Mathare Valley, Kenya« in *The Cultural Construction of Sexuality*, ed. P. Caplan, London 1987.
Nepali, G. S.: *The Newars*, Bombay 1965.
Néret, G.: *Les dessous de la PUB*, Toulouse 1986.
–: *Erotik in der Kunst des 20. Jahrhunderts*, Köln 1992.
Neuhaus, P. K.: *Beiträge zur Ethnographie der Pala, Mittel-Neu Irland*, Köln 1962.
Neuloh, O./W. Zilius: *Die Wandervögel*, Göttingen 1982.

Neumann, F.: »Kleidervorschriften« in *Bilder-Lexikon Sexualwissenschaft*, Wien 1930.

Neuville, J.: *La condition ouvrière au XIXe siècle*, Bd. I, Bruxelles 1976.

Nevadomsky, J.: »Changing Patterns of Marriage, Family, and Kinship Among the East Indians in Rural Trinidad«, *Anthropos* 1983.

Nevermann, H.: *Admiralitäts-Inseln*, Hamburg 1934.

Newall, V.: »The Black Outsider: Racist Images in Britain« in *Folklore Studies in the 20th Century*, ed. V. Newall, Bury St. Edmunds 1980.

Newman, P. L.: *Knowing the Gururumba*, New York 1965.

Newton, N.: »Breast Feeding«, *Psychology Today*, June 1968.

–: »Interrelationships Between Sexual Responsiveness, Birth, and Breast Feeding« in *Contemporary Sexual Behavior*, ed. J. Zubin/J. Money, Baltimore 1973.

Newton, S. M.: *Fashion in the Age of the Black Prince*, Woodbridge 1980.

Niebuhr, C.: *Reisebeschreibung nach Arabien und anderen umliegenden Ländern*, Bd. I, Kopenhagen 1774.

Niederer, A.: »Beschämung, Lob und Schadenfreude: Hand- und Fingergebärden« in *Fest und Brauch*, ed. D. Wunderlin, Liestal 1989.

Niesner, E.: »Nachfrage der Männer« in *Frauenhandel und Prostitutionstourismus*, München 1990.

Niestroj, B. H. E.: »Moderne Individualität und gesellschaftliche Isolierung von Mutter und Kind«, *Feministische Studien* 1985.

Nietzsche, F.: *Werke*, ed. G. Colli/M. Montinari, Bd. VI. 2, Berlin 1968.

Nimmo, H. A.: »Bajau Sex and Reproduction«, *Ethnology* 1970.

Nixdorff, H.: »Körperbild und Kleid« in *Textilunterricht in europäischer Dimension*, ed. M. Herzog/W. Royl, Hohengehren 1992.

Nizhoní, M.: *Ich liebe meine indianischen Wege*, Aachen 1990.

Nödl, C.: *Das unromantische Biedermeier*, Wien 1987.

Noma, S.: *Japanese Costume and Textile Arts*, Tōkyō 1974.

Nomura, M.: »Remodelling the Japanese Body« in *Culture Embodied*, ed. M. Moerman/M. Nomura, Osaka 1990.

Norbeck, E.: *Takashima*, Salt Lake City 1954.

Norton, M. B.: *Liberty's Daughters*, Boston 1980.

Nowotny, H.: »Fare il tempo«, *Rassegna Italiana di Sociologia* 1991.

Nübel, O.: *Mittelalterliche Beginen- und Sozialsiedlungen in den Niederlanden*, Tübingen 1970.

Nuys-Henkelmann, C. de: »Moderne Zeiten: Der Verlust der Gemütlichkeit« in *Die Kultur unseres Jahrhunderts 1918-1933*, ed. H. Hoffmann/H. Klotz, Düsseldorf 1993.

Oates, L.: »Emily Margaret Horneville of the Muruwari« in *Fighters and Singers*, ed. I. White et al., Sydney 1985.

Oberg, K.: »Crime and Punishment in Tlingit Society« in *Indians of the North Pacific Coast*, ed. T. McFeat, Seattle 1966.

Obernhöfer, D.: *Von der Einsamkeit des Menschen in der modernen amerikanischen Gesellschaft*, Freiburg 1961.

Oberzill, G. H.: *Die bewußten Demoiselles*, Wien 1984.

O'Flaherty, W. D.: *Women, Androgynes and Other Mythical Beasts*, Chicago 1980.
O'Grady, R.: *Gebrochene Rosen*, Unkel 1992.
O'Hanlon, M.: *Reading the Skin*, London 1989.
Ojoade, J. O.: »The White Man in African Proverbial Sayings« in *Folklore Studies in the 20th Century*, ed. V. Newall, Bury St. Edmunds 1980.
Okely, J.: *The Traveller-Gypsies*, Cambridge 1983.
Olajubu, O.: »References to Sex in Yoruba Oral Literature«, *Journal of American Folklore* 1972.
Olbrich, H./H. Möbius: *Holländische Malerei des 17. Jahrhunderts*, Leipzig 1990.
Olbricht, I.: *Verborgene Quellen der Weiblichkeit*, Stuttgart 1985.
Oldenburg, V. T.: »Lifestyle as Resistance: The Case of the Courtesans of Lucknow, India«, *Feminist Studies* 1990.
de Oliveira Marques, A. H.: *Daily Life in Portugal in the Late Middle Ages*, Madison 1971.
Olsen, G. A.: »Das Sexualleben in Grönland«, *Sexualmedizin* 1973.
O'Meara, W.: *Daughters of the Country*, New York 1968.
Omlin, J. A.: *Der Papyrus 55001*, Torino 1973.
O'Neil, H.: *A Vision Shared*, New York 1976.
Opler, M. E.: *An Apache Life-Way*, Chicago 1941.
Oppitz, M.: *Schamanen im Blinden Land*, Frankfurt/M. 1981.
–: »Verwandtschaft im Mythos« in *Ethnologie als Sozialwissenschaft*, ed. E. W. Müller et al., Opladen 1984.
–: Brief vom 20. Februar 1986.
Origo, I.: ›*Im Namen Gottes und des Geschäfts*‹, München 1985.
Osgood, C.: *The Koreans and Their Culture*, New York 1951.
–: *Ingalik Social Culture*, New Haven 1958.
–: *The Chinese*, Tucson 1975.
Ost, H.: »Tizians sogen. ›Venus von Urbino‹ und andere Buhlerinnen« in *Festschrift für Eduard Trier*, ed. J. M. Hofstede/W. Spies, Berlin 1981.
Oswalt, W.: *Napaskiak*, Tucson 1963.
Ottenberg, S.: *Boyhood Rituals in an African Society*, Seattle 1989.
Ottenjann, H.: *Lebensbilder aus dem ländlichen Biedermeier*, Cloppenburg 1984.
van Overbergh, C./E. de Jonghe: *Les Mayombe*, Bruxelles 1907.
Overing, J.: »Personal Autonomy and the Domestication of the Self in Piaroa Society« in *Acquiring Culture*, ed. G. Jahoda/I.M. Lewis, London 1987.

Pachinger, A. M.: *Die Mutterschaft in der Malerei und Graphik*, München 1906.
Pächt, O./D. Thoss: *Französische Schule*, Bd. I, Wien 1974.
Page, G. S.: »The Social Organization of Southern Ontario Nudist Camps« in *Social Deviance in Canada*, ed. W. E. Mann, Vancouver 1971.
Pagenstecher, L.: »Körperassoziationen zum Thema ›lesbische Leiberfahrung‹« in *Von der Auffälligkeit des Leibes*, ed. F. Akashe-Böhme, Frankfurt/M. 1995.

Pallaver, G.: *Das Ende der schamlosen Zeit*, Wien 1987.
Palliser, D.M.: *The Age of Elizabeth*, London 1983.
Pallucchini, R.: *Die venezianische Malerei des 18. Jahrhunderts*, München 1961.
Palmer, W.: »Gender, Violence, and Rebellion in Tudor and Early Stuart Ireland«, *Sixteenth Century Journal* 1992.
Panati, C.: *Parade of Fads, Follies, and Manias*, New York 1991.
Panke-Kochinke, B.: ›*Dienen lerne beizeiten das Weib...*‹, Pfaffenweiler 1990.
Panzer, M.: *Tanz und Recht*, Frankfurt/M. 1938.
Paoli, U.E.: *Die Frau im alten Hellas*, München 1955.
Parent-Duchâtelet, A.: *De la prostitution dans la ville de Paris*, Bruxelles 1838.
Parin, P.: Mündliche Mitteilung vom 21. Oktober 1986.
–: »Der Fortschritt der Menschheit ist eine liegende Spirale«, *taz*, 10. April 1996.
Parry, N.E.: *Lushai Custom*, Shillong 1928.
–: *The Lakhers*, London 1932.
Parsons, F.A.: *The Psychology of Dress*, Garden City 1923.
Pastoureau, M.: *La vie quotidienne en France et en Angleterre au temps des chevaliers de la Table ronde*, Paris 1976.
Patai, R.: *Sitte und Sippe in Bibel und Orient*, Frankfurt/M. 1962.
Paterson, L.M.: *The World of the Troubadours*, Cambridge 1993.
Patlagean, E.: »L'histoire de la femme déguisée en moine et l'évolution de la sainteté féminine à Byzance«, *Studi medievali* 1976.
Pauli, W.: »»Brüste um Brüste – Möse um Möse«: Zorro Duerr reitet weiter«, *Kommune* 11, 1993.
Pavan, E.: »Police des mœurs, société et politique à Venise à la fin du Moyen Age«, *Revue Historique* 1980.
Pavillon, M.: *La femme illustrée des années 20*, Lausanne 1986.
Payer, P.J.: »Early Medieval Regulations Concerning Marital Sexual Relations«, *Journal of Medieval History* 1980.
Peal, S.E./K. Klemm: »Ein Ausflug nach Banpara«, *Zeitschrift für Ethnologie* 1898.
Pearsall, R.: *The Worm in the Bud*, Toronto 1969.
–: *Tell Me, Pretty Maiden*, Exeter 1981.
Pearson, L.E.: *Elizabethans at Home*, Stanford 1957.
Pechuel-Loesche, E.: »Indiscretes aus Loango«, *Zeitschrift für Ethnologie* 1878.
Peck, W.H.: *Drawings From Ancient Egypt*, London 1978.
Peets, L.: *Women of Marrakech*, London 1988.
Peiss, K.: *Cheap Amusements*, Philadelphia 1986.
Peithmann, I.M.: *The Unconquered Seminole Indians*, St. Petersburg 1957.
Pekridou-Gorecki, A.: *Mode im antiken Griechenland*, München 1989.
Penning, L.M.: *Kulturgeschichtliche und sozialwissenschaftliche Aspekte des Ekels*, Mainz 1984.
Penzer, M.M.: *Poison-Damsels*, London 1952.
Pepys, S.: *The Diary*, ed. R. Latham/W. Matthews, London 1970 ff.

Pernoud, G./S. Flaissier: *Die Französische Revolution in Augenzeugenberichten*, München 1976.
Perrot, P.: »Le jardin des modes« in *Misérable et glorieuse*, ed. J.-P. Aron, Paris 1980.
–: *Les dessus et les dessous de la bourgeoisie*, Bruxelles 1984.
Perry, M. E.: »The ›Nefarious Sin‹ in Early Modern Seville« in *The Pursuit of Sodomy*, ed. K. Gerard/G. Hekma, New York 1989.
Perry, R.: »Colonizing the Breast« in *Forbidden History*, ed. J. C. Fout, Chicago 1992.
Peschel, O.: *Völkerkunde*, Leipzig 1877.
Peter Prince of Greece & Denmark: *A Study of Polyandry*, The Hague 1963.
Peters, H. J.: *Der Maler und sein Modell*, München 1971.
Petitfrère, C.: *L'Œuil du Maître*, Bruxelles 1986.
Petronius: *Satyricon*, ed. W. Heinse, Frankfurt/M. 1980.
Petry, C.: *Geschlossene Gesellschaft*, Bremen 1995.
Pfandl, L.: *Spanische Kultur und Sitte des 16. und 17. Jahrhunderts*, Kempten 1924.
Pfeifer, I.: *Bodywear des 20. Jahrhunderts*, München 1996.
Pfeiffer, H.: *Berlin – Zwanziger Jahre*, Berlin 1961.
Pflug, J. B.: *Aus der Räuber- und Franzosenzeit Schwabens*, ed. M. Zengerle, Weißenhorn 1975.
Philipp, C. G.: »Zwischen Scham und Schaulust« in *Bilderlust*, ed. U. Domröse et al., Heidelberg 1991.
Picard, C.: »Die Große Mutter von Kreta bis Eleusis«, *Eranos-Jahrbuch* 1938.
Pignède, B.: *Les Gurungs*, Paris 1966.
Pike, E. R.: »Women of the Yoshiwara« in *The World's Strangest Customs*, London 1966.
Pike, E. R.: ›Golden Times‹, New York 1967.
–: *Human Documents of the Victorian Golden Age (1850-1875)*, London 1967.
Pinkus, K.: *Bodily Regimes*, Minneapolis 1995.
Piponnier, F.: *Costume et vie sociale: la cour d'Anjou XIVe – XVe siècle*, Paris 1970.
Piquereddu, P.: »Pizzi e ricami nel costume della Sardegna« in *Il Merletto nel folklore Italiano*, ed. D. D. Poli, Venezia 1990.
Pivar, D. J.: *Purity Crusade: Sexual Morality and Social Control, 1868-1900*, Westport 1973.
Platter, T./F. Platter: *Zwei Autobiographien*, ed. D. A. Fechter, Basel 1840.
Plessen, M.-L./P. v. Zahn: *Zwei Jahrtausende Kindheit*, Köln 1979.
Ploß, H.: »Die ethnographischen Merkmale der Frauenbrust«, *Archiv für Anthropologie* 1872.
Ploss, H./M. Bartels: *Das Weib in der Natur- und Völkerkunde*, Leipzig 1908.
Plutat-Zeiner, H.: »Französische Revolution, Directoire und Empire« in *Die Frisur*, ed. M. Jedding-Gesterling/G. Brutscher, München 1988.
Pörksen, U.: »Vom pseudowissenschaftlichen Jargon«, *Neue Rundschau* 1974.

Polaczek, D.: *Gebrauchsanweisung für Italien*, München 1988.
Poll, S.: »The Hasidic Community« in *Dress, Adornment, and the Social Order*, ed. M. E. Roach / J. B. Eicher, New York 1965.
Pollock, G.: »Feminism / Foucault – Surveillance / Sexuality« in *Visual Culture*, ed. N. Bryson et al., Hanover 1994.
Pollock, J. L.: *Knowledge and Justification*, Princeton 1974.
Pollock, L.: *A Lasting Relationship: Parents and Children Over Three Centuries*, London 1986.
Polykrates, G.: *Menschen von gestern*, Wien 1984.
Porter, R.: »A Touch of Danger: The Man-Midwife as Sexual Predator« in *Sexual Underworlds of the Enlightenment*, ed. G. S. Rousseau / R. Porter, Manchester 1987.
Portier, L.: *Le pélican*, Paris 1984.
Portmann, M.-L.: *Die Darstellung der Frau in der Geschichtsschreibung des früheren Mittelalters*, Basel 1958.
Posern-Klett, Dr. v.: »Frauenhäuser und freie Frauen in Sachsen«, *Archiv für die Sächsische Geschichte* 1874.
Postma, J. M.: *The Dutch in the Atlantic Slave Trade 1600-1815*, Cambridge 1990.
Powell, J. W.: *Anthropology of the Numa*, ed. D. D. Fowler / C. S. Fowler, Washington 1971.
Powers, M. N.: *Oglala Women*, Chicago 1986.
Powers, W. K.: Brief vom 4. März 1987.
van Praag, S.: *Sexualiteit en huwelijk bij de volkeren der aarde*, Amsterdam 1933.
Pramann, U.: *Ich schenk dir einen Kuß*, München 1988.
Prasad, S.: »Karnataka: A Naked Defiance«, *India Today*, 15. April 1986.
Preuschoff, B.: »Kindheit im Mittelalter«, *Damals* 1989.
Preuß, J.: *Biblisch-talmudische Medizin*, Berlin 1923.
Probst, P.: »Omais Erben«, *Historische Anthropologie* 1994.
Prodinger, F. / R. R. Heinisch: *Gewand und Stand*, Salzburg 1983.
Properz: *Gedichte*, ed. R. Helm, Berlin 1986.
Prunner, G.: Brief vom 30. Mai 1985.
Pucher, R. J.: »›Ich spürte, daß ich ein Fremder war, ein angenommener Bue‹« in *Knechte*, ed. N. Ortmayr, Wien 1992.
Pugatsch, D.: »Ein zürcherischer Hoffartserlaß aus dem 14. Jahrhundert«, *Forschungen zur Rechtsarchäologie und Rechtlichen Volkskunde* 1987.
Pugh, M.: *Women and the Women's Movement in Britain 1914-1959*, Houndmills 1992.
Puntillo, E.: »A Craft For Christmas«, *Italy* 6, 1993.

de Queiroz, M. I. P.: *Carnaval brésilien*, Paris 1992.
Quezada, N.: »The Inquisition's Repression of Curanderos« in *Cultural Encounters*, ed. M. E. Perry / A. J. Cruz, Berkeley 1991.

Rabenalt, A. M.: *Theater ohne Tabu*, Emsdetten 1970.
Rachewiltz, B. de: *Schwarzer Eros*, Stuttgart 1965.
Radcliffe-Brown, A. R.: *The Andaman Islanders*, Cambridge 1922.

Raeithel, G.: *Geschichte der nordamerikanischen Kultur*, Bd. III, Weinheim 1989.
Rätsch, C.: Brief vom 5. Juni 1986.
Rätsch, C./H.J. Probst: »Ökologische Perspektiven von Sexualität und Hygiene bei den Maya«, *Ethnologia Americana* 1985.
Raghunáthji, K.: *Pátáne Prabhus*, Bombay 1879.
Ragotzky, H.: »Der Bauer in der Narrenrolle« in *Typus und Individualität im Mittelalter*, ed. H. Wenzel, München 1983.
Rainey, R.: »Dressing Down the Dressed-Up: Reproving Feminine Attire in Renaissance Florence« in *Renaissance Society and Culture*, ed. J. Monfasani/E.F. Rice, New York 1991.
Ram, K.: *Mukkuvar Women*, London 1991.
Randall, R.: *The Model Wife, Nineteenth-Century Style*, London 1989.
Rangoonwalla, F.: *A Pictorial History of Indian Cinema*, London 1979.
Ranum, O.: »Les refuges de l'intimité« in *Histoire de la vie privée*, ed. P. Ariès/G. Duby, Bd. III, Paris 1986.
Rao, B.R.: »Bath in Ayurveda, Yoga and Dharmaśāstra«, *Bulletin of the Indian Institute of History of Medicine* 1982.
Rao, C.H.: »The Irulans of the Gingee Hills«, *Anthropos* 1911.
Raphael, D./F. Davis: *Only Mothers Know: Patterns of Infant Feeding in Traditional Cultures*, Westport 1985.
de Ras, M.: »Die Heilige Insel«, *Jahrbuch des Archivs der deutschen Jugendbewegung* 1985.
–: »›Wenn der Körper restlos rhythmisch ist und hemmungslos innerviert ...‹« in *Schock und Schöpfung*, ed. W. Bucher/K. Pohl, Darmstadt 1986.
–: *Körper, Eros und weibliche Kultur*, Pfaffenweiler 1988.
Rasmussen, S.J.: »Veiled Self, Transparent Meanings: Tuareg Headdress as a Social Expression«, *Ethnology* 1991.
Rauck, M.J.B./G. Volke/F.R. Paturi: *Mit dem Rad durch zwei Jahrhunderte*, Aarau 1979.
Raudszus, G.: *Die Zeichensprache der Kleidung*, Hildesheim 1985.
Raulff, U.: Kommentar zu Duerrs *Intimität*, Bayerisches Fernsehen, 23. Januar 1991.
Raum, O.F.: »Female Initiation Among the Chaga«, *American Anthropologist* 1939.
–: *Chaga Childhood*, London 1940.
–: *The Social Functions of Avoidances and Taboos Among the Zulu*, Berlin 1973.
–: Brief vom 24. März 1986.
Rawls, J.L.: *Indians of California*, Norman 1984.
Ray, D.J.: »Bering Strait Eskimo« in *Handbook of North American Indians*, Bd. 5, ed. D. Damas, Washington 1984.
Ray, P.C.: *Socio-Cultural Process and Psychological Adaptation of the Santal*, Kalkutta 1975.
Rearick, C.: *Pleasures of the Belle Epoque*, New Haven 1985.
Redfield, R./A. Villa Rojas: *Chan Kom*, Washington 1934.
Reed, W.A.: *Negritos of Zambales*, Manila 1904.

Rehberg, K.-S.: »Mythenjäger unter sich: Zur Elias-Duerr-Debatte«, *Psychologie heute*, Dezember 1991.

–: »Einleitung« in *Norbert Elias und die Menschenwissenschaften*, ed. K.-S. Rehberg, Frankfurt/M. 1996.

Reichert, R.: »Euphemismus und Zensur« in *Das Bad*, ed. S. Mattl-Wurm/ U. Storch, Wien 1991.

Rein, A.: *Tempeltanz auf Bali*, Münster 1994.

Reitzenstein, F. v.: *Das Weib bei den Naturvölkern*, Berlin o. J.

Retberg, R. v.: *Kulturgeschichtliche Briefe*, Leipzig 1865.

Reuter, T.: »Von Lichtfreunden und Sonnenmenschen« in *Schock und Schöpfung*, ed. W. Bucher/K. Pohl, Darmstadt 1986.

Rexford, N.: »Clothing and Personal Adornment« in *Encyclopedia of American Social History*, ed. M. K. Cayton et al., New York 1993.

Reynolds, G.: *Wallace Collection Catalogue of Miniatures*, London 1980.

Reynolds, V.: »Offene Gruppen in der Evolution der Hominiden« in *Evolutionstheorie und Verhaltensforschung*, ed. W. Schmidbauer, Hamburg 1974.

Rheinwald, O.: »Die nichtchinesischen Stämme Südchinas«, *Mitteilungen der Deutschen Gesellschaft für Natur- und Völkerkunde Ostasiens* 1942.

Rhode, D. L.: *Justice and Gender*, Cambridge 1989.

Ribeiro, A.: *Dress in Eighteenth-Century Europe*, London 1984.

–: *The Dress Worn at Masquerades in England, 1730 to 1790*, New York 1984.

–: *Dress and Morality*, London 1986.

–: *Fashion in the French Revolution*, London 1988.

–: *The Art of Dress*, New Haven 1995.

Ribeiro, J. U.: »Wo der Blick ins Leere geht«, *Die Zeit* 41, 1991.

Ribo, É.-E.-R.: *Nudisme*, Bordeaux 1931.

Rice, S. P.: *Occasional Essays on Native South Indian Life*, London 1901.

Ridley, J.: *Elisabeth I.*, Zürich 1990.

Riedel, J. G. F.: »Galela und Tobeloresen«, *Zeitschrift für Ethnologie* 1885.

Riederer, M.: *Wie Mode Mode wird*, München 1962.

Ringler, M.: *Psychologie der Geburt im Krankenhaus*, Weinheim 1985.

Robarchek, C. A./R. K. Dentan: »Blood Drunkenness and the Bloodthirsty Semai: Unmaking Another Anthropological Myth«, *American Anthropologist* 1987.

Robers de Blois: »Le Chastiement des Dames« in *Fabliaux et contes des poètes françois*, ed. Barbazon, Paris 1808.

Roberts, M. L.: »Samson and Delilah Revisited: The Politics of Women's Fashion in 1920s France«, *American Historical Review* 1993.

Robertson, C. E.: »The *māhū* of Hawaii«, *Feminist Studies* 1989.

Robiquet, J.: *La vie quotidienne au temps de Napoléon*, Paris 1946.

Roche, D.: *The People of Paris*, Leamington Spa 1987.

Rocke, M. J.: »Sodomites in Fifteenth-Century Tuscany« in *The Pursuit of Sodomy*, ed. K. Gerard/G. Hekma, New York 1989.

Rodenberg, C.: »Aus dem Kieler Leben im 14. und 15. Jahrhundert« in *Aus Kiels Vergangenheit und Gegenwart*, ed. A. Gloy, Kiel 1925.

Rodenberg, J.: *Die Insel der Heiligen*, Bd. II, Berlin 1860.

Rodocanachi, E.: *La femme italienne à l'époque de la Renaissance*, Paris 1907.
Röhl, M.: *Sexualberatung*, Niedernhausen 1978.
Rökk, M.: *Herz mit Paprika*, Berlin 1974.
Röwer-Döhl, R.: »Die Frau im antiken Griechenland« in *Waren sie nur schön?*, ed. B. Schmitz/U. Steffgen, Mainz 1989.
Róheim, G.: »Women and Their Life in Central Australia«, *Journal of the Royal Anthropological Institute* 1933.
–: *Children of the Desert*, New York 1974.
–: *Psychoanalyse und Anthropologie*, Frankfurt/M. 1977.
Rohr, J.B. v.: *Einleitung zur Ceremonial-Wissenschaft der Privat-Personen*, Berlin 1728.
Roland, M.-J.: *Memoiren aus dem Kerker*, ed. I. Riesen, Zürich 1987.
Romain, M.: »Die Mondgöttin der Maya und ihre Darstellung in der Figurinenkunst«, *Baessler-Archiv* 1988.
Ronge, V.: Brief vom 7. Mai 1987.
Ronig, F.J.: »Zum theologischen Gehalt des Bildes der stillenden Muttergottes« in *Die Gottesmutter*, Bd. I, ed. L. Küppers, Recklinghausen 1974.
Roscoe, J.: »The Bahima«, *Journal of the Anthropological Institute of Great Britain and Ireland* 1907.
–: *The Bakitara or Banyoro*, Cambridge 1923.
Rose, C.: *Children's Clothes Since 1750*, London 1989.
Rose, P.: *Josephine Baker*, Wien 1990.
Rose, S.: »Sexual Pride and Shame in Lesbians« in *Lesbian and Gay Psychology*, ed. B. Greene/G.M. Herek, Thousand Oaks 1994.
Rosenbaum, R.: »Die Tirolerin in der deutschen Litteratur des 18. Jahrhunderts«, *Zeitschrift für Kulturgeschichte* 1898.
Rosenblum, R.: »Caritas Romana After 1760: Some Romantic Lactations« in *Woman as Sex Object*, ed. T.B. Hess/L. Nochlin, London 1973.
Rosenfeld, D.: »Discoveries at the Rhode Island School of Design Museum«, *Sculpture Review*, Summer 1994.
Rosenthal, C.O.: »Zur geburtshilflich-gynäkologischen Betätigung des Mannes bis zum Ausgange des 16. Jahrhunderts«, *Janus* 1923.
Rossiaud, J.: *Dame Venus*, München 1989.
Roth, F.O.: »Kärntner Bauern im Urteil der ›aufgeklärten‹ Obrigkeit«, *Carinthia* 1970.
–: »Mode, Tracht und Sitte in Südkärnten anno 1755«, *Blätter für Heimatkunde* 1976.
Roth, W.: *Der Dokumentarfilm seit 1960*, München 1982.
Rother, A.: »Das Damenfahren« in *Der Radfahrsport*, ed. P. v. Salvisberg, München 1897.
Rouch, J.: *Les Songhay*, Paris 1954.
Rouse, I.: *The Tainos*, New Haven 1992.
Rousseau, J.-J.: *Bekenntnisse*, ed. E. Hardt, Berlin 1907.
–: *Emil oder Über die Erziehung*, ed. L. Schmidts, Paderborn 1981.
Rowbotham, J.: *Good Girls Make Good Wives*, Oxford 1989.
Rowdon, M.: *The Fall of Venice*, London 1970.
Rowland-Warne, L.: *Kleidung & Mode*, Hildesheim 1992.

Rowley-Conwy, P.: »Sedentary Hunters: The Ertebølle Example« in *Hunter-Gatherer Economy in Prehistory*, ed. G. Bailey, Cambridge 1983.
Rubens, A.: *A History of Jewish Costume*, London 1973.
Rudeck, W.: *Geschichte der Öffentlichen Sittlichkeit*, Berlin 1905.
Rudofsky, B.: *Sparta/Sybaris*, Salzburg 1987.
Rudolph, M.: *Die Prostitution der Frauen der taiwanesischen Bergminderheiten*, Münster 1993.
Rugh, A. B.: *Reveal and Conceal: Dress in Egypt*, Syracuse 1986.
Rugoff, M.: *Prudery & Passion*, London 1972.
Ruhela, S. P.: *The Gaduliya Lohar in Rajasthan*, New Delhi 1968.
Rump, P.: *Bali und Lombok*, Bielefeld 1984.
Rutschky, K.: »Der cf-Schutzwall: Zum dritten Mal versucht Duerr eine Attacke auf Norbert Elias«, *Die Zeit*, 27. August 1993.
Rutter, O.: *The Pagans of North Borneo*, London 1929.
Ryan, M. P.: *Womanhood in America*, New York 1975.
Ryle, J.: *Krieger des Weißen Nils*, Amsterdam 1982.

Sabean, D. W.: *Power in the Blood*, Cambridge 1984.
Sablonier, R.: »Die aragonesische Königsfamilie um 1300« in *Emotionen und materielle Interessen*, ed. H. Medick/D. Sabean, Göttingen 1984.
Sachchidananda, Dr.: *Culture and Change in Tribal Bihar*, Kalkutta 1964.
Sahi, J.: *The Child and the Serpent*, London 1980.
Sahlins, M.: *Stone Age Economics*, Chicago 1972.
Saïd, R.: Mündliche Mitteilung vom 1. März 1990.
Saint-Laurent, C.: *Histoire imprévue des dessous féminins*, Paris 1986.
Saint-Simon, L. de: *Mémoires*, ed. Y. Coirault, Paris 1983.
Saito, E.: *Die Frau im alten Japan*, Leipzig 1989.
Salgado, G.: *The Elizabethan Underworld*, Totowa 1977.
Salmon, M.: »The Cultural Significance of Breastfeeding and Infant Care in Early Modern England and America«, *Journal of Social History* 1994.
Salmond, A.: *Two Worlds*, Auckland 1991.
Salutin, M.: »Stripper Morality« in *The Sexual Scene*, ed. J. H. Gagnon/W. Simon, New Brunswick 1973.
Salz, C. G.: *La pintura colonial en el Museo de América*, Bd. I, Madrid 1980.
Salzmann, C. G.: *Moralisches Elementarbuch*, Leipzig 1785.
Sameh, W.: *Leben im alten Ägypten*, München 1980.
Samson, J.: *Amarna*, Warminster 1978.
Santandrea, S.: »Jur-Luo Texts and Comments«, *Anthropos* 1977.
Sanyal, C. C.: *The Rajbansis of North Bengal*, Kalkutta 1965.
Sarasin, P.: »Die Gretchenfrage der Ethnologie: Dritte Runde im Streit Duerrs mit Elias' Theorie«, *Basler Zeitung*, 21. August 1993.
Sarlin, C. N.: »Masturbation, Culture, and Psychosexual Development« in *Masturbation*, ed. I. M. Marcus/J. J. Francis, New York 1975.
Sauer, S.: *Gottes streitbare Diener für Amerika*, Pfaffenweiler 1992.
Schadenberg, A.: »Die Bewohner von Süd-Mindanao und der Insel Samal«, *Zeitschrift für Ethnologie* 1885.
Schafer, E. H.: »Ritual Exposure in Ancient China«, *Harvard Journal of Asiatic Studies* 1951.

Schaposchnikowa, L. W.: *Wege im Dschungel*, Leipzig 1970.
Schefold, R.: Brief vom 19. August 1986.
Schelle, K.: *Die Sforza*, Stuttgart 1980.
Schenz, V.: »Gedankenfreiheit ist nicht korrekt«, *Süddeutsche Zeitung*, 19. Juni 1995.
Scherer, J. H.: »The Ha of Tanganyika«, *Anthropos* 1959.
Scheurle, A.: *Wangen im Allgäu*, Allensbach 1974.
Schewe, J.: *Unserer lieben Frauen Kindbett*, Kiel 1958.
Schiebinger, L.: *Nature's Body*, Boston 1993.
Schiefenhövel, W.: »Kindliche Sexualität, Tabu und Schamgefühl bei ›primitiven‹ Völkern« in *Die Entwicklung der kindlichen Sexualität*, ed. T. Hellbrügge, München 1982.
Schindler, N.: »Die Ramingsteiner Bettlerhochzeit von 1688/89«, *Historische Anthropologie* 1994.
Schipperges, H.: *Der Garten der Gesundheit*, München 1985.
Schleidt, W. M.: »Protz, Mäßigkeit und Scham« in *Kulturethologie*, ed. M. Liedtke, München 1994.
Schlesier, K. H.: Brief vom 13. Februar 1987.
Schlüter, H.: *Ladies, Lords und Liederjane*, Berlin 1966.
Schlumbohm, J.: *Kinderstuben*, München 1983.
Schmerl, C.: »Frauenfeindliche Werbung« in *Frauenbilder*, ed. A. Tühne/R. Olfe-Schlothauer, Berlin 1980.
–: »Kunst, Kommerz, Kommunikation« in *Frauenzoo der Werbung*, ed. C. Schmerl, München 1992.
Schmid, P.: *Paradies im Drachenschlund*, Stuttgart 1956.
Schmid, P.: »Säugling, Seide, Siff: Frauenleben in Berlin um 1800« in *Frauen im Frankreich des 18. Jahrhunderts*, ed. J. Held, Hamburg 1989.
–: »Sauber und schwach, stark und stillend« in *Von der Auffälligkeit des Leibes*, ed. F. Akashe-Böhme, Frankfurt/M. 1995.
Schmidt, H.: »Neue Nachrichten über Werke des Malers Jürgen Ovens«, *Die Heimat* 1928.
Schmidt, L.: *Volkskunde von Niederösterreich*, Bd. II, Horn 1972.
Schmidt, R.: *Beiträge zur indischen Erotik*, Berlin 1922.
Schmidt-Linsenhoff, V.: *Frauenalltag und Frauenbewegung 1890-1980*, Frankfurt/M. 1981.
Schmitt, C.: *Artistenkostüme*, Tübingen 1993.
Schmitt-Lieb, U.: »Marienbilder aus Slowenien« in *Maria – mater fidelium*, ed. W. Schmitt-Lieb, Kevelaer 1987.
Schneegans, L.: »Die kurze schandbare Tracht des 15. Jahrhunderts zu Straßburg und im Elsasse«, *Zeitschrift für Kulturgeschichte* 1857.
Schneider, K.: Rezension von Hans Peter Duerrs *Frühstück im Grünen*, *Pandämonium* 1, 1996.
Schneider, R. A.: *The Ceremonial City*, Princeton 1995.
Schnitzmeier, J.: »Soziologischer Außenseiter: Über Norbert Elias«, *Neue Gesellschaft* 1988.
Schnucker, R. V.: »Maternal Nursing and Wet-Nursing Among English Puritans« in *Loving, Parenting and Dying*, ed. V. C. Fox/M. H. Quitt, New York 1980.

Schobert, A.: Rezension von Hans Peter Duerrs *Obszönität und Gewalt*, *Das Argument* 1994.
Schoelen, E.: *Erziehung und Unterricht im Mittelalter*, Paderborn 1965.
Schönfeldt, S. Gräfin: *Gewußt wie!*, Dortmund 1986.
—: *1 × 1 des guten Tons*, München 1987.
Scholberg, K. R.: *Spanish Life in the Late Middle Ages*, Chapel Hill 1965.
Scholz, F.: Mündliche Mitteilung vom 13. Mai 1986.
—: Mündliche Mitteilung vom 7. März 1987.
Scholz, R.: »Renaissance (um 1420 bis um 1620)« in *Die Frisur*, ed. M. Jedding-Gesterling / G. Brutscher, München 1988.
Schopenhauer, A.: *Die Welt als Wille und Vorstellung*, ed. P. Deussen, Bd. II, München 1911.
Schott, S.: »Ein Fall von Prüderie aus der Ramessidenzeit«, *Zeitschrift für ägyptische Sprache und Altertumskunde* 1939.
Schrader, J.: *Ich bin deine Pusteblume*, München 1976.
Schramm, P.: *Die Quacksalber*, Taunusstein 1985.
Schraub, I.: *Zwischen Salon und Mädchenkammer*, Hamburg 1992.
Schreiber, G.: *Mutter und Kind in der Kultur der Kirche*, Freiburg 1918.
Schroeder, F.-C.: *Pornographie, Jugendschutz und Kunstfreiheit*, Heidelberg 1992.
Schröter, M.: »Scham im Zivilisationsprozeß: Zur Diskussion mit Hans Peter Duerr« in *Gesellschaftliche Prozesse und individuelle Praxis*, ed. H. Korte, Frankfurt/M. 1990.
—: »Triebkräfte des Denkens bei Norbert Elias«, *Psyche* 1993.
—: »Die harte Arbeit des kreativen Prozesses« in *Norbert Elias und die Menschenwissenschaften*, ed. K.-S. Rehberg, Frankfurt/M. 1996.
Schubert, G.: *Kleidung als Zeichen*, Berlin 1993.
Schubring, P.: *Cassoni*, Leipzig 1923.
Schüppert, H.: »Frauenbild und Frauenalltag in der Predigtliteratur« in *Frau und spätmittelalterlicher Alltag*, ed. H. Appelt, Wien 1986.
Schütze, C.: *Skandal*, Bern 1985.
Schuh, G.: *Inseln der Götter*, Zürich 1956.
Schulien, P.M.: »Kleidung und Schmuck bei den Atchwabo in Portugiesisch-Ostafrika«, *Anthropos* 1926.
Schultz, A.: *Das höfische Leben zur Zeit der Minnesänger*, Leipzig 1889.
—: *Alltagsleben einer Frau zu Anfang des achtzehnten Jahrhunderts*, Leipzig 1890.
—: *Deutsches Leben im XIV. und XV. Jahrhundert*, Wien 1892.
—: *Das häusliche Leben der europäischen Kulturvölker*, München 1903.
Schultz, P.: *Die erotischen Motive in den deutschen Dichtungen des 12. und 13. Jahrhunderts*, Greifswald 1907.
Schuppisser, P. W.: »Das Modezentrum Paris« in *Die Mode*, ed. R. König / P. W. Schuppisser, Zürich 1958.
Schurtz, H.: *Grundzüge einer Philosophie der Tracht*, Stuttgart 1891.
—: *Urformen der Kultur*, Leipzig 1900.
Schuster, B.: *Die freien Frauen*, Frankfurt/M. 1995.
Schuster, P.-K.: »Abstraktion, Agitation und Einfühlung« in *Luther und die Folgen für die Kunst*, ed. W. Hofmann, München 1983.

Schuy, J.: »Ehe und Geburt bei den Tolai auf New Britain« in *Carl Laufer MSC, Missionar und Ethnologe auf Neu-Guinea*, ed. H. Janssen et al., Freiburg 1975.

Schuyf, J.: »›Trousers With Flies!‹: The Clothing and Subculture of Lesbians«, *Textile History* 1993.

Schwarzwälder, H./I. Schwarzwälder: *Reisen und Reisende in Nordwestdeutschland*, Bd. I, Hildesheim 1987.

Schweigger, S.: *Zum Hofe des türkischen Sultans*, ed. H. Stein, Leipzig 1986.

Schweizer, G.: *Abkehr vom Abendland*, Hamburg 1986.

Schwering, B.: *Gelobt seist du, Maria*, Freiburg 1987.

Schwind, A.: *Der Mensch war niemals tugendhaft*, Herrenalb 1964.

Scodel, A.: »Heterosexual Somatic Preference and Fantasy Dependency«, *Journal of Consulting Psychology* 1957.

Scott, M.: *Late Gothic Europe, 1400-1500*, London 1980.

Scott, W.H.: »Economic and Material Culture of the Kalingas of Madukayan«, *American Anthropologist* 1958.

Scraton, S.: »›Boys Muscle In Where Angels Fear to Tread‹: Girl's Sub-Cultures and Physical Activities« in *Sport, Leisure and Social Relations*, ed. J. Horne et al, London 1987.

Scutt, R.W.B./C. Gotch: *Art, Sex and Symbol*, South Brunswick 1974.

Seaman, L.C.B.: *Life in Britain Between the Wars*, London 1970.

Séguy, P.: *Histoire des modes sous l'empire*, Paris 1988.

–: »Costume in the Age of Napoleon« in *The Age of Napoleon*, ed. K. le Bourhis, New York 1989.

Seidel, M.: »Ubera Matris«, *Städel-Jahrbuch* 1977.

Seithel, F.: Brief vom 2. Mai 1987.

Selby, H.A.: *Zapotec Deviance*, Austin 1974.

Seler, E.: *Gesammelte Abhandlungen*, Bd. IV, Berlin 1923.

Şeni, N.: »Symbolische Bedeutung der Frauenkleidung um die Jahrhundertwende am Beispiel der Istanbuler Satire« in *Aufstand im Haus der Frauen*, ed. A. Neusel et al., Berlin 1991.

Senior, N.: »Aspects of Infant Feeding in Eighteenth-Century France«, *Eighteenth-Century Studies* 1982.

Sennett, R.: *Verfall und Ende des öffentlichen Lebens*, Frankfurt/M. 1983.

–: *Civitas*, Frankfurt/M. 1991.

Service, E.R.: »The Ghosts of Our Ancestors« in *Primitive Worlds*, ed. R.L. Breeden et al., Washington 1973.

–: *Ursprünge des Staates und der Zivilisation*, Frankfurt/M. 1977.

Shakespeare, T.: *The Sky People*, New York 1971.

Shanor, K.: *Verschwiegene Träume*, Berlin 1979.

Sharma, M./U. Vanjani: »The Political Economy of Reproductive Activities in a Rajasthan Village« in *Gender and Political Economy*, ed. A.W. Clark, Delhi 1993.

Shashi, S.S.: *The Nomads of the Himalayas*, Delhi 1979.

Shaw, M.: »Material Culture« in *The Bantu-speaking Peoples of Southern Africa*, ed. W.D. Hammond-Tooke, London 1974.

Shaw, W.: *Notes on the Thadou Kukis*, Kalkutta 1928.

Sheehan, J.J.: *German History 1770-1866*, Oxford 1989.

Shemek, D.: »Circular Definitions: Configuring Gender in Italian Renaissance Festival«, *Renaissance Quarterly* 1995.
Shimada, S.: *Grenzgänge, Fremdgänge*, Frankfurt/M. 1994.
Shonagon, S.: *Das Kopfkissenbuch*, ed. M. Watanabe, München 1992.
Shore, B.: »Incest Prohibitions and the Logic of Power in Samoa«, *Journal of the Polynesian Society* 1976.
–: »Sexuality and Gender in Samoa« in *Sexual Meanings*, ed. S. B. Ortner/H. Whitehead, Cambridge 1981.
Shorter, E.: *Die Geburt der modernen Familie*, Reinbek 1977.
–: *Der weibliche Körper als Schicksal*, München 1984.
–: *From the Mind into the Body*, New York 1994.
Shostak, M.: »A !Kung Woman's Memories of Childhood« in *Kalahari Hunter-Gatherers*, ed. R.B. Lee/I. DeVore, Cambridge 1976.
Siberts, B.: *Nothing But Prairie and Sky*, ed. W. D. Wyman, Norman 1954.
Sich, D.: Brief vom 25. März 1987.
Sichtermann, B.: »Über die verlorene Erotik der Brüste« in *Weiblichkeit*, Berlin 1983.
Siebold, P.F. v.: *Nippon*, Bd. I, Berlin 1897.
Sielert, U.: »›Ohne so'n zärtliches Kuscheln zur Sache kommen‹« in *Jugendsexualität*, ed. F. Herrath/U. Sielert, Wuppertal 1990.
Sievers, K.D.: *Volkskultur und Aufklärung im Spiegel der Schleswig-Holsteinischen Provinzialberichte*, Neumünster 1970.
Silmon, P.: *Der Bikini*, Kehl 1986.
de Silva, R. K./W. G. M. Beumer: *Illustrations and Views of Dutch Ceylon 1602-1796*, Leiden 1988.
Silver, L.: »Figure nude, historie e poesie‹ Jan Gossaert and the Renaissance Nude in the Netherlands«, *Nederlands kunsthistorisch Jaarboek* 1986.
Silverstein, M.: »Chinookans of the Lower Columbia« in *Handbook of North American Indians*, Bd. 7, ed. W. Suttles, Washington 1990.
Simmel, G.: *Soziologie*, Leipzig 1908.
–: *Brücke und Tor*, Stuttgart 1957.
Simon-Muscheid, K.: »Randgruppen, Bürgerschaft und Obrigkeit: Der Basler Kohlenberg, 14.-16. Jahrhundert« in *Spannungen und Widersprüche*, ed. S. Burghartz et al., Sigmaringen 1992.
Simons, G. L.: *Sex and Superstition*, London 1973.
Sinn, D./R. Sinn: *Der Alltag in Preußen*, Frankfurt/M. 1991.
Sisk, J.P.: »The Dialectics of Nudity«, *The Georgia Review* 1986.
Skowronek, F. M.: ›Eigene‹ und ›fremde‹ *Kultur in der Kontroverse zwischen Duerr und Elias*, Göttingen 1992.
Sladek, M.: *Alexander von Bernus*, Nürnberg 1981.
Slater, M.K.: *African Odyssey*, Garden City 1976.
Smith, A. G.: *William Cecil*, London 1934.
Smith, M.: *A Physician at the Court of Siam*, London 1947.
Smith, M. P.: *The City and Social Theory*, Oxford 1980.
Smith, W.C.: *The Ao Naga-Tribe of Assam*, London 1925.
Snoy, P.: Mündliche Mitteilung vom 17. April 1986.
Sobel, M.: *The World They Made Together*, Princeton 1987.
Solé, J.: *Liebe in der westlichen Kultur*, Frankfurt/M. 1979.

Sommer, V.: *Lob der Lüge*, München 1992.
Somogyi, T.: *Die Schejnen und die Prosten*, Berlin 1982.
Sophie v. Hannover: *Briefe an die Raugräfinnen und Raugrafen zu Pfalz*, ed. E. Bodemann, Leipzig 1888.
Southey, R.: *Mr. Rowlandson's England*, Woodbridge 1985.
Spannaus, G.: »Streiflichter aus dem Leben der Kinder und Jugendlichen bei den Ndau Südost-Afrikas«, *Tribus* 1951.
Spencer, H.: *Essays Scientific, Political & Speculative*, Bd. III, London 1891.
–: *The Principles of Sociology*, Bd. I, London 1904.
Spencer, P.: *The Maasai of Matapato*, Bloomington 1988.
Spencer, R.F.: *The North Alaskan Eskimo*, Washington 1959.
Spier, L.: *Havasupai Ethnography*, New York 1928.
Spiess, D.: *Le peintre et l'enfant*, Lausanne 1990.
Spiro, M.E.: *Kinship and Marriage in Burma*, Berkeley 1977.
Spittler, G.: »Lebensalter und Lebenslauf bei den Tuareg« in *Im Lauf der Zeit*, ed. G. Elwert et al., Saarbrücken 1990.
Spöttel, M.: *Die ungeliebte ›Zivilisation‹*, Frankfurt/M. 1995.
Sponsel, L.E.: »The Mutual Relevance of Anthropology and Peace Studies« in *The Anthropology of Peace and Nonviolence*, ed. L.E. Sponsel/T. Gregor, London 1994.
Springer-Kremser, M.: »Die erotische Bedeutung der Brust«, *Sexualmedizin* 1985.
Srinivas, M.N.: *The Remembered Village*, Berkeley 1976.
Srisavasdi, B.C.: *The Hill Tribes of Siam*, Bangkok 1963.
Šroňková, O.: *Die Mode der gotischen Frau*, Prag 1954.
Staal, J.: »The Dusuns of North Borneo«, *Anthropos* 1924.
Staehelin, E.: *Untersuchungen zur ägyptischen Tracht im Alten Reich*, Berlin 1966.
–: »Arbeitstracht« in *Lexikon der Ägyptologie*, Bd. I, ed. W. Helck/E. Otto, Wiesbaden 1975.
Stanford, W.B./E.J. Finopoulos: *The Travels of Lord Charlemont in Greece & Turkey 1749*, London 1984.
Staring, J.: *F.M. Alexander & N. Elias over civilisatie, zelfsturing en zelfcontrole*, Bd. I, Nijmegen 1992.
Stark, W.: *The Social Bond*, Bd. III, New York 1980.
Steele, V.: *Fashion and Eroticism*, Oxford 1985.
Steiger, R./M. Taureg: »Körperphantasien auf Reisen« in *Das Aktphoto*, ed. M. Köhler/G. Barche, München 1985.
Sterckx, C.: *La tête et les seins*, Saarbrücken 1981.
Stern, M./A. Stern: *Der verklemmte Genosse*, Berlin 1980.
Stevens-Arroyo, A.M.: »The Boundaries of Civilizations in Reality: Duerr's Dreamtime«, *Comparative Civilizations Review* 1991.
Stewart, C.: »The *Exotika*: Greek Values and Their Supernatural Antitheses«, *Arv* 1985.
Stifter, K.F.: *Die dritte Dimension der Lust*, Frankfurt/M. 1988.
Stille, E.: »Zank um die Hosen« in *Kleider und Leute*, ed. C. Spiegel et al., Bregenz 1991.
Stille, E./A. Junker: »Korsettmacher«, *Volkskunst*, Mai 1988.

Stockar, J.: *Kultur und Kleidung der Barockzeit*, Zürich 1964.
Stoll, O.: *Das Geschlechtsleben in der Völkerpsychologie*, Leipzig 1908.
Stolzenberg-Bader, E.: »Das Kulturbild der Frau in medizinischen und anatomischen Abbildungen um die Wende des 18. zum 19. Jahrhundert« in *Aufgaben, Rolle und Räume von Mann und Frau*, Bd. II, ed. J. Martin/ R. Zoeppfel, Freiburg 1989.
Stone, L.: *The Family, Sex and Marriage in England 1500-1800*, London 1977.
–: *Uncertain Unions: Marriage in England 1660-1753*, Oxford 1992.
Stone-Ferrier, L. A.: *Dutch Prints of Daily Life*, Lawrence 1983.
Strachey, L.: *Elizabeth & Essex*, London 1928.
Stracke, J.C.: *Tracht und Schmuck Altfrieslands nach den Darstellungen im Hausbuch des Häuptlings Unico Manninga*, Aurich 1967.
Strasser, P.: *Verbrechermenschen*, Frankfurt/M. 1984.
Stratz, C.H.: *Die Frauen auf Java*, Stuttgart 1897.
–: *Die Frauenkleidung*, Stuttgart 1900.
–: *Die Rassenschönheit des Weibes*, Stuttgart 1902.
–: *Die Körperformen in Kunst und Leben der Japaner*, Stuttgart 1925.
van Strien, C.D.: *British Travellers in Holland During the Stuart Period*, Leiden 1993.
Strobel, M.: *European Women and the Second British Empire*, Bloomington 1991.
Strong, R.C.: *Portraits of Queen Elizabeth I*, Oxford 1963.
–: *The English Renaissance Miniature*, London 1983.
–: *Artists of the Tudor Court*, London 1983.
Strutt, D.H.: *Fashion in South Africa 1652-1900*, Cape Town 1975.
Stübel, H.: *Ein Dorf der Ta-hua Miao in Yünnan*, Hamburg 1954.
Stübel, H./P. Meriggi: *Die Li-Stämme der Insel Hainan*, Berlin 1937.
Sturtevant, E.: *Vom guten Ton im Wandel der Jahrhunderte*, Berlin 1917.
Stutzer, D.: *Wohl gewachsen, munter von Gebärden*, Rosenheim 1979.
Suggs, R. C.: »Sex and Personality in the Marquesas« in *Human Sexual Behavior*, ed. D.S. Marshall/R.C. Suggs, New York 1971.
Suhr, W.: *Der nackte Tanz*, Egestorf 1927.
Suter, K.: »Der Sittenkodex der Mozabiten als Ausdruck ihrer Eigenart«, *Zeitschrift für Ethnologie* 1958.
Svoboda, W. D.: *Modefotos*, Berlin 1980.
de Swaan, A.: »Die Inszenierung der Intimität: Wohnverhältnisse und Familienleben« in *Intimität*, ed. M.B. Buchholz, Weinheim 1989.
Swartz, M.J.: »Sexuality and Aggression on Romonum, Truk«, *American Anthropologist* 1958.
Sydow, K. v.: *Lebenslust*, Bern 1993.
Symons, D.: *The Evolution of Human Sexuality*, New York 1979.
–: »Beauty Is in the Adaptations of the Beholder« in *Sexual Nature, Sexual Culture*, ed. P.R. Abramson/S.D. Pinkerton, Chicago 1995.
Symons, D.Y.: *Costume of Ancient Rome*, London 1987.

Tabboni, S.: *Norbert Elias: Un ritratto intellettuale*, Bologna 1993.
Tacitus: *Germania*, ed. M. Oberbreyer, Leipzig 1910.

al-Ṭahṭāwī, R.: *Tahlīṣ al-ibrīz fī talhīṣ Bārīz*, ed. K. Stowasser, Leipzig 1988.
Talaroc, E. R.: *Tagbanua*, Münster 1994.
Tanner, F.: *Die Ehe im Pietismus*, Zürich 1952.
Taschwer, K.: »Wie Norbert Elias trotzdem zu einem soziologischen Klassiker wurde«, *Amsterdams Sociologisch Tijdschrift* 1994.
Tauern, O. D.: *Patasiwa und Patalima*, Leipzig 1918.
Taylor, L.: *Soldiers of Christ*, Oxford 1992.
Tedeschi, J.: »The Question of Magic and Witchcraft in Two Unpublished Inquisitorial Manuals of the Seventeenth Century«, *Proceedings of the American Philosophical Society* 1987.
–: *The Prosecution of Heresy*, Binghamton 1991.
Temple, E.: *Anglo-Saxon Manuscripts 900-1066*, London 1976.
Tentler, T. N.: *Sin and Confession on the Eve of the Reformation*, Princeton 1977.
Terrell, J. U.: *Apache Chronicle*, New York 1972.
Theuerkauf, G.: »Frauen im Spiegel mittelalterlicher Geschichtsschreibung und Rechtsaufzeichnung« in *Frauen in der Ständegesellschaft*, ed. B. Vogel / U. Weckel, Hamburg 1991.
Thiel, E.: *Geschichte des Kostüms*, Berlin 1963.
–: *Künstler und Mode*, Berlin 1979.
Thompson, L.: *Reminiscences of a Yurok Woman*, Berkeley 1916.
Thornton, L.: *Women as Portrayed in Orientalist Painting*, Paris 1994.
Thurnwald, H.: *Menschen der Südsee*, Stuttgart 1937.
Thurston, E.: *Ethnographic Notes on Southern India*, Madras 1906.
Tichy, H.: »›Pasin‹ oder Wie Damen baden« in *Merianheft Thailand*, Hamburg 1977.
Tiefensee, F.: *Wegweiser durch die chinesischen Höflichkeitsformen*, Tōkyō 1924
Tiemann, G.: »Grundlegende Werte bei den Jāṭ von Haryāṇā in Nordindien« in *Anthropica*, ed. W. Saake, St. Augustin 1968.
Tiger, L. / R. Fox: *Das Herrentier*, München 1973.
Tillema, H. F.: *A Journey Among the Peoples of Central Borneo*, ed. V. T. King, Singapore 1989.
Tilli, K.: »Stillfrequenz, Stilldauer und Abstillgründe«, *psychosozial* 2, 1991.
Tillyard, S.: *Aristocrats*, London 1994.
Titiev, M.: *Old Oraibi*, Cambridge 1944.
–: *The Hopi Indians of Old Oraibi*, Ann Arbor 1972.
Tobias, R.: *Viktorianisches Lesebuch*, Bergisch Gladbach 1985.
Toffin, G.: *Pyangaon*, Paris 1977.
du Toit, B. M.: *Akuna*, Rotterdam 1975.
Torday, E. / T. A. Joyce: »Notes on the Ethnography of the Ba-Yaka«, *Journal of the Anthropological Institute of Great Britain and Ireland* 1906.
Tozer, J. / S. Levitt: *Fabric of Society*, Carno 1983.
Treckel, P. A.: »Breastfeeding and Maternal Sexuality in Colonial America«, *Journal of Interdisciplinary History* 1989.
Trefzer, R.: »Menschen und Graugänse: Zu Hans Peter Duerrs ›Mythos vom Zivilisationsprozeß‹«, *Die Wochenzeitung*, 6. Oktober 1992.

Tremearne, A.J.N.: »Notes on the Kagoro and Other Nigerian Head-Hunters«, *Journal of the Royal Anthropological Institute* 1912.
Trimborn, H.: »Die Erotik in den Mythen von Huarochiri«, *Tribus* 1951.
Trollope, F.: *Domestic Manners of the Americans*, London 1927.
Tsultrem, N.: *The Eminent Mongolian Sculptor Zanabazar*, Ulan Bator 1982.
Tüting, L.: »Trekkingtourismus in Nepal« in ›*Eingeborene*‹ – *ausgebucht*, ed. C. Euler, Gießen 1989.
Tuğlaci, P.: *Osmanli saray kadinlari*, Istanbul 1985.
Turchini, A.: *Pittura ›populare‹: Ex voto dipinti Bergamasca*, Bergamo 1983.
Turke, P.W.: »Effects of Ovulatory Concealment and Synchrony on Protohominid Mating Systems and Parental Roles«, *Ethology and Sociobiology* 1984.
Turnbull, C.M.: *Molimo*, Köln 1963.
–: *The Human Cycle*, London 1985.

Uhlig, B.: *Internationales Freies Theater*, Hamburg 1989.
Ullrich, H. E.: »Caste Differences Between Brahmin and Non-Brahmin Women in a South Indian Village« in *Sexual Stratification*, ed. A. Schlegel, New York 1977.
Ulrichs, C.H.: *Forschungen über das Rätsel der mannmännlichen Liebe*, Bd. V, Leipzig 1898.
Ungewitter, R.: *Die Nacktheit*, Stuttgart 1907.
Unrau, W.E.: *The Kansa Indians*, Norman 1971.
van Ussel, J.: *Sexualunterdrückung*, Reinbek 1970.
–: *Intimität*, Gießen 1979.
Ussher, J.M.: *The Psychology of the Female Body*, London 1989.

Vaczek, L./G. Buckland: *Travelers in Ancient Lands*, Boston 1981.
Valente-Noailles, C.: *The Kua*, Rotterdam 1993.
Valeri, V.: *Kingship and Sacrifice: Ritual and Society in Ancient Hawaii*, Chicago 1985.
Vandersleyen, C.: *Das alte Ägypten*, Berlin 1975.
Vanja, C.: »Zwischen Rosenkränzen und Schnabelschuhen«, *Damals* 1984.
Vanoverbergh, M.: »Negritos of Northern Luzon«, *Anthropos* 1925.
–: »Dress and Adornment in the Mountain Province of Luzon«, *Publications of the Catholic Anthropological Conference*, Washington 1929.
–: »Negritos of Eastern Luzon, Part I«, *Anthropos* 1937; »Part II«, 1938.
–: *The Isneg*, Washington 1938.
Varawa, J.M.: *Nur ein paar Inseln weiter*, Reinbek 1990.
Varga, E.: »Le leggi suntuarie milanesi«, *Archivio storico lombardo* 1898.
Vasudev, A.: *Liberty and Licence in the Indian Cinema*, New Delhi 1978.
Vātsyāyana, M.: *Kāmasūtram*, ed. K. Mylius, Frankfurt/M. 1987.
Vatter, E.: *Ata kiwan*, Leipzig 1932.
Vaughan, A.C.: *The House of the Double Axe*, Garden City 1959.
Vaux de Foletier, F. de: *Le monde des Tsiganes*, Paris 1983.
Vavra, E.: »Überlegungen zum ›Bild der Frau‹ in der mittelalterlichen Ikonographie« in *Frau und spätmittelalterlicher Alltag*, ed. H. Appelt, Wien 1986.

Veblen, T.: *The Theory of the Leisure Class*, London 1949.
Vecellio, C.: *Renaissance Costume Book*, New York 1977.
Veith, I.: »The History of Medicine Dolls and Footbinding in China«, *Clio Medica* 1980.
te Velde, H.: »The Theme of the Separation of Heaven and Earth in Egyptian Mythology«, *Studia Aegyptiaca* 1977.
de Vent, G.: *Zee en duinen*, Brugge 1991.
Verdon, J.: »La vie quotidienne de la femme en France au bas moyen âge« in *Frau und spätmittelalterlicher Alltag*, ed. H. Appelt, Wien 1986.
Verlinden, C.: *Les statuettes anthropomorphes crétoises en bronze et en plomb*, Louvain-la-Neuve 1984.
Victor, J.S.: *Human Sexuality*, Englewood Cliffs 1980.
Vidyarthi, L.P.: *The Maler*, Kalkutta 1963.
Vigarello, G.: »The Upward Training of the Body from the Age of Chivalry to Courtly Civility« in *Fragments for a History of the Human Body*, Bd. II, ed. M. Feher et al., New York 1989.
–: »Le sein doit-il être beau?«, *Communications* 60, 1995.
Vigneau, A.: *Encyclopédie photographique de l'art*, Bd. I, Paris 1935.
Villon, F.: *Die lasterhaften Balladen und Lieder*, Berlin 1962.
Vincent, J.M.: *Costume and Conduct in the Laws of Basel, Bern, and Zurich 1370-1800*, New York 1969.
Vinzenz v. Beauvais: *De eruditione filiorum nobilium*, ed. A. Steiner, Cambridge 1938.
Vischer, F.T.: »Mode und Zynismus (1879)« in *Die Listen der Mode*, ed. S. Bovenschen, Frankfurt/M. 1986.
Viveiros de Castro, E.: *From the Enemy's Point of View*, Chicago 1992.
Vizzard, J.: *See No Evil*, New York 1970.
Vloberg, M.: *La vierge et l'enfant dans l'art français*, Paris 1954.
Völker, A.: »Kleiderkunst und Reformmode im Wien der Jahrhundertwende« in *Ornament und Askese*, ed. A. Pfabigan, Wien 1985.
Völklein, U.: *Zigeuner*, Oldenburg 1981.
Voss, J.: »Liselotte von der Pfalz, eine Modeschöpferin?«, *Pfälzer Heimat* 1991.
Vroklage, B.A.G.: *Ethnographie der Belu in Zentral-Timor*, Bd. I, Leiden 1952; Bd. III, 1953.

de Waal, F.: *Peacemaking Among Primates*, Cambridge 1989.
Wachtel, J.: *A la mode*, München 1963.
Wackernagel, R.: *Geschichte der Stadt Basel*, Bd. II. 2, Basel 1916.
Wagatsuma, H.: »The Social Perception of Skin Color in Japan« in *Modern Japan*, ed. I. Scheiner, New York 1974.
Wagley, C.: *Welcome of Tears*, New York 1977.
Wagner, H.R./W.A. Newcombe: »The Journal of Jacinto Caamaño«, *British Colonial Historical Quarterly* 1938.
Wagner, L.: *Manners, Customs, and Observances*, London 1894.
Waldegg, R.: *Sittengeschichte von Wien*, ed. R. Till/H. Lang, Bad Cannstatt 1957.
Waldhoff, H.-P.: *Fremde und Zivilisierung*, Frankfurt/M. 1995.

Walhouse, M.J.: »Some Account of a Leaf-Wearing Tribe on the Western Coast of India«, *Journal of the Anthropological Institute of Great Britain and Ireland* 1874.

Walker, H.: »Lawn Tennis« in *Sport in Britain*, ed. T. Mason, Cambridge 1989.

Walkowitz, J.: »The Making of an Outcast Group« in *A Widening Sphere*, ed. M. Vicinus, Bloomington 1977.

Wall, L. L.: *Haussa Medicine*, Durham 1988.

van de Walle, E.: »Motivations and Technology in the Decline of French Fertility« in *Family and Sexuality in French History*, ed. R. Wheaton / T. K. Hareven, Philadelphia 1980.

Walther, W.: *Die Frau im Islam*, Leipzig 1980.

Wang Shi-Tcheng: *Djin Ping Meh*, Berlin 1961.

Wangen, F. L. / O. F. Scheuer: *Das üppige Weib*, Wien 1928.

Wanrooij, B. P. F.: *Storia del pudore*, Venezia 1990.

Ware, S.: *Holding Their Own: American Women in the 1930s*, Boston 1982.

Warner, M.: *Alone of All Her Sex*, London 1976.

Watson, J. B. / V. Watson: *Batainabura of New Guinea*, Bd. II, New Haven 1972.

Watson, L. C.: »Marriage and Sexual Adjustment in Guajiro Society«, *Ethnology* 1973.

Wavell, S. / A. Butt / N. Epton: *Trances*, London 1966.

Webb, P.: *The Erotic Arts*, London 1983.

Weber, A.: *Kulturgeschichte als Kultursoziologie*, Leiden 1935.

Weber, H.: *Kinderhexenprozesse*, Frankfurt/M. 1991.

Weber, M.: *Wirtschaft und Gesellschaft*, Tübingen 1972.

Weber, M.: *Ethnographische Notizen über Flores und Celebes*, Leiden 1890.

Weber, M.-L.: *Das Element der Mode in der Malerei von Jacques-Louis David und Jean-Auguste-Dominique Ingres*, Zürich 1968.

Weber, P.: *Schuhe*, Aarau 1980.

Weber-Kellermann, I.: *Die Familie*, Frankfurt/M. 1976.

–: »Die Französische Revolution als Wendepunkt in der europäischen Kostümgeschichte« in *Lebenswelt und Kunsterfahrung*, ed. U. Krenzlein, Berlin 1990.

Weck, W.: *Heilkunde und Volkstum auf Bali*, Stuttgart 1937.

Weckbach, H.: »Zu ›wohlverdienter Straf‹ aus der Stadt gewiesen«, *Schwaben und Franken*, Oktober 1987.

Wegrainer, M.: *Der Lebensroman einer Arbeiterfrau*, München 1914.

Wehrli, H.J.: *Beitrag zur Ethnologie der Chingpaw (Kachin) von Oberburma*, Leiden 1904.

Weigel, H.: *Trachtenbuch*, Nürnberg 1577.

Weiner, A. B.: *Women of Value, Men of Renown*, Austin 1976.

–: *The Trobrianders of Papua New Guinea*, New York 1988.

Weinhold, K.: *Altnordisches Leben*, Stuttgart 1938.

Weininger, O.: *Geschlecht und Charakter*, Wien 1921.

Weinstein, D. / R. M. Bell: *Saints and Society*, Chicago 1982.

Weische-Alexa, P.: *Sozial-kulturelle Probleme junger Türkinnen in der Bundesrepublik Deutschland*, Köln 1977.

Weiss, F.: *Die dreisten Frauen*, Frankfurt/M. 1991.

Weiss, H.: *Kostümkunde*, Bd. II, Stuttgart 1864; Bd. III, 1872.

Welldon, E. V.: *Mother, Madonna, Whore*, London 1988.

Wellen, G. A.: *Theotokos*, Utrecht 1961.

Wellhausen, J.: *Reste arabischen Heidentums*, Berlin 1897.

Wells, K. P.: »Victorian Costuming of the Southern Sierra Miwok: 1851-1875«, *Journal of California and Great Basin Anthropology* 1982.

Wenderlein, J. M.: »Die weibliche Brust«, *Sexualmedizin* 1978.

Wenig, S.: *Die Frau im alten Ägypten*, Leipzig 1967.

Werner, P.: *Die Skandalchronik des deutschen Films*, Frankfurt/M. 1990.

Wernich, A.: *Geographisch-medicinische Studien nach den Erlebnissen einer Reise um die Erde*, Berlin 1878.

Wertz, R. W./D. C. Wertz: *Lying-In: A History of Childbirth in America*, New Haven 1989.

Wescher, P.: *Jean Fouquet und seine Zeit*, Basel 1947.

Westphal, U.: *Berliner Konfektion und Mode*, Berlin 1986.

Westphal-Hellbusch, S./H. Westphal: *Die Ma'adan*, Berlin 1962.

Wetzel, C.: »Das zweite Jahrzehnt« in *Kultur-Tagebuch 1900 bis heute*, ed. E. Böhm et al., Braunschweig 1984.

Whitam, F. L./R. M. Mathy: *Male Homosexuality in Four Societies*, New York 1986.

White, L.: *The Comforts of Home: Prostitution in Colonial Nairobi*, Chicago 1990.

White, P.: *Paul Poiret 1879-1944*, Herford 1989.

White, S./G. White: »Slave Clothing and African-American Culture in the 18th and 19th Centuries«, *Past & Present* 1995.

White, T. H.: *The Age of Scandal*, Oxford 1986.

Whiting, B. B.: *Paiute Sorcery*, New York 1950.

Whorton, J. C.: *Crusaders for Fitness*, Princeton 1982.

zu Wied, M. Prinz: *Reise in das Innere Nord-America in den Jahren 1832 bis 1834*, Bd. I, Coblenz 1839; Bd. II, 1841.

Wiepert, P.: »Die Entwicklung eines Ostseebades«, *Die Heimat* 1957.

Wiggins, D.: »The Stream of Consciousness«, *Philosophy* 1976.

Wijesekera, N. D.: *The People of Ceylon*, Colombo 1949.

Wikan, U.: *Managing Turbulent Hearts*, Chicago 1990.

Wilamowitz-Moellendorff, U. v.: *Erinnerungen 1848-1914*, Leipzig 1928.

Wild, H.: »Les danses sacrées de l'Égypte ancienne« in *Les danses sacrées*, Paris 1963.

Wild, J. P.: »The Clothing of Britannia, Gallia belgica and Germania inferior« in *Aufstieg und Niedergang der römischen Welt*, Bd. 12.3, ed. H. Temporini, Berlin 1985.

Wildberger, H.: *Jesaja*, Neukirchen-Vluyn 1980.

Wilder, W.: »Socialization and Social Structure in a Malay Village« in *Socialization*, ed. P. Mayer, London 1970.

Wildt, D.: *Sonnenkult*, Düsseldorf 1987.

Wiley, W. L.: *The Formal French*, Cambridge 1967.

Wilhelm, J. H.: »Die Hukwe«, *Jahrbuch des Völkerkundemuseums zu Leipzig* 1954.

Wilhelm v. Rubruk: *Reisen zum Großkhan der Mongolen*, Stuttgart 1984.
Wilhelmine v. Bayreuth: *Mémoires*, Mayenne 1967.
–: *Eine preußische Königstochter*, ed. I. Weber-Kellermann, Frankfurt/M. 1988.
Wilkins, K.: »Attitudes Toward Women in Two 18th-Century French Periodicals« in *Studies in Eighteenth-Century Culture*, Bd. VI, ed. R. C. Rosbottom, Madison 1977.
Wille, R.: »Die sexuelle Reaktion: Physiologie des Mannes« in *Praktische Sexualmedizin*, ed. V. Herms et al., Wiesbaden 1984.
Willi, V. J.: »Kulturgeschichte der Mode« in *Die Mode in der menschlichen Gesellschaft*, ed. R. König/W. Schuppisser, Zürich 1958.
Williams, J. E.: »Stimulation of Breast Growth by Hypnosis«, *Journal of Sex Research* 1974.
Williams, T. R.: *The Dusun*, New York 1965.
Williamson, R. G.: *Eskimo Underground*, Uppsala 1974.
Wilson, E.: *Adorned in Dreams*, London 1985.
Wimschneider, A.: *Herbstmilch*, München 1987.
Winick, C.: *The New People: Desexualization in American Life*, New York 1968.
Winkler, J.: *Die Toba-Batak auf Sumatra*, Stuttgart 1925.
Winslow, R. W./V. Winslow: *Deviant Reality*, Boston 1974.
Winstedt, R. O.: *The Circumstances of Malay Life*, Kuala Lumpur 1909.
Wipfler, E.: »Die Kleiderordnung von 1356« in *Frauen in Speyer*, Speyer 1990.
Wirz, P.: *Exorzismus und Heilkunde auf Ceylon*, Bern 1941.
Wiseman, S. J.: »'Tis a Pity She's a Whore: Representing the Incestuous Body« in *Renaissance Bodies*, ed. L. Gent/N. Llewellyn, London 1990.
Witkowski, G.-J.: *Curiosités médicales, littéraires et artistiques sur les seins et l'allaitement*, Paris 1898.
–: *Les seins dans l'histoire*, Paris 1903.
–: *Les seins à l'église*, Paris 1907.
–: *L'art profane à l'église: Étranger*, Paris 1908.
Witkowski, G.-J./L. Nass: *Le Nu au Théâtre*, Paris 1909.
Wittgenstein, L.: *Philosophische Untersuchungen*, Frankfurt/M. 1960.
–: *Vermischte Bemerkungen*, Frankfurt/M. 1977.
–: *Philosophical Occasions*, Indianapolis 1993.
Wittkop, J. F.: *Die Welt des Empire*, München 1968.
Wittkop-Ménardeau, G.: *Unsere Kleidung*, Frankfurt/M. 1985.
Wolf, F.: »Beitrag zur Ethnographie der Fõ-Neger in Togo«, *Anthropos* 1912.
Wolf, N.: *Der Mythos Schönheit*, Reinbek 1991.
Wolff, C.: *Bisexuality*, London 1979.
Wolff, J.: *Feminine Sentences*, Cambridge 1990.
Wolfthal, D.: »An Art Historical Response to ›Gay Studies and Feminism‹«, *Medieval Feminist Newsletter*, Fall 1992.
Wollner, M.: »Die Zeitschrift ›Wiener Mode‹ von 1900-1914« in *Drüber und Drunter*, ed. R. Forstner et al., Wien 1987.
Wollstonecraft, M.: *A Vindication of the Rights of Woman*, London 1929.

Woodburn, J.: »Hunters and Gatherers Today and Reconstruction of the Past« in *Man the Hunter*, ed. R.B. Lee/I. DeVore, Chicago 1968.
Woodforde, J.: *The Strange Story of False Hair*, London 1971.
Worobec, C.D.: »Victims or Actors? Russian Peasant Women and Patriarchy« in *Peasant Economy, Culture and Politics of European Russia, 1800-1921*, ed. E. Kingston-Mann et al., Princeton 1991.
–: *Peasant Russia*, Princeton 1991.
Wouters, C.: »Duerr und Elias: Scham und Gewalt in Zivilisationsprozessen«, *Zeitschrift für Sexualforschung* 1994.
Wright, L./H. Morrison/K.F. Wong: *Vanishing World*, Hong Kong 1972.
Wright, T.: *Caricature History of the Georges*, London 1868.
Wroblewski, C./A. Cooper: *Tattoo Art*, Wien 1985.
Wulffen, E.: *Das Weib als Sexualverbrecherin*, Flensburg 1993.

Yalçin, L.: »Die Frauen von Sisin« in *Das Kopftuch*, ed. M. Akkent/G. Franger, Frankfurt/M. 1987.
Yanagida, K.: *Japanese Manners & Customs in the Meiji Era*, Tōkyō 1957.
Yang, M.C.: *A Chinese Village*, New York 1968.
Yarwood, D.: *English Costume*, London 1952.
–: *The Encyclopedia of World Costume*, New York 1978.
Yegül, F.: *Baths and Bathing in Classical Antiquity*, New York 1992.
Yeldham, C.: *Women Artists in Nineteenth-Century France and England*, Bd. IV, New York 1984.
Ye'or, B.: *The Dhimmi*, Cranbury 1985.
York, H./B.L. Schlossman: »›She Shall Be Called Woman‹«, *Woman's Art Journal*, Winter 1982.
de Young, J.E.: *Village Life in Modern Thailand*, Berkeley 1966.
Young, M.W.: *The Ethnography of Malinowski*, London 1979.
Yuan Tsu-chi: »In China und im Westen«, *Unesco Kurier* 4, 1987.

Zander-Seidel, J.: »Der Teufel in Pluderhosen«, *Waffen- und Kostümkunde* 1987.
–: *Textiler Hausrat*, München 1990.
Zborowski, M./E. Herzog: *Life Is With People: The Culture of the Shtetl*, New York 1952.
Zehnder, L.: *Volkskundliches in der älteren schweizerischen Chronik*, Basel 1976.
Zglinicki, F.: *Geburt*, Braunschweig 1983.
Ziegler, E.: *Sitte und Moral in früheren Zeiten*, Sigmaringen 1991.
Zigmond, M.L.: »Kawaiisu« in *Handbook of North American Indians*, Bd. 11, ed. W.L. D'Azevedo, Washington 1986.
Zijlstra-Zweëns, H.M.: *Of His Array Telle I No Longer Tale*, Amsterdam 1988.
Zimmermann, G.: *Ordensleben und Lebensstandard*, Münster 1973.
Zucker, M.: »Early Italian Masters« in *The Illustrated Bartsch*, Bd. 25.2, New York 1980; Bd. 25, 1984.
Zuckmayer, C.: *Als wär's ein Stück von mir*, Hamburg 1977.
Züge, C.G.: *Der russische Colonist*, ed. G. Robel, Bremen 1988.

Register

SACHREGISTER

Achselhaar 420
Adam & Eva 332f., 428, 433, 523
Adoleszenz 152f., 261 ff., 438f.
Ärmel 30, 42, 45, 47, 63, 69, 83, 172, 175, 248, 408, 429, 439
Aggression 12, 17ff., 21, 341, 355, 362f., 376, 560f., 571
Aktbilder 33, 50, 111f., 131f., 176f., 207, 319ff.
Aktmodelle 78, 185, 191, 277, 280, 320f., 326, 423, 425, 521, 569
Alternativtourismus 210, 481
ama 298f., 516f.
Amazonen 77, 98, 331
Amenorrhö 348
Amische 251
Analverkehr 299, 380, 546
Androgynie 197, 261, 463, 499
angeboren/erworben 563, 567
Angst 21, 24, 26
Angsterektion 548
Animismus 23, 25, 400
Anonymisierung 88, 119, 371, 543, 568f.
Anonymität 16f., 185, 391, 483
anorexia nervosa 168, 254, 261f., 347, 546f.
Aphrodite 232f., 474
Arbeit 22
Arbeitermoral 34, 138, 405, 445
Arbeitsteilung 15
Arme, weibliche 9, 27, 30, 38f., 98, 240, 252, 267, 280, 284, 295, 322, 402f., 405, 407, 411, 413, 428, 430, 491
Armenhaus 18
Arroganz 19
Augenbrauen 456
Auspeitschen 118ff., 397, 436, 438, 569
Außerkörperlichkeit 401
Austauschbarkeit, soziale 15, 18

Badeanzug, zweiteiliger 191, 243ff., 495f.

Badekleidung, weibliche 174, 199, 298, 465, 484f., 498, 570
Bademägde 110, 299, 429
Baden 285ff., 311ff., 480f., 522ff.
Balldekolleté 28ff., 43, 69, 345, 381f., 404, 408
Balletttänzerinnen 111, 171
Barbiepuppen 496
Bart 578
Baubohaltung 346, 363, 542, 552, 557f.
Bauch, weiblicher 55, 57, 147, 154f., 205, 224, 231f., 451, 455, 522, 548
Bauch, künstlicher 455
Bauchatmung 224
Bauchtänzerinnen 528
Bauern 22, 129, 406, 454
Becken, weibliches 153f., 232, 266, 455, 528
Bedürfnisbefriedigung 19, 21f., 563
Beginen 57, 95
Begrüßung 106
Beine, weibliche 9, 45, 155, 172, 180, 197, 230, 252, 322, 402, 410f., 505
Beinhaltung 13, 16, 83, 125, 393, 428, 498, 524
Belästigung, sexuelle 106ff., 266f., 285, 299, 334f., 431f., 458, 482f., 502, 504, 507, 534, 536ff.
Beleidigungsgesten 434
Beschneidung 341, 438, 535
Bettlerinnen 128
Beziehungslosigkeit, soziale 12, 396
Bikini 202, 218, 234, 245ff., 295, 322, 493, 496
Bindung, soziale 15ff., 22, 333, 366, 548
Biologismus 567
Bitterwasserritual 439
Blankscheit 222, 488
Blickvermeidung 12, 498, 533
Bluse 162, 166f., 286f., 290f., 521

Blut 387f., 452, 581
Bodybuilderinnen 473
Bodystocking 42f.
Böser Blick 355, 449, 507
Bonobos 345f., 546f.
Bordell 41f., 81ff., 98, 299, 409
Bronzezeit 430
Brüste, Betasten der 27f., 90f., 106ff., 194f., 265ff., 292f., 323f., 328ff., 351ff., 431ff., 452f., 502ff., 512ff., 529ff.
Brüste, flache 31, 51f., 157ff., 165ff., 176f., 179ff., 255f., 291ff., 298f., 326, 455, 499
Brüste, kleine 31, 52, 155ff., 167ff., 196f., 453ff., 499f., 508, 515, 547
Brüste, künstliche 52, 156ff., 181ff., 293f., 456ff.
Brüste, Küssen der 106, 110, 142, 194, 292, 334, 341, 453, 532, 538
Brüste, üppige 52, 72, 93, 95, 141ff., 150ff., 156f., 162ff., 168f., 187ff., 207f., 232f., 235f., 459f., 470ff.
Brüste, wogende 224, 228, 489, 523
Brustatrophie 51, 149, 165f., 179f., 460
Brustbrett 63, 165f., 273, 460f.
Brustfleck 343, 546
Brustgeruch 117, 147f.
Brustideale 51f., 102, 146ff., 171ff., 178ff., 213, 223, 232ff., 255ff., 284, 293ff., 303ff., 453f., 462, 498ff., 538, 540, 547
Brust, männliche 231, 349ff., 382, 578
Brustsaugen, sexuelles 274ff., 299f., 304, 306, 324, 330, 333, 337, 341f., 349, 351, 435, 438f., 443, 448, 461f., 508, 512, 517, 531, 535, 550
Brustscham 16f., 53ff., 92ff., 136ff., 178f., 261f., 277ff., 289ff., 310ff., 328ff., 412f., 515f. *et passim*
Brustschnur 259f., 270f.
Brusttaschen 468, 504

Brusttuch 27, 74f., 160f., 269f., 302f., 329f., 406f. *et passim*
Brustuntersuchung 17, 56, 102f., 145f., 165, 283, 293, 295ff., 316f., 415, 431, 471, 492, 499, 515
Brustvergrößerung 74, 157ff., 192ff., 197, 294f., 456, 471, 492, 499, 515
Brustverkleinerung 151, 156f., 165ff., 181, 233, 291, 302, 326, 454, 459f., 462, 473, 482
Brustwarzen 33, 82ff., 189ff., 351f., 453f., 514, 532 *et passim*
Brustwarzen, Erektion der 205, 210, 256, 264f., 294f., 299, 306, 330, 349f., 442, 471, 474, 478, 499, 548, 552
Brustwarzenhof 28, 33, 59, 133, 189, 216, 336, 351, 423, 428, 443, 548, 552
Brustwarzen, künstliche 164, 212
Brustwarzen, männliche 549f., 576f.
Brustwarzenschmuck 327, 551
Brustwarzenstimulatoren 299
Brustweisen 76, 200, 271, 357, 361ff., 442, 449, 514, 555ff.
Büstenhalter 51, 63, 68, 82, 85, 151, 156, 161f., 167f., 172f., 185ff., 232ff., 248ff., 492ff., 514f., 525f. *et passim*

Candomblé 578
cassoni 77, 134
Charleston 171
Chemisenkleid 37ff., 181, 236f., 407ff., 487, 494f.
chemisette 39, 41, 60, 474
Chiton 171, 232, 410
choli 248f., 266, 318, 522
cipriana 66, 418, 420
coitus a tergo 345f., 507, 546
cotte 69f., 486
Cul de Paris 154
Cunnilingus 342, 392, 517

Daisy Duck 469
Debütantinnen 29f.

Defäkation 377, 379ff., 568, 573, 579f.
Defloration 56, 345, 415, 459
Dekolleté als Adelsprivileg 35f., 65, 406, 435, 575
Dekolleté, jungfräuliches 30, 46, 53ff., 61ff., 67, 403, 417
Dekolleté, männliches 430
Dekolleté, Sinn des 575f.
Dekolleté, weibliches 27ff., 35ff., 46ff., 53ff., 64ff., 74ff., 172f., 179f., 250ff., 401ff., 438f., 514f. *et passim*
Dekolletéverbote 28f., 32, 36, 47f., 52, 65ff., 173ff., 414, 421, 430, 469, 578
Dekolletézwang 30f., 48ff., 575
devadāsī 525
Diana 44, 77, 113f., 170, 416
Diebstahl 120, 387, 436, 581
Dienstpersonal 35, 106, 120, 129, 227, 311f., 377ff., 431, 540, 571ff.
Dionysos 200
Dirndl 461
Discomode 213f.
Distanziertheit 13, 16
Doublets 415
Drohen, phallisches 552, 558

Effemination 420, 430
Egozentrik 19f.
Ehebruch 23, 73, 99, 121, 437, 439
Ehre, weibliche 118f., 279, 306, 431, 458, 578
Eichel 514
Eid 431, 578
Einhorn 117
Einsamkeit 563
Eisenzeit 98
ejaculatio praecox 538
Empathie 15, 562
Empfindungslosigkeit, sexuelle 351
Empirismus 360
Entflechtung, soziale 15
Epilation 375, 442, 456
Erektion 140, 265, 307, 329, 333, 348f., 367, 388, 393, 435, 548, 550, 556
Ernährung 22, 342, 397
Essensregeln 19, 395
Essentialismus 357, 553
Evolution 358, 395
Evolutionismus 21, 23f., 399
Exhibitionismus, weiblicher 28, 54ff., 208, 210f., 284, 331, 394, 416, 446, 482, 485, 571
Existenzangst 21f.
Exogamie 396
Exotizismus 26, 359, 401

Face-to-face-Interaktion 19, 121
Fahrradkleidung 238
Falsifikationsprinzip 363f., 559
Familie 391
fascia 233f.
Fellatio 170, 329, 531
Feministinnen 32, 38, 111, 212, 217ff., 349, 470, 549, 563
Fersen 541
Fettabsaugen 471
Fettreservoir, weibliches 346ff., 547f.
Fichu 31, 36, 38f., 41, 47, 50, 52, 93, 180, 402, 404, 408, 458
Fischbeinkorsett 45, 221
Fitness 197
Flagellantinnen 425
flapper 168ff., 463
Folter 118, 439, 561
Fontangefrisur 49
Frauenbadstube 433
Frauenbad, islamisches 374f., 570
Frauenboxen 89
Frauenemanzipation 127, 170, 211, 349
Frauenfeindlichkeit 73, 366
Frauenhaus 81, 83, 98
Frauenjacke 166, 229, 240, 249, 266, 285, 301, 315, 334, 514
Frauenringen 90, 514
Frauenrock 167, 177, 230, 266, 282, 304, 327, 369, 403, 459, 501, 505, 512, 528, 545, 565, 567

Frauenunterhose 234, 375, 410, 468, 493
Frauenwettlauf 89
Freiheit 20f., 41f., 218f., 365, 576
Freiheitsgefühl 211, 230, 563
Fremde 14, 16f., 288, 308, 366, 564
Fremdzwänge 384ff., 396
Freundschaft 14, 19
Friedfertigkeit 18
Frigidität 460
Füße 156, 252, 579f.

garçonne 155, 169ff., 463
Geburt 373, 434f., 440, 487, 572, 581
Gefängnis 118
Gegenseitigkeit 18f., 227f., 396
Geishas 255, 289
Geisterglaube 386
gelb 410, 425, 520
Geladapaviane 343, 546
Gemeinschaft 13f., 20, 392
Genitalien, männliche 532, 535, 556, 579f.
Genitalgeruch, weiblicher 346, 392, 546
Genitalschwellungen 346
Gesäß, weibliches 71, 96f., 150, 154, 157, 163, 178, 246, 269, 331, 343ff., 452, 464f., 477, 485, 501, 508, 515, 545f., 559
Gesäßhalter 515
Gesäß, künstliches 154f., 457f.
Geschäftsbeziehungen 14, 391f.
Geschlechtertrennung 100, 118ff., 234, 278, 280, 283, 289f., 311, 322, 485, 493, 499, 501, 509, 537, 542
Gesicht 370f., 490
Gesichtsmasken 88
Gestank 581
Gesundheit 197, 219ff., 526
Gewalt 17f.
Gewissen 386, 582
Gibbons 546
Gier 19
Glück 20, 563
Goller (Frauenkragen) 70, 80, 421

Gorillas 348, 546
gorre 54, 78, 423f.
Grausamkeit 562
Großstadt 12, 16, 40
Grubenmädchen 33f., 296, 405
G-string 185, 296, 478
Gürtel 80, 168, 236
Gummi 222, 236

Haar 9, 59, 94, 168, 170, 267, 279, 285, 336, 415ff., 427, 439, 572, 575
Haare, lange 268, 310´
Haarschur 122, 268, 580
Händchenhalten 566
Hängebrüste 31, 52, 93, 101, 127, 146ff., 157, 164, 167, 205ff., 212, 223f., 232ff., 255ff., 404f., 453f., 493ff., 550 *et passim*
Hals, weiblicher 35f., 46, 59, 64f., 70f. *et passim*
Halskrause 51, 60
Hand, weibliche 432
Handel 20, 288, 392, 395f.
Handschuhe 45, 382, 576
Haremsdamen 251
Hathor 492
Haut, gebräunte 246
Haut, schwarze 185f., 466f.
Haut, weiße 55, 59, 64, 70, 82, 94f., 150, 155, 157f., 172, 179, 186, 251, 256, 298, 304, 408, 442, 453f., 456f., 543, 545
Haute Couture 212
Hebammen 56, 58
Hedonismus 352
Heiratsmarkt 29, 62f., 261, 336, 489
Heiratspartner 19, 58, 62, 521
Hemmungslosigkeit 169f., 180
Herrschaft 349, 376ff.
Hexen 104, 119, 285, 332, 400, 449, 531, 562
Hochzeit 74, 270, 291, 342, 543f., 563
Hochzeitsnacht 56f., 165, 289f., 570
Höflichkeit 11ff.

Höhlenheiligtümer 21, 399
Hölle 124, 431, 456, 562
Höllenfenster 69f., 419f.
Homo erectus 23
Homosexualität, männliche 50, 73, 81, 111f., 272, 351, 366, 422, 434, 441, 473, 531, 539, 550
Hormone, weibliche 351ff.
Hosen 34, 234, 438, 498, 505, 522, 525, 542, 570, 572
Hosenlatz 54
Hüften 95f., 154f., 163, 168ff., 196, 223, 232f., 411, 455, 462f., 489, 530, 541, 580
Hüftgürtel 176, 219, 240, 464
Hugenotten 404
Hula-Tanz 342
Humpelrock 230
Hunger 21f., 397, 472
Huren, öffentliche 39ff., 52, 54, 70, 73, 78ff., 88f., 93, 115f., 120, 155, 159, 181, 210, 224, 225ff., 236, 248, 272, 279, 292f., 297ff., 320f., 409f., 424ff., 493f. *et passim*
Hutlüften 576
Hutnadeln 109
Hutterer 251

Identität, persönliche 26, 359ff., 399, 555
Impotenz 16, 433
Incroyables 38
Individualismus 367, 399
Infibulation 195
Initiation 26, 503
Initiative, sexuelle 438
Interdependenzketten 12ff., 384, 391f.
Internalisierung 384ff., 393, 582
Intimsphäre 16, 394f., 398, 535, 564, 566, 574
Inzest 135, 274f., 352, 533
Isis 442

Jagd 19, 395ff., 547
Jagdbeute 23, 25, 396, 399
Jagdmagie 23ff., 398

Jahrmärkte 88f.
Jaina 310f.
Jugendhäuser 335, 538, 566
Jugendkult 167ff.
Jungfräulichkeit 56f., 117, 223, 273, 279, 415f., 582
Jungpaläolithikum 18ff., 397ff.

Kälte, soziale 12f., 391
Kallisto 113f.
Kastration 556
Kausalität 398
Keuschheitsgürtel 279
Kimono 298f.
Kinder 18, 21, 24, 100, 129, 142, 400, 488f., 554, 561f.
Kinngeste 433
Klatsch & Tratsch 18, 20f., 393, 397
Kleiderraub 96
Kleiderreformer 173, 183, 408, 488, 491
Kleiderschlitze 70, 410, 420, 445, 498
Kleiderverbrennungen 72
Klitoris 226, 306, 415, 472, 531, 551, 552
Klosett 380f., 573, 580f.
Knöpfen 445
Körperformen, Sichabzeichnen der 94ff., 174f., 178, 189ff., 209, 216, 218, 234f., 251, 268, 279, 291, 298, 302, 310ff., 429ff., 483ff., 527f., 568
Körperhaltung 151ff., 228f., 231, 262, 346, 455, 521, 529
Körperlosigkeit 261f.
Koitus 58, 107, 115, 148, 165, 266, 269, 275, 292, 323ff., 332f., 341, 345f., 537f., 556f., 580f. *et passim*
Kommunen 227f.
Konfliktvermeidung 18, 21, 396
Konformismus 20, 396
Konstruktivismus 168, 359, 422, 553
Kontextualismus 356ff.
Kontrolle, soziale 20f., 367, 384, 396f., 563

Kopftuch 94, 321, 425
Korsett 45, 91 ff., 131, 159, 165, 167, 172, 178, 219 ff., 251, 258, 326, 383, 411, 485 ff. *et passim*
»Korsettdisziplin« 226
Korsettstange 226
Kot 380, 554
Krieg 18, 21, 122, 387 f.
Krinoline 230
Künstlerbälle 200 f.
Küssen 90, 435, 440, 537
Kultkleidung 199 f.
Kybele-Kult 556
KZ 347, 562

Lachen 490, 564
Landsknechtshaltung 231
Languren 546
Lebende Bilder 425, 464
Lebenssicherheit 18, 24
Lenden 269, 455
Lesbierinnen 463, 474, 477
Lesbische Handlungen 111 f., 169, 300, 346, 374, 432 f., 531, 534 ff., 538
lex talionis 121, 439, 565
Libido, männliche 304
Libido, weibliche 154, 170, 225, 407, 415, 454 f., 483, 550, 567
Liebe 113, 119, 333 f., 434, 450, 562
Liebenswürdigkeit 19 f.
links 445
Lippen, weibliche 59, 168, 229, 343, 454
Lockenwickler 229
Logik 398
Luxuria 76
Lynchjustiz 396 f.

machismo 19, 563
Macht 21, 376 ff., 400, 422, 558, 576
Madonna lactans 131 ff., 442 ff.
Mädchenkleidung 37
Männerbünde 397
Magie 24, 361 f.
Make-up 54, 59, 61, 82, 94
mantella 430

manto 426
Marktmentalität 14 f., 19
Maskenbälle 86 ff., 427 f., 477
Massage 465
Masseusen 210, 306 f., 518
Masturbation 108, 112, 225 ff., 263, 299, 306 f., 327, 353, 367, 518, 522, 548, 551
Masturbation, mutuelle 435
Matriarchat 549
Menstruation 58, 73, 191, 525, 581
Merveilleuses 38
Mieder 38, 45, 90, 107, 123, 129, 159, 165 f., 248 f., 572 f. *et passim*
Milchbildung 146, 148, 260, 276, 337, 348, 353, 443, 449, 453, 547
Milchraub 449
Milchverwandtschaft 508
Mißhandlungen, sexuelle 367 f.
»Missionarsstellung« 330, 345, 546, 550
Mitgefühl 15, 561
Mobilität, soziale 22
Models 152 f., 164, 197
Modernisierung 13 f., 17
Mondkalender 21
mono-bosom 167
Monokini 197 ff., 473, 475
mons veneris 58
Moral 15 f., 386 f., 392, 490
Mund 16, 59, 442
Muskeln 473
Musselinkleider 37 ff., 410 ff.
Mystik 25
Mythos 399, 565

Nabel, weiblicher 55, 246, 282, 315, 323, 488, 514, 572
Nachthemd 427, 480, 498, 512, 572
Nacken, weiblicher 27, 65, 267, 472, 513 f., 530
Nacktheit 33, 64, 179, 277 ff., 286 f., 377 f., 539 f. *et passim*
Nacktphotos 318 ff., 478 f.
Narzißmus 352
Nationalismus 221, 488
Nationalsozialismus 142 f., 562
Natürlichkeit 44, 128, 201, 213,

220f., 236, 411, 446, 451, 483, 517
Neolithikum 99, 395, 399
Netzkleider 336, 494, 497, 541
Nippelgeste 111ff., 433f.
Nippelpflaster 295
Nonnen 96f., 105, 311, 412, 415, 422, 460
Nudisten 32, 152, 202, 211, 245f., 393, 412, 476, 482, 508

»Oben ohne«-Baden 17, 71, 152, 201ff., 213, 261, 272, 295, 306f., 322, 393f., 404, 416, 427, 467, 475ff., 508, 545
»Oben ohne«-Bedienung 82, 185f., 197, 272
»Oben ohne«-Hochzeit 204
»Oben ohne«-Mode 75ff., 86ff., 99, 197ff., 213ff., 303, 328, 350, 477, 531, 549
»Oben ohne«-Tänzerinnen 101, 185f., 192f., 293, 297, 467
Odalisken 251
Onanie 140
Opiumraucher 581
Orang Utans 546
Orgasmus 194, 273, 333, 342, 353, 535, 548, 550, 556
Orientalismus 325, 372
Ovulation 343, 346ff., 546
Oxytocin 353

Paarbindung 376, 548
Päderastie 531, 550
Parataxe 335f., 539
Parka 262, 338, 501
Partnertausch 20
Paviane 548
Peinlichkeit 16, 554
Pelikan 56
Penetration, sexuelle 11f., 432f.
Penisringe 140
Perchtendarstellerin 371
Permanenz der Brüste 547ff.
Persönliche Beziehungen 13ff., 392
Perücke 59, 486, 572

Perversion 443
Photomodelle 191f., 197, 279
Pietistinnen 166, 461
Pin-up-Bilder 321f., 535
piropos 443
Plünderungen 388
Pogrome 122
Political Correctness 463, 552
Pollutionen 140
Pomade 220
Pornographie 97f., 101, 112, 132ff., 294f., 298, 378, 431, 433, 442, 447, 524, 539
Potenz, weibliche 483
pre-bra bras 191f., 471
Privatisierung 376
Privatsphäre 398, 481, 574, 581
Profitinteresse 14f., 19
Protestantismus 391, 397
Prüderie 27, 139, 195, 243f., 271, 309, 377
Prügelstrafe 118ff.
Pseudohermaphroditismus 57
Psychoanalyse 169, 194, 330, 345, 462, 560
Pullover 187, 212, 463
Puritaner 179, 181, 444, 450
Push up-BH 241
Push up-Slip 343f.

Quäker 179

Rassismus 258, 467
Rauchen der Frauen 170, 463
Reformkleider 230, 238
Regenrituale 565
Reifefeiern der Mädchen 267, 505
Relativismus 553
Reserviertheit 12
Revolutionskleidung 38, 408
Revuegirls 171, 464
Ringgeste 114f., 433f.
Rituelle Entblößung 200, 281, 283, 338, 340, 439, 520, 524, 539, 541, 544, 565, 568, 576ff.
Rocklänge 37, 45, 62, 167, 170, 172f., 176, 422, 466, 491, 535, 577

Romantik 20, 366, 392, 400
Rouge 50, 82, 168, 220, 229, 404, 424, 571
Rücken, weiblicher 172, 252, 378, 478, 528
Rückendekolleté 35, 38, 63, 70, 172, 177ff., 403, 420, 465, 496, 515
Rücksichtnahme 12f., 19, 109

Sachlichkeit 14
Sadomasochismus 550
Säugammen 31, 145ff., 200, 237, 348, 449ff.
sāṛi 249ff., 265f., 310ff., 382, 448, 521ff., 577
Sarong 267f., 302, 305, 308, 505ff., 518
Schal 49f., 321
Scham 13, 16, 333, 366, 368ff., 394f., 421f., 565ff. *et passim*
Schamanen 25, 399, 401, 530, 537
Schamfreiheit 367
Schamgeste 100f., 373, 523
Schamhaar 43, 54, 58, 155, 218, 375, 420, 455, 485, 533, 574, 580
Schamlippen 306, 333, 343, 363, 484, 496, 542, 570
Schamschurz 318, 367, 428, 510, 512f., 517, 522, 535, 544, 567
Schandstrafen 99, 118ff.
Scharfrichter 120, 561
Schaufensterpuppen 169, 202, 477
Schenkel, weibliche 269, 280, 284f., 324, 403, 455, 505, 541, 545, 570
Scherzbeziehung 276, 337, 532, 537
Schimpansen 348
Schleier 16, 65, 167, 175, 211, 319, 327, 370ff., 409, 497f., 528f., 569f., 575, 578
Schleppe 44
Schlüpfer 89, 171, 185
Schlupfwarzen 145f., 337, 428
Schmuck 21f., 236, 427
Schnürleib 37, 45, 65, 90ff., 145ff., 179f., 220ff. *et passim*
Schönheitspflästerchen 417

Schuhe 44, 65, 159, 225, 411, 576f., 580
Schuld 353, 385f.
Schultern, weibliche 30, 37, 67f., 70, 75f., 85, 98, 152, 155, 159, 174, 183, 231, 253f., 267, 315, 402, 413, 419f., 485ff., 505f. *et passim*
Schwangerschaftskorsett 223
Schwarze Kleidung 439
Schwiegerscheu 332, 448, 530, 533
Schwitzhütten 280f., 509ff.
Seidenindustrie 45
Seidentrikot 38, 42f.
Selbstkontrolle 12, 19, 23, 230, 241, 398
Selbstzwänge 384, 582
»sexuell« 432f.
Shaker 166, 251
Sikhs 522
Silikonbrüste 164, 192ff., 197, 473
Simultanprinzip 79
Sklavenmarkt 324, 470
Sodomiten 73, 433
Soldatinnen 321f., 528f.
Sonnenkult 167, 211
Sonnentanz 280, 448, 563
Sozialdarwinismus 21
Soziozentrik 20
Speerschleuder 22, 397
Sperma 353, 531, 556
Spermatorrhö 140
Spiele 19
Sport 167, 170, 258
Sport-BH 258
Sportbekleidung, weibliche 484, 490f.
Stierkampf 89, 556
stigma diabolicum 104f.
Still-BH 235, 446, 493f.
Stillblusen 138f., 445
Stillen 56, 77, 117, 123ff., 166, 169, 194, 268f., 273f., 287ff., 295f., 348ff., 440ff., 460f., 502f., 505f., 524f., 543f., 548ff. *et passim*
Stillerotik 130, 351ff., 443f.
Stillkorsette 77, 91, 138ff.
Stillschlitze 76, 124f., 445

Stirn, weibliche 442, 456
stomacher 458
Striptease 184 ff., 192
strophion 232 f.
Strümpfe 180, 252, 510, 580
Strumpfband 158
Strumpfhosen 410
Subjekt- & Objektspaltung 23, 564
suckenie 69
Sünde 62, 68, 123, 145, 332 f., 351, 375
Sündenfall 95
Suffragetten 219, 405
surcot 69, 420
Sympathie 15
Szientismus 26

Tänzerinnen 186, 200, 292, 320, 327, 342, 460, 525, 540, 544
Tätowierungen 535, 544, 566
Tagesdekolleté 28 f., 47 f., 402 f.
Taille 37, 95, 96, 168, 177 f., 199, 222 f., 230, 232, 236 f., 429, 462, 485, 492, 497
Taktgefühl 13
Tanga 246 f., 496, 542
Tanz 33, 90 f., 178, 255, 265, 270 ff., 281, 284, 332, 384, 401, 406, 411, 534, 568
Taufe 100, 430
Tauschhandel 14, 20
Teilen 18 f., 396
Tempelhuren 525
Territorialität 22, 396, 508
Teufel 105, 117, 323, 374, 456, 476, 486
Teufelsfenster 69 f., 419 f.
Tierherrinnen 399
»Tittenbrücke« 81
»Tittenfick« 299, 345, 546
Tituskopf 44
Topless-Abendkleid 197 f.
Totenkopfäffchen 552
tournure 154
Trägerkleid 335 f., 428, 539
Trancetänzerinnen 520
Transparenz-BH 197, 212, 241 f., 248, 495

Transparenzkleider 38, 42 f., 45, 48, 52, 85, 87, 171, 173 ff., 189, 216 ff., 237, 249, 335 f., 403, 410, 427, 468, 478, 484, 523, 528
Transsexuelle 351
Trauerentblößungen 319, 439, 514, 539 f.
Traum 23, 364
Triebverzicht 9, 15 f., 18 f., 109 f., 391
Troßhuren 440
T-Shirts 62, 205, 288, 303, 321, 349, 469, 514, 578
Tunika 44, 94 f.

Unbefangenheit 213, 278, 401, 514
Unberührbare 311, 382
Unfruchtbarkeit 58, 416, 547
Unisex-Kleidung 228
Unterhemd, weibliches 42 ff., 68, 70, 93 ff., 108, 122, 419 f. *et passim*
Untersuchung, vaginale 16
Urinieren 379 f., 543, 573, 579 f.

Vagina 58, 276, 353, 550
Venus 113, 144, 456, 492
Venus von Willendorf 547
Verantwortung 15 f.
Vergewaltigung 73, 191, 257, 266, 281 f., 286, 318, 335, 340, 376, 368, 388, 427, 437, 469, 484, 505, 513, 526, 562 ff., 571
Verinnerlichung 384 ff., 393, 582
Vermummung 371 ff.
Vernetzung, soziale 15
Verwandtschaft 13, 19, 275
Visionen 105, 117, 134
Visionssuche 25
vodu 576
Vorspiel, sexuelles 266, 303, 323, 330, 333, 511, 529, 531, 533, 536
Voyeurismus 74, 143, 215, 254, 278, 282, 306 ff., 317, 329 ff., 394, 482, 523, 544, 579

Vulva 13, 54, 107, 115, 155, 195, 218, 255, 284, 304, 310, 323, 338, 367, 369, 374, 425, 435, 511, 521, 526, 541 f., 545 f., 570

Waden 315, 480, 505, 573
Waden, künstliche 458
Wahrnehmung 23, 400
Walzer 38, 409
Wandervogel 201 f., 490
Weißeln der Brüste 416
Weltentsagerinnen 311, 460
Wettbewerbsmentalität 19
Werwölfe 400

Wildbeuter 18 ff., 266, 318, 385, 396 f., 547
»Wilde« 13, 281 f.
Wirklichkeitskongruenz 24 f., 398
Wohnstätten, paläolithische 22 f., 398
Wonderbra 243, 344

Zähnefeilen 267
Zärtlichkeit 333 f., 450, 532
Zensurbestimmungen 314, 467 f., 523 f., 529 f.
Ziegeneuterbrüste 256 f., 498
Zigarettenrauchen der Frauen 170

ETHNIENREGISTER

Aborigines 271, 361 f., 459, 533 f.
Abron 449
Accomac 501
Adangme 576
Adonaresen 506
Ägypter, alte 232, 315, 335 f., 410, 442, 539 ff., 578
Aëta 418
Afghanen 375, 527, 570
Afikpo-Ibo 333
Agni-Bona 449
Akamba 332
Akan 508
Akha 266, 505
Alakaluf 571
Alfuren 492
Algonkin 262, 501
Aloresen 269, 394, 472
Anaimalai 371
Andamaner 396
Angmagssalik 338, 542
Annamiten (Vietnamesen) 500
Ao-Naga 504
Apache 283 f., 511
Apo Kayan 308
Araber (Sarazenen) 65, 96, 143 f., 150, 229, 252, 256 f., 319 ff., 370,
372, 418, 447, 498, 526 ff., 562, 568 ff., 575, 577 f.
Aranda 533
Arapaho 278 f.
Arawaté 20
Arikara 278
Aschanti 500
Asena 270
Assamiten 418
Ata Kiwan 267 ff., 386, 393 f., 505 ff.
Atcholi 334
Atchwabo 270
Athapasken 510
Atsina 278
Aulimmiden 327
Awlad 'Ali 251
Awlad Nā'-il 427
Azande 258, 333
Azteken 284 f., 512, 557 f., 576, 578

Babylonier 437
Badaga 538
Bäle 529
Bafiote 144, 259, 448 f.
Bagirmi 576
Bagobo 394
Baiga 265, 503

Baja 259
Bajau Laut 334, 507, 537
Bajau Sitangai 507
Bakitara 449
Balinesen 21, 186, 210, 304 ff., 316, 394, 454, 482, 518, 525
Baluba 418
Banjoro 449
Banyabungu 499
Baruya 531
Bashi 499
Basoga 526
Bassari 210
Batainabura 564
Batak 506
Batek De' 395
Bayaka 260, 500, 503
Bedscha 258
Belu 507
Beng 565
Bengalen 249 f., 311, 387, 522
Berber 325 ff., 508
Beringstraße-Eskimo 541 f.
Bhaca 533
Bhil 266
Bhotia 504
Blackfeet 278, 280, 487, 509 f.
Bondo 313, 335, 537 f.
Bontoc-Igorot 383
Borana 449
Bororó 26
Bosniaken 18
Buin 499
Bukidnon 541
Bulgaren 459
Bulsa 334
Burmesen 301 ff.
Buschleute 337, 395, 397, 399, 562 f., 571
Byzantiner 429

Cape Hope-Eskimo 501
Cape Prince of Wales-Eskimo 541
Cape Sable-Indianer 511
Casiguran Agta 502
Chagga 449, 502 f.
Chavante 535
Chepang 505

Cherokee 165
Cheruman 525
Cheyenne 278 f., 448, 494, 510, 563
Chichimeken 275
Chickahominy 501
Chinesen 63, 135, 252 f., 290 ff., 443, 461, 498, 514 f., 582
Chinook 510
Chiricahua Apache 284, 511
Chodri 63
Chol-Maya 285 f.
Cholonaika 318, 526
Colville-Eskimo 472
Cook-Insulaner 341, 545, 549
Cree 396
Crow 277
Cubeo 535

Dakota 25
Dan 534
Dangaleat 273
Dayak 308 f., 371, 537
Dene 259
Didayi 538
Dieri 271
Dinka 231, 418, 534
Dogon 503
Dusun 269 f., 276, 507, 541

Eipo 231, 531
Eskimo 25, 337 f., 401, 541 f.
Etrusker 234, 556
Ewe 576

al-Fadl 321
Fang 332 f.
Fellachen 144, 319, 321, 370, 527, 570
Fidschi-Insulaner 545
Finnen 441
Flamen 493
Fon 331, 576
Friesen 96, 407
Fulani (Fulbe) 275, 448, 499

Gadaba 313
Gadsup 535
Gaduliya Lohar 249

Ganda 258
Gbande 503
Germanen 98, 235
Gond 318
Griechen, alte 232ff., 410f., 451, 474, 488, 557
Gros Ventre 278
Guahibo 536
Guajiro 536
Gungawa 418
Gurung 505
Gururumba 531
Gusii 499, 534
G/wi 337

Ha 418
Hadjerai 272
Hadza 397
Haida 510
al-Hassana 321
Haussa 426, 448, 533
Havasupai 282
Havik 526
Hawaiianer 254, 340ff., 499, 577
Hawu 499
Herero 396, 532
Hima 16
Hissuwa 498
Hmong, Grüne 504
Ho 503
Hopi 283, 511
Hottentotten 28, 563
Huaxteken 512
Huichol 536f.
Hukwe 395
Hunde 499
Huronen 282

Ibaloy 503
Iban-Dayak 308f., 521
Ibibio 576
Ibo 333
Ifaluk-Insulaner 342, 545
Ifugao 541
Igbo 331
Igorot 383, 541
Ik 534
Inder 13, 200, 208f., 248ff., 255, 257, 303, 310ff., 353, 382ff., 448, 460, 497f., 503f., 521ff., 577
Ineslemõn 327
Ingalik 511
Inkas 512
Iren 125, 208, 452, 479ff., 486
Irokesen 282, 487
Irulan 318
Isneg 502

Japaner 16, 253ff., 271, 289f., 294ff., 349, 443, 498f., 514ff., 582
Jaqaj 329, 415
Jāṭ 270
Jatmül 537
Jaunde 13
Javaner 210, 307, 518ff.
Juden 121, 124, 143, 366, 438ff., 467, 488, 562, 575, 578ff.
Jumbri 266f., 505
Jur-Luo 534

Kabylen 325ff.
Kachin 504
Kadan 316f.
Kādir 370
Kärntner 142, 407
Kafibele 334, 499
Kankanay 503
Kansa 279f., 494
Karadjeri 568
Karaïben 282, 567
Karanga 264, 333, 534f.
Karo-Batak 506
Katukina 282
Kawaiisu 281
Keewatin-Eskimo 542
Kel Ahaggar-Tuareg 530
Kelten 98, 236
Kenyah 308
Khasi 504
Ki 504
Kickapoo 283, 448
Kikuyu 333, 535
Klamath 281
!Ko 19, 395
Kodi 507

Kol 503
Kolta 311
Kond 521
Korăgar 317
Koreaner 289ff., 443, 513f.
Korongo 497
Kreter, neuzeitliche 413, 476
Kua 337
!Kung 18ff., 395f., 541
Kupfer-Eskimo 262
Kurden 251
Kurumba 526
Kwakiutl 281, 437
Kwoma 538

Land-Dayak 537
Lakandonen 286ff.
Lakher 334
Lakota 279f.
Lamet 504
Langobarden 94
Lao 303, 518
Lepcha 504
Lisu 304, 386
Loita-Massai 459
Loritja 332, 533
Lovedu 533
Luo 534
Lushai 334
Lu-t'ing 63
Lyela 503

Ma'adan 527, 568
Mabuiag-Insulaner 534
Madegassen 165, 503
Magar 504f.
Mailu 532
Majacalla 578
Malaien 395, 518, 526
Malediver 498
Malekula-Insulaner 231
Malteser 322
Mamboru 507
Mandan 278, 280, 510
Mangaier 431, 545, 549
Manggaresen 506
Manhattan 282
Manóbo 503

Manus 400, 499, 532, 568
Mărā 334
Maria Gond 318, 335, 503, 538
Marokkaner 144, 326, 375, 498, 570
Marquesaner 341f., 543f.
Matapáto-Massai 368, 437
Maya 285ff., 512f.
Mayombe 418
Mbowamb 499, 532
Mbuti 271, 395
Mende 330, 499
Mentawaier 260, 304, 518
Meru 333
Mescalero Apache 284, 511
Miao 504
Mikronesier 339, 341f.
Minangkabau 209, 481f.
Minoer 199f., 474, 488
Miwok 281
Moche 512
Mohave 275, 282, 500, 511, 536, 545
Molukker 383, 578
Mongolen 448, 461
Mru 334, 387
Mukkuvar 521
Munda 266
Mundugumor 276
Muria 538
Muruwari 565
Mykener 199f., 474
Mzabiten 528

Naga 418, 504
Nama 563
Nandi 449
Nanerge 565
Napaskiagamiut 542
Naskapi 396
Navaho 283, 448, 510f.
Nāyar 316, 525, 576
Ndau 264
Ndebele 533
Negev-Beduinen 578
Negritos 262
Newar 505
Ngadha 507

Ngaju-Dayak 308
Ngoni 533
Nharon-Buschleute 337
Niasser 397
Nikobaresen 526
Nimar Balahi 448, 522
Nkumbi 534
Nootka 280
Nordkachar-Naga 418
Normanby-Insulaner 531
Normannen 65, 66
Nuba 497, 534, 571
Nunamiut 262
Nunivak-Eskimo 542 f.
Nyanga 503
Nyika 337
Nyoro 332
Nyul-Nyul 568

Oglala 279 f., 448, 509, 511
Ojibwa 511
Okinawa-Insulaner 517
Omaha 509
Onge 567
Osage 279, 494
Osseten 165
Otomí 512
Otoro-Nuba 534
Ovimbundu 383

Paharia 503
Paiute 282, 511, 547
Pala 262
Palästinenser 144, 374, 555, 570
Palaung 63
Papago 281
Paraiyar 382, 577
Parakuyo-Massai 459
Paschtunen 527
Payagua 500
Perser 257, 324 f., 373, 447, 459, 529 f., 569
Phi Tong Lŭang 266
Piaroa 581
Pikten 99
Plains-Indianer 20, 277 ff.
Point Barrow-Eskimo 472
Polar-Eskimo 472, 542 f.

Polen 51, 414 f., 447
Polynesier 158, 255, 339 ff., 468, 499 f., 543 f.
Pomoranen 100
Pondo 533
Popo 576
Potomac 501
Powhatan 501
Prabhus 522
Prärie-Indianer 277
Punjābis 310, 449, 472, 522

Qipi-Eskimo 548
Quapaw 282
Quiché-Maya 285 f., 512
Qunantuna 532
Quraiš 575

Raj Gond 504
Rājpūten 311, 497
Reddi 504
Rejang 487
Rengma-Naga 418
Römer, alte 98, 233 f., 410, 484, 492, 494, 577
Róm 440
Rumai 63
Russen 122, 396 f., 432, 475, 486

Safwa 578
Saint Michael-Eskimo 542
Sakuddai 260, 482
Sambia 328
Samo 565
Samoaner 341, 545, 577
Santa Cruz-Insulaner 255, 329, 549
Santal 265 f.
Saora 335, 538
Sarakatsani 166
Sarden 260, 452, 476
Schoschonen 511
Schotten 481
Schwälmer 63, 273
Sebei 534
See-Dayak 308 f.
Sefwi-Akan 508
Selk'nam 386
Semai 387 f., 526, 581

668

Semang 395
Seminolen 282f.
Senufo 334, 499
Serben 353
Shan 504
Sikkanesen 506
Singhalesen 208, 481
Širāvand 529f.
Songe 535
Songhai 503
Steirer 371, 429
Sudan-Araber 195
Sumbanesen 269, 507
Swazi 63, 418

Tagbanua 502
Tahgas 507
Tahitianer 221, 340, 386, 468, 544f., 577
Ta-hua Miao 504
Taino 577
Tairora 564
Tallensi 337
Tamilen 208, 275, 481, 521, 525f., 576
Tanala 503
Tangu 532
Tanimbaresen 507
Tapirapé 541
Tarahumara 536f.
Tarasken 512
Tasumsa 371
Tataren 195
Tawana 395
Tege 459
Telugu 523
Ternatesen 383
Teton 25
Thadou Kuki 504
Thai 302f., 517
Thakali 267, 505
Thandau 348
Theraka 333
Thessalier 234f.
Tibeter 472, 505
Tigrinnier 426
Tippera 504
Tiroler 166, 460f.

Tiyan 318, 525, 539
Tlingit 280
Toba-Batak 506
Toda 332, 525
Tolai 256, 532
Tonganer 339ff., 396, 543ff.
Torres Straits-Insulaner 256
Toungtha 504
Trinidad-Inder 522
Trinidad-Neger 448
Trobriander 367ff., 468, 532, 564ff.
Truk-Insulaner 342, 459
Tscherkessen 165, 459
Tsistsistas 448, 510
Tswana 371
Tuareg 16, 327, 530
Tugen 534
Tungusen 401
Tuntu?ira 564
Tupinamba 401
Türken 126, 251, 257, 374f., 434, 455f., 498, 527, 562, 568

Ulithi-Insulaner 545
Umának-Eskimo 542
Ungarn 421
Uriya 525
Usbeken 33
Ute 511
Utkuikhalingmiut 338, 543, 548

Vanikoro-Insulaner 500
Vietnamesen 122, 388
Virginia-Indianer 501

Wahgi 531
Wahi 395
Walbiri 534
Wandórobo 395
Waspanipi Cree 396
Weanoc 501
Wemale 492
Westliche Apache 283f.
Westliche Schoschonen 511
Woodaabe 275f.

Xhosa 63, 418

Yahgan 396
Yaka 578
Yakuba 565
Yanomamö 541
Yemeniten 211
Yombe 535
Yoruba 250, 330, 576
Yucatán-Maya 288, 513
Yuma 500, 510, 545

Zande 258, 333
Zapoteken 537
Zemi-Naga 418
Zigeuner 126, 440, 447
Zulu 62, 63, 256, 260, 332, 393, 417f., 497
Zuñi 511
Zyperntürken 476

Suhrkamp Verlag GmbH
Torstraße 44, 10119 Berlin
info@suhrkamp.de
www.suhrkamp.de